1ª edición, marzo	1975
2ª edición, diciembre	1976
3ª edición, febrero	1980
4ª edición, marzo	1982
5ª edición, octubre	1985
6ª edición, agosto	1988
7ª edición, marzo	1992
8ª edición, junio	1995
9ª edición, enero	1999
10ª edición, junio	2003
11ª edición, enero	2007
12ª edición, mayo	2017
13ª edición, mayo	2021

LAS TRES EDADES
DE LA VIDA INTERIOR
(TOMO I)

EDICIONES PALABRA
Madrid

Título original: *Les trois etapes de la vie interieure*

© Ediciones Palabra, S.A., 2021
Paseo de la Castellana, 210 - 28046 MADRID (España)
Telf.: (34) 91 350 77 20 - (34) 91 350 77 39
www.palabra.es
palabra@palabra.es

Versión castellana de P. Leandro de Sesma, O. F. M. Cap.

ISBN: 978-84-8239-046-8 (Obra Completa)
ISBN: 978-84-8239-047-5

Depósito Legal: M. 280-2007
Impresión: Safekat, S.L.
Printed in Spain - Impreso en España

Todos los derechos reservados.
No está permitida la reproducción total o parcial de este libro, ni su tratamiento
informático, ni la transmisión de ninguna forma o por cualquier medio, ya sea
electrónico, mecánico, por fotocopia, por registro u otros métodos,
sin el permiso previo y por escrito del editor.

R. GARRIGOU-LAGRANGE

LAS TRES EDADES DE LA VIDA INTERIOR
I
PRELUDIO DE LA DEL CIELO

DECIMOTERCERA EDICIÓN

Pelícano

*A la Santa Madre de Dios
en señal de gratitud
y filial obediencia*

PREFACIO

Esta obra quiere ser el resumen de un curso de ascética y mística que hemos ido explicando durante veinte años, en la facultad de Teología del Angélico de Roma. Reanudamos en ella, de la manera más sencilla y alta a la vez, el estudio de la materia que en dos obras diferentes hemos tratado ya. Éstas son: Perfección cristiana y contemplación, *1923, y* El Amor de Dios y la Cruz de Jesús, *1929. Hemos reunido en este libro los estudios anteriores en una síntesis en la que las diversas partes se equilibran y se aclaran mutuamente. Siguiendo el consejo de varios amigos, hemos eliminado de esta exposición las discusiones sobre las cuales no era necesario volver. Así esta obra se halla al alcance de todas las almas que llevan vida interior.*

La razón de no haberle dado la forma y modalidad de un manual, es porque no se trata aquí de acumular conocimientos, como se hace a veces en las pesadas tareas escolares, sino de formar el espíritu, proporcionándole sólidos principios y el arte de saberlos manejar y hacer las aplicaciones que de ellos derivan, y ponerlo así en disposición de juzgar por sí mismo los problemas que se le vayan planteando. Tal es el concepto que, en otros tiempos, se tenía de las humanidades; mientras que hoy, y esto con demasiada frecuencia, se pretende transformar las inteligencias en manuales y repertorios, o también en colecciones de opiniones y expedientes, pero sin la menor preocupación por sus causas, razones y consecuencias, bien profundas a veces.

Por lo demás, las cuestiones de espiritualidad, por el hecho de hallarse entre las más vitales y a veces entre las más secretas y escondidas, no tienen fácil cabida en los límites de un manual, o, para decirlo de una vez, hay, en hacer eso, un gran peligro: el ser superficial, al querer clasificar materialmente las cosas, y el reemplazar con un mecanismo artificial el profundo dinamismo de la vida de la gracia, de las virtudes infusas y de los dones. Por eso los grandes espiritualistas nunca expusieron su pensamiento bajo esta forma esquemática, que corre el riesgo de presentarnos un esqueleto allá donde pretendíamos encontrar la vida.

En estas cuestiones hemos seguido principalmente a tres doctores de la Iglesia que de ellas han tratado, cada uno a su manera: Santo Tomás, San Juan de la Cruz y San Francisco de Sales. Guiados por los principios teológicos de Santo Tomás hemos procurado captar lo más corriente y tradicional de la doctrina del autor de la Noche oscura, *y del* Tratado del amor de Dios *de San Francisco de Sales.*

Así vemos confirmada nuestra opinión acerca de la contemplación infusa de los misterios de la fe, estando cada día más persuadidos de que dicha contemplación se encuentra dentro de la vía normal de la santidad, y es moralmente necesaria para la consecución de la total perfección de la vida cristiana. En algunas almas adelantadas esta contemplación infusa no se muestra todavía como un estado habitual, sino, de tanto en tanto, como un acto transitorio, que, en los intervalos, se mantiene más o menos latente, aunque va iluminando toda su vida. No obstante, si esas almas son generosas y dóciles al Espíritu Santo, fieles a la oración y al recogimiento interior, su fe se va haciendo día a día más contemplativa, penetrante y sabrosa, y gobierna sus actos haciéndolos más y más fecundos. En tal sentido, mantenemos y exponemos aquí lo que nos parece ser la doctrina tradicional y hoy se enseña cada vez con mayor unanimidad: siendo, como es, preludio normal de la visión beatífica, la contemplación infusa de los misterios de la fe es, mediante la docilidad al Espíritu Santo, a la oración y a la cruz, accesible a todas las almas que viven fervorosa vida interior.

Igualmente creemos que, según la doctrina de los principales espirituales, sobre todo de San Juan de la Cruz, hay un grado de perfección al que no es posible llegar sin la purgación pasiva propiamente dicha, que es un estado místico. Creemos que tal es la doctrina neta y clara de San Juan de la Cruz, cuando nos habla de la purgación pasiva, expuesta principalmente en estos dos textos, que son capitales, de la Noche oscura, *l. I, c.* VIII: *"La sensitiva (purgación) es común y que acaece a muchos, y éstos son los principiantes"; y ibídem, l. I, c.* XVI: *"Salió el alma a comenzar el camino y vía del espíritu, que es el de los aprovechantes y aprovechados, que, por otro nombre, llaman* vía iluminativa o de contemplación infusa, *con que Dios de suyo anda apacentando y reficionando el alma, sin discurso ni ayuda activa de la misma."*

Por lo demás, nunca hemos dicho, como se nos ha atribuido, que: "El estado de contemplación infusa propiamente dicha; sea la única vía normal *para llegar a la perfección de la caridad*". *En efecto, esta contemplación no comienza generalmente sino con la purgación pasiva de los sentidos, o, según San Juan de la Cruz, el principio de la vía iluminativa, tal como él la describe; muchas almas caminan, pues, por la vía normal de la santidad sin haber todavía recibido la gracia de la contemplación infusa propiamente dicha; mas dicha contemplación hállase dentro del camino normal de la santidad, bien que en lo más alto de él.*

Sin estar totalmente de acuerdo con nosotros, un teólogo contemporáneo, profesor de teología ascética y mística en la Universidad gregoriana escribía a propósito de nuestro libro: Perfección cristiana y contemplación, *y de la obra del P. Joret, O. P.,* La contemplación mística según Santo Tomás de Aquino: "*Que esta doctrina posea notable armazón arquitectónica y magnífico desarrollo; que haga resaltar espléndidamente la riqueza espiritual de la teología dominicana en la forma definitiva que le dieron, en los siglos* XVI *y* XVII *los preclaros intérpretes de Santo Tomás como Cayetano, Báñez (de Artazubiaga) y Juan de Santo Tomás; que la síntesis así presentada agrupe, en perfecta y armónica unidad, considerable cúmulo de doctrinas y experiencias de la tradición católica; que nos haga apreciar en su debido valor muchas de las páginas más bellas de nuestros grandes contemplativos, es cosa que nadie podría negar*"(¹).

(¹) P. J. DE GUIBERT, S. J., "*Revue d'Ascétique et Mystique*", julio, 1924, p. 294. Véase también la obra del mismo autor: Theologia spiritualis ascetica et mystica, Roma, 1937, pp. 374-389. En no pocas cosas está el P. de Guibert de acuerdo con nosotros cuando dice, ibid., p. 381: "Licet videantur animæ generosæ *ordinarie ad perfectionem revera non pervenire* quin eis Deus concesserit aliquos tactus seu breves participationes gratiarum illarum quæ constituunt *contemplationem proprie infusam,* via tamen seu status contemplationis infusæ non est unica via normalis ad caritatis perfectionem; ideoque possunt animæ *ad quemlibet sanctitatis gradum* ascendere quin hac via *habituali modo incedant.*"

Nosotros no decimos que el estado de contemplación infusa sea la única vía normal de la santidad, sino que está en lo más alto de la vía normal de la santidad; y en la presente obra queremos demostrar que hay un grado de *perfección* y asimismo de *vida de reparación* que es *inaccesible si no es mediante la purificación pasiva propiamente*

El autor de estas líneas se apresura a decir que en esta síntesis no todo posee igual valor ni se impone con la misma autoridad. Afirma que, fuera de las verdades de fe y de las conclusiones teológicas comúnmente recibidas, que representan aquello que hay de más cierto en la ciencia teológica, lo que decimos apoyándonos en la autoridad de Santo Tomás y de sus más calificados comentaristas no se impone a nuestra adhesión, ni convence, en la medida de los principios que le sirven de fundamento. Es difícil sin embargo separar de esta síntesis un solo elemento de alguna importancia, sin poner en peligro su solidez y armonía.

Por supuesto que se ha dado un gran paso para llegar a un acuerdo, por el hecho de que críticos de los más autorizados hayan reconocido en esta doctrina "notable armazón arquitectónica y magnífico desarrollo".

El Congreso carmelitano de Madrid, en el año 1923, cuyas conclusiones fueron publicadas en la revista "El Monte Carmelo", de Burgos, en mayo del mismo año, reconocía la verdad de estas dos importantes conclusiones acerca de la contemplación infusa (Tema V): "El estado de contemplación se caracteriza por el dominio progresivo de los dones del Espíritu Santo y por el modo sobrehumano como se practican todas las buenas acciones. Como las virtudes encuentran su última perfección en los dones, y éstas hallan su perfecta actualización en la contemplación, resulta que ésta es el camino ordinario de la santidad y de las virtudes habitualmente heroicas."

dicha de los sentidos y del espíritu, como estado caracterizado y bien definido. En esto nos apartamos del P. Guibert, creyendo seguir la doctrina tradicional de los principales espirituales sobre todo de San Juan de la Cruz, cuando trata de la necesidad de las dos purgaciones pasivas, necesarias para hacer desaparecer los defectos de los principiantes y de los adelantados (cf. *Noche oscura*, l. I, c. VIII, IX; l. II, c. II, III, IV). Las penas exteriores son sin duda grandes medios de purificación; mas sin la purgación pasiva propiamente dicha no las sobrelleva el alma con la perfección que sería de desear. San Juan de la Cruz, ibid., dice que si esta purificación no se sufre sino por intervalos, no hay manera de llegar a las alturas a las que el alma podría alcanzar.

En su Compendio de teología ascética y mística, *1928, M. Tanquerey, sulpiciano, se adhiere a esta doctrina cuando escribe (nº 1564):* "La contemplación infusa, considerada independientemente de los fenómenos místicos extraordinarios que a veces la acompañan, nada tiene de milagroso ni anormal, mas proviene de dos causas: del desarrollo o formación de nuestro organismo sobrenatural, especialmente de los dones del Espíritu Santo, *y de una* gracia operante *que en sí nada tiene de milagrosa...: Esta doctrina es seguramente la doctrina tradicional tal como se la encuentra en los autores místicos, desde Clemente de Alejandría hasta San Francisco de Sales."* "Casi todos estos autores consideran la contemplación como el normal coronamiento de la vida cristiana (Ibid., nº 1566).

En ese mismo sentido se puede citar lo que dice San Ignacio de Loyola en una carta, que todos conocen, escrita a San Francisco de Borja (Roma, 1548): "Sin estos dones (impresiones e iluminaciones divinas), todos nuestros pensamientos, palabras y obras son imperfectos, fríos y turbios; habemos pues de tener gran deseo de estos dones para que aquéllos sean justos, fervorosos y trasparentes, para mayor servicio de Dios." *En 1924, el P. Luis Peeters, S. J., en un interesante estudio:* Hacia la divina unión, por los ejercicios de San Ignacio, *c.* VIII *(Musaeum Lessianum, Brujas), escribía:* "¿Qué piensa el autor de los ejercicios acerca de la vocación universal al estado místico? Imposible admitir que la considere como una excepción casi anormal... Conocida es su optimista confianza en la divina liberalidad: «Son pocos los que sospechan qué cosas no obraría Dios en ellos, si no le opusieran obstáculo». Y es cierto; es tan grande la humana debilidad, que sólo unos pocos escogidos, singularmente generosos, aceptan las temibles exigencias de la gracia. El heroísmo nunca fué, ni lo será, cosa común; y la santidad no se concibe sin heroísmo...

"A lo largo de todo el libro de los Ejercicios, con insistencia que revela profundo convencimiento, brinda a sus generosos discípulos esperanzas ilimitadas de las divinas comunicaciones, la posibilidad de llegar a Dios, de gustar la suavidad de la divinidad, de entrar en inmediata comunicación con el Señor. «Cuanto el alma, dice, se junta más a Dios y es generosa con él, más apta se hace para

recibir en abundancia las gracias y los dones espirituales...
" *Y aun hay más. Las gracias de oración no sólo le parece que se han de desear, sino que las juzga hipotéticamente necesarias para llegar a eminente santidad, sobre todo en los hombres apostólicos*" (¹). No es posible decirlo con más claridad.

Y esto es lo que hemos pretendido demostrar en la presente obra. La unanimidad es mayor cada día acerca de estas fundamentales cuestiones, y con frecuencia es más real de lo que parece. Los unos, teólogos de profesión, como nosotros, consideran la vida de la gracia, germen de la gloria, en sí misma, para poder señalar cuál debe ser el pleno desarrollo normal de las virtudes infusas y de los dones, la disposición próxima para recibir inmediatamente la visión beatífica, sin pasar por el purgatorio, es decir en un alma totalmente purificada, que ha sabido sacar provecho de las pruebas de la vida, y a la que nada queda por expiar después de la muerte. Síguese de ahí que, en principio, de derecho, la contemplación infusa está dentro del camino normal de la santidad, aunque se den excepciones que nacen sea del temperamento individual, o bien de ocupaciones absorbentes, de un ambiente poco favorable, etc. (²).

(¹) El P. Peeters repite los mismos conceptos en la segunda edición de su obra, 1931, pp. 216-221.
(²) Esta distinción explica, según nuestra manera de ver, ciertas aparentes contradicciones de Santa Teresa, que ella misma ha hecho resaltar diciendo que no son reales.
En muchas ocasiones habla del *llamamiento general* de las almas interiores a las aguas vivas de la oración, y en otros textos habla de casos particulares. Y así dice en el *Camino de perfección*, c. xx: "Parece que me contradigo en este capítulo pasado de lo que había dicho, porque cuando consolaba a las que no llegaban aquí, dije que tenía el Señor diferentes caminos por donde iban a él, así como había muchas moradas. Así lo torno a decir ahora..." Y mantiene el principio del llamamiento general, que explica de nuevo diciendo: "Porque, como entendió su Majestad nuestra flaqueza, proveyó como quien es. Mas no dijo: por este camino vengan unos, y por este otros; antes fué tan grande su misericordia, que a nadie quitó procurase venir a esta fuente de vida a beber... A buen seguro que no lo quita a nadie antes públicamente nos llama a voces (*Jesús puesto de pie en el templo dijo en voz alta: Si alguien tuviere sed, venga a mí y beba*, Ioan., VII, 37). Así que, hermanas, no hayáis miedo ni muráis de sed en

Otros autores, fijándose principalmente en los hechos, o en las almas individuales que viven la vida de la gracia, concluyen que hay almas de vida interior, verdaderamente generosas, que nunca llegan a esas alturas, que, no obstante, son el pleno desarrollo normal de la gracia habitual, de las virtudes infusas y de los dones.

Ahora bien, la teología espiritual debe, como cualquiera otra ciencia, considerar la vida interior en sí misma, y no en tal o cual alma individual, en tales o cuales circunstancias, desfavorables muchas veces. Del hecho de que haya robles mal formados, no se sigue que el roble no sea un árbol robusto y de bellas líneas. La teología espiritual, aun dándose cuenta de las excepciones que pueden explicarse por tal o cual circunstancia, debe buscar sobre todo de fijar las leyes superiores que rigen el normal y total desarrollo de la vida de la gracia considerada en sí misma, y señalar cuáles son las disposiciones próximas para que un alma totalmente purificada goce o reciba inmediatamente la visión beatífica.

Siendo el purgatorio un castigo, supone una falta que hubiéramos podido evitar, o al menos expiar, antes de la muerte, aceptando con resignación los sufrimientos de la vida presente. La cuestión de que aquí se trata es señalar cuál es la vía normal de la santidad, o de una perfección tal que nos permita entrar en el cielo inmediatamente después de la muerte. Desde este punto de vista, hemos de considerar la vida de la gracia en cuanto es germen de la vida eterna, y así, la idea precisa de vida eterna, término de nuestra carrera, es la que nos ha de iluminar en esta cuestión. Un movimiento no se especifica por su punto de partida, ni por los obstáculos que le salen al paso, sino por el fin al cual se dirige. Del mismo modo la vida de la gracia se precisa y define por la vida eterna de la que es germen y principio; de ahí que haya que concluir que la disposición próxima y perfecta para entrar en inmediata posesión de la visión beatífica, se encuentra dentro del camino normal de la santidad.

este camino... Y pues esto es así, tomad mi consejo y no os quedéis en el camino, sino pelead como fuertes hasta morir en la demanda, pues no estáis aquí a otra cosa sino a pelear." Las restricciones puestas por Santa Teresa no conciernen al llamamiento general y remoto, sino al particular y próximo, como lo hemos explicado en *Perfection chrétienne et contemplation* t. II, pp. 459-462, 463 y ss.

En las páginas siguientes insistimos mucho más en los principios generalmente recibidos en teología, demostrando su valor en sí mismos y en sus consecuencias, que sobre la multitud de opiniones *expuestas por autores, muchas veces de inferior categoría, acerca de tal o cual punto particular.* No faltan obras recientes, indicadas en otro lugar, que *mencionan al detalle tales opiniones; nosotros nos hemos propuesto otra cosa, y ésta es la razón de no citar apenas sino a los autores más conspicuos. El acudir constantemente a lo que constituye los fundamentos de su doctrina, creemos que es sin duda lo más importante y necesario para la formación del espíritu, que interesa más que la erudición. Nunca lo secundario ha de hacer olvidar lo principal; por eso la complejidad de ciertas cuestiones no nos debe hacer perder de vista los grandes principios directivos que iluminan todas las cuestiones de espiritualidad. Es sobre todo necesario no contentarse con citar estos principios como si se tratase de lugares comunes, sino examinarlos a fondo y volver a menudo sobre ellos para comprenderlos más perfectamente.*

Sin duda que uno se expone así a repetirse a veces; mas aquellos que, por encima de las opiniones pasajeras que han podido estar en boga durante algunos años, van en busca de la verdadera ciencia teológica, saben que ésta es eminentemente una sabiduría; que se preocupa no tanto de deducir conclusiones que tengan aires de novedad, sino más bien de que esas relaciones formen perfecta trabazón con idénticos principios superiores, como las aristas con el vértice de la pirámide. En tal caso, el recordar, a propósito de una y otra cuestión, el principio fundamental de la síntesis total, no es tanto una repetición, como una manera de acercarse a la contemplación circular; la cual, dice Santo Tomás (II, II, q. 180, a. 6), retorna constantemente a la misma Verdad eminente, para mejor captar sus detalles y consecuencias, y, como el vuelo del ave, describe muchas veces el mismo círculo alrededor del mismo lugar. Este centro, igual que el vértice de la pirámide, es, a su manera, símbolo del único instante de la inmoble eternidad que coincide con todos los sucesivos instantes del tiempo que pasa y se desliza. Si se tiene esto en cuenta, fácilmente se nos perdonará el que tengamos que volver repetidas veces sobre los mismos temas o leitmotivs *que crean el encanto, la unidad y la grandeza de la teología espiritual.*

INTRODUCCIÓN

I. Lo único necesario. — II. La cuestión de lo único necesario en nuestra época. — III. Objeto de esta obra. — IV. Objeto de la teología ascética y mística. — V. Método de la teología ascética y mística. — VI. Cómo comprender la distinción entre la ascética y la mística. — VII. División de esta obra.

Nos hemos propuesto en esta obra hacer la síntesis de otras dos anteriores: *Perfección cristiana y contemplación, El amor de Dios y la Cruz de Jesús;* en las que estudiamos, dirigidos por los principios de Santo Tomás, los principales problemas de la vida espiritual y en particular uno que se ha presentado en forma más explícita estos últimos años: La contemplación infusa de los misterios de la fe y la unión con Dios que de ella resulta, ¿es una gracia extraordinaria, o se halla, por lo contrario, encuadrada en la vía normal de la santidad?

Quisiéramos volver a tratar en este libro de estas cuestiones de una manera más sencilla y a la vez más elevada, con la perspectiva necesaria para comprender mejor la subordinación que todos los asuntos de la vida interior guardan a la unión con Dios.

Para conseguir este fin, consideraremos en primer lugar los fundamentos de la vida interior; después la separación de los obstáculos, el progreso del alma purificada y esclarecida por la luz del Espíritu Santo, la docilidad que ella debe mostrar con este divino Espíritu, y finalmente la unión con Dios, a la cual conducen esta docilidad, el espíritu de oración y la cruz llevada con paciencia, agradecimiento y amor.

A modo de introducción, recordemos sumariamente en qué consiste la única cosa necesaria a todo cristiano, y la forma cómo esta cuestión se plantea urgentemente en la hora actual.

I. La única cosa necesaria

La vida interior, como cualquiera lo puede fácilmente comprender, es una forma elevada de la *conversación íntima que cada uno tiene consigo mismo*, en cuanto se concentra en sí, aunque sea en medio del tumulto de las calles de una gran ciudad. Desde el momento que cesa de conversar con sus semejantes, el hombre conversa interiormente consigo mismo acerca de cualquier cuestión que le preocupa. Esta conversación varía mucho según las diversas épocas de la vida; la del anciano no es la misma que la de un joven; también es muy diferente según que el hombre sea bueno o malo.

En cuanto el hombre busca con seriedad la verdad y el bien, esta conversación íntima consigo mismo tiende a convertirse en *conversación con Dios*, y poco a poco, en vez de buscarse en todas las cosas a sí mismo, en lugar de tender, consciente o inconscientemente, a constituirse en centro de todo lo demás, tiende a buscar a Dios en todo y reemplazar al egoísmo por el amor de Dios y por el amor de las almas en Dios. Y ésta es precisamente la vida interior; ninguno que discurra con sinceridad dejará de reconocer que así es.

La única cosa necesaria de que hablaba Jesús ([1]) a Marta y María consiste en dar oídos a la palabra de Dios y en vivir según ella.

La vida interior así comprendida es en nosotros una cosa mucho más profunda y necesaria que la vida intelectual o el cultivo de las ciencias, más que la vida artística y literaria, más que la vida social o política. No es difícil, por desgracia, tropezar con grandes sabios, matemáticos, físicos, astrónomos, que no poseen en absoluto ninguna vida interior, que se entregan al estudio de la ciencia como si Dios no existiera; en sus momentos de concentración no conversan en forma alguna con Él. Sus vidas se dirían en cierto modo entregadas a la investigación de la verdad y del bien; pero están tan mancilladas por el amor propio y el orgullo intelectual, que uno se pregunta instintivamente si será posible que produzcan alguna vez frutos de eternidad. Muchos ar-

---

([1]) Luc., x, 42.

tistas, literatos y hombres políticos apenas sobrepasan este nivel de una actividad puramente humana, exterior y superficial. ¿Se podrá afirmar que el fondo de sus almas viva de un bien superior a ellas? La respuesta parece negativa.

Esto demuestra que la vida interior, o la vida del alma con Dios, ha de ser llamada con toda razón *la única cosa necesaria*, ya que por ella tendemos hacia nuestro último fin, y por ella aseguramos nuestra *salvación* que no hay que separar demasiado de la progresiva santificación, porque ésta es el camino mismo de la salvación.

Se diría que muchos piensan así: en fin de cuentas, basta con que yo me salve; y no es necesario ser un santo. Que no sea necesario ser un santo que haga milagros, y cuya santidad sea oficialmente reconocida por la Iglesia, cierto; pero para ir al cielo preciso es emprender el camino de la salvación, y éste no es otro que el camino mismo de la santidad: *En el cielo no habrá sino santos*, ya sea que éstos hayan entrado allá inmediatamente después de su muerte, o ya que hayan tenido necesidad antes de ser purificados en el purgatorio. Ninguno entra en el cielo que no posea aquella santidad que consiste en estar puro y limpio de toda falta; todo pecado, aun venial, debe ser borrado y la pena merecida por el pecado ha de ser expiada o perdonada, antes que un alma goce eternamente de la visión de Dios, lo vea como él se ve y lo ame como se ama él. Si un alma entrase en el cielo antes de la remisión total de sus pecados, no podría permanecer allí y espontáneamente se precipitaría en el purgatorio para ser purificada.

La vida interior del justo que tiende hacia Dios y que vive ya de él es ciertamente la única cosa necesaria; para ser santo no es necesario el haber recibido una cultura intelectual o poseer una gran actividad exterior; basta con vivir profundamente de Dios. Esto es lo que observamos entre los santos de los primeros tiempos de la Iglesia, muchos de los cuales eran gente humilde y aun esclavos; esto es lo que vemos en San Francisco, en San Benito José Labre, en el Cura de Ars y en tantos otros.

Todos ellos comprendieron profundamente estas palabras del Salvador: "*¿Qué aprovecha ganar el universo, si uno pierde su alma?* (Mat., XVI, 26). Si tantas cosas sacrificamos para salvar la vida del cuerpo, que al fin ha de morir, ¿qué no deberíamos sacrificar por salvar la vida del alma que ha de vivir eternamente? ¿No debe el hombre amar más su alma que su cuerpo?" "*¿Qué no será justo que dé el hombre a cambio de su alma?*", añade el Salvador (ibid.). *Unum est necessarium*, dice también Jesús (Luc., x, 42): Una sola cosa es necesaria, escuchar la palabra de Dios y vivir según ella para salvar el alma. Ésta es la mejor parte, que nadie arrebatará al alma fiel aun cuando perdiera todo lo demás.

II. La única cosa necesaria en nuestra época

Lo que acabamos de exponer es verdad en todos los tiempos, pero la cuestión de la vida interior se plantea hoy de una manera más urgente que en otras épocas menos turbias que la nuestra.

La razón es que muchos hombres se han alejado de Dios y han intentado organizar la vida intelectual y la vida social sin él. En consecuencia, los grandes problemas que siempre han preocupado a la humanidad han tomado un nuevo giro, trágico a veces. Querer prescindir de Dios, causa primera y último fin, conduce al abismo; y no solamente conduce al abismo, sino también a la miseria física y moral que es peor que la nada. En consecuencia, los grandes problemas se agravan hasta la exasperación; y no podemos menos de comprender que es imprescindible plantear de nuevo el problema religioso y plantearlo desde su raíz. Y una de dos: *o se pronuncia uno por Dios o contra Dios*; éste es el problema de la vida interior en su misma esencia. "*Qui non est mecum, contra me est*", dice el Salvador (Mat., xii, 30).

Así es como *las grandes tendencias modernas*, científicas o sociales, a pesar de los conflictos surgidos entre ellas, y a pesar de los opuestos designios de sus representantes, *convergen*, quiérase o no, *hacia la cuestión fundamental de las relaciones íntimas del hombre con Dios*.

A este resultado se llega a través de múltiples desvíos. Cuando el hombre no quiere someterse a sus graves deberes religiosos hacia aquel que lo creó y es su último fin, y siéndole, por otra parte, imposible prescindir de la religión, se crea una religión a su antojo; pone, por ejemplo, su religión en la ciencia, o en el culto de la justicia social o en cualquier

INTRODUCCIÓN 5

ideal humano que acaba por considerar como una religión o una mística que reemplaza al ideal superior que ha abandonado. Vuelve de esta manera la espalda a la Realidad suprema, y se plantea una multitud de problemas a los que no es posible encontrar solución si no es volviendo al problema fundamental de las relaciones íntimas del alma con Dios.

Cualquiera ha oído muchas veces hablar de esto: en nuestros días, la ciencia pretende pasar por ser una religión; a su vez el socialismo y el comunismo quieren ser una moral científica y se presentan como un culto apasionado de la justicia. Y por ese camino se esfuerzan en cautivar los espíritus y los corazones.

Es un hecho, en la hora actual, que el sabio moderno rinde culto escrupuloso al método científico, en tal forma que parece más interesado por el método que por la verdad misma; si dedicase parecida vigilancia a su vida interior, pronto llegaría a ser un santo. Pero con frecuencia esta religión de la ciencia se ordena más bien a la apoteosis del hombre que al amor de Dios. Otro tanto hay que decir de la actividad social, particularmente tal como se manifiesta en el socialismo y en el comunismo; ya que se inspira en una mística que pretende aspirar a una transfiguración del hombre, negando a veces, de la manera más absoluta, los derechos de Dios.

Esto equivale a decir que en el fondo de todo gran problema se encuentra esa gran cuestión de las relaciones del hombre con Dios. Y no hay término medio; hay que decidirse en pro o en contra. Nuestra época es un ejemplo palpable. La crisis económica mundial de la hora actual nos da a entender lo que los hombres pueden cuando han querido prescindir de Dios.

Cuando pretenden prescindir de Dios, *lo serio de la vida se desplaza*. Si la religión no es cosa seria y digna de tenerse en cuenta, hay que buscar en otra parte algo que sea serio y fundamental. Y se lo encuentra, o se pretende encontrarlo, en la ciencia o en la actividad social. Se pretende realizar actividades de tipo y sentido religioso en la investigación de la verdad científica o en el establecimiento de la justicia entre las clases y los pueblos. Y después de algunos tanteos se viene a caer en la cuenta de que se ha desembocado en una inmensa catástrofe; y que las relaciones entre los individuos y los pueblos son cada día más difíciles, si no imposibles. Es cosa evidente, como lo dicen San Agustín y Santo Tomás (¹), que *idénticos bienes materiales*, a diferencia de los espirituales, *no pueden pertenecer íntegramente a muchos a la vez*. Una casa, un campo no pueden simultáneamente pertenecer en su totalidad a muchos hombres, ni el mismo territorio a diferentes pueblos. De ahí el terrible conflicto de intereses cuando los hombres ponen, apasionadamente, su último fin en estos bienes inferiores.

Por el contrario, se complace en repetir San Agustín, *idénticos bienes espirituales pueden pertenecer simultánea e íntegramente a todos y cada uno*. Sin limitarnos mutuamente, podemos poseer en su totalidad la misma verdad, la misma virtud y al mismo Dios. Por eso nos dice Nuestro Señor: *Buscad el reino de Dios y todo lo demás se os dará por añadidura* (Mat., VI, 33).

El no dar oídos a esta lección es trabajar en la propia ruina.

Así se verifica una vez más la palabra del Salmo CXXVI, 1: "*Nisi Dominus aedificaverit domum, in vanum laboraverunt qui aedificant eam; nisi Dominus custodierit civitatem, frustra vigilat qui custodit eam*, si Dios no edifica la casa, en vano trabajan los que la levantan; si Dios no guarda la ciudad, en vano está alerta el centinela."

Si lo que hay de serio en la vida se desplaza, si deja de influir en nuestros deberes para con Dios y sólo nos empuja a la actividad científica o social; si el hombre se busca constantemente a sí mismo en vez de buscar a Dios que es su fin último, entonces los hechos no tardan en demostrarle que se ha metido en un camino imposible que conduce no solamente a la nada, sino a un desbarajuste insoportable y a la miseria. Preciso es volver a esta palabra del Salvador: *El que no está conmigo está contra mí; el que no recoge conmigo, dispersa* (Mat., XII, 20). Los hechos lo confirman.

Se sigue de aquí que la religión no puede dar respuesta

(¹) Cf. Santo Tomás, I, II, q. 28, a. 4, ad 2; III, q. 23, a. 1, ad 3.

eficaz, verdaderamente *realista,* a los grandes problemas actuales, mientras no sea una religión profundamente vivida; lo cual no puede hacer una religión superficial y barata, consistente en algunas oraciones vocales y en algunas ceremonias en las que el arte religioso tendría más lugar que la piedad verdadera. Ahora bien, *no hay religión profundamente vivida si está privada de vida interior o de esa conversación íntima y frecuente,* no sólo consigo mismo, sino con Dios.

Esto es lo que enseñan las últimas Encíclicas de S. S. Pío XI. Para responder a las aspiraciones generales de los pueblos, en lo que tienen de bueno; a las aspiraciones a la justicia y a la caridad entre los individuos, las clases y los pueblos, el Pastor supremo ha escrito sus Encíclicas sobre *Cristo Rey,* sobre su influencia santificadora en todo su cuerpo místico, sobre *la familia,* sobre la santidad del *matrimonio cristiano,* sobre las *cuestiones sociales,* sobre la necesidad de la *reparación,* sobre *las misiones.* En todas ellas se trata del reinado de Cristo en la humanidad. De lo dicho se sigue claramente que para que conserve *la preeminencia* que debe guardar sobre la actividad científica y sobre la actividad social, la religión, la vida interior, debe ser profunda, debe ser una verdadera unión con Dios. Esto es absolutamente necesario.

III. Objeto de esta obra

¿Cómo trataremos aquí de la vida interior? No pensamos ocuparnos en forma técnica de muchas cuestiones que largamente exponen los teólogos sobre la gracia santificante y las virtudes infusas. Las damos pues por supuestas y sólo haremos de ellas mención en la medida necesaria para comprender lo que es la vida espiritual.

Nuestro objeto es invitar a las almas a hacerse más interiores y recogidas y a aspirar a la unión con Dios. Para conseguir esto es preciso evitar dos escollos.

Con frecuencia el espíritu que anima la investigación, aun en estas materias, se demora en detalles en forma tal que el pensamiento queda alejado de la contemplación de las cosas divinas. La mayor parte de las almas interiores no tienen necesidad de muchas de esas investigaciones indispensables al teólogo; para comprenderlas les sería precisa la iniciación filosófica que no poseen, y que en cierto sentido les embarazaría, ya que instintivamente y por otra vía vuelan ellas más alto, como San Francisco de Asís que se extrañaba de ver que, en los cursos de filosofía de sus religiosos, se ocupasen éstos en demostrar la existencia de Dios. Hoy la especialización a veces exagerada de los estudios hace que muchas inteligencias queden privadas de la visión de conjunto necesaria para juzgar rectamente de las cosas, aun de aquellas que caen dentro de su especialidad, y que no capten en ellas las relaciones que guardan con las demás. El culto del detalle no debe hacer perder de vista el conjunto. En lugar de espiritualizarse, el que así procediera se materializaría, y con pretexto de ciencia exacta y minuciosa, se alejaría de la verdadera vida interior y de la alta sabiduría cristiana.

Por otra parte, muchas obras de vulgarización en materia religiosa y no pocos libros de piedad carecen de sólido fundamento doctrinal. La vulgarización, en razón de la simplificación un poco material a que está sometida, evita con frecuencia el examen de ciertos problemas fundamentales y difíciles de donde precisamente brotaría la luz, tal vez la luz esencial.

A fin de evitar estos dos escollos extremos, seguiremos nosotros el camino indicado por Santo Tomás que no fué un vulgarizador y que es y será el gran clásico de la teología. Acertó a elevarse de la sabia complejidad de sus primeras obras, y de las *Cuestiones disputadas* a la excelsa simplicidad de los más hermosos artículos de la *Suma teológica*. Y tan bien supo elevarse que, al fin de su existencia, absorto en la alta contemplación, no pudo dictar el final de la *Suma*, porque no le era posible descender a la complejidad de cuestiones y de artículos que aun deseaba componer.

La demora en los detalles y la simplificación superficial alejan, cada una a su manera, de la contemplación cristiana, que se eleva por encima de estas desviaciones como una alta cima hacia la cual tienden todas las almas de oración.

IV. El objeto de la teología ascética y mística

Se echa de ver, por las materias de que debe tratar, que la teología ascética y mística es una rama o *parte de la Teología;* una aplicación de la teología a la conducción de las almas. Ha de caminar pues *guiada por la luz de la Revelación,* la única que enseña a conocer en qué consiste la vida de la gracia y la unión sobrenatural del alma con Dios.

Esta parte de la teología es sobre todo un desarrollo del tratado del amor de Dios y del de los dones del Espíritu Santo, que tiene por fin exponer las aplicaciones que de ellos derivan y conducir las almas a la divina unión ([1]). De igual modo, la casuística es, en un terreno menos elevado, una aplicación de la teología moral para discernir prácticamente lo que es obligatorio bajo pena de pecado mortal o venial. La teología no debe tratar solamente de los pecados que hay que evitar, sino también de las virtudes que hay que practicar, y de la docilidad en seguir las inspiraciones del Espíritu Santo. Bajo este aspecto, sus aplicaciones se llaman la ascética y la mística.

La ascética trata sobre todo de la mortificación de los vicios o defectos, y de la práctica de las virtudes. *La mística* se ocupa principalmente de la docilidad al Espíritu Santo, de la contemplación infusa de los misterios de la fe, de la unión con Dios que a ésta sigue, y también de las gracias extraordinarias, como las visiones y revelaciones que acompañan a las veces a la contemplación infusa ([2]).

En cuanto a la cuestión de saber si la ascética se subordina esencialmente a la mística, la examinaremos preguntándonos si la contemplación infusa de los misterios de la fe y la unión con Dios que de ella dimana, es una gracia en sí extraordinaria, como las visiones y las revelaciones; o si no es más bien, en los perfectos, el ejercicio eminente, pero normal, de los dones del Espíritu Santo que están en todos los justos.

([1]) Por eso pudo San Francisco de Sales desarrollar, bajo el título *Tratado del amor de Dios,* toda la materia concerniente a la ascética y mística.

([2]) Trátase aquí de la teología mística doctrinal; recuérdese que en los siglos XVI y XVII llamóse a veces "teología mística" a la contemplación infusa.

La respuesta a esta cuestión, largamente discutida en nuestros días, será la conclusión de esta obra.

V. El método en la teología ascética y mística

Acerca del método que vamos a seguir, nos limitaremos aquí a lo esencial ([1]). Importa evitar dos desviaciones contrarias, fáciles de comprender. La una provendría del uso casi exclusivo del método descriptivo o inductivo; la otra provendría del extremo opuesto.

El empleo casi exclusivo del *método descriptivo o inductivo* nos llevaría a olvidarnos de que la teología ascética y mística es una rama de la teología, y finalmente a considerarla como una parte de la psicología experimental. Con esto no haríamos sino reunir los materiales de la teología mística. Y sería empobrecerlo y disminuirlo todo, al olvidarnos de la luz directiva. Pues la mística hay que tratarla dejándose guiar por los grandes principios de la teología acerca de la vida de la gracia; de esta forma todo se ilumina, y nos encontramos ante una ciencia, no ante una colección de fenómenos más o menos bien descritos.

Además, si empleáramos casi exclusivamente el método descriptivo, quedaríamos impresionados por las señales más o menos sensibles de los estados místicos, y no por la ley fundamental *del progreso de la gracia* cuya *sobrenaturalidad esencial* es de un orden demasiado elevado para ser objeto de la observación. En consecuencia, correríamos el riesgo de prestar más atención a ciertas *gracias extraordinarias* y en cierto modo *exteriores* como las visiones, las revelaciones, los estigmas, etc., que al desenvolvimiento normal y elevado de la gracia santificante, de las virtudes infusas y de los dones del Espíritu Santo.

Por ese camino podríamos ser llevados a confundir con lo que es *extraordinario en sí* aquello que no lo es sino *de hecho*,

---

([1]) En la obra *Perfección cristiana y contemplación*, I, p. 1-40, hemos hablado más detenidamente del *objeto* y del *método* de la teología ascética y mística (método descriptivo, método deductivo, unión de ambos), y hemos examinado, según los diversos autores antiguos y modernos, el modo de plantear el problema relativo a la distinción entre ascética y mística.

es decir aquello que es *eminente, pero normal;* a confundir la unión íntima con Dios en sus formas elevadas, con las gracias extraordinarias y relativamente inferiores que a veces la acompañan.

En fin, el empleo exclusivo del método descriptivo podría conceder demasiada importancia a este hecho fácil de comprobar: que la unión íntima con Dios y la contemplación infusa de los misterios de la fe son *relativamente raras.* Lo que podría inducirnos a pensar que no todas las almas interiores y generosas están llamadas a ella, ni siquiera con una llamada general y remota ([1]). ¿No equivaldría esto a olvidar la palabra de Nuestro Señor tantas veces repetida aquí por los místicos: *"Muchos son los llamados, pero pocos los escogidos"?*

Preciso es guardarse, por otro lado, de otra desviación que provendría del uso casi exclusivo del *método teológico deductivo.*

Ciertos espíritus un tanto simplistas estarían tentados de buscar la solución de los más difíciles problemas de la espiritualidad, partiendo de la doctrina corriente en teología acerca de las virtudes infusas y los dones, tal como nos es expuesta por Santo Tomás, sin considerar suficientemente las admirables descripciones hechas por Santa Teresa, San Juan de la Cruz, San Francisco de Sales y otros grandes santos, acerca de los diferentes grados de la vida espiritual, particularmente de la unión mística.

Ahora bien, a estos hechos es a los que hay que aplicar los principios; o mejor dicho, estos hechos, una vez bien comprendidos, son los que es preciso esclarecer a la luz de los principios, sobre todo a fin de discernir lo que hay en ellos de verdaderamente *extraordinario,* y lo que es *eminente pero normal.*

El empleo excesivo del método deductivo podría llevar aquí a una confusión totalmente opuesta a la señalada antes. Como, según la tradición y según Santo Tomás, los siete dones del Espíritu Santo residen en toda alma en estado de gracia, podría uno verse inclinado a creer que el estado mis-

---

([1]) Podríase también no llegar a distinguir suficientemente este llamamiento general y remoto, del individual y próximo.

tico o la contemplación *infusa* son muy frecuentes, y se podría confundir con ellos lo que no es sino su preámbulo, como la oración afectiva simplificada (¹). Y así estaría uno tentado a no considerar, como se merecen, algunos fenómenos de ciertos grados de la unión mística, como la inhibición de los sentidos y el éxtasis, y se caería así en el extremo opuesto al de los partidarios exclusivos del método descriptivo.

Prácticamente y como consecuencia de esos dos excesos, hay igualmente dos extremos que evitar en la dirección: hacer que las almas abandonen la vía ascética demasiado pronto o demasiado tarde. De ello hablaremos detenidamente a lo largo de este libro.

Se colige de lo dicho que es preciso unir los dos métodos, inductivo y deductivo, analítico y sintético.

Es necesario absolutamente analizar *las nociones y los hechos* de la vida espiritual; en primer lugar, *analizar las nociones* de vida interior y de perfección cristiana, de santidad, que nos ofrece el Evangelio, para bien comprender el fin señalado por el mismo Salvador a todas las almas interiores, y para comprenderlo en toda su grandeza, sin achicamientos de ningún género.

Luego, es preciso analizar los hechos: imperfección de los principiantes, purificación activa y pasiva, diversos grados de unión, etc., para bien distinguir lo que en ellos es esencial y lo que tienen de accesorio.

Después de este trabajo de análisis, ha de venir *la síntesis* y el demostrar lo que es necesario o muy útil y conveniente para llegar a la perfección plenaria de la vida cristiana, y lo que, por el contrario, es *propiamente extraordinario* y en forma alguna requerido para la más elevada santidad (²).

(¹) Algunos autores, procediendo así demasiado a priori, han sostenido que la influencia actual de los dones del Espíritu Santo es necesaria para que sea posible aun el más insignificante acto *(remissus)* de las virtudes infusas, por ejemplo un acto de fe, del que estuviera ausente la más mínima penetración y gusto del misterio que se cree.

(²) Para resolver la cuestión: "¿Es cosa loable desear humildemente la contemplación infusa de los misterios de la fe y la unión con Dios que a ella sigue?", es indudable que no basta conocer *por fuera, por signos,* dicha contemplación y unión. Preciso es conocer *su naturaleza,* saber si *en sí mismas son algo extraordinario* o bien *eminente, pero normal.* El empleo casi exclusivo del método descriptivo nos inclinaría a considerar esta cuestión *acerca de la naturaleza* como un

INTRODUCCIÓN

No pocas de estas cuestiones son muy difíciles, ya sea a causa de la elevación del objeto de que se trata, ya en razón de las contingencias que en su aplicación salen al paso, y que dependen o bien del temperamento de las almas dirigidas, o de la libérrima voluntad de Dios, que, por ejemplo, concede a veces la gracia de la contemplación a algunos principiantes y la retira momentáneamente a los adelantados. Debido a estas múltiples dificultades, el estudio de la ascética y de la mística exige profundo conocimiento de la teología, sobre todo de los tratados de la gracia, de las virtudes infusas, de los dones del Espíritu Santo en sus relaciones con los grandes misterios de la Trinidad, de la Encarnación, de la Redención, de la Eucaristía. Exige asimismo el conocimiento de los grandes autores de obras de espiritualidad, especialmente los señalados por la Iglesia como autoridades en estas cuestiones.

VI. Cómo concebir la distinción y las relaciones entre la ascética y la mística

Conviene recordar aquí la división de la teología ascética y mística generalmente admitida hasta el siglo xviii, y luego la modificación introducida en esta época por Scaramelli y los que le siguieron. Así se comprenderá mejor la razón que nos hace volver, con muchos teólogos contemporáneos, a la división que juzgamos verdaderamente tradicional y conforme a los principios de los grandes maestros.

Generalmente, hasta el siglo xviii, con el título de *Teología Mística* se trataba de todas las cuestiones que se exponen hoy en ascética y en mística.

Esto se ve patente en los títulos de las obras escritas por el B. Bartolomé de los Mártires, O. P., Felipe de la Santísima Trinidad, O. C. D., Antonio del Espíritu Santo, O. C. D., T. Vallgornera, O. P., Schram O. S. B., etc. Todos estos autores, con el título de *Teología Mística*, trataron de la vía purgativa de los incipientes, de la vía iluminativa de los

asunto casi insoluble, del que bastaría decir algunas palabras al fin de un tratado. Mas la verdad es que se trata de una importante cuestión que merece ser estudiada *ex profeso*.

aprovechados y de la vía unitiva de los perfectos; y en una y otra de las dos últimas partes, hablaron de la contemplación infusa y de las gracias extraordinarias que a veces la acompañan, es decir de las visiones, revelaciones, etc. Estos mismos autores tratan ordinariamente, en sus introducciones, de la teología mística experimental, o sea de la misma contemplación infusa, porque sus tratados iban ordenados a tratar de ella y de la unión íntima con Dios que de ella resulta.

Encontramos un ejemplo de esta división, generalmente admitida antaño, en la obra de Vallgornera: *Mystica Theologia divi Thomae* (1662). Sigue de cerca al carmelita Felipe de la Santísima Trinidad, comparando la división dada por éste con la de los autores anteriores y con ciertos textos característicos de San Juan de la Cruz acerca de la época en la que aparecen generalmente las purificaciones pasivas de los sentidos y del espíritu ([1]). Divide en tres partes su tratado destinado a las almas contemplativas.

1º *De la vía purgativa, propia de los principiantes;* en ella trata de *la purificación activa* de los sentidos externos e internos, de las pasiones, de la inteligencia y de la voluntad por la mortificación, la meditación, la oración; y en fin, de *la purificación pasiva de los sentidos*, que es como una segunda conversión con la que comienza la contemplación infusa; es la transición a la vía iluminativa.

Este último punto es capital en esta división, y está muy de acuerdo con dos de los más importantes textos de San Juan de la Cruz *(Noche oscura,* l. I, c. VIII): "La sensitiva (purificación) es común y acaece a muchos, y éstos son los principiantes." *(Noche oscura,* l. I, c. XIV): "Salió el alma a comenzar el camino y vía del espíritu, que es el de los aprovechados, que, por otro nombre, llaman vía iluminativa o de *contemplación infusa,* con que Dios de suyo anda apacen-

---

([1]) Felipe de la SS. Trinidad expresa las mismas ideas en el prólogo de su *Summa Theologiæ mysticæ,* ed. 1874, p. 17.

Si citamos aquí a Vallgornera más bien que a Felipe de la SS. Trinidad, es porque la división de que tratamos está en el primero más clara que en el segundo. En cuanto al mérito de estos autores, el del segundo es muy superior. Vallgornera le copió con mucha frecuencia, lo mismo que copió las hermosas páginas de Juan de Santo Tomás, sobre los dones del Espíritu Santo. En este sentido la obra de Vallgornera es superior, ya que supo copiar muy buenas páginas de los mejores autores.

tando y reficionando el alma, sin discurso ni ayuda activa de la misma alma." Esta última comienza, según San Juan de la Cruz, por la purificación pasiva de los sentidos, y marca así la transición de la una a la otra (²).

Vallgornera sigue fielmente esta doctrina tanto aquí como en lo que sigue.

2º *De la vía iluminativa, propia de los adelantados;* en donde, después de un capítulo preliminar acerca de las divisiones de la contemplación, trata de los *dones del Espíritu Santo, de la contemplación infusa* que procede sobre todo de los dones de inteligencia y de sabiduría, y que ha de ser deseada por todas las almas interiores (¹), como moralmente necesaria para la perfección de la vida cristiana.

Esta segunda parte de la obra, después de algunos artículos relativos a las gracias extraordinarias (visiones, revelaciones, hablas internas), se termina por un capítulo en nueve artículos relativo a la *purificación pasiva del espíritu* que señala el tránsito a la vía unitiva. Exactamente como lo había dicho San Juan de la Cruz *(Noche oscura,* l. II, c. II, XI).

3º *De la vía unitiva, propia de los perfectos,* donde se trata de la íntima unión del alma contemplativa con Dios, y de sus grados hasta la unión transformante.

Vallgornera considera esta división como tradicional, del todo conforme a la doctrina de los Padres, a los principios de Santo Tomás y a las enseñanzas de los más grandes místicos que hayan escrito sobre las tres edades o etapas de la vida espiritual, notando cómo se efectúa generalmente la transición de la vía de los principiantes a la de los adelantados.

En el siglo XVIII, Scaramelli (1687-1752), a quien siguieron muchos autores de este tiempo, propuso una división totalmente distinta.

En primer lugar trata de la ascética y de la mística, no ya

(¹) Felipe de la SS. Trinidad lo había afirmado antes que Vallgornera, y en los mismos términos, al hablar de la contemplación infusa; la misma enseñanza encontramos en los carmelitas Antonio del Espíritu Santo, José del Espíritu Santo y en otros que citaremos a su debido tiempo.

(²) Otro dominico Juan María di Lauro, en su *Theologia mystica,* Nápoles, 1743, divide su obra en la misma forma, poniendo en el

en la misma obra, sino en dos obras diferentes. El *Direttorio ascetico*, bastante más largo que el otro, comprende cuatro tratados: 1º, La perfección cristiana y los medios que a ella conducen; 2º, Los obstáculos (o la vía purgativa); 3º, Las disposiciones próximas a la perfección cristiana, que consiste en las virtudes morales en grado perfecto (o la vía de los proficientes); 4º, La perfección esencial del cristiano, que consiste en las virtudes teologales, y especialmente en la caridad (el amor de conformidad de los perfectos).

Este Directorio ascético no menciona, por decirlo así, los dones del Espíritu Santo. Y sin embargo, el alto grado de las virtudes morales que en él se describe no se consigue sin ellos, según la doctrina común de los Doctores.

El *Direttorio mistico* comprende cinco tratados: 1º, Introducción, que trata de los dones del Espíritu Santo y de las gracias *gratis datae;* 2º, De la contemplación adquirida y de la infusa, para la cual, Scaramelli lo reconoce, bastan los dones; 3º, De los grados de la contemplación infusa indistinta, del recogimiento pasivo a la unión trasformante; en el capítulo XXXII, Scaramelli reconoce que muchos autores enseñan que la contemplación infusa puede ser humildemente deseada por todas las almas interiores, pero concluye diciendo que prácticamente, de no haber recibido un llamamiento especial, es mejor no desearla: "*Altiora te ne quaesieris*" (ítem, tr. I, c. I, Nº 10); 4º, De los grados de la contemplación infusa distinta (visiones y hablas internas extraordinarias); 5º, De la purificación pasiva de los sentidos y del espíritu.

Uno queda sorprendido de no encontrar sino al fin de este directorio místico el tratado de la purificación pasiva de los sentidos, que constituye para San Juan de la Cruz y autores antes citados la entrada en la vía iluminativa.

Por miedo, a veces excesivo, del quietismo que tanto desacreditó a la mística, muchos autores del siglo XVIII y XIX siguieron a Scaramelli que se enseñoreó de ellos. Según estos autores la ascética trata de los ejercicios que conducen a la perfección por la vía ordinaria; mientras que la mística tiene por objeto la vía extraordinaria, a la cual pertenecería la

mismo lugar la purgación pasiva de los sentidos como transición a la vía iluminativa (pág. 113), y la purgación pasiva del espíritu como disposición a la vía unitiva perfecta (pág. 303), según la doctrina de San Juan de la Cruz.

INTRODUCCIÓN

contemplación infusa de los misterios de la fe. Al fin del siglo XIX y comienzos del XX todavía persiste esta tendencia, y bien marcada por cierto, en el libro del P. Maumigny, S. J., sobre la oración mental ([1]), en los de Monseñor Farges ([2]), y en la obra de M. Pourrat, sulpiciano, *La Espiritualidad cristiana*, Introd., p. VI, s.

Para estos autores, la ascética no sólo es distinta de la mística, sino que es algo separado de ella; la primera no está ordenada a la segunda; porque la mística no trata sino de las gracias extraordinarias que no son necesarias a la plena perfección de la vida cristiana. Algunos escritores han sostenido la misma idea, arguyendo que Santa Teresa del Niño Jesús, no habiendo recibido gracias extraordinarias, se santificó por la vía ascética y no por la vía mística. Se diría que apostó a que lo conseguía y ganó la apuesta.

Desde hace una treintena de años, el P. Arintero, O. P. ([3]), Monseñor Saudreau ([4]), el P. Lamballe, eudista ([5]), el P. de la Taille, S. J. ([6]), el P. Gardeil, O. P. ([7]), el P. Joret, O. P. ([8]), el P. Gerest ([9]), muchos carmelitas en Francia y Bélgica ([10]),

([1]) *Práctica de la oración mental*, 2º tratado: Oración extraordinaria, Beauchesne, París, 1911.
([2]) *Los fenómenos místicos* (tratado de teología mística), París, 1920.
([3]) *La evolución mística*, Salamanca, 1908. *Cuestiones místicas*, 2ª ed., Salamanca, 1920.
([4]) *La vie d'union à Dieu*, 3ª ed., 1921; *Les degrés de la vie spirituelle*, 2º vol., 5ª ed., 1920; *L'État mystique, sa nature, ses phases*, 2ª ed., 1921.
([5]) *La contemplation* (principios de teología mística). París, Téqui, 1912.
([6]) *L'Oraison contemplative*, París, Beauchesne, 1921, opúsculo; véase también Luis Peeters, S. J., *Vers l'union divine par les exercises de Saint Ignace* (Musæum Lessianum), 2ª ed., 1931.
([7]) *La structure de l'âme et l'expérience mystique*, 2º vol., Gabalda, 1927. Véase también la obra póstuma del mismo autor: *La vraie vie chrétienne*, París, 1935.
([8]) *La Contemplation mystique d'après Saint Thomas d'Aquin*. París, 1923.
([9]) *Memento de vie spirituelle*, 1923.
([10]) P. GABRIEL DE SAINTE-MADELEINE, carmelita descalzo: *La contemplation acquise chez les théologiens carmes déchaussés*, artículo aparecido en "La vie spirituelle" y reproducido en nuestra obra: *Perfection chrétienne et contemplation*, t. II, p. 745-769.

los benedictinos Dom Huyben, Dom Louismet y otros (¹), han examinado detenidamente los fundamentos de la actitud de Scaramelli y sus sucesores.

Como ampliamente lo hemos demostrado en otra parte (²), nos hemos visto precisados, igual que esos autores, a plantear, a propósito de la división dada por Scaramelli y sus sucesores, las tres cuestiones siguientes:

1º ¿Es cosa segura que esa absoluta distinción y separación entre la ascética y la mística sea *tradicional*? ¿No es más bien una innovación introducida en el siglo XVIII? ¿Está conforme con los principios de Santo Tomás y con la doctrina de San Juan de la Cruz? Santo Tomás enseña, I-II, q. 68, que los siete dones del Espíritu Santo, aun siendo específicamente distintos de las virtudes infusas, residen en todos los justos, ya que están en conexión con la caridad. Dice además que son necesarios para la salvación, porque sucede que el justo se encuentra a veces en situaciones difíciles en las que ni aun las virtudes infusas serían suficientes, siendo necesaria una inspiración especial del Espíritu Santo a la que los dones nos hacen dóciles. Santo Tomás considera además que los dones intervienen con frecuencia en las circunstancias ordinarias, para hacer conseguir a las almas interiores y generosas, en los actos de virtud, la prontitud, el entusiasmo y la generosidad que estarían ausentes sin la intervención superior del Espíritu Santo (³).

Por otra parte, San Juan de la Cruz, lo hemos dicho ya, ha escrito estas palabras que no pueden ser más significativas: "La sensitiva (purificación) es común y acaece a muchos, y éstos son los principiantes" (⁴); luego con ella comienza, según el santo, la contemplación infusa. "Salió el alma a comenzar el camino y vía del espíritu, que es el de los apro-

---

(¹) Cf. la *Encuesta* sobre este punto particular, aparecida en "La vie spirituelle", suplemento de setiembre 1929 hasta mayo 1931. Léase particularmente lo que dicen los PP. Maréchal S. J., Alb. Valensin, S. J., de la Taille, S. J., Cayré, asuncionista, Jerónimo de la Madre de Dios, carmelita, Schryvers, redentorista.

(²) *Perfection chrétienne et contemplation*, 1ª ed., 1923, t. I, introducción, c. I y III, a. 3 y 4; c. IV, a. 3, 4, 5; t. II, c. V. a. 1, 2, 3, 4, 5; 7 ed., 1929, ibid. y apéndices. *L'Amour de Dieu et la Croix de Jésus*, 1929, t. II, IV y V part. *Les trois conversions et les trois voies*, 1932, c. IV y apéndice.

(³) Cf. S. TOMÁS, I, II, q. 68, a. 1, 2, 5.

(⁴) *Noche oscura*, l. I, c. XIV.

INTRODUCCIÓN 19

vechados, que, por otro nombre, llaman vía iluminativa o de *contemplación infusa*, con que Dios de suyo anda apacentando y reficionando el alma sin discurso ni ayuda activa de la misma alma" (¹).

El santo Doctor no ha querido enseñar aquí una cosa accidental, sino más bien una cosa que es normal. San Francisco de Sales se expresa en el mismo sentido (²). No sería posible conciliar con esta doctrina la división propuesta por Scaramelli, que no habla de la purificación pasiva de los sentidos y del espíritu sino al fin de la vía unitiva, como de cosas, no sólo eminentes, sino más bien extraordinarias.

2º Uno se pregunta si la tal distinción o separación entre la ascética y la mística no disminuye la *unidad de la vida espiritual*. Una buena división, para no ser superficial y accidental, sino bien establecida, ha de fundarse en la definición misma del conjunto que divide, en la naturaleza de ese conjunto que es aquí *la vida de la gracia*, llamada por la tradición "*gracia de las virtudes y de los dones*" (³); porque los siete dones del Espíritu Santo, por hallarse en conexión con la caridad, forman parte del organismo espiritual y son necesarios a la perfección.

3º La división o separación tan pronunciada, entre la ascética y la mística, propuesta por Scaramelli y por muchos otros, ¿no disminuye igualmente *la elevación* de la perfección evangélica, cuando de ella trata en ascética, haciendo abstracción de los dones del Espíritu Santo, de la contemplación infusa de los misterios de la fe y de la unión que de ella resulta? ¿No es cierto que esta nueva concepción *rebaja los motivos de la práctica de la mortificación* y del ejercicio de las virtudes, al perder de vista la intimidad con Dios a la que nos dispone esa mortificación y esas virtudes? *¿No es verdad que empequeñece las vías iluminativa y unitiva*,

(¹) *Noche oscura*, l. I, c. XIV.
(²) *Amour de Dieu*, l. VI, c. III. "La oración se dice meditación hasta el momento en que se produce la dulzura de la devoción; desde ese instante pasa a ser contemplación." Véanse los capítulos siguientes sobre la contemplación.
(³) Cf. S. Tomás, III, q. 62, a. 2: "Utrum gratia sacramentalis aliquid addat super gratiam virtutum et donorum", donde se enseña que la gracia habitual o santificante perfecciona la esencia del alma, y que de ella descienden a las facultades las virtudes infusas (teológicas y morales) y los siete dones del Espíritu Santo.

cuando las contempla encuadradas en la ascética? ¿Podrían existir normalmente estas dos vías, sin el ejercicio de los dones del Espíritu Santo unido al de la caridad y al de las otras virtudes infusas? ¿No disminuye, en fin, esta nueva concepción la importancia y la gravedad de la mística, que, descoyuntada así de la ascética, toma el aspecto de cosa superflua, de verdadero lujo propio de la espiritualidad de algunos privilegiados; lujo que por otra parte no está exento de peligros?

¿Existen verdaderamente *seis vías* (tres ascéticas y ordinarias, y tres místicas y extraordinarias, no sólo de derecho, sino de hecho), o son únicamente tres las vías o edades de la vida espiritual, según el pensamiento de los antiguos?

Desde el momento que se los separa de la mística, los tratados ascéticos de las vías iluminativa y unitiva apenas encierran sino *conceptos abstractos* sobre las virtudes morales y teologales, o, si *práctica y concretamente* hablan del progreso y de la *perfección de estas virtudes*, como lo hace Scaramelli en su *Direttorio ascetico*, esta perfección, según enseña San Juan de la Cruz, es *manifiestamente inaccesible* sin la purificación pasiva, al menos sin la de los sentidos y sin el concurso de los dones del Espíritu Santo. La cuestión se plantea, pues, así: *la purificación pasiva de los sentidos* por la que, según San Juan de la Cruz, comienza la contemplación infusa y la vida mística propiamente dicha, ¿es *por sí misma* una cosa *extraordinaria*, o es, por el contrario, una *gracia normal*, principio de una segunda conversión que señala la entrada en la vía iluminativa? ¿Es posible, sin esta purificación pasiva, alcanzar la perfección de la que trata Scaramelli en su *Direttorio ascetico*?

No olvidemos lo que a este propósito advierte Santa Teresa: "Ven (muchas almas que quieren volar antes que Dios les dé alas) en todos los libros que están escritos de oración poner cosa que hemos de hacer...: un no se nos dar nada que digan mal de nosotros, *antes tener mayor contento* que cuando dicen bien; una poca estima de honra; un desasimiento de sus deudos...; otras cosas de esta manera muchas, *que a mi parecer las ha de dar Dios, porque me parece son ya bienes sobrenaturales...*" [1] Entiende pues la santa que

---

[1] *Vida*, ç. xxxi; *Obras*, t. i, p. 257.

INTRODUCCIÓN

todo eso es debido a una inspiración especial del Espíritu Santo, como las oraciones que llama "sobrenaturales" o infusas.

Por todas estas razones, los autores contemporáneos que más arriba hemos citado rechazan esa absoluta separación entre la ascética y la mística, introducida en el siglo XVIII.

Conviene notar aquí que la división de una ciencia o de una de las ramas de la teología no es cosa baladí. Esto se echa de ver en la división de la teología moral, que difiere notablemente según se la haga partiendo de los preceptos del decálogo o a base de las virtudes teologales y morales. Si se divide la teología moral según los preceptos del decálogo, muchos de los cuales son negativos, se insiste más en los pecados que hay que evitar que no en las virtudes que se han de practicar cada día con mayor perfección; y con frecuencia no se destaca suficientemente la grandeza del supremo precepto del amor de Dios y del prójimo que es lo fundamental del decálogo y que debe ser como el alma de toda nuestra vida. Por el contrario, si se hace esa división a base de la distinción de las virtudes, entonces aparece clarísima la elevación de las virtudes teologales, especialmente la preeminencia de la caridad sobre todas las otras virtudes morales que en ella se deben inspirar y tomar vida. Se hace igualmente resaltar la gran influencia de las virtudes teologales, principalmente si van acompañadas de especial inspiración del Espíritu Santo; y la teología moral así entendida se despliega y desarrolla en teología mística, que es, según San Francisco de Sales, un mero desenvolvimiento o continuación del tratado del "Amor de Dios".

¿Qué es según eso la ascética para los teólogos contemporáneos que vuelven a la división tradicional? Partiendo de los principios de Santo Tomás de Aquino, de la doctrina de San Juan de la Cruz y también de San Francisco de Sales, *la ascética* trata de la vía purgativa de los principiantes que, entendiendo que sus almas no deben permanecer retrasadas y en la tibieza, se ejercitan generosamente en la práctica de las virtudes, aunque *dentro de la manera humana de esas virtudes,* "*ex industria propria*", con el socorro de la gracia actual ordinaria. La mística, en cambio, comienza desde el

momento en que se trata ya de la vía iluminativa, allá donde los adelantados, iluminados por el Espíritu Santo, operan ya, de un modo frecuente y manifiesto, *según la manera sobrehumana de los dones del Espíritu Santo* (¹). Guiados por la inspiración especial del Maestro interior, no obran ya solamente "ex industria propria", sino que la manera sobrehumana de los dones, latente hasta este momento, o pocas veces manifiesta, se hace ahora patente y ordinaria.

De consiguiente, para esos autores, la vida mística no es una cosa propiamente *extraordinaria*, como las visiones y las revelaciones, sino una cosa *eminente dentro de la vía normal de la santidad*. Enseñan que algo parecido sucede con las almas llamadas a santificarse en la vida activa, como San Vicente de Paúl. No dudan de que los santos de vida activa hayan gozado normalmente y con frecuencia, de la *contemplación infusa* de los misterios de la Encarnación redentora, de la misa, del cuerpo místico de Cristo, del precio de la vida eterna; bien que estos santos difieran de los puramente contemplativos en este sentido: que en ellos, esa contemplación infusa va más directamente ordenada a la acción y a las obras de misericordia.

Síguese de aquí que la teología mística no es útil solamente para la dirección de unas pocas almas conducidas por las vías extraordinarias; es útil igualmente para la dirección de todas las almas interiores que no quieren permanecer a la zaga, y que aspiran generosamente a la perfección, a la unión con Dios en medio de los trabajos y contrariedades de la vida cotidiana. Bajo este aspecto, la ignorancia de la teología mística en un director puede ser un grave obstáculo para las almas puestas bajo su dirección, como lo notó San Juan de

---

(¹) Desde este punto de vista, que es el nuestro, la *mística* propiamente dicha comienza con la edad de los proficientes, al aparecer *las tres señales de la purificación pasiva de los sentidos* notadas por San Juan de la Cruz (*Noche oscura*, l. I, c. IX). En este momento, en efecto, y en medio de prolongada aridez que va acompañada de verdadera generosidad, empieza la contemplación que conduce a la intimidad de la divina unión. Ya veremos que estas tres señales de la purgación pasiva de los sentidos son: 1º, prolongada sequedad sensible; 2º, vivo deseo de perfección y de Dios; 3º, una especie de incapacidad de darse a la meditación discursiva, y la inclinación a considerar a Dios con simple mirada y amorosa atención. **Las tres señales deben ir juntas; una sola no basta.**

la Cruz en el prólogo a *La subida del Monte Carmelo*. Si es necesario no confundir la melancolía del neurasténico con la purificación pasiva de los sentidos, tampoco es lícito, cuando aquélla sobreviene, no ver en ella sino melancolía.

De lo expuesto se deduce que *la ascética está ordenada a la mística*.

Añadamos para terminar que, según todos los autores católicos, la mística que no tiene por base una ascesis seria es una falsa mística; tal, la mística de los quietistas que, como Molinos, suprimieron la ascética, entrando por las sendas de la vía mística sin haber recibido la gracia para ella, confundiendo *la pasividad adquirida* que se obtiene por la cesación de los actos y de la actividad y que hace caer en la somnolencia, *con la pasividad infusa*, que procede de la inspiración del Espíritu Santo a la cual nos hacen dóciles los dones. Debido a esta fundamental confusión, el quietismo de Molinos suprimió la ascesis y degeneró en una caricatura de la verdadera mística.

En fin, es importantísimo notar que se puede juzgar de *la vía normal de la santidad* desde dos puntos de vista diferentes. Primero, tomando como punto de partida *nuestra naturaleza*, y en este caso la posición que defendemos como tradicional parecerá exagerada.

Pero también podemos hacerlo desde el punto de vista de los *misterios sobrenaturales* de la habitación de la Santísima Trinidad en nosotros, de la Encarnación redentora y de la Eucaristía. Ahora bien, ésta es la única manera de enfocar esta cuestión rectamente, con juicio de sabiduría, *per altissimam causam;* la otra se fija en la causa ínfima; y sabido es en qué se opone a la sabiduría la "stultitia spiritualis" de que habla Santo Tomás, II-II, q. 46.

Si verdaderamente la Santísima Trinidad habita en nosotros, si verdaderamente el Verbo se hizo carne, murió por nosotros, está realmente presente en la Eucaristía, se ofrece sacramentalmente por nosotros cada día en la misa, se nos da en alimento; *si todo esto es verdad*, sólo los santos que viven de esta presencia divina por conocimiento cuasi experimental continuado, y por un amor que constantemente va en aumento, en medio de las oscuridades y las dificultades de la vida, *sólo los santos se encuentran plenamente en el camino ordenado, en el orden*. Y *la vida de íntima unión con Dios*, lejos de presentársenos, en lo que tiene de esencial, como una cosa extraordinaria en sí, por naturaleza, la comprendemos como *la única plenamente normal*. Antes de haber llegado a ella, somos como personas medio dormidas que todavía no viven con seriedad y suficientemente del tesoro inmenso que nos ha sido concedido, ni de las gracias siempre renovadas que el Señor concede a los que desean seguirle con generosidad.

Por santidad entendemos una íntima unión con Dios, es decir una gran perfección del amor de Dios y del prójimo, perfección que permanece sin embargo dentro de la vía normal; porque el precepto del amor no tiene límites ([1]).

Para precisar mejor, diremos que la santidad de que aquí se trata es *el preludio normal inmediato de la vida del cielo*, preludio que se consigue y realiza, sea en la tierra antes de la muerte, sea en el purgatorio, y que presupone al alma totalmente purificada, dispuesta a ser premiada inmediatamente con la visión beatífica. Tal es, en el título de esta obra, el sentido de las palabras "preludio de la vida del cielo".

Cuando decimos, en fin, que la contemplación infusa de los misterios de la fe es necesaria para la santidad, queremos dar a entender una *necesidad moral;* es decir, que en la mayoría de los casos es imposible sin ella alcanzar la santidad. Y aun diremos más: que sin ella no puede ser un hecho *la total perfección* de la vida cristiana, que supone el ejercicio eminente de las virtudes teologales y de los dones del Espíritu Santo que las acompañan. Eso es lo que este libro pretende establecer.

VII. División de esta obra

Según lo que acabamos de exponer, dividiremos esta obra en cinco partes:

I. *Las fuentes de la vida interior y su fin.*

De la vida de la gracia, de la habitación de la Santísima Trinidad en nosotros, de la influencia sobre nuestras almas

---

([1]) S. Tomás, ii, ii, q. 184, a. 3.

de Cristo mediador y de María mediadora. De la perfección cristiana a la que la vida interior está ordenada y de la obligación que de tender a ella tiene cada uno, según su condición.

II. *La purificación del alma de los principiantes.*

El apartamiento de los obstáculos, la lucha contra el pecado y sus consecuencias, la lucha contra la pasión dominante; la purificación activa de los sentidos, de la memoria, de la voluntad, de la inteligencia. Del uso de los sacramentos para la purificación del alma. La oración de los principiantes. La segunda conversión o purificación pasiva de los sentidos para entrar en la vía iluminativa de los adelantados.

III. *Los progresos del alma guiada por la luz del Espíritu Santo.*

La edad espiritual de los adelantados. Del progreso de las virtudes teologales y morales. De los dones del Espíritu Santo en los adelantados. De la iluminación progresiva del alma por el sacrificio de la misa y la santa comunión. De la oración contemplativa de los adelantados. Cuestiones relativas a la contemplación infusa: su naturaleza, sus grados; llamamiento a la contemplación; dirección de las almas en esa cuestión.

IV. *De la unión de las almas perfectas con Dios.*

El ingreso en esta vía por la purificación pasiva del espíritu. La edad espiritual de los perfectos. La heroicidad de las virtudes teologales y de las virtudes morales. La vida apostólica perfecta y la contemplación infusa. La vida de reparación. La unión transformante. La perfección del amor en sus relaciones con la contemplación infusa, con los desposorios espirituales y el matrimonio espiritual.

V. *De las gracias extraordinarias.*

Las gracias *gratis datæ*. En qué difieren de los dones del Espíritu Santo, según Santo Tomás. Aplicación de esta doctrina a las gracias extraordinarias, según San Juan de la Cruz. Las revelaciones divinas, las visiones, las hablas interiores, la estigmatización y el éxtasis.

Conclusión. Respuesta a este problema: La contemplación

infusa de los misterios de la fe y la unión con Dios que de ella resulta, ¿es una gracia en sí misma extraordinaria, o pertenece al camino normal de la santidad? ¿Es el preludio normal de la vida eterna, de la visión beatífica a la que están llamadas todas las almas?

Podríamos tratar en este lugar de la *terminología de los místicos y compararla con la de los teólogos*. Es, en efecto, una cuestión de mucho interés. Pero su sentido y alcance podrán verse más tarde, al principio de la parte de esta obra en que se trata de la vía iluminativa.

También habría lugar, al fin de esta introducción, para exponer, al menos sumariamente, las enseñanzas de los Padres y de los grandes Doctores de la Iglesia acerca de la espiritualidad. Pero será más provechoso hacerlo al tratar, al fin de la primera parte de esta obra, de *la doctrina tradicional de las tres vías* y del modo cómo hay que entenderla.

Hemos ya, por lo demás, expuesto en otro lugar estas enseñanzas y las de las diversas escuelas de espiritualidad [1]. Se puede consultar igualmente con provecho sobre este punto a Monseñor Saudreau: *La vida de unión con Dios y los medios de llegar a ella, según los grandes maestros de la espiritualidad* (3ª ed. París, Amat, 1921. Los Padres griegos, los Padres latinos, la doctrina mística en los ss. XII, XIII, XIV, XV, XVI, XVII y posteriormente). Se puede también leer a M. P. Pourrat: *La espiritualidad cristiana*, obra concebida desde un punto de vista opuesto al precedente, ya que considera como extraordinaria toda gracia propiamente mística. Pero recomendamos con particular interés el excelente libro de Cayré, A. A., *Compendio de Patrología* (Historia y doctrina de los Padres y Doctores de la Iglesia. Desclée, París, 1930, 2 vol.), donde se expone con gran diligencia y de una manera muy objetiva la doctrina espiritual de los Padres y de los grandes Doctores de la Iglesia, incluso San Juan de la Cruz y San Francisco de Sales [2].

[1] Cf. *Perfección cristiana y contemplación*, t. II, p. 662-769.
[2] Véase la tabla analítica de los t. I y II de esta obra, y t. II p. 256.

PRIMERA PARTE

LAS FUENTES DE LA VIDA INTERIOR Y SU FIN

PRÓLOGO

Siendo la vida interior una forma cada vez más consciente de la vida de la gracia en todas las almas generosas, trataremos en primer lugar de la *vida de la gracia* a fin de comprender bien su valor. Examinaremos a continuación en qué consiste *el organismo espiritual* de las virtudes infusas y de los dones del Espíritu Santo, que existen merced a la gracia santificante en todas las almas justas. Así seremos naturalmente conducidos a hablar de la *habitación de la Santísima Trinidad* en el alma de los justos, e igualmente de *la influencia constante* que sobre ella ejerce *Nuestro Señor Jesucristo*, mediador universal, y *María*, mediadora de todas las gracias. Tales son las fuentes de la vida interior; se encuentran estas fuentes muy elevadas, al modo como las fuentes de los ríos tienen su origen en las más altas montañas. Y por esta razón de que desciende de muy alto, nuestra vida interior puede remontarse hasta Dios y conducirnos a una unión muy íntima con Él.

En esta primera parte, después de haber tratado de las fuentes de la vida interior, lo haremos igualmente de su fin, es decir, *de la perfección cristiana* a la cual esa vida interior se ordena, y de la obligación de tender a ella, cada uno según su condición. En todas las cosas, necesario es en primer lugar considerar el fin, porque el fin es lo primero en la intención, aunque sea el postrero en la ejecución. El fin es lo primero que se pretende, aunque se lo consiga en último término. Por esta razón Nuestro Señor Jesucristo inició su predicación hablando de las bienaventuranzas, y por el mismo motivo la Teología moral comienza por el tratado del último fin a cuya consecución han de ir ordenadas todas nuestras acciones.

CAPÍTULO PRIMERO

LA VIDA DE LA GRACIA, VIDA ETERNA COMENZADA

La vida interior del cristiano supone *el estado de gracia*, que es lo contrario del estado de pecado mortal. Y en el plan actual de la Providencia, toda alma o está en estado de gracia o en estado de pecado mortal; con otras palabras, o está de cara a Dios, último fin sobrenatural, o está de espaldas a Él. Ningún hombre se encuentra en el estado puro de naturaleza, porque todos están llamados a un fin sobrenatural que consiste en la visión directa de Dios y en el amor que se sigue a esa visión. A este soberano fin quedó ordenada la humanidad desde el día mismo de la creación, y, después de la caída, a este mismo fin nos conduce el Salvador, que se ofreció en holocausto por la salvación de todos los hombres.

Indudablemente no basta, para llevar verdadera vida interior, el estar en estado de gracia, como lo está un niño después del bautismo o el penitente luego de la absolución de sus pecados. La vida interior supone además la lucha contra todo lo que nos inclina a volver al pecado, y una constante aspiración del alma hacia Dios. Pero si tuviéramos conocimiento profundo del estado de gracia, comprenderíamos que él es no solamente el principio y fundamento de una verdadera vida interior muy perfecta, sino también el germen de la vida eterna. Conviene hacer en esto hincapié desde el principio, recordando las palabras de Santo Tomás: "*Bonum gratiae unius majus est quam bonum naturae totius universi*: el más ínfimo grado de gracia santificante importa más que los bienes naturales de todo el universo" (I-II, q. 113, a. 9, ad 2); porque la gracia es el germen de la vida eterna, incomparablemente superior a la vida natural de nuestra alma y aun a la de los ángeles.

Esta consideración es la que mejor nos puede hacer ponderar *el precio de la gracia santificante* que recibimos en el bautismo, y que nos es devuelta por la absolución, si hemos tenido la desgracia de perderla (¹).

Preciso nos es para conocer el valor de un germen o semilla venir en conocimiento de la planta que de ella ha de nacer. Para saber, por ejemplo, en el orden de la naturaleza, el valor del germen contenido en una bellota, preciso nos es haber podido contemplar la encina que de ella se originó. En el orden humano, para comprender el valor del alma racional que dormita aún en un infantillo, preciso es entender las posibilidades del alma humana en un hombre que ha llegado al total desenvolvimiento intelectual. De manera semejante no nos es dado comprender el precio y valor de la gracia santificante que reside en el alma de un niño bautizado, como en todas las de los justos, si no hemos considerado, aunque sea a la ligera, lo que será el total desenvolvimiento de esta gracia en la vida de la eternidad. Preciso es considerarlo, ilustrados por la luz de las mismas palabras del Salvador. Son esas palabras espíritu y vida y son al paladar más dulces que todo comentario. El lenguaje del Evangelio, el estilo de Nuestro Señor nos ponen en más íntimo contacto con la contemplación que el lenguaje técnico de la teología más segura y elevada. Nada más saludable que respirar el aire purísimo de estas cumbres de donde manan las aguas vivas del río de la doctrina cristiana.

(¹) Ya desde el principio de un tratado de la vida interior, conviene formarse elevada idea de *la gracia santificante*, cuya noción olvidó totalmente el protestantismo, siguiendo a muchos nominalistas del siglo XIV. Para Lutero es justificado el hombre no por *una nueva vida que le es infundida*, sino *por la imputación externa de los méritos de Cristo;* de modo que no es necesario que sea interiormente transformado, como tampoco le es necesaria para su salvación la observancia del precepto de la caridad sobre todos los demás. Esto es simplemente desconocer en absoluto la vida interior de que habla el Evangelio. Doctrina tan lamentable fué preparada por la de los nominalistas, para quienes *la gracia* es un don *no esencialmente sobrenatural*, mas que da *moralmente derecho* a la vida eterna; como el papel moneda que, no siendo más que papel, da derecho, por un precepto legal, a percibir tal cantidad de dinero. Lo cual equivale a negar la vida sobrenatural y a desconocer la esencia misma de la gracia y de las virtudes sobrenaturales.

La vida eterna prometida por el Salvador a los hombres de buena voluntad

La expresión "vida eterna" es rara en el Antiguo Testamento, en el que la recompensa de los justos después de la muerte es presentada con frecuencia en forma simbólica, en la figura, por ejemplo, de la tierra prometida.

Esto se comprende tanto más fácilmente, cuanto que los justos del Antiguo Testamento, después de su muerte, debían esperar a que la Pasión del Salvador y el sacrificio de la Cruz tuvieran lugar para ver abiertas las puertas del cielo. En el Antiguo Testamento todo estaba ordenado primariamente a la llegada del Salvador prometido.

En la predicación de Jesús todo va inmediatamente ordenado a la *vida eterna*. Y si con atención escuchamos sus palabras, echaremos de ver cuánto esta vida de la eternidad difiere de la *vida futura* a que aludían los mejores filósofos, como Platón. La vida futura de que esos filósofos hablaron, era a sus ojos de orden puramente natural, y la enseñaban como "una bella suerte que hay que correr" ([1]), sin poseer certeza absoluta acerca de ella. El Salvador, en cambio, pone en sus palabras la certeza más absoluta, al hablar no sólo de la vida futura, sino de una vida eterna superior al pasado, al presente y al porvenir; vida totalmente sobrenatural, medida como la vida íntima de Dios, de la que es participación, por el único instante de la inmoble eternidad.

Nos enseña Jesús que es estrecho el camino que conduce a la vida eterna ([2]); que para conseguirla es preciso vivir alejados del pecado, observar los mandamientos divinos ([3]). En muchos pasajes del cuarto Evangelio afirma: "*Aquel que cree en mí posee la vida eterna*" ([4]), es decir: aquel que cree en mí, que soy el Hijo de Dios, con fe viva unida a la caridad y a la práctica de los mandamientos, ese tal tiene en sí la vida eterna iniciada. La misma enseñanza nos da en las ocho bienaventuranzas, desde el comienzo de su predicación ([5]): "Bienaventurados los pobres de espíritu, *porque*

([1]) En el *Fedón* se describe del mismo modo la vida futura.
([2]) Mat., VII, 14.
([3]) Mat. XIX, 17.
([4]) Joan., V, 24; VI, 40, 47, 55.
([5]) Mat., V, 3-12.

de ellos es el reino de los cielos...; bienaventurados los que tienen hambre y sed de justicia, *porque ellos serán saciados...;* bienaventurados los limpios de corazón, *porque ellos verán a Dios.*" ¿Qué otra cosa es pues la vida eterna, sino esa hartura, esa visión de Dios en su reino? A los que padecen persecución por la justicia, se les dice en particular: "Alegraos y vivid en gran regocijo, porque vuestra recompensa es grande en los cielos" (¹). Más claramente aún, antes de la Pasión, Jesús enseña, según San Juan, xvii, 3: "Padre, es llegada la hora en que ha de ser glorificado vuestro Hijo, a fin de que vuestro Hijo os glorifique a vos, ya que le habéis dado autoridad sobre toda carne, a fin de que *a todos aquellos que le habéis confiado, él les dé la vida eterna. Y esta vida eterna es que os conozcan a vos, único Dios verdadero, y a aquel que vos habéis enviado, Jesucristo*".

San Juan Evangelista nos explica estas palabras del Salvador cuando escribe: "Amadísimos míos: nosotros somos ahora hijos de Dios, y lo que seremos un día todavía no ha sido manifestado; pero sabemos que el día de esta manifestación, *seremos semejantes a él, porque le veremos tal cual es*" (²). Lo contemplaremos tal cual es y no solamente por la manifestación de sus perfecciones en las criaturas, en la naturaleza sensible o en el alma de los santos según se transparenta en sus palabras y en sus actos; lo veremos cara a cara, como es en sí mismo.

San Pablo añade: "Ahora le vemos (a Dios) como en reflejo, de una manera oscura; pero entonces *le veremos cara a cara; hoy lo conozco en parte, pero entonces lo conoceré como yo soy conocido*" (³).

San Pablo no dice, notémoslo bien, lo conoceré como me conozco a mí mismo, como conozco el interior de mi conciencia. Este interior de mi alma yo lo conozco, indudablemente, mejor que los demás; pero aun así guarda para mí secretos; ya que no puedo medir toda la gravedad de mis pecados, directa o indirectamente voluntarios. Sólo Dios me conoce a fondo; los secretos de mi corazón sólo para sus ojos no son secretos.

Pero entonces, dice San Pablo, *yo lo conoceré con la mis-*

(¹) Ibid., v, 12.
(²) Joan, iii, 2.
(³) I Cor., xiii, 12.

ma claridad con que soy conocido por él. De la misma manera que Dios conoce la esencia de mi alma y mi vida más íntima, sin el intermedio de ninguna criatura, y aun, añade la teología ([1]), sin el intermedio de ninguna idea creada. *Ninguna idea creada*, en efecto, es capaz de representar, *tal cual es en sí*, el puro destello intelectual eternamente subsistente que es Dios y su verdad infinita. Toda idea creada es finita, y es un mero concepto de tal o cual perfección de Dios, de su ser, de su verdad o de su bondad, de su sabiduría o de su amor, de su misericordia o de su justicia. Pero estos *diferentes conceptos* de las divinas perfecciones son incapaces de hacernos conocer, tal cual es en sí misma, la esencia divina *soberanamente simple, la Deidad* o la vida íntima de Dios. *Estos conceptos múltiples* son, comparados con la vida íntima de Dios o con *la simplicidad divina*, algo así como los siete colores del arco iris referidos a la luz blanca de donde proceden. Somos aquí en la tierra a modo de hombres que no habiendo visto jamás sino los siete colores, desearan ver la pura lumbre, fuente eminente de aquéllos. Pero en tanto que no hayamos contemplado la Deidad tal como es en sí, será inútil querer entender la íntima conciliación de las perfecciones divinas, en particular de la infinita Misericordia con la Justicia infinita.

Nuestras ideas creadas de los atributos divinos son como las teselas o piezas de un mosaico que hacen un tanto dura la fisonomía espiritual de Dios. Cuando paramos nuestra atención en su justicia, nos parece ésta demasiado rigurosa, y cuando discurrimos acerca de los dones gratuitos de su misericordia, acaso nos parecen arbitrarios. A las veces reflexionamos: *en Dios justicia y misericordia se confunden; no existe distinción real entre ellas.* Todo eso es verdad, pero también lo es que en esta vida no alcanzamos a comprender *la íntima armonía* entre estas divinas perfecciones. Para entenderla, preciso nos sería ver directamente, sin intervención de cualquier idea creada, la divina esencia tal como es en sí.

Esta visión constituirá la vida eterna. Nadie es capaz de expresar la dicha y el amor que de ella se seguirán en nosotros; amor de Dios tan intenso, tan absoluto, que nada será parte, en adelante, no sólo a destruirlo, pero ni siquiera a amorti-

---

([1]) Cf. S. Tomás, I, q. 12, a. 2.

guarlo; amor por el que nos regocijaremos sobre todo de que Dios sea Dios, infinitamente santo, justo y misericordioso; adoraremos todos los decretos de su Providencia, a la vista de la manifestación de su bondad. Nos compenetraremos con su propia beatitud, según expresión del mismo Salvador: "Alégrate, servidor bueno y fiel; porque has permanecido fiel en lo poco, yo te constituiré señor de cosas grandes: entra en el gozo de tu señor, *intra in gaudium domini tui*" ([1]). Veremos a Dios como él se ve directamente a sí mismo, sin llegar sin embargo hasta las profundidades de su ser, de su amor y de su poder; y le amaremos como se ama Él.

Veremos igualmente a Nuestro Señor Jesucristo, Salvador nuestro.

Tal es esencialmente la eterna bienaventuranza, sin hablar de la felicidad accidental que nos embargará al contemplar y amar a la Virgen María y a todos los santos, y particularmente a las almas que hubiéremos conocido durante nuestra peregrinación sobre la tierra.

El germen de la vida eterna en nosotros

La visión inmediata de Dios, de la que acabamos de hablar, sobrepasa las potencias naturales de cualquier inteligencia creada, angélica o humana. Naturalmente, una inteligencia creada puede perfectamente conocer a Dios mediante el reflejo de sus perfecciones en las cosas creadas, pero no le es dado verlo inmediatamente en sí mismo como Él se ve ([2]). *Si una inteligencia creada pudiera ver a Dios inmediatamente por sus solas fuerzas naturales, esa inteligencia poseería el mismo objeto formal que la inteligencia divina;* sería, por sólo ese hecho, de la misma naturaleza que Dios, y esto sería la confusión panteísta de una naturaleza creada con la naturaleza divina.

De consiguiente una inteligencia creada no puede ser elevada a la visión directa de la divina esencia *sino* por un auxilio gratuito, *por una gracia de Dios.* Esta gracia está en el ángel y en nosotros algo así como el injerto, que transforma un arbusto silvestre haciéndolo apto para producir buenos frutos.

---

[1] Mat., xxv, 21, 23.
[2] Cf. S. Tomás, I, q. 12, a. 4.

LA VIDA DE LA GRACIA, VIDA ETERNA COMENZADA 37

El ángel y el alma humana sólo pueden hacerse capaces de un conocimiento y amor sobrenatural de Dios, mediante este injerto divino de la *gracia habitual* o santificante que es una *participación de la naturaleza divina* o de la vida íntima de Dios. Sólo esta gracia, recibida en la esencia de nuestra alma como un don gratuito, puede hacerla radicalmente capaz de *operaciones propiamente divinas*, capaz de ver a Dios inmediatamente como Él se ve y de amarle como se ama Él.

En otros términos, *la deificación* de la inteligencia y de la voluntad supone *la deificación del alma misma* (en su esencia), de la cual derivan esas facultades.

Esta gracia, cuando es consumada e inamisible, se llama *la gloria*; y de ella proceden, para la inteligencia de los bienaventurados en el cielo, *la luz sobrenatural* que les permite ver a Dios; y para la voluntad, *la caridad infusa* que les comunica el amar sin posibilidad, en adelante, de separarse de él.

Ahora bien, en el bautismo recibimos ya el germen de la vida eterna, ya que por él se nos dió la gracia santificante que es el principio fundamental de esta vida; y con la gracia santificante se nos hizo el don de la caridad infusa que ha de durar eternamente.

Esto es lo que el Salvador dijo a la Samaritana, según San Juan, IV, 5-26: "Si conocieras el don de Dios y quién es el que te dice: Dame de beber, tú se lo hubieras pedido y *él te hubiera dado un agua viva*... El que bebiere del agua de este pozo de Jacob volverá a tener sed; pero el que bebiere el agua que yo le diere, ése ya no tendrá sed; porque *el agua que yo le daré se hará en él una fuente que manará hasta la vida eterna.*" Si alguien preguntara si estas palabras de Nuestro Señor son de orden ascético o de orden místico, su pregunta no tendría sentido, parecería falta de juicio; porque si ahí se trata de la vida del cielo, con más razón se referirán a la unión íntima que prepara el camino que allá nos ha de llevar.

"Aquel que bebiere", dice Santo Tomás ([1]), "del agua viva de la gracia que da el Salvador, no deseará ya ninguna otra, sino que sólo anhelará recibirla en mayor abundancia... Además, mientras que el agua material desciende, el agua espiritual se eleva siempre. Es un agua viva, siempre unida a la fuente, y mana hasta la vida eterna que nos hace merecer."

([1]) *Commentum in Joan.*, IV, 3 sq.

Esta agua viva viene de Dios, y por esta razón es capaz de elevarse hasta Él mismo.

De semejante manera, en el templo de Jerusalén, el último día de los tabernáculos, Jesús, puesto de pie, dijo en voz alta: *"Si alguno tiene sed, que venga a mí y beba. El que cree en mí, ríos de agua viva correrán de su pecho"* (1). El que bebe espiritualmente, creyendo en el Salvador, este tal llena su cántaro en la fuente de agua viva, y puede tomar esa agua no solamente para sí, sino también en beneficio de las demás almas que ha de conducir a la salvación.

Repetidas veces dice Jesús: *"El que cree en mí tiene la vida eterna"* (2). No sólo la poseerá más tarde, sino que, en cierto sentido, la posee ya, porque la vida de la gracia es la misma vida eterna iniciada.

Es en efecto la misma vida en el fondo, como el germen que se encuentra en la bellota tiene la misma vida que la encina en su desarrollo; como el alma del niño es la misma que un día se desplegará en el hombre.

En el fondo es la misma vida divina, que está en germen en el cristiano aquí abajo y en su pleno desarrollo en los santos del cielo, ya que ellos son los verdaderos poseedores de la vida de la eternidad. Por esto dice también Nuestro Señor: *"Aquel que come mi carne y bebe mi sangre, posee la vida eterna, y yo lo resucitaré en el último día"* (3). "El reino de Dios no viene a vista de ojos. Y no se dirá: Aquí está o está allá; porque, mirad, *el reino de Dios está en medio de vosotros*" o "*dentro de vosotros*" (4). Está ahí oculto, como el grano de mostaza, como la levadura que hará fermentar a toda la masa, como el tesoro enterrado en un campo.

¿Y cómo conocemos que hemos recibido ya esta vida que ha de durar perpetuamente? San Juan nos lo expone extensamente: "Sabemos, dice, que hemos pasado de la muerte a la vida, si amamos a nuestros hermanos. El que no ama permanece en la muerte. Todo aquel que odia a su hermano es homicida, y vosotros sabéis que un homicida no tiene la vida eterna morando en él" (5). *"Os he escrito estas cosas para*

---

(1) Joan., VII, 37.
(2) Joan., III, 36; V, 24, 39; VI, 40, 47, 55.
(3) Joan., VI, 55.
(4) Luc., XVII, 20 sq.
(5) I Joan., III, 14 sq.

que sepáis que tenéis la vida eterna, vosotros los que creéis en el nombre del Hijo de Dios" (¹). Y Jesús les había dicho: "En verdad, en verdad os digo, que cualquiera que guarde mi palabra *nunca jamás verá la muerte*" (²).

En realidad, como dice la liturgia en el prefacio de la misa de los difuntos: "*Tuis enim fidelibus, Domine, vita mutatur, non tollitur.* Vuestros fieles, Señor, cambian de vida, no quedan privados de ella"; al contrario, esa vida encuentra en el cielo su pleno desarrollo.

En realidad, la vida de la gracia es desde aquí abajo el germen de la gloria; *gratia est semen gloriæ*, dice toda la tradición. Santo Tomás repite a menudo: "*Gratia nihil aliud est quam quædam inchoatio gloriæ in nobis*" (³). Bossuet se expresa muchas veces en los mismos términos (⁴).

Por esta razón Santo Tomás repite con frecuencia: "*Bonum gratiæ unius maius est quam bonum naturæ totius universi*" (⁵). El menor grado de gracia santificante contenido en el alma de un niño después del bautismo, es una cosa más preciada que todos los bienes naturales del universo, incluso las naturalezas angélicas sin excepción; porque el menor grado de gracia santificante es de un orden inmensamente superior, ya que entra en el orden de *la vida íntima de Dios*, superior a todos los milagros y a todas las señales exteriores de la revelación divina (⁶).

Es la misma vida sobrenatural, la misma gracia santificante, que está en el justo aquí en la tierra y en los santos en el cielo; la misma caridad infusa con dos diferencias: aquí conocemos a Dios, no con la claridad de la visión, sino en *la oscuridad* de la fe infusa; y además, aunque esperamos poseerlo de manera inamisible, todavía podríamos *perderlo* por nuestros pecados.

A pesar de estas dos diferencias, relativas a la fe y a la esperanza, se trata de la misma vida, ya que se trata de idéntica

---

(¹) I Joan., v, 13.
(²) Joan., viii, 51-53.
(³) II, II, q. 24, a. 3, ad 2; I, II, q. 69, a. 2; *De Veritate*, q. 14, a. 2.
(⁴) *Méditations sur l'Evangile*, 2 p., día 37, in Joan., xvii, 3.
(⁵) I, II, q. 113, a. 9, ad 2.
(⁶) I, II, q. III, a. 5: "*Gratia gratum faciens est multo excellentior quam gratia gratis data*"; la gracia santificante, que nos une al mismo Dios, es muy superior a la profecía, a los milagros y a cualquier otra señal de intervención divina.

gracia santificante y de la misma caridad; las dos han de perdurar eternamente. Es lo que justamente decía Jesús a la Samaritana: "Si conocieras el don de Dios, tú me hubieras pedido de beber... El que bebiere del agua que yo le diere, no tendrá sed; al contrario, *el agua que yo le daré se convertirá en él en una fuente que manará por toda la eternidad*" (Juan, IV, 10-14). A la luz de este principio es preciso discernir lo que debe ser nuestra vida interior, y en qué forma se ha de desarrollar aquí plenamente para que sea un digno preludio de la vida eterna. Si la gracia santificante, las virtudes infusas y los dones están por su naturaleza ordenados a la vida eterna, ¿no lo estarán también a la unión mística? ¿No es ésta, en las almas generosas, el *preludio normal* de la vida de la eternidad?

Una consecuencia importante

Por lo que se acaba de exponer, podemos ya desde ahora deducir al menos una presunción acerca del carácter *no extraordinario* de la contemplación infusa de los misterios de la fe y de la unión con Dios que de ella resulta. Esta sospecha se irá confirmando más por lo que sigue, hasta convertirse en certeza.

La gracia santificante y la caridad, que nos unen a Dios en su vida íntima, son, en efecto, muy superiores a las *gracias gratis datæ y extraordinarias*, tales como la profecía y el don de lenguas, que son únicamente *signos* de la intervención divina y que por sí mismas no nos unen íntimamente con Dios. San Pablo lo afirma categóricamente ([1]) y Santo Tomás lo explica muy bien ([2]).

Ahora bien, de la gracia santificante, llamada "gracia de las virtudes y de los dones" ([3]), gracia recibida por todos en el bautismo, y no de las *gracias gratis datæ y extraordinarias*, es de donde procede, como lo veremos, la contemplación infusa, acto de la fe infusa, esclarecida por los dones de inteligencia y de sabiduría. En esto van de acuerdo los teólogos en general. Tenemos, pues, desde ahora muy fundada presunción

---

[1] Cf. I Cor., XII, 28 ss., XIII, 1 ss.
[2] I, II, q. III, a. 5: "Gratia gratum faciens est *multo excellentior* quam gratia gratis data."
[3] Cf. S. Tomás, III, q. 62, a. I.

LA VIDA DE LA GRACIA, VIDA ETERNA. COMENZADA

de que la contemplación infusa y la unión con Dios, que a ella sigue, *no son de por sí extraordinarias*, como la profecía o el don de lenguas; y, no siendo de por sí extraordinarias, ¿no es evidente que se encuentran dentro del camino normal de la santidad?

Hay una segunda razón más convincente todavía que se desprende de lo que acabamos de exponer: La gracia santificante, estando por su propia naturaleza ordenada a la vida eterna, va igualmente ordenada, *y esto de una manera normal*, a la *disposición próxima perfecta a recibir inmediatamente la luz de la gloria*.

Ahora bien, esta disposición próxima es la caridad perfecta acompañada del *vivo deseo de la visión beatífica*, deseo que no se encuentra ordinariamente sino en la unión con Dios que sigue a la contemplación infusa de los misterios de la salvación.

Dicha contemplación no es pues por sí misma *extraordinaria*, como la profecía; sino que es más bien *algo eminente*, que, por lo que vamos diciendo, parece indudable encontrarse dentro de la *vía normal* de la santidad, si bien es relativamente rara, como la elevada perfección.

Preciso es igualmente añadir que el ardiente deseo de la visión beatífica no se encuentra según toda su perfección sino en la unión transformante, o en la unión mística superior, la que, por consiguiente, *no parece* encontrarse *fuera* del camino normal de la santidad. Para bien comprender el sentido y el alcance de esta razón, notemos que si hay algún bien que el cristiano debe desear ardientemente, ese bien es Dios mismo contemplado cara a cara y amado sobre todas las cosas, descartada la posibilidad de pecar. Es evidente que debe existir *proporción entre la intensidad del deseo y el valor del objeto deseado;* y en este caso ese valor es infinito. Deberíamos ser todos "Peregrinos del Absoluto", *quandiu in hac vita peregrinamur a Domino* (II Cor., v, 6).

En fin, como la gracia santificante está por naturaleza ordenada a la vida eterna, asimismo lo está a una *disposición próxima* a recibir *la luz de la gloria luego de la muerte*, sin pasar por el purgatorio. Porque el purgatorio es una pena que supone una trasgresión que hubiera podido ser evitada, y una satisfacción imperfecta, que hubiera podido ser completa si hubiéramos aceptado de buen grado los trabajos de la vida presente. Es cierto, en efecto, que nadie será castigado con el purgatorio, sino por las faltas que hubiera podido evitar o por la negligencia en reparar las cometidas. *Normalmente* deberíamos *pasar el purgatorio* en esta vida, *haciendo méritos*, creciendo en la caridad, en vez de hacerlo en la otra, *en la que ya no hay ocasión de merecer.*

Pues bien, la disposición próxima para recibir la luz de la gloria *en seguida de la muerte* requiere una verdadera purificación, análoga a la que se encuentra en las almas que van a salir del purgatorio, con un gran deseo de la visión beatífica ([1]). Ese ardiente deseo no existe ordinariamente en esta vida, sino en aquella unión con Dios que nace de la contemplación infusa de los misterios de la salvación. Esta contemplación, en lugar de una gracia extraordinaria, parece más bien una gracia eminente en el camino normal de la santidad.

El deseo ardiente de Dios, soberano Bien, que es la disposición próxima para la visión beatífica, ha sido admirablemente expresado por San Pablo (II Cor., IV, 16 ss., y V, 1 ss.): "Aunque nuestro hombre exterior se corrompa, nuestro hombre interior se renueva de día en día... Pues nos lamentamos en esta morada, con el ardiente deseo que tenemos de ser revestidos con nuestra morada celestial... Y es el mismo Dios el que nos creó para ella y el que nos hizo donación de las arras del espíritu."

([1]) S. Tomás explica muy bien este vivo deseo que tienen de Dios las almas del purgatorio; volveremos a hablar de esta cuestión al tratar, más adelante, de la purificación pasiva. Cf. IV *Sent.*, d. 21, a. 1, *ad tertiam* q.: "Quanto aliquid magis desideratur, tanto ejus absentia est molestior. Et quia affectus, quo desideratur summum bonum post hanc vitam, in animabus sanctis est *intensissimus*, quia non retardatur affectus mole corporis, et etiam quia *terminus fruendi summo bono jam advenisset*, nisi aliquid impediret, et ideo *de tardatione maxime dolent.*" Así el hambre nos produce intenso sufrimiento cuando, privados más de un día de todo alimento, llega el organismo a sentir imperiosa necesidad de comer. Del mismo modo es de *necesidad radical y absoluta* en la vida del alma, en la actual economía de la salvación, poseer a Dios inmediatamente después de la muerte. Lo cual, lejos de ser cosa en sí extraordinaria, está *en la vía normal,* como acontece en la vida de los santos.

Es evidente que para tratar convenientemente de las cuestiones de la teología ascética y mística, no se puede perder de vista y descender de estas alturas que nos hace conocer la Sagrada Escritura expuesta por los grandes maestros de teología. Si algún terreno existe en el que es preciso considerar a los hombres, *no como son, sino como deben ser*, ése es precisamente el de la espiritualidad. Es necesario que, elevándonos sobre las convenciones humanas, respiremos a pleno pulmón el aire de las cumbres. Bienaventuradas las almas afligidas que, como San Pablo de la Cruz, no encuentran aire respirable sino al lado de Dios y anhelan volar a Él con todo su corazón.

CAPÍTULO SEGUNDO

LA VIDA INTERIOR Y LA CONVERSACIÓN ÍNTIMA CON DIOS

> *Nostra conversatio in cœlis est.*
> Nuestra conversación está en el cielo.
> (Filip., III, 20).

La vida interior, decíamos, supone el estado de gracia, que es el germen de la vida de la eternidad. Sin embargo el estado de gracia que existe en todos los niños después del bautismo, y en cualquier penitente que ha recibido la absolución de sus pecados, no basta para constituir lo que habitualmente llamamos la vida interior del cristiano. Es indispensable, además, la lucha contra todo lo que pudiera hacernos caer en el pecado, y una vigorosa tendencia del alma hacia Dios.

Desde este punto de vista, y para mejor comprender lo que debe ser la vida interior, conviene compararla con la conversación íntima que cada uno de nosotros sostiene consigo mismo. Bajo la influencia de la gracia, si somos fieles a ella, esta íntima conversación tiende a elevarse, a transformarse y a convertirse en conversación con Dios. Es ésta una observación elemental; como todas las verdades más vitales y profundas son verdades elementales en las cuales se ha pensado durante mucho tiempo, se las ha vivido y han acabado por hacérsenos objeto de contemplación casi continua.

Consideremos sucesivamente estas dos formas de conversación íntima, humana la una y la otra cada vez más divina y sobrenatural.

LA CONVERSACIÓN DE CADA UNO CONSIGO MISMO

Desde el momento que el hombre cesa de ocuparse exteriormente, de conversar con sus semejantes; desde el instante que se encuentra solo, aun entre el bullicio de las calles de una gran ciudad, luego comienza a entretenerse con sus pensamientos. Si es un joven, piensa con frecuencia en su porvenir; si es un anciano, piensa en el pasado, y sus experiencias, felices o desgraciadas, de la vida hacen que juzgue de muy distinta manera a sus semejantes y a las cosas.

Si ese hombre es fundamentalmente egoísta, esa su conversación íntima deriva a la sensualidad o al orgullo; piensa en el objeto de sus concupiscencias y de su envidia; y como de esa suerte no halla en sí sino tristeza y muerte, luego busca huir de sí mismo, exteriorizarse y divertirse para olvidar el vacío y la nada de su vida.

De esta conversación del egoísta consigo mismo nace un conocimiento de sí muy bajo y un amor no menos bajo de sí propio.

Se ocupa ese tal de la parte sensitiva de su alma, de lo que es común al hombre y al animal; tiene goces sensibles, tristezas sensibles, según que haga bueno o mal tiempo, según que gane o pierda en los juegos de azar; se ve envuelto en deseos y aversiones de la misma naturaleza y cuando se le contraría, se exalta en cólera e impaciencia, inspiradas únicamente por el amor desordenado de sí mismo.

Pero conoce muy poco *la porción espiritual de su alma,* aquella que es común al ángel y al hombre. Aun cuando crea en la espiritualidad del alma y de las facultades superiores, inteligencia y voluntad, está muy lejos de vivir en este orden espiritual. No tiene, por decirlo así, conocimiento experimental de esta parte superior de sí mismo y tampoco la estima en lo debido. Si por ventura la conociera, encontraría en ella *la imagen de Dios,* y comenzaría a amarse, no de una manera egoísta, en razón de sí mismo, sino por Dios. Casi constantemente, sus pensamientos recaen sobre lo que en sí tiene de inferior; y aunque a veces dé pruebas de inteligente y hábil sagacidad y astucia, su inteligencia, en lugar de elevarse, se rebaja siempre a lo que es inferior a ella. Fué creada para contemplar a Dios, verdad suprema, y se deja envolver en el error, obstinándose a veces en defenderlo con gran ahinco. Cuando la vida no está a la altura del pensamiento, el pensamiento desciende hasta el nivel de la vida, ha dicho alguien. Y así todo decae, y las más altas convicciones se apagan hasta extinguirse.

La conversación íntima del egoísta consigo mismo conduce así a la muerte y no es vida interior. Su amor propio lo lleva a pretender hacerse centro de todo, a reducir todo a sí, las personas y las cosas; y como esto es imposible, pronto cae en el desencanto y el disgusto; se hace insoportable a sí y a los demás, y termina aborreciéndose, por haber querido amarse sin medida. A veces acaba aborreciendo la vida por haber anhelado por lo que la vida tiene de inferior (¹).

Si, aun no estando en estado de gracia, comienza el hombre a buscar el bien, su conversación consigo mismo es ya totalmente diferente. Piensa, por ejemplo, qué cosas son necesarias para vivir honestamente y hacer vivir así a los suyos. Siente por esto graves preocupaciones, comprende su debilidad y la necesidad de poner su confianza, no en sí mismo, sino en Dios.

Este hombre, todavía en pecado mortal, puede conservar la fe cristiana y la esperanza, que subsisten en nosotros aun después de perder la caridad, mientras nuestro pecado no haya sido de incredulidad, presunción o desesperación. En semejante caso, la conversación íntima que este hombre sostiene consigo mismo es a veces esclarecida por la luz sobrenatural de la fe; medita algunas veces en la vida eterna y aspira a ella, aunque con débil deseo. Y es a veces empujado por una inspiración especial a entrar en una iglesia para orar.

Si este hombre, en fin, tiene al menos atrición de sus pecados y recibe la absolución, vuelve al estado de gracia y a la caridad, al amor de Dios y del prójimo. Muy pronto, en la soledad de sus pensamientos, su conversación consigo mismo cambia; comienza a amarse santamente, no por sí

(¹) Cf. Santo Tomás, II, II, q. 25, a. 7: Utrum peccatores seipsos diligant. "Mali non recte cognoscentes seipsos, non vere diligunt seipsos; sed diligunt id quod seipsos reputant. *Boni* autem vere cognoscentes seipsos, *vere seipsos diligunt... quantum ad interiorem hominem...* et delectabiliter *ad cor proprium redeunt...* E contrario mali non volunt conservari in integritate *interioris hominis*, neque appetunt ei spiritualia bona; neque ad hoc operantur; *neque delectabile est eis secum convivere, redeundo ad cor,* quia inveniunt ibi mala et praesentia et praeterita et futura, neque etiam sibi ipsis concordant propter conscientiam remordentem."

mismo sino *por Dios,* y lo mismo a los suyos, y a comprender que debe perdonar a sus enemigos y aun amarles y desearles la vida eterna como la desea para sí. Pero sin embargo, acaece muchas veces que esa conversación íntima del hombre en estado de gracia persiste en su egoísmo, en el amor propio, en la sensualidad y en el orgullo. Estas faltas no son mortales en él, sino veniales; pero si son reiteradas le inclinan a caer en el pecado mortal, es decir a volver a la muerte espiritual. En tal caso, comienza el hombre nuevamente a huir de sí mismo, porque encuentra en sí, no la vida, sino la muerte; y en lugar de hacer seria reflexión sobre esta desgracia, sucede a veces que se adentra más y más en la muerte, entregándose a los placeres, a la sensualidad y al orgullo.

Eso no obstante, en los momentos de soledad, *la conversación íntima vuelve a reanudarse*, como en prueba de que no puede ser interrumpida. Querría acabar con ella, pero no le es dado conseguirlo. *Es que en el fondo de su alma persiste un afán incoercible,* al cual es preciso dar satisfacción. Pero ese afán y ese deseo sólo Dios puede llenarlos, y le será preciso entrar de lleno en el camino que conduce a él. *Tiene el alma necesidad de conversar con alguien que no sea ella.* ¿Por qué? Porque ella no es su propio fin último. Porque su fin no es otro que Dios vivo y sólo en él puede encontrar su descanso. Como dice San Agustín, *"Irrequietum est cor nostrum, Domine, donec requiescat in te"* ([1]).

La conversación interior con Dios

La vida interior es justamente una elevación y una transformación de la conversación íntima de cada cual consigo mismo, desde el momento que hay en ella tendencia a convertirse en conversación con Dios.

([1]) *Confessiones,* I, I. "Nuestro corazón está, Señor, inquieto, mientras no descanse en ti." Ésta es la prueba de la existencia de Dios por el deseo natural de la felicidad; felicidad verdadera y perdurable, que sólo puede encontrarse en el Soberano Bien, siquiera imperfectamente conocido y amado sobre todas las cosas, más que nosotros mismos. En otro lugar desarrollamos esta prueba. Cf. *La Providencia y la confianza en Dios,* pp. 50-64.

San Pablo dice (I Cor., ii, 11): "*¿Quién de entre los hombres conoce lo que pasa en su interior, sino el espíritu del mismo hombre que está dentro de cada uno? De igual manera, nadie conoce lo que sucede en Dios, sino el mismo Espíritu de Dios.*"
Pero el Espíritu de Dios manifiesta progresivamente a las almas de buena voluntad lo que Dios desea de ellas, y las gracias que quiere otorgarles. Ojalá fuéramos dignos de recibir con docilidad *todo* lo que Dios nos quiere dar. Dice el Señor a los que le buscan: "Tú no andarías tras de mí si no me hubieras ya encontrado."
Esta gradual manifestación de Dios al alma que le busca, no carece de lucha; ya que esa alma tiene que desprenderse de las ligaduras que son la consecuencia del pecado, haciendo desaparecer poco a poco lo que San Pablo llama "el hombre viejo", para cambiarlo por el "hombre interior".
Este santo escribe a los Romanos (vii, 21): "Esta ley encuentro en mí: cuando quiero practicar el bien, el mal está a mi lado. *Hallo placer en la ley de Dios según el hombre interior;* pero veo en mis miembros otra ley que lucha contra la ley de mi espíritu."
Lo que San Pablo llama "el hombre interior", es lo que hay de más elevado en nosotros; la razón esclarecida por la fe y la voluntad, que deben dominar la sensibilidad, común al hombre y al animal.
Añade San Pablo: "No perdamos el ánimo; pues a medida que el hombre exterior se extingue en nosotros, *el hombre interior se va renovando de día en día.*" Su juventud espiritual se renueva continuamente, como la del águila, con las gracias que cada día recibe. Tanto que el sacerdote, al subir al altar, puede decir, cada mañana, aunque tenga noventa años: "Subiré al altar de Dios, al Dios que regocija mi juventud. *Introibo ad altare Dei, ad Deum qui lætificat juventutem meam* (S. xlii, 4).
San Pablo insiste (Col., iii, 9): "No os engañéis los unos a los otros, ya que os despojasteis del hombre viejo con sus obras y os revestisteis *del hombre nuevo que, renovándose sin cesar, a imagen de aquel que lo creó,* alcanza el conocimiento perfecto. En esta renovación, ya no hay griego, ni judío... ni bárbaro, ni esclavo, ni hombre libre; sino que Cristo está todo en todos." El hombre interior se renueva

sin cesar, a imagen de Dios que no envejece. La vida de Dios está sobre lo pasado, lo presente y lo porvenir; sólo está medida por el único instante de la inmoble eternidad. De igual manera Jesucristo resucitado no muere ya y permanece en una eterna juventud; y nos vivifica con sus gracias siempre renovadas, para asemejarnos a Él.

A los Efesios (III, 14) escribe igualmente San Pablo: "Doblo la rodilla delante del Padre (Dios), a fin de que os conceda, según los tesoros de su gloria, el *que seáis fuertemente fortificados por su espíritu en vuestro hombre interior;* y que Cristo habite en vuestros corazones por la fe, de suerte que, *enraizados y fortificados en la caridad,* seáis hechos capaces de comprender con todos los santos la largura, la anchura, la profundidad y la altura, y aun de conocer la caridad de Cristo, que sobrepasa a todo conocimiento, de modo que quedéis llenos de la plenitud de Dios."

Ésta es la vida interior en toda su profundidad; la que constantemente aspira a la contemplación de los misterios de Dios y de ellos se nutre en una unión cada día más íntima con Él. Ahora bien, esto está escrito no solamente para las almas privilegiadas, sino para todos los cristianos de Éfeso, como asimismo para los de Corinto.

Y San Pablo añade: "Renovaos en vuestro espíritu y en vuestros pensamientos y aprended a vestiros del hombre nuevo, creado según Dios en justicia y santidad verdaderas... Id adelante en la caridad, a ejemplo de Cristo, que nos amó y se ofreció a Dios por nosotros, en sacrificio y oblación de suave olor." (Efes., IV, 23; V, 2.)

Esclarecidos por estas palabras inspiradas, que recuerdan lo que Jesús, en las Bienaventuranzas, nos prometió y lo que nos donó al morir por nosotros, podemos definir la *vida interior:*

Es una vida sobrenatural que, por un verdadero espíritu de abnegación y de oración, hace que aspiremos a la unión con Dios y nos conduce a ella.

Esa vida comprende una fase en la que domina la purificación; otra, de iluminación progresiva, en vista a la unión con Dios, como lo enseña toda la tradición, que ha distinguido así la vía purgativa o purificativa de los incipientes, la vía iluminativa de los adelantados y la vía unitiva de los perfectos.

La vida interior pasa así a ser, cada vez más, una conversación con Dios, en la que poco a poco, el hombre se desprende del egoísmo, del amor propio, de la sensualidad, del orgullo; y en la que, por la frecuente oración, pide al Señor las gracias siempre renovadas de que se ve necesitado ([1]).

De esta suerte, comienza el hombre a conocer experimentalmente no ya sólo la parte inferior de sí mismo, sino la porción más elevada. Sobre todo comienza a conocer a Dios de una manera vital; a tener experiencia de las cosas de Dios. Poco a poco *el pensamiento de nuestro propio yo*, hacia el cual hacemos converger todas las cosas, *cede el lugar al pensamiento habitual de Dios.* Y del mismo modo el amor egoísta de nosotros mismos y de lo que hay en nosotros de menos noble, se transforma progresivamente en amor de Dios y de las almas en Dios. La conversación interior cambia, tanto que San Pablo pudo decir: "*Nostra autem conversatio in cœlis est.* Nuestra conversación es ya en el cielo, nuestra verdadera patria." (Filip., III, 20) Santo Tomás insistió sobre esta cuestión ([2]).

([1]) El autor de la *Imitación*, ya desde el capítulo primero, enseña con gran precisión en qué consiste la vida interior, con estas palabras: "La doctrina de Jesucristo es superior a la de todos los santos; y *el que poseyera su espíritu hallaría en ella maná escondido.* Pero sucede que muchos, aunque a menudo oigan el Evangelio, se enfervorizan poco, porque no tienen el espíritu de Cristo. El que deseare, pues, entender con perfección y complacencia las palabras de Cristo, *procure conformar con él toda su vida.*"

([2]) Particularmente en dos importantes capítulos de *Contra Gentes*, l. IV, c. XXI, XXII, sobre los efectos y las señales de la morada en nosotros de la SS. Trinidad. Dice al principio del c. XXII: "Hoc videtur esse amicitiae maxime proprium simul conversari ad amicum. *Conversatio autem hominis ad Deum est per contemplationem ipsius,* sicut et apostolus dicebat (Philip. III, 20): *Nostra conversatio in caelis est.* Quia igitur Spiritus Sanctus nos amatores Dei facit, consequens est quod per Spiritum Sanctum Dei contemplatores constituamur; unde Apostolus dicit, II Cor., III, 18, *Nos autem omnes revelata facie gloriam Dei speculantes, in eamdem imaginem transformamur a claritate in claritatem tanquam a Domini Spiritu.*"

Quienes meditaren esos dos capítulos, podrán darse cuenta de si, para Santo Tomás, la contemplación infusa de los misterios de la fe, está o no en la vía normal de la santidad.

La vida interior es pues, sobre todo, en un alma en estado de gracia, vida de humildad, de abnegación, de fe, de esperanza y de caridad, con la paz que procura la subordinación progresiva de nuestros sentimientos y de nuestra voluntad al amor de Dios que será el objeto de nuestra beatitud.

Para llevar vida interior no basta, pues, prodigarse mucho en el apostolado exterior; tampoco bastaría poseer una gran cultura teológica. Ni siquiera es esto necesario. Un principiante generoso, que posea verdadero espíritu de abnegación y de oración, posee ya verdadera vida interior que debe desarrollarse más y más.

En esta conversación interior con Dios, que tiende a hacerse continua, el alma habla mediante la oración, *oratio*, que es la palabra por excelencia, la que existiría si Dios no hubiera creado sino una sola alma o un ángel solo; esta criatura dotada de inteligencia y de amor, hablaría así con su Creador. La oración es ya de súplica, ya de adoración y de acción de gracias; pero siempre es una elevación del alma hacia Dios. Y Dios responde recordándonos las cosas que nos enseñó en el Evangelio y que nos son útiles para la santificación del momento presente. ¿No dijo Nuestro Señor: *"El Espíritu Santo que mi Padre enviará en mi nombre, os enseñará todas las cosas, y os recordará lo que yo os he enseñado?"* (Joan., xiv, 26.)

El hombre va haciéndose así cada vez más hijo de Dios, conoce con mayor claridad que Dios es su Padre y va como aniñándose más y más en su presencia. Comprende lo que quería decir Jesús a Nicodemus; que es preciso volver al seno del Padre para nacer de nuevo espiritualmente y cada vez más íntimamente, con aquel nacimiento espiritual que es una similitud, remota desde luego, del nacimiento eterno del Verbo ([1]). Los santos siguen realmente este camino, y así entre sus almas y Dios se establece esa conversación que,

---

([1]) San Francisco de Sales nota en algún lugar que, a medida que el hombre va creciendo, cada vez se basta más y depende menos de su madre, que apenas le es necesaria desde que llega a la edad adulta; por el contrario, el hombre interior, a medida que va creciendo, va teniendo más clara conciencia de su divina filiación, que le hace hijo de Dios, y cada vez se hace más niño en su presencia, hasta volver, por decirlo así, al seno divino; en él permanecen eternamente los bienaventurados.

VIDA INTERIOR Y CONVERSACIÓN CON DIOS

por decirlo así, nunca se interrumpe. Por eso, de Santo Domingo se decía que no sabía hablar sino de Dios o con Dios; por eso era siempre muy caritativo con los hombres, y al mismo tiempo prudente, justo y fuerte.

Esta conversación con Dios se establece por la influencia de Cristo mediador, como lo canta repetidas veces la liturgia, y particularmente el himno *Jesu dulcis memoria*, que es una espléndida expresión de la vida interior del cristiano:

Jesu, spes pœnitentibus,
Quam pius es petentibus!
Quam bonus te quærentibus!
Sed quid invenientibus!

Oh Jesús, esperanza de los penitentes: ¡Qué tierno eres para los que te imploran! ¡qué bueno para los que te buscan!
¡Qué no serás para los que te han encontrado!

Nec lingua valet dicere,
Nec littera exprimere,
Expertus potest credere
Quid sit Jesum diligere.

Ni la lengua puede decir,
ni la escritura expresar
lo que es amar al Salvador;
sólo puede creerlo el que lo ha expe-
   [rimentado.

Seamos del número de aquellos que le buscan y a quienes se ha dicho: "Tú no me buscarías, si no me hubieras encontrado ya."

CAPÍTULO TERCERO

DEL ORGANISMO ESPIRITUAL

Art. I. La vida natural y la vida sobrenatural del alma. — Art. II. Las virtudes teologales. — Art. III. Las virtudes morales. — Art. IV. Los dones del Espíritu Santo. — Art. V. La gracia actual, sus diversas formas y la fidelidad que exige.

La vida interior, que supone el estado de gracia, consiste, lo hemos dicho ya, en una generosa tendencia del alma hacia Dios, mediante la cual, la conversación íntima de cada uno consigo mismo se eleva poco a poco, se transforma, y llega a ser conversación íntima del alma con Dios. Esto es, como queda dicho, la vida eterna iniciada en la oscuridad de la fe, antes de alcanzar su máximo esplendor en la claridad de la visión inamisible.

Para mejor comprender lo que es en nosotros este germen de vida eterna, *semen gloriæ*, es preciso considerar que de la gracia santificante descienden a nuestras facultades las virtudes infusas, teologales y morales, y los siete dones del Espíritu Santo; virtudes y dones que son como las funciones subordinadas de un mismo organismo, del organismo espiritual que se ha de ir perfeccionando hasta nuestra entrada en el cielo.

ARTÍCULO PRIMERO

LA VIDA NATURAL Y SOBRENATURAL DEL ALMA

Importa distinguir bien en nuestra alma lo que constituye su propia naturaleza, y lo que es en ella un don absolutamente gratuito de Dios. La misma distinción ha de hacerse en el ángel, que igualmente posee su propia naturaleza, muy inferior, aunque sea espiritual, al don de la gracia.

Si consideramos atentamente al alma humana en su naturaleza, echaremos de ver en ella dos porciones muy diferentes; una de orden sensible, y la otra de orden suprasensible o intelectual. *La parte sensitiva del alma es común al hombre y al animal;* comprende los sentidos externos, los sentidos internos, la imaginación y la memoria sensible, y la sensibilidad o apetito sensitivo, del cual derivan las diversas pasiones o emociones que llamamos el amor sensitivo y el odio, el deseo y la aversión, la alegría sensitiva y la tristeza, la esperanza y la desesperación, la audacia y el temor, y la cólera. Esta vida sensitiva existe íntegramente en el animal, bien que sus pasiones sean apacibles, como en el cordero y la paloma, o bien violentas, como en el lobo y el león.

Elevada sobre esta parte sensitiva, común al hombre y al animal, existe en nuestra naturaleza *una porción intelectual, común al hombre y al ángel*, bien que en el ángel sea mucho más vigorosa y más bella. Merced a esta parte intelectual, nuestra alma es superior al cuerpo; por eso la llamamos *espiritual*, y no depende intrínsecamente del cuerpo, y así ha de sobrevivir después de la muerte.

De la esencia del alma y de esta porción elevada derivan en nosotros dos facultades superiores, la inteligencia y la voluntad (¹). *La inteligencia* conoce, no solamente las cualidades sensibles, los colores, los sonidos, sino que conoce *el ser, lo real inteligible*, de las verdades necesarias y universales como ésta: "Nada sucede sin una causa y, en último término, sin una causa suprema; hay que hacer el bien y evitar el mal; haz lo que debes, pase lo que pase." Jamás podrá llegar el animal al conocimiento de estos principios; aunque su imaginación se perfeccionase indefinidamente, jamás alcanzará ese orden intelectual de las verdades necesarias y universales; nunca pasa del orden de las cualidades sensibles, conocidas en su singularidad contingente.

(¹) **Para conocer y para querer, el alma humana y el ángel tienen** necesidad de dos *facultades;* y en esto difieren de Dios. Dios, que es el mismo Ser, el Pensamiento, la Sabiduría y el amor, *ninguna necesidad* tiene de ellas para conocer y amar. Por el contrario, el ángel y el alma, como no son el Ser mismo, sólo poseen una naturaleza o *esencia* capaz de recibir la existencia. Además, en ellos, *la existencia* limitada que poseen *es distinta de los actos* de conocimiento y de querer cuyo objeto es ilimitado; por eso *la esencia* del alma o del ángel, que recibe la existencia que le es propia, es *distinta de las facultades* o potencias capaces de producir, no el acto permanente de existir, sino los sucesivos de conocimiento y volición. Cf. Santo Tomás, I, q. 54, a. 1, 2, 3.

Como la inteligencia *conoce el bien de una manera universal*, y no solamente el bien deleitable o útil, sino el bien honesto y racional, como por ejemplo: "vale más morir que ser traidor", igualmente, y como una consecuencia, *la voluntad puede amar este bien y querer realizarlo*. Por ese camino, es inmenso su dominio sobre la sensibilidad y las emociones comunes al hombre y al animal. Por la inteligencia y la voluntad el hombre se asemeja al ángel; aunque nuestra inteligencia, a diferencia de la inteligencia angélica, depende, en esta vida, de los sentidos que le presentan los primeros objetos de su conocimiento.

Las dos facultades superiores, inteligencia y voluntad, pueden desarrollarse grandemente, como sucede en los hombres de genio y en los que se ocupan en actividades superiores; pero podrían esos hombres no llegar nunca a conocer ni amar la vida íntima de Dios, que es de otro orden, de un orden absolutamente sobrenatural, lo mismo en el ángel que en el hombre. El hombre y el ángel pueden conocer a Dios naturalmente, desde afuera, por el reflejo de sus perfecciones en las criaturas; pero ninguna inteligencia creada puede, por sus fuerzas naturales, llegar, aun confusa y oscuramente, *al objeto propio y formal de la inteligencia divina* (¹). El pretenderlo sería sostener que esa inteligencia creada es de la misma naturaleza que Dios, ya que sería especificada por idéntico objeto formal (²). Como dice San Pablo (I Cor., II, 11): "¿Quién entre los hombres conoce lo que pasa en el hombre, si no es el espíritu del hombre que está en él? Asimismo, *nadie conoce lo que está en Dios, sino el mismo espíritu de Dios.*" La razón es por ser de un orden esencialmente sobrenatural.

Ahora bien, la gracia santificante, germen de la gloria, *semen gloriæ*, nos introduce en este orden superior de verdad y de vida. Es ella *vida esencialmente sobrenatural*, participación de la vida íntima de Dios, *participación de la naturaleza di-*

(¹) Así el hombre indocto, que sólo confusamente comprende lo real inteligible, que es el objeto de la filosofía, posee, no obstante, una inteligencia *de la misma naturaleza* que la del filósofo; pero ninguno de los dos son capaces, por sus solas fuerzas naturales, de comprender *la vida íntima de Dios*.

(²) Cf. Santo Tomás, I, q. 12, a. 4.

vina, ya que nos dispone desde ahora *a ver un día a Dios como él se ve a sí mismo y a amarle como se ama Él*. San Pablo nos lo ha dicho (I Cor., II, 9): "Hay cosas que ni el ojo vió, ni la oreja oyó, ni han llegado al corazón del hombre; las cosas que Dios ha preparado para los que le aman. A nosotros las ha revelado Dios por su Espíritu, porque el Espíritu lo penetra todo, *aun las profundidades de Dios*."

La gracia santificante, que comienza a hacernos vivir en este orden superior, supraangélico, de la vida íntima de Dios, es como un injerto divino recibido en la esencia misma de nuestra alma, con el fin de sobreelevar su vitalidad y permitirle dar, no solamente frutos naturales, sino los sobrenaturales, acciones dignas de la vida eterna.

Este injerto divino de la gracia santificante es pues en nosotros algo que está muy sobre la vida natural de nuestra alma espiritual e inmortal, una *vida esencialmente sobrenatural, muy superior a los milagros sensibles* (¹).

Desde este momento, esta vida de la gracia se desarrolla en nosotros *en forma de virtudes infusas y de los dones del Espíritu Santo*. Así como en el orden natural, de la esencia misma de nuestra alma derivan nuestras facultades intelectuales y sensitivas, del mismo modo, en el orden sobrenatural, *de la gracia santificante*, recibida en la esencia del alma, *derivan*, en nuestras facultades superiores e inferiores, *las virtudes infusas y los dones*, que constituyen, con la raíz de donde proceden, nuestro organismo espiritual o sobrenatural (²). Este organismo espiritual nos fué dado en el bautismo, y se nos vuelve a dar por la absolución, cuando hemos tenido la desgracia de perderlo.

El organismo espiritual lo podemos sintetizar en este cuadro de las virtudes y los dones:

(¹) El milagro sensible de la resurrección de un cuerpo, devuélvele *sobrenaturalmente la vida natural*. Mientras que la gracia santificante, que resucita al alma, es vida esencialmente sobrenatural. El milagroso efecto de la resurrección corporal no es en sí sobrenatural, sino sólo en el modo, "non *auoad essentiam*, sed *quoad modum* productionis suae". Por eso el milagro, aunque sobrenatural por su causa, es naturalmente cognoscible, mientras que la vida esencialmente sobrenatural de la gracia no puede ser conocida naturalmente. Para señalar esta diferencia, se dice con frecuencia que el milagro es más bien *preternatural* que *sobrenatural*, y este último término queda reservado para designar la vida sobrenatural.

(²) Cf. Santo Tomás, I, II, q. 63, a. 3.

	teologales	caridad .... don de sabiduría fe .... don de inteligencia esperanza .... don de ciencia	
VIRTUDES	morales	prudencia .... don de consejo justicia religión .... don de piedad penitencia obediencia fortaleza .... don de fortaleza paciencia templanza .... don de temor humildad mansedumbre castidad	DONES

Cf. Santo Tomás, II-II. Tratado de cada una de las virtudes, en donde se habla del don correspondiente. El don de temor corresponde a la vez a la templanza y a la esperanza (¹), pero esta última virtud es también sostenida por el don de ciencia, que nos enseña el vacío de las cosas creadas, moviéndonos así a desear a Dios y confiar en Él (²).

ARTÍCULO SEGUNDO

LAS VIRTUDES TEOLOGALES

Las virtudes teologales son virtudes infusas que tienen por *objeto* a Dios mismo, último fin nuestro sobrenatural. Por esta razón se las llama teologales. En cambio, las virtudes morales infusas tienen por *objeto* los medios sobrenaturales, proporcionados a nuestro último fin. Así la prudencia dirige nuestros actos a su consecución; la religión hace que rindamos a Dios el culto que le es debido; la justicia nos hace dar a cada uno lo que le debemos; la templanza regula nues-

---

(¹) II, II, q. 141, a. 1, 3: "Temperantiae etiam respondet aliquod donum, scilicet timoris, quo aliquis refraenatur a delectationibus carnis, sec. illud Ps. CXVIII: *Confige timore tuo carnes meas*... Correspondet etiam virtuti spei."
(²) II, II, q. 9, a. 4.

tra sensibilidad, impidiéndole extraviarse, y la hace concurrir a su manera a que nos encaminemos a Dios (¹).

Entre las virtudes teologales, *la fe infusa*, que hace que creamos *todo lo que Dios ha revelado* por ser la misma verdad, es como una especie de sentido espiritual superior que nos permite percibir una armonía divina, inaccesible a los demás medios que tenemos de conocimiento. La fe infusa es a modo de un sentido espiritual del oído, destinado a escuchar una sinfonía espiritual que tiene a Dios por autor. De manera que hay una diferencia inmensa entre el estudio simplemente histórico del Evangelio y de los milagros que lo confirman, y el acto sobrenatural de fe por el que creemos en el Evangelio, como palabra de Dios. Un hombre muy instruído y que busca sinceramente la verdad, puede hacer un estudio histórico y crítico del Evangelio y de los milagros que lo confirman, sin llegar todavía a creer; sólo creerá sobrenaturalmente después de haber recibido la gracia de la fe, que le introducirá en un mundo superior, más alto aún que la vida del ángel. "*La fe es un don de Dios*", dice San Pablo (Efes., II, 8); ella es el fundamento de la justificación, porque nos conduce a conocer el fin sobrenatural hacia el que estamos obligados a caminar (²). La Iglesia ha definido contra los semipelagianos que aun *el initium fidei*, el principio de la fe es un don de la gracia (³). Y todos los grandes teólogos han demostrado que la fe infusa es *esencialmente sobrenatural*, de una sobrenaturalidad muy superior a la del milagro sensible, y aun a la de la profecía que anuncia un futuro contingente, de orden natural, como el fin de una guerra (⁴). *La fe*, en efecto, *hace que nos adhiramos sobre-*

(¹) Cf. Santo Tomás, I, II, q. 62, a. 1 y 2.

(²) *Ad Romanos*, IV, 1-25: Si Abraham fué justificado por las obras...; "lo cual le fué imputado a justicia". Nosotros sólo por la fe hallaremos la salvación, que es un don de Dios; por la fe en Jesucristo.

(³) Cf. Denzinger, *Enchiridion*, nº 178.

(⁴) Cf. Santo Tomás, II, II, q. 6, a. 1 y 2. Así como las virtudes se especifican por su objeto formal, esta sobrenaturalidad de la fe infusa depende de su objeto primario y de su motivo formal, que son inaccesibles a cualquier conocimiento natural. El objeto primario de la fe es, en efecto, el mismo *Dios en su vida íntima*, y el motivo formal de la fe infusa es *la autoridad de Dios revelante*. Y nos es posible conocer por sola la razón la autoridad de Dios autor de la naturaleza, y aun del milagro sensible; pero no podemos por sola

naturalmente a aquello que Dios nos revela sobre su vida íntima, según las enseñanzas de la Iglesia, encargada de conservar el depósito de la revelación.

La fe infusa es por consiguiente de un orden inmensamente superior al estudio histórico y crítico del Evangelio. Como muy acertadamente lo dice el P. Lacordaire: "Ved a ese sabio que estudia la doctrina católica, que no la rechaza con amargura y que aun dice sin cesar: felices vosotros los que tenéis fe; yo quisiera tenerla como vosotros, pero no puedo. Y dice una gran verdad: quiere y no puede (todavía); porque el estudio y la buena fe no siempre llegan a la conquista de la verdad, para que se vea claro que *la certeza racional* no es *la certeza fundamental* sobre la que se apoya la doctrina católica. Ese sabio conoce la doctrina católica, admite sus hechos, percibe su fuerza; está cierto de que existió un hombre que se llamaba Jesucristo, que vivió y murió de una manera prodigiosa; se emociona con la sangre de los mártires y con la constitución de la Iglesia; y aun estará dispuesto a afirmar que es el mayor prodigio que se haya visto en el mundo; casi afirmará que es verdadera. Y sin embargo no acaba de confesarlo; se siente aplastado por la verdad, como cuando se sueña o se ve sin acabar de ver. Pero un buen día, ese sabio se postra de rodillas; ve la miseria del hombre, levanta sus ojos al cielo y exclama: *¡Desde el abismo de mi miseria, oh Dios mío, levanto hacia ti mi voz!* Al acabar de decir estas palabras, acontece en él una cosa extraña; caen las escamas de sus ojos y un gran misterio se cumple en su interior: ¡ese hombre es otro! Es desde ahora manso y humilde de corazón; ya puede morir, pues ha conquistado la verdad" ([1]).

Si para llegar al motivo formal de la fe cristiana bastase la fe adquirida, fundada en el examen histórico del Evangelio y de los milagros que lo confirman, *la fe infusa sería inútil,* como asimismo la esperanza y la caridad infusas: bas-

---

esta razón adherirnos a la autoridad de Dios autor de la gracia. Por tal motivo Dios interviene al revelarnos los misterios esencialmente sobrenaturales de la Trinidad, Encarnación, Redención, Eucaristía y el de la vida eterna. En otro lugar tratamos detenidamente de esta capital cuestión. Cf. *De Revelatione,* t. I, c. XIV, pp. 458-514; y *Perfection chrétienne et contemplation,* t. I, pp. 62-87.

([1]) P. LACORDAIRE, *Conférences à Notre-Dame,* conf. 17.

taría la buena voluntad natural de que hablaban los pelagianos. Para éstos la gracia y las virtudes infusas no eran de necesidad absoluta para la salvación, sino sólo para realizar más fácilmente los actos de la vida cristiana ([1]).

La fe infusa es a modo de una facultad auditiva sobrenatural, como un sentido musical superior que nos permite percibir las armonías espirituales del reino de los cielos, y oír, en cierto modo, la voz de Dios en la de los profetas y en la de su Hijo, antes de haber sido admitidos a verle cara a cara. Entre el incrédulo que estudia el Evangelio y el creyente, hay una diferencia semejante a la que existe entre dos oyentes de una sinfonía de Beethoven, de los que el uno tiene sentido musical y el otro no. Ambos oyen todas las notas, pero uno solo capta el sentido y el alma de la sinfonía. De manera semejante, el creyente acepta sobrenaturalmente el Evangelio, y se adhiere a él, aunque sea iletrado; mientras que el sabio, con todos los instrumentos de la crítica, no puede, careciendo de la fe infusa, prestarle adhesión. "*Qui credit in Filium Dei, habet testimonium Dei in se.*" (I Joan., v. 10.)

Por eso dice el mismo P. Lacordaire ([2]): "Lo que acontece en nosotros, cuando creemos, *es un hecho de iluminación íntima y sobrehumana.* No digo que las cosas exteriores no obren en nosotros como motivos racionales de certeza; pero el acto preciso de esta *certeza suprema* de que hablo ahora, nos afecta directamente como un fenómeno luminoso; digo más, como un *fenómeno supraluminoso*... Si fuera de otro modo, ¿cómo querríais que hubiera *proporción* entre *nuestra adhesión*, que sería natural, racional, y un *objeto* que sobrepasa a la naturaleza y a la razón?...([3]). De esta manera una intuición simpática consigue, entre dos hom-

---

([1]) Cf. Denzinger, *Enchiridion*, nº 179. La fe adquirida existe en los demonios que perdieron la fe infusa, pero que creen como contra su voluntad, por la evidencia de los milagros y otros signos de la revelación. Cf. Santo Tomás, II, II, q. 5, a. 2; *de Verit.*, q. 14, a. 9, ad 4.

([2]) *Op. cit.*, conf. 17.

([3]) Santo Tomás dice asimismo, *de Veritate*, q. 14, a. 2: "Vita aeterna consistit in plena Dei cognitione. Unde oportet hujusmodi cognitionis supernaturalis aliquam *inchoationem* in nobis fieri; et haec est *per fidem*, quae ea tenet *ex infuso lumine* quae naturaliter cognitionem excedunt." Item, II, II, q. 6, a. 1 y 2. Indudablemente la luz de la fe es aún oscura, mas de una *transparente oscuridad*, es decir superior y no inferior a la evidencia de la razón.

bres, lo que la lógica no hubiera conseguido en muchos años. De esta manera, a veces, una súbita iluminación enciende el genio.

"Un convertido os dirá: leí, razoné, lo pretendí, pero nada pude conseguir. Un día, sin que pueda explicar cómo, en la esquina de una calle, en el rincón de mi hogar, me he sentido otro hombre, he creído... Lo que ha pasado en mí, en el momento en que eso ha sucedido, es totalmente distinto de lo que a ese momento precedió. Acordaos de los discípulos de Emaús."

Hace cincuenta años, quien no hubiera conocido aún la telegrafía sin hilos, hubiera quedado no poco sorprendido al escuchar que un día se podría oír en Roma una sinfonía ejecutada en Viena. Mediante la fe infusa oímos una sinfonía espiritual que tiene su origen en el cielo. Los perfectos acordes de tal sinfonía se llaman los misterios de la Trinidad, de la Encarnación, de la Redención, de la misa, de la vida eterna.

Por esta audición superior es conducido el hombre hacia la eternidad; y deber suyo es aspirar con más alma cada día hacia las alturas de donde procede esta armonía.

Para tender efectivamente hacia ese fin sobrenatural y llegar a él, el hombre ha recibido como dos alas; la de la *esperanza* y la de la *caridad*. Sin ellas, no le sería dado sino caminar en el sentido que le marca la razón; con ellas vuela en la dirección señalada por la fe.

Igualmente nuestra inteligencia, sin la luz infusa de la fe, no puede conocer nuestro fin sobrenatural; como tampoco puede nuestra voluntad aspirar a él si sus fuerzas no han sido aumentadas, centuplicadas, elevadas a un orden superior. Para esto le es preciso un amor sobrenatural y nuevo impulso.

Por la esperanza deseamos poseer a Dios, y para conseguirlo, nos apoyamos, no en nuestra fuerza sino *en el auxilio que Él nos ha prometido. Nos apoyamos en Dios mismo, que siempre escucha a los que le invocan.*

La caridad es un amor de Dios superior, más desinteresado; *hace que amemos a Dios*, no sólo para poseerlo un día, sino *por él mismo; y amarlo más que a nosotros mismos*, en razón de su infinita bondad, más amable en sí que todos los beneficios que nos vienen de su mano (¹). Esta virtud nos hace amar a Dios por encima de todo, *como a un amigo que nos ha amado primero*. A Él ordena los actos de las demás virtudes que ella vivifica y hace meritorias. Ella es nuestra gran fuerza sobrenatural; *la fuerza del amor* que venció, durante siglos de persecución, todos los obstáculos, aun en débiles criaturas como Santa Inés y Santa Lucía.

El hombre esclarecido por la fe se dirige así hacia Dios, llevado en las alas de la esperanza y del amor. Pero en cuanto peca mortalmente, pierde la gracia santificante, ya que vuelve las espaldas a Dios, a quien deja de amar más que a sí mismo. La misericordia divina le conserva sin embargo la fe infusa y la esperanza infusa, mientras no hubiere pecado mortalmente contra estas dos virtudes. Y aun conserva la luz que le señala la ruta que ha de seguir, y puede todavía confiar en la infinita misericordia y pedirle la gracia de la conversión.

De estas tres virtudes teologales, la caridad es la más elevada, y con la gracia santificante ha de durar eternamente. "La caridad, dice San Pablo nunca morirá... Ahora estas tres cosas permanecen: la fe, la esperanza, la caridad; pero la mayor entre las tres es la caridad" (I Cor., XIII, 8, 13). Durará siempre, eternamente, cuando ya la fe haya desaparecido para dar lugar a la visión, y cuando a la esperanza haya sucedido la posesión inamisible de Dios claramente conocido.

Tales son las funciones superiores del organismo espiritual; las tres virtudes teologales que crecen a la vez, y con ellas las virtudes morales infusas que las acompañan.

ARTÍCULO TERCERO

LAS VIRTUDES MORALES

Para comprender lo que debe ser el funcionamiento del organismo espiritual, importa distinguir bien, en un plano inferior a las virtudes teologales, las virtudes morales *adquiridas*, descritas ya por los moralistas de la antigüedad pagana, y que pueden existir sin el estado de gracia; y las virtudes

---

(¹) SANTO TOMÁS, I, II, q. 62, a. 4.

morales *infusas*, ignoradas de los moralistas paganos y descritas en el Evangelio. Las primeras, como lo indica su nombre, se adquieren por la repetición de actos, bajo la dirección de la razón natural más o menos cultivada. Las segundas son llamadas infusas, porque Dios sólo puede producirlas en nosotros; no son el resultado de la repetición de actos, sino que las hemos recibido en el bautismo, como partes del organismo espiritual, y con la absolución, si por desgracia las habíamos perdido. Las virtudes morales adquiridas, conocidas por los paganos, tienen un objeto accesible a la razón natural; las virtudes morales infusas tienen objeto esencialmente sobrenatural; objeto que sería inaccesible sin la fe infusa en la vida eterna, en la gravedad del pecado, en la virtud redentora de la Pasión del Salvador y en el precio de la gracia y de los sacramentos ([1]).

Con relación a la vida interior, hablaremos primero de las virtudes morales adquiridas, luego, de las virtudes morales infusas y finalmente de sus mutuas relaciones.

Es éste un asunto que no carece de importancia, tanto más cuanto que ciertas personas consagradas a Dios no conceden, en su juventud, bastante importancia a las virtudes morales. Diríase que, sobre una sensibilidad tranquila y pura, poseen las tres virtudes teologales; pero que las virtudes morales de prudencia, justicia, etc., están ausentes de ellas ([2]). Se nota en sus almas como la falla de una etapa intermedia. A pesar de estar adornadas con las virtudes morales infusas, no poseen las virtudes morales adquiridas correspondientes.

Otras, en cambio, de edad más avanzada, habiéndose dado cuenta de la importancia de las virtudes morales de prudencia, justicia, etc., en la vida social, no conceden la importancia debida a las virtudes teologales, que, sin embargo, son incomparablemente superiores, ya que por ellas nos unimos a Dios.

([1]) SANTO TOMÁS, I, II, q. 63, a. 4: "En qué son específicamente distintas las virtudes morales adquiridas, en nosotros, de las virtudes morales infusas."

([2]) No obstante, tales personas, si están en estado de gracia, poseen las virtudes morales infusas, que van unidas a la caridad; mas al no prestarles sino poca atención, sólo en pequeño grado tienen las virtudes adquiridas correspondientes.

Las virtudes morales adquiridas

Remontémonos poco a poco de los grados inferiores de la moralidad natural a los de la moralidad sobrenatural.

Fijémonos en primer lugar, con Santo Tomás, que en el hombre que está en pecado mortal se encuentran con frecuencia *falsas virtudes*, como la templanza del avaro. Éste la practica, no por amor del bien honesto y racional, sino por amor del bien útil que es el dinero. Si paga sus deudas, es más bien por evitarse los gastos de un proceso que por amor a la justicia.

Por encima de estas falsas virtudes, es posible que, aun en el hombre en pecado mortal, existan verdaderas virtudes morales adquiridas. Muchos practican la sobriedad por vivir según el dictado de la razón; por el mismo motivo pagan sus deudas y enseñan algunas cosas buenas a sus hijos.

Pero mientras el hombre permanezca en estado de pecado mortal, estas virtudes están en una situación muy poco estable (*in statu dispositionis facile mobilis*), y no en el estado de virtud sólida y verdadera (*difficile mobilis*). ¿Por qué? Porque en tanto que el hombre se encuentra en estado de pecado mortal, su voluntad se halla habitualmente alejada de Dios; en lugar de amarle sobre todas las cosas, el pecador se ama a sí más que a Dios. De donde se sigue una gran debilidad para cumplir el bien moral, aun de orden natural.

Además, las verdaderas virtudes adquiridas del hombre en pecado mortal, no tienen solidez, porque *no tienen conexión*, no están suficientemente apoyadas por las virtudes morales próximas que con frecuencia faltan. Tal soldado, por ejemplo, naturalmente inclinado a actos de valor, tiene el vicio de emborracharse. Y sucede que, ciertos días, por intemperancia, se olvida de la virtud adquirida de fortaleza y descuida sus deberes esenciales de soldado [1].

---

[1] Cf. Santo Tomás, I, II, q. 65, a. 1. Los tomistas admiten generalmente esta proposición: "Possunt esse sine caritate *verae virtutes morales acquisitae*, sicut fuerunt in multis gentibus, *sed imperfectae*." Cf. Juan de Santo Tomás, *Cursus Theol.*, De proprietate virtutum, disp. XVII, a. 2, nº 6, 8, 10, 11, 14. — Salmanticenses, *Cursus theol.*, De virtutibus, disp. IV, dub., I, nº 1, dub. II, nºs. 26, 27. Billuart, *Cursus theol.*, De passionibus et virtutibus, diss. II, a. 4, § III, particularmente al fin.

Este hombre, *por temperamento* inclinado al valor, no tiene la virtud de fortaleza *en el verdadero estado de virtud*. La intemperancia le hace faltar a la prudencia, aun cuando se trata de ser valeroso. La prudencia, que debe dirigir todas las virtudes morales, supone, en efecto, que nuestra voluntad y nuestra sensibilidad están habitualmente rectificadas con relación al fin de estas virtudes. Uno que conduce varios caballos enganchados a un carro, necesita que cada uno de ellos esté domado y sea dócil. Ahora bien, la prudencia es como el conductor de todas las virtudes morales, *auriga virtutum*, y debe tenerlas, por decirlo así, a todas en la mano. Una no camina sin la otra, porque todas están en conexión con la prudencia que las dirige.

De consiguiente, para que las verdaderas virtudes adquiridas no estén solamente en estado de disposición inestable, para que se encuentren *en el estado de virtud sólida* (*in statu virtutis*), preciso es que estén conexas o formando unidad; y para esto es necesario que el hombre no esté ya en estado de pecado mortal, sino que su voluntad esté rectificada con relación al último fin. Es preciso que ame a Dios más que a sí mismo, al menos con un amor de estima, real y eficaz, si no con un amor de sentimiento. Y esto es imposible fuera del estado de gracia y de caridad (¹).

Mas después de la justificación o conversión, estas verdaderas virtudes adquiridas pueden llegar a ser verdaderas virtudes estables (*in statu virtutis*); pueden hacerse conexas, es decir, apoyarse las unas en las otras. En fin, bajo la influencia de la caridad infusa, llegan a ser el principio de actos merecedores de la vida eterna. Algunos teólogos, como Duns Scot, han pensado aún, por esta razón, que ni siquiera es necesaria en nosotros la existencia de las virtudes infusas.

En otro lugar hemos tratado más ampliamente esta cuestión: "Revue thomiste", julio 1937: "L'instabilité dans l'état de péché mortel des vertus morales acquises." Véase SANTO TOMÁS, I, II, q. 49, a. 2, ad 3; este texto es capital.

(¹) Cf. SANTO TOMÁS, I, II, q. 65, a. 2. En el estado actual de la humanidad, el hombre está o en estado de pecado mortal, o en estado de gracia. Después de la primera caída, en efecto, no puede el hombre amar *eficazmente* a Dios más que a sí mismo, sin la gracia que le sana, y que se identifica con la santificante. II, II, q. 109, a. 3.

Las virtudes morales infusas

Las virtudes morales adquiridas de que acabamos de hablar, ¿son suficientes, bajo la acción de la caridad, para constituir el organismo espiritual de las virtudes en el cristiano? ¿O será preciso que recibamos las virtudes morales infusas?

Conformándose a la tradición y a una decisión del Papa Clemente V, en el Concilio de Viena (¹), el catecismo del Concilio de Trento (2ª p., sobre el bautismo y sus efectos) responde: "La gracia (santificante) que el bautismo comunica, *va acompañada del glorioso cortejo de todas las virtudes,* que, por un don especial de Dios, penetran en el alma, al mismo tiempo que ella." Y esto es un efecto de la Pasión del Salvador que se nos aplica mediante el sacramento de la regeneración.

Y esto así debía ser, como lo pone de relieve Santo Tomás (²). Es preciso, dice, que los medios estén proporcionados al fin. Ahora bien, por las virtudes teologales infusas somos elevados y enderezados hacia el fin último sobrenatural. Es muy natural pues que lo seamos *mediante las virtudes morales infusas* con relación a *los medios sobrenaturales* capaces de conducirnos a nuestro fin sobrenatural.

Dios no provee menos a nuestras necesidades en el orden de la gracia, que en el de la naturaleza. Si, pues, en este último nos ha dado capacidad para practicar las virtudes morales adquiridas, se sigue necesariamente que, en el orden de la gracia, nos ha de dar las virtudes morales infusas.

(¹) Clemente V, en el Concilio de Viena (DENZINGER, *Enchiridion* nº 483), resolvió así esta cuestión planteada en tiempo de Inocencio III (Denz., nº 410): *Utrum fides, caritas, aliaeque virtutes infundantur parvulis in baptismo.* Y responde: "Nos autem attendentes generalem efficaciam mortis Christi, quae per baptisma applicatur pariter omnibus baptizatis, opinionem secundam, quae dicit tum parvulis quam adultis *conferri in baptismo informantem gratiam et virtutes,* tanquam probabiliorem, et dictis Sanctorum et doctorum modernorum theologiae magis consonam et concordem, sacro approbante Concilio duximus eligendam." Ahora bien, por estas palabras *et virtutes,* Clemente V entiende no solamente las virtudes teologales, sino las virtudes morales, porque también se trataba de ellas en la cuestión planteada en tiempo de Inocencio III.

(²) I, II, q. 63, a. 3.

Las virtudes morales adquiridas no bastan para que el cristiano aspire, como conviene, a los medios sobrenaturales conducentes a la vida eterna. Hay, en efecto, dice Santo Tomás (¹), *una diferencia esencial* entre la templanza adquirida, enseñada ya por los moralistas paganos, y la templanza cristiana de que habla el Evangelio. Hay aquí una diferencia análoga a la que hay en una octava, entre dos notas musicales del mismo nombre, separadas por una gama completa.

Con frecuencia se distingue la templanza filosófica y la templanza cristiana, o también la pobreza filosófica de Crates y la pobreza evangélica de los discípulos de Cristo.

Como lo hace notar Santo Tomás (²), la templanza adquirida tiene *regla y objeto formal* distintos de los de la templanza infusa. Aquélla guarda el justo medio en la comida *para vivir racionalmente*, para no dañar a la salud, ni al ejercicio de la razón. La infusa, en cambio, guarda el justo medio superior en los alimentos, para vivir cristianamente, como un hijo de Dios, encaminado siempre hacia la vida sobrenatural de la eternidad. La segunda supone así una mortificación más estricta que la primera, y exige, como dice San Pablo, *que el hombre castigue su cuerpo y lo someta a servidumbre* (³), para poder ser, no sólo un ciudadano virtuoso durante su vida en la tierra, sino "*conciudadano de los santos, y miembro de la familia divina*" (⁴).

La misma diferencia existe entre la virtud adquirida de religión, que debe dar a Dios, autor de la naturaleza, el culto que le es debido, y la virtud infusa de religión, que ofrece a Dios, autor de la gracia, el sacrificio esencialmente sobrenatural de la misa que perpetúa en sustancia el de la Cruz.

Entre estas dos virtudes que llevan el mismo nombre, existe mayor diferencia que entre las notas extremas de una octava, puesto que son de orden diferente; tanto que la virtud *adquirida* de religión o de templanza puede siempre ir en aumento por la repetición de actos, sin llegar jamás a la dignidad del más pequeño grado de la virtud *infusa* de ese nombre. Es de una tonalidad esencialmente diversa; el

---

(¹) Ibid., a. 4.
(²) I, II, q. 63, a. 4.
(³) I Cor., ix, 27.
(⁴) Efes., ii, 19.

espíritu que la anima no es el mismo. En la una es el espíritu de la recta razón solamente, mientras que en la otra es el espíritu de fe, que procede de Dios mediante la gracia.

Son dos objetos formales y dos motivos de acción muy diferentes. La prudencia *adquirida* ignora los motivos sobrenaturales de acción; la prudencia infusa los conoce: como procede no solamente de la razón, sino de la razón esclarecida por la fe infusa, conoce la elevación infinita de nuestro último fin sobrenatural, Dios mismo contemplado cara a cara; conoce, como consecuencia, la gravedad del pecado mortal, el precio de la gracia santificante y de las gracias actuales que cada día hemos de pedir para perseverar, el valor de los sacramentos. La prudencia adquirida ignora en cambio todo esto que es de un orden esencialmente sobrenatural.

¡Qué diferencia entre la modestia filosófica descrita por Aristóteles y la humildad cristiana que supone el conocimiento de los dos dogmas de la creación *ex nihilo* y de la necesidad de la gracia actual, para avanzar el menor paso en el camino de la salvación!

¡Qué diferencia igualmente entre la virginidad de la vestal ocupada en mantener vivo el fuego sagrado, y la de la virgen cristiana que consagra su cuerpo y su corazón a Dios, para seguir con mayor perfección a Nuestro Señor Jesucristo!

Estas virtudes morales infusas son la prudencia cristiana, la justicia, la fortaleza, la templanza y sus acompañantes, como la mansedumbre y la humildad. Todas ellas están en conexión con la caridad en el sentido de que esta virtud, que nos ordena en cuanto a nuestro último fin sobrenatural, no puede existir sin ellas, sin esta múltiple rectificación respecto a los medios sobrenaturales de salvación [1]. Además, aquel que por un pecado mortal pierde la caridad, pierde también las virtudes infusas; porque, al desviarse del fin sobrenatural, pierde la rectificación infusa de los medios proporcionados a ese fin. Sin embargo no por eso pierde la fe ni la esperanza, ni las virtudes adquiridas; solamente éstas cesan de guardar entre sí estabilidad y conexión. En efecto, el que está en pecado mortal se ama más que a Dios,

---

[1] Cf. Santo Tomás, I, II, q. 65. a. 3.

y se inclina por egoísmo a faltar a sus deberes aun en las cosas de orden natural.

Relación de las virtudes morales infusas y de las virtudes morales adquiridas

Por lo que llevamos dicho es fácil explicarse las relaciones entre estas virtudes y su recíproca subordinación ([1]).

En primer lugar, *la facilidad* de los actos de virtud no queda asegurada de la misma manera por las virtudes morales infusas que por las virtudes morales adquiridas. Las infusas dan *facilidad intrínseca*, pero no siempre excluyen *los obstáculos extrínsecos*, que se evitan mediante la repetición de actos que engendra las virtudes adquiridas.

Así sucede v. g., cuando, por la absolución, las virtudes morales infusas, junto con la gracia santificante y la caridad, son devueltas a un penitente que, aun teniendo atrición de sus culpas, no posee las virtudes morales adquiridas. Tal el ebrio habitual que con atrición suficiente se confiesa por Pascua. Mediante la absolución, recibe, junto con la caridad, las virtudes morales infusas, incluso la templanza. Pero no la templanza adquirida. La virtud infusa que se le comunica le da cierta facilidad intrínseca de realizar actos a que le obliga la sobriedad; pero esta virtud infusa no destruye los obstáculos extrínsecos que hubieran sido destruídos por los actos repetidos que engendran la templanza adquirida ([2]). Por eso, este penitente ha de vigilarse seriamente para evitar las ocasiones que lo arrastrarían a recaer en su pecado habitual.

Por aquí se comprende que la virtud adquirida de la templanza, facilita grandemente el ejercicio de la virtud infusa correspondiente ([3]).

([1]) Cf. Santo Tomás, *Quaest. disp.; de Virtutibus in communi*, a. 10, in corp., ad 1, ad 13, ad 16. Y P. Bernard, O. P., *La Vie Spirituelle*, enero 1935; supl. pp. 25-54: La virtud adquirida y la virtud infusa.

([2]) Síguese de ahí que tal penitente conoce por experiencia mucho mejor los obstáculos que se han de vencer, que la virtud infusa de templanza, que acaba de recibir, y es de naturaleza demasiado elevada como para ser objeto de la experiencia sensible.

([3]) Se comprende que la temperancia infusa puede existir sin la

¿Cuál es el modo de practicarlas? Se han de practicar sin separar la una de la otra, de modo que la virtud adquirida vaya subordinada a la virtud infusa como para ayudarla. De esa forma, y en otro orden de cosas, en el artista que toca el arpa o el piano, la agilidad de los dedos, adquirida por el ejercicio, favorece el ejercicio del arte musical que reside, no en los dedos, sino en la inteligencia del artista. Si por una parálisis viene a perder la agilidad digital, acaso se verá obligado a cesar en sus actividades artísticas, a causa de un obstáculo extrínseco. Su arte, sin embargo permanece en su inteligencia práctica; pero nada más, ya que su realización dependía de dos funciones subordinadas que se realizaban conjuntamente. Este caso es idéntico al de la virtud adquirida y la virtud infusa del mismo nombre ([1]).

Del mismo modo la imaginación está al servicio de la inteligencia, y la memoria al de la ciencia.

Estas virtudes morales ocupan *el justo medio* entre dos extremos, el uno por defecto y el otro por exceso. Así la virtud de fortaleza nos inclina a guardar el justo medio entre el miedo, que huye del peligro sin motivo razonable, y la temeridad, que nos expondría a perder la vida por una cuestión sin importancia. Conviene no interpretar tor-

adquirida, como en el caso de que acabamos de hablar. Y al revés, la templanza adquirida puede existir sin la infusa, porque esta última se pierde por el pecado mortal; mientras que la templanza adquirida, si ya existía antes del pecado, permanece, al menos imperfectamente, *in statu dispositionis facile mobilis*. Del mismo modo la memoria sensible, que está al servicio de la ciencia, puede existir sin ella; e inversamente, un gran sabio, que conserva su ciencia en la inteligencia, puede, por una lesión cerebral, perder la memoria que le facilitaba el ejercicio de su ciencia.

([1]) En el justo la caridad ordena o inspira el acto de la temperancia adquirida por medio de un acto simultáneo de templanza infusa. Y aun fuera de estos actos, al ir unidas estas dos virtudes en la misma facultad, la infusa confirma a la adquirida.

Sólo que en los cristianos que viven en más alta sobrenaturalidad, el motivo explícito de obrar más frecuente es el sobrenatural; en otros, un motivo racional, quedando el sobrenatural casi oculto *(remissus)*. Del mismo modo que en un pianista resalta más la técnica, mientras que en el otro campea más la inspiración; y al revés. Asimismo, dos hombres cuidan de muy distinta manera su salud, según tengan, o no, grandes preocupaciones por ella, o según sean sanos o enfermos.

cidamente este justo medio. Los epicúreos y los tibios pretenden guardar el justo medio, no por amor de la virtud, sino por comodidad, para huir de los inconvenientes de los vicios contrarios. Confunden el justo medio con *la mediocridad*, que se encuentra, *no* precisamente *entre dos males contrarios, sino a medio camino del bien y del mal*. La mediocridad o la tibieza huye del bien superior como de una exageración que hay que evitar; disimula su pereza bajo este principio: "lo mejor es a veces enemigo de lo bueno", y termina por decir: "lo mejor es *con frecuencia*, si no siempre, enemigo de lo bueno". Y acaba confundiendo lo bueno con lo mediocre.

El verdadero *justo medio* de la virtud verdadera no es solamente *el término medio* entre dos vicios contrarios; *es una cumbre*. Y se eleva como un punto culminante entre dos desviaciones opuestas. Así la fortaleza está sobre el miedo y la temeridad; la prudencia, sobre la imprudencia y la astucia; la magnanimidad, sobre la pusilanimidad y la vana presunción; la liberalidad, sobre la avaricia o tacañería y la prodigalidad; la verdadera religión, sobre la impiedad y la superstición.

Este justo medio que es a la vez una cumbre, *tiende a elevarse*, sin declinar ni a la derecha ni a la izquierda, *a medida que la virtud aumenta*. En este sentido, el de la virtud infusa es superior al de la virtud adquirida correspondiente, ya que depende de una regla superior y aspira a un objeto más sublime.

Notemos finalmente que los autores de espiritualidad insisten de un modo particular, como el Evangelio, *sobre ciertas virtudes morales que guardan especial relación con Dios*, y mayor afinidad con las virtudes teologales. Éstas son la religión o *la sólida piedad* ([1]), *la penitencia* ([2]), que dan a Dios el culto y reparación que le son debidos: *la mansedumbre* ([3]) unida a la paciencia, *la castidad perfecta*, la virginidad ([4]), *la humildad* ([5]), virtud fundamental que excluye la soberbia, raíz de todos los pecados. La humildad, baján-

---

([1]) SANTO TOMÁS, II, II, q. 81.
([2]) III, q. 85.
([3]) II, II, q. 157.
([4]) Ibid., qq. 115 y 152.
([5]) Ibid., q. 162.

donos delante de Dios, nos levanta sobre la pusilanimidad y el orgullo, y nos dispone a la contemplación de las cosas divinas, a la unión con Dios. *Humilibus Deus dat gratiam* (¹). Dios da su gracia a los humildes, y los hace humildes para dársela en abundancia. Jesús se complacía en repetir: "Recibid mi doctrina, aprended de mí, porque yo soy manso y humilde de corazón" (²). Sólo Él, tan fundado en la verdad, podía, sin perderla, hablar de su humildad.

Tales son las virtudes morales (infusas y adquiridas) que, con las virtudes teologales a las cuales están subordinadas, constituyen nuestro organismo espiritual. Forman un conjunto de funciones de muy gran armonía, aunque el pecado venial lo afee a veces con sus notas falsas. Cada una de las partes de este organismo espiritual crece junto con las otras, dice Santo Tomás, como los cinco dedos de la mano (³). Lo que demuestra que no es posible poseer gran caridad sin tener a la vez humildad profunda; al modo como la rama más alta de un árbol se eleva hacia el cielo, a medida que sus raíces se entierran más profundamente en el suelo. Es preciso vigilar, en la vida interior, para que nada venga a perturbar la armonía de este organismo espiritual, como sucede, por desgracia, entre aquellos que, permaneciendo quizás en estado de gracia, parecen más preocupados por las ciencias humanas o por las relaciones exteriores que por subir en el ejercicio de la fe, la confianza y el amor de Dios.

Mas para formarse idea justa del organismo espiritual, no basta tener conocimiento de estas virtudes; es preciso además hablar de los siete dones del Espíritu Santo y no ignorar las diversas modalidades por las que llega a nuestras almas el auxilio divino.

(¹) Santiago, IV, 6.
(²) Mat., XI, 29.
(³) I, II, q. 66, a. 2. Estas virtudes aumentan con la caridad, en razón de su *conexión* con esta virtud, como las diversas partes de nuestro organismo físico. Pero las virtudes morales son las que principalmente aumentan con la caridad; las adquiridas pueden no desarrollarse tanto, si no se las ejercita suficientemente.

ARTÍCULO CUARTO

LOS SIETE DONES DEL ESPÍRITU SANTO

Recordemos, acerca de esta materia, lo que nos dicen la Revelación divina, la enseñanza tradicional de la Iglesia, y la explicación que de ella dan los teólogos, en especial Santo Tomás.

Testimonio de la Escritura

La doctrina revelada acerca de los dones del Espíritu Santo está principalmente contenida en el texto clásico de Isaías, xi, 2, que los Padres han comentado tantas veces, enseñando que primariamente se refiere al Mesías, y después, por extensión, a todos los justos, a los que Jesús prometió enviarles el Espíritu Santo.

En este texto, Isaías anuncia, refiriéndose al Mesías: "*Sobre él reposará el Espíritu de Dios, espíritu de sabiduría y de inteligencia, espíritu de consejo y de fortaleza, espíritu de ciencia y de temor de Dios*" ([1]).

En el libro de la Sabiduría, VII, 7-30, se lee también: "*Supliqué, y el espíritu de sabiduría vino a mí.* Y he preferido esta sabiduría a los cetros y coronas... La plata no vale más que el fango, comparada con ella. La he amado más que la salud y la hermosura... Con ella me han venido todos los bienes... Yo ignoraba, sin embargo, que ella era su madre. La he aprendido sin disimulo y la comunico sin envidia... Es para los hombres un tesoro inagotable; los que de ella gozan, participan de la amistad de Dios... *A través de las edades se va derramando sobre las almas santas;* ella hace amigos de Dios y de los profetas. Pues Dios no ama sino a los que habitan con la Sabiduría." Se comprende sin más, que es el más elevado de los dones del Espíritu Santo enumerados por Isaías.

Esta revelación del Antiguo Testamento alcanza todo su

([1]) El texto hebreo no menciona el don de piedad, mas hácenlo los *Setenta* y la *Vulgata*, y a partir del siglo III la Tradición afirma este número septenario. Además, en el texto hebreo de Isaías, v. 3, el temor es nombrado por segunda vez, y en el Antiguo Testamento los términos "temor de Dios" y "piedad" tienen casi idéntico sentido.

sentido, ilustrada por estas palabras del Salvador (San Juan, xiv, 16-26): "Si me amáis, guardad mis mandamientos. *Y yo rogaré al Padre, y Él os dará otro Consolador para que permanezca perpetuamente con vosotros;* éste es el Espíritu de verdad... Él estará en vosotros... *El Espíritu,* que mi Padre enviará en mi nombre, *os enseñará todas las cosas y os recordará todo lo que yo os he dicho.*" San Juan añade, para precaver a los fieles contra los factores de herejías (I Juan, ii, 20, 27): "Vosotros, hijitos míos, habéis recibido la unción del Espíritu Santo... La unción que de él habéis recibido permanece en vosotros, y no tenéis necesidad de que nadie os enseñe; *mas como su unción os enseña sobre todas las cosas,* esta enseñanza es verdadera y no es mentira." Además existen en la Sagrada Escritura textos corrientemente citados como referentes a cada uno de los dones en particular ([1]).

La Tradición

Más adelante, los Padres de la Iglesia comentaron con frecuencia estos textos de la Escritura, y, a partir del siglo iii, la Tradición afirma explícitamente que los siete dones del Espíritu Santo residen en todos los justos ([2]).

El Papa San Dámaso, en 382, habla del *Espíritu septiforme* que reposa sobre el Mesías, y enumera los dones ([3]).

Pero es sobre todo San Agustín el que explica esta doctrina, al comentar el Sermón de la montaña ([4]). Hace resaltar la coincidencia de las Bienaventuranzas con los siete dones. *El temor* representa el primer grado de la vida espiritual; *la sabiduría* es su coronamiento. Entre los dos extremos, distingue San Agustín un doble período de purificación que dispone a la sabiduría: una preparación remota mediante la práctica activa de las virtudes morales, que corresponde a los *dones de piedad, de fortaleza, de ciencia y de consejo;* luego la pre-

---

[1] Se les encuentra citados en S. Tomás, al tratar de cada uno de los siete dones.
[2] Cf. A. I. Gardeil, O.P., *Dictionnaire de Théologie catholique,* art. Dons du Saint-Esprit, t. iv, col. 1728-1781.
[3] Denzinger, *Enchiridion,* n° 83.
[4] *De sermone Domini,* l. I, c. 1-4. — *De doctrina christiana,* l. II, c. 7. — *Sermo* 347.

paración inmediata, en la que el alma es purificada gracias a una *fe* más esclarecida por el *don de inteligencia*, a una *esperanza* más esforzada, sostenida por el *don de fortaleza*, y a una *caridad* más encendida. La primera preparación es llamada *vida activa*, la segunda, *vida contemplativa* ([1]), porque la actividad moral está aquí subordinada a la fe iluminada por la contemplación, que se termina un día, en las almas pacíficas y dóciles, con la perfecta sabiduría ([2]).

En cuanto a la enseñanza propiamente dicha de la Iglesia, recordemos que el Concilio de Trento, ses. VI, c. VII, dice: "La causa eficiente de nuestra justificación es Dios, que, en su misericordia, nos purifica y santifica (I Cor., VI, 11) *por la unción y el sello del Espíritu Santo*, que nos ha sido prometido y es prenda de nuestra herencia (Efes., I, 13)" ([3]).

El catecismo del Concilio de Trento ([4]) precisa este punto, enumerando los siete dones según el texto citado de Isaías, y añade: "Estos dones del Espíritu Santo son para nosotros como una fuente divina en la que bebemos el conocimiento vivo de los mandamientos de la vida cristiana, y por ellos podemos conocer si el Espíritu Santo habita en nosotros." San Pablo escribió, en efecto (Rom. VIII, 16): "El mismo Espíritu Santo da testimonio a nuestro espíritu de que somos hijos de Dios." Nos da este testimonio por el amor filial que nos inspira y mediante el cual se hace sentir en cierto modo en nosotros ([5]).

Uno de los más hermosos testimonios de la Tradición acerca de los dones, nos lo da la liturgia de Pentecostés. En la misa de este día leemos la secuencia:

> *Veni, sancte Spiritus,*
> *Et emitte cœlitus*
> *Lucis tuæ radium...*

([1]) Cf. *De Trinitate*, l. XII-XIV.
([2]) Cf. Fulbert Cayré, A. A. *La Contemplation augustinienne*, c. II y III, en donde se prueba que la contemplación, según S. Agustín, es una sobrenatural sabiduría. Su principio, al igual que la fe, es una acción sobrenatural del Espíritu Santo, que da, en cierto modo, palpar y gustar a Dios.
([3]) Ibid., nº 799.
([4]) *Catecismo del Concilio de Trento*, I parte, c. IX, § 3: "Creo en el Espíritu Santo."
([5]) Cf. Santo Tomás, *in Epist. ad Romanos*, VIII, 16.

"Ven, Espíritu Santo, y envía desde el cielo un rayo de tu luz. Ven, padre de los pobres, dador de toda gracia. Ven, luz del corazón. Consolador excelso, Huésped de nuestras almas, refrescante Dulzor. Reposo en la fatiga, Frescura en el calor. De lágrimas y llanto, dulce Consolador."

> *O lux beatissima,*
> *Reple cordis intima*
> *Tuorum fidelium.*

"Oh luz beatísima, inunda en claror de tus pobres hijos alma y corazón... A los que están fríos llena de fervor. Que vuelva al camino, quien de él se apartó..."

> *Da tuis fidelibus*
> *In te confidentibus,*
> *Sacrum septenarium.*

"Da a tus fieles, que en ti han confiado, los siete dones sagrados. Dales el mérito de la virtud. Dales fin dichoso. Dales el gozo eterno."

En el Veni Creator se canta asimismo:

> *Tu septiformis munere...*
> *Accende lumen sensibus*
> *Infunde amorem cordibus...*

"Tú eres el Espíritu de los siete dones... Alumbra nuestro espíritu con tu luz, y llena nuestros corazones de tu amor" [1].

En fin, el testimonio de la Tradición está admirablemente expresado en la Encíclica de León XIII sobre el Espíritu Santo [2], donde se dice que nosotros tenemos necesidad, para completar nuestra vida sobrenatural, de los siete dones del Espíritu Santo:

---

[1] Gran contemplativo debió de ser el compositor de tan bella oración. Importa poco saber su nombre; fué una voz de Dios, como el desconocido que compuso el *Amén de Dresde,* que se encuentra en una partitura de Wagner y en una obra de Mendelssohn.

[2] Encíclica *Divinum illud munus,* 9 de mayo de 1897, circa finem: "Hoc amplius, *homini justo,* vitam scilicet viventi divinae gratiae et per congruas virtutes tanquam facultates agenti, *opus plane est septenis illis quae proprie dicuntur Spiritus Sancti donis.* Horum enim beneficio instruitur animus et munitur *ut ejus vocibus atque impulsioni facilius promptiusque obsequatur;* haec propterea dona tantae sunt

DEL ORGANISMO ESPIRITUAL

"*El justo* que vive de la vida de la gracia y que opera mediante las virtudes, como con otras tantas facultades, *tiene absoluta necesidad de los siete dones* que más comúnmente son llamados dones del Espíritu Santo. *Mediante estos dones, el espíritu del hombre queda elevado y apto para obedecer con más facilidad y presteza a las inspiraciones e impulsos del Espíritu Santo*. Igualmente estos dones son de tal eficacia, que conducen al hombre al más alto grado de santidad; son tan excelentes, que permanecerán íntegramente en el cielo, aunque en grado más perfecto. Gracias a ellos es movida el alma, y conducida a la consecución de las bienaventuranzas evangélicas, esas flores que ve abrirse la primavera, como señales precursoras de la eterna beatitud...

"*Puesto que los dones son tan excelsos*", continúa León XIII, "y manifiestan tan claramente la inmensa bondad del Espíritu Santo hacia nuestras almas, *ellos nos obligan a testimoniarle el más grande esfuerzo de piedad y sumisión*. Esto lo conseguiremos fácilmente, esforzándonos cada vez más por conocerlo, amarlo e invocarlo... Importa recordar claramente los beneficios sin cuento que continuamente manan en fa-

efficacitatis ut eum *ad fastigium sanctimoniae adducant*, tantaeque excellentiae ut in caelesti regno eadem, quamquam perfectius, perseverent. Ipsorumque ope charismatum provocatur animus et effertur ad appetendas adipiscendasque *beatitudines evangelicas*, quae, perinde ac flores verno tempore erumpentes, indices ac nuntiae sunt beatitatis perpetuo mansurae.

Este texto demuestra: 1º, la necesidad de los dones: "opus plane est"; 2º, su naturaleza: nos hacen dóciles al Espíritu Santo; 3º, sus efectos: pueden conducirnos a la cumbre de la santidad.

"*Haec omnia quum tanta sint*, quumque Spiritus Sancti bonitatem in nos immensam luculenter declarent, *omnino postulant a nobis, ut obsequii pietatisque studium in eum quam maxime intendamus*. Id autem christiani homines recte optimeque efficient, si eumdem certaverint majore quotidie cura et noscere et amare et exorare... Illud commorandum enucleateque explanandum est, quam multa et magna beneficia ab hoc largitore divino et manaverint ad nos et manare non desinant... *Spiritui Sancto... debetur amor, quia Deus est... Amandusque idem est, quippe substantialis, aeternus, primus amor; amore autem nihil est amabilius...* Caelestium donorum copiam nobis conciliabit largiorem (hic amor), eo quod donantis manum ut angustus animus contrahit, ita gratus et memor dilatat... *Denum hoc est fidenter assidueque supplicandum, ut nos quotidie magis et luce sua illustret et caritatis suae quasi facibus incendat*; sic enim fide et amore freti acriter enitamur ad praemia aeterna, quoniam ipse *est pignus hereditatis nostrae.*"

vor nuestro de esta fuente divina... *Debemos amar al Espíritu Santo porque es Dios... y también por ser el Amor primero, sustancial y eterno; y nada es más amable que el amor...* Él nos regalará con la abundancia de sus dones celestiales, y tanto más cuanto que, si la ingratitud cierra la mano del bienhechor, por el contrario, el agradecimiento se la hace abrir... *Hemos de pedirle asiduamente y con gran confianza que nos ilumine más y más y nos inflame en el fuego de su amor,* a fin de que, apoyados en la fe y la caridad, emprendamos con ardor nuestra marcha hacia la eterna recompensa, *yd que él es la prenda de nuestra herencia."*

Tales son los principales testimonios de la Tradición, sobre los siete dones del Espíritu Santo. Recordemos brevemente las aclaraciones que sobre este asunto nos da la teología, y sobre todo la doctrina de Santo Tomás, que en sustancia ha sido aprobada por León XIII en la Encíclica cuyos principales pasajes acabamos de transcribir y donde con frecuencia se cita al Doctor angélico.

Los dones del Espíritu Santo según Santo Tomás [1]

El santo Doctor nos enseña sobre todo tres cosas: 1º, que los dones son disposiciones habituales permanentes *(habitus)*, específicamente distintas de las virtudes; 2º, que son necesarios para la salvación; 3º, que están conexos con la caridad y que aumentan con ella.

[1] Cf. Santo Tomás, in III Sentent., dist. 34-35; I, II, q. 68; II, II, qq. 8, 9, 19, 45, 52, 121, 139; véase a sus comentaristas, sobre todo a Cayetano y a Juan de Santo Tomás, in I, II, q. 68.
También será de gran utilidad consultar a San Buenaventura, cuya doctrina difiere en ciertos puntos secundarios de la de Santo Tomás; cf. *Breviloquium,* parte V y VI, y a J. Fr. Bonnefoy: *Le Saint-Esprit et les dons selon saint Bonaventure.* París, Vrin, 1929, y *Dict. de Spiritualité,* art. Buenaventura.
Véase igualmente a Dionisio el cartujano, *De donis Spiritus Sancti* (excelente tratado); J. B. de Saint-Jure, S. J., *L'homme spirituel,* I partie, c. iv Des sept dons; Lallemant, S. J., *La doctrine spirituelle,* IV principe, La docilité à la conduite du Saint-Esprit. — Froget, O. P., *De l'habitation du Saint-Esprit,* París, 1900, pp. 378-424. — Gardeil, O. P., *Dons du Saint-Esprit (Dict. de Théol. Cath.,* t. iv, col. 1728-1781); *La structure de l'âme et l'expérience mystique,* París, 1927, t. ii, pp. 192-281. Del mismo autor: *Les dons du Saint-Esprit dans les saints dominicains* (véase sobre todo la introducción), 1923, y otros muchos

"Para distinguir los dones, de las virtudes" (¹), dice el santo, "preciso es seguir la manera de hablar de la Escritura, que los llama no precisamente dones, sino espíritus. Así se dice en Isaías (xi, 2): «*Reposará sobre él el espíritu de sabiduría y de inteligencia*... etc.» Estas palabras dan a entender claramente que los siete espíritus allí enumerados, están en nosotros por una *inspiración divina* o una moción exterior (o superior) del Espíritu Santo. Hay que tener en cuenta, en efecto, que el hombre es actuado *por un doble principio motor:* el uno es interior, y es la razón; el otro, exterior, y es Dios, como se ha dicho más arriba (I, II, q. 9, a. 4 y 6), y como lo dijo el mismo Aristóteles en la *Moral a Eudemo* (l. VII, c. xiv, de la buena fortuna).

"Es manifiesto, por lo demás, que todo lo que es movido debe ser *proporcionado* a su motor; y *la perfección del móvil*, como tal, es la disposición que le permite precisamente ser bien movido por su motor. Asimismo, cuanto el motor es más perfecto, más perfectas han de ser las disposiciones que dispongan al móvil a recibir su influjo. *Para recibir la elevada doctrina de un gran maestro*, preciso es poseer una preparación especial, una *disposición proporcionada*.

"Es evidente, en fin, que *las virtudes humanas* perfeccionan al hombre en tanto se dirige por *la razón* (²), en su vida exterior e interior. Preciso es, pues, que posea *perfecciones superiores* que lo dispongan a ser movido divinamente, y estas perfecciones son llamadas dones; no solamente porque son infundidas por Dios, sino porque, *mediante ellas, queda el hombre convertido en sujeto capaz de recibir fácilmente*

artículos del mismo autor, acerca de los diversos dones en particular, aparecidos en "La Vie Spirituelle", en 1932 y 1933.

D. JORET, O. P., *La contemplation mystique d'après Saint Thomas d'Aquin*, 1927, pp. 30-62.

De esta cuestión hemos tratado largamente en otro lugar: cf. *Perfection chrétienne et contemplation*, 1923, t. I, c. IV, a. 5 y 6, pp. 338-417, y t. II, pp. 769-776; y 7ª edic. 1929, ibid., y t. II, pp. [52] a [63] y [84] a [120]. Item, "La Vie Spirituelle", nov. 1932, supl.: *Les dons ont-ils un mode humain;* e ibid, oct. 1933, suplemento: *A propos du mode supra-humain des dons du Saint-Esprit*, que aquí reproducimos más adelante, p. 90-97.

(¹) I, II, q. 68, a. I.

(²) Trátase, en el orden sobrenatural, de la razón establecida por la fe; así, p. ej., la prudencia infusa dirige las virtudes morales infusas.

la inspiración divina (¹), según las palabras de Isaías (I, 5): «El Señor me ha abierto los oídos para hacerme oír su voz; cualquier cosa que me diga, ya no le hago resistencia, ni me vuelvo atrás.» Y el mismo Aristóteles enseña, *en el lugar citado*, que los que son movidos por un instinto divino no necesitan ya deliberar, como lo hace la humana razón, sino que se ven forzados a seguir la interior inspiración, que es un principio superior. Por esta razón, dicen algunos, que los dones perfeccionan al hombre disponiéndolo a actos superiores a los de las virtudes."

Se ve por estas palabras que los dones del Espíritu Santo no son actos, ni mociones actuales o auxilios pasajeros de la gracia, sino, más bien, cualidades o disposiciones infusas permanentes *(habitus)* (²), que hacen al hombre *dócil sin resistencia* a las divinas inspiraciones. Y León XIII, en la Encíclica *Divinum illud munus*, que extensamente hemos citado, ha aprobado esta manera de entender los dones. Disponen pues al hombre *ad prompte obediendum Spiritui Sancto*, a obedecer con presteza al Espíritu Santo, como las velas disponen al navío a seguir el impulso de los vientos favorables; y por esta docilidad pasiva, nos ayudan a producir obras excelentes conocidas con el nombre de bienaventuranzas (³). Los santos son, en este sentido, como grandes veleros, cuyas velas desplegadas reciben dócilmente el impulso de los vientos. El arte de la navegación enseña a desplegar las velas en el momento oportuno, y a extenderlas del modo más conveniente para recibir el impulso del viento favorable.

Esta imagen nos fué proporcionada por el Señor mismo, cuando dijo (Juan, III, 8): *"El viento sopla cuando se le antoja; tú oyes su voz, pero no sabes de dónde viene ni a dónde va; así acontece a quien ha nacido del Espíritu"*, y es dócil a su inspiración. Nosotros no conocemos claramente, dice Santo Tomás (⁴), dónde se formó el viento que sopla, ni hasta

---

(¹) "Secundum ea homo disponitur, ut efficiatur *prompte mobilis* ab inspiratione divina."

(²) I, II, q. 68, a. 3, y III Sent., d. 34, q. I, a. 1.

(³) I, II, q. 68, a. 3: "Dona Spiritus Sancti sunt quidam *habitus* quibus homo perficitur *ad prompte obediendum* Spiritui Sancto." I, II, q. 70, a. 2: "Beatitudines dicuntur solum perfecta opera, quae etiam ratione suae perfectionis magis attribuuntur donis quam virtutibus."

(⁴) Cf. Santo Tomás *in Joannem*, III, 8: "Scitur unde ventus veniat in generali, non vero in speciali, id est in qua plaga determinate

dónde se dejará sentir; de igual manera ignoramos dónde comienza exactamente una inspiración divina, ni hasta qué grado de perfección nos conduciría si fuésemos completamente dóciles a ella. No seamos como esos veleros que, por no cuidarse de observar el viento favorable, guardan recogidas sus velas, cuando deberían tenerlas desplegadas.

Siguiendo estos principios, la gran mayoría de los teólogos enseñan, con Santo Tomás, que los dones son real y específicamente *distintos* de las virtudes infusas, como son distintos los principios que las dirigen: el Espíritu Santo y la razón esclarecida por la fe. Son esas dos direcciones reguladoras, *dos reglas diferentes* que constituyen *dos motivos formales distintos*. Ahora bien, es principio fundamental, que los hábitos son especificados por su objeto y su motivo formal, como la vista por el color y la luz, y el oído por el sonido. *El modo humano* de obrar nace de *la regla humana; el modo sobrehumano*, de la regla sobrehumana o divina, de la inspiración del Espíritu Santo; "*modus a mensura causatur* (¹)". Así es como la misma prudencia infusa procede por *deliberación discursiva*, en lo cual difiere del *don de consejo*, que nos dispone a recibir una inspiración especial de naturaleza *supradiscursiva* (²). Ante una pregunta indiscreta, p. ej., la misma prudencia infusa permanece en suspenso, no sabiendo muy bien cómo evitar la mentira y guardar el secreto, mientras que una inspiración especial del Espíritu Santo nos saca del aprieto, como lo anunció Jesús a sus discípulos (Mat., x, 19).

De la misma manera, mientras que la fe *se adhiere* sencillamente a las verdades reveladas, el don de inteligencia nos

incipiat, aut quo vadat, id est ubi determinate cesset... Ita Spiritus Sanctus perducit ad occultum finem, scilicet ad beatitudinem aeternam; ...et nescimus ad quamnam perfectionem hominem adducat... In viro spirituali sunt proprietates Spiritus Sancti, sicut in carbone succenso sunt proprietates ignis."

(¹) Este principio, contenido en el comentario de Santo Tomás sobre las Sentencias, y en su *Suma teológica*, señala la continuidad de estas dos obras. Cf. III, d. 34, q. 2, a. I, qc. 3; — q. 3, o. I, qc. 1 — I, II, q. 68, a. 1 y 2, ad I. Nosotros hemos estudiado este punto particular en *Perfection chrétienne et contemplation*, 7ª ed., t. II, pp. [52]-[64].

(²) Cf. Santo Tomás, II, II, q. 52, a. 1, ad I.

permite *escudriñar* su profundidad, y el de sabiduría nos las hace *saborear*. Los dones son pues específicamente distintos de las virtudes ([1]).

Santo Tomás añade en la *Suma Teológica* ([2]) algo que no había dicho en su *Comentario a las Sentencias:* que *los dones del Espíritu Santo son necesarios para la salvación.* El libro de la Sabiduría (vii, 28) nos dice, en efecto: "Dios no ama sino a aquel que habita con la sabiduría"; y en el Eclesiástico (i, 28) se lee: "El que no posee el temor de Dios, no podrá llegar a la justicia." Ahora bien, el más perfecto de los dones es el de sabiduría, y el último, el de temor.

Además, observa Santo Tomás, *ibid.*, aun *las virtudes infusas*, teologales y morales, que se acomodan *al modo humano* de nuestras facultades, nos dejan en estado de inferioridad con respecto a nuestro fin sobrenatural, que sería preciso conocer de una manera más penetrante, más viva y más sabrosa, y hacia el cual deberíamos aspirar con ímpetu más resuelto ([3]).

La fe permanece esencialmente imperfecta, aun cuando sea virtud muy alta, por tres razones: 1º, por *la oscuridad* de su objeto, que no percibe inmediatamente, sino como en un espejo y de manera enigmática, *in speculo et in ænigmate* (I Cor., xiii, 12); 2º, porque no lo alcanza sino *mediante múltiples fórmulas dogmáticas*, siendo así que Dios es soberanamente simple; 3º, porque llega a él de modo *abstracto*, por medio de proposiciones afirmativas y negativas *(componendo et dividendo)*, cuando la realidad es que el Dios viviente es la luz de la vida, y sería preciso poderlo conocer no de manera abstracta, sino en forma cuasi experimental ([4]).

La esperanza participa de esta imperfección de la fe, y aun la misma caridad, ya que es la fe la que le propone su objeto.

([1]) Otros graves inconvenientes se seguirían de la negación de la distinción específica de las virtudes y los dones. No sería posible explicar por qué ciertos dones, como el temor, no figuran entre las virtudes; ni por qué poseyó Cristo N. S. los siete dones, como nos lo enseña Isaías, xi, 2, sin poseer ciertas virtudes infusas que suponen imperfección, como la fe, la esperanza y la penitencia
([2]) I, II, q. 68, a. 2.
([3]) Cf. *ibidem.*
([4]) Esto merced al don de sabiduría.

Con mayor razón la prudencia, aun la infusa, adolece de idéntica imperfección, por el hecho de verse precisada a recurrir al razonamiento, a las razones de obrar, para dirigir las virtudes morales. Muchas veces queda vacilante, por ejemplo, al tener que responder convenientemente a una pregunta indiscreta, sin descubrir un secreto ni faltar a la verdad. Para salir airosos en casos semejantes nos sería preciso una buena inspiración; lo mismo para resistir eficazmente a ciertas tentaciones sutiles, violentas y prolongadas.

"La razón humana", dice Santo Tomás ([1]), "aun cuando se halle perfeccionada por las virtudes teologales, no puede conocer todo lo que le importaría saber, ni preservarse de todo descarrío *(stultitia)*. Sólo el Omnisciente y Todopoderoso puede poner remedio a nuestra ignorancia, a nuestra imbecilidad espiritual, a la dureza de corazón y a otras fallas de este jaez. Para liberarnos de estos defectos nos han sido otorgados los dones que nos hacen dóciles a las divinas inspiraciones."

En este sentido son necesarios para la salvación, como las velas son necesarias a una barca para que ésta pueda navegar al impulso del viento, aunque en rigor podría hacerlo a fuerza de remos. Dos maneras muy distintas de avanzar, que a veces pueden también ser simultáneas.

"Por las virtudes teologales y morales", dice Santo Tomás, "no queda el hombre elevado a tal perfección con relación a la consecución de su último fin, que no tenga, de continuo, necesidad de ser movido por una superior inspiración del Espíritu Santo" ([2]). Es, por el contrario, en él, una necesi-

---

([1]) I, II, q. 68, a. 2, ad 3.

([2]) Ibid, ad 2. Algunos teólogos, como el abate Perriot *(Ami du Clergé*, 1892, p. 391), apoyándose en el texto de Santo Tomás que acabamos de citar, creyeron que en su opinión los dones intervienen en toda obra meritoria. El P. Froget, O. P., *L'habitation du Saint-Esprit dans les âmes justes*, IV p., c. VI, pp. 407-424, y el P. Gardeil (*Dict. Théol.*, art. *Dons*, fin, col. 1779), demostraron que no es tal la doctrina de S. Tomás. Decir que los dones del Espíritu Santo deben intervenir en *todo* acto meritorio, aun imperfecto *(remissus et quantumvis remissus)*, equivaldría a confundir la gracia actual común con la inspiración especial a la que nos hacen dóciles los dones. Santo Tomás, en el texto que hemos citado, quiere decir: El hombre no queda de tal manera perfeccionado por las virtudes teologales, que

dad permanente; y por esta razón, son los dones en nosotros una disposición infusa permanente (¹).

Y hacemos *uso* de los dones algo así como nos valemos de la virtud de la obediencia *para recibir con docilidad* una dirección superior *y dejarnos guiar por esta dirección;* pero no siempre que queremos gozamos de esta superior inspiración (²). En este sentido, por ellos somos pasivos con relación al Espíritu Santo y obramos bajo su influencia.

Así se comprende mejor que, al igual que la obediencia, sean los dones en el justo una disposición permanente (³).

Se ve mejor esta gran conveniencia, y aun esta necesidad de los dones, si se considera, como lo indica Santo Tomás (I, II, q. 68, a. 4, y II, II, q. 8, a. 6), la perfección que cada no tenga *siempre necesidad* de ser inspirado por el maestro interior *(semper, non pro semper);* algo así como cuando decimos: "necesito siempre este sombrero", no queremos decir que tengamos necesidad de él desde la mañana hasta la noche y desde la noche hasta la mañana. Asimismo un estudiante de medicina no está tan versado en los menesteres de su profesión, que no tenga constante necesidad de la asistencia de su profesor para ciertas operaciones. Es una necesidad no transitoria, sino *permanente;* de la misma manera los dones han de ser, no inspiraciones transitorias, como la gracia de la profecía, sino disposiciones infusas *permanentes.*

Es seguro, además, que es posible hacer un acto sobrenatural de fe, con la ayuda de una gracia actual, sin concurso alguno de los dones del Espíritu Santo, sin penetrar ni gustar de los misterios a los cuales uno se adhiere. Tal es el caso del cristiano que está en pecado mortal, y que, al perder la caridad, ha perdido los siete dones.

Por el contrario, admítese generalmente que los dones del Espíritu Santo influyen frecuentemente de modo *latente,* sin que tengamos conciencia de ello, para dar a nuestros actos meritorios *una perfección* que sin ellos no tendrían. Como el viento favorable facilita la labor de los remeros.

De modo que, según enseña Santo Tomás, I, II, q. 68, a. 8, los dones son superiores a las virtudes morales infusas. Y si bien son inferiores a las virtudes teologales, dan a éstas una perfección nueva, por ejemplo la de penetrar y gustar los misterios de la fe.

(¹) I, II, q. 68, a. 3.
(²) Cf. Juan de Santo Tomás, *De Donis,* disp., 18, a. 2. nº 31.
(³) Santo Tomás (I, II, q. 68, a. 3) y sus comentaristas, particularmente Juan de Santo Tomás, demuestran muy bien que es muy conveniente que los dones sean en nosotros disposiciones permanentes *(habitus),* para hacernos *habitualmente dóciles* al Espíritu Santo, que *está siempre* en los justos; del mismo modo que las virtudes morales

uno de ellos da a la inteligencia, a la voluntad y a la sensibilidad.

Podemos expresarlo así:

Los dones perfeccionan { **La inteligencia esclarecida por la fe** { para la penetración de la verdad ...	*don de inteligencia*	fe	**Virtudes correspondientes**
	para juzgar { de las cosas divinas	*don de sabiduría*	caridad esperanza	
	de las cosas creadas ...	*don de ciencia*		
	de nuestras acciones ..	*don de consejo*	prudencia	
La voluntad y la sensibilidad { con relación al culto debido a Dios	*don de piedad*	religión	
	contra el miedo al peligro	*don de fortaleza*		
	contra las concupiscencias desordenadas	*don de temor*	templanza	

Claramente se ve que aquellos dones que dirigen a los otros son superiores a ellos; el don de sabiduría es el más elevado de todos, pues que nos proporciona un conocimiento cuasi experimental de Dios, y por lo mismo un juicio acerca de las cosas divinas que es aun superior a la penetración del don de inteligencia (que pertenece, más bien que al juicio, a la primera aprehensión).

El don de ciencia corresponde a la esperanza, en el sentido de que nos da a comprender el vacío de las cosas creadas y de las fuerzas humanas, y, por ende, la necesidad de poner nuestra confianza en Dios, si hemos de llegar a poseerlo. El don de temor perfecciona también la esperanza, librándonos de la presunción, pero pertenece también a la templanza, y nos socorre contra las tentaciones ([1]). Y a estos dones co-

---

son disposiciones permanentes que hacen a la voluntad y a la sensibilidad *habitualmente dóciles* a la dirección de la recta razón.

Si fuera de otra manera, el organismo de la vida de la gracia, que es el más excelso de los dones de Dios, quedaría *imperfecto*. Y no es lícito pensar que, en el orden de la Providencia, que todo lo dispone *suaviter et fortiter*, el organismo de la vida sobrenatural en el justo sea tan inferior al de las virtudes adquiridas dirigidas por la razón. En fin, según la Tradición, la gracia habitual es llamada "gracia de las virtudes y de los dones". SANTO TOMÁS, III, q. 62, a. 2.

([1]) II, II, q. 141, a. 1, 3.

rresponden las bienaventuranzas que son sus actos, como muy bien lo enseña Santo Tomás (¹).

Se sigue, en fin, de la necesidad de los dones para la salvación, que *están en conexión con la caridad*, según las palabras de San Pablo a los Romanos (v, 5): "La caridad de Dios está difundida en nuestros corazones por el Espíritu Santo que nos ha sido dado." El Espíritu Santo no desciende a nosotros sin sus siete dones que acompañan así a la caridad, y que, en consecuencia, se pierden, como ella, por el pecado mortal.

Pertenecen de esa forma al organismo espiritual de la gracia santificante, que, por esta razón, es llamada *"gracia de las virtudes y de los dones"* (²). Y como todas las virtudes crecen a la vez, como los cinco dedos de la mano (³), otro tanto se ha de decir de los siete dones. No se concibe, pues, que un cristiano tenga *muy ferviente caridad*, la caridad propia de la perfección, sin poseer al mismo tiempo *los dones del Espíritu Santo en la misma proporción;* aunque quizás, en él, los dones de inteligencia y de sabiduría se manifiesten no tanto en forma contemplativa, como en algunos, sino más

---

(¹) I, II, q. 69, a. 3, c. y ad 3; II, II, q. 8, a. 7; q. 9, a. 4; q. 45, a. 6; q. 19, a. 12; q. 121, a. 2; q. 139, a. 2.
Siguiendo a San Agustín, enseña Santo Tomás que el *don de sabiduría* corresponde a la *bienaventuranza de los pacíficos*, porque da la paz y permite darla a los demás, aun a los más inquietos. El de *inteligencia* corresponde a la *bienaventuranza de los limpios de corazón*, porque en cierto modo comienzan aquí abajo a ver a Dios en todos los acontecimientos. El *don de ciencia*, que nos revela la gravedad del pecado, corresponde a la *bienaventuranza de los que lloran* sus faltas. El *don de consejo*, que inclina a la misericordia, a la de *los misericordiosos*. El *don de piedad*, que nos hace ver en los hombres, no a rivales, sino a hijos de Dios y hermanos nuestros, corresponde a la *bienaventuranza de los mansos*. El *don de fortaleza*, a la de los que tienen *hambre y sed de justicia* y nunca se desalientan. Y en fin, el *don de temor*, a la de los *pobres de espíritu* que poseen el temor de Dios, principio de la sabiduría.

(²) Santo Tomás, III, q. 62, a. 2: "Utrum gratia sacramentalis aliquid addat super *gratiam virtutum et donorum*." Dice aquí Santo Tomás que la gracia habitual se llama así porque de ella proceden las virtudes infusas y los dones, como otras tantas funciones de un mismo organismo.

(³) Cf., I, II, q. 66, a. 2.

bien en forma práctica, como en un San Vicente de Paúl y en tantos otros santos llamados a sacrificarse en bien del prójimo y en tareas de la vida activa (¹).

Más tarde trataremos de la docilidad al Espíritu Santo y de las condiciones que esa docilidad exige (III P., c. XXXI), pero desde ahora podemos comprender el valor de este organismo espiritual que constituye en nosotros *una vida eterna iniciada*, más preciosa que la vista, que la vida física y que el uso de la razón, en el sentido de que la pérdida del uso de la razón, en el justo, no le arrebata ese tesoro que ni la misma muerte nos podrá arrancar. Esta gracia de las virtudes y de los dones es asimismo más preciosa que el don de milagros, más que el don de lenguas y que la profecía; porque todas esas gracias son sólo señales sobrenaturales en cierto modo exteriores, que pueden, es cierto, señalar el camino que lleva a Dios, pero incapaces, a diferencia de la gracia santificante, de unirnos a Él (²).

Para mejor entender cómo se han de ejercitar las diversas funciones de este organismo espiritual, debemos hablar de la gracia actual necesaria al ejercicio de las virtudes y de los dones (³).

(¹) Asimismo, siguiendo la conocida comparación, entre los veleros igualmente dóciles al soplo de los vientos, la barca difiere de la goleta; la forma y disposición de las velas varía; y en unos parajes, tal tipo de vela es preferible a tal otro. Algo parecido acontece en el orden de la navegación espiritual en ruta al puerto de la salvación.

(²) Cf. SANTO TOMÁS, I, II, q. III, a. 5: "Utrum gratia gratum faciens sit dignior quam gratia gratis data." Santo Tomás responde con San Pablo (I Cor., XIII, 1), que la gracia santificante inseparable de la caridad es mucho más excelente, *multo excellentior*, que las gracias *gratis datae*.

(³) Las virtudes teologales, que nos unen al Espíritu Santo, son superiores a los siete dones, si bien reciben de ellos nueva perfección; así el árbol es más perfecto que sus frutos. Estas virtudes son la regla de los dones, en el sentido de que los dones nos hacen penetrar mejor y saborear los misterios a los que nos adherimos por la fe; mas la *regla inmediata* del acto de los dones es la *inspiración especial del Espíritu Santo*.

APÉNDICE

EL MODO SOBREHUMANO DE LOS DONES DEL ESPÍRITU SANTO

Habiendo expuesto detenidamente esta cuestión en otro lugar [1], bastarán algunas observaciones para recordar el sentido exacto de lo que sobre este punto dijimos, y precisarlo con algunas nuevas aclaraciones.

En qué sentido pueden los dones revestir dos modalidades: la de la tierra y la del cielo

Muchas veces hemos recordado esta verdad incontestable: que un mismo *habitus* no puede tener actos cuyo objeto formal sea distinto del objeto del *habitus;* y hemos concedido que bajo el objeto especificativo del *habitus* puede haber *dos modos de obrar diferentes:* por ejemplo para las virtudes infusas y los dones, su modo de obrar aquí en la tierra y su modo en el cielo.

Pero hemos dicho sobre todo que un mismo *habitus* no puede ser principio de actos que tienen *modos distintos,* tales como los modos de la tierra y el del cielo, sino a condición de que el primer modo esté ordenado al segundo y caiga así debajo de un mismo objeto formal.

Ahora bien, según un opúsculo recientemente aparecido, escrito en un sentido diametralmente opuesto [2], los dones del Espíritu Santo tendrían, según Santo Tomás, y ya desde aquí abajo, *dos modos específicamente distintos:* el uno *ordinario,* y el otro *extraordinario;* y este último sería necesario para la contemplación infusa de los misterios de la fe, la que no se hallaría, de ser así, en el camino normal de la santidad.

Nosotros le replicamos [3], y esto fué lo esencial de nuestra respuesta, que no podemos pasar en silencio: "Si hubiera, aquí abajo, para los dones del Espíritu Santo, *dos modos específicamente distintos,* uno *ordinario,* y el otro, no sólo eminente, sino *extraordinario* de hecho y por naturaleza, el acto caracterizado por el modo humano *no estaría ordenado* al acto cuyo modo sería sobrehumano y de por sí extraordinario. (No estaría en efecto ordenado sino a los actos que suponen las gracias *gratis datæ,* como la profecía.) Pero es precisamente todo lo contrario: el acto de los dones ejercido aquí en la tierra está *esencialmente ordenado* al del cielo; ambos se encuentran (S. Tom., Quæst. disp.) *"in eadem serie motus",* en el mismo orden de operaciones, y la última de ellas debe ser realizada, pues de no ser así, ninguna de las que preceden conseguiría su fin.

[1] Cf. la obra *Perfection chrétienne et contemplation,* 7ª edic., pp. 769-772, y apéndices 1 y 2.

[2] *La perfection et la mystique selon les principes de Saint Thomas,* por el P. Crisógono, O. C. D.

[3] Cf. "La Vie Spirituelle", nov. 1932, Suplem., pp. [77] y ss.

"Este texto de las *Cuestiones Disputadas* (¹) no se opone, pues, en forma alguna, a lo que nosotros hemos dicho. En efecto, no dice que para los dones del Espíritu Santo haya *aquí abajo dos actos específicamente* distintos, uno ordinario y el otro extraordinario. Sino precisamente todo lo contrario; pues exige, para un mismo hábito, que el acto menos perfecto vaya *ordenado* al segundo, como los cimientos de un edificio se ordenan a su construcción, como la vida cristiana de la tierra a la del cielo."

Hasta habíamos subrayado, *ibíd.*, p. 76, en el texto de Santo Tomás invocado contra nosotros, la palabra "ordinetur", a la que no se había prestado atención.

Los "Études Carmélitaines" de abril 1933, p. 250 ss., con la firma de R. Dalbiez, han hecho la misma observación que nosotros, transcribiendo a dos columnas el texto íntegro de Santo Tomás y la cita que de él había dado el P. Crisógono, en la que se omitían estas significativas palabras: *"Si autem non accipiatur unum in ordine ad aliud, tunc non erunt eaedem virtutes, nec secundum actum nec secundum habitum"* (²). M. R. Dalbiez añadía, *ibíd.*: "El pasaje que yo he subrayado y que ha pasado por alto el P. Crisógono, es bastante poco favorable a su tesis... Preciso es renunciar a encontrar en este texto que da por definitivo, el menor apoyo de la tesis que defiende dos modos, humano y sobrehumano, del acto terreno de los dones del Espíritu Santo."

La "Revue des Sciences philosophiques et théologiques", noviembre 1932, página 692 (P. Périnelle), hace la misma observación sobre el argumento central de la tesis, y añade que el P. Crisógono se equivocó al decir que existen, según Santo Tomás, tres virtudes intelectuales infusas (inteligencia, ciencia y sabiduría) paralelas a los dones del Espíritu Santo, y que los dones no son necesarios sino después de la caída.

Lo que aquí nos interesa más, es que en forma alguna se ha llegado a probar el punto céntrico de lo que se pretendía establecer: a saber, que los dones tienen, aquí abajo, dos modos de operar específicamente distintos; el uno *ordinario*, el otro de sí *extraordinario*, que caracterizaría la contemplación infusa.

El modo sobrehumano de los dones, ¿puede permanecer latente?

Hemos afirmado con frecuencia que ordinariamente el modo sobrehumano de los dones permanece al principio bastante oculto, y que se pone más de manifiesto en la vida mística, al menos a los ojos de un director experimentado (³). Para hablar con más precisión: la influencia de los dones en la vida ascética es: o *bien latente y bastante frecuente* (hace pensar en la brisa que sólo facilita el trabajo de los remeros), o *bien manifiesta, pero rara* (en ciertas circunstancias extraordinarias); mientras que en la vida mística es a la vez frecuente y manifiesta, aunque no siempre sea *ruidosa* como en los grandes con-

(¹) *Quaestio unica de virtutibus cardinalibus*, a. 4: "Utrum virtutes cardinales maneant in patria."
(²) *Quaestio unica de virtutibus cardinalibus*, a. 4, in corp.
(³) Cf. *Perfection chrétienne et Contemplation*, pp. 353-355, 403 y ss., 408, 769 y ss., 772.

templativos, sino a veces *difusa* y vaga, aunque muy real, sin embargo; como acontece en los grandes santos de vocación activa, tal San Vicente de Paúl (¹).

Se nos objeta: "La operación de modo *sobrehumano* no podría permanecer oculta; es necesariamente percibida por el alma, por el mero hecho de que se aparta del modo *natural del sujeto*."

Esta aserción deriva de la precedente que, como hemos visto, no ha podido ser probada. Sería verdadera, si los dones tuvieran, aquí abajo, *dos modos* específicamente distintos, y si el modo sobrehumano fuera *extraordinario*, hasta el punto de exigir ideas infusas o una ordenación claramente sobrenatural de nuestras ideas adquiridas.

Pero no hay nada de eso. Aun en el caso de la profecía, que es una gracia extraordinaria, puede haber un *instinto profético oculto* aun a los ojos del que lo recibe, mediante el cual, como Caifás, puede *profetizar sin saberlo*: "Mens prophetæ dupliciter a Deo instruitur: uno modo per expressam revelationem, alio modo per quemdam *instinctum occultissimum quem nescientes humanæ mentes patiuntur*, ut Augustinus dicit in II supra Genes. ad litt., c. 17" (²).

Si esto es verdad de la profecía, que es una gracia de sí extraordinaria, con mayor razón lo será de la *inspiración especial del Espíritu Santo*, a la cual hacen dóciles los dones, presentes en todos los justos. Todos los autores espirituales admiten que esta inspiración especial, que se asemeja a la brisa que sopla en el momento oportuno, está, de ordinario, latente al principio y casi imperceptible; y que, si no se le opone resistencia, va generalmente creciendo y haciéndose más visible. Se podrían citar, sobre este punto, innumerables pasajes de la Escritura, de los Padres, de Santo Tomás y de San Juan de la Cruz. Abundan particularmente en sus comentarios de las palabras de Jesús en San Juan, III, 8: "*El espíritu o viento sopla donde quiere; y oyes su voz, pero no sabes ni de dónde viene ni a dónde va; así acontece con el que ha nacido del Espíritu.*" La inspiración, al principio latente y oscura, se hace luego, si el favorecido es fiel a ella, más clara, más luminosa y más apremiante.

San Juan de la Cruz dice también en la *Subida del Monte Carmelo*, lib. II, c. XII: "Se debe poseer este conocimiento propio de la contemplación antes de abandonar la meditación discursiva. Observemos sin embargo que se trata de un conocimiento general. A los principios *suele ser esta noticia amorosa muy sutil y delicada*, y casi insensible... Habiendo estado *el alma* habituada al otro ejercicio de la meditación que es totalmente sensible, *no echa de ver ni casi siente estotra novedad insensible que es ya pura de espíritu...*"

No es posible ponerlo en duda; la inspiración especial que debemos recibir, llenos de docilidad, de los dones del Espíritu Santo viene con frecuencia muy callada. Es preciso guardar un gran silencio dentro de sí, dicen los autores espirituales, para poder oírla, escucharla y luego saberla distinguir de otra falsa que podría engañarnos. Aquí entra de lleno la cuestión del discernimiento de espíritus.

(¹) *Ibid.*, pp. 407 y ss., y [105].

(²) II, II, q. 171, a. 5. — *Ibid.*, q. 173, a. 4: ejemplo de Caifás profetizando sin saberlo.

La *Imitación de Jesucristo* lo repite a menudo: "Escucha estas cosas, alma mía, y cierra las puertas a la sensualidad, *para que te sea dado oír lo que dice el Señor Dios tuyo*" (l. III, c. I, ítem, c. 2, 3).

Es cierto por lo demás, que existen muchos grados en la docilidad al Espíritu Santo, desde el momento en que el hombre comienza a responder a su vocación, hasta el instante en que entrega su alma al Creador.

No entraba pues, en nuestro propósito, tratar de la cuestión siguiente.

¿Existen grados en el desprendimiento de las criaturas?

¿Es este desprendimiento el mismo en los grandes santos, que en las almas que sólo han llegado a una perfección media? Plantear la cuestión equivale a darla por resuelta. Nunca hemos dudado que sea así.

Se necesita la intrepidez y el optimismo juvenil para haber podido escribir lo que sigue: "*El desasimiento de las criaturas debe ser el mismo para todas las almas perfectas: total, absoluto, universal... Imposible encontrar el término medio entre tener y no tener defectos.* Ahora bien, la perfección excluye por naturaleza toda falta voluntaria, directa o indirecta. El fervor interior, puesto a contribución para desprenderse de las criaturas, podrá *variar de individuo a individuo*, según la gracia recibida, germen de victorias más o menos brillantes; *pero objetivamente* hablando, la renuncia a todo lo que se opone a la divina voluntad, aun en cosas pequeñas, debe ser total y sin excepción.

El formalismo lógico de la fórmula: "Imposible encontrar término medio entre tener y no tener defectos", no debe hacernos echar en olvido la realidad concreta, ni la gran diferencia que hay entre las almas perfectas, comenzando por las menos elevadas, hasta el alma santa de Cristo. En la práctica, el renunciamiento, aun *objetivamente* considerado, progresa con el fervor y la voluntad del *sujeto* en que se encuentra.

Es cierto, en efecto, que un alma que ha llegado a la perfección puede progresar todavía y que en ella el desprendimiento de las criaturas aumenta con la unión a Dios; son éstos, dos aspectos del adelantamiento en la vida de la gracia que continúa en la vía unitiva. Así *muchas faltas indirectamente voluntarias, consecuencias de una negligencia que uno no advertía, son progresivamente eliminadas a medida que un alma se purifica a fondo* y se une más estrechamente a Dios.

Además es seguro que el justo, por perfecto que sea, aunque pueda evitar cada pecado venial en particular, no puede evitarlos todos continuamente. Pero a medida que va creciendo en la caridad, los evita cada vez más, de suerte que en la unión transformante, como lo explica Santa Teresa (VII Morada, c. II), queda el alma casi libre de la lucha de las pasiones; en tanto permanece bajo el influjo de la gracia actual de la unión transformante, no peca venialmente con deliberación. Fuera de esos momentos aun suele cometer algunas faltas veniales que son prontamente reparadas.

No todas las almas perfectas son confirmadas en el bien; algunas lo son.

No olvidemos, en fin, que el desasimiento de las criaturas fué mucho más perfecto en la SSma. Virgen que en los más grandes santos, ya que nunca cometió el más mínimo pecado venial. Aun fué mayor en el alma de Nuestro Señor que, no sólo no pecó de hecho, sino que fué siempre impecable.

Es pues demasiado simplista la afirmación: "*Imposible encontrar término medio entre tener o no tener defectos.*" Lo que se puede afirmar con verdad es esto: que no hay término medio entre ser o no ser absolutamente impecable, entre evitar o no evitar continuamente todos los pecados veniales, entre querer o no querer aspirar, en adelante, a evitarlos cada vez más. "Homo (pœnitens) debet habere propositum se præparandi ad peccata venialia minuenda" (S. Tom., III, q. 87, a. I, ad I). Pero según que esa voluntad sea más o menos intensa y fervorosa, se los evitará mejor o peor. Con el adelantamiento en la caridad y en la unión con Dios, aumentará el desasimiento de las criaturas. El P. Chardon ha insistido no poco, sobre este particular, en su hermoso libro *La Croix de Jésus*.

Sin lugar a dudas, existen muchos grados en lo que Santo Tomás, II, II, q. 148, a. 2, expresa así: "Ab affectu hominis *excluditur* non solum id quod est caritati contrarium, sed etiam *omne illud quod impedit ne affectus mentis totaliter dirigatur ad Deum.*" Existen en esto muchos grados, aun en cuanto a la exclusión de los pecados veniales; cfr. ibíd., ad 2: "Illi qui sunt in hac vita *perfecti*, in multis dicuntur offendere secundum peccata venialia quæ consequuntur ex infirmitate præsentis vitæ." Esta manera de ver ya no es simplista, sino la neta expresión del buen sentido cristiano (¹).

¿ES NECESARIA LA PURIFICACIÓN PASIVA PARA ELIMINAR LOS DEFECTOS MORALES?

En una de sus respuestas, nuestro contradictor ha escrito: "Creemos nosotros que los defectos señalados por San Juan de la Cruz en la *Noche Oscura*, bajo la denominación de pecados capitales, son todos voluntarios; y por consiguiente puede el alma, con la ayuda de la gracia, librarse de ellos. ¿Cree el R. Padre que no puede el alma purificarse de la glotonería espiritual, de la pereza espiritual, del orgullo spiritual, etc., mediante las prácticas ascéticas? Repetimos

(¹) Estos últimos textos de Santo Tomás demuestran, aunque a veces se haya dicho lo contrario, que en forma alguna desaprobaría la doctrina de los autores de espiritualidad, relativa a la mortificación de la *actividad* llamada "*natural*", es decir *no santificada*, que se realiza en *detrimento de la vida de la gracia*. Santo Tomás exige aquí que para alcanzar la perfección se excluya *omne illud quod impedit ne affectus mentis totaliter dirigatur in Deum*. Aunque uno no se haya obligado por el voto a practicar los tres consejos evangélicos, debe al menos tener su espíritu para conseguir la perfección (II, II, q. 184, a. 3). Por eso se aconseja, para llegar a este fin, no ocuparse demasiado de las cosas de la tierra, de *negotiis saecularibus*, antes usar las cosas de este mundo como si no se las usara. Y es cosa clara que en semejante renuncia hay progreso aun entre los perfectos.

aquí lo que en otra parte hemos escrito: si no le fuera posible librarse de ellos, esos defectos ya no serían voluntarios, y por consiguiente no serían impedimento para la perfección."

Responderemos que Santo Tomás evita esa manera simplista y superficial de considerar las cosas, cuando afirma (I, II, q. 68, a. 2) *la necesidad de los dones del Espíritu Santo y de sus correspondientes inspiraciones para salvarse y alcanzar la perfección*. Y más arriba hemos visto que en forma alguna admite que los dones tengan, aquí en la vida, dos modos específicos distintos, ordinario el uno y el otro extraordinario, como el de las gracias *gratis datæ*.

No es posible al alma librarse de ciertos defectos morales, sino mediante la docilidad a las inspiraciones especiales del Espíritu Santo, y sería falso de toda falsedad decir que si el alma no puede librarse de ellos sin estas inspiraciones especiales, "*estos defectos ya no serían voluntarios* y por consiguiente tampoco serían obstáculo a la perfección". Los dones del Espíritu Santo son otorgados a todos los justos precisamente para que acepten con docilidad esas inspiraciones especiales, cuya modalidad sobrehumana se manifiesta cada vez más palpable, si el alma es dócil.

Santo Tomás expresa en propios términos (I, II, q. 68, a. 2, ad 3): "Rationi humanae non sunt omnia cognita, neque omnia possibilia sive accipiatur ut perfecta perfectione naturali, sive accipiatur ut perfecta virtutibus theologicis. Unde *non potest quantum ad omnia repellere stultitiam et alia hujusmodi* de quibus ibi fit mentio. Sed ille cujus scientiæ et potestati omnia subsunt, sua motione *ab omni stultitia, ignorantia, hebetudine, duritia et cæteris hujusmodi nos tutos reddit*. Et ideo dona Spiritus Sancti, quæ faciunt nos bene sequentes instinctum ipsius dicuntur contra hujusmodi defectus dari."

Sostenemos pues que las inspiraciones especiales del Espíritu Santo son necesarias para que el alma se vea purificada de tal rudeza, de la insensatez, de la simpleza espiritual, y así de otros defectos que no solamente se oponen a la perfección psicológica, sino a la perfección moral. Sin la docilidad progresiva a estas inspiraciones especiales del Espíritu Santo, *el alma no será purificada a fondo del egoísmo más o menos inconsciente* que en ella se encuentra, y que se mezcla, en forma de negligencia indirectamente voluntaria, a muchos de nuestros actos y a no pocas omisiones más o menos culpables.

Decir que la purificación pasiva no es necesaria para la perfecta pureza moral, sería negar *la necesidad de la purificación pasiva de la voluntad;* esa purificación que impide que el interés humano bastardee los actos de esperanza y de caridad ([1]).

Recordemos aquí lo que escribió Santa Teresa en su *Vida*, c. XXXI (*Obras*, t. I, p. 257): "Ven en todos los libros que están escritos de oración y contemplación poner cosas que hemos de hacer para subir a esta dignidad... un no se nos dar nada que digan mal de nosotros, antes tener mayor contento que cuando dicen bien; una poca estima de honra; un desasimiento de sus deudos...; otras cosas de esta ma-

---

([1]) Tratamos ampliamente esta cuestión en *L'Amour de Dieu et la Croix de Jésus*, t. II, p. 597-632: La purificación pasiva de la esperanza y de la caridad.

nera muchas, que *a mi parecer las ha de dar Dios,* porque *me parece son ya bienes sobrenaturales,* o contra nuestra natural inclinación."

Sabido es el sentido que la Santa da a estas palabras. Por lo demás, repetidas veces afirma que el progreso en las virtudes acompaña normalmente al de la oración, y que una profunda humildad es de ordinario el fruto de la contemplación infusa de la infinita grandeza de Dios y de nuestra miseria. Y esto no es cosa accidental, sino el desenvolvimiento normal de la vida interior.

En cuanto a San Juan de la Cruz, es evidente que para él *la purificación pasiva es necesaria para la purificación perfecta de la voluntad.* Basta recordar lo que dice de los defectos que hacen necesaria la purificación pasiva de los sentidos y del espíritu: *Noche oscura,* l. I, c. II al IX y l. II, c. I y II. En estos últimos capítulos habla de las "fallas o lunares del viejo hombre que quedan todavía en el espíritu, como herrumbre que no desaparece sino bajo la acción de un fuego intenso". Entre los defectos de los adelantados que tienen necesidad de "la fuerte lejía de la noche del espíritu", habla de la rudeza, de la impaciencia, de un secreto orgullo, de un egoísmo inconsciente que hace que muchos usen, con miras un tanto personales, los bienes del espíritu, lo cual los introduce en el camino de las ilusiones. Y eso es una falta de pureza, no sólo psicológica, sino moral.

En fin, es muy cierto que para San Juan de la Cruz esa purificación pasiva (que es de orden místico) y la contemplación infusa de los misterios de la fe, están en el camino normal de la santidad; puesto que dejó escritas estas dos proposiciones que en sus obras son capitales (*Noche oscura,* l. I, c. VIII): *"La noche o purgación sensitiva es común y acaece a muchos, y éstos son los principiantes";* siendo pues pasiva, pertenece no al orden ascético sino al místico. Ibíd., l. II, c. XIV: *"Los adelantados se encuentran en la vía iluminativa; ahí alimenta Dios al alma y la fortalece por la contemplación infusa."*

Sin lugar a dudas, San Juan de la Cruz ha querido notar aquí, no una cosa *accidental,* sino los fenómenos que se producen normalmente, en el camino de la santidad, en un alma verdaderamente dócil al Espíritu Santo, mientras esa alma no se eche atrás en las pruebas.

Mantenemos pues lo que siempre hemos enseñado sobre esta materia. Es por lo demás lo mismo que han enseñado los teólogos del Carmen. Felipe de la SSma. Trinidad ([1]) y Antonio del Espíritu Santo ([2]) dicen expresamente: *"Debent omnes ad supernaturalem contemplationem aspirare.* Debent omnes, et maxime Deo specialiter consecratæ animæ, ad actualem fruitivam unionem cum Deo aspirare et tendere: Todos deben aspirar a la contemplación sobrenatural o infusa (estos teólogos dan idéntico sentido a las dos últimas palabras)..."

En fin, José del Espíritu Santo ([3]), lo hemos notado ya en diferen-

---

([1]) *Summa Theologica myst.,* ed. 1874, t. II, p. 299, y t. III, p. 43.

([2]) *Directorium mysticum,* ed. 1733, tr. III, disp. III, sec. IV, tr. IV, d. I, sec. VI.

([3]) *Cursus theol. scol. myst.,* t. II, II praed., disp. XI, q. II, números 18, 23.

tes ocasiones, ha escrito: "Si se toma la contemplación infusa en el sentido de rapto, de éxtasis o de favores semejantes, entonces no podemos entregarnos a ellos, ni pedirlos a Dios, ni desearlos; pero en cuanto *a la contemplación infusa en sí misma*, como acto de contemplación (prescindiendo del éxtasis que accidentalmente le puede acompañar), aunque ciertamente no podamos esforzarnos por alcanzarla por nuestra propia industria o actividad, *nos es lícito aspirar a ella, desearla* ardientemente y pedirla a Dios con humildad."

El mismo autor añade aún (¹): "Eleva Dios ordinariamente —*solet elevare*— a la contemplación infusa al alma que se ejercita con fervor en la contemplación adquirida. Ésta es la doctrina común, *quod omnes docent.*"

Jamás dijimos nosotros cosa distinta; y ésa es indudablemente la doctrina de San Juan de la Cruz, en absoluto acuerdo con lo que nos ha legado Santo Tomás sobre los siete dones del Espíritu Santo conexos con la caridad, y que, a título de *hábitos infusos,* crecen con ella; no se concibe pues sin ellos y sin las inspiraciones especiales a los cuales nos hacen dóciles, la plena perfección de la vida cristiana.

ARTÍCULO QUINTO

LA GRACIA ACTUAL Y SUS DIVERSAS FORMAS

Conviene recordar: 1º, la necesidad de la gracia actual; 2º, sus diversas formas; 3º, en qué consiste la fidelidad a la gracia.

NECESIDAD DE LA GRACIA ACTUAL

Aun en el orden natural, ningún agente creado obra ni opera sin el concurso de Dios, primer motor de los cuerpos y de los espíritus. En este sentido dice San Pablo en su discurso del Areópago: "No está Dios lejos de cada uno de nosotros, porque en él vivimos, nos movemos y somos" (Act. Ap., XVII, 28).

Con mayor razón, en el orden sobrenatural, para realizar los actos de las virtudes infusas y de los dones tenemos necesidad de una *moción divina* que se llama la *gracia actual.*

Es ésta una verdad de fe contra los pelagianos y semipelagianos (²), que, sin esa gracia, no nos es posible ni disponernos positivamente a la conversión, ni perseverar mucho

(¹) *Ibid.,* disp. VIII.
(²) Cf. Concilio de Orange (DENZINGER, *Enchiridion,* nºˢ. 176-200) y Santo Tomás, I, II, q. 109, *per totam.*

tiempo en el bien, ni, sobre todo, perseverar hasta la muerte. Sin la gracia actual, no nos es dado realizar el menor acto de virtud ni mucho menos llegar a la perfección. En este sentido dijo Jesús a sus discípulos: *"Sin mí no podéis hacer cosa alguna"* (Juan, xv, 5); y San Pablo añade que en el orden de la salvación, *"no somos capaces, por nosotros mismos, ni de un solo pensamiento"* ([1]), y que *"es Dios quien opera en nosotros el querer y el obrar"* ([2]), actualizando nuestra voluntad sin violentarla. Él mismo es el que nos concede el estar dispuestos a la gracia habitual y realizar actos meritorios. Cuando Dios corona nuestros méritos, corona sus propios dones, dice también San Agustín. La Iglesia lo ha repetido muchas veces en los Concilios ([3]).

Ésta es la razón por la que hay que orar siempre. *La necesidad de la oración se funda en la necesidad de la gracia actual.* Fuera de la primera gracia que nos fué concedida sin que orásemos, ya que ella es el principio mismo de la oración, es una verdad cierta que la oración es el medio *normal, eficaz y universal,* mediante el cual dispone Dios que obtengamos todas las gracias actuales de que tenemos necesidad. He aquí por qué Nuestro Señor nos inculca, con tanta frecuencia, la necesidad de la oración, para conseguir la gracia: *"Pedid y recibiréis; buscad y encontraréis, llamad y se os abrirá; porque todo el que pide, recibe; el que busca, encuentra; y al que llama se le abrirá"* ([4]). Esta necesidad de la oración para obtener la gracia actual, nos la recuerda, sobre todo, cuando se trata de resistir a la tentación: "Vigilad y orad, para que no entréis en la tentación; el espíritu está alerta, pero la carne es débil" ([5]). Hemos de reconocer, cuando oramos, que Dios es el autor de todo bien y que, de consiguiente, la confianza que no se apoye en la oración, es presuntuosa y vana ([6]).

También el Concilio de Trento nos dice, empleando los

([1]) II Cor., III, 5. "Non quod sufficientes simus cogitare aliquid a nobis quasi et nobis."

([2]) Phil., II, 13: "Deus qui operatur in vobis et velle et perficere."

([3]) DENZINGER, n°°. 182-200, y 141.

([4]) Mat., VII, 7-8.

([5]) Mat. XXVI, 41.

([6]) Cf. SANTO TOMÁS, II, II, q. 83, a. 2, c. y ad 3.

mismos términos que San Agustín: "*Dios jamás ordena lo imposible, pero* al darnos un precepto, *nos exige* que hagamos lo que está en nuestra mano hacer, y *que pidamos aquello que no podemos;* y él mismo nos ayuda para que lo podamos" (¹); igualmente nos ayuda con su gracia actual, a rogar. Hay, pues, gracias actuales que sólo podemos obtener mediante la oración (²).

Nunca se insistirá lo suficiente sobre este punto, porque muchos principiantes, llenos, sin saberlo, de un cierto pragmatismo práctico, como lo estaban los pelagianos y semipelagianos, se imaginan que con voluntad y energía, aun sin la gracia actual, es posible llegar a todo. Pronto les demuestra la experiencia la profunda verdad de las palabras de Nuestro Señor: "*Sin mí, no podéis hacer nada*", y de las de San Pablo: "*Dios es quien opera en nosotros el querer y el obrar*", preciso es pues pedirle la gracia actual, para observar, y observar cada vez mejor, los mandamientos; sobre todo el supremo precepto del amor a Dios y al prójimo.

Las diversas gracias actuales

La gracia actual, cuya necesidad hemos hecho resaltar, se presenta bajo muchas formas que es muy útil conocer en la vida espiritual. Conviene recordar aquí con la mayor claridad posible, los principios, sin echar por eso en olvido el misterio que encierran, ya que se trata de uno de los claroscuros más notables de la doctrina cristiana.

Muchas veces, se trata de una *gracia de iluminación interior* que nos es otorgada. Por ejemplo, al leer, en la misa, la epístola o el evangelio del día, una luz interior nos ilumina, que nos hace comprender su contenido con nueva claridad; somos movidos por estas palabras de Jesucristo a la Samaritana: "Si conocieras el don de Dios..." (³), o por las de San Pablo: "Cristo me ha amado y se ha entregado por mí" (⁴); y consideramos que, en efecto, continúa ofreciéndose por nosotros en la santa misa, y que, si lo queremos está dispuesto a dársenos en la santa co-

(¹) Sesión VI, c. xi (Denzinger, 804).
(²) Cf. *Catecismo del Concilio de Trento*, IV p., c. i, nº 3.
(³) Joan., iv, 10.
(⁴) Gal., ii, 20.

munión. He aquí una gracia de iluminación interior (¹).

Esa gracia va seguida de *otra de inspiración y de atracción,* porque al pensar en el amor tan generoso y desinteresado del Salvador hacia nosotros, nos sentimos vivamente arrastrados a devolverle amor por amor. He aquí una gracia actual que opera sobre la voluntad, y la mueve al amor y a obrar. A veces nos empuja a querer darnos enteramente a Dios, a sufrir y, si preciso fuera, a morir por él. Y en tal caso, ya no es solamente una gracia de atracción, antes bien es una *gracia de fortaleza,* que recibimos a veces sin tener conciencia de ella, pero que, en la aridez, nos da fuerzas para sufrir y esperar (²).

La gracia actual que mueve la voluntad, ¿cómo actúa sobre esta facultad? De dos maneras; *ya proponiéndole un objeto* que la atrae, o *bien por un impulso interior* que sólo Dios puede dar (³).

Dios puede evidentemente inclinar nuestra voluntad hacia el bien, proponiéndole un objeto, por ejemplo, la promesa de la eterna beatitud, o la de un grado más alto en el amor. Así una madre inclina al bien la voluntad de su infante, ya sea proponiéndole un objeto sensible que le atraiga, o bien persuadiéndole a que se porte bien. Lo mismo puede hacer el Ángel de la guarda, sugiriéndonos buenos pensamientos.

Pero hay una cosa que sólo Dios puede hacer, y es mover nuestra voluntad al bien por una moción o impulso interior. Siendo, como es, más íntimo a nosotros que nosotros mismos,

---

(¹) A veces una gracia luminosa muy elevada da impresión de oscuridad, pero es una oscuridad traslúcida; sucede como con la intensa luz solar que ofusca al ave nocturna.

(²) Muchas de estas gracias vienen a nuestras almas sin que nosotros nos demos cuenta, y son de orden puramente espiritual y sobrenatural y están sobre nuestros medios naturales de conocimiento.

Algunas las percibimos por razón de la influencia que ejercen sobre nuestra sensibilidad, por ej., en forma de consuelos sensibles.

Otras, a pesar de carecer de tal influencia, pueden ser conocidas, en el sentido de que Dios, sobre todo por el don de sabiduría, se nos da a conocer espiritualmente, como principio del filial amor que nos inspira hacia él. Cf. Santo Tomás *in Epist. ad Romanos,* VIII, 16.

(³) Santo Tomás, I, q. 105, a. 4; I, II, q. 9, a. 6; q. 10, a. 4; q. 109, a. 2, 3, 4, 10.

él conserva en su existencia nuestra alma, y nuestras facultades por él creadas; puede asimismo moverlas de adentro para afuera, *ab intus*, según su propia inclinación, sin violentarlas, dándonos nuevas energías. Un ejemplo nos ayudará a entenderlo: una madre, para enseñar a andar a su niño, lo toma con sus manos y le ayuda, no sólo de palabra, mostrándole un objeto que debe alcanzar, sino de obra, sosteniéndolo, levantándolo. Lo que una madre hace en el orden corporal, puede hacerlo Dios en el espiritual. Puede levantar, no sólo nuestro cuerpo, sino también nuestra voluntad, para llevarla al bien. *Él es el autor de la voluntad*, le ha dado su inclinación fundamental al bien, *y sólo él, en consecuencia, puede moverla desde dentro, según esa inclinación*. Obra también en nosotros, en lo más íntimo de nuestra voluntad, para movernos a querer y a obrar. Y lo hace con tanta mayor efectividad, cuanto más fervientemente se lo suplicamos, para aumentar en nosotros el amor que le debemos.

Además, la gracia actual se llama *preveniente* cuando suscita en nosotros una buena idea o un buen pensamiento, sin haber hecho nosotros nada para excitarlo. Si no le oponemos resistencia, Dios añade otra gracia *adyuvante o concomitante*, que ayudará a nuestra voluntad a realizar el acto provechoso exigido y a formar buenas resoluciones. Así "Dios opera en nosotros el querer y el obrar", como dice San Pablo.

Importa, en fin, hacer observar que Dios nos mueve, ya a *obrar por deliberación*, según el modo humano corriente, *ya a hacerlo por una inspiración especial*, sin deliberación de parte nuestra, sino de modo divino o superior. Un ejemplo del primer caso: cuando veo que es llegada la hora de rezar el rosario, y por propia deliberación me pongo a rezarlo, esto lo hago bajo la influencia de una gracia actual ordinaria, llamada *cooperante*, porque coopera a mi acción según el modo ordinario humano de deliberación.

Sucede, en cambio, que, de modo imprevisto, en medio de una tarea absorbente, recibo la inspiración especial de rezar una breve plegaria y lo hago en el acto. Esta inspiración especial se llama gracia operante, porque opera en nosotros sin deliberación de parte nuestra, aunque con nuestro consentimiento vital, libre y meritorio (¹).

En el primer caso, Dios nos mueve generalmente a obrar según el modo humano de las virtudes. En el segundo, nos mueve según el modo sobrehumano de los dones del Espíritu Santo; nuestra barca avanza, en tal caso, no sólo a fuerza de remos, sino al impulso superior de un viento favorable.

Lo expuesto sobre las diferentes mociones se resume en el siguiente cuadro:

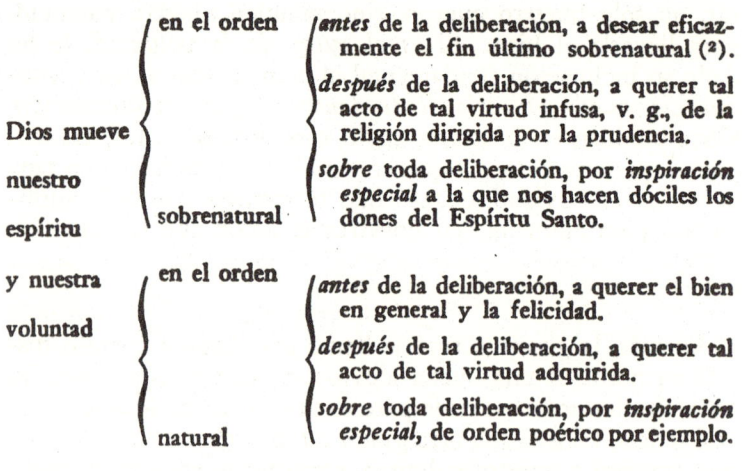

Actuando por la gracia operante, somos más pasivos que activos, y nuestra actividad consiste sobre todo en consentir libremente a la operación divina, en dejarnos conducir por el Espíritu Santo, y en seguir con prontitud y generosidad

---

(¹) SANTO TOMÁS, I, II, q. 111, a. 2. Bajo la acción de la gracia cooperante, la voluntad se pone en movimiento deliberadamente en virtud de un acto anterior; por ej., al querer el fin, busca los medios conducentes a él; mientras que por la gracia operante se mueve en virtud, no de un acto anterior, sino de una inspiración especial.

(²) En este caso existe ciertamente deliberación; pero *no es ella, ni un acto anterior*, los que hacen que el pecador, en el momento de su conversión, se mueva a querer eficazmente su último fin sobrenatural, porque cualquiera de tales actos anteriores es *inferior* a este acto eficaz de la voluntad, y su eficacia no pasa de poder disponerla favorablemente. Es necesaria, pues, una *gracia operante especial*. Tal gracia no es necesaria cuando, deseando ya eficazmente el fin, nos inclinamos espontáneamente a querer los medios; en tal caso sólo se requiere la gracia cooperante.

sus inspiraciones ([1]). Pero aun bajo la acción de la gracia cooperante, *todos* nuestros actos encaminados a la salvación proceden totalmente de Dios como de su causa primera, y *todos* ellos, igualmente, de nosotros como de su causa segunda.

La fidelidad a la gracia

Importa al hombre muy mucho ser fiel a la gracia, y ser cada día más dócil a la gracia actual del momento presente, para responder al deber de este momento que nos manifiesta la voluntad de Dios en nosotros. Recordemos lo que nos dice San Agustín: *"Dios que te creó sin que tú obraras, no*

---

[1] Hemos tratado detenidamente de esta materia en *Perfection chrétienne et Contemplation*, I, pp. 355-386: La especial inspiración del Espíritu Santo y la gracia actual ordinaria. Apoyándonos en numerosos textos de Santo Tomás, y siguiendo a muchos tomistas ilustres, particularmente al P. del Prado, hemos demostrado que Dios mueve la voluntad, ya sea *antes de la deliberación* (al inclinarla a desear la beatitud en general, y el último fin sobrenatural), o bien *después de la deliberación* o juntamente con ella (cuando la inclina a determinarse, por deliberación discursiva, a querer los medios conducentes al fin anteriormente deseado) o, en fin, *por sobre toda deliberación* (mediante una inspiración especial, en particular por aquella a la cual nos hacen dóciles los dones del Espíritu Santo).
Santo Tomás enumeró tres modos de moción en diversos pasajes: I, II, q. 9, a. 6, ad 3; q. 68, a. 2 y 3; q. 109, a. 1, 2, 6, 9; q. 111, a. 2; *De veritate*, q. 24, a. 15.
Baste citar aquí el texto clásico de la I, II, q. 111, a. 2, acerca de la distinción entre la gracia operante y la gracia cooperante: "Operatio alicujus effectus non attribuitur mobili, sed moventi. In illo ergo effectu, in quo *mens nostra est mota non movens*, solus autem Deus movens, operatio Deo attribuitur, et secundum hoc dicitur *gratia operans*. In illo autem effectu, *in quo mens nostra et movet* (virtute prioris actus) *et movetur*, operatio non solum attribuitur Deo, sed etiam animae, et secundum hoc dicitur *gratia cooperans*."
La *gracia operante* puede presentarse bajo diversas formas: 1º, puede ser solamente *excitante*, inclinándonos a un pensamiento virtuoso, que de hecho queda estéril; 2º, puede inclinar a un acto de fe o de esperanza, sin el influjo de los dones del Espíritu Santo, como acontece en un cristiano en pecado mortal; y 3º, puede llevarnos a un acto virtuoso y meritorio de los dones del Espíritu Santo. En este último caso es donde principalmente existe inspiración especial, no sólo antes de la deliberación, sino *por encima de ella*. Podemos en efecto ser movidos, o movernos nosotros mismos, a un *acto de fe* (simple o discursivo), mientras que por nosotros mismos no podemos realizar un *acto de los dones*.

te santificará sin tu cooperación" (¹); necesario es pues nuestro consentimiento y la obediencia a sus mandamientos.

El auxilio divino se nos da, añade el Santo, no para ahorrar trabajo a nuestra voluntad, sino para que ésta obre de modo provechoso y meritorio.

La gracia actual nos es constantemente ofrecida para ayudarnos en el cumplimiento del deber de cada momento, algo así como el aire entra incesantemente en nuestros pulmones para permitirnos reparar la sangre. Y así como tenemos que aspirar para introducir en los pulmones ese aire que renueva nuestra sangre, del mismo modo, hemos de desear positivamente y con docilidad recibir la gracia que regenera nuestras energías espirituales, para caminar en busca de Dios.

Quien no respira, acaba por morir de asfixia; quien no reciba con docilidad la gracia, terminará por morir de asfixia espiritual.

Por eso dice San Pablo: "*Os exhortamos a no recibir en vano la gracia de Dios*" (II Cor., VI, 1). Preciso es responder a esa gracia y cooperar generosamente a ella. Es ésta una verdad elemental que, practicada sin desfallecimiento, nos levantaría hasta la santidad.

Es Dios sin duda el que da el primer paso hacia nosotros, con su gracia preveniente, y luego nos ayuda a prestarle nuestro consentimiento; él nos acompaña en todos nuestros caminos y dificultades, hasta el momento de la muerte.

Pero no echemos en olvido que, por parte nuestra, en vez de resistir a sus invitaciones, debemos responder con una gran fidelidad. ¿Cómo? En primer lugar recibiendo con alegría las primeras ilustraciones de la gracia; después siguiendo dócilmente sus inspiraciones; y en fin, llevándolas a la práctica, cueste lo que costare. Así cooperaremos a la obra de Dios y nuestros actos serán el fruto de su gracia y de nuestro libre albedrío; serán *totalmente* de Dios como de su causa primera y *totalmente* nuestros como de su causa segunda.

La primera gracia de iluminación que en nosotros produce eficazmente un buen pensamiento, es *suficiente* con relación

---

(¹) "Qui creavit te sine te, non justificabit te sine te." Sermo 15, c. 1.

al generoso consentimiento voluntario, en el sentido de que nos da, no este acto, sino la posibilidad de realizarlo. Sólo que, si resistimos a este buen pensamiento, nos privamos de la gracia actual que nos hubiera inclinado *eficazmente* al consentimiento a ella. La resistencia produce sobre la gracia el mismo efecto que el granizo sobre un árbol en flor que prometía abundosos frutos; las flores quedan agostadas y el fruto no llegará a sazón. La gracia eficaz se nos brinda en la gracia suficiente, como el fruto en la flor; claro que es preciso que la flor no se destruya, para recoger el fruto. Si no oponemos resistencia a la gracia suficiente, se nos brinda la gracia actual eficaz, y con su ayuda vamos progresando, con paso seguro, por el camino de la salvación. La gracia suficiente hace que no tengamos excusa delante de Dios, y la eficaz impide que nos gloriemos en nosotros mismos; con su auxilio vamos adelante, humildemente y con generosidad (¹).

No resistamos a las gracias prevenientes de Aquel que nos ha dado la gracia santificante, las virtudes infusas y los dones, y que, en todo momento, nos atrae hacia sí. No nos contentemos con una vida espiritual mediocre, ni con pro-

---

(¹) Aquí se encierra el gran misterio de la gracia, cuyo doble aspecto que es preciso conciliar, se puede expresar así. Existe un claroscuro muy notable. Lo claro se expresa en dos principios; lo oscuro es la conciliación de ambos.

Por un lado, *Dios nunca manda lo imposible* (de lo contrario no sería justo ni misericordioso); mas por amor, *hace realmente posibles,* a todos, los deberes que cada uno debe cumplir. Ningún adulto se ve privado de la gracia necesaria para salvarse, a menos que la rechace por la resistencia al llamamiento divino, como acaeció al mal ladrón en el Calvario.

Por otra parte, "*como el amor de Dios hacia nosotros es causa de todo bien, ninguno sería mejor que su vecino si no fuera más amado por Dios*", como dice Santo Tomás, I, q. 20, a. 3. En este sentido nos dijo Jesús: "*Nada podéis hacer sin mí*" (Joan., xv, 5); y hablando de los elegidos, añadió: "*Nadie podrá arrebatarlos de la mano de mi Padre*" (Joan., x, 29). San Pablo dijo igualmente: "*¿Quién es el que te da la ventaja sobre los otros? O, ¿qué cosa tienes tú que no la hayas recibido?*" ¡Qué profunda lección de humildad!

Como dice un Concilio de la Edad Media: "Si algunos se salvan, se salvan gracias al don del Salvador; si otros se condenan, se condenan por su culpa" (Denzinger, *Enchiridion*, nº 318). Resistir a la gracia es un mal que sólo en nosotros puede tener su raíz. El *no oponerle*

ducir frutos imperfectos, cuando nuestro Salvador vino al mundo *"para que tengamos vida exuberante"* (¹), y para *"que corran ríos de aguas vivas de nuestro corazón"* (²), a fin de que lleguemos al goce eterno de su propia beatitud. Dios es magnánimo; seámoslo nosotros a imitación suya.

Esta fidelidad es necesaria primeramente para *conservar* la vida de la gracia, evitando el pecado mortal. Ahora bien, esa vida de la gracia es incomparablemente más preciosa que la del cuerpo, más grande que el poder de hacer milagros; la vida de la gracia es de un valor tan excelso, que el Salvador se entregó a la muerte por alcanzárnosla. Si nos fuera dado contemplar con claridad el maravilloso esplendor de la gracia santificante, quedaríamos trasportados.

La fidelidad es necesaria, además, para merecer y obtener *el crecimiento*, en nosotros, de esa vida de la gracia que debe ir en aumento hasta nuestra entrada en el cielo, ya que somos viajeros en ruta hacia la eternidad, a la que nos acercamos mientras crecemos en el amor de Dios.

De ahí la necesidad de *santificar todas y cada una de nuestras acciones, aun las más ordinarias*, realizándolas con pureza de intención, por motivos sobrenaturales y en unión con Nuestro Señor. Si fuéramos así, fieles desde la mañana hasta la noche, cada una de nuestras jornadas terminaría henchida de centenares de actos meritorios, de cientos de actos de amor a Dios y al prójimo, en los momentos agradables o penosos; y al declinar de cada día, nuestra unión

resistencia es ya *un bien* que sólo puede proceder de la fuente de todo bien. Estas fórmulas sintetizan los dos aspectos del misterio, y los principios que acabamos de recordar son indiscutibles.

Ambos son absolutamente ciertos; tanto el que se refiere a la posibilidad de la salvación, como este otro: "Nadie sería mejor que su vecino, si no fuera más amado por Dios. ¿Qué cosa tenemos que no la hayamos recibido?" Pero, ¿cómo conciliar ambos extremos? Ninguna inteligencia creada será capaz de hacerlo antes de haber entrado en posesión de la visión beatífica. Porque equivale a comprender el modo *cómo se concilian* en las *alturas de la Divinidad* la infinita Misericordia, la infinita Justicia y la soberana Libertad. En otro lugar hemos expuesto largamente esta cuestión, relacionándola con la espiritualidad: cf. *Perfection chrétienne et contemplation*, I, pp. 88-131 (La mística y la doctrina de Santo Tomás acerca de la eficacia de la gracia), y *Providence et confiance en Dieu*, 338-363; *La prédestination des saints et la grâce*, pp. 247-256; 375-380.

(¹) Joan., x, 10.
(²) Joan., vii, 38.

con el Señor sería más íntima y más inquebrantable. Muchas veces se ha repetido: Nada hay más práctico, más eficaz, más al alcance de todos, para santificarse, que sobrenaturalizar así cada uno de nuestros actos, ofreciéndolos con nuestro Señor a Dios, para su gloria y para el bien de las almas (1).

(1) Han pensado algunos que la inspiración especial del Espíritu Santo disminuye la libertad de nuestros actos, y que el acto suscitado inmediatamente por ella no es meritorio. Lo cierto es que esa inspiración no disminuye más nuestra libertad, que la absoluta *impecabilidad* de Cristo su perfecta *libertad de obedecer* a los preceptos de su Padre. Jesucristo no podía desobedecer; obedecía infaliblemente, pero libremente, al precepto de morir; porque nunca perdió la indiferencia de juicio y de elección ante la muerte dolorosa en la Cruz, que *no arrastraba necesariamente su voluntad,* la cual sólo es atraída así por la divina bondad contemplada cara a cara. Véase nuestra obra: *Le Sauveur,* pp. 204-218.

CAPITULO CUARTO

LA SANTÍSIMA TRINIDAD, PRESENTE EN NOSOTROS, FUENTE INCREADA DE NUESTRA VIDA INTERIOR

Después de haber hablado de la vida de la gracia, y del organismo espiritual de las virtudes infusas y los dones, conviene considerar la fuente increada de nuestra vida interior, que es la Santísima Trinidad presente en todas las almas justas de la tierra, del purgatorio y del cielo.

Veamos en primer lugar lo que nos dice la Revelación divina, contenida en la Escritura, acerca de misterio tan consolador. Consideraremos después, brevemente, el testimonio de la Tradición; y, en último lugar, veremos los comentarios y aclaraciones que aporta la Teología, particularmente Santo Tomás de Aquino ([1]), y las consecuencias espirituales de esta doctrina.

El testimonio de la Sagrada Escritura

La Escritura nos enseña que *Dios está presente en todas las criaturas,* con una presencia general llamada con frecuencia presencia de inmensidad. Léese en particular en el Salmo 138, 7: "¿A dónde iré, Señor, que me esconda de tu espíritu? ¿A dónde huir para escapar a tu mirada? Si me remonto hasta los cielos, allí estás tú; si desciendo a la morada de los muertos, también estás allí." Es lo que hace decir a San Pablo, predicando en el Areópago: "*Dios que creó el*

([1]) Esta materia ha sido tratada con gran competencia por el P Frojet, O. P., en su libro *De l'habitation du Saint-Esprit dans les âmes justes,* Lethielleux, París, 1900. Y más recientemente por el P. Gardeil, O. P., *La structure de l'âme et l'expérience mystique,* París, Gabalda, 1927, t. II, pp. 6-60. Véase *L'amour de Dieu et la Croix de Jésus* de Garrigou-Lagrange, t. I, pp. 163-206, y t. II, pp. 657-686.

mundo y es Señor del cielo y de la tierra... no está lejos de cada uno de nosotros, porque en él vivimos, nos movemos y somos" (Act. Apost., XVII, 28).

Dios, en efecto, lo ve todo, conserva todas las cosas en su existencia e inclina a cada criatura a los actos que le convienen. Es él como el foco de donde dimana la vida de la creación y la energía central que todo lo atrae a sí. "Rerum, Deus, tenax vigor, immotus in te permanens."

Pero la Sagrada Escritura no nos habla solamente de esta presencia general de Dios en cada cosa; nos habla también de otra *presencia especial de Dios en los justos*. Así, ya en el Antiguo Testamento, en la Sabiduría, I, 4 está escrito: *"La sabiduría divina no penetrará en un alma perversa, ni habitará en un cuerpo sujeto al pecado."* ¿Serán solamente la gracia creada o el don creado de sabiduría los que vendrán a habitar en el alma del justo?

Las palabras de Nuestro Señor nos ofrecen nueva luz y nos enseñan que *las mismas Personas divinas* vienen a aposentarse en nosotros. *"Si alguien me amare,* dice, *cumplirá mis mandamientos, y mi Padre le amará y vendremos a él y en él haremos nuestra morada"* (Juan, XIV, 23). Cada una de estas palabras es muy de considerar: "Vendremos". ¿Quién va a venir? ¿Serán sólo los efectos creados: la gracia santificante, las virtudes infusas, los dones? No; vienen los mismos que aman, *las tres divinas Personas*, el Padre y el Hijo, de los que jamás se separa el Espíritu Santo, prometido por Nuestro Señor y enviado visiblemente el día de Pentecostés. *Vendremos a él,* al justo que ama a Dios; y vendremos no de una manera transitoria, pasajera, sino que *estableceremos en él nuestra morada,* es decir, habitaremos en él, mientras permanezca en la justicia o en estado de gracia, mientras conserve la caridad. Así habla Nuestro Señor.

Estas palabras son confirmadas por aquellas otras de la promesa del Espíritu Santo: "Yo rogaré a mi Padre y os dará otro Consolador, *para que eternamente permanezca en vosotros;* éste es el Espíritu de verdad, que el mundo no puede recibir, porque ni lo ve ni lo conoce; pero vosotros lo conocéis, ya que mora en medio de vosotros, y él estará en vosotros... Él os enseñará todas las cosas, y os recordará todo lo que yo os he enseñado" (Juan, XIV, 26). Estas palabras no fueron dichas solamente a los Apóstoles; en ellos fueron realidad el día de Pentecostés, que se renueva en nosotros en la Confirmación.

Este testimonio del Salvador es clarísimo y precisa admirablemente lo dicho en el libro de la Sabiduría, I, 4. Las tres divinas Personas vienen a habitar en las almas justas.

Así lo entendieron los Apóstoles. San Juan escribe (I Juan, IV, 9-16): *"Dios es caridad... y el que permanece en la caridad, en Dios permanece y Dios en él."* Ese tal posee a Dios en su corazón, pero más lo posee Dios a él y lo contiene en sí, conservándole, no sólo su existencia natural, sino la vida de la gracia y la caridad.

San Pablo dice también: "La caridad de Dios se ha derramado en vosotros *por el Espíritu Santo que se os ha dado*" (Rom., V, 5). Y no es solamente la caridad creada lo que hemos recibido, sino que nos ha sido dado el mismo Espíritu Santo. San Pablo habla especialmente de él, porque la caridad nos asimila más a ese Santo Espíritu, que es el amor personal, que al Padre y al Hijo. Ambos residen igualmente en nosotros, según testimonio de Jesús, pero no seremos totalmente *asimilados* a ellos, sino cuando recibamos la luz de la gloria que nos sellará asemejándonos al Verbo, que es esplendor del Padre.

En muchas ocasiones vuelve San Pablo sobre esta consoladora doctrina: *"¿No sabéis que sois templo de Dios, y que el Espíritu de Dios habita en vosotros?"* (I Cor., III, 16). "¿No sabéis que vuestro cuerpo es templo del Espíritu Santo, que está en vosotros, que habéis recibido de Dios, y que ya no os pertenecéis? Porque habéis sido rescatados por gran precio. Glorificad pues a Dios en vuestro cuerpo." (I Cor., VI, 19.)

Así pues, con toda claridad, nos enseña la Escritura que las tres Personas divinas habitan en todas las almas justas, en todas las almas en estado de gracia.

El testimonio de la Tradición

La Tradición, por la voz de los primeros mártires, por la de los Padres y por la enseñanza oficial de la Iglesia, demuestra además que así precisamente es como hay que entender lo que dice la Escritura (¹).

Al principio del siglo II, San Ignacio de Antioquía dice en sus cartas, que los verdaderos cristianos llevan a Dios en sí, y los llama "theophoroi" o "portadores de Dios". Esta doctrina es común en la Iglesia primitiva; los mártires la proclaman en alta voz delante de sus jueces. Santa Lucía responde a Pascasio, prefecto de Siracusa: "Las palabras no pueden faltar a los que en sí llevan al Espíritu Santo." "¿Entonces el Espíritu Santo está en ti?" "Así es, todos los que llevan vida casta y piadosa son templo del Espíritu Santo."

Entre los Padres griegos, San Atanasio dice que las tres divinas personas están en nosotros (²). San Basilio declara que el Espíritu Santo, por su presencia, nos hace cada vez más espirituales y conformes a la imagen del Unigénito (³). San Cirilo de Alejandría trata igualmente de esta íntima unión del justo con el Espíritu Santo (⁴). Entre los Padres latinos, San Ambrosio enseña que lo hemos recibido con el bautismo y más aún con la confirmación (⁵). San Agustín prueba que, según el testimonio de los Padres más antiguos no es sólo la gracia lo que se nos da, sino Dios mismo, el Espíritu Santo y sus siete dones (⁶).

Esta doctrina revelada nos es inculcada, en fin, por la enseñanza oficial de la Iglesia. En el símbolo de San Epifanio, que recitaban los adultos antes de recibir el bautismo, se dice: "Spiritus Sanctus qui... in apostolis locutus est et *in sanctis habitat*" (⁷).

(¹) Bien se echa de ver, en este caso, la importancia de la Tradición propiamente divina, que nos trasmite, mediante los legítimos pastores de la Iglesia, una doctrina oralmente revelada, haya o no haya sido posteriormente trasladada a la Escritura. Todos los órganos de la Tradición divina pueden ser invocados en el presente caso: el solemne magisterio de la Iglesia, así como su magisterio ordinario expresado por la predicación moralmente unánime de sus obispos, por el consentimiento de los Padres y teólogos, y por el sentido cristiano de los fieles.
(²) *Epist. I ad Serap.*, 31, P. G., t. 26, c. 601.
(³) *De Spiritu Sancto*, c. IX, n. 22 sq.; c. XVIII, n. 47.
(⁴) *Dial.*, VII, P. G., t. 75, c. 1085.
(⁵) *De Spiritu Sancto*, l. I, c. 5-6.
(⁶) *De fide et symbolo*, c. IX, y *De Trinitate*, XV, c. 27.
(⁷) Denzinger, *Enchiridion*, nº 13.

El Concilio de Trento dice a su vez: "La causa eficiente de nuestra justificación es Dios, quien en su misericordia, nos purifica gratuitamente y nos santifica, ungiéndonos y marcándonos con el sello del Espíritu Santo, que nos fué prometido y es la prenda de nuestra herencia" (Efes., I, 13) (¹).

Pero esa enseñanza oficial de la Iglesia, sobre esta materia, se nos da hoy de una manera más precisa todavía en la Encíclica de León XIII, *Divinum illud munus* (9 de mayo 1897), sobre el Espíritu Santo, en la que se nos describe así la permanencia de la Santísima Trinidad en el alma de los justos:

"Conviene recordar las explicaciones dadas por los Doctores según las enseñanzas de las Santas Escrituras: Dios está presente en todas las cosas *por su poder*, en cuanto que todo le está sometido; *por su presencia*, en cuanto que todo está patente a sus ojos; *por su esencia*, en cuanto que está íntimamente en todos los seres como causa de su existencia (S. Tom. I, q. 8, a. 3). Pero Dios no está en el hombre solamente como está en las cosas; está además en cuanto que es *conocido y amado por él*, ya que nuestra naturaleza nos lleva a amar, desear y aspirar al bien. *Dios, por su gracia, reside en el alma del justo como en un templo, de un modo muy íntimo y especial.* De ahí ese lazo que tan estrechamente une al alma con Dios, más de lo que un amigo puede estarlo con su mejor amigo, y le permite gozar de él con una gran dulzura.

"Esta admirable unión, llamada *inhabitación* y que sólo por su condición difiere del estado bienaventurado de los moradores del cielo, es realizada por la presencia de toda la Trinidad: «*Vendremos a él y en él haremos nuestra morada*» (Juan, XIV, 23). Sin embargo se atribuye de un modo especial al Espíritu Santo. En efecto, aun en un hombre perverso existen algunas huellas del poder y de la sabiduría divina; pero sólo el justo participa del *amor*, que es *la característica del Espíritu Santo*... Por eso el Apóstol, al decir que los justos son templos de Dios, no los llama expresamente templos del Padre y del Hijo, sino del Espíritu Santo:

(¹) *Ibid.*, nº 799.

«*¿No sabéis que vuestros miembros son el templo del Espíritu Santo, que está en vosotros y que habéis recibido de Dios?*» (I Cor., VI, 19).

"La abundancia de bienes celestiales que es efecto de la presencia del Espíritu Santo en las almas piadosas, se manifiesta de múltiples maneras... Entre estos dones se cuentan aquellas misteriosas invitaciones que, por un impulso del Espíritu Santo, son hechas a las almas y sin las cuales no es posible al hombre ni encauzarse por el camino de la virtud, ni progresar, ni obtener la vida eterna."

Tal es, en sustancia, el testimonio de la Tradición expresada por el magisterio de la Iglesia. Veamos ahora lo que la Teología añade, y así entenderemos mejor este misterio revelado. Expondremos lo que de él nos dice Santo Tomás.

Explicación teológica de este misterio

Diversas explicaciones se han propuesto (¹).

De todas ellas, la de Santo Tomás, recogida por León XIII en su Encíclica sobre el Espíritu Santo, parece la más verdadera; contiene, por lo demás, en una síntesis superior, todo

(¹) En otra parte las hemos expuesto (*L'amour de Dieu et la Croix de Jésus*, t. I, pp. 167-205), y comparado la del Doctor Angélico, tal como la comprendieron Juan de Santo Tomás, y más recientemente el P. Gardeil, con las de Vázquez y Suárez. Reproduciremos sumariamente esas opiniones.

Vázquez reduce toda la presencia REAL de Dios en nosotros a la general presencia de inmensidad, según la cual Dios está presente en todas las cosas que conserva en la existencia. *Como objeto conocido y amado*, Dios no está realmente presente en el justo, sólo lo está como objeto de representación, al modo como lo está una persona ausente, pero muy amada.

Suárez sostiene, por el contrario, que aunque Dios no estuviera ya presente en los justos por la presencia general de inmensidad, se haría en ellos presente *real y sustancialmente*, por causa de la caridad que a El nos une. Tal opinión choca con esta grave objeción: aunque por la caridad amamos la humanidad del Salvador y a la santísima Virgen, no se sigue de ahí que estén *realmente* presentes en nosotros, ni que habiten en nuestra alma. La caridad constituye, por sí misma, una *unión afectiva* y hace que deseemos la *unión real*, pero ¿cómo la realizaría?

Juan de Santo Tomás (in I, q. 43, a. 3, disp. XVII, n. 8-10) y el P. Gardeil (*op. cit.*, t. II, pp. 7-60) han demostrado que el pensalo que hay de positivo en las otras explicaciones (¹). Mucho se ha escrito sobre esta materia, en estos últimos tiempos; importa pues, volver al texto mismo del artículo principal de Santo Tomás, que ha sido un tanto olvidado.

El Doctor común de la Iglesia nos dice en efecto (I, q. 43, a. 3), dando por supuesta la presencia general de Dios, que conserva todas las cosas en la existencia:

"*Una persona divina* nos *es enviada* en tanto que existe en nosotros de una manera nueva; nos es *dada* en tanto que la poseemos. Ahora bien, ninguna de estas dos cosas es posible sino por la gracia santificante. Dios, en efecto, está ya en todas las cosas de una manera general, por su esencia, potencia y presencia, *como la causa* en los efectos que participan de su bondad. Pero, además de esta presencia general, hay en nosotros una presencia especial, en cuanto poseemos a Dios *como objeto conocido y amado,* cuando de hecho le conocemos y amamos. Y como por su operación, es decir por el conocimiento y el amor (sobrenaturales) la criatura racional *llega a Dios mismo,* en lugar de decir que, según este modo especial de presencia, Dios está en el alma del justo, se dice que habita en ella como en su templo. Así

miento de Santo Tomás está muy por encima de las dos opiniones opuestas de Vázquez y Suárez.

Según el Doctor Angélico, en oposición a lo que sostiene Suárez, la *especial presencia* de la Sma. Trinidad en los justos supone la *presencia general de inmensidad;* pero no obstante (y esto es lo que Vázquez no ha comprendido), por la gracia santificante Dios se hace REALMENTE presente de un nuevo modo, *como objeto experimentalmente cognoscible,* del cual el alma justa puede gozar. Y no sólo está en ella como una persona ausente muy amada, sino realmente, y aun a las veces se hace sentir en nosotros. De tal modo que, si por un imposible, no estuviera Dios ya en el justo como causa conservadora de su ser natural, se haría presente en él como causa productora y conservadora de la gracia y de la caridad, y a modo de objeto experimental cognoscible, y, a veces, conocido y amado.

(¹) Los sistemas que no consiguen realizar una síntesis superior, son generalmente verdaderos en las cosas que afirman, pero falsos en las que niegan; y lo que en cada uno de ellos hay de verdadero, se encuentra en la síntesis superior, cuando el espíritu ha llegado a descubrir el principio eminente que permite conciliar los diversos aspectos de lo real. En el caso presente, parece que Vázquez yerra ciertamente al negar que la presencia especial sea la de un *objeto realmente presente, experimentalmente cognoscible,* y Suárez igualmente, al negar que esta especial presencia supone *la presencia general de inmensidad,* mediante la cual Dios conserva todas las cosas en la existencia.

ningún otro efecto que no sea la gracia santificante es capaz de explicar el hecho de que una persona divina esté, de una nueva manera, presente en nosotros...

"Igualmente, el *tener* una cosa supone poder *gozar y servirse* de ella. Y nosotros no podemos gozar de una persona divina sino por la gracia santificante y por la caridad."

Sin la gracia santificante y la caridad, en efecto, Dios *no habita* en nosotros; no basta conocerlo por conocimiento natural, filosófico, ni siquiera por el conocimiento sobrenatural de la fe informe unida a la esperanza, como lo conoce un cristiano que está en pecado mortal. (Dios está, por decirlo así, alejado de un creyente desviado de él.) Preciso es *conocerle por la fe viva y por los dones del Espíritu Santo* conexos con la caridad. Este último conocimiento, que es *como experimental*, llega a Dios, no como realidad distinta y simplemente representada, sino como una *realidad presente*, poseída, de la que podemos gozar desde ahora. Esto es lo que quiere decir Santo Tomás en el texto citado (I, q. 43, a. 1 c., y ad 1, ad 2). Se trata, dice, de un conocimiento que alcanza al mismo Dios, *attingit ad ipsum Deum*, y hace que lo poseamos y gocemos de él, *ut creatura rationalis ipsa persona divina fruatur* (Ibid., ad 1).

Para que las divinas personas *habiten* en nosotros, preciso es que las *podamos* conocer de una manera *como experimental y amorosa*, fundada en la caridad infusa, que nos da cierta *connaturalidad* o simpatía con la vida íntima de Dios ([1]).

No es necesario sin embargo, para que la Santísima Trinidad habite en nosotros, que ese conocimiento sea *actual*; basta con que nos *sea posible* mediante la gracia de las vir-

---

([1]) Santo Tomás había dicho ya en su *Comentario* sobre las Sentencias, I, dist., 14, q. 2, a. 2, ad 3: "*Non qualiscumque cognitio* sufficit ad rationem *missionis*, sed *solum illa* quæ accipitur *ex aliquo dono* appropriato personae, per quod efficitur in nobis conjunctio ad Deum, secundum modum proprium illius personæ, scilicet *per amorem*, quando Spiritus Sanctus datur, unde *cognitio ista est quasi experimentalis*". Item, ibid., ad 2. Este conocimiento cuasi experimental de Dios, fundado en la caridad que nos da cierta *connaturalidad* con las cosas divinas, procede sobre todo del don de sabiduría, como dice Santo Tomás, II, II, q. 45, a. 3.

tudes y de los dones. Así la permanencia de la Santísima Trinidad dura en el justo, aun durante su sueño, y mientras está en estado de gracia ([1]).

Pero a las veces sucede que Dios se hace sentir en nosotros como alma de nuestra alma, y vida de nuestra vida. Es lo que San Pablo dice en la Epístola a los Romanos (VIII, 14-16): "*Habéis recibido un Espíritu de adopción, en el que clamamos ¡Abba! ¡Padre! Este mismo Espíritu da testimonio a nuestra alma de que somos hijos de Dios.*" Santo Tomás dice en su comentario a esta Epístola: "El Espíritu Santo da ese testimonio a nuestra alma *por el efecto de amor filial* que en nosotros produce" ([2]). Por eso dijeron los discípulos de Emaús después que Jesús desapareció: "¿No es verdad que nuestro corazón ardía en nuestro pecho mientras, caminando, nos hablaba y nos explicaba las Escrituras?" ([3]).

Mediante esa explicación, Santo Tomás no hace sino aclararnos el profundo sentido de las palabras de Nuestro Señor anteriormente citadas: 'Si alguien me ama, cumplirá mis palabras, y mi Padre le amará, *y vendremos a él y en él haremos nuestra morada*" ([4]). "El espíritu de verdad (que mi Padre os enviará) *estará en vosotros;* él os enseñará las cosas que yo os he dicho ([5]).

Según esta doctrina, la Trinidad augusta habita en el alma del justo más y mejor, en cierto sentido, que el cuerpo del Salvador en la hostia consagrada. En ella está real y sustancialmente, pero la hostia ni le conoce ni le ama. Mientras que la Santa Trinidad está en el alma del justo como en un templo vivo que conoce y ama a su augusto huésped. Habita en las almas bienaventuradas que la contemplan cara a cara, sobre todo en la santísima alma del Salvador a la que

---

([1]) Así nuestra alma está siempre presente a sí misma, como un objeto *experimentalmente cognoscible,* sin ser siempre *actualmente conocida,* como en el sueño profundo.

([2]) "*Spiritus testimonium reddit spiritui nostro* per effectum amoris filialis, quem in nobis facit." Santo Tomás, *in Epist. ad Rom.,* VIII, 16. — Item, I, II, q. 112, a. 5: "Ille qui accipit gratiam, per quamdam experientiam dulcedinis novit, quam non experitur ille, qui non accipit." Esta es una señal que permite conjeturar y aun poseer la certeza moral de que se está en estado de gracia.

([3]) Luc., XXIV, 32.
([4]) Joan., XIV, 23.
([5]) Joan., XIV, 26.

el Verbo está personalmente unido. Y ya desde esta vida, entre las penumbras de la fe, la augusta Trinidad, oculta a nuestros ojos, mora en nosotros, para vivificarnos más y más hasta la hora de nuestra entrada en la gloria, en que se nos mostrará en toda su claridad.

Esta íntima presencia de la Santísima Trinidad en nosotros, no ha de ser pretexto para dejar de acercarnos a la Eucaristía o de orar junto al tabernáculo; porque esa augusta Trinidad habita con mucha mayor intimidad que en nosotros, en el alma santísima del Salvador personalmente unido al Verbo. Si nos trae gran provecho el acercarnos a un santo lleno de Dios, como el Cura de Ars, ¡cuánto más provechoso no nos será aproximarnos al Salvador! Podemos decirle, cuando estemos junto a él: "Ven y toma posesión de mí, aun con tu Cruz; escucha mi plegaria, Señor; Tú en mí y yo en ti." Pensemos también en la habitación de la Santísima Trinidad en el alma de la Virgen María, aquí abajo y en el cielo.

Consecuencias para la espiritualidad

De lo dicho se desprende una muy importante consecuencia: si la inhabitación de la augusta Trinidad en nosotros no se concibe sin que el justo pueda tener una "especie de conocimiento experimental" de Dios en sí, síguese que este conocimiento, lejos de ser una cosa extraordinaria, como las visiones, revelaciones y estigmas, está dentro de la vía normal de la santidad ([1]).

Esta especie de conocimiento experimental de Dios presente en nosotros deriva de *la fe esclarecida por los dones* de inteligencia y de sabiduría, *que están en conexión con la caridad*. De ahí se sigue que normalmente irá aumentando según se vaya progresando en caridad, tanto en el aspecto de la contemplación como en el de la acción. También diremos más adelante que la contemplación infusa, donde se

---

([1]) A propósito de esta cuestión el P. Gardeil se expresa como nosotros, y dice, op. cit., t. II, p. 89: "El principal esfuerzo de esta cuarta parte lo dedicaremos a demostrar que la experiencia mística es el desenvolvimiento final de la vida del cristiano en estado de gracia...", y en la pág. 368: "El conocimiento místico, supremo desarrollo, aunque normal, del estado de gracia."

desarrolla esa experiencia, comienza, según San Juan de la Cruz, con la vía iluminativa y se perfecciona en la unitiva (¹).

Este conocimiento de Dios y de su bondad crecerá con el de nuestra nada y miseria, según las palabras que en revelación fueron dichas a Santa Catalina de Sena: "Yo soy el que es, tú eres la que no es."

Se sigue igualmente de aquí que, cuando la caridad aumenta notablemente en nosotros, *las divinas Personas son enviadas de nuevo*, dice Santo Tomás (²), porque se hacen más íntimamente presentes en nosotros, en un nuevo grado o modo de intimidad. Esto acaece, por ejemplo, en el momento de la segunda conversión que señala el ingreso en la vía iluminativa.

Residen, finalmente, en nosotros, no solamente como objetos de conocimiento y amor sobrenaturales, sino *como principios de operaciones de esa misma naturaleza*. Jesús dijo: "Mi Padre opera siempre, y yo con él", sobre todo en la intimidad del corazón, en el fondo del alma.

Mas importa prácticamente no olvidar una cosa: que Dios no se comunca de ordinario a la criatura sino en la medida de sus disposiciones. Cuando éstas se hacen más puras, las divinas personas se hacen también más íntimamente presentes y operantes. *En tal caso Dios nos pertenece y nosotros a él*, y deseamos ardientemente progresar en su amor.

"Esta doctrina de las Misiones invisibles de las divinas personas a nosotros es uno de los más poderosos motivos de adelanto espiritual", escribe el P. Chardon (³), porque mantiene al alma en constante aspiración a su adelantamiento, y siempre en vela para realizar incesantes actos de fortaleza y fervor en todas las virtudes; a fin de que, progresando en la gracia, este nuevo adelantamiento atraiga a Dios de nuevo a ella... en una unión más íntima, pura y vigorosa."

(¹) Cf. SAN JUAN DE LA CRUZ, *Noche oscura*, l. I, c. XIV: "Salió el alma a comenzar el camino y vía del espíritu, que es el de los *aprovechantes y aprovechados*, que, por otro nombre, llaman *vía iluminativa o de contemplación infusa*, con que Dios de suyo anda apacentando el alma..."

(²) I, q. 43, a. 6, ad 2.

(³) *La Croix de Jésus*, p. 457, III med., c. IV.

¿Cuáles son nuestros deberes para con nuestro divino huésped?

Él mismo nos dice: "Hijo mío, dame tu corazón" (¹). "Yo estoy a tu puerta y llamo; si alguien oye mi voz y abre la puerta, entraré en su morada, cenaré con él y él conmigo" (²).

El alma del justo es como un cielo todavía oscuro, ya que la Santísima Trinidad está en él y un día la ha de ver con claridad.

Nuestros deberes hacia ese huésped divino se pueden resumir así: Pensar con frecuencia en él y decirse: "Dios mora en mí". Consagrar a las divinas personas el día, cada hora, diciendo: "En el nombre del Padre, del Hijo, del Espíritu Santo." Acordarse que el huésped interior es para nosotros fuente de luz, de consuelo y de fortaleza. Orar a él con las palabras del Señor: "Ora a tu Padre que está en lo más escondido (de tu alma); él accederá a tus ruegos" (³). Adorarle diciendo: "*Magnificat anima mea Dominum.*" Creer en él, confiar en él y amarle con un amor cada día más puro, más generoso y más encendido. Amarle, imitando sobre todo su bondad, según las palabras del Señor: "Sed perfectos como es perfecto el Padre celestial" (⁴); "Que todos sean uno, como vos, Padre mío, y yo somos uno" (⁵).

Todas estas cosas inclinan a pensar, y cada vez lo veremos más claramente, que *la vida mística*, caracterizada por la actualidad del conocimiento experimentado de Dios en nosotros, lejos de ser en sí extraordinaria, es *la única plenamente normal. Solos los santos*, que sin excepción la viven, *están plenamente en el orden* donde deben estar. Antes de haber encontrado esta unión íntima con Dios presente en nosotros, somos, en cierto modo, *como almas medio dormidas;* el despertar espiritual todavía no ha llegado. Y de un misterio tan consolador, como es la inhabitación de la augusta Trinidad en nosotros, sólo tenemos un conocimiento superficial y teórico, a pesar de ser vida que se desborda y se nos ofrece a todos.

(¹) *Proverbios*, XXIII, 26.
(²) *Apocalipsis*, III, 20.
(³) Mat., VI, 6.
(⁴) Mat., V, 48.
(⁵) Joan., XVII, 21.

Antes de haber entrado en la intimidad de la unión con Dios, aun no tenemos hacia él toda la adoración y el amor debidos, ni consideramos de ordinario al *Único necesario* como la cosa principal que necesitamos. De la misma manera, aun no tenemos conciencia real y profunda del don que se nos ha dado en la Eucaristía y sólo superficialmente comprendemos lo que es el Cuerpo místico de Nuestro Señor.

El Espíritu Santo es el alma de ese Cuerpo místico, cuya cabeza es Jesucristo. Como en nuestro cuerpo el alma está toda en todo él y en cada una de sus partes, y ejerce sus funciones superiores en la cabeza, así el Espíritu Santo está entero en todo el Cuerpo místico, todo entero en cada uno de los justos, y ejerce sus funciones más elevadas en el alma santa del Salvador y, por ella, en nosotros.

El principio vital que así realiza la unidad del cuerpo místico es *mucho más unitivo* que el alma que consigue la unión de nuestro cuerpo, más que el espíritu de una familia o de una nación. Y éste es el Espíritu Santo santificador, fuente de todas las gracias, manantial de aguas vivas que brotan en duración perenne. El río de gracias que procede del Espíritu Santo remonta incesantemente hacia Dios en forma de adoración, de súplica, de méritos y de sacrificios; es la elevación hacia Dios, preludio de la vida del cielo. Tales son las realidades sobrenaturales en que nos debemos empapar cada vez más, y *sólo en la vida mística se ilumina verdaderamente el alma y sólo en ella comprende el don de Dios con la conciencia viva, profunda y radiante,* necesaria para responder plenamente al amor con que Dios nos enaltece.

CAPÍTULO QUINTO

INFLUJO DE CRISTO REDENTOR SOBRE SU CUERPO MÍSTICO

La augusta Trinidad que habita en todas las almas justas es, como queda dicho, la fuente increada de nuestra vida interior. Pero nuestra santificación depende también de la influencia constante de Cristo Redentor, que nos comunica incesantemente, mediante los sacramentos y fuera de ellos, las gracias que nos ha merecido durante su vida terrena, y sobre todo durante su Pasión.

También hemos de hablar aquí de esta influencia santificadora en general, y hemos de considerar cómo se ejerce en particular por el más excelso de todos los sacramentos, que es el de la Eucaristía (¹).

¿Cómo nos comunica el Salvador las gracias que nos mereció en su vida?

Nos las comunica como instrumento animado perpetuamente unido a la divinidad, fuente de todas las gracias. "De su plenitud hemos recibido todos", dice San Juan, 1, 16 (²).

El mismo Jesús nos lo dijo en forma simbólica muy expresiva (Juan, xv, 1-7): *"Yo soy la vid, vosotros sois los sarmientos. Como un sarmiento no puede dar frutos si no está unido a la vid, así no los podéis dar vosotros, si no permanecéis en mí... El que permanece en mí y en quien yo moro,*

(¹) Cf. Emilio Mersch, S. J.: *El Cuerpo místico de Cristo*. Estudio de teología histórica, 1936. *Moral y Cuerpo místico*, 1937. Ernesto Mura: *El Cuerpo místico de Cristo*, su naturaleza y su vida divina según San Pablo y la teología, 1936.

(²) Santo Tomás, III, q. 8: De gratia Christi, secundum quod est caput ecclesiae (ocho art.) *Commentum in Joannem*, xv, 1-7: "Ego sum vitis vera, vos palmites..."

ése lleva mucho fruto; *pero separados de mí, no podéis hacer nada...* Si permanecéis en mí y mis palabras permanecen en vosotros, pediréis lo que queráis y todo os será otorgado." Y en otro lugar: "Buscad primero el reino de Dios y lo demás se os dará por añadidura." Que quiere decir: Si pedís sobre todo comprenderme mejor con un conocimiento vivo, íntimo y profundo (el que da el Espíritu Santo), y amarme con un amor más puro y más ardiente, vuestra petición será escuchada. ¿Quién osaría decir que Jesús no habla aquí de la plegaria por la que sus miembros piden la contemplación infusa de los misterios de la salvación? "Gloria es de mi Padre, añade, que llevéis mucho fruto y que seáis mis discípulos."

Esta linda imagen de la vid y de los sarmientos es de lo más expresivo. San Pablo vuelve sobre ella en forma del *olivo silvestre en el que estamos injertados* (Rom., xi, 16), y presenta otra no menos notable. *Cristo*, dice, *es como la cabeza* que comunica a los miembros el influjo vital que tiene su principio en el alma. *La Iglesia es el cuerpo místico de Cristo*, los cristianos son los miembros de ese cuerpo. Y vuelve con frecuencia sobre este pensamiento (I Cor., xii, 27): "Vosotros sois el cuerpo de Cristo y sois sus miembros, cada uno por su parte." (Ef., iv, 15): "Crezcamos en todas formas en la caridad, en unión con el que es la cabeza, Cristo. Por su virtud, todo el cuerpo unido por las ligaduras de los miembros..., se robustece en la caridad." (Col., iii, 15): "Que la paz de Cristo, a la cual estáis todos llamados para formar un solo cuerpo, reine en vuestros corazones."

Se sigue de esta doctrina que el Salvador nos comunica el influjo vital de la gracia (cuya fuente es el mismo Dios en su divina naturaleza), como la cabeza comunica a los miembros el influjo vital cuyo principio está en el alma. Para bien entender esta doctrina, preciso es distinguir en Nuestro Señor su divinidad y su humanidad.

Jesús, como Verbo, habita lo mismo que el Padre y el Espíritu Santo, en el centro de nuestra alma. Es más íntimo a ella que ella misma; le conserva su vida natural y su vida sobrenatural; la lleva, por su gracia operante, a los actos más profundos y excelentes que por sí sola nunca podría realizar [1].

---

[1] Santo Tomás, I, II, q. 111, a. 2.

En cuanto a *la humanidad del Salvador*, ella es, dice Santo Tomás ([1]), el instrumento siempre unido a la divinidad, mediante el cual nos son comunicadas todas las gracias. Así como los sacramentos, el agua del bautismo, por ejemplo, y la fórmula de la absolución, son causa física instrumental de la gracia sacramental, en el sentido de que Dios se sirve de esa agua y de esa fórmula y les comunica virtud divina para producir esta gracia ([2]), del mismo modo la humanidad del Salvador y sobre todo los actos de su santísima alma son *causa física instrumental* de todas las gracias que recibimos, sea por los sacramentos o por otros medios ([3]).

La santa humanidad del Salvador no habita en nuestra alma; su cuerpo no se encuentra en ella; no está sino en el cielo, como en su lugar natural, y sacramentalmente en la Eucaristía. Pero si la humanidad de Jesús no habita en nosotros, el alma justa permanece constantemente bajo su influencia, ya que por su mediación nos son concedidas todas las gracias, al modo que en nuestro cuerpo la cabeza comunica a los miembros el influjo vital. Y como en cada instante, en el estado de vigilia, tenemos algún deber que cumplir, la humanidad del Salvador nos comunica, momento tras momento, la gracia actual del minuto presente, como el aire penetra sin cesar en nuestros pulmones.

Dios, autor de la gracia, se sirve de la humanidad del Salvador para comunicárnosla, a la manera que un gran artista se sirve de un instrumento para comunicarnos su emoción musical, o como el pensador se sirve de su estilo y de su lengua para expresarse al exterior.

Los siete sacramentos son algo así como las cuerdas de una lira que sólo Dios sabe manejar y sublimar con su pulsación divina. La humanidad del Salvador es un instrumento superior, consciente y libre, siempre unido a la divinidad para comunicarnos las gracias que fluyen a nuestra alma y que Jesús nos mereció en la Cruz.

Así es como nos llegan actualmente del Salvador todas las

---

[1] III, q. 43, a. 2; q. 48, a. 6.

[2] III, q. 62, a. 4.

[3] El acto de caridad siempre viviente en el Corazón de Cristo puede ser siempre causa física instrumental de las gracias que recibimos; basta por lo demás que el instrumento trasmita el influjo de la causa principal, como un altavoz trasmite la palabra humana.

ilustraciones de la inteligencia, todas las gracias de inclinación, de consuelo o de fortaleza, percibidas o no. Es para cada uno de nuestros actos meritorios, una influencia permanente, mucho más profunda que la que ejerce la mejor de las madres sobre su hijo, cuando le enseña a orar.

Esta actividad del Salvador comunica, fuera de los sacramentos, a los infieles que no le oponen resistencia, la luz de la fe; a los pecadores la gracia de la atrición que les invita a acercarse al sacramento de la penitencia. Pero por la Eucaristía es por donde principalmente ejerce esa influencia; porque la Eucaristía es el más perfecto de los sacramentos, ya que contiene, no solamente la gracia, sino a su mismo autor, y es además un sacrificio de infinito valor. Vamos a insistir sobre este punto, ya que estamos hablando de las fuentes de la vida interior.

La influencia santificadora del Salvador en la Eucaristía

Al tratar este tema queremos emplear los mismos términos de que se sirvió Jesús en el Evangelio.

Para mejor aprovechar espiritualmente esta influencia y dar gracias al Señor, recordemos cómo, por amor a nuestras almas, *nos hizo promesa*, primeramente, de la Eucaristía; cómo *nos la dió* en la Cena; cómo *la renueva* diariamente en el sacrificio de la misa; cómo permanece entre nosotros queriéndonos asegurar *la continuidad de su presencia real*, y cómo, en fin, se nos entrega en la comunión *de cada día*, hasta la postrera que esperamos recibir antes de morir. Todos estos actos de generosidad divina derivan de un mismo amor y están ordenados a nuestra santificación. Y por parte nuestra deben ser correspondidos con gran agradecimiento; éste es el significado de la devoción al Corazón eucarístico de Jesús, llamado eucarístico porque nos ha dado la Eucaristía e incesantemente nos la vuelve a dar. Así como se dice que el aire es sano cuando nos conserva o devuelve la salud, del mismo modo se llama eucarístico al Corazón de Jesús, porque nos hace donación del más grande de los sacramentos, en el que real y sustancialmente reside como centro de gracias siempre renovadas.

INFLUJO DEL REDENTOR

Las palabras de la promesa de la Eucaristía en San Juan (vi, 26-59), nos demuestran mejor que ninguna otra cosa la naturaleza de esta influencia vivificadora del Salvador sobre nosotros, y cómo debemos recibirlo.

Jesús promete ante todo un pan celestial. Después del milagro de la multiplicación de los panes, dijo: "Esforzaos no por conseguir el alimento que perece, sino aquel otro que dura eternamente y que el Hijo del hombre os ha de dar... Mi Padre es el que da el verdadero pan del cielo. Porque el pan divino es el pan que desciende del cielo y da vida al mundo" (1).

Al oír esto, muchos de los que se habían hartado en la multiplicación de los panes dijeron: "Señor, danos siempre de este pan." Jesús les respondió: "*Yo soy el pan de vida...* Pero vosotros me habéis visto y no me creéis" (2). Y los judíos murmuraban, dice San Juan (3), porque había dicho: "Yo soy el pan vivo que baja del cielo." Jesús les respondió: "No murmuréis entre vosotros. En verdad, en verdad os digo, que el que cree en mí tiene la vida eterna. Yo soy el pan de vida. Vuestros padres comieron el maná en el desierto y murieron. *Éste es el pan bajado del cielo, para que quien lo comiere no muera ya. Yo soy el pan vivo que bajó del cielo. Si alguien comiere de este pan, vivirá eternamente, y el pan que yo le daré es mi carne para la salvación del mundo...* El que come mi carne y bebe mi sangre, tiene la vida eterna y yo lo resucitaré en el último día. Porque mi carne es en verdad alimento, y mi sangre es en verdad una bebida... Las palabras que os he dicho son espíritu de vida" (4).

Muchos no creyeron y se retiraron. Entonces dijo Jesús a los doce: "¿Vosotros, no queréis iros también?" Simón Pedro respondió: "¿A dónde iríamos, Señor? Tú tienes palabras de vida eterna" (5).

Esta promesa de la Eucaristía nos hace entrever todos los efectos que este sacramento ha de producir en nosotros, ya seamos principiantes, avanzados o perfectos.

(1) Joan., vi, 27-33.
(2) Joan, vi, 35, 36.
(3) Joan, vi, 41.
(4) Joan., vi, 43, 65.
(5) Joan, vi, 66, 68.

La institución de la Eucaristía nos señala el alcance de esta promesa. Nos la cuenta así San Mateo (¹), y casi en los mismos términos San Marcos, San Lucas y la I Epístola a los Corintios:

"Estando cenando, Jesús tomó el pan; y bendiciéndolo, lo partió y se lo dió diciendo: *Tomad y comed, éste es mi cuerpo*. Tomó en seguida el cáliz, y habiendo dado gracias se lo dió, diciendo: *Bebed todos de él, porque ésta es mi sangre, la sangre de la nueva alianza, derramada para muchos en remisión de los pecados.*"

Las palabras de la promesa íbanse aclarando. Pedro era recompensado por haber dicho con fe: "¿A dónde iríamos, Señor? Tú tienes palabras de vida eterna." Jesús en la última cena pronunció unas palabras más eficaces que ninguna otra, las palabras de *la transustanciación*, mediante las cuales convirtió la sustancia de pan en la de su propio cuerpo, para poder quedarse sacramentalmente entre nosotros.

En el mismo instante *instituía el sacerdocio*, para perpetuar así por modo sacramental, por la Eucaristía, el sacrificio de la Cruz, hasta el fin de los tiempos. Y dijo (Luc., XXII, 19; I Cor., XI, 24-25): "*Haced esto en memoria de mí.*" Los Apóstoles recibieron así el poder de consagrar, de ofrecer el sacrificio eucarístico, que perpetúa el sacrificio de la Cruz y de aplicarnos los frutos, méritos y satisfacción hasta el fin del mundo.

En la misa el sacerdote principal es Nuestro Señor que continúa inmolándose sacramentalmente. "*Cristo que vive eternamente, no cesa de interceder por nosotros*", dice San Pablo (Hebr., VII, 25). Lo hace sobre todo en el santo sacrificio, que tiene así un valor infinito, en razón del sacerdote principal y de la víctima ofrecida, de la preciosa sangre sacramentalmente derramada.

Cristo Jesús ofrece al mismo tiempo a su Padre nuestras adoraciones, nuestras súplicas, nuestras reparaciones y nuestras acciones de gracias, todos los actos meritorios de su cuerpo místico.

El amor de Cristo no nos dió una sola vez la Eucaristía, *nos la vuelve a dar todos los días*. Hubiera podido establecer que la misa fuera celebrada una o dos veces al año, en algún

---

(¹) Mat. XXXVI, 26, 29; Marc., XIV, 22, 25; Luc., XXII, 15, 20; I Cor., XI, 23, 25.

célebre santuario al cual hubiéramos tenido que concurrir desde muy lejos. Pero, por el contrario, continuamente, cada minuto se celebra la misa y muchas misas en todos los lugares de la tierra y a todas las horas del día. Por ese medio hace llegar a su Iglesia las gracias de que tiene necesidad en las diversas coyunturas de la historia. Fué la misa un foco de gracias, siempre renovadas, en las Catacumbas; más tarde durante las invasiones y en los siglos de hierro de la edad media; y lo sigue siendo hoy, dándonos la fortaleza necesaria en las grandes tribulaciones que nos amenazan.

Además, cada día vuelve Cristo, real y sustancialmente, entre nosotros, no sólo por una hora, mientras se celebra el sacrificio eucarístico, sino *para permanecer constantemente con nosotros* en el Tabernáculo, para ser en él "compañero en nuestro destierro, paciente para esperar, presto a escucharnos" y ofrecer continuamente a su Padre una adoración de infinito valor.

En fin *la comunión* es la consumación del don de sí propio. La bondad es esencialmente comunicativa, atrae y se da para vivificarnos y enriquecernos espiritualmente. Esto es verdad sobre todo de la bondad infinita de Dios y de Jesucristo. En la comunión, el Salvador nos atrae y se entrega, no solamente a la humanidad en general, sino a cada uno de nosotros, si nosotros lo deseamos; y de una manera cada vez más íntima, si le guardamos fidelidad. Se nos entrega no para ser asimilado por nosotros, que eso sería reducirlo a nuestra pequeñez, sino para que seamos más semejantes a él. "El pan que partimos, *¿no es la participación del cuerpo de Cristo?*" (¹). Es la Vida misma lo que recibimos.

Esta comunión debe incorporarnos a Cristo más y más íntimamente, aumentando nuestra humildad, nuestra fe, nuestra confianza y sobre todo nuestra caridad, y hacer así nuestro corazón semejante al del Salvador que murió por nuestro amor. En este sentido cada una de nuestras comuniones debería ser mucho más amorosa que la precedente; porque cada una debe no sólo conservar sino *aumentar* en nuestras almas el amor de Dios y disponernos así a recibir a Nuestro Señor al día siguiente con un fervor de voluntad no solamente igual, sino superior, aunque no suceda igual con el

---

(¹) I Cor., x, 16.

fervor sensible que es accidental (¹). Debería haber en nuestras comuniones como una marcha acelerada hacia Dios, que recuerda la aceleración de la gravitación de los cuerpos hacia el centro de gravedad. Como la piedra cae *tanto más ligera* cuanto se acerca más a la tierra que la atrae, así deberían las almas apresurarse tanto más hacia Dios cuanto más se acercan a él, que les debería atraer siempre.

Esto es lo que en mil formas nos expresa la liturgia, en particular el *Adoro Te* de Santo Tomás de Aquino:

Adoro Te, devote, latens Deitas...

Te adoro devotamente, Divinidad oculta, que realmente te hallas bajo estas figuras. Mi corazón se entrega a ti y se siente desfallecer al contemplarte...

Fac me tibi semper magis credere,
In te spem habere, te diligere.

Aumenta sin cesar mi fe, mi esperanza y mi amor por ti.

O memoriale mortis Domini!
Panis vivus, vitam præstans homini;
Præsta meæ menti de te vivere
Et te illi semper dulce sapere.

¡Oh memorial de la muerte del Señor! Pan vivo que das vida a los hombres, da a mi alma que de ti viva y que eternamente guste tus delicias.

Pie pellicane, Jesu Domine,
Me immundum munda tuo sanguine...

Tierno pelícano, Señor Jesús, purifica mis manchas con tu sangre, de la cual la menor gota basta para borrar todos los pecados del mundo.

Jesu quem velatum nunc aspicio,
Oro fiat illud quod tam sitio
Ut te revelata cernens facie
Visu sim beatus tuæ gloriæ. Amen.

Jesús a quien miro bajo de estos velos, quítame te ruego esta sed que tengo; que viéndote cara a cara, la contemplación de tu gloria me haga bienaventurado. Amén.

El alma que viviera así, cada día, de la vida del Salvador, en la santa misa y en la comunión, llegaría, a no dudarlo, a una gran intimidad con él, a la intimidad que es propia de

---

(¹) Puédese hacer una excelente comunión aun con gran aridez de la sensibilidad, como fué la oración de Jesús en Getsemaní.

la vida mística. Los dones del Espíritu Santo crecerían en la misma proporción, y se levantaría a una contemplación cada vez más penetrante y sabrosa del gran misterio de nuestros altares, del valor infinito de la misa que es como una fuente sublime de gracias siempre nuevas, a la que deben venir a beber todas las generaciones que van sucediéndose en el tiempo, para encontrar la fortaleza de no desmayar en el largo camino hacia la eternidad.

Jesucristo nos dice en la comunión, como se lo decía a San Agustín: "*Cibus sum grandium... cresce et manducabis me; nec tu me mutabis in te sicut cibum carnis tuæ, sed tu mutaberis in me.*" "Yo soy el pan de los fuertes... sé fuerte y me comerás; pero tú no me cambiarás en ti, en carne tuya, sino que tú te transformarás en mí" (¹). El que entra en comunión con Cristo, ese tal queda a Cristo incorporado, viviendo de su pensamiento y de su amor; y puede decir con San Pablo: "*Mihi vivere Christus est et mori lucrum*", "Cristo es mi vida y la muerte es para mí una ganancia", ya que es la entrada en la vida perdurable.

La incorporación progresiva a Cristo y la santidad

La doctrina de la incorporación progresiva a Cristo revelará su maravillosa fecundidad a quien quisiere vivir en ella (²).

Primeramente, para *morir al pecado y a sus consecuencias*, recordemos lo que dice San Pablo: "Por el bautismo fuimos sepultados con Cristo, para morir al pecado" (³). "Los que a Jesucristo pertenecen han crucificado la carne con sus pasiones y sus deseos desordenados" (⁴); es decir, la muerte al pecado la conseguimos por el bautismo y la penitencia.

Luego, *a la luz de la fe y bajo la inspiración del Espíritu Santo, el cristiano* "*ha de vestirse del hombre nuevo* que se esclarece y renueva a imagen de su creador... Revestíos pues, como elegidos de Dios, de misericordia, de bondad, de

---

(¹) *Confesiones*, l. VII, c. x.
(²) Véanse las obras de Dom Marmion, Abad de Maredsous: *Cristo, vida del alma, Cristo en sus misterios, Cristo ideal del monje*.
(³) Rom., vi, 4, 6.
(⁴) Galat., v, 24.

humildad, de modestia y paciencia... Pero vestíos sobre todo de caridad que es el vínculo de la perfección" ([1]). Esto es la vía iluminativa de los que imitan a Jesucristo, se impregnan de sus sentimientos, del espíritu de sus misterios, de su pasión ([2]), de su crucifixión ([3]), de su resurrección ([4]). Ésta es la vía de la contemplación de los misterios del Salvador, que han vivido todos los santos, aun aquellos que han pasado su existencia en la vida activa, según las palabras del Apóstol: "Todo lo tengo por detrimento y fracaso, si no es conseguir ese conocimiento de mi Señor Jesucristo, por cuyo amor me he privado de todas las cosas; todo lo considero como escoria, con tal de ganar a Jesucristo ([5]).

Este camino conduce a la continua unión con el Salvador, según estas sublimes palabras de la Epístola a los Colosenses, III, 1-4: "Pues que resucitasteis con Cristo, buscad las cosas de arriba donde Cristo está sentado a la diestra de Dios. Haced por no sacar gusto sino a las cosas del cielo, y no a las de la tierra. Porque estáis muertos al mundo y vuestra vida está escondida en Dios con Jesucristo." En este estado, la paz del Salvador reina en el alma que se complace en decirle: "Date, Señor, a mí y tómame para ti." Y viene a ser, en los santos, a modo de una comunión espiritual casi ininterrumpida. Una mirada, un movimiento del alma hacia Jesús le cuenta nuestros deseos, le presenta nuestras debilidades, nuestra buena voluntad, nuestro deseo de permanecerle siempre fieles y la sed que de él tenemos. Tal es la vía de amorosa contemplación de los grandes misterios de Cristo, que ciertamente tiene sus alegrías, pero también sus momentos de aridez; los que la han experimentado reconocen en ella el anticipo normal de la visión de la gloria.

Muchos se ilusionan pretendiendo llegar a la unión con Dios, *sin recurrir constantemente a Nuestro Señor;* sin este recurso, sólo llegarán a un conocimiento abstracto de él y en ninguna forma a esa sabrosísima ciencia, llamada sabiduría, viva, cuasi experimental, ciencia a la vez elevada y práctica que hace ver a Dios y su Providencia en cada acontecimien-

[1] Colos., III, 10, 12.
[2] Rom., VIII, 7.
[3] Rom., VI, 5.
[4] Col., III, 1.
[5] Filip., III, 8.

to. Los quietistas cayeron en este error, al pretender que la santa Humanidad del Salvador era un medio útil, sólo al principio de la vida espiritual (¹). Santa Teresa, particularmente, reaccionó contra este extremo, recordándonos que no debemos, por propia iniciativa, abandonar, en la oración, la consideración de la humanidad del Salvador, que es el camino que suavemente conduce nuestras almas a su divinidad (²). Meditemos con frecuencia en las inmensas riquezas espirituales del alma santísima de Jesús, de su inteligencia, de su voluntad, de su sensibilidad, y comprenderemos, cada vez con mayor claridad, el sentido de sus palabras: *"Yo soy el Camino, la Verdad y la Vida."* Él es el camino, en su humildad; y como Dios, es la verdad misma y la vida por esencia.

(¹) DENZINGER, *Enchiridion*, 1255.
(²) SANTA TERESA, *Castillo interior*, IIª Morada, c. I, VIª Morada c. VII; *Vida*, c. XXII.

CAPÍTULO SEXTO

LA INFLUENCIA DE MARÍA MEDIADORA

Al ocuparnos de los fundamentos de la vida interior, no es posible tratar de la acción de Jesucristo, mediador universal, sobre su cuerpo místico, sin hablar igualmente de la influencia de María mediadora.

Hay muchos ilusos, decíamos, que pretenden alcanzar la unión con Dios, sin recurrir constantemente a Nuestro Señor que es el camino, la verdad y la vida. Otro error sería querer llegar a Nuestro Señor sin pasar por María a quien la Iglesia llama, en una fiesta especial, Mediadora de todas las gracias. Los protestantes cayeron en este error. Sin llegar a esta desviación, hay católicos que no comprenden la necesidad de recurrir a María para conseguir la intimidad con el Salvador. El B. Grignion de Montfort habla también de "Doctores que no conocen a la Madre de Dios, sino de una manera especulativa, árida, estéril e indiferente; que temen abusar de la devoción a la Santísima Virgen, hacer injuria a Nuestro Señor honrando demasiado a su santísima Madre. Si hablan de la devoción a María, no es tanto para recomendarla como para reprobar las exageraciones" (¹); dan la impresión de creer que María es un impedimento para conseguir la unión con Dios.

Hay, dice el Beato, una gran falta de humildad, en menospreciar a los mediadores que Dios nos brinda, teniendo en cuenta nuestra debilidad. La intimidad con Nuestro Señor nos es grandemente facilitada mediante una verdadera y profunda devoción a María.

Para formarnos idea exacta de esta devoción, veremos qué se entiende por mediación universal y cómo María es la medianera de todas las gracias, según lo afirma con la Tradi-

---

(¹) B. Grignion de Montfort, *Tratado de la verdadera devoción a la Santísima Virgen*, c. II, a. I, § I. *El secreto de María*, resumen del anterior.

ción, el Oficio y Misa de María Mediadora que se reza el 31 de mayo. Mucho se ha escrito sobre el asunto en estos últimos tiempos; consideraremos esta doctrina en sus relaciones con la vida interior ([1]).

¿QUÉ SE ENTIENDE POR MEDIACIÓN UNIVERSAL?

"Al oficio de mediador", dice Santo Tomás ([2]), "corresponde el acercar y unir a aquéllos entre quienes ejerce tal oficio; porque los extremos se unen por un intermediario". Ahora bien, unir los hombres a Dios es propio de Jesucristo que los ha reconciliado con el Padre, según las palabras de San Pablo (II Cor., v 19): *"Dios reconcilió al mundo consigo mismo en Cristo.* Por eso sólo Jesucristo es el perfecto mediador entre Dios y los hombres, cuanto por su muerte reconcilió con Dios al género humano." Igualmente, después de decir San Pablo: *"Uno solo es el mediador entre Dios y los hombres, Cristo Jesús hecho hombre"*, continúa: *"que se ha entregado en rehén por todos.* Nada impide, sin embargo, que, en cierto modo, otros sean dichos mediadores entre Dios y los hombres, en tanto *cooperan* á la unión de los hombres con Dios, como encargados o ministros."

En este sentido, añade Santo Tomás ([3]) los profetas y sacerdotes del Antiguo Testamento pueden llamarse mediado-

---

([1]) SAN BERNARDO, *Serm. in Dominic. infra oct. Assumpt.*, n. 1 (P. L., t. 183, 429). *Serm. in Nat. B. M.*, *De aquaeductu*, n. 6-7 (P. L., t. 183, 440). *Epist. ad Canonicos Lugdunenses de Conceptione S. Mariae*, n. 2 (P. L., t. 182, 333).
SAN ALBERTO MAGNO, *Mariale sive quaestiones super Evangelium: Missus est* (ed. Borgnet, Paris, 1890-1899, t. XXXVII, q. 29). SAN BUENAVENTURA, *Sermones de B. V. Maria, De Annuntiatione*, serm. V (Quaracchi, 1901, t. IX, p. 679). SANTO TOMÁS, *In Salut. ang. expositio*.
BOSSUET, *Sermon sur la Sainte Vierge*. TERRIEN, S. J., *La Mère de Dieu et la Mère des hommes*, t. III. HUGON, O. P., *Marie pleine de grâce*.
BITTREMIEUX, *De mediatione universali B. Mariæ V. quoad gratias*, 1926. LÉON LELOIR, *La Médiation mariale dans la Théologie contemporaine*, 1933, ibid. P. R. BERNARD, O. P., *Le mystère de Marie*, Desclée de Brouwer, 1933. Excelente libro, digno de meditarse. P. G. FRIETOFF, O. P., *De alma Socia Christi mediatoris*, 1936. *El sagrado Corazón de María*, de BAINVEL, S. J. *Le Rosaire de Marie*, trad. de la Enc. de León XIII sobre el Rosario, por el P. JORET.
([2]) III, q. 26, a. 1.
([3]) *Ibid.*, a. 1, ad 1.

res; y lo mismo los sacerdotes de la nueva Alianza, como ministros del verdadero mediador.

"Jesucristo", continúa el Santo ([1]), "es *mediador en cuanto hombre;* porque en cuanto hombre es como se encuentra entre los dos extremos: inferior a Dios por naturaleza, superior a los hombres por la dignidad de su gracia y de su gloria. Además, como hombre unió a los hombres a Dios enseñándoles sus preceptos y dones, y satisfaciendo por ellos." Jesús satisfizo como hombre, mediante una satisfación y un mérito que de su personalidad divina recibió infinito valor. Estamos pues ante una doble mediación, descendente y ascendente, que consistió en traer a los hombres la luz y la gracia de Dios, y en ofrecerle, en favor de los hombres, el culto y reparación que le eran debidos.

Nada impide pues, que, como acabamos de decir, haya otros *mediadores secundarios,* como lo fueron los profetas y los sacerdotes de la antigua Ley para el pueblo escogido. Por eso podemos preguntarnos si no será María la mediadora Universal para todos los hombres y para la distribución de todas y cada una de las gracias. San Alberto Magno habla de la mediación de María como superior a la de los profetas, cuando dice: "Non est assumpta in ministerium a Domino, sed in consortium et adjutorium, juxta illud: *Faciamus ei adjutorium simile sibi*" ([2]); María fué elegida por el Señor, no como ministra, sino para ser asociada de un modo especialísimo y muy íntimo a la obra de la redención del género humano.

¿No es María, en su cualidad de *Madre de Dios,* naturalmente designada para ser *mediadora universal*? ¿No es realmente *intermediaria* entre Dios y los hombres? Sin duda, por ser una criatura, es inferior a Dios y a Jesucristo; pero está a la vez muy por encima de todos los hombres en razón de su maternidad divina, "que la coloca en las fronteras de la divinidad" ([3]), y por la plenitud de la gracia recibida en el instante de su concepción inmaculada, plenitud que no cesó de aumentar hasta su muerte.

Y no solamente por su maternidad divina era María la

---

[1] *Ibid.,* a. 2.
[2] *Mariale,* 42.
[3] CAJETANUS.

designada para esta función de mediadora, sino que la recibió y ejercitó de hecho.

Esto es lo que nos demuestra la Tradición (¹), que le ha otorgado el título de *mediadora universal* (²), aunque subordinada a Cristo; título por lo demás consagrado por la fiesta especial que se celebra en la Iglesia universal.

Para bien comprender el sentido y el alcance de este título, consideremos que le conviene a María por dos razones principales: 1º, por haber ella cooperado *por la satisfacción* y los *méritos* al sacrificio de la Cruz; 2º, porque no cesa de *interceder* en favor nuestro y de *obtenernos* y distribuirnos todas las gracias que recibimos del cielo.

Tal es la doble mediación, ascendente y descendente, que debemos considerar, para aprovecharnos de ella sin cesar.

María mediadora por su cooperación al sacrificio de la Cruz

Durante todo el curso de su vida en la tierra, hasta el *Consummatum est*, la Virgen cooperó al Sacrificio de su Hijo.

En primer lugar, el libre consentimiento que dió el día de la Anunciación era necesario para que el misterio de la Encarnación fuera una realidad; como si Dios, dice Santo Tomás (III, q. 30, a. 1), hubiera esperado el consentimiento de la humanidad por la voz de María. Por aquel libre *fiat*, la Virgen cooperó al sacrificio de la Cruz, pues que así nos dió el sacerdote y la víctima.

Cooperó asimismo al ofrecer su Hijo en el templo, como una hostia purísima, cuando el viejo Simeón, ilustrado por luz profética, veía en este infantito "la salud dispuesta por Dios para todos los pueblos, la luz de la revelación para los gentiles, y la gloria de Israel" (Luc., II, 31). María, más iluminada que el mismo Simeón, ofrendó su Hijo y comenzó a sufrir dolorosamente con él, al oír al santo anciano anunciar que aquel niño sería *"un signo expuesto a la contradicción"*, y que *"una espada traspasaría el alma de su madre"*. (Ibid.)

(¹) J. Bittremieux, op. cit.
(²) G. Frietoff, O. P., Angelicum, oct. 1933, pp. 469-477.

INFLUENCIA DE MARÍA MEDIADORA

Pero fué sobre todo al pie de la Cruz, donde María cooperó al sacrificio de Cristo, al unirse a él en la satisfacción y en los méritos, más íntimamente que lo que lengua humana pueda expresar. Algunos santos, particularmente los estigmatizados, han estado excepcionalmente unidos a los sufrimientos y a los méritos del Salvador; un San Francisco de Asís, por ejemplo, y una Santa Catalina de Sena. Pero fué muy poca cosa en comparación con la unión de la Virgen.

¿Cómo ofreció María a su Hijo? De la misma forma que su Hijo se ofrendó. Jesús hubiera podido fácilmente, por milagro, impedir que los golpes de sus verdugos le causaran la muerte; pero se inmoló voluntariamente. "Nadie me quita la vida, ha dicho él mismo, sino que soy yo quien la da; pues tengo el poder de darla y el de volverla a recuperar" (Juan, x, 17). Renunció Jesús a su derecho a la vida y se ofrendó entero por nuestra salvación.

Y de María se dice en San Juan, xix, 25: "*Stabat juxta crucem Jesu mater ejus*", junto a la Cruz de Jesús se hallaba de pie su madre, e indudablemente muy unida a él en sus dolores y oblación. Como dice el Papa Benedicto XV: "Renunció a sus derechos de madre por la salvación de todos los hombres" (¹).

La santísima Virgen aceptó el martirio de Jesús y lo ofreció por nosotros; todos los tormentos que él sufrió en su cuerpo y en su alma, sintiólos ella en la medida de su amor. Como ninguno, padeció María los sufrimientos mismos del Salvador; *sufrió por el pecado en la medida de su amor a Dios*, a quien el pecado ofende; *del amor a su Hijo* a quien el pecado crucificó, y *del amor a las almas*, a las que el pecado estraga y da la muerte. Y la caridad de la Virgen era incomparablemente superior a la de los mayores santos.

Así cooperó al sacrificio de la Cruz a guisa de *satisfacción* o reparación, ofreciendo a Dios *por nosotros*, con gran dolor y amor ardentísimo, la vida de su Hijo bien amado, más precioso para ella que su propia vida.

En aquel instante, *el Salvador satisfizo por nosotros en estricta justicia*, mediante sus actos humanos que, por su per-

---

(¹) *Litt. Apost.* "Inter sodalicia", 22 de marzo de 1918 (*Act. Apost. Sedis*, 1918, 182; citado en Denzinger, ed. 16, nº 3034, nota 4.

sonalidad divina, tenían valor infinito, suficiente a reparar la ofensa de todos los pecados mortales juntos y aun más. Su amor complacía a Dios más que lo que todos los pecados pudieran desagradarle (¹). Ésta es la esencia del misterio de la Redención. En el Calvario, y en unión con su Hijo, María satisfizo por nosotros, con una *satisfacción fundada*, no en la estricta justicia, sino *en los derechos de la íntima amistad o caridad* que la unía a Dios (²).

En el momento en que su Hijo iba a morir crucificado, aparentemente vencido y abandonado, ella no cesó un solo instante de creer que él era el Verbo hecho carne, el Salvador del mundo que, tres días después, resucitaría como lo había predicho. Fué éste el más grande acto de fe y de esperanza; y fué igualmente, después del amor de Cristo, el mayor acto de amor. Él hizo de María la *Reina de los mártires*, siendo ella mártir, no sólo por Jesús, sino juntamente con él, en tal forma que una sola cruz bastó para hijo y madre, ya que en cierto modo María fué en ella clavada por su amor a Jesús. Así fué *corredentora*, como dice Benedicto XV, en el sentido de que con Jesús, en él y por él, rescató al género humano (³).

Por la misma razón, todo lo que Jesucristo en la Cruz nos ha merecido en estricta justicia, *María nos lo ha merecido con mérito de conveniencia* fundado en la caridad que a Dios la unía. Sólo Jesucristo, como cabeza de la humanidad, pudo merecer estrictamente transmitirnos la vida divina, pero S. S. Pío X confirmó la doctrina de los teólogos cuando escribió: "María, unida a Cristo en la obra de la

---

(¹) Santo Tomás, III, q. 48, a. 2: "Ille proprie *satisfacit* pro offensa, qui exhibet offenso *id quod aeque vel magis diligit, quam oderit offensam*. Christus autem et caritate et obedientia patiendo *majus* aliquid Deo exhibuit, quam exigeret recompensatio totius offensae humani generis..., propter magnitudinem caritatis..., dignitatem vitae suae, quam pro satisfactione ponebat, quae erat vita Dei et hominis..., et propter generalitatem passionis et magnitudinem doloris assumpti."

(²) "Satisfactio B. M. Virginis fundatur, non in stricta justitia, sed in jure amicabili." Que es lo que comúnmente enseñan los teólogos.

(³) Benedictum xv, *Litt. Apost.* citat.: "Ita cum Filio patienti et morienti passa est et paene commortua, sic materna in Filium jura pro hominum salute abdicavit placandaeque Dei justitiae, quantum ad se pertinebat, Filium immolavit, ut dici merito queat, *ipsam cum Christo humanum genus redemisse*." Denzinger, *Enchiridion*, nº 3034, nota 4.

Redención, nos mereció *de congruo* (con mérito de conveniencia) lo que Jesucristo nos mereció *de condigno*" (¹).

El primer fundamento tradicional de esta enseñanza común de los teólogos y sancionada por los soberanos Pontífices, es que María, en toda la tradición griega y latina, es llamada *la nueva Eva, Madre de todos los hombres* para la vida del alma, como Eva lo fué para la vida corporal. *Y la Madre espiritual de los hombres debe, pues, darles esa vida espiritual*, no como causa física principal (que es Dios solo) sino *moralmente*, por mérito de congruo, ya que el otro mérito pertenece a Jesucristo.

El oficio y la misa propios de María mediadora reúnen los principales testimonios de la Tradición y su fundamento escriturario, particularmente los clarísimos textos de San Efrén, gloria de la iglesia siria, de San Germán de Constantinopla, de San Bernardo y de San Bernardino de Sena. Aun en el segundo y tercer siglo, San Justino, San Ireneo y Tertuliano insistían en el paralelo entre Eva y María, y enseñaban que si la primera concurrió a nuestra caída, la segunda colaboró a nuestra redención (²).

Estas enseñanzas de la Tradición descansan, en parte, en las palabras de Jesús narradas en el Evangelio de la misa de María mediadora: El Salvador estaba a punto de expirar, y "viendo a su Madre y junto a ella al discípulo que amaba,

---

(¹) Cf. Pium X, Encyclica *"Ad diem illum"*, 2 de febrero de 1904 (Denzinger, *Ench.*, nº 3034): "Quoniam universis sanctitate praestat conjunctioneque cum Christo atque a Christo ascita in humanae salutis opus, *de congruo*, ut aiunt, promeruit nobis, quae Christus *de condigno* promeruit, estque princeps largiendarum gratiarum ministra." Hay que notar que el *mérito de congruo*, que se funda *in jure amicabili seu in caritate*, es ciertamente un mérito propiamente dicho, aunque inferior al *de condigno*; la palabra mérito se dice de los dos según una analogía de proporcionalidad propia y no sólo metafórica.

(²) San Ireneo, que es el representante de las iglesias de Asia, donde se había educado, de la Iglesia de Roma, donde había vivido, y de las de las Galias, donde había enseñado, escribía *(Adv. Haeres*, V, XIX, 1): "Como Eva, seducida por las palabras del ángel rebelde, se alejó de Dios e hizo traición a su palabra, así María oyó de boca del ángel la buena nueva de la verdad; llevó a Dios en su seno por haber

dijo a su Madre: *Mujer, ahí tienes a tu hijo.* Luego dijo al discípulo: Ahí tienes a tu madre. Y desde aquella hora el discípulo la tomó por tal" (Juan, XIX, 27).

El sentido literal de estas palabras: "he ahí a tu hijo", se refiere a San Juan; pero para Dios los sucesos y las personas significan varias cosas ([1]); y en este lugar, San Juan designa espiritualmente a todos los hombres rescatados por el sacrificio de la Cruz. Dios y su Cristo hablan no sólo mediante las palabras que emplean, sino a través de los sucesos y personas que les están sujetos, y por ellos dan a entender lo que les place dentro de los planes de la Providencia. Al tiempo de morir, al dirigirse Jesús a María y a Juan, vió en este último la personificación de todos aquéllos por quienes derramaba su sangre. Y como estas palabras crearon, por decirlo así, en María una profundísima afección maternal, que incesantemente envolvió al alma del discípulo amado, ese afecto sobrenatural se hizo extensivo a todos nosotros, e hizo realmente de María la Madre espiritual de todos los hombres.

obedecido a su palabra... El género humano encadenado por una virgen, por otra virgen fué liberado..., la prudencia de la serpiente cede a la simplicidad de la paloma, y quedaron rotas las ligaduras que nos encadenaban a la muerte."

San Efrén, en una oración que se reza en el Oficio de María mediadora, concluye de e e paralelo entre Eva y la Madre de Dios, que "María es, después de Jesús, mediador por excelencia, la mediadora del mundo entero, *mediatrix totius mundi*, y que por ella obtenemos todos los bienes espirituales (tu creaturam replesti omni genere beneficii, caelestibus laetitiam attulisti, terrestria salvasti).

San Germán de Constantinopla (*Oratio 9*, P. G., t. 98, 377 y ss., citada en el mismo nocturno del Oficio) dice igualmente: "Nullus, nisi per te, o sanctissima, salutem consequitur. Nullus, nisi per te, o immaculatissima, qui a malis liberetur. Nullus nisi per te, o castissima, cui donum indulgeatur." "Nadie se salva sino por ti, oh santísima; nadie queda libre de sus males sino por ti, oh inmaculada; nadie recibe los dones de Dios sino por ti, oh purísima."

San Bernardo dice: "Oh medianera y abogada nuestra, reconciliadnos con vuestro Hijo, encomendadnos y presentadnos a él." (Segundo sermón de Adviento, 5.) Es voluntad de Dios que todo lo recibamos por María, *sic est voluntas ejus qui totum nos habere voluit per Mariam* (De nat. B. M. V., nº 7). Está llena de gracia, y lo que tiene de más nos lo da a nosotros: *plena sibi, superplena nobis* (Serm. sobre la Asunc., n. 2).

[1] Santo Tomás, I, q. I, a. 10: "Auctor sacrae Scripturae est Deus, in cujus potestate est, ut non solum voces ad significandum accommodet, sed etiam res ipsas."

Así se expresan, el abad Ruperto en el siglo VIII, más tarde San Bernardino de Sena, Bossuet, el B. Grignion de Montfort y muchos otros. No hacen sino seguir lo que la Tradición nos dice de la nueva Eva, madre espiritual de todos los hombres.

Si se estudian, en fin, teológicamente, los requisitos para el *mérito de congruo o de conveniencia*, mérito fundado no en la justicia sino en la caridad o amistad sobrenatural que nos une a Dios, en nadie podremos encontrarlo mejor realizado que en María. Si, en efecto, una buena madre cristiana, por su virtud, gana méritos para sus hijos (¹), ¿con cuánta más razón María, incomparablemente más unida a Dios por la plenitud de la caridad, no podrá merecer en favor de los hombres?

Tal es la mediación ascendente de María, en cuanto ofreció con Nuestro Señor, en favor nuestro, el sacrificio de la Cruz, haciendo obra de reparación y mereciendo por nosotros.

Consideremos ahora la mediación descendente, por la que nos distribuye los dones de Dios Nuestro Señor.

María nos obtiene y nos distribuye todas las gracias

Es ésta una doctrina cierta, según lo que acabamos de decir de la Madre de todos los hombres; como Madre, se interesa por su salvación, ruega por ellos y les consigue las gracias que reciben.

En el *Ave, maris Stella* se canta:

Solve vincla reis,	Rompe al reo sus cadenas,
Profer lumen cœcis,	Concede a los ciegos ver;
Mala nostra pelle,	Aleja el mal de nosotros,
Bona cuncta posce (²).	Alcánzanos todo bien.

(¹) Santo Tomás, I, II, q. 114, a. 6: "*Merito condigni* nullus potest mereri alteri primam gratiam nisi solus Christus..., in quantum est caput Ecclesiae et auctor salutis humanae... Sed *merito congrui* potest aliquis alteri mereri priman gratiam. Quia enim homo in gratia constitutus implet Dei voluntatem, congruum est secundum amicitiae proportionem, ut Deus impleat hominis voluntatem in salvatione alterius; licet quandoque possit habere impedimentum ex parte illius, cujus aliquis sanctus justificationem desiderat."

(²) Los jansenistas habían modificado este verso, para evitar el afirmar esta mediación universal de María.

León XIII, en una Encíclica sobre el Rosario ([1]), dice: "Por expresa voluntad de Dios, ningún bien nos es concedido si no es por María; y como nadie puede llegar al Padre sino por el Hijo, así generalmente nadie puede llegar a Jesús sino por María.

La Iglesia, de hecho, se dirige a María para conseguir gracias de toda suerte, tanto temporales como espirituales, y, entre estas últimas, desde la gracia de la conversión hasta la de la perseverancia final, sin exceptuar las necesarias a las vírgenes para guardar su virginidad, a los apóstoles para ejercer su apostolado, a los mártires para permanecer invictos en la fe. Por eso, en las Letanías lauretanas, universalmente rezadas en la Iglesia desde hace mucho tiempo, María es llamada: "salud de los enfermos, refugio de los pecadores, consuelo de los afligidos, auxilio de los cristianos, reina de los apóstoles, de los mártires, de los confesores y de las vírgenes." Su mano es la dispensadora de toda suerte de gracias, y aun, en cierto sentido, de la gracia de los sacramentos; porque ella nos los ha merecido en unión con Nuestro Señor en el Calvario, y nos dispone además con su oración a acercarnos a esos sacramentos y a recibirlos convenientemente; a veces hasta nos envía el sacerdote sin el cual esa ayuda sacramental no nos sería otorgada.

En fin, no sólo cada especie de gracia nos es distribuida por mano de María, sino cada gracia en particular. No es otra cosa lo que la fe de la Iglesia declara en estas palabras del *Ave María*: "Santa María, madre de Dios, ruega por nosotros pecadores, *ahora y en la hora de nuestra muerte;* amén." Ese "ahora" es repetido, cada minuto, en la iglesia, por millares de fieles que piden de esta manera *la gracia del momento presente;* y ésta es la más particular de todas las gracias, varía con cada uno de nosotros y para cada uno en cada minuto. Aunque estemos distraídos al pronunciar esas palabras, María, que no lo está, y conoce nuestras necesidades espirituales de cada momento, ruega por nosotros y nos consigue las gracias que recibimos.

([1]) Encycl. *Octobri mense*, de Rosario, 22 sept. 1891 (Denzinger, *Enchiridion*, 3033): "Nihil nobis, nisi per Mariam, Deo sic volente, impertiri, ut, quo modo ad summum Patrem nisi per Filium nemo potest accedere, ita fere nisi per Mariam accedere nemo possit ad Christum."

Tal enseñanza, contenida en la fe de la Iglesia, y expresada por la oración colectiva (*lex orandi, lex credendi*), está fundada en la Escritura y en la Tradición. En efecto, ya en su vida sobre la tierra, aparece María en la Escritura como distribuidora de gracias. Por ella santifica Jesús al Precursor, cuando visita a su prima Santa Isabel y entona el *Magnificat*. Por ella confirma Jesús la fe de los discípulos de Caná, concediendo el milagro que pedía. Por ella fortaleció la fe de Juan en el Calvario, diciéndole: "Hijo, ésa es tu madre." Por ella, en fin, el Espíritu Santo descendió sobre los apóstoles, ya que María oraba con ellos en el Cenáculo el día de Pentecostés, cuando el divino Espíritu descendió en forma de lenguas de fuego (Act., I, 14).

Con mayor razón, después de la Asunción, desde su entrada en la gloria, es María distribuidora de todas las gracias. Como una madre bienaventurada conoce en el cielo las necesidades espirituales de los hombres todos. Y como es muy tierna madre, ruega por sus hijos; y como ejerce poder omnímodo sobre el corazón de su Hijo, nos obtiene todas las gracias que a nuestras almas llegan y las que se dan a los que no se obstinan en el mal. Es María como el acueducto de las gracias y, en el cuerpo místico, a modo de cuello que junta la cabeza con los miembros.

A propósito de lo que ha de ser la oración de los avanzados, trataremos de la verdadera devoción a María, según el B. Grignion de Montfort. Pero ya desde este momento se comprende cuán necesario es hacer con frecuencia *la oración de los mediadores*, es decir, comenzar esta conversación filial y confiada con María, para que nos conduzca a la intimidad de su Hijo, y a fin de elevarnos luego, mediante la santísima alma del Salvador, a la unión con Dios, ya que Jesús es el camino, la verdad y la vida ([1]).

([1]) Muchos teólogos tomistas admiten que, siendo la humanidad de Jesús causa instrumental física de todas las gracias que recibimos, existen todas las razones para pensar que María, de una manera subordinada a Nuestro Señor, es también causa instrumental física, y no sólo moral, de la transmisión de estas gracias. No creemos que esto pueda afirmarse con certidumbre, mas los principios formulados por Santo Tomás, a propósito de la humanidad de Cristo, inclinan a pensar así.

CAPÍTULO SÉPTIMO

DEL AUMENTO DE LA VIDA DE LA GRACIA POR EL MÉRITO, LA ORACIÓN Y LOS SACRAMENTOS

No es posible tratar de los fundamentos de la vida interior, de su fuente, sin hablar del aumento de la gracia santificante y de la caridad. Nadie puede salvarse si carece de esta virtud sobrenatural, la más elevada de todas, inspiradora y alma de las otras; y no puede permanecer estacionaria, sino que debe en nosotros *ir en aumento* hasta la muerte. Es éste un punto de doctrina que da mucha luz en espiritualidad, y es el fundamento de toda exhortación al progreso humilde y generoso al mismo tiempo, con grandes deseos de alcanzar la perfección absoluta de la caridad y la íntima unión con Dios, esforzándose por obtenerla y pidiéndola con humildad. Las virtudes de humildad y de magnanimidad han de caminar siempre de la mano.

Veamos, pues, primeramente, *por qué* la caridad debe ir siempre en aumento [1] en nosotros hasta la muerte; y después, *cómo* crece de tres maneras: por el mérito, por la oración y por los sacramentos.

POR QUÉ LA VIDA DE LA GRACIA Y LA CARIDAD DEBEN AUMENTAR EN NOSOTROS HASTA LA MUERTE

Es preciso notar en primer término que la verdadera caridad, recibida en el bautismo o por la absolución, por ínfima que sea, ama a Dios, autor de la salvación, más que a nosotros mismos, más que a todas las cosas, y al prójimo como

---

[1] SANTO TOMÁS, II, II, q. 24, a. 4-10, «de augmento caritatis».

a nosotros, por amor de Dios. El más pequeño grado de caridad infusa sobrepasa inmensamente al amor natural que pudiéramos tener para con Dios, autor de la naturaleza y para con los hombres; y la caridad, aun la más pequeña, *no excluye a nadie*, porque esta exclusión sería ya un pecado grave que la destruiría.

No obstante, esta caridad de los principiantes no se ve libre de todo egoísmo, ni mucho menos. Se aposenta en nosotros, por decirlo así, al lado de ella, el amor desordenado de nosotros mismos, el cual aun sin ser gravemente culpable, es un obstáculo que priva a la caridad de su libertad de acción o de su difusión. Entre el negro y el blanco, hay el gris. Entre el estado de pecado mortal y la caridad perfecta y comunicativa, está la caridad ínfima cuyo ejercicio se ve fuertemente impedido por una multitud de pecados veniales habituales, de amor propio, de vanidad, de pereza, de injusticia, etc.

Pero esta caridad insignificante debe ir en auge. San Pablo dice a los Efesios, IV, 15: "Creced en la caridad"; a los Filipenses, I, 9: "Yo ruego para que vuestra caridad se acreciente más y más"; y en la I Epístola a los Tesalonicenses, III, 12: "Que el Señor aumente entre vosotros, siempre y en todos los órdenes la caridad que hacia vosotros sentimos, a fin de fortalecer vuestros corazones, para que sean de una santidad irreprochable delante de Dios." El Apocalipsis añade, XXII, 11: "Que el justo se justifique más y el santo se santifique todavía." En el Antiguo Testamento, libro de los Proverbios, IV, 18 está escrito: "El camino de los justos es como una luz resplandeciente, cuyo resplandor va creciendo hasta la mitad del día."

¿Por qué debe la caridad ir aumentando así en nosotros? Porque el cristiano es en la tierra un viajero, *viator*, que espiritualmente se encamina hacia Dios; y sólo progresa mediante actos cada vez más perfectos de amor, "gressibus amoris", a paso de amor, dice San Gregorio. Se sigue también de ahí que la caridad debe aumentar constantemente en esta vida, de lo contrario el cristiano cesaría en cierto modo de ser *viator*, se habría detenido a mitad de su camino [1]. Las rutas están hechas para caminar, no para instalarse en ellas y dormir. Por eso se dice en San Lucas, VI, 25: "*Vae vobis*

---

[1] Santo Tomás, II, II, q. 24, a. 4.

qui saturati estis, quia esurietis: *Ay de vosotros los que estáis hartos, porque tendréis hambre*", y contrariamente en San Mateo, v, 6: "*Bienaventurados los que tienen hambre y sed de justicia, porque ellos serán hartos.*" Jesús decía también: "Si alguno tiene sed, que venga a mí y beba... y ríos de aguas vivas brotarán de su corazón." (Juan, vii, 38.)

Si todo aquel que se encuentra en la tierra en viaje hacia la eternidad tiene abligación de ir creciendo en la caridad, no sólo los principiantes y los adelantados, sino los perfectos, y éstos sobre todo, deben procurar acercarse cada día más a Dios. Y estos últimos han de correr con tanta *mayor rapidez* hacia él, cuanto es más grande su proximidad a Dios y Dios los atrae con más fuerza. Santo Tomás lo afirma, al comentar estas palabras de San Pablo a los Hebreos, x, 25: "Animémonos los unos a los otros, y tanto más cuanto veis más cercano el día." Santo Tomás escribe en su *Comentario* sobre esta Epístola: "Podría alguien preguntar: ¿Por qué estamos así obligados a progresar en la fe y el amor? La razón es porque el movimiento natural (o connatural) se hace tanto *más rápido* cuanto se acerca más a su término. Mientras que con el movimiento violento sucede lo contrario. (Hoy decimos: la caída de los cuerpos es uniformemente acelerada, mientras que el movimiento inverso de una piedra lanzada al aire es uniformemente retardado). Ahora bien, la gracia perfecciona e inclina al bien a la manera de la naturaleza; de donde se sigue que aquellos que están en gracia de Dios tanto más deben crecer en la caridad, cuanto más se van acercando a su último fin (y cuanto más atraídos son por él). Por eso dice San Pablo a este propósito: *No abandonemos nuestras asambleas... antes exhortémonos los unos a los otros, y esto tanto más cuanto que veis acercarse el día*, es decir el término del viaje. *La noche está adelantada y el día se aproxima* (Rom., xiii, 12). *El camino de los justos es como la brillante luz de la mañana, cuyo resplandor va creciendo hasta la mitad del día* (Prov., iv, 18)" ([1]).

([1]) Santo Tomás, *in Epist. ad Hebr.*, x, 25: "*Motus naturalis* quanto plus accedit ad terminum *magis intenditur*. Contrarium est de (motu) violento. Gratia autem inclinat in modum naturae. Ergo qui

Esta observación brevemente indicada por Santo Tomás, como de paso, no ha sido considerada por los teólogos como se merece. Es sin embargo muy de notar que Santo Tomás la haya descrito así de una manera tan simple, rápida y bella, antes del descubrimiento de la ley de la gravitación universal, cuando todavía no se conocía sino de una manera muy imperfecta, antes de haber sido medida, la aceleración de la caída de los cuerpos.

El santo Doctor quiere decir que, para los santos, la intensidad de su vida espiritual *se acentúa* de más en más; la trayectoria del movimiento de sus almas se remonta hasta el zenit, para no descender de él; el crepúsculo no existe para ellos; solamente sus cuerpos se abaten con los años.

Tal es en el orden espiritual la ley de la atracción universal. Del mismo modo que los cuerpos se atraen en razón directa de sus masas, y en razón inversa del cuadrado de sus distancias, así son las almas atraídas por Dios con tanto mayor ímpetu cuanto más se acercan a él. Nuestro Señor, haciendo alusión al término de su carrera, dijo así: "*Cuando yo sea elevado sobre la tierra (en la Cruz), todo lo atraeré a mí*" ([1]). "*Nadie viene a mí, si mi Padre no lo trae*" ([2]). Cuanto más se eleva uno, tanto más tienden a identificarse la causa eficiente, que inclina a la acción, y la causa final que atrae hacia sí. Dios es quien nos mueve, y quien nos arrastra hacia sí. Él es el principio y el fin de todas las cosas, soberano Bien que atrae el amor con tanto mayor ímpetu, cuanto nos acercamos más a él. Por esta razón, en la vida de los santos, el progreso del amor es en los últimos años mucho más rápido que en los primeros. Avanzan en

---

sunt in gratia, quanto plus accedunt ad finem, plus crescere debent."

Véase también *De Caelo*, l. I, c. VIII, lect. 17 fin: "Terra (vel corpus grave) *velocius* movetur quanto magis descendit". I, II, q. 35, a. 6: "Omnis motus naturalis *intensior est* in fine, cum appropinquat ad terminum suae naturae convenientem, quam in principio... quasi natura magis tendat in id quod est sibi conveniens, quam fugiat id quod est sibi repugnans." Esta acelerada velocidad del movimiento natural de los cuerpos ha sido medida por la física moderna y se expresa en la ley de la aceleración de la caída de los cuerpos, caso particular de la gravitación universal, y símbolo de lo que debe ser la gravitación de las almas hacia Dios. Estudiamos esta analogía en *Amour de Dieu et la Croix de Jésus* (La atracción universal), I, pp., 150-162.

([1]) Joan., XII, 32.
([2]) Joan., VI, 44.

esa edad, no con paso tranquilo, sino muy apresurado, no obstante el peso de sus muchos años y la debilitación de las facultades sensibles, tal como la memoria sensitiva. A pesar de eso, oyen y viven las palabras del salmo: "Tu juventud se renovará como la del águila: *Renovabitur ut aquilæ juventus tua*" (Salm. CII, 5).

La gracia se acrecienta siempre en ellos, sobre todo la caridad.

Este progreso siempre acelerado se realizó, más que en ningún otro caso, en la vida de la Virgen, porque en ella jamás encontró obstáculo, y fué tanto más intenso cuanto la velocidad primera o la gracia inicial fué más grande. Hubo en ella una *aceleración* maravillosa del amor de Dios, aceleración comparada con la cual la de la caída de los cuerpos no es sino debilísima imagen.

Por lo dicho venimos en conocimiento de por qué la caridad debe, no sólo aumentar en nuestras almas hasta la muerte, sino ir en aumento progresivo, como el movimiento natural cuya velocidad aumenta hasta llegar al fin.

Siendo esto así, ¿*de qué manera* aumenta en nosotros la caridad?

Indudablemente, ya desde su ínfimo grado, la caridad ama a Dios por sobre todas las cosas, con amor de aprecio o efectivo, y al prójimo en general, sin exclusión de nadie; en tal sentido no puede tener mayor *extensión*, pero puede crecer en *intensidad*, arraigarse más y más en nuestra voluntad, aumentar la inclinación de esta facultad hacia Dios, y la huída del pecado.

La caridad, en efecto, no se acrecienta por adición, como un montón de trigo (¹). Esta adición multiplicaría la caridad sin hacerla más intensa. Sería un crecimiento de orden cuantitativo, no cualitativo; que no es igual (²). En realidad la caridad aumenta en nosotros en tanto que se hace

(¹) Santo Tomás, II, II, q. 24, a. 5.

(²) Si, en efecto, el segundo grado de caridad *se añadiera* así al primero, sería igual a él o superior. Si fuera *igual*, la caridad sería multiplicada, y nada más, como los granos de trigo de un montón, pero no sería más intensa. Si, por el contrario, el segundo grado de caridad fuera *superior* al primero, éste sería inútil.

más intensa, se arraiga más en la voluntad, o, hablando sin metáforas, en tanto que se adentra mejor en nuestra voluntad y *la determina* e inclina más profundamente hacia el bien sobrenatural, alejándola del mal. Al modo como en un sabio la ciencia, sin extenderse en nuevas conclusiones, se hace más profunda, más penetrante, más cierta, del mismo modo la caridad se desarrolla haciéndonos amar *más profundamente, con mayor pureza* a Dios y al prójimo por él. Si se llegase a comprender bien esta doctrina, tal como la enseña Santo Tomás, se vería con mayor claridad la necesidad de la *purificación pasiva* del espíritu, de la que trata San Juan de la Cruz, purificación que tiene por objeto desembarazar de toda falsificación las más altas virtudes y poner de relieve con toda precisión su objeto formal: la verdad y la bondad divinas.

La caridad aumenta, pues, como una cualidad, como el calor, haciéndose más intenso, y esto de muchas maneras: por los méritos, por la oración, y por los sacramentos.

El aumento de la caridad por nuestros propios méritos

El acto meritorio es un acto que procede de la caridad, o de una virtud inspirada, vivificada por la caridad, y que da derecho a una recompensa sobrenatural y principalmente al acrecentamiento de la gracia y de la misma caridad.

Los actos meritorios no producen directamente el aumento de la caridad; porque ésta no es una *virtud adquirida*, producida y aumentada por la repetición de actos, sino una *virtud infusa*. La caridad nos fué otorgada en el bautismo, y como Dios solo puede producirla en nosotros, ya que es una participación de su vida íntima, sólo a él corresponde el aumentarla. El acrecentamiento de la caridad y de las virtudes infusas, que a ella van unidas, es como una producción continuada. A este propósito dice San Pablo: "Yo planté, Apolo regó; pero *Dios ha hecho crecer*. El que planta no es nada, ni el que riega; sino *Dios que hace crecer* (lo es todo)... Somos operarios con Dios. Vosotros sois el campo de Dios, el edificio de Dios" (I Cor., III, 6-9). "Él hará que crezcan más y más los frutos de vuestra justicia" (II Cor., IX, 10).

Aunque es cierto que *nuestros actos* de caridad *son incapaces de producir* aumento en la caridad, *concurren* sin embargo *a este aumento* de dos maneras: Moralmente, *mereciéndola*, y físicamente, *disponiéndonos* a recibirla.

El mérito es un derecho a la recompensa que él no produce, pero la obtiene. El justo, por sus buenas obras sobrenaturales, merece el aumento de la caridad ([1]), como lo definió el Concilio de Trento (ses. 6, can. 24 y 32). El Señor le concede ya aquí abajo como recompensa, mientras llega la del cielo, el crecimiento en el amor divino, es decir, tener un amor más puro y más intenso. El quietismo, que menospreciaba la recompensa divina con pretexto de desinterés absoluto, olvidaba que *cuanto el alma es más desinteresada, más desea esta recompensa: amar con mayor pureza y ardor a su Dios;* cosa que siempre va junto al correspondiente acrecentamiento de la esperanza y de las otras virtudes infusas y los dones del Espíritu Santo.

Los actos de caridad y de las virtudes por ella inspiradas no sólo merecen, desde el punto de vista moral, el aumento de la caridad, sino que disponen físicamente a recibirla, en el sentido de que abren, por decirlo así, nuestras facultades, para que pueda entrar en ellas con menos dificultad, y las ahondan, en cierto modo, a fin de que la vida divina pueda penetrarlas mejor y elevarlas haciéndolas más puras ([2]).

Esto es una realidad sobre todo tratándose de los actos intensos o muy fervientes de caridad; un acto generoso de amor de Dios decide a las veces de toda una vida, y merece gran adelantamiento en la caridad, *disponiéndonos* a recibirla inmediatamente. Es como si uno fuera elevado a un plano superior y desde esa altura tuviera una nueva y superior visión de las cosas de Dios y nuevas ansias de él. El que anteriormente poseía dos talentos obtiene así otros dos nuevos o quizá más, y, como dice Santo Tomás, el Espíritu Santo nos es enviado de nuevo, al hacérsenos presente de un modo nuevo, más íntimo y radiante ([3]).

Pero este punto plantea un difícil problema que los teólogos han discutido largamente y es de gran importancia

---

([1]) Santo Tomás, I, II, q. 114, a. 8.
([2]) *Ibid.*, II, II, q. 24, a. 7, corp. et ad 2.
([3]) I, q. 43, a. 6, ad 2.

práctica. Si está fuera de duda que un acto de *intensa y ferviente* caridad nos *dispone* a recibir *inmediatamente* un aumento de esta virtud infusa y de las que con ella están en conexión, es muy dudoso que un *acto tibio* de caridad, un acto de poca intensidad, poco generoso *(remissus)*, obtenga en el acto un aumento en la vida de la gracia.

Uno que tenga cinco talentos y obre con tibieza y flojedad, como si no poseyera más que dos, ¿obtendrá *inmediatamente*, por este imperfecto y remiso acto, un acrecentamiento en la caridad?

Muchos teólogos modernos, siguiendo a Suárez están por la afirmativa (¹). No es ésta la opinión de Santo Tomás y de los antiguos teólogos en general. El santo Doctor escribe: "*Cada acto de caridad* (aun imperfecto) *es merecedor de un aumento de esa misma caridad; sin embargo no siempre lo obtiene inmediatamente*, sino cuando por un esfuerzo generoso se dispone uno a ese aumento" (²).

La razón está en que el acrecentamiento de la gracia santificante y de la caridad no es conferido por Dios sino *según la disposición* del sujeto que la ha de recibir; de la misma manera que, en el instante de la conversión o justificación, se otorga la gracia santificante en un grado más o menos elevado, que depende del fervor de la contrición del convertido (³).

Cosa manifiesta es, en efecto, que aquel que, teniendo cinco talentos, obra como si no tuviera más que dos, ese tal *no está* dispuesto *todavía* a recibir el sexto; porque el acto realizado es, aunque bueno, notablemente inferior al grado de virtud de la cual procede. Hay en este terreno bastante analogía entre los actos sobrenaturales y los naturales: un hombre muy inteligente, pero poco estudioso, hace menguado adelanto en las ciencias, mientras que otro de menos talento, pero diligente y trabajador, alcanza notables resultados.

De la misma manera, en el orden natural, una amistad no llega a ser íntima sino a través de actos de generosidad; de otra forma, esa amistad no progresa. Parece pues que de-

---

(¹) Suárez, *De Gratia*, 1. VIII, c. III.
(²) II, II, q. 24, a. 6, ad I. — *Item*, I, II, q. 114, a. 8, ad 3.
(³) I, II, q. 112, a. 2; II, II, q. 24, a. 3.

bemos concluir, con Santo Tomás, que los actos imperfectos *(remissi)* de caridad, aunque sean meritorios, *no consiguen inmediatamente* el aumento de gracias que merecen (¹).

Esta doctrina debe movernos a hacer con frecuencia generosos actos de caridad; en particular un día de retiro mensual o el primer viernes del mes, hanse de multiplicar los actos filiales y generosos de amor de Dios, no maquinalmente, como haciendo un recuento de ellos, sino a medida que la ocasión se presenta, a fin de conservar el espíritu en el fervor y evitar la tibieza.

No olvidemos que el Espíritu Santo mueve generalmente a las almas según el grado de sus virtudes infusas y dones, y en la medida de su docilidad habitual. No es imaginable pensar que mueva *sin razón a actos imperfectos*, porque en ese caso las almas habrían recibido en vano un alto grado de las virtudes infusas y de los dones. Si, pues, el justo *no pone obstáculos* a la acción divina, irá recibiendo normalmente gracias cada vez más elevadas de conocimiento

---

(¹) *¿En qué momento la obtienen?* Es difícil responder a esta cuestión, en la que los mismos tomistas están divididos.

Algunos de ellos, Báñez, Contenson, etc., opinaron que los actos meritorios imperfectos obtienen el aumento de caridad *en el instante que el justo hace un acto ferviente* que le dispone a tal aumento; pero añaden que ese aumento, que sigue a esta última disposición, sería igualmente grande aunque los actos meritorios imperfectos no hubieran precedido al acto ferviente.

Los demás tomistas, en general (Juan de Santo Tomás, los carmelitas de Salamanca, Gonet, Billuart, etc.), responden: En tal caso los actos meritorios imperfectos realizados ya se verían *privados* del aumento de la gracia que merecieron; y ya no sería un verdadero mérito *de condigno* en toda justicia. Mediante estos actos buenos imperfectos, el justo no aumentaría en caridad, lo cual es contra la declaración del Concilio de Trento, ses. 6, c. x: "El justo, por sus buenas obras, crece en gracia y caridad." Si uno, que tiene diez talentos, se comporta durante largos años como si no tuviera más que ocho, pero, al morir, hace un acto de caridad como de diez, parece justo que obtenga mayor *recompensa esencial*, que no el otro, que, en el momento de la muerte hace idéntico acto, pero después de haber pasado toda la vida en pecado mortal. Los buenos actos imperfectos parece justo que merezcan *especial* acrecentamiento de gracia, aparte la que es debida al acto ferviente de última hora.

Pero en tal caso, ¿cuándo recibe el justo ese aumento *especial* de caridad por los actos meritorios imperfectos, que tan frecuentes son en la vida?

Difícil es admitir que eso suceda en la tierra, en el momento de realizar ese acto de fervor; porque en tal caso ese acrecentamiento

y de amor para subir con toda generosidad hasta el Señor.

Como enseñan algunos buenos teólogos (¹), es Dios más glorificado por un solo acto de caridad equivalente a diez talentos, que por diez actos de un talento cada uno. De igual manera *un solo justo muy perfecto agrada más a Dios que muchos otros que se arrastran en la mediocridad y en la tibieza.* La calidad importa más que la cantidad. Por esta razón la plenitud de gracia en María sobrepasaba, desde su primer instante, a la de todos los santos, como el diamante vale, solo, más que muchas piedras preciosas juntas.

La caridad debe, pues, por nuestro esfuerzo, ir en auge hasta la muerte; junto con esta virtud infusa se va acrecentando nuestra aptitud para recibir nuevos aumentos (²). El corazón espiritual se dilata, por decirlo así, cada vez más y

correspondería solamente a la disposición realizada por ese último acto (cf. SALMANTICENSES, *de Caritate,* disp. V, dub. III, § 2).

Atribúyese a veces a Cayetano la opinión de que el aumento debido a los actos imperfectos de caridad puede ser concedido *en el momento de una ferviente comunión,* porque la gracia se concede ahí según las disposiciones del sujeto, disposiciones en las cuales van incluídos los méritos de los *actos imperfectos.*

Algunos excelentes tomistas, como Juan de Santo Tomás, los carmelitas de Salamanca, Gonet, Billuart, estiman que el justo, si pasa por el purgatorio, allí recibe tal acrecentamiento de gracia, al realizar intensos actos de caridad que no son ya meritorios, por haber pasado ya el tiempo de merecer; pero que *disponen* al alma a recibir el aumento merecido anteriormente, mas no conseguido aún por carecer de suficiente disposición. Esta teoría es muy probable.

Según estos mismos teólogos, si el justo en cuestión no tuviera que pasar por el purgatorio, el acrecentamiento de caridad debido a sus actos imperfectos le es concedido *en el instante de su entrada en la gloria*; porque en este instante, el alma separada que ya no está en condición de hacer méritos, realiza el más intenso acto posible de amor, que corresponde a todos los méritos juntos de su vida. Tal manera de ver está conforme con el principio general: la última disposición para una forma o perfección se realiza en el mismo instante indivisible en que esa perfección es realizada; como sucede en la justificación de un adulto.

En asuntos tan elevados y misteriosos, no puede la teología dar otra cosa que soluciones seriamente probables.

(¹) SALMANTICENSES, *de Caritate,* disp. V, dub. III, § 7, n. 76, 80, 85, 93, 117.

(²) S. Tomás, II, II, q. 24, a. 7: "Semper, caritate excrescente, super excrescit habilitas ad ulterius augmentum." *Ibid.,* ad 2: "Capacitas creaturae rationalis per caritatem augetur; quia per ipsam cor dilatatur, secundum illud II ad Cor., VI, II: *Cor nostrum dilatatum est.* Et ideo adhuc ulterius manet habilitas ad majus augmentum."

nuestra capacidad divina se ensancha, según aquello del Salmo CXVIII, 32: "*Viam mandatorum tuorum cucurri, cum dilatasti cor meum.* Corrido he en el camino de tus mandamientos, porque has dilatado mi corazón." "Mi corazón se ensancha por el afecto que os tengo, dice también San Pablo..., dilátese por mí también el vuestro, *dilatamini et vos*" (Cor., VI, 11).

Con frecuencia echamos en olvido que nos encontramos en viaje a la eternidad, y buscamos modo de instalarnos en esta vida, como si hubiera de durar eternamente. Somos semejantes a esos viajeros que se instalan en los grandes trenes internacionales, donde se duerme y se come como en un hotel; a veces se olvidan de que están de viaje, hasta que, al asomarse a la ventanilla, se dan cuenta de que algunas personas dejan el tren y entonces se acuerdan de que está cerca el término de su recorrido. La presente vida es a modo de uno de esos trenes; nos olvidamos a veces que en ella estamos de paso hasta que vemos a algunos descender, es decir, morirse, y entonces nos acordamos que también nosotros debemos apearnos; pero nos acontece que, aunque veamos a muchas personas desaparecer de este mundo, difícilmente llegamos a persuadirnos de que un día nos ha de llegar el turno. Vivamos, por el contrario, con los ojos fijos en el término del viaje, y de esta manera no perderemos el tiempo que nos ha sido concedido y se irá así enriqueciendo en méritos para la eternidad.

El aumento de la vida de la gracia por la oración

El acrecentamiento de la caridad y de las virtudes infusas y dones que la acompañan, se obtiene no sólo por los méritos, sino también por la oración. Todos los días pedimos, en efecto, que en nosotros aumente el amor de Dios, cuando decimos: "Padre nuestro que estás en los cielos, santificado sea tu nombre, venga a nos el tu reino, hágase tu voluntad así en la tierra como en el cielo." El Concilio de Trento (ses. 6, cap. x), enseña que esta misma petición hace la Iglesia cuando pide: "*Da nobis, Domine, fidei, spei et caritatis augmentum* (Dom. 13 post. Pent.) Concédenos, Señor, que aumente nuestra fe, esperanza y caridad."

Conviene recordar aquí la diferencia que hay entre la oración de petición y el mérito. El pecador que ha perdido la gracia santificante, no puede merecer, en este estado; porque la gracia santificante es principio donde radica el mérito sobrenatural; puede, sin embargo, el pecador, por una gracia actual, transitoria, pedir; puede suplicar la gracia de la conversión, y si la pide humildemente, con confianza y perseverancia, la obtendrá. Mientras que *el mérito*, que es derecho a una recompensa, hace relación a la justicia divina, *la súplica* va dirigida a la misericordia de Dios, que con frecuencia escucha y levanta, sin ningún mérito de parte de éstas, a las almas caídas ([1]). Y la más miserable, desde el fondo del abismo donde yace postrada y donde no le es posible merecer, puede levantar su grito a la Misericordia; y eso es la oración. El abismo de la miseria llama al de la misericordia, *abyssus abyssum invocat*, y si el pecador pone su corazón en esta súplica, su llamamiento es escuchado; su alma es levantada de donde yacía y Dios glorificado, como en el caso de María Magdalena. La virtud impetratoria de la plegaria no supone el estado de gracia, mientras que el mérito lo supone.

Después de la conversión o justificación, nos es dado obtener el aumento de la vida de la gracia, tanto por el mérito como por la oración. Esta última, si es humilde, confiada y perseverante, nos alcanza una fe más viva, una más firme esperanza y una más ardiente caridad; que es justamente lo que pedimos en las tres primeras peticiones del *Padre Nuestro* ([2]). La oración mental del justo, que se detiene a meditar esa oración divina, se nutre abundantemente de cada una de sus peticiones, y permanece a veces largo rato saboreando amorosamente cualquiera de ellas; esa oración es a la vez meritoria e impetratoria ([3]). Da derecho a una mayor caridad, virtud de donde procede, y, por su fuerza impetratoria, *con frecuencia obtiene más de lo que merece*. Además, en el caso de ser fervorosa, lo obtiene inmediatamente. Por ahí se echa de ver cuán provechosa puede ser la oración, cómo y con qué fuerza atrae a Dios

---

([1]) Santo Tomás, II II, q. 83, a. 16, c. et ad 2.
([2]) *Ibid.*, a. 2, 9, 15.
([3]) *Ibid.*, a. 16.

hacia nosotros obligándole a entregársenos íntimamente y forzándonos a entregarnos a Él. Repitamos con frecuencia la hermosa plegaria del B. Nicolás de Flüe: "Herr Jesu, nimm mich mir, und gib mich Dir. Señor Jesús, tómame, sacándome de mí mismo y guárdame en ti". En ella se encierra *un ferviente acto meritorio* que obtiene en el acto el aumento de caridad que merece, y *una súplica* que obtiene *más* de lo que merece. En tal caso el corazón se dilata para recibir más abundantemente la divina gracia, el alma se desprende de todo lo creado y se hace más ávida de Dios, en el que encuentra eminentemente todo bien digno de ser amado. Todo recogimiento sería poco para gustar estas cosas suficientemente; a veces nos es dado conseguirlo en el silencio absoluto de la noche, cuando todo está callado y el alma se concentra a solas con su Dios, con Jesucristo su Salvador. Experimenta entonces que Dios es infinitamente bueno, y a través de la oración, que es a la vez un mérito y una invocación, se ofrenda totalmente a él y le recibe en una prolongada comunidad espiritual que tiene sabor de vida eterna. Es la vida eterna comenzada, *quaedam inchoatio vitae aeternae*, como dice Santo Tomás ([1]).

Muchas veces, pues, la virtud impetratoria de la oración únese al mérito para obtener el acrecentamiento de la caridad, un amor de Dios más puro y más intenso.

Además, *puede el justo obtener por la oración ciertas gracias que sin ella no sabría merecer*, particularmente el don de la perseverancia final. Este don nunca lo podemos merecer, ya que no es otra cosa que la perseverancia hasta la muerte en el estado de gracia, que es principio de todo mérito. Y es evidente que el principio mismo del mérito no puede ser merecido ([2]). Sin embargo, la perseverancia final o la gracia de la buena muerte puede ser obtenida por la oración humilde, confiada y perseverante. Por eso la Iglesia nos invita a rezar todos los días con fervor, en la segunda parte del *Ave María*: "Santa María, madre de Dios, ruega por nosotros pecadores, ahora y en la hora de nuestra muerte. Así sea."

La plegaria va en este caso más lejos que el mérito, al

([1]) II, II, q. 24, a. 3, ad 2; I, II, q. 69, a. 2; *De Veritate*, q. 14, a. 2.
([2]) Santo Tomás, I, II, q. 114, a. 9.

dirigirse, no a la divina Justicia, sino a la infinita Misericordia.

Del mismo modo podemos pedir a Dios la gracia de conocerle de una manera más íntima y profunda, con aquel conocimiento que se llama contemplación infusa, que da lugar a una unión con Dios más estrecha y fecunda. En este sentido se dice en el libro de la Sabiduría, VII, 7: "*Invoqué al Señor, y el espíritu de sabiduría descendió sobre mí.* La he preferido a los cetros y a las coronas, y estimé de ningún precio las riquezas junto a ella. Todo el oro del mundo no es en su comparación sino un poco de arena; y la plata, a su lado, no vale más que el lodo."

Igualmente está escrito en el Salmo LIV, 23: "*Jacta super Dominum curam tuam, et ipse te enutriet:* Pon tu suerte en manos del Señor y Él te dará de comer; y nunca consentirá que vacile el justo." No solamente acudirá a sostenernos, sino que vendrá a alimentarnos con su misma carne y cada día se nos entregará más íntimamente.

Y en el Salmo XXVI, v. 4: "*Unam petii a Domino, hanc requiram, ut inhabitem in domo Domini...* Una cosa pedí al Señor y la deseo ardientemente: habitar en su casa todos los días de mi vida, y gozar de su bondad", ver cada vez con más claridad cuán bueno es para los que le buscan y para los que le han encontrado.

Es, pues, claro, que la oración dirigida a la infinita Misericordia, sobrepasa al mérito; y puede obtener, aun para un pecador incapaz de merecer, la gracia de la conversión; y para el justo consigue con frecuencia gracias que no le sería posible merecer, tal como la perseverancia final y demás gracias eficaces que a ella conducen.

El aumento de la vida de la gracia por los sacramentos

Conviene, en fin, recordar en este lugar, que la caridad y demás virtudes infusas, así como los siete dones, aumentan en nosotros mediante los sacramentos; el justo crece de esta forma en el amor de Dios por la absolución y sobre todo por la comunión.

Mientras que el mérito y la oración del justo obtienen los dones de Dios *ex opere operantis*, en razón de la fe, de la piedad y de la caridad del que merece, los sacramentos producen la gracia *ex opere operato* en aquellos que no le oponen obstáculo; es decir que la producen *por sí mismos*, desde el momento que fueron instituídos por Dios para aplicarnos los méritos del Salvador. Los sacramentos producen la gracia independientemente de las oraciones y los méritos, ya del ministro que los confiere, o de los que los reciben. Así es cómo un mal sacerdote, y aun un infiel, puede administrar válidamente el bautismo, con tal que tenga intención de hacer lo que hace la Iglesia al concederlo.

Mas si los sacramentos producen por sí mismos la gracia en quienes no ponen obstáculo, la producen en mayor o menor abundancia, según el fervor del que los recibe.

El Concilio de Trento, ses. 6, c. vii, dice así: "Todos reciben la justicia según la medida deseada para cada uno por el Espíritu Santo y según la propia disposición." Como lo hace notar Santo Tomás, en el orden natural, aunque un foco calienta por sí mismo, tanto más se aprovecha uno del calor cuanto se acerca más a él; de la misma forma, en el orden sobrenatural, tanto mayor provecho se saca de los sacramentos cuanto uno se acerca a ellos con fe más viva y mayor fervor de voluntad.

De modo que, según Santo Tomás y otros muchos antiguos teólogos, de que el pecador reciba la absolución con mayor o menor arrepentimiento, depende que recobre, o no, el grado de gracia que había perdido. *"Acontece"*, dice Santo Tomás ([1]), *"que la intensidad del arrepentimiento en el penitente sea superior, igual o inferior al grado de gracia perdido; y según el arrepentimiento, recobre la gracia en grado superior, igual o inferior."*

Puede suceder que un cristiano que tenía cinco talentos y los pierde por un pecado mortal, no tenga luego contrición sino como de dos talentos; en tal caso recobra la gracia en un grado notablemente inferior al que antes poseía. Es posible, por el contrario, que, gracias a un profundo arrepentimiento, la recupere en un grado superior, como indudablemente sucedió a San Pedro cuando tan amargamente llo-

[1] III, q. 89, a. 2.

ró el haber negado a Nuestro Señor (¹). Esta consideración es de gran importancia en espiritualidad para aquellos que tienen la desgracia de caer en el curso de su ascensión; pueden inmediatamente levantarse y continuar con fervor su carrera en el punto donde la habían abandonado. Pero también podrían no volverse a levantar sino tardíamente y sin energía; entonces sucede que quedan a medio camino en vez de continuar subiendo.

Síguese también de estos principios que una comunión ferviente vale mucho más que muchas comuniones tibias juntas. Cuanto se acerca uno con fe más viva, esperanza más firme y mayor fervor de la voluntad, a ese centro de gracias que es Nuestro Señor presente en la Eucaristía, más se beneficia de su influencia, por las gracias de ilustración, amor y fortaleza.

La comunión de un San Francisco, de un Santo Domingo y de una Santa Catalina de Sena fué en ciertas ocasiones grandemente fervorosa, y fructuosa en proporción; estos santos se acercaban al Salvador con sus almas llenas de santo ardor para recibir de él abundante y sobreabundantemente, y luego en el apostolado, hacer partícipes a los demás de aquellos dones.

Puede acontecer, por el contrario, que el fruto de la comunión sea mínimo; y es cuando uno se acerca a la comunión apenas con las disposiciones suficientes para no impedir los efectos del sacramento. Esto nos debe hacer reflexionar seriamente, si acaso no vemos en nosotros verdadero adelanto

---

(¹) Los méritos que quedan muertos por el pecado mortal, reviven así en la medida del fervor del penitente, y *reviven en verdad* con derecho a una esencial recompensa especial.

Si, por ejemplo, un cristiano, que generosamente ha servido al Señor durante setenta años, cae en pecado mortal, mas se convierte antes de morir con contrición equivalente a cinco talentos, este tal tendrá en el cielo mucho mayor gloria que aquel que, habiendo estado en pecado mortal durante toda su vida, hace antes de morir un acto de contrición equivalente asimismo a cinco talentos. Los grandes méritos de la vida del primero reviven, y como le dan derecho a la vida eterna y a la beatitud esencial, este derecho revive con ellos. Esto es una prueba más de la infinita misericordia. Cf. BILLUART, *Cursus Theol.*, *de poenitentia*, disc. III, c. v: de reviviscentia meritorum per poenitentiam.

espiritual, después de muchos años de comunión frecuente y aun cotidiana (¹).

Podría suceder también que, como consecuencia de un apego creciente a tal pecado venial, los efectos de nuestra comunión cotidiana fueran cada vez más pequeños. ¡Pluguiera a Dios que nunca nos acontezca tal desgracia! Debería haber, por el contrario, en nuestras almas, generosidad suficiente para que se realizara aquella ley superior que se puede comprobar en la vida de los santos; cada una de nuestras comuniones, ya que no sólo debe conservar, sino *aumentar* nuestra caridad, habría de ser *sustancialmente más ferviente y más provechosa que la anterior;* porque cada una, al aumentar en nosotros el amor a Dios, debe disponernos a recibir al día siguiente a Nuestro Señor con un fervor de voluntad no sólo igual, sino superior. Pero con demasiada frecuencia, la negligencia y la tibieza impiden que esta ley tenga aplicación en nuestras almas. Los cuerpos se atraen más, cuanto más se acercan. Las almas deben correr con tanta mayor rapidez hacia Dios, cuanto es mayor su proximidad y son más fuertemente atraídas por Él.

Se comprende por lo dicho el sentido de las palabras del Salvador: "*Si quis sitit, veniat ad me et bibat, et flumina de ventre ejus fluent aquæ vivæ.* Si alguien tuviere sed, venga a mí y beba; y ríos de aguas vivas correrán de su corazón" (²); los ríos de aguas vivas que van a desembocar en el infinito océano que es Dios, conocido como él se conoce, y amado como se ama él, por toda la eternidad.

(¹) Hay que tener en cuenta, ciertamente, el hecho de que el alma que va adelante tanto mejor ve su miseria cuanto mejor comprende la grandeza de Dios.
(²) Joan., VII, 37.

CAPÍTULO OCTAVO

LA PERFECCIÓN CRISTIANA. SU VERDADERA NATURALEZA

I. Conceptos erróneos o incompletos. — II. La perfección según el Evangelio explicado por San Pablo. — III. Aclaraciones teológicas sobre la naturaleza de la perfección: el amor de Dios es aquí abajo, más perfecto que el conocimiento; ¿por qué no tiene la continuidad que tendrá en el cielo?

Hemos tratado hasta aquí de las fuentes de la vida interior, es decir de la gracia santificante, de las virtudes infusas, de los siete dones, de la SSma. Trinidad que habita en nosotros, de la influencia de Cristo Redentor y de María mediadora sobre nuestras almas, para hacernos crecer en el amor de Dios. Ahora consideraremos cuál es el fin de esa vida interior; no el fin último, del cual hemos hablado al decir que la vida interior es en cierto sentido la vida eterna comenzada (¹), sino el fin realizable en la tierra, o sea la perfección cristiana que aquí podemos alcanzar.

Examinaremos en primer lugar los conceptos erróneos o incompletos que acerca de la perfección se han enseñado, y después la verdadera naturaleza de la perfección cristiana. Igualmente la consideraremos en cuanto es accesible en esta vida, comparándola con la del cielo; y veremos si es para todos un deber, o sólo un consejo, el tender a la perfección. Discurriremos, en fin, sobre las diversas edades de la vida espiritual, de las que se tratará después separadamente, y nos preguntaremos si la total perfección de la vida cristiana es sólo de orden ascético, o más bien de orden místico.

CONCEPTOS ERRÓNEOS O INCOMPLETOS ACERCA DE LA PERFECCIÓN

Para formarse una idea precisa acerca de la perfección cristiana tal como nos la da a conocer el Evangelio, y para

(¹) Cf. supra, cap. I.

bien comprender su grandeza, no es inútil recordar primero otros dos conceptos que los hombres se han formado sobre la perfección humana, según que hayan concedido más o menos importancia a tal o cual forma de sus actividades.

Se pueden distinguir tres principales conceptos de la perfección humana, que tienden siempre a reaparecer. En la antigüedad, los bárbaros la hacían consistir sobre todo en *la fuerza*. La mayor parte de los filósofos griegos la ponían en *la sabiduría*. El Evangelio nos enseña que está especialmente en *la caridad* o amor de Dios y del prójimo por Dios.

Estas tres palabras: fuerza, sabiduría y caridad, expresan el elemento predominante en esos tres diferentes conceptos de la vida. Examinemos con brevedad los dos primeros, subrayando las formas que a veces toman entre nosotros; por ese camino comprenderemos mejor la elevación y grandeza del tercero, tanto más cuanto que los otros dos contienen alguna partícula de verdad que, dirigida por la caridad, puede tener gran valor.

En *la fuerza*, en el coraje y la valentía ponían principalmente la perfección del hombre los héroes de los pueblos bárbaros, según nos lo recuerdan sus leyendas, particularmente los nibelungos. El orgullo nacional de los pueblos tiende con frecuencia a resucitar este ideal. Se exalta la virtud de fortaleza que tiene por objeto las cosas difíciles *(ardua)*, que exigen gran energía y en frente de las cuales corre riesgo la vida del hombre, como en los combates. Encierra esa concepción su parte de verdad, tanto más cuanto que, en circunstancias no trágicas pero sí penosas que con frecuencia se presentan, es necesaria la paciencia, la constancia, la longanimidad; y como lo nota Santo Tomás, siguiendo a Aristóteles ([1]), es más difícil *aguantar* por largo tiempo, mantenerse firmes frente a las dificultades y las contrariedades, que lanzarse al ataque en un momento de entusiasmo.

Poner la perfección humana en la fuerza, podrá ser un concepto de guerreros, de soldados, de exploradores o avia-

---

([1]) II, II, q. 123, a. 6: "Principalior actus fortitudinis est sustinere, id est immobiliter sistere in periculis, quam aggredi."

dores, concepto que muchas veces encierra orgullo y aun injusticia; pero esa idea no alcanza a colocar al hombre en su verdadero lugar, en relación a Dios y al prójimo.

Ciertas almas ardientes y fervorosas purifican ese ideal elevándolo al orden sobrenatural, y conciben al cristiano como *al soldado de Cristo*, que debe, dice San Pablo (Efes., VI, 10), "vestirse la armadura de Dios para resistir a los días malos, permanecer firme, revestido de la coraza de la justicia..., teniendo en las manos el escudo de la fe, contra los dardos inflamados del maligno". Así considerado, se comprende fácilmente la grandeza del martirio. Pero esa grandeza no la recibe precisamente de un acto de fortaleza, sino principalmente de una heroica acción de maravillosa caridad, como enseña Santo Tomás [1]. Los tres siglos de persecución de la primitiva Iglesia fueron ciertamente tiempos de valor, de heroica fortaleza, pero aun lo fueron más de ardiente amor de Dios. ¿No es esta caridad, precisamente, lo que distingue a los mártires cristianos, de los héroes del paganismo?

Desde un punto de vista parecido al que acabamos de ver, algunas personas parecen hacer consistir la perfección en *la austeridad*, los ayunos, la vigilias y otras prácticas difíciles. Estas cosas pueden entenderse muy bien y en muy recto sentido, en una orden religiosa particularmente dedicada a la oración y a la inmolación, o a la reparación, que es signo cierto de ardiente amor de Dios y de verdadero celo. Pero hay que cuidarse de no dar a la austeridad un valor intrínseco, como si fuera, no un *simple medio* de progreso y de reparación, sino *un fin*. Porque en tal caso, la vida religiosa más perfecta sería la más austera, la más dura y difícil, y no aquella que tuviera finalidad más perfecta y más aptos medios para conseguirla [2]. El objeto propio de las virtudes, ¿es *lo difícil (arduum)*, o es *el bien (bonum honestum)*? No todo acto dificultoso es moralmente bueno; a veces no pasa de ser un alarde temerario. Y si *el bien* es con frecuencia difícil, tampoco lo es siempre. Hay actos de amor de Dios y del prójimo que se realizan sin dificultad, con gran impulso sobrenatural, y son, no obstante, muy meritorios, por proceder de una ardiente caridad.

[1] II, II, q. 124, a. 1, 2, 3.
[2] Santo Tomás, II, II, q. 188, a. 7, ad I; a. 8.

¿Será la fortaleza la más elevada de las virtudes? Se puede afirmar que es la virtud más necesaria al soldado, como soldado; que el valor es su perfección; pero, ¿podemos decir que en ella consiste la perfección del hombre como hombre, del cristiano como cristiano?

La teología responde: La fortaleza y la paciencia son virtudes necesarias, indispensables a la perfección; pero sobre ellas está *la justicia* para con el prójimo; *la prudencia* que dirige todas las virtudes morales; y están sobre todo *las virtudes teologales* que tienen a Dios como objeto inmediato: fe, esperanza y caridad. Ésta es la razón por la que el martirio, que es un acto de fortaleza, debe principalmente su grandeza al hecho de ser manifestación de un ardiente amor de Dios.

No es posible, pues, admitir que la perfección del hombre y del cristiano consista principalmente en la fortaleza, o en la paciencia, por muy necesarias que sean estas virtudes. La fortaleza no es evidentemente la perfección de la inteligencia con respecto a la suprema verdad, ni de la voluntad con relación al Bien soberano; es sólo una virtud que rechaza el miedo en frente de las dificultades y peligros, a fin de no apartarse de la recta razón.

Si la perfección no está en la fortaleza, ¿consistirá más bien en *la sabiduría?* Casi todos los filósofos griegos pensaron así. Dijeron: *El hombre* se distingue de los seres inferiores por su *inteligencia;* de consiguiente, lo que hace al hombre perfecto será la perfección de su inteligencia, es decir, la sabiduría o eminente conocimiento de todas las cosas por sus causas supremas y sus fines últimos. La perfección se encontraría, según esto, en el conocimiento o contemplación del soberano Bien y en el amor que de ella deriva.

Muchos, como Platón, pensaron aún que basta conocer el soberano Bien para amarlo eficazmente sobre todas las cosas, y que la virtud es mero conocimiento.

Tal doctrina equivale a olvidarse del libre albedrío, que, como lo hace notar Aristóteles [1], puede desviarse del bien conocido como obligatorio. El mismo Aristóteles, sin em-

---

[1] *Ética a Nicómaco*, I, III, c. vii y I, vii, cap. ii, y comentario de S. Tomás, I, II, q. 58, a. 2.

bargo, ponía la perfección del hombre en la sabiduría acompañada de las virtudes que le están subordinadas: prudencia, justicia, fortaleza y templanza.

Indudablemente, la sabiduría es *indispensable para la perfección* y para la conducta de la vida, como la prudencia. Pero no es cierto que el conocimiento especulativo de Dios, *vaya seguido necesariamente del amor al mismo*. Un filósofo de penetrante inteligencia, aun suponiendo que tenga idea clara de Dios, como causa primera y último fin del universo, puede, no obstante, no ser hombre de bien, puede no ser hombre de buena voluntad. Hasta es posible que sea positivamente un mal hombre. La verdad es un bien de la inteligencia, pero no es el bien de todo el hombre, ni todo el bien del hombre ([1]).

Puede existir la ciencia sin el amor de Dios y del prójimo; y en este caso, como dice San Pablo, produce la hinchazón del orgullo, haciendo que vivamos para nosotros mismos y no para Dios. La perfección del profesor o del doctor, como tal, no es la perfección del hombre en tanto que es hombre, ni la del cristiano como cristiano; un buen profesor que enseña con gran competencia las humanidades o la filosofía, no es siempre un hombre de bien.

No confundamos, pues, la perfección de la inteligencia especulativa con la del hombre integral. Ésta requiere *la rectitud profunda de la voluntad con relación a nuestro último fin*. La voluntad es la facultad que debe dirigirse al bien *del hombre como tal*, y no al bien de la inteligencia solamente ([2]). Aristóteles ([3]) lo había comprendido así; pero era más fácil decirlo, que vivir según esa doctrina.

En fin, aquí, durante nuestra vida en la tierra, el amor de Dios es superior al conocimiento del mismo. Este conoci-

([1]) Santo Tomás, I, II, q. 57, a. 1: "Utrum habitus intellectuales speculativi sint virtutes."

([2]) Santo Tomás, I, II, q. 57, a. 4, donde se demuestra que la prudencia, que es una verdadera virtud, *supone la rectificación de la voluntad* en relación con el bien del hombre total; mientras que el arte y las ciencias no la suponen. El prudente es un hombre de bien del cual se dice pura y simplemente que es *bueno*, y no sólo que es buen pintor, buen arquitecto, buen físico o matemático.

([3]) *Ética*, I, VI, c. v; como la prudencia, que es una virtud, se distingue del arte.

miento atrae en cierto modo a Dios hacia nosotros, aplicándole, en cierto modo las limitaciones de nuestras menguadas *ideas, mientras que* el amor de Dios nos levanta hasta él y nos hace amar en el mismo cosas que no podemos conocer de manera muy precisa, porque sabemos con certeza que su vida íntima, que está oculta a nuestros ojos, es infinitamente amable (¹).

La concepción de los filósofos griegos, que pone la perfección en la sabiduría, volvemos a encontrarla hoy, mezclada de nuevos y múltiples errores, en aquellos que colocan *la cultura intelectual* sobre todo lo demás, y también en los teósofos, para quienes la perfección está en "llegar a la conciencia de nuestra identidad con Dios", en la intuición de lo que hay de divino en nosotros (²).

En lugar de dejar a la criatura en el modesto lugar que le corresponde, inferior al Creador, la Teosofía supone el panteísmo; es esa doctrina la negación del orden de la gracia y de todos los dogmas cristianos, aunque con frecuencia conserve la terminología del cristianismo, ya que al hacerlo trastorna completamente su significado. Si nos fiamos de poner el dedo en este engranaje, corremos el riesgo de que nuestro brazo y todo nuestro cuerpo queden presos en él. Es una pérfida imitación y corrupción de nuestra ascética y mística; una obra de imaginación en la que Dios y el mundo quedan confundidos, y donde pueden encontrarse, como en un baratillo, toda suerte de objetos de ocasión que atraen la curiosidad y desvían el alma de las verdades divinas y de la vida eterna. Esto hace pensar en aquel hechizo de la simpleza y necedad que oscurece la inteligencia, como se escribe en el libro de la Sabiduría, IV, 12: "*Fascinatio enim nugacitatis obscurat bona*".

Aun permaneciendo lejos de tales aberraciones, algunos cristianos de tendencia quietista se inclinan a pensar que es posible llegar rápidamente a la perfección, dándose a la lectura asidua de los grandes místicos, sin preocuparse demasiado de practicar las virtudes que esos autores recomiendan, y sin acordarse de que *la verdadera contemplación debe*

(¹) Santo Tomás, I, q. 82, a. 3: "Melior est amor Dei quam cognitio."

(²) Véase la obra del P. Mainage, O. P. *Los principios de la teosofía*, 1922 ("Revue des Jeunes").

estar penetrada de caridad sobrenatural y olvido de sí propio.

Ya veremos más adelante, que la contemplación, que es un acto de la inteligencia, no es precisamente la esencia de la perfección. Ésta consiste en la unión con Dios por la caridad; mas la contemplación amorosa de Dios es, por decirlo así, un *medio unido a este fin;* y nos dispone inmediatamente a la unión con Dios. Ahora bien, el fin al cual nos es preciso dirigirnos, no es la contemplación, sino Dios mismo que hemos de amar sobre todas las cosas.

De todo lo dicho resulta que para la perfección son necesarias, ciertamente, la fortaleza, la paciencia, la abnegación y la sabiduría; lo son igualmente las virtudes teologales y morales y los siete dones del Espíritu Santo. ¿Síguese de aquí que la perfección consiste en el conjunto de esas virtudes? En un sentido, sí; pero a condición de que este conjunto esté *coordinado* como un organismo, y de que haya una que domine en todas las otras, las inspire, las dirija, las anime, las vivifique y haga convergir todos sus esfuerzos hacia el supremo fin.

¿Y no será, por consiguiente, esta tal virtud la que *especialmente* constituye la perfección, a la cual todas las demás virtudes deben concurrir?

¿Cuál es esta suprema virtud?

¿En qué consiste especialmente la perfección según el Evangelio explicado por San Pablo?

Veamos cómo responde a esta pregunta la Revelación cristiana.

Nuestro Señor, en múltiples ocasiones y bajo las formas más variadas, nos recuerda incesantemente en el Evangelio, que el precepto supremo, el que domina a todos los demás, así como a todos los consejos, es el precepto del amor ya formulado en el Antiguo Testamento: *"Amarás al Señor Dios tuyo, de todo tu corazón, con toda tu alma, con todas tus fuerzas, con todo tu espíritu; y a tu prójimo como a ti mismo"* ([1]). He aquí la virtud muy superior al ideal de

([1]) Lucas, x, 27, y Deuteronomio, vi, 5.

fuerza dominadora de los héroes y al ideal de sabiduría especulativa de los filósofos griegos. En ella se encierra una fortaleza de muy distinto orden y una sabiduría mucho más realista y elevada a la vez.

San Pablo nos explica esta doctrina del Salvador, cuando escribe a los Colosenses, III, 14: "Como elegidos de Dios, santos y muy amados, revestíos de entrañas de misericordia, de bondad, de humildad, de afabilidad y de paciencia. Sobrellevaos los unos a los otros, perdonándoos... como el Señor os ha perdonado. *Pero sobre todo, revestíos de caridad que es el vínculo de la perfección.* Y que la paz de Cristo a la que habéis sido llamados para formar un solo cuerpo, reine en vuestros corazones; sed agradecidos."

La caridad es *el vínculo de la perfección* porque es la primera de las virtudes, y une nuestra alma a Dios; ha de durar eternamente y vivifica a todas las demás virtudes haciendo meritorios sus actos que ordena al fin último, es decir, a su objeto: Dios amado sobre todas las cosas.

De igual modo, San Pablo está en tal forma convencido de esta superioridad de la caridad sobre todas las demás virtudes, sobre los dones del Espíritu Santo y sobre las gracias gratuitamente otorgadas, tal como la profecía, que no puede menos de decir (I Cor., XIII, 1): "Aunque yo hablara las lenguas de los hombres y de los ángeles, si no tuviere caridad, soy como una campana que suena y un címbalo que tañe. Aun cuando poseyera el don de profecía, aunque conociera todos los misterios y todas las ciencias, aunque tuviera una fe capaz de transportar las montañas, *si no tengo caridad, nada soy*. Aun cuando distribuyera todos mis bienes a los pobres, aunque entregara mi cuerpo a las llamas, si no tengo caridad, de nada sirve todo eso."

Los más excelentes dones extraordinarios *(carismas)* no son de utilidad alguna para la vida eterna sin la caridad.

¿Por qué? Porque si no tengo caridad, ya no cumplo el primer mandamiento divino, ni conformo mi voluntad a la de Dios, vivo desviado de él y mi corazón está alejado del corazón de Dios. Luego, "si no tengo caridad, no soy nada" personalmente en orden a la salvación, ni merezco nada, aun cuando haga que otros se salven por la predicación y los milagros.

En este sentido dijo San Agustín: "*Ama et fac quod vis:* ama y haz lo que quieras"; y cualquier cosa que hagas te valdrá para la vida eterna, con tal que en verdad ames a Dios más que a ti mismo. Es necesario desde luego que tengamos la verdadera caridad, ya que no hay cosa peor que esa virtud falseada, que no tiene de virtud sino el nombre (¹). La verdadera caridad, a diferencia de la falsa, comprende todas las virtudes, que le están subordinadas, y que, como tales, aparecen como otras tantas modalidades o aspectos del amor de Dios y del prójimo. Por eso dice San Pablo en el mismo lugar (I Cor., XIII, 4): "La caridad es paciente y benigna; la caridad no es envidiosa, no se ensalza, ni se llena de orgullo; no busca el honor, ni su propio interés, ni se irrita, ni supone mal, ni se alegra con la injusticia, sino que se regocija en la verdad; la caridad todo lo excusa, cree todo, espera todo, y todo lo soporta."

En verdad, si, después de haber perdido la caridad, volvemos a recobrarla por la absolución, junto con ella recuperamos las demás virtudes infusas que le están subordinadas: la prudencia, la justicia, la fortaleza, la templanza y los siete dones del Espíritu Santo.

A todo esto hay que añadir con San Pablo (I Cor., XIII, 8): *"La caridad nunca perecerá.* Las profecías tendrán fin, las lenguas cesarán, la ciencia tendrá un término... Ahora vemos como en un espejo, de manera oscura, mas entonces

---

(¹) Existe, en efecto, una *falsa caridad* que es culpable indulgencia y debilidad, como la mansedumbre de los que no chocan con nadie por el miedo que tienen a todos. Hay también una pretendida caridad, que es sentimentalismo humanitario, y busca hacerse aprobar por los buenos, manchándolos con su contacto.

Uno de los principales conflictos de la hora actual es el que ha surgido entre la verdadera y la falsa caridad. Ésta hace pensar en los *falsos cristos* de que habla el Evangelio; y son más peligrosos mientras permanecen ocultos que cuando son conocidos como enemigos de la Iglesia. *Corruptio optimi pessima:* la peor de las corrupciones es la que en nosotros se enfrenta con lo que existe de más excelente, cual es la más excelsa de las virtudes teologales. El *bien aparente* que atrae al pecador es, en efecto, tanto más peligroso cuanto quiere ser simulacro del mayor bien; tal es el ideal de los pancristianos, que andan tras la unión de las iglesias en detrimento de la fe que tal unión supone.

Si, pues, por ignorancia o cobardía, aquellos que deberían ser los representantes de *la verdadera caridad* aprueban, más o menos, *las cosas que la falsa sostiene* y enseña, podría seguirse de tal actitud un mal incalculable, más grande acaso que el que harían los perseguidores declarados, con los que pronto se echa de ver que no es posible el menor contacto.

veremos cara a cara... Ahora permanecen estas tres cosas: la fe, la esperanza, la caridad; pero la más grande de las tres es la caridad." La fe desaparecerá para dar lugar a la visión; la esperanza, para ser reemplazada por la posesión; pero la caridad durará eternamente.

Por esta caridad, en fin, somos hechos templos del Espíritu Santo: "El amor de Dios se difunde en nuestros corazones por el Espíritu Santo que nos ha sido dado" (Rom., v, 5). Cuanto más amamos a Dios, mejor lo conocemos con este conocimiento sobrenatural que es la divina Sabiduría. Esto es lo que hace decir a San Pablo (Efes., III, 17): *"Estad firmes y fundados en la caridad, a fin de que podáis comprender con todos los santos cuál es la anchura, la largura, la profundidad y la altura, y conocer la caridad de Cristo, que sobrepasa a todo conocimiento, de modo que seáis llenos de toda la plenitud de Dios."*

Habla aquí San Pablo, no sólo a las almas privilegiadas, sino a la generalidad de los fieles. Después de haber largamente meditado estas palabras en la presencia de Dios, ¿es posible afirmar que la contemplación infusa de los misterios de la fe *no entra* en la vía normal de la santidad? Débese tener mucha prudencia antes de formular una proposición *negativa* de este jaez, porque no hay que echar en olvido que la realidad, sobre todo la realidad de la vida interior tal como Dios la quiere, es más rica que todas nuestras teorías, aun las más excelentes. Los sistemas filosóficos y teológicos son con frecuencia verdaderos en lo que afirman y falsos en lo que niegan. ¿Por qué? Porque la realidad, tal como ha sido hecha por Dios, es mucho más rica que todos nuestros pobres y limitados conceptos, que fallan por donde menos lo pensamos. "Hay más realidades sobre la tierra y en el cielo que en toda nuestra filosofía." Negarlo sería perder *el sentido del misterio*, que se identifica con la contemplación. Negarlo sería empobrecer grandemente las palabras de San Pablo que acabamos de citar: *"Estad firmes en la caridad, a fin de que podáis comprender con todos los santos,* es decir con todos los cristianos que llegan a la perfección, *cuál es la anchura, la largura, la profundidad y la altura* del misterio de Cristo..., sobre todo de su amor; *y que seáis llenos de la plenitud de Dios."* (Véase el Comentario de Santo Tomás, *in Epist. ad Ephes.*, III, 17.)

La misma doctrina nos da San Juan, particularmente en su I Epístola, iv, 16-21: "Dios es caridad, y el que permanece en la caridad, permanece en Dios y Dios en él. El que ama a Dios, ame también a su hermano." Y San Pedro en su I Epístola, iv, 8: "Sobre todo, tened gran caridad los unos con los otros; porque la caridad cubre la multitud de los pecados." El Señor había dicho de la Magdalena: "Le han sido perdonados muchos pecados porque ha amado mucho."

Según esta doctrina, la perfección no consiste *específicamente* en la humildad, ni en la pobreza, ni en los actos del culto o de la virtud de religión; sino en el amor de Dios y del prójimo, que hace que sean meritorios los actos de las demás virtudes. "La pobreza", dice Santo Tomás, "no es la perfección, sino *un medio*, un instrumento de perfección... Mas al instrumento no lo buscamos por él mismo, sino *por el fin;* y ese medio es tanto más excelente, cuanto es, no más grande, sino *mejor proporcionado a ese fin;* como el buen médico es aquel que da buenos remedios, y no el que los da muy numerosos" (¹).

Otro tanto hay que decir de la humildad, que nos baja delante de Dios para que recibamos con docilidad sus influencias que nos elevan hasta Él (²).

La virtud *de la religión*, que da a Dios *el culto* debido, es también inferior a las virtudes teologales; y no es meritoria sino por la caridad que la anima (³). Si echásemos esto en olvido, llegaríamos acaso a estar más atentos al culto, a la liturgia, que al mismo Dios; más a las figuras que a la realidad; más a la manera de decir el *Padre Nuestro* o el *Credo,* que al sublime sentimiento de estas oraciones: al culto a Dios daríamos más importancia que a su amor.

Concluyamos que, según la Revelación cristiana, la caridad es "el vínculo de la perfección".

(¹) II, II, q. 188, a. 7, ad 1.
(²) Santo Tomás, II, II, q. 161, a. 5, ad 2: "La humildad es una virtud fundamental en cuanto aparta el principal obstáculo, la soberbia, raíz de todo pecado; mas inferior a las virtudes teologales que nos unen a Dios."
(³) La virtud de religión tiene como objeto inmediato, no a Dios mismo, sino al *culto* que le es debido. Por eso no es una virtud teologal, sino que es inferior a ellas. Santo Tomás, II, II, q. 81, a. 5.

Algunas aclaraciones teológicas sobre la naturaleza de la perfección

Las enseñanzas de la Escritura toman forma más precisa en el cuerpo de doctrina de la teología. Fundándose en el Evangelio, establece Santo Tomás que la perfección cristiana consiste en la caridad.

"Un ser es perfecto", dice ([1]), "en cuanto consigue su fin, que es su última perfección. Y el fin último de la vida humana es Dios, y es la caridad la que nos une a él, según las palabras de San Juan: El que permanece en la caridad permanece en Dios y Dios en él. En la caridad, pues, consiste especialmente la perfección de la vida cristiana."

Esa perfección no podría ponerse en la fe ni en la esperanza infusas, porque estas virtudes pueden existir en estado de pecado mortal, en una voluntad desviada de Dios, último fin del hombre. Permanecen, en efecto, en ella, como la raíz del árbol que fué cortado pero puede revivir. Pues no todo pecado mortal hace perder la fe y la esperanza, sino sólo un pecado directamente opuesto a estas virtudes. Cuando un pecador que todavía cree y espera, recobra la caridad, ésta vivifica de nuevo aquellas dos virtudes y hace que sus actos sean, no solamente provechosos, sino también meritorios, ordenándolos a Dios.

Santo Tomás añade en otro lugar: "La perfección consiste *principalmente en el amor de Dios, y en segundo lugar en el amor del prójimo*, que son objeto de los principales preceptos de la ley divina; sólo accidentalmente podemos ponerla en los medios o instrumentos de perfección, que nos son indicados por los consejos evangélicos" ([2]). La principal señal del amor de Dios es precisamente el amor del prójimo. Nuestro Señor mismo lo dijo, y nunca insistiríamos demasiado sobre este punto: "*Os doy un mandamiento nuevo: que os améis los unos a los otros, como yo os he amado; en esto conocerán que sois mis discípulos, si mutuamente os amáis*" (Juan, XIII, 34).

Ésa es la gran señal del progreso del amor de Dios en

---

[1] II, II, q. 184, a. 1.
[2] II, II, q. 184, a. 3.

nuestros corazones; tanto que San Juan añade: "Aquel que dice estar en la luz y odia a su hermano, permanece todavía en las tinieblas" (I Joan., II, 9). "Sabemos que hemos pasado de la muerte a la vida, porque amamos a nuestros hermanos... Todo el que odia a su hermano es un homicida" (I Joan, III, 14).

Más tarde hablaremos de los consejos de pobreza, castidad y obediencia; pero se comprende ya desde ahora, que están subordinados a la caridad, al amor de Dios y del prójimo.

Quisiéramos insistir en este lugar sobre dos puntos que nos harán ver la diferencia entre la perfección cristiana de la tierra y la del cielo.

Por qué la caridad es superior al conocimiento que tenemos de Dios en esta vida

Algunos intelectuales ponen una objeción a la doctrina tradicional, fundada en la Escritura, según la cual la perfección consiste especialmente en la caridad. La inteligencia, dicen, es la principal facultad del hombre, la que dirige a las demás y la que nos diferencia de los animales. ¿No será, pues, lógico concluir, que la perfección del hombre está en el conocimiento intelectual que podemos tener de todas las cosas, consideradas en su principio y en su fin, y por consiguiente en el conocimiento de Dios, suprema regla de la vida? Desde este punto de vista, un Bossuet, por ejemplo, sería superior a muchos servidores de Dios canonizados que no se han destacado de modo especial por su inteligencia, como un santo hermanito lego o un San Benito José Labre.

Virtualmente descartamos ya esta objeción, al notar antes que el conocimiento especulativo y abstracto de Dios puede existir sin que vaya acompañado de la rectitud de la voluntad; puede, en efecto, poseer ese conocimiento un hombre inteligente, pero sin corazón, y que por lo tanto no podría ser llamado "hombre de buena voluntad" en el sentido que le da el Evangelio. Por la misma razón la fe infusa puede seguir viviendo en un alma que ha perdido la caridad y está apartada de Dios. Además ya hemos dicho, con Santo Tomás, que aquí abajo *el amor de Dios es más excelente que el conocimiento del mismo* (¹). ¿Por qué? Conviene insistir sobre este punto. Santo Tomás reconoce que la inteligencia es superior a la voluntad que ella dirige. La inteligencia, en efecto, tiene un objeto más simple, más absoluto, más universal: *el ser* en toda su extensión, y por consiguiente todos los seres; el objeto de la voluntad es, en cambio, más restringido: *el bien,* que es una modalidad del ser, y, en cada cosa, la perfección que la hace digna de estima. Importa además no confundir el bien aparente con *el bien verdadero,* que la inteligencia juzga y conoce, y lo propone a la voluntad. Como *el bien supone la verdad* y el ser, *así la voluntad supone la inteligencia y es dirigida por ella.* Por consiguiente, la inteligencia diferencia al hombre de la bestia, y es la primera de sus facultades.

Santo Tomás admite igualmente que la bienaventuranza del cielo consistirá esencialmente en la visión beatífica, en la visión intelectual e inmediata de la esencia divina; ya que *merced a esta inmediata visión* hemos de tomar *posesión de Dios* por toda la eternidad; e introduciremos la mirada de nuestra inteligencia en las profundidades de su vida íntima contemplada cara a cara. Dios se entregará así inmediatamente, y nosotros nos entregaremos a él; lo poseeremos y él nos poseerá, porque le conoceremos como se conoce él y nos conoce a nosotros. *El amor beatífico* será en nosotros una consecuencia de esa visión inmediata de la divina esencia; y será además una *consecuencia necesaria,* porque el amor beatífico de Dios no será ya libre, sino más que libre, por sobre toda libertad. Nuestra voluntad estará invenciblemente arrebatada por el encanto de Dios mirado cara a cara, contemplaremos tan claramente su infinita bondad y belleza, que no nos será dado dejar de amarle; ni siquiera podremos hallar *un pretexto* para dejar de amarle un solo instante con un amor más que libre, acto de amor que no será ya medido por el tiempo, sino por *la eternidad participada,* por el único instante de la inmóvil duración de Dios, instante que nunca pasa. En el cielo, el amor de Dios y el gozo en su posesión

---

(¹) Santo Tomás, I, q. 82, a. 3: *"Melior est amor Dei quam (Dei cognitio);* e contrario autem melior est cognitio rerum corporalium, quam amor (earum). Simpliciter tamen intellectus est nobilior quam voluntas."

serán necesaria consecuencia de la visión beatífica, que constituirá así la esencia de nuestra bienaventuranza ([1]). Todo esto es cosa averiguada.

Es difícil sostener con más convicción que Santo Tomás la superioridad de la inteligencia sobre la voluntad, en principio y en la vida perfecta del cielo.

Siendo esto así, ¿cómo puede el santo Doctor sostener que *la perfección cristiana*, aquí en la tierra, consiste *especialmente en la caridad*, que es una virtud de la voluntad, y no en la sabiduría o en la contemplación, que pertenecen a la inteligencia?

A esta pregunta da él mismo una profundísima respuesta que importa meditar para la vida espiritual.

Nos dice en sustancia ([2]): *Bien que una facultad sea*, por naturaleza, *superior a otra*, puede suceder que *un acto de la segunda sea superior a otro de la primera*. Por ejemplo, la vista es superior al oído, nos pesa menos ser sordos que ciegos; sin embargo, aun siendo la vista superior al oído, la audición de una sinfonía de Beethoven es más estimable que la vista de un objeto ordinario. Del mismo modo, aunque la inteligencia sea por naturaleza *(simpliciter)* superior a la voluntad que dirige, *aquí abajo el amor de Dios es más perfecto que el conocimiento de Dios (melior est amor Dei quam cognitio Dei)* ([3]). Por consiguiente, en el amor de Dios está la perfección. Y un santo poco instruído en asuntos teológicos, pero con un gran amor de Dios, es seguramente más perfecto que un gran teólogo con poca caridad.

Esta observación, que es elemental para cualquier cristiano, se manifiesta, a poco que se la considere, como muy elevada y preciosa verdad. Podríamos confirmarla con multitud de citas de la Escritura y de los mejores autores espirituales, sobre todo de la *Imitación de Cristo*.

¿Pero dónde radica esta superioridad del amor de Dios sobre el conocimiento que de él poseemos en esta vida? "Proviene", dice Santo Tomás ([4]), "de que la acción de nuestra inteligencia se realiza mediante *la representación en nosotros* de

---
([1]) SANTO TOMÁS, I, II, q. 3, a. 4, y ç. 5, a. 4.
([2]) I, q. 82, a. 3.
([3]) Y al contrario, vale más conocer las cosas inferiores, que amarlas.
([4]) I, q. 82, a. 3.

la realidad conocida; mientras que *por el amor, nuestra voluntad se dirige al objeto amado tal como es en sí.* El bien, objeto de la voluntad, como dice el filósofo, está en las cosas, mientras que la verdad está formalmente en el espíritu."

Síguese de aquí, que acá abajo nuestro conocimiento de Dios es inferior al amor del mismo, ya que, dice también el santo Doctor, *cuando conocemos a Dios, lo atraemos en cierto modo hacia nosotros, y para representárnoslo, le comunicamos la imperfección de nuestras limitadas ideas; mientras que cuando le amamos, somos nosotros atraídos a él, elevados hacia él tal como es en sí mismo.* Un acto de amor de Dios del Cura de Ars, al enseñar el catecismo, vale más que la sabia meditación teológica inspirada en un amor más imperfecto.

Nuestro conocimiento de Dios, *lo atrae hacia nosotros,* mientras que nuestro amor a Dios *nos lleva hacia él.* Por consiguiente, mientras no poseamos la visión beatífica, en la tierra o en purgatorio, el amor de Dios es superior al conocimiento que de él podamos tener; ese amor supone el conocimiento, pero lo sobrepasa.

Más aún; ya aquí en la tierra, nuestro amor *de caridad toca a Dios inmediatamente* (¹), *se adhiere a él,* y de él desciende a las criaturas.

"Nuestro conocimiento se levanta desde las criaturas a Dios, mientras que nuestro amor de caridad desciende de Dios a las criaturas" (²). En fin, *en Dios, amamos aún lo que de él desconocemos,* porque, aun sin verlo, estamos seguros de que es el mismo Bien. En este sentido *nos es dado amar a Dios más de lo que le conocemos;* hasta amamos más lo que está en él oculto, porque sabemos que en eso que ignoramos radica precisamente su vida íntima, que está sobre toda nuestra posibilidad de conocer; por ejemplo, lo que hay de más oculto en el misterio de la Trinidad y en el de la Predestinación.

El amor de Dios está, pues, en la tierra, sobre todo conocimiento. De ahí la admiración de los teólogos por ciertos santos no muy dotados de inteligencia, mas devorados por el celo del amor de Dios y de las almas, como un San Benito José Labre.

(¹) II, II, q. 27, a. 4.
(²) Ibid., ad 2.

NATURALEZA DE LA PERFECCIÓN CRISTIANA

Es éste un caso interesantísimo que nos demuestra la superioridad de la caridad sobre la fe y la esperanza, y sobre todos los conocimientos, aun sobre el acto de la contemplación que procede de la fe iluminada por los dones de inteligencia y sabiduría. Este conocimiento casi experimental de Dios sigue siendo esencialmente oscuro, no lo comprende como es en sí, y saca su gusto del mismo amor que lo inspira ([1]).

Estas consideraciones nos hacen comprender cada vez más claramente por qué dijo San Pablo: *la caridad es el vínculo de la perfección;* ya que ninguna otra virtud nos enlaza tan íntimamente con Dios, y las demás virtudes, inspiradas, vivificadas por ella, están por ella ordenadas a Dios, amado sobre todas las cosas.

Hay que repetir, pues, con toda la Tradición: la perfección de la vida cristiana consiste especialmente en la caridad, y, mejor, *en la caridad operante,* que nos *une actualmente a Dios,* en la aridez lo mismo que en la consolación, y fructifica en toda suerte de buenas obras ([2]). *(Epist. ad Col.,* I, 9).

La caridad, pues, ha de ocupar el primer lugar en nuestra alma, por encima del amor a la ciencia y al progreso humano cualquiera que sea. Si así sucede, esa virtud centuplicará nuestro vigor intelectual y moral, poniéndolo al servicio de Dios y del prójimo. El amor de estima *(appretiative summus)* que hemos de tener por Dios se hará así más intenso, y a eso hemos de aspirar.

([1]) Santo Tomás, II, II, q. 45, a. 2 y 4.

([2]) Los tomistas sostienen generalmente (cf. Passerini, *De Statibus hominum,* in II, II, q. 184, a. 1), que la perfección consiste formalmente, no en el *hábito* o virtud de caridad, sino en *la actividad de esta virtud,* que en los perfectos es moralmente continua. Es evidente, en efecto, que la virtud se ordena a su operación, y que la perfección está en la *unión actual,* o de hecho, con Dios: "*Mihi adhaerere Deo bonum est*" (S. LXXII, 28). Santo Tomás dice: "Perfectorum studium est, ut homo ad hoc principaliter intendat, ut Deo inhaereat et eo fruatur", II, II, q. 24, a. 9.

Los quietistas, en cambio, entregados a la inacción, se inclinan a decir que la perfección consiste, no en los actos de caridad, sino en el *hábito* de la caridad; porque para ellos, "velle operari active est Deum offendere, qui vult esse ipse solus agens" (Denzinger, nº 1222). Caían así en un estado *seudo pasivo,* no *infuso* sino *adquirido,* no

El amor de caridad no es necesariamente continuo aquí abajo, como lo será en el cielo

Comparando la perfección cristiana en la tierra con la del cielo, nota Santo Tomás ([1]) que sólo Dios es capaz de amarse *infinitamente* tanto como es amable, del mismo modo que sólo él puede poseer la visión comprehensiva de su esencia, pero que los santos del cielo, aun sin amar a Dios en ese grado, *le aman hasta donde alcanza su posibilidad, con amor siempre actual,* sin ninguna interrupción. Esta absoluta continuidad en el amor no es posible en la tierra; hay momentos de sueño y de distracción.

La única perfección posible en la tierra es la que *excluye todo lo que sea contrario al amor de Dios,* es decir, el pecado mortal; *y todas aquellas cosas que impiden a nuestro amor elevarse hacia el Señor.* Así los justos, en la época que se llama de los principiantes y adelantados, aspiran a esta unión con Dios que es propia de los perfectos ([2]).

Según estos principios formulados por Santo Tomás, la perfección de la caridad, en los perfectos, excluye, no solamente *el pecado mortal y los pecados veniales deliberados,* sino también *las imperfecciones voluntarias,* como sería una menor generosidad en el servicio de Dios, y *el hábito de obrar de manera imperfecta (remissa) y de recibir los sacramentos con poco fervor de la voluntad.*

Aquel que teniendo caridad como de cinco talentos, operase como si sólo tuviera dos, realizaría seguramente actos meritorios, pero flojos; y estos actos de caridad, llamados

---

mediante los actos, sino por la *cesación de todos ellos;* por una especie de piadosa somnolencia. Dos graves errores había en esa actitud: de un plumazo suprimían la ascesis, y desnaturalizaban la mística.

Un exceso opuesto al quietismo hace, principalmente, consistir la perfección en la actividad externa de la caridad con el prójimo; por ese camino se llegaría con facilidad a olvidar que el amor de Dios es superior al amor del prójimo, que sólo es efecto y manifestación del primero. Y acaso sin pretenderlo se acabaría por invertir el orden de la caridad.

Otros, más atentos a la vida interior y su actividad, buscan de preferencia *multiplicar los actos,* que no aspirar a la oración afectiva simplificada, que es como la continuación de un solo e idéntico acto, como una prolongada comunión espiritual.

([1]) II, II, q. 184, a. 2.
([2]) Véase *Perfection chrétienne et contemplation,* t. I, p. 201 y ss.

remisos, no obtienen tan rápidamente el aumento de caridad que merecen (II-II, q. 24, a. 6), y no son propios ni dignos del alma perfecta que está obligada a caminar con paso más apresurado hacia Dios, ya que cuanto más las almas se acercan a él, tanto más son atraídas por el Señor ([1]).

Santo Tomás nota igualmente ([2]) que, en los perfectos, *la caridad para con el prójimo*, que es la mejor señal de la sinceridad de nuestro amor a Dios, *se extiende* no sólo a todos en general, sino también, en cuanto se presenta la ocasión, a cada uno de aquellos con quienes los perfectos tienen alguna relación; no sólo a los amigos, sino aun a los extraños y enemigos. Además, esta caridad es en ellos *intensa* y fuerte hasta el sacrificio de los bienes externos y de la propia vida en favor de las almas, ya que Nuestro Señor ordenó: "Amaos los unos a los otros, como yo os he amado" (Joan., xv, 12). Esto acaeció con los Apóstoles después de Pentecostés, cuando iban "*alegres por haber sido juzgados dignos de sufrir oprobios por el nombre de Jesús*" (Act., v, 41). Esto es lo que hacía exclamar a San Pablo: "*En cuanto a mí, me sacrificaré y volveré a sacrificarme todo entero en favor de vuestras almas*" (II Cor., xii, 15)([3]).

Se necesita para llegar a estas alturas una recia labor sobre sí mismo, seria lucha y espíritu de abnegación y renuncia de sí propio, para que nuestro afecto, dejando de bajar hacia las cosas de la tierra, se eleve siempre más puro y decidido hacia el Señor. Es necesaria la oración, el recogimiento habitual, una gran docilidad al Espíritu Santo, y la aceptación de la cruz que purifica. En tal caso, desde que *la vida del alma deja de bajar, comienza a subir hacia Dios*. No le es posible permanecer estacionaria; y su ley, como la de la llama que la simboliza, no es de descender sino de subir más y más.

Por la misma razón, y aun sin poseer la absoluta continuidad del amor del cielo, la caridad de los perfectos en la tierra, es una admirable y casi incesante actividad.

El autor de la *Imitación*, l. III, c. v, la ha explicado admirablemente al decir: "Como mi amor es todavía débil y va-

---

([1]) Santo Tomás, *in Epist., ad. Haeb.*, x 25.
([2]) II, II, q. 184, a. 2, ad 3.
([3]) Santa Catalina de Sena, *Diálogo*, c. lxxiii-lxxiv: El amor perfecto y sus señales.

cilante mi virtud, tengo necesidad de ser fortalecido y consolado por vos; visitadme, pues, frecuentemente y dirigidme con vuestras divinas instrucciones... Grande cosa es el amor, y un bien sobre todo bien. Sólo el amor hace ligero lo pesado y por él soportamos con ecuanimidad todas las vicisitudes de la vida. El amor lleva su carga sin sentir el peso y hace dulces las cosas más amargas. El amor de Jesús es generoso; nos hace emprender grandes cosas y siempre nos mueve a más grande perfección. El amor tiende a elevar y ningún bien terreno le detiene, ni le abate la adversidad.

"No hay cosa más dulce que el amor, nada más fuerte, más elevado, más extendido, más delicioso... porque el amor nace de Dios y no puede reposar sino en Dios, sobre todas las criaturas.

"Todo el que ama corre, vuela; vive en la alegría, es libre y nada le detiene. Renuncia a todo para poseerlo todo en Aquel que es la fuente de todo bien. El amor no conoce términos medios, y como el agua hirviente se desborda por todas partes... Vela sin cesar, y aun durante el sueño, no está dormido. No hay fatiga que le canse... mas como llama viva y penetrante se lanza hacia el cielo y se abre paso seguro a través de todos los obstáculos" (1).

Así es en verdad la vida de los santos. A ella estamos todos llamados, ya que lo estamos a la vida del cielo donde no ha de haber más que santos. Para conseguirla, preciso es santificar todos los actos del día, acordándonos que sobre la continuidad de los pequeños hechos cotidianos, agradables o penosos, previstos o imprevistos, corre la *serie paralela de las gracias actuales,* que en cada instante se nos ofrecen, para sacar de esos hechos insignificantes gran provecho espiritual. Si en ello paramos mientes, comprenderemos esos acontecimientos no sólo desde el punto de vista del sentido, o de

---

(1) Santo Tomás enseña que no somos capaces de amar a Dios tanto como se merece, ni esperar ni creer en él como sería justo. Cf. I, II, q. 64, a. 4: *"Virtutes theologicae non consistunt per se in medio, earum enim regula est ipse Deus infinitus... Unde nunquam potest homo tantum diligere Deum, quantum diligi debet."* Item, II, II, q. 27, a. 5.

Véase también en Taulero, *Sermones,* la distinción entre hombre honesto y hombre interior o espiritual, y la descripción del estado de los perfectos. Cf. *Sermons de Tauler,* Théry, 1927, t. I, p. 200-204, 218-224, 265-269, 284, 296, 357.

nuestra razón, muchas veces desviada por el amor propio, sino desde el punto de vista sobrenatural de la fe. Entonces esas menudas acciones de cada día serán como breves lecciones que nos da el Señor, la aplicación práctica del Evangelio, y poco a poco entre él y nosotros se establecerá una conversación casi ininterrumpida que será la verdadera vida interior y como la vida eterna comenzada.

CAPÍTULO NOVENO

GRANDEZA DE LA PERFECCIÓN CRISTIANA Y LAS BIENAVENTURANZAS

I. Las bienaventuranzas de la liberación del pecado. — II. Las de la vida activa. — III. Las de la vida contemplativa.

La perfección cristiana, según el testimonio del Evangelio y de las Epístolas, consiste especialmente en la caridad que nos une a Dios (¹). Esta virtud corresponde al supremo precepto del amor. Está escrito: "El que está en caridad, está en Dios y Dios en él" (²). "Revestíos ante todo de caridad que es el vínculo de la perfección" (³).

Algunos teólogos se han preguntado si para conseguir la perfección propiamente dicha, no la de los principiantes o adelantados, sino la que caracteriza a la vía unitiva, es necesaria una caridad elevada, o si será suficiente un menor grado de esta virtud.

Los unos dudan (⁴). Y hasta afirman que no es necesaria esa elevada caridad para la perfección propiamente dicha, porque, según el testimonio de Santo Tomás, "aun la caridad en grado inferior puede vencer todas las tentaciones" (⁵).

La mayoría de los teólogos responden, por el contrario, que la perfección no se consigue sino después de muy largo

(¹) Santo Tomás, II, II, q. 184, a. 1.
(²) I Joan., IV, 16.
(³) Col., III, 14.
(⁴) Entre ellos hay que citar a Suárez, *de Statu perfectionis*, 1, I, c. 4, n. 11, 12, 20. Compréndese que los que no quieren admitir que la perfección cristiana requiere elevada caridad y los dones del Espíritu Santo en grado proporcionado, rehusen igualmente conceder que la *contemplación infusa*, que procede de la fe viva esclarecida por los dones, esté dentro de la vía normal de la santidad y sea como el normal preludio de la visión beatífica.
(⁵) Cf. *III Sent.*, q. 31, q. I, a. 3, y III, q. 62, a. 6, ad 3.

ejercicio de las virtudes adquiridas e infusas, ejercicio mediante el cual se acrecienta su intensidad (¹). El que ya es perfecto, antes de llegar a ese estado, ha debido pasar por el de principiante y el de adelantado. Y donde ahora se encuentra, su caridad no sólo *puede* vencer muchas tentaciones, sino que *de hecho* las vence, y con eso se acrece notablemente. No se concibe, pues, la perfección cristiana propiamente dicha, o sea la de la vía unitiva, sin una elevada caridad (²).

Creeríamos soñar si leyéramos lo contrario en las obras de San Juan de la Cruz, por ejemplo; y pensaríamos en un error de imprenta. Parece pues, fuera de duda que, así como en la edad adulta se necesita mayor vigor físico que en la infancia (aunque accidentalmente ciertos adolescentes excepcionalmente vigorosos sean más fuertes que algunos adultos), de la misma manera, en los perfectos es indispensable una caridad más elevada que en los principiantes (aunque, por excepción, algunos santos hayan tenido ya en los principios más excelente caridad que muchos perfectos de edad avanzada).

La enseñanza común de los teólogos sobre este punto parece estar claramente fundada en la misma predicación del Salvador, sobre todo al hablar de las bienaventuranzas (S. Mat., c. v). Esta página del Evangelio expresa admirablemente toda la elevación de la perfección cristiana, a la que Jesús nos llama a todos. El Sermón de la montaña es un compendio de la doctrina cristiana, la solemne promulgación de la nueva Ley, otorgada para perfeccionar la ley mosaica y enmendar erróneas interpretaciones. Las ocho bienaventuranzas con que comienza son a su vez una síntesis de ese sermón, y condensan de modo admirable los principios que constituyen el ideal de la vida cristiana y revela toda su sublimidad.

Comienza Jesús prometiendo la felicidad y señalando los medios de conseguirla. ¿Por qué comenzará Nuestro Señor hablando de la felicidad? Porque en todos los hombres existe una tendencia irresistible a ser felices; éste es el fin que en todos sus actos se proponen; pero muchas veces buscan la felicidad donde no se encuentra, donde no hallarán sino miseria. Oigamos al Señor que nos muestra dónde se halla

---

(¹) Santo Tomás, II, II, q. 24, a. 9.
(²) II, II, q. 184, a. 2.

la felicidad verdadera, dónde *el fin* de nuestra vida y cuáles son *los medios* de alcanzarla.

El fin nos es enseñado en cada una de las bienaventuranzas; es, con distintos nombres, la eterna beatitud, cuyo principio pueden gustar los justos desde esta vida; es el reino de los cielos, la tierra de promisión, la consolación perfecta, la satisfacción de todos nuestros santos y legítimos deseos, la suprema misericordia, la visión de Dios nuestro Padre.

Los medios son el polo opuesto de lo que nos enseñan las máximas del mundo, que busca un fin totalmente distinto

El orden de estas ocho bienaventuranzas está admirablemente explicado por San Agustín y Santo Tomás; *van en orden ascendente*, a diferencia del *Padrenuestro* que desciende de la consideración de la gloria de Dios a la de nuestras necesidades personales, incluso al pan de cada día. Las tres primeras *miran a la felicidad que se encuentra en la huída y liberación del pecado*, en la pobreza sobrellevada por amor de Dios, en la mansedumbre y en las lágrimas de la contrición. Las dos bienaventuranzas siguientes pertenecen *a la vida activa* del cristiano: se refieren a la sed de justicia y a la misericordia con el prójimo. Vienen luego las referentes a *la contemplación de los misterios divinos:* la limpieza de corazón que dispone a ver a Dios, y la paz que acompaña a la verdadera sabiduría. En fin, la última y más perfecta de las bienaventuranzas, es la que concentra o reúne las anteriores en el centro mismo de *la persecución* sufrida por la justicia; son las últimas pruebas, condición indispensable de la santidad ([1]).

Seguiremos este orden ascendente, para formarnos idea exacta de la perfección cristiana, evitando empequeñecerla. Y veremos que sobrepasa los límites de ascética o ejercicio de las virtudes, realizado por nuestra propia actividad o industria, y que supone el ejercicio eminente de los dones del Espíritu Santo, que, en su *actividad sobrehumana*, cuando es frecuente y manifiesta, caracteriza la vida mística o de docilidad al Espíritu Santo.

Santo Tomás, después de San Agustín, enseña que las

([1]) En San Lucas, VI, 20-22, sólo se mencionan cuatro bienaventuranzas; entre ellas la más alta de todas: la de los que sufren persecución por la justicia; y viene después la bienaventuranza de los pobres, la de los que tienen hambre y sed de justicia y la de los que lloran.

bienaventuranzas son actos que proceden de los dones del Espíritu Santo o de las virtudes perfeccionadas por ellos (¹).

Las bienaventuranzas que se refieren a la liberación del pecado

Éstas corresponden a la vía purgativa, propia de los incipientes, y que se prolonga en los adelantados y perfectos.

Mientras que el mundo dice que la felicidad está en la abundancia de bienes externos, en las riquezas y en los honores, Nuestro Señor proclama sin ambages ni preámbulos, con la serena firmeza de quien es la verdad absoluta: *bienaventurados los pobres de espíritu, porque de ellos es el reino de los cielos.*

Cada bienaventuranza tiene *grados diversos:* bienaventurados los que viven en pobreza, sin murmuración, sin impaciencias, sin codicia, aunque les llegue a faltar el pan, y que trabajan, puesta la confianza en Dios. Bienaventurados aquellos que, aun poseyendo bienes de fortuna, no tienen el alma puesta en las riquezas, el fasto y el orgullo, sino que viven desprendido el corazón de los bienes de la tierra. Más dichosos todavía los que hubieren abandonado todo por seguir a Jesús, se redujeren a pobreza voluntaria y vivieren según el espíritu de esta vocación; porque recibirán el ciento por uno en la tierra, y después la vida eterna.

Estos pobres son aquellos que, bajo la inspiración del *don de temor*, siguen el camino, estrecho al principio, pero que después se convierte en real avenida del cielo, en la que el alma se dilata cada vez más; mientras que el anchuroso y alegre camino del mundo conduce a la Gehena y a la perdición. Nuestro Señor dice en otro lugar: "¡Ay de vosotros los que estáis hartos de los bienes de la tierra, porque padeceréis hambre!" (²). Por el contrario, bienaventurada po-

---

(¹) I, II, q. 69, a. 1. Item *Commentarium in Mat.*, c. v, 3: "Ista merita (beatitudinum) vel sunt *actus donorum*, vel *actus virtutum secundum quod perficiuntur a donis*". Siguiendo a San Agustín, Santo Tomás indica el don que corresponde a cada una de las bienaventuranzas. Lo mismo hace en la *Summa*, al tratar de cada uno de los siete dones en particular. Resumiremos aquí sus enseñanzas.

(²) Luc., vi, 25.

breza que, como lo enseña la vida de San Francisco, abre el reino de los cielos, infinitamente más excelente que todas las riquezas en las que el mundo busca en vano la felicidad.

Bienaventurados los pobres o humildes de corazón, que no se enamoran de los bienes del cuerpo, ni de los del espíritu, ni de la reputación, ni del honor, y que sólo buscan el reino de Dios.

Mientras que el deseo de riquezas divide a los hombres, engendra querellas, procesos, violencias y hasta la guerra entre las naciones, Jesús dice: *"Bienaventurados los mansos, porque ellos poseerán la tierra."* Bienaventurados los que no se irritan contra sus hermanos ni buscan vengarse de sus enemigos, ni el dominio sobre los demás. "Si alguien te da en la mejilla derecha, preséntale la izquierda" (Mat., v, 38).

Bienaventurados los mansos, que no juzgan temerariamente, que no ven en su prójimo a un rival a quien hay que hacer a un lado, sino a un hermano a quien socorrer, a un hijo de su mismo Padre celestial. Es *el don de piedad* el que nos inspira esta benignidad que camina de la mano con un muy filial afecto a Dios nuestro Padre común.

Los mansos no se obstinan con terquedad en el propio juicio; sino que sencillamente dicen: así es, así no es, sin jurar por el cielo ni por ninguna cosa de la tierra (Mat., v, 27).

Para conservar esa mansedumbre, aun con los desabridos, preciso es una estrecha unión con aquel que dijo: "Aprended de mí que soy manso y humilde de corazón", con aquel que no ha roto la caña a medio quebrar, ni apagado la mecha que aun humea. Esa caña medio rota es con frecuencia, dice Bossuet, el prójimo encolerizado, quebrantado por su propia cólera; no acabes de romperlo con la venganza. Jesús ha sido comparado al corderillo que se deja arrastrar al matadero sin dar un solo balido.

La mansedumbre de que aquí se trata no es la blandura que no choca con nadie por tener miedo de todos; es una virtud que supone un gran amor de Dios y del prójimo; es, como dice San Francisco de Sales, la flor de la caridad. Ella dobla el valor del favor hecho al prójimo que desde ese momento está vencido, y acepta consejos y aun reproches, porque sabe que proceden de un gran amor. Bienaventurados los mansos, porque ellos poseerán la tierra, la verdadera tierra prometida, siendo dueños ya de antemano de los corazones de los que a ellos se han confiado.

Mientras que el mundo dice: la felicidad consiste en los placeres, Jesús enseña: *"Bienaventurados los que lloran, porque ellos serán consolados."* Y al rico malo se le dijo: "Tú recibiste bienes en este mundo, y Lázaro el mendigo recibió males; por eso él recibe ahora refrigerio y tú estás en el tormento" (Luc., XVI, 25).

Bienaventurados aquellos que, como Lázaro, sufren con paciencia y sin consuelo de parte de los hombres; sus lágrimas las ve Dios caer. Más dichosos todavía *aquellos que lloran sus pecados*, y que, por una inspiración del *don de ciencia*, comprenden que el pecado es el mayor mal, y con sus lágrimas obtienen el perdón. Más felices, en fin, dice Santa Catalina de Sena ([1]), los que derraman lágrimas de amor a la vista de la infinita misericordia, de la bondad del Salvador, de la ternura del buen Pastor que se sacrifica por sus ovejas. Estos tales reciben ya aquí abajo consuelo infinitamente superior al que el mundo puede dar.

Éstas son las bienaventuranzas que se obtienen con la huída y la liberación del pecado.

LAS BIENAVENTURANZAS DE LA VIDA ACTIVA DEL CRISTIANO

Hay igualmente otras alegrías que halla el justo cuando, alejado del mal, se inclina al bien con todo el ímpetu de su corazón.

El hombre de acción, que se deja llevar por el orgullo, proclama: bienaventurado el que vive y obra según su capricho, no está sometido a nadie y se impone a los demás.

Jesús dice: *Bienaventurados los que tienen hambre y sed de justicia, porque ellos serán hartos*. La justicia, en el más elevado sentido de la palabra, consiste en dar a Dios lo que se le debe, y al prójimo, por amor de Dios, todo lo que le corresponde; y en este caso el Señor se da a nosotros en recompensa. De ahí resulta el orden perfecto, en la perfecta obediencia, inspirada por el amor que dilata el corazón.

[1] *Diálogo*, c. LXXXIX.

Bienaventurados quienes desean esta justicia hasta tener de ella *hambre y sed*. Porque quedarán satisfechos, ya en esta vida, llegando a ser más justos y más santos.

Bienaventurada sed aquélla de la que se ha escrito: "El que tenga sed, venga a mí y beba, y ríos de aguas vivas manarán de su corazón" (¹). Mas para no perder esta sed, cuando el entusiasmo sensible se ha apagado, para no perder esta sed y esta hambre de justicia en medio de las contradicciones y de las desilusiones, preciso es recibir dócilmente las inspiraciones del *don de fortaleza* que impide ceder y dejarse abatir, y hasta levanta nuestro valor en medio de las dificultades.

"El Señor", dice Santo Tomás (²), "nos quiere hambrientos de esta justicia y que nunca nos sintamos hartos de ella en esta vida, como el avaro nunca se sacia de oro..." Estos hambrientos "sólo en la eterna vida se sentirán hartos, y en esta vida", añade, "en los bienes espirituales". Y dice luego: "Mientras los hombres están en estado de pecado, no sienten esta hambre espiritual; mas cuando quedan libres de pecado, luego comienzan a sentirla."

Esta hambre y sed de justicia no deben ir acompañadas, en las acciones del cristiano, de celo amargo para con el culpable. Añade Jesús: *Bienaventurados los misericordiosos, porque ellos alcanzarán misericordia*. En nuestra vida, como en la de Dios, han de unirse la justicia con la misericordia. No es posible ser perfectos, sin ir, como el buen Samaritano, en socorro del enfermo y el afligido. El Señor dará el ciento por uno a los que dieren un vaso de agua por amor suyo, a los que invitan a su mesa a los pobres, a los lisiados y a los ciegos que se mencionan en la parábola de los convidados. El cristiano se ha de sentir más dichoso de dar que de recibir. Debe perdonar al que le ha ofendido,

---

(¹) Joan, VII, 38.

(²) S. Tomás, *in Mat.*, V, 6, dice: "Vult Dominus quod ita, anhelemus ad istam justitiam, quod nunquam quasi satiemur in vita ista, sicut avarus numquam satiatur... *Saturabuntur* in æterna visione... et in præsenti in bonis spiritualibus... Quando homines sunt in peccato, non sentiunt famem spiritualem, sed quando dimittunt peccata tunc sentiunt."

olvidar las injurias, y, antes de presentar su ofrenda ante el altar, ir a reconciliarse con su hermano. *El don de consejo* nos inclina a la misericordia, nos hace atentos a los sufrimientos del prójimo, y nos inspira el remedio eficaz, la palabra que consuela y levanta.

Si nuestras actividades se inspirasen en estas dos virtudes de justicia y misericordia, y en los dones correspondientes, nuestra alma encontraría ya aquí abajo muy santa alegría, y se dispondría plenamente a entrar en la intimidad de Dios Nuestro Señor.

Las bienaventuranzas de la contemplación y de la unión con Dios

Algunos filósofos han pensado que la felicidad consiste en el conocimiento de la verdad, sobre todo de la verdad suprema. Esto enseñaron Platón y Aristóteles. Pero muy poco se preocuparon de la limpieza del corazón, y sus vidas estuvieron, en más de un punto, en contradicción con sus enseñanzas. Jesús nos dice: *Bienaventurados los limpios de corazón, porque ellos verán a Dios.* No dice: bienaventurados los que poseen una gran inteligencia y tienen medios y holgura para cultivarla; no, sino que dice: bienaventurados los que tienen *un corazón puro,* aunque su capacidad intelectual sea menor, porque ellos verán a Dios. Un corazón puro es como el agua trasparente de un lago donde el azul del cielo viene a reflejarse, como un espejo espiritual en que se reproduce la imagen de Dios.

Mas para que el corazón sea verdaderamente limpio, es necesaria una generosa mortificación: "Si tu ojo te escandalizare, sácatelo; si tu mano derecha te es ocasión de caída, córtala" (Mat., v, 29). Preciso es sobre todo velar por la *pureza de intención,* no dar limosna por ostentación, ni orar para captarte la estima de los hombres, sino buscar únicamente la aprobación del "Padre que ve los secretos del corazón". Entonces se cumple al palabra del Maestro: "Si tu ojo es puro, será trasparente todo tu cuerpo" (Mat., vi, 22).

Ya en esta vida, en alguna forma, el cristiano *verá a Dios* en su prójimo, aun en las almas que a primera vista parecían sus enemigas; lo verá en la Sagrada Escritura, en la vida de

GRANDEZA DE PERFECCIÓN Y BIENAVENTURANZAS 195

la Iglesia, en mil circunstancias de su propia vida y hasta en las contrariedades en las que contemplará lecciones de la divina Providencia, como una aplicación práctica del Evangelio. Ahora bien, en eso está, bajo la inspiración del *don de inteligencia*, la verdadera contemplación que nos dispone a aquella otra en que propiamente *veremos a Dios* cara a cara, su bondad y su belleza infinita; y entonces todos nuestros deseos se verán satisfechos y viviremos como embriagados en un torrente de delicias espirituales.

Ya desde aquí abajo, esta contemplación de Dios ha de ser fecunda; ella nos trae la paz, una paz radiante, como lo dice la séptima bienaventuranza: *Bienaventurados los pacíficos, porque serán llamados hijos de Dios*. Esta bienaventuranza, dicen San Agustín y Santo Tomás, corresponde al *don de sabiduría* que nos da a gustar los misterios de salud y ver, en alguna forma, todas las cosas en Dios. Las inspiraciones del Espíritu Santo, a las que este don hace que seamos dóciles, nos aclaran poco a poco el orden admirable del plan providencial, aun y precisamente en aquellas cosas que antes nos dejaban desconcertados, en los casos dolorosos e imprevistos, permitidos por Dios en vista de un bien superior. Ahora bien, no nos sería posible contemplar y entrever así los designios de la Providencia que dirige nuestra vida, sin que antes haya descendido a nuestras almas la paz, que es la tranquilidad en el orden.

Para no dejarse turbar por sucesos dolorosos e inesperados, para recibir todas las cosas de la mano de Dios, como un medio u ocasión de ir a él, es indispensable una gran docilidad al Espíritu Santo, que quiere otorgarnos progresivamente el don de la contemplación de las cosas divinas, condición de nuestra unión con Dios. Por esta razón recibimos en el bautismo el don de sabiduría, que ha ido ensanchándose en nosotros por la confirmación y por la frecuente comunión. Las inspiraciones del don de sabiduría nos traen una paz radiante, no sólo para nosotros, sino para el prójimo; hacen de nosotros hombres *pacíficos;* nos ayudan a tranquilizar a las almas turbadas, a amar a nuestros enemigos, a encontrar palabras de reconciliación con que dar fin a las querellas. Esta paz que el mundo no puede dar, es la señal de los *verdaderos hijos de Dios* que jamás se desvían, por decirlo así, del pensamiento del Padre celestial. Santo Tomás dice también de estas bienaventuranzas: "*Sunt quædam inchoatio imperfecta futuræ beatitudinis:* son como el preludio de la futura beatitud" (¹).

En la octava bienaventuranza, la más perfecta de todas, nos enseña Nuestro Señor que todo lo que acaba de decir queda soberanamente confirmado por las pruebas soportadas con amor: *Bienaventurados los que sufren persecución por la justicia, porque de ellos es el reino de los cielos.* Se trata sobre todo de las últimas pruebas, condición de la santidad.

Estas sorprendentes palabras jamás habían sido oídas. No sólo prometen la futura felicidad, sino que proclaman que debemos estimarnos dichosos *en medio de las aflicciones y persecuciones* sufridas por la justicia. Bienaventuranza totalmente sobrenatural, que no es prácticamente comprendida sino por las almas iluminadas por Dios. Existen por lo demás, en esta virtud, diversos grados espirituales: desde el buen cristiano que comienza a sufrir por haber obrado bien, obedecido, dado buen ejemplo, hasta el mártir que muere por la fe. Esta bienaventuranza se aplica a aquellos que, convertidos a una vida mejor, no encuentran oposición entre los que les rodean; se aplica igualmente al apóstol cuya acción es entorpecida por los mismos a quienes quiere salvar, que no le perdonan el haber expuesto con meridiana claridad la verdad evangélica. Países enteros sufren a las veces esta persecución: Francia en la Revolución, Armenia, Polonia, Méjico, España.

Esta bienaventuranza es la más perfecta porque es la propia de aquellos que están mejor conformados con la imagen de Jesús crucificado. Continuar siendo humildes, mansos y misericordiosos en medio de la persecución, aun para con los mismos perseguidores, y, en la tormenta, no sólo conservar la paz, sino ofrecerla también a los otros, en eso está verdaderamente la total perfección de la vida cristiana. Y se pone de manifiesto sobre todo en las últimas pruebas que soportan las almas perfectas que Dios purifica, haciendo que se sacrifiquen por la salvación del prójimo. No todos los santos han

---

(¹) I, II, q. 69, a. 2.

sido mártires, pero todos, en diversos grados, *han debido sufrir persecución por la justicia;* y todos han conocido algo del martirio interior de María, la Madre de los dolores.

Hace hincapié Jesús en la recompensa prometida a los que así sufren por la justicia: "*Felices* vosotros, cuando se os insultará, se os perseguirá, y falsamente se diga mal de vosotros por causa mía. Regocijaos y llenaos de alegría, porque vuestra recompensa será grande en el reino de los cielos."

De esta parábola nació en el alma de los apóstoles el deseo del martirio, que inspiró las sublimes palabras de un San Andrés o San Ignacio de Antioquía. Esa parábola se hizo vida en San Francisco de Asís, Santo Domingo y San Benito José Labre. Por eso fueron "*sal de la tierra*", "*luz del mundo*", y sus casas edificadas, no sobre arena, sino sobre la dura peña, fueron capaces de soportar todos los embates y, a pesar de ellos, mantenerse en pie.

Estas bienaventuranzas, que son, según Santo Tomás ([1]), actos superiores de los dones y de las virtudes perfeccionadas por los dones, superan la simple ascesis y se encuadran en el orden místico. En otros términos, la *total* perfección en la vida cristiana es normalmente de orden místico, es el anticipo de la vida del cielo, donde el cristiano será "*perfecto como es perfecto el Padre celestial*", viéndolo como él se ve, y amándole como se ama él.

Santa Teresa escribe: "Ven en todos los libros que están escritos de oración, poner cosas que ellos no las pueden luego acabar consigo, como es: *un no se nos dar nada que digan mal de nosotros, antes tener mayor contento* que cuando dicen bien; una poca estima de honra; un desasimiento de sus deudos...; otras *cosas* de esta manera muchas, *que a mi parecer las ha de dar Dios, porque me parece son ya bienes sobrenaturales,* o contra nuestra natural inclinación..." ([2]), es decir que están más allá de la simple ascética o ejercicio de las virtudes según nuestra propia industria o actividad; que son frutos de una gran docilidad a las inspiraciones del Espíritu Santo. Dice también la Santa: "Pero si todavía se aposenta en el corazón el apego a la honra y a los bienes temporales, sería

---

([1]) I, II, q. 69, a. 2; et *in Mat.*, v, 1 y s.
([2]) *Vida*, c. XXXI; *Obras*, t. I, p. 257.

cosa perdida el haber practicado años la oración, o mejor dicho la meditación; no se acaba de adelantar cosa; al contrario, la perfecta oración libra de estos defectos" (¹).

Es decir, que sin perfecta oración no se llegará nunca a la total perfección de la vida cristiana.

Esto es lo que dice también el autor de la *Imitación*, l. III, c. xxv, hablando de la paz verdadera: "Si alcanzareis *absoluto menosprecio de vosotros mismos*, gozaréis de la mayor paz que es posible en esta vida de destierro." Por eso, en el mismo libro de la *Imitación*, l. III, c. xxxi, el discípulo pide *la gracia superior de la contemplación*: "Tengo necesidad, Señor, de una gracia más perfecta, si he de llegar a aquel estado en que ninguna criatura me sirva de impedimento... A esta libertad aspiraba aquel que decía: ¡Oh quién me diera alas como de paloma! Con ellas volaría hasta encontrar mi reposo. (Salm. LIV, 7.) Mientras uno no se desembaraza de todas las criaturas, no es posible aplicar con libertad el espíritu a las cosas divinas. *Por esto existen pocos contemplativos, porque son pocos los que saben alejarse enteramente de las criaturas perecederas.* Para llegar a esto es necesaria una gran gracia que enajene el alma y la levante sobre sí misma. Mientras el hombre no se encuentre elevado así en el espíritu, desprendido de las criaturas y totalmente unido a Dios, todo lo que sabe y todo lo que posee no vale gran cosa." Este capítulo de la *Imitación* pertenece propiamente al orden místico, y demuestra que sólo ahí se encuentra la verdadera perfección del amor de Dios.

Santa Catalina de Sena enseña lo mismo en su *Diálogo* (cap. 44 a 49). Y es, lo hemos visto ya, la doctrina misma de Nuestro Señor al predicarnos las bienaventuranzas, sobre todo en la forma que las han comprendido San Agustín (²) y Santo Tomás, es decir, como los actos más elevados de los dones del Espíritu Santo, o de las virtudes sublimadas por esos dones. Y en eso está en verdad el perfecto desenvolvimiento normal del organismo espiritual o de "la gracia de las virtudes y de los dones"; y eso se nos enseña en las bienaventuranzas, no en forma teórica y abstracta, sino concreta, práctica y vivida.

(¹) *Camino de perfección*, c. XII; *Obras*, t. III, p. 61.
(²) San Agustín: *In sermonem Domini in monte* (Mat., v). Item *De quantitate animæ*, 1. I, c. XXXIII; *Confessiones*, IX, c. x; *Soliloquia*, I. c. I, 12, 13.

capítulo décimo

PERFECCIÓN Y HEROÍSMO

Como complemento de lo que acabamos de decir acerca de la grandeza y elevación de la perfección cristiana, vamos a ver si *por su naturaleza* exige caridad elevada y aun la heroicidad en las virtudes.

¿Exige la perfección necesariamente una gran caridad?

Algunos teólogos, como Suárez ([1]), han afirmado que se puede ser perfecto sin una elevada caridad ([2]). Esta proposición espantaría si se la encontrase en las obras de Santo Tomás o de San Juan de la Cruz, ya que tan poco conforme está con sus principios. Ha sido, sin embargo defendida, porque, se ha dicho, la caridad más imperfecta es capaz, según Santo Tomás, de vencer todas las tentaciones; y porque lo que faltase en intensidad a esa virtud, lo suplirían sin dificultad las virtudes adquiridas. Por consiguiente, y siempre dentro de esta opinión, podría uno ser perfecto aun desprovisto de elevada caridad; e inversamente, un alma dotada de gran caridad podría no ser perfecta, por no refrenar bastante sus pasiones.

Pero, por el contrario, la doctrina común sostiene que la perfección cristiana es imposible sin poseer esa virtud en alto grado.

¿Por qué? Porque el alma no llega a conseguirla sino

([1]) *De statu perfectionis*, l. I, c. iv, n. 11 y 12.

([2]) Dice Suárez, loc. cit.: "Perfectio in quadam *convenienti dispositione* seu habilitate proxima ad perfecte operandum juxta Christi præcepta et consilia posita est; hæc autem bona dispositio cum majori et minori caritatis intensione obtineri et subsistere potest; quia nec ex sola intensione provenit, et, licet intensio (caritatis) multum juvet, *quod ex ea parte defuerit facile poterit aliunde suppleri.*" Estas últimas palabras que nos admiraría no poco encontrarlas en un artículo de Santo Tomás, significan, así parece al menos, que las virtudes adquiridas pueden fácilmente suplir la falta de intensidad en la

después de *un prolongado ejercicio de las virtudes infusas y de las adquiridas;* ejercicio mediante el cual van aumentando progresivamente esas virtudes. Y si al principio, "la caridad más pequeña *podría* ya vencer todas las tentaciones" ([1]), más adelante triunfa de ellas *efectivamente,* y se va intensificando sin cesar. No se concibe pues, que un cristiano sea perfecto, es decir, que vaya más adelante que los principiantes y adelantados, sin estar adornado de una gran caridad.

No obstante, la perfección no exige un grado de tal intensidad, es decir matemáticamente determinado, y conocido sólo por Dios. No es posible en esta materia la precisión matemática que fija, por ejemplo, el punto de fusión de un metal.

Hay que juzgar de la perfección espiritual por analogía con la edad adulta, que normalmente requiere mayor vigor físico que la adolescencia, sin que sea posible, sin embargo, determinarlo con exactitud.

Se funda esta doctrina, además, en el hecho de que *la caridad aumenta, hablando con propiedad, de manera intensiva,* más bien que extensiva ([2]). Porque, en efecto, esta virtud, aun en el más mínimo grado, se debe referir a Dios y a todos los hombres, al menos confusamente, sin excluir a ninguno.

En fin, según Santo Tomás, y esto lo hemos dicho ya, *los tres grados de caridad* que convienen a los principiantes,

caridad. ¿No equivale esto a disminuir enormemente el carácter sobrenatural de la perfección cristiana?

Añade Suárez, *ibid.,* n. 12: "Potest aliquis apud Deum esse sanctior et nihilominus imperfectior... Nec hoc est inconveniens, quia vera sanctitas apud Deum et jus ad æternam beatitudinem attenditur secundum gradum caritatis et gratiæ; perfectio autem hujus vitæ attenditur secundum affectum et dispositionem hominis ad operandum in hac vita, cum promptitudine, facilitate et puritate actionis."

Un tomista dirá: Con un grado igual de caridad habitual, éste es actualmente más generoso que tal otro que se contenta con actos imperfectos (*remissi*), o que teniendo cinco talentos vive como si sólo poseyera tres. Además, a igual grado de caridad habitual y de generosidad actual, uno encuentra menos dificultades interiores y exteriores que el otro que evita fácilmente cualquier mal paso, por caminar por una ruta más llana. Mas son éstas cosas accidentales relativas a tal o cual individuo; mientras que aquí tratamos de la perfección en sí y en general, y nos preguntamos si no exige muy notable caridad, muy superior a la de los principiantes y a la de los aprovechados.

([1]) Santo Tomás, III, d. 31, q. 1, a. 3; y III, q. 62, a. 6, ad 3.
([2]) Santo Tomás, II, II, q. 24, a. 4, ad 1, 2; a. 5, ad 2.

a los adelantados y a los perfectos, *son grados en intensidad de esta virtud infusa*, que excluye, cada vez más, los pecados veniales deliberados, y hace que nos desprendamos de las cosas terrenas, para unirnos más intensamente a Dios. Se sigue de ahí que la perfección cristiana exige, por naturaleza, *(per se loquendo et non solum per accidens)* muy elevada caridad.

Accidentalmente, sin embargo, puede acaecer que tal cristiano perfecto tenga menos caridad que un gran santo en sus comienzos. Santa Magdalena, en seguida de su conversión, pudo tener ya caridad más perfecta que muchos perfectos llamados a menos elevada santidad.

Asimismo, en el orden corporal, puede suceder que un adolescente, extraordinariamente vigoroso, sea más fuerte que muchos adultos.

Pero tratándose de la edad adulta en general, prescindiendo de tal o cual individuo, sucede lo contrario.

No hay que echar en olvido que, con idéntico grado de caridad habitual, un alma evita más que otra el pecado venial; ya porque su generosidad actual es más perfecta, o ya por encontrar menos dificultades en su temperamento, o menos trabajo, o menos contradicción de parte de los hombres. Santa Teresa escribió en alguna parte que, cuando dejaba su monasterio para alguna fundación, le acaecía, en circunstancias imprevistas, cometer más faltas veniales; pero igualmente adquirir más méritos, en razón de las dificultades vencidas.

Es como cuando se emprende la ascensión a una montaña; se tropieza de vez en cuando, cosa que no sucede al que camina por el llano; pero al fin se tiene la visión maravillosa de la cumbre.

Demuestran estas razones que, aunque accidentalmente, un alma perfecta pueda tener menor caridad que la de un principiante llamado a extraordinaria santidad, la perfección requiere, sin embargo, *por naturaleza,* una gran caridad. Y ésta no se consigue sino después de haber vencido muchas tentaciones y adquirido abundantes méritos. Como se dice en el libro de Tobías, xii, 13: *"Porque eras grato a los ojos de Dios, era preciso que la tentación te probase."* Y también:

"*La tentación prueba a los justos, como el horno los vasos del alfarero*" (Ecli., xxvii, 6). Nuestro Señor añade al fin del Sermón de la montaña (Mat., vii, 24): "Todo el que escucha estas parábolas y vive según ellas es semejante al hombre prudente que construye su casa sobre la roca. Cae la lluvia, soplan los vientos y se desencadenan contra esta casa, pero ésta se mantiene en pie, por estar fundada sobre duro cimiento." Con esto se demuestra claramente que una débil caridad *puede* en un caso particular resistir a las tentaciones; pero que *de hecho*, y ordinariamente, no sale victoriosa, sino cuando crece y se hace más y más ardiente. La verdadera perfección cristiana requiere, pues, por sí misma, una elevada caridad.

De esto no cabe duda, según los principios comúnmente recibidos.

Las enseñanzas de San Juan de la Cruz confirman claramente esta doctrina. En la *Subida del Monte Carmelo* l. II, c. vii, escribe: "Entienden (muchos) que basta cualquier manera de retiramiento y reformación en las cosas; y otros se contentan con, en alguna manera, ejercitarse en las virtudes, y continuar la oración y seguir la mortificación; mas no llegan a la desnudez y pobreza, o enajenación o pureza espiritual... De donde les nace que en ofreciéndoseles algo de esto sólido y perfecto, que es la aniquilación de toda suavidad en Dios, en sequedad, en sinsabor, en trabajo, lo cual es la cruz pura espiritual, y desnudez de espíritu pobre de Cristo, huyen de ello como de la muerte, y sólo andan a buscar... comunicaciones sabrosas con Dios... En lo cual, espiritualmente, se hacen enemigos de la Cruz de Cristo...; buscarse a sí mismo en Dios es harto contrario al amor. Y así, querría yo persuadir a los espirituales, cómo este camino de Dios no consiste en multiplicidad de consideraciones, ni modos, ni maneras, ni gustos, aunque esto, en su manera, sea necesario a los principiantes; sino en una cosa sola necesaria, que es saberse negar de veras, según lo exterior e interior, dándose al padecer por Cristo, y aniquilarse en todo. Porque ejercitándose en esto, todo esotro y más que ello se obra y se halla en ello. Y si en este ejercicio hay falta, que es el total y la raíz de las virtudes, todas esotras maneras es andar por las ramas y no aprovechar, aunque tengan tan altas consideraciones y comunicaciones como los ángeles... Y cuando (el espiritual) viniere a quedar resuelto en nada, que será la suma humildad, quedará hecha la unión espiritual entre el alma y Dios, que es el mayor y más alto grado a que en esta vida se puede llegar."

Ahora bien, este estado, que es la perfección, requiere manifiestamente elevada caridad junto con la perfecta humildad de que se habla aquí.

San Juan de la Cruz dice asimismo (*Noche oscura*, l. II, c. XVIII): "*El estado de perfección consiste en perfecto amor de Dios y desprecio de sí mismo.*"

Esta doctrina es muy conforme a lo que dice Santo Tomás de los siete grados de humildad; los enumera así, según San Anselmo: "1º, creerse despreciable; 2º, sufrir el serlo; 3º, confesar que se es tal; 4º, desear que el prójimo lo crea así; 5º, suponer pacientemente que así se dice; 6º, soportar ser tratado como digno de menosprecio; 7º, contentarse de ser tratado así." ([1]) En eso consiste verdaderamente la perfección, o, como dice Santo Tomás, el "estado de aquellos que ante todo aspiran a unirse con Dios, a gozar de él, y desean morir para morar con Cristo" ([2]), y no se echan atrás delante de las empresas difíciles, pero conducentes a la gloria de Dios y salud de las almas ([3]).

Es evidente que la perfección así concebida requiere muy subido amor de Dios.

¿Será posible llegar a esa *perfecta caridad habitual* sin grande esfuerzo y generosidad, y sólo mediante largos años de comunión diaria y mínimo esfuerzo en realizar actos meritorios, de tal suerte que, a pesar de esta subida caridad, quede el alma en un estado de notable imperfección, merced a la falta de generosidad en combatir las pasiones desordenadas?

Algunos teólogos se han inclinado a pensarlo, y principalmente Suárez en los pasajes citados al principio de este capítulo.

Esta manera de pensar se funda en que, para Suárez, en

[1] II, II, q. 161, a. 6.
[2] II, II, q. 24, a. 9.
[3] III, Sent., d. 29, a. 8, q. 1.

la cuestión *De augmento caritatis*, los actos imperfectos (*remissi*) de caridad obtienen *inmediatamente*, respecto a esa virtud, el acrecentamiento que merecen. Por la misma razón se inclina a admitir que la comunión, aun cuando sea recibida con poca devoción, obtiene asimismo notable aumento de caridad; y que, por la absolución, los méritos perdidos reviven en el mismo grado, aunque la atrición del penitente sea apenas suficiente.

Acerca de todas estas cuestiones, Santo Tomás y los teólogos antiguos tienen mucho más en cuenta *las disposiciones fervorosas de la voluntad* necesarias en el alma para que se produzca ese notable aumento de gracia. Según todos ellos, los actos imperfectos de caridad no obtienen inmediatamente el acrecentamiento que merecen de esa virtud, sino sólo en el momento en que realicen un serio esfuerzo hacia el bien [1]. Asimismo la comunión hecha con poca devoción no obtiene sino muy débil aumento de caridad; tanto más recibimos la influencia de un foco de calor, cuanto más nos acercamos a él en vez de permanecer a distancia [2]. En fin, según Santo Tomás, los méritos perdidos no reviven en el grado de antes, si el penitente no tiene contrición proporcionada a su pecado y a las gracias que perdió [3].

Síguese de ahí que no es posible obtener subida caridad sin un esfuerzo proporcionado, sólo mediante la comunión diaria repetida y débiles actos meritorios. Podrá eso bastar para conservarse en estado de gracia o levantarse rápidamente después de haber caído en pecado mortal, pero nunca para llegar a un alto nivel en la caridad.

¿Exige la perfección la heroicidad en las virtudes?

Si es indudable que el patriotismo exige el heroísmo cuando la patria está en peligro, es igualmente cierto que la perfección cristiana supone la heroicidad de las virtudes, al menos *in praeparatione animi*, en el sentido de que el cristiano debe estar dispuesto, con la ayuda de Dios, a sufrir el martirio, en el caso de encontrarse ante la disyuntiva de renegar

---

[1] II, II, q. 24, a. 6, ad 1; q. 114, a. 8, ad 3.
[2] III, q. 79, a. 8.
[3] III, q. 89, a. 2.

de su fe o morir por ella. Esto es aun de necesidad absoluta para salvarse (¹), y, con mayor razón, es un requisito para la perfección. En otros términos, el cristiano, si es fiel a sus obligaciones cotidianas, puede y debe estar seguro que Nuestro Señor le dará, en circunstancias difíciles, la ayuda proporcionada a la grandeza del deber. En el Evangelio está escrito: *"El que es fiel en las cosas pequeñas, lo es también en las grandes"* (Luc., xvi, 10). *"No temáis a aquellos que matan al cuerpo pero no pueden matar el alma"* (Mat., x, 28). *"No os preocupe cómo os defenderéis ni qué responderéis, porque el Espíritu Santo os enseñará, llegada la ocasión, qué es lo que habéis de decir"* (Luc., xii, 12). *"Todos los que quieren vivir piadosamente en Cristo, habrán de sufrir persecución"* (II Tim., iii, 12). Igualmente debemos amar a nuestros enemigos y correr en su auxilio si se encuentran en grave necesidad.

También enseña Santo Tomás (²) que los dones del Espíritu Santo son necesarios para disponernos a recibir con prontitud y docilidad las especiales inspiraciones del mismo Espíritu divino, principalmente cuando las virtudes adquiridas y aun las infusas no son suficientes, es decir, en las circunstancias más difíciles.

Si, según estos principios, está el cristiano obligado a sufrir el martirio antes de renegar de su fe o de ponerla en duda, ¿qué diremos del sacerdote que tiene cargo de almas? Este tal debe, aun con peligro de su vida, llevar los sacramentos a aquellos de sus subordinados que se hallen en grave necesidad; debe ir, por ejemplo, a oír la confesión de los apestados. Con mayor razón está obligado el obispo, en algunas circunstancias, a dar la vida por su rebaño.

No obstante, poseer la heroicidad de las virtudes *in praeparatione animi*, en el sentido de que acabamos de hablar, no significa *tener las virtudes en grado heroico*.

Para que la heroicidad de las virtudes sea cierta, según lo explica Benedicto XIV (³) cuatro condiciones son necesarias: 1º, la materia, objeto de la virtud, ha de ser ardua o

---
(¹) II, II, q. 124, a. 1, ad 3; q. 152, a. 3, ad 2.
(²) I, II, q. 68, a. 2.
(³) *De Servorum Dei beatificatione*, l. III, c. xxi y ss.

difícil, sobre las fuerzas ordinarias de los hombres; 2º, sus actos deben ser pronta y fácilmente cumplidos; 3º, con cierta alegría de ofrecer un sacrificio al Señor; 4º, con alguna frecuencia, siempre que la ocasión se presentare.

¿Requiere la perfección cristiana esta heroicidad en las virtudes?

Según la doctrina de San Juan de la Cruz, como lo veremos en el capítulo siguiente, esa perfección requiere la purificación pasiva de los sentidos y del espíritu, que hacen que desaparezcan los defectos de los principiantes y los adelantados ([1]). Mas en estas purificaciones o pruebas interiores, no es raro que el alma deba hacer frente heroicamente a las tentaciones contra la castidad y la paciencia, y luego contra las de la fe, esperanza y caridad. Parece pues cierto, desde este punto de vista, que *la perfección cristiana requiere en cierto modo la heroicidad de las virtudes*, que aun habrán de ir progresando en lo sucesivo.

Y parece ser éste el sentimiento de Santo Tomás ([2]) al describir las *virtutes purgatoriæ* y las *virtutes purgati animi*; unas y otras son muy elevadas y en forma alguna inferiores a lo que Benedicto XIV llama virtudes heroicas ([3]).

Es cierto, en fin, que *la caridad cristiana*, que está ordenada a asemejarnos a Cristo crucificado, *ha de aspirar*, por la misma razón, *a dicha heroicidad*.

Es esto una consecuencia de lo precedente; si, en efecto, debe el cristiano poseer la heroicidad de las virtudes *in præparatione animi*, y estar presto, con la ayuda de Dios, a sufrir el martirio antes de renegar de la fe, no está este acto heroico por encima de aquello a que va *ordenada* la caridad, o sea el amor de Dios sobre todas las cosas. Este amor, por

---

([1]) *Noche oscura*, 1. I, c. ii-x; 1. II, c. i-v. San Juan de la Cruz describe en estos capítulos esta purificación tal como acaece entre los contemplativos llamados a la más alta perfección por el camino más directo; pero también en otros sucede cosa parecida, cuando tales purificaciones interiores van acompañadas de las penas y dificultades del apostolado.

([2]) I, II, q. 61, a. 5, y III, q. 7, a. 2, ad 2.

([3]) Santo Tomás describe así (I, II, q. 61, a. 2, ad 2) las *virtutes purgatoriæ*: "Ita quod prudentia omnia mundana divinorum contemplatione despiciat, omnemque animæ cogitationem in divina sola disu misma naturaleza, antepone a Dios a la vida corporal y debe, en consecuencia, estar dispuesto al sacrificio de esa vida, cuando en ciertas circunstancias pueda serle exigida.

La misma conclusión se deduce de la enumeración de los grados de caridad dada por San Bernardo y explicada por San Juan de la Cruz (*Noche oscura*, 1. II, c. XIX y XX): "*Amor Dei facit operari indesinenter et sustinere infatigabiliter.*" Esto es lo que nos dan a entender sobre todo las penas interiores y exteriores que soportan los siervos de Dios, tanto en el proceso de su purificación personal, como cuando trabajan, a ejemplo del Salvador, por la salud de las almas.

Podría objetarse que, si esta doctrina fuera verdadera, mucho mayor número de cristianos alcanzaría la heroicidad; porque el fin a que se ordena la caridad debería ser obtenido normalmente. Pero es un hecho que los héroes son muy pocos (¹).

A esto respondemos que igualmente es cosa rara mantenerse toda la vida en estado de gracia, y sin embargo la gracia santificante está, por su propia naturaleza, *ordenada a la vida eterna* y en consecuencia *a durar siempre*, sin jamás ser destruída por el pecado mortal. Pero hemos recibido este preciosísimo tesoro en un frágil vaso, y la sensualidad y el orgullo nos lo pueden hacer perder. Cuántas son las

rigat; temperantia vero relinquat, in quantum natura patitur, quæ corporis usus requirit; fortitudinis autem est, ut anima non terreatur propter recessum a corpore, et accessum ad superna; justitiæ vero est, ut tota anima consentiat ad hujusmodi propositi viam."
Las *virtutes purgati animi* (ibidem) son todavía más elevadas, y son propias de algunos siervos de Dios muy perfectos: "aliquorum in hac vita perfectissimorum".
Santa Catalina de Sena habla en el mismo sentido en su *Diálogo*, c. LXXIV, al mencionar las señales de caridad en los perfectos.
(¹) Santo Tomás responde a una objeción parecida, a propósito del número de los elegidos (I, q. 23, a. 7, ad 3). "El bien proporcionado al estado común de la naturaleza humana lo obtienen los hombres ordinariamente; pero no sucede lo mismo con los bienes que sobrepasan a este común estado. Por eso, en el orden natural, los hombres poseen ordinariamente la prudencia indispensable al desenvolvimiento de su vida individual; pero son pocos los que llegan al conocimiento profundo de las cosas, que son, sin embargo, accesibles a la razón." No es que la humana inteligencia sea incapaz de conocerlas, mas son pocos los que alcanzan ese profundo conocimiento.

almas que apenas viven sino de la sensibilidad y poquísimo de la razón; y sin embargo, el alma humana es, *por naturaleza*, racional e inmortal, y debería la gracia hacerla vivir de una vida propiamente divina; que esto es lo que *normalmente* exige el estado de gracia.

Igualmente la caridad, que reside en todo cristiano, siendo, como es, el germen de la vida eterna, *semen gloriæ*, tiende, por su propia naturaleza, a la heroicidad y, si las circunstancias lo exigen, al sacrificio de la presente vida para permanecer fiel a Dios. Lo que el amor de la patria exige en determinadas circunstancias, el amor de Dios y de las almas lo imponen con mucha más razón.

Volviendo a la santidad elevada, ésta se manifiesta sobre todo en la conexión y *armonía de las virtudes más diversas*. Tal individuo está inclinado, por naturaleza, a la fortaleza, pero no lo está a la mansedumbre; otro, al revés. La naturaleza está en cierto modo determinada *ad unum*, y tiene necesidad de ser completada con las diferentes virtudes, bajo la dirección de la sabiduría y la prudencia. La elevada santidad es, de este modo, la unión eminente de todas las virtudes adquiridas e infusas, aun las más diversas, que sólo Dios es capaz de fusionar en el alma. La unión de una gran fortaleza con la más perfecta mansedumbre; un ardiente amor de la verdad y la justicia con una gran misericordia hacia los descarriados; y eso supone una muy íntima unión con Dios, porque lo que en el reino de la naturaleza está dividido se unifica en el de Dios, y sobre todo en Dios mismo. Por esa razón la santidad es muy bella imagen de la unión de las divinas perfecciones aun las más diversas: de la infinita Justicia con la infinita Misericordia, en la sublimidad de la Deidad o de la vida íntima de Dios. Así los mártires cristianos revelan a la vez gran fortaleza en los tormentos y aun mayor mansedumbre, orando por sus verdugos ([1]); es que están señalados por la imagen de Jesús crucificado.

---

[1] Los falsos mártires, por el contrario, no ruegan por sus verdugos; ni se ve en ellos la conexión de las más diversas virtudes, antes bien su voluntad resiste, soberbia, a los sufrimientos, en vez de abandonarse en las manos de Dios para salvar las almas.

CAPÍTULO UNDÉCIMO

LA PLENA PERFECCIÓN CRISTIANA Y LAS PURIFICACIONES PASIVAS

Hemos visto que la perfección cristiana consiste *específicamente* en la *caridad*, la cual nos une a Dios y al prójimo en Dios más que cualquier otra virtud. Réstanos exponer cómo supone igualmente los actos de las demás virtudes y de los siete dones del Espíritu Santo (¹).

¿Cuáles son esos actos de las demás virtudes que la perfección requiere?

Requiere *necesariamente los actos de las virtudes que son de precepto*, y que deben ir inspiradas, vivificadas y convertidas en meritorias por la caridad (²). Por eso los actos de

(¹) Aquí, como en la cuestión precedente, dos desviaciones son posibles. *Los quietistas* quitaron mucha importancia a las virtudes distintas de la caridad. El quietismo propiamente dicho suprimía la mortificación (que es el ejercicio de las virtudes de penitencia, temperancia y paciencia), y el ejercicio de las virtudes relacionadas con el prójimo, y cayó en un falso misticismo, al decir que es preciso permanecer en la fe oscura y en el puro amor, absteniéndose de dar gracias a Dios, de dirigirle oraciones de súplica, de ganar indulgencias y de resistir positivamente a las tentaciones. Cf. Denzinger nº 1232-1238, 1241, 1255, 1257-1275, 1327.

Y hay, por el contrario, autores que insistieron sobre el ejercicio de la virtud de penitencia, sobre los actos interiores y exteriores del culto y de la caridad fraterna, hasta el punto de olvidarse prácticamente de la superioridad del amor de Dios. Por ahí se llegaría a un ascetismo antimístico, o bien a una vida de apostolado demasiado exterior; no hay que olvidar que la vida interior es la vida de todo apostolado.

(²) Passerini, O. P., *De statibus hominum*, in II, II, q. 184, a 1. nº 8: "Perfectio actualis consistit *essentialiter* non in solo actu caritatis, sed etiam in actibus aliarum virtutum a caritate imperatis, prout sunt de præcepto."

Ibid., nº 10: "Perfectio actualis consistit *specialiter et principaliter*

fe, de esperanza, de religión, la oración, la asistencia a la santa misa, la santa comunión pertenecen *a la esencia* de la perfección. Es cierto que la perfección cristiana requiere también *esencialmente* los actos de prudencia, de justicia, de fortaleza, de paciencia, de templanza, de mansedumbre, y de humildad; los actos, al menos, de las virtudes que son de precepto; y veremos que el supremo precepto del amor nos obliga a crecer constantemente en estas virtudes, lo mismo que en la caridad.

En cambio, lo que sólo *accidentalmente* pertenece a la perfección, es la práctica de los tres consejos evangélicos: pobreza, castidad y obediencia ([1]). Son estas tres virtudes medios utilísimos para llegar con más facilidad y rapidez a ella; pero no son indispensables. Es posible conseguir la santidad en el matrimonio, como la beata Ana María Taïgi, y lo mismo conservando la propiedad y el libre uso de los bienes de este mundo. Si bien es cierto que no se puede prescindir del *espíritu de los consejos*, ni dejarse ligar el corazón por estos bienes terrenos, antes, según expresión de San Pablo, "usar de ellos como si no se los usase" ([2]). Los tres consejos evangélicos nos invitan a renunciar a ciertas cosas lícitas que, sin ser contrarias a la caridad, impiden más o menos su actividad y su total desenvolvimiento ([3]). Aunque la práctica efectiva de estos consejos no sea pues necesaria

in sola caritate, prout caritas perficit simpliciter, aliæ virtutes secundum quid... Imo perfectio actualis *formaliter* in sola caritate est, quæ est vinculum perfectionis... Aliæ tamen virtutes ad essentiam perfectionis pertinent, sicut materia ad essentiam compositi naturalis." *Ibid.*, p. 23, nº 20 ss.: "Actus aliarum virtutum, ut sunt *de consilio*, sunt accidentia perfectionis."

Mediante esta distinción entre lo que es *de precepto* y lo que es *de consejo* en las virtudes inferiores a la caridad, Passerini hace una aclaración y precisión mayor, que Cayetano había olvidado (in II, II, q. 184, a. 1), y traduce muy bien el pensamiento de Santo Tomás. Cayetano había escrito: "Corrigendi videntur codices."

([1]) Santo Tomás, II, II, q. 184, a. 3: "Perfectio *essentialiter* consistit in præceptis...; secundario autem et *instrumentaliter* (al principio del artículo: accidentaliter) perfectio consistit in consiliis."

([2]) Cf. I Cor., vi, 31: "Qui utuntur hoc mundo, tanquam non utantur." Com. de Santo Tomás sobre esta Ep.

([3]) Santo Tomás, II, II, q. 184, a. 3: "Consilia ordinantur ad removenda impedimenta actus caritatis, quæ tamen caritati non contrariantur sicut est matrimonium, occupatio negotiorum sæcularium et alia hujus modi."

para conseguir la perfección, es necesario, al menos, tener el *espíritu de desprendimiento* que suponen, para unirse más y más a Dios.

Es evidente, por lo que queda dicho anteriormente acerca del organismo espiritual de las virtudes y de los dones, que la total perfección de la vida cristiana exige todas *las virtudes infusas* relacionadas con la caridad, y asimismo *las virtudes morales* adquiridas que dan facilidad extrínseca para realizar actos sobrenaturales, alejando los obstáculos. Requiere también *los siete dones,* que están, como ya lo hemos visto, en conexión con la caridad (¹), y que, en consecuencia, progresan con ella, y se encuentran normalmente a la altura de esta virtud.

Recordemos, además, que normalmente la caridad de los perfectos debe ser *más alta, más intensa* que la de los incipientes y adelantados, aunque accidentalmente pudiera suceder que un principiante, dotado de gran generosidad, posea más subida caridad que tal o cual perfecto. Algo de eso sucede, en las cosas naturales, con los pequeños prodigios. Hay que juzgar de las diversas edades de la vida espiritual por las modalidades que ordinariamente poseen, y no por un caso excepcional. Normalmente, el adulto posee mayor vigor que el niño; y lo mismo en el orden espiritual (²).

Se ve por aquí que la perfección es una *plenitud* que lleva consigo el ejercicio de todas las virtudes y de los dones. Ninguno puede ser perfecto sin tener, gracias al don de inteligencia, cierta penetración de los misterios de la fe; ni sin poseer el don de sabiduría en un grado proporcionado a la caridad, bien que este don se encuentre en ciertos santos en forma netamente contemplativa, mientras que en otros

(¹) Cf. Santo Tomás, I, II, q. 68, a. 5.

(²) Produce por eso gran extrañeza el ver que Suárez, *De statu perfectionis,* l. I, c. IV, nº 11, 12, 20, haya sostenido que sólo *accidentalmente* es propio de los perfectos un elevado grado de caridad, y que es posible que un hombre más santo que otro por la intensidad de la caridad, sea *menos perfecto* que este otro. Normalmente no sucede tal cosa, aunque puede acontecer que el más santo encuentre *accidentalmente* dificultades de temperamento u otras externas que no se interpongan en el camino del otro. Y además se trata aquí de la perfección delante de los ojos de Dios, y no según el juicio de los hombres que llaman humilde, a veces, al pusilánime, y orgulloso al magnánimo.

aparece, más bien, orientado a la acción, al apostolado y a las obras de misericordia, como en San Vicente de Paúl que de continuo veía en los pobres a miembros doloridos de nuestro Señor.

La caridad es el lazo de unión en esta plenitud de virtudes y dones, según expresión de San Pablo, *"vinculum perfectionis"*. El todo es como un manojo bien ligado que se ofrece a la gloria de Dios. Preciso es concluir pues, con Santo Tomás, que la perfección consiste *especialmente en la caridad, y principalmente en el amor de Dios*, si bien exige también necesariamente las otras virtudes y los siete dones. Asimismo, aunque el cuerpo humano sea parte de la esencia del hombre, ésta está pricipalmente constituída por el alma racional que distingue al hombre de la bestia.

Es evidente que el estado de gracia y la caridad de los principiantes no son suficientes para constituir la perfección propiamente dicha que excluye el pecado mortal. Preciso es ir avanzando en la caridad, para llegar a la edad espiritual de los perfectos. Para alcanzar ésta, es preciso *la abnegación*, gran *docilidad al Espíritu Santo* por el ejercicio de los siete dones, *el abrazarse generosamente con las cruces* o purificaciones que han de hacer morir en nuestras almas el egoísmo y el amor propio, y asegurar definitivamente el primer lugar al amor de Dios y a una caridad cada vez más comunicativa.

¿Cuáles son las purificaciones que se requieren para alcanzar la total perfección de la vida cristiana?

Importa, desde ahora, insistir sobre este punto y tratar de él de un modo general, inspirándonos en lo que nos dice San Pablo y después de él, el Doctor de la Iglesia que más ha profundizado en esta cuestión de *las purgaciones del alma*: San Juan de la Cruz. Si la Iglesia nos propone sus enseñanzas como propias de un maestro, es sobre todo para que de ellas saquemos el meollo que contienen. En las mismas encontraremos, además, excelentes normas para distinguir las tres etapas de la vida espiritual: la de los principiantes, la de los progresantes o adelantados, y la de los perfectos.

No olvidemos que esta sublimidad de la perfección cristiana, considerada en su plenitud normal o en su integridad, era ya contemplada por San Pablo cuando escribía a los Filipenses, III, 8: *"Por cuyo amor (de Cristo) he perdido todas las cosas, y las miro como basura, por ganar a Cristo*..., a fin de conocerle a él, y la eficacia de su resurrección, *y participar en sus penas,* asemejándome a su muerte; de modo que al cabo pueda arribar a la resurrección de los muertos.

"No es que lo haya logrado ya, ni llegado a la perfección; pero yo sigo mi carrera por ver si alcanzo aquello para lo cual fuí destinado por Jesucristo. Yo, hermanos míos, no pienso haber tocado el fin de mi carrera; mi única mira es, olvidando las cosas de atrás y atendiendo sólo y mirando a las de adelante, ir corriendo hacia el hito, para ganar el premio a que Dios llama desde lo alto por Jesucristo..., tengamos los mismos sentimientos...; poned los ojos en aquellos que proceden conforme al dechado nuestro que tenéis... Porque muchos andan por ahí, que se portan como enemigos de la cruz de Cristo... aferrados a las cosas de la tierra. *Pero nosotros vivimos ya como ciudadanos del cielo*... por lo cual, amados míos, estad firmes en el Señor."

Nos hallamos ante una perfección, no platónica o aristotélica, sino cristiana en todo el sentido de la palabra; la que San Pablo propone, no sólo a sí mismo, apóstol de Cristo, sino a los Filipenses, a quienes escribe, y a todos nosotros así como a todos los que se han de nutrir de la doctrina de sus cartas hasta el fin del mundo. Luego es claro que tal perfección supone profunda purgación del alma y docilidad poco común al Espíritu Santo.

No ha faltado quien haya afirmado que Santo Tomás habló poco de las purgaciones o purificaciones del alma; esto es olvidar lo que escribió en sus *Comentarios a las Epístolas de San Pablo y al Evangelio de San Juan,* cuando arrebatado por la palabra de Dios, se eleva hacia las cumbres de la vida espiritual que se complacen en describir los grandes místicos. Léase en particular lo que escribió sobre el capítulo III, de la epístola a los Filipenses que acabamos de citar, acerca del *deseo de conocer íntimamente a Jesucristo y de ser admitido a la participación en sus sufrimientos,* "*ad societatem passionum illius*", para no perder el fruto de nuestras cruces, hacernos semejantes a él y salvar las almas en su compañía (¹). Léanse igualmente sus comentarios a las palabras de Jesús en el Evangelio de San Juan, xv, 1: "Yo soy la verdadera vid, y mi padre es el labrador... *Todo sarmiento que diere fruto, lo podará para que dé más fruto.*" Santo Tomás comenta: "Para que los justos que producen fruto, produzcan aún más, corta Dios frecuentemente en ellos lo que hay de superfluo; los purifica, enviándoles tribulaciones y permitiéndoles tentaciones frente a las cuales demuestren mayor generosidad y fortaleza; *nadie es tan perfecto en esta vida, que no sea capaz de mayor pureza*" (²).

Ésta es la purificación pasiva que San Juan de la Cruz ha desarrollado con mayor amplitud.

Trataremos de estudiar aquí los requisitos para alcanzar la cima del desarrollo *normal* de la caridad. Cuando decimos *cima o cumbre*, no nos olvidemos de la palabra *normal;* y al revés, cuando decimos *normal*, no olvidemos la palabra *cumbre*. Con frecuencia se llama *normal* la altura a la que los cristianos *llegan generalmente de hecho*, sin cuidarse, ni poco ni mucho, del nivel al que deberían llegar, si fueran lo fieles y generosos que deberían ser. Del hecho de que la mayor parte de las almas cristianas no alcancen, en la vida, a vivir en una casi continua unión con Dios, no es lógico concluir que esta unión se encuentra *sobre* esa cima del desarrollo normal de la caridad.

(¹) Está lleno el mundo de *cruces inútiles o estériles*, como lo fué la del mal ladrón. Mas la manera de volverlas fecundas y provechosas es saber llevarlas con paciencia y amor en unión con Nuestro Señor, según las palabras de San Pablo, que aquí se citan: *ad societatem passionum illius.*

(²) Santo Tomás, *in Joannem*, xv, 1: "*Et omnem qui fert fructum, purgabit eum, ut fructum plus afferat.* Ad litteram enim in vite naturali contingit quod palmes multos surculos habens, minus fructificat propter humoris diffusionem ad omnes; et ideo cultores, ut magis fructificet, purgant eum a superfluis surculis. Ita est in homine. Nam homo bene dispositus et Deo conjunctus, *si suum affectum ad diversa inclinet*, virtus ejus minoratur, et magis inefficax fit ad bene operandum. Et inde est quod *Deus ut bene fructificet, frequenter præscindit hujusmodi impedimenta et purgat*, immitens *tribulationes et tentationes, quibus fortior fiat ad operandum*; et ideo dicit: Purgabit eum, etiamsi purus existat, quia *nullus est adeo purus in hac vita, ut non sit magis magisque purificandus.*"

PERFECCIÓN Y PURIFICACIONES PASIVAS

No confundamos nunca *lo que debe o debería ser*, con lo que *de hecho* es la realidad; de hacerlo así, se debería afirmar: no es posible en la tierra la verdadera honradez, ya que, de hecho, la mayoría de los hombres se afana tras *el bien útil o deleitable*, tal como el dinero o las satisfacciones terrenas, más bien que tras *el bien honesto*, objeto de la virtud.

En una sociedad que declina y vuelve al paganismo, muchos toman por norma de conducta, no ya *el deber, el bien obligatorio*, que exigiría demasiado esfuerzo en un ambiente en el que todo invita a descender, sino *el menor mal;* siguen la corriente según la ley del menor esfuerzo. Y no sólo *toleran* este menor mal, sino que *lo viven*, y aun muchas veces lo defienden para continuar tranquilos en su situación. Y se justifican: Obro así para evitar un mal mayor que otro haría en mi lugar si, cayendo en desgracia, perdiera yo mi situación. Y con estas palabras, en lugar de ayudar a los demás *a subir* y ser mejores, les ayudan *a descender*, cuidando sólo de hacer más suave su caída. ¡Cuántos políticos se encuentran en esa situación! Y en el orden espiritual sucede algo parecido.

Investigaremos en este lugar *lo que debe o debería* ser el *pleno desenvolvimiento normal* de la caridad, y no el nivel al que llegan de hecho la mayor parte de los cristianos.

Para esto preciso es recordar que *la ley fundamental* de ese normal desarrollo de la caridad difiere fundamentalmente de las leyes de nuestra naturaleza caída. Mientras que ésta nuestra naturaleza, herida como está, aun después del bautismo, nos inclina a bajar y desfallecer, la gracia, que nos regenera más y más, nos invita y empuja constantemente a subir más alto, y, finalmente, *"brotar en una vida eterna"*, según las palabras de Jesús.

Pero entretanto, existe en nuestra vida un claroscuro a veces muy notable: aquél de que con frecuencia nos habla San Pablo, cuando opone la carne al espíritu, la luz divina a las sombras de la muerte que quisieran hacerse dueñas de nosotros: "Caminad según el espíritu, y no satisfaréis los apetitos de la carne... *Porque la carne* (que es aquí nuestra naturaleza caída) *tiene deseos contrarios a los del espíritu; y el espíritu los tiene contrarios a los de la carne; como que son cosas opuestas entre sí"* (Gal., v, 16). *Por espíritu* se entiende aquí el espíritu del nuevo hombre iluminado y fortalecido por el Espíritu Santo (Rom., VIII, 4); pero, aun entre los bautizados, los apetitos permanecen con sus tendencias a la sensualidad, a la vanidad y al orgullo. El amor de Dios, que hay en nosotros, no ha alcanzado aún, ni remotamente, la victoria sobre el egoísmo y el amor propio.

Y en estas circunstancias, es necesaria una purificación a fondo; no sólo la que nosotros nos debemos imponer, que se llama mortificación, sino otra que Dios nos impone cuando, según la expresión de Nuestro Señor, viene a podar, a escamondar el árbol, para que produzca mejores frutos.

Que es lo que admirablemente enseña San Juan de la Cruz, ya al principio de sus obras, al comienzo del prólogo de la *Subida del Monte Carmelos* "Para haber de declarar y dar a entender esta *noche oscura*, por la cual pasa el alma para llegar a la divina luz de la unión perfecta del amor de Dios, cual se puede dar en esta vida... Son tantas y tan profundas las tinieblas y trabajos, así espirituales como temporales, por que ordinariamente suelen pasar las dichosas almas para llegar a este alto *estado de perfección*, que ni basta ciencia humana para saberlo entender, ni experiencia para saberlo decir; porque sólo el que por ello pasa, lo sabrá sentir, mas no decir." El sarmiento que Dios corta o poda, es un sarmiento no sólo vivo, sino consciente; y para saber lo que es este corte, semejante al de los árboles, necesario es haber pasado por él. Cada uno debe llevar *su cruz*, y nadie sabe lo que pesa hasta después de haber cargado con ella con amor.

No son pocos los trabajos que hay que pasar hasta haber vencido *completamente* el egoísmo, la sensualidad, la pereza, la impaciencia, la envidia, la injusticia en los juicios, el amor propio, las necias pretensiones, *el buscarse a sí mismo* en la misma piedad, el deseo inmoderado de consolación, el orgullo intelectual y espiritual, y, en fin, todo lo que se opone al espíritu de fe y confianza en Dios, para llegar a amar al Señor *perfectamente*, "con todo el corazón, alma, fuerzas y espíritu ([1])", y *al prójimo*, amigo o enemigo, *como a sí*

([1]) Luc., X, 27.

mismo (¹). Necesaria es también gran constancia, firmeza, paciencia y longanimidad para perseverar en la caridad, a pesar de las dificultades, como dice el Apóstol: "Todos los que quieren vivir virtuosamente según Jesucristo, han de padecer persecución" (²).

No nos hemos de extrañar de que San Juan de la Cruz, al describir el camino que con más seguridad y rapidez conduce a la *total perfección* de la vida cristiana, diga que no es posible llegar a ella sin pasar por la *purificación pasiva de los sentidos*, que señala, según él, la entrada en la vía iluminativa, y por la purificación pasiva del espíritu, que se halla en el umbral de la vía unitiva, a condición de entenderla no como rebajada, sino en su pleno desenvolvimiento normal, en los siervos de Dios que la Iglesia nos pone por modelos.

San Juan de la Cruz, para demostrarnos que la *purificación activa* que nos imponemos a nosotros mismos no basta, escribe, en efecto: "Porque por más que el alma se ayude, *no puede ella* activamente *purificarse* de manera que esté dispuesta en la menor parte *para la divina unión de perfección de amor, si Dios no la toma* y la purga en aquel *fuego oscuro para ella*, cómo y de la manera que habemos de decir" (³). Por ahí se echa bien de ver la necesidad de la cruz, afirmada por el Evangelio y por toda la espiritualidad cristiana. Aquí, como en toda la obra, queremos emplear términos sobrios, pero tradicionales, para evitar toda exageración.

"En esta noche oscura, continúa el santo, comienzan a entrar las almas cuando Dios las va sacando de *estado de principiantes*, que es de los que meditan en el camino espiritual, y las comienza a poner *en el de los aprovechantes*, que es ya el de los contemplativos, para que, pasando por aquí, lleguen al estado de *perfectos*, que es el de la divina unión del alma con Dios" (⁴).

(¹) Dícenos asimismo Nuestro Señor: *Amaos los unos a los otros* (aun a vuestros enemigos) *como yo os he amado*" (Joan., xv, 12). Cuando uno cumple este precepto aun teniendo ocasión de vengarse de su enemigo, si alguien preguntase "si esto es ascética o mística", tal pregunta parecería ridícula y pedante, por querer clasificar en tal o cual categoría una acción que es un ferviente vuelo de la vida hacia el Señor.
(²) II Tim., III, 12.
(³) *Noche oscura*, l. I, c. 3.
(⁴) *Ibid.*, l. I, c. 1.

Al principio queda el alma destetada de los consuelos sensibles, útiles en un momento, pero perjudiciales cuando se los busca por ellos mismos. De ahí la necesidad de la purificación pasiva de los sentidos, que conduce al alma a la aridez sensible y la eleva a una vida espiritual mucho más desprendida de los sentidos, de la imaginación y del razonamiento. Mediante *los dones del Espíritu Santo* uno recibe aquí un conocimiento intuitivo que ,a pesar de cierta muy penosa oscuridad, nos inicia maravillosamente en las cosas de Dios. Nos las hace penetrar, a veces, en un momento, como no nos lo haría la meditación durante meses y aun años. Para resistir a las tentaciones contra la castidad o la paciencia, que se presentan con frecuencia en esta noche de los sentidos, son a veces necesarios heroicos actos de esas virtudes, que resultan extremadamente fructuosos.

Hay en esta noche de los sentidos un *claroscuro* muy sorprendente. La sensibilidad entra en la oscuridad y aridez por la desaparición de las gracias sensibles, en las que el alma se demoraba con egoísta complacencia. Mas las facultades superiores comienzan, en medio de esta oscuridad, a ser esclarecidas por una lumbre de vida, que sobrepasa a la meditación razonada e inclina a dirigir la mirada amorosa y prolongada a Dios, durante la oración.

Después de haber tratado de esta purgación, San Juan de la Cruz hace notar: "Salió el alma a comenzar el camino y vía del espíritu, que es el de *los aprovechantes y aprovechados*, que por otro nombre llaman *vía iluminativa o de contemplación infusa*" (¹). Es este texto uno de los más importantes de todas las obras de San Juan de la Cruz. Ya tendremos ocasión de volver sobre él y comprender toda su importancia y alcance.

Pero, aun después de todo esto, para que el alma quede libre de los defectos de los aprovechantes, y de la disimulada soberbia que en ellos subsiste, es necesaria otra *purificación pasiva*, que es la del espíritu (²).

Ésta se encuentra en ciertas almas mucho más adelantadas

(¹) *Noche oscura*, l. I, c. xiv: "Vía iluminativa o de contemplación infusa."

(²) *Noche oscura*, l. II, c. i y ii: En este capítulo ii, se dice, a

que desean ardientemente el bien, pero que pretenden que ese bien sea hecho por ellas o a su manera. Y deben quedar purificadas de este humano apego a su propio juicio, a su demasiado personal manera de ver, querer y obrar, a esta exagerada inclinación a las obras en las cuales se sacrifican. Esta purificación, si la saben sobrellevar con paciencia, en medio de las tentaciones contra las tres virtudes teologales, centuplica su fe, su esperanza y su amor de Dios y del prójimo.

Esta purificadora prueba se presenta en muy variadas formas en la vía puramente contemplativa y en la que se entrega al apostolado. También difiere según que tenga por fin el levantar, ya desde aquí abajo, a una elevada perfección, o que se produzca solamente al fin de la vida, para ayudar a las almas a pasar, en parte al menos, su *purgatorio antes de la muerte*, haciendo méritos, *creciendo en el amor*, en vez de hacerlo después de la muerte, sin merecer.

El dogma del purgatorio confirma así la necesidad de esta purgación pasiva de los sentidos y del espíritu (¹).

En este punto se presenta de nuevo el *claroscuro*, superior al de la noche de los sentidos. El alma parece despojada de las ilustraciones y de la facilidad de orar u obrar; cosas

propósito de las imperfecciones de los aprovechados, que son "más *incurables* por tenerlas ellos por más espirituales que las primeras... Por tanto, para venir a ella (a la divina unión), *conviénele al alma entrar* en la segunda noche del espíritu, donde desnudando el sentido y espíritu perfectamente de estas aprensiones y sabores, le han de hacer caminar en oscura y pura fe, que es propio y adecuado medio por donde el alma se une con Dios." Ítem, *Noche oscura*, l. II, c. XVIII: acerca de las fluctuaciones, subidas y bajadas, antes de llegar el alma "al estado de paz definitivo y a estado de perfección", que consiste en *el perfecto amor de Dios y menosprecio propio.*"

(¹) *Noche oscura*, l. II, c. XX, donde se dice: "Porque éstos, que son pocos, por cuanto ya por el amor están purgadísimos, no entran en el purgatorio."

Para San Juan de la Cruz, *la plena perfección posible en esta vida no se encuentra sino en la unión trasformante.* Cf. *Cántico espiritual*, p. III, est. 22, fin: "Porque en este estado ni demonio, ni carne, ni mundo, ni apetitos molestan. Porque aquí se cumple lo que también se dice en los *Cantares*: Ya pasó el invierno y se fué la lluvia, y parecieron las flores en nuestra tierra." Encuentra entonces el alma muy santa alegría en los sufrimientos en unión con Nuestro Señor (estr. 24), y *todas las virtudes* llegan a perfecto desarrollo (estr. 24), como también *los dones del Espíritu Santo* (estr. 26 y *Subida del Monte Carmelo*, l. III, c. I).

en las que se complacía demasiado por un resto de amor propio y de soberbia. Pero en esta noche del espíritu amanece una gran claridad; en medio de las tentaciones contra la fe y la esperanza, comienzan a resaltar, poco a poco, los motivos formales de las tres virtudes teologales. Y son como tres estrellas de primera magnitud: la verdad primera revelante, la misericordia auxiliadora y la soberana bondad de Dios. El alma llega a amar a Dios con gran pureza y con todas sus fuerzas; y le adora en espíritu y en verdad.

Ya volveremos sobre este tema con mayor detenimiento ([1]). Pero lo que acabamos de decir era necesario para no rebajar la elevación del *completo* desenvolvimiento *normal* de la vida cristiana. Esta *cima*, accesible ya aquí abajo, es, como lo hemos visto, la misma que expuso Nuestro Señor, desde el principio de su ministerio, en las *ocho bienaventuranzas evangélicas* predicadas en el Sermón de la montaña. Ahora bien, estas bienaventuranzas se encuentran sobre el orden de la simple ascesis; son verdaderamente de orden místico, como *la purgación pasiva* de que acabamos de hablar ([2]).

La total perfección cristiana y la contemplación

Esta afirmación de San Juan de la Cruz: que la plena perfección cristiana supone las purgaciones pasivas de los sentidos y del espíritu está preñada de consecuencias.

De ahí se sigue que *la contemplación infusa* de los misterios de la fe está dentro de la vía normal de la santidad, porque, como lo muestra el santo ([3]), comienza con la purgación pasiva de los sentidos, en la aridez de la sensibilidad. Dícese comúnmente que las raíces de la ciencia son amargas, y los frutos dulces. Lo mismo hay que decir de las raíces y los frutos de la contemplación infusa; y sería grave error

---

([1]) Al principio de la III y IV parte de esta obra.

([2]) El carácter *pasivo* de esta purgación —lo iremos viendo más adelante— pertenece a un orden superior a la simple ascesis o ejercicio de las virtudes según nuestra propia actividad. En otro lugar hemos tratado más detenidamente esta cuestión. Cf. t. I, p. 176-214, de *Perfection chrétienne*, y *L'Amour de Dieu et la Croix de Jésus*, t. II, p. 458-657.

([3]) *Noche oscura*, l. I, c. IX: Las tres señales de la purgación pasiva de los sentidos.

confundir ésta con las consolaciones, que no siempre la acompañan.

Hoy no hay nadie que sostenga que la contemplación infusa de los misterios de la fe sea una gracia *gratis data*, como la profecía o el don de lenguas. En opinión de todos, aquélla corresponde al orden de la gracia santificante o "gracia de las virtudes y dones", y procede de la fe iluminada por los dones de inteligencia y de sabiduría, de la fe penetrante y sabrosa.

En fin, si bien no es posible merecer *de condigno* la gracia actual eficaz de la contemplación infusa, no se sigue de ahí que tal gracia no se encuentre en el camino normal de la santidad. Tampoco es capaz el justo de merecer la gracia de la perseverancia final (o el estado de gracia en el momento de la muerte, ya que tal estado es el principio mismo del mérito), y sin embargo, la gracia de la perseverancia final es necesaria para conseguir la vida eterna. De la misma manera, podemos merecer la gracia eficaz que preserva del pecado mortal y nos mantiene en estado de gracia ([1]). Pero estos dones que el justo no puede propiamente *merecer*, puede obtenerlos pidiéndolos con humildad, confianza y perseverancia. Está escrito: "*Optavi et datus est mihi sensus et venit in me spiritus sapientiæ*: rogué, y se me dió la sensatez, y el espíritu de sabiduría vino a mí" (Sabid., VII, 7).

Se comprende por lo dicho, que la contemplación infusa de los misterios de la fe es *moralmente necesaria para la perfección cristiana integral*. Así como, según el Concilio Vaticano (Denzinger, 1786), la revelación del conjunto de las verdades naturales de la religión es moralmente necesaria para que todas estas verdades "puedan ser por todos fácilmente conocidas, con firme certidumbre y sin mezcla de error", de igual manera sin la contemplación infusa, que procede de la fe iluminada por los dones, muy pocos serían los cristianos que llegasen a la perfección; y aquella que alcanzasen sería una *perfección rebajada*, y, en forma alguna, *la completa perfección cristiana* de que habló Jesús en el Sermón de la montaña, al predicar *las bienaventuranzas*. Éstas, en efecto, son, como lo enseñan San Agustín y Santo Tomás, los más elevados actos de las virtudes cristianas per-

---

[1] Cf. *Perfection chrétienne et contemplation*, t. II, p. 512 ss.

feccionadas por los dones (¹). La doctrina de San Juan de la Cruz traída más arriba es pues del todo conforme con lo que en el Evangelio se dice de las bienaventuranzas, y a la manera como lo han entendido San Agustín y Santo Tomás.

El autor de la *Imitación* dice igualmente, l. III, c. XXXI: *"¿Por qué razón hay tan pocos contemplativos? Porque muy pocos saben separarse enteramente de las criaturas perecederas"*. Hay en esto, como dice Santa Teresa, *"muchos llamados y pocos elegidos"* (V. Morada, c. 1).

No confundamos, por lo demás, la cuestión: "¿Entra la contemplación en el camino normal de la santidad?", con esta otra: "¿Pueden llegar a ella todas las almas justas, en cualquier ambiente, con cualquier formación y dirección?"

Asimismo, no hay que confundir la cuestión: "¿Es la gracia habitual, *por su naturaleza*, el germen de la vida eterna?", con esta otra: "¿Se salvan todos los bautizados, o, al menos, la mayor parte?", o con ésta: "¿Se salva la mayoría de aquellos que han perseverado durante algunos años?"

Aun en el caso de tener las almas interiores buena voluntad, puede acaecer que no tengan la suficiente generosidad para llegar a la *perfección absoluta*. Estas últimas palabras designan no sólo la esencia, sino también la integridad de la perfección. Para alcanzarla, son de suma utilidad una buena formación y dirección, aunque Dios suple a ellas en favor de las almas generosas.

Tampoco podemos echar en olvido que el llamamiento a la intimidad con Dios, como a la vida cristiana, puede ser, ya general o remoto, ya particular o próximo. Este último, a su vez, puede ser suficiente o eficaz; y éste, eficaz con relación a los grados inferiores, o a los grados superiores de la unión con Dios.

En fin, en las obras de autores como Santa Teresa o San Juan de la Cruz, es preciso distinguir aquello que es principio general o al menos conclusión principal, de lo que sólo es respuesta a una dificultad accidental. De lo contrario, se

---

(¹) Apenas se encontraría un tomista que osara negar esta proposición: "Plena actuatio normalis doni sapientiæ haberi nequit sine contemplatione infusa, quæ proprie dicitur infusa prout non potest esse sine speciali inspiratione Spiritus Sancti."

confundiría lo que debe ser con lo que de hecho es la perfección ideal, y con lo que está lejos de ella.

No hay que rebajar la elevación de *la meta* a la que se debe aspirar y conseguir; preciso es considerarla tal como nos la expuso Nuestro Señor al predicar las bienaventuranzas. En cuanto a los *medios*, la prudencia ha de proponerlos con la moderación que considera las diversas condiciones en que se encuentran las almas, según estén entre los principiantes o los adelantados.

Así se mantiene a salvo la elevación del fin que hay que alcanzar, no menos que el realismo de una dirección verdaderamente práctica. Importa sobre todo no perder de vista la grandeza del fin.

CAPÍTULO DUODÉCIMO

LA PERFECCIÓN Y EL PRECEPTO DEL AMOR DE DIOS

I. ¿El precepto fundamental, es ilimitado? — II. El amor de Dios no está en un justo medio. — III. El deber de avanzar en el camino de la eternidad. — IV. Consecuencias que se siguen.

Hemos visto que la perfección cristiana consiste especialmente en la caridad, y que nos ha sido descrita en toda su elevación, por Nuestro Señor, en las ocho bienaventuranzas. Conviene preguntarse ahora si la perfección cristiana, así entendida, es sólo *aconsejada* a los cristianos, o si, por *el precepto supremo*, deben todos tender a ella. Esto equivale a preguntarse cuál es el sentido exacto y el alcance del doble precepto del amor de Dios y del amor del prójimo.

¿El precepto fundamental es ilimitado?

Han creído algunos que para observar a la perfección el precepto supremo del amor de Dios y del prójimo, no es necesario poseer una gran caridad. Según esa opinión, la perfección no caería dentro del alcance de este precepto, antes bien *lo superaría*, ya que consistiría en el cumplimiento de ciertos consejos de caridad, superiores al mismo precepto fundamental [1].

[1] Tal es el modo de ver de Suárez, *de Statu perfectionis*, c. xi, nº 15-16, quien, aun reconociendo que es lo más cierto que San Agustín y Santo Tomás enseñan que la perfección no es sólo *de consejo*, sino *de precepto*, por estar ordenada por el supremo mandamiento como *el fin* al cual todos debemos tender, responde por la negativa: "Respondeo nihilominus, si proprie et in rigore loquamur, perfectionem supererogationis non solum non præcipi, *ut materiam* in quam obligatio præcepti cadat, verum etiam neque per modum finis in præceptis contineri."

A continuación admite Suárez por sobre el precepto del amor a

Como consecuencia, y siempre dentro de esa opinión, el precepto supremo tendría un límite.

Esto parecería cierto si se mirasen las cosas superficialmente. Santo Tomás, al plantear este problema, se dió cuenta perfecta de esa apariencia que podría inducir a error, al notar a modo de dificultad u objeción: "Si la perfección fuera de precepto, todos estarían *obligados* a ella; pero es falso que todos estén obligados a la perfección" (¹).

Y da una respuesta tan sencilla como profunda: Todos *tienen obligación*, de manera general, de *tender* a la perfección, cada uno según su condición, sin *estar obligados* a ser ya perfectos de hecho.

Queda uno sorprendido al ver que algunos teólogos modernos, y no de los de menor categoría, desconociendo, sobre este punto fundamental en espiritualidad, la doctrina de los más grandes maestros, hayan hecho de esta objeción su propia tesis.

Santo Tomás hace ver con toda claridad que el precepto supremo nos *obliga a todos, de un modo general, a tender* a la perfección de la caridad al menos *según la vía ordinaria*, si bien los votos de religión no obligan sino a aquellos que los han hecho a tender a ella según *el modo especial de su vocación*.

Dios, que en su opinión es limitado, ciertos consejos de caridad superiores a los de pobreza, castidad y obediencia, virtudes que ciertamente son inferiores a la caridad.

Según este autor, la perfección consiste *esencialmente* en estos consejos de caridad, e instrumentalmente en los otros tres que les están subordinados como medios (cf. ibid., nº 16).

Esta doctrina de Suárez fué extensamente criticada por el gran canonista Passerini, O. P., que fué a la vez profundo teólogo, siempre fiel a Santo Tomás. Véase su obra *De hominum statibus et officiis*, II, II, q. 184, a. 3, nº 70 y 106, donde demuestra que la doctrina de Suárez es contraria a la de San Agustín y Santo Tomás, conservada por San Antonino, Cayetano y Valencia. Aunque Santo Tomás habla alguna vez de *perfectio supererogationis*, es en distinto sentido que Suárez, enseñando que los tres consejos evangélicos de pobreza, castidad y obediencia no son obligatorios.

Se echará bien de ver cuánta razón tenía Passerini, si se examina el artículo de Santo Tomás, II, II, q. 184, a. 3, que vamos a traducir.

(¹) II, II, q. 184, a. 3, 2 obj.: *¿En qué consiste la perfección: en el cumplimiento de los preceptos, o en el de los consejos?*

He aquí cómo se expresa el santo Doctor (¹): "Se dice en el *Deuteronomio*, VI, 5: *Amarás al Señor Dios tuyo con todo tu corazón;* y en *el Levítico*, XIX, 18: *Amarás a tu prójimo como a ti mismo*. Y Nuestro Señor añade: *En estos dos preceptos se resume toda la ley y los profetas*. Ahora bien, la perfección de la caridad, que es la perfección de la vida cristiana, consiste precisamente en amar a Dios de todo corazón y al prójimo como a nosotros mismos. Por consiguiente la perfección consiste primaria y esencialmente en el cumplimiento de los preceptos (y no en el cumplimiento de los consejos de pobreza, castidad y obediencia).

"Para comprender esto bien, hay que notar que la perfección consiste primaria y esencialmente en una cosa, y secundaria y accidentalmente en otra.

"*Esencialmente* (o especialmente) la perfección de la vida cristiana consiste *en la caridad;* principalmente en el amor de Dios, y luego en el amor del prójimo; éste es el objeto de los dos principales *preceptos* de la ley divina. Pero se engañaría quien creyera que el amor de Dios y del prójimo no constituye el objeto de una ley sino en cierta manera, es decir *hasta cierto grado* más allá del cual este amor no sería ya sino simple *consejo*. No. El enunciado del mandamiento es claro y nos enseña en qué consiste la perfección: *Amarás al Señor de todo tu corazón, con toda tu alma, con todas tus fuerzas, con todo tu espíritu.* (¿Dónde está la limitación?) Las dos expresiones *todo* y *entero o perfecto* son sinónimas. Igualmente se nos dice: *Amarás a tu prójimo como a ti mismo*, y todos nos amamos, por decirlo así, sin límites *(maxime)* (²).

"Y esto es así, porque, según la enseñanza del Apóstol (I Tim., I, 5), *la caridad es el fin del mandamiento y de todos ellos*. Pero el *fin* no se presenta a la voluntad según tal grado o límite, sino en su totalidad, y en eso difiere de los medios. Se quiere el fin o no se lo quiere; *no es posible quererlo a medias*, como enseña Aristóteles (I *Polit.*, c. III).

(¹) *Ibid.*, Sed contra y corp. art.
(²) Todos deben, en efecto, por caridad, desear para sí la salvación y la vida eterna; y no sólo en tal o cual grado inferior de gloria, sino la vida eterna sencillamente, sin fijarle ningún límite, porque ignoramos a qué grado quiere Dios elevarnos.

¿Busca el médico curar a medias al enfermo? Claro que no; a lo que pone medida es al medicamento, no a *la salud que se busca y procura toda entera*. Evidentemente, pues, la perfección consiste esencialmente en los preceptos. También San Agustín nos dice en su libro *De perfectione justitiæ*, c. VIII: ¿Por qué, pues, no se impondría al hombre esta perfección, aunque nadie la consiga (plenamente) en esta vida? ([1]).

"Secundariamente la perfección consiste en la práctica de los consejos, en cuanto son *instrumentos* preciosos (mas no indispensables) para alcanzarla. En efecto, todos los consejos, igual que los preceptos, están ordenados a la caridad, con una diferencia, sin embargo. Los preceptos inferiores al gran mandamiento del amor tienen como fin apartar lo que es *contrario* a la caridad y la destruiría; mientras que los consejos evangélicos tienen como fin hacer a un lado lo que *estorba* el perfecto ejercicio de la caridad, sin ser, sin embargo, contrario a ella, tal como el matrimonio, la necesidad de ocuparse de negocios seculares, y cosas de este jaez. Que es lo que enseña San Agustín (*Enchiridion*, c. XXI): «Preceptos... y consejos... son bien observados cuando se los practica con el fin de amar a Dios y al prójimo por Dios, en este mundo y en el otro»."

Así se expresa Santo Tomás y añade:

Por lo cual en las *Conferencias de los Padres*, I, c. VII, el abad Moisés dice: "Los ayunos, las vigilias, la meditación de las Escrituras, la desnudez y la privación de los bienes externos no son la perfección, sino *instrumentos o medios* de perfección; no la hacen ellos, pero por su medio se llega a la perfección" con mayor rapidez y seguridad ([2]). Se puede ser voluntariamente pobre por motivos no religiosos, por

---

([1]) "Cur ergo non præciperetur homini ista perfectio, quamvis eam in hac vita nemo habeat?" San Agustín quiere decir que aun la perfección del cielo cae bajo el precepto del amor de Dios, no como cosa que inmediatamente se ha de conseguir, sino como el fin al cual *todos deben* tender, según lo explica Cayetano, in II, II, q. 184, a. 3.

([2]) En este sentido dijo Nuestro Señor al joven rico: "Si quieres ser perfecto, vete, *vende lo que tienes*, dalo a los pobres, *y tendrás un tesoro en el cielo*; después ven y sígueme" (Mat., XIX, 21). Como lo nota Santo Tomás (loc. cit. ad 1), éste es el camino que conduce a la perfección, que consiste en seguir a Jesús por el amor.

desprecio filosófico de las riquezas; y asimismo se puede serlo por amor de Dios, como San Francisco, pero eso no es indispensable para la perfección.

Por eso es posible alcanzar la santidad en el matrimonio sin la práctica efectiva de los consejos, aunque a condición de poseer *el espíritu de ellos,* que es el espíritu de desasimiento de los bienes terrenos por amor de Dios.

Demuestra todo esto que la perfección consiste sobre todo en el cumplimiento cada vez más generoso del mandamiento supremo, que es ilimitado. No sería posible fijar límites al texto definitivo del *Deuteronomio:* "Amarás al Señor Dios tuyo de todo tu corazón, con toda tu alma, con todas tus fuerzas, con todo tu espíritu" (¹), y no a medias. Es decir que todos los cristianos a quienes se dirige este precepto *tienen el deber,* si no ya de poseer la perfección de la caridad, sí, al menos, de *tender* a ella, cada uno según su condición: éste en el matrimonio, aquél en el estado sacerdotal o religioso. Para todos, no sólo es *mejor* aspirar a esta perfección de la caridad, sino que es un deber que se identifica con el de caminar siempre hacia el cielo, donde reinará plenamente el amor de Dios, amor que nadie ni nada será capaz de destruir o empequeñecer.

El amor de Dios no consiste en el justo medio

La doctrina según la cual el mandamiento supremo es universal e ilimitado, la veremos plenamente confirmada, si consideramos que el fin, del que aquí se trata, no es un fin intermedio o relativo, como la salud, por ejemplo, sino que es el fin último, Dios mismo, que es *el bien infinito.* Si el enfermo desea la salud íntegra y completa, con cuánta más razón no deberemos nosotros desear el amor de Dios sin limitar ese deseo a tal o cual grado; porque ignoramos el nivel o altura a la que nos quiere Dios elevar, y nos elevará, sin duda, si le somos fieles y aspiramos a él con generosidad.

"*El hombre*", dice Santo Tomás, "*nunca puede amar a Dios tanto como éste debe ser amado; tampoco es posible*

(¹) *Deuteronomio,* VI, 5; Luc. X, 27.

creer ni esperar en Él tanto como debemos" (¹). Al revés, en efecto, de lo que sucede con las virtudes morales, las virtudes teologales no consisten esencialmente en un justo medio: su objeto, su motivo formal su medida esencial es el mismo Dios, su verdad y bondad infinitas.

Estamos lejos de la *aurea mediocritas* de que hablaba Horacio. En su calidad de epicúreo, ya disminuía grandemente el justo medio de las virtudes morales. El verdadero justo medio de estas virtudes no es solamente el de un cálculo interesado que, sin amor de la virtud, huye los inconvenientes de los vicios opuestos entre sí; el verdadero justo medio es ya una *altura o cima:* el de la recta razón y del bien honesto buscado por su propio valor, por encima de lo útil y deleitable. Pero esta *cumbre o altura* no tiene elevación infinita, es la regla racional que gobierna nuestros actos en el uso de los bienes externos y en nuestras relaciones con nuestros semejantes. Por ejemplo, en presencia de ciertos peligros, se impone tener valor, y aun no tener miedo a la muerte, cuando la patria está en peligro. Pero exponerse a la muerte sin motivo justificado, eso no sería valor, sino temeridad. Y hay además sacrificios que la patria nunca nos puede exigir.

La patria no es Dios, y no nos puede exigir que la amemos sobre todas las cosas, sacrificándole nuestra fe cristiana, la práctica de la verdadera religión y nuestro porvenir eterno. Esto sería amar a la patria demasiado.

En cambio, por encima de las virtudes morales, las virtudes teologales, que tienen a Dios como objeto y motivo inmediato, no pueden consistir esencialmente en un justo medio. *Nunca podemos amar a Dios demasiado, crear o esperar en él más de lo debido;* nunca podemos amarle como debe ser amado. Por aquí se echa de ver que el precepto fundamental no tiene límites: nos obliga a todos a aspirar a Dios, ya aquí en la tierra, con un amor purísimo e ilimitado.

Si la esperanza se encuentra en el punto medio entre la desesperación y la presunción, no es que el presuntuoso espera demasiado en Dios, sino que desplaza el motivo de la esperanza confiando en lo que Dios nunca puede prometer, como el perdón sin verdadero arrepentimiento. De igual

---

(¹) I, II, q. 64, a. 4: *¿Consisten las virtudes teologales en un justo medio?*

manera, la credulidad no consiste en creer demasiado en Dios, sino en tomar como revelado por él lo que sólo es producto de la humana fantasía (¹).

Nadie podría, pues, creer demasiado en Dios, esperar en él o amarle más de lo justo. Olvidar con los epicúreos que el justo medio racional es ya una cumbre o cosa perfecta, y querer hacer consistir las virtudes teologales esencialmente en un justo medio, como sucede con las virtudes morales, es cosa propia de la *mediocridad* o de la tibieza, erigida en sistema, bajo pretexto de moderación. Lo mediocre es un intermedio entre el bien y el mal, más cercano al mal que al bien; el justo medio razonable es ya una altura: el bien moral; el objeto de las virtudes teologales es la Verdad y el Bien infinitos.

Esta verdad la han puesto muy bien de relieve algunos autores, haciendo el parangón del hombre mediocre con el cristiano verdadero (²).

La obligación de adelantar en el camino de la eternidad

Otro motivo, en fin, por el cual se demuestra que el precepto del amor no tiene límites, es que nos encontramos *en viaje hacia la eternidad*, y que en él avanzamos cuando aumentamos en el amor de Dios y del prójimo; por consiguiente, nuestra caridad *debe ir siempre en aumento* hasta el término del viaje; esto no es sólo un consejo, una cosa mejor; no, es una cosa que así *debe ser*, y aquel que no tu-

---

(¹) Santo Tomás, I, II, q. 64, a. 4: "*Per accidens* (non per se) potest in virtute theologica considerari medium, et extrema ex parte nostra" (v. gr. fides est per accidens inter incredulitatem et credulitatem, spes inter desperationem et præsumptionem).

(²) Cf. Ernesto Hello, *L'Homme*, II, c. viii: El hombre mediocre. "El hombre verdaderamente mediocre siente un poco de admiración por todas las cosas; pero ninguna admira con entusiasmo... Encuentra insolente toda afirmación, porque ésta excluye la proposición contradictoria. Y si eres un poco amigo y otro poco enemigo de todas las cosas, te admirará por sabio y reservado. El hombre mediocre proclama que todas las cosas tienen su lado bueno y su parte mala, y que no se debe ser absoluto en los juicios. Si resueltamente afirmas la verdad, el mediocre dirá que tienes demasiada confianza en ti mismo. El hombre mediocre lamenta que existan dogmas en la religión cristiana; su deseo sería que enseñase *sólo la moral;* y

viere voluntad de crecer en la caridad, ofendería a Dios Nuestro Señor. El camino o la ruta a la eternidad no se hizo para que nos instalemos en ella y nos durmamos; se hizo para caminar sin descanso. Para el viajero que todavía no ha llegado al término de su peregrinación, existe un mandato, no un consejo, que le obliga a ir siempre adelante; de la misma manera que un niño *debe* ir creciendo, según *ley* de la naturaleza, si no quiere quedar en enanillo ridículo y deforme ([1]).

Ahora bien, cuando se trata de caminar hacia Dios, no es el cuerpo, sino el espíritu el que avanza *gressibus amoris*, a paso de amor, dice San Gregorio Magno, progresando en la caridad, que debe llegar a ser amor siempre más puro y más ardiente. Y esto es lo que principalmente hemos de pedir en la oración; y en eso se resumen las primeras peticiones del *Padre nuestro*.

¿Se seguirá de aquí que *quebranta* este precepto aquel que no lo cumpla con toda perfección?

De ningún modo; porque, como dice Santo Tomás ([2]), "para no incurrir en esta transgresión basta con observar la ley de la caridad en alguna forma, como lo hacen los principiantes.

"La perfección del amor divino está incluída, es cierto, *toda entera (universaliter)* en el objeto del precepto; ni siquiera la perfección del cielo está excluída, ya que es el fin hacia el cual *es preciso* aspirar, como dice San Agustín ([3]); pero la transgresión del precepto se evita practicando, aunque sea de manera imperfecta, la perfección de la caridad.

"Ahora bien, el grado *más imperfecto* del amor de Dios

si le dices que la moral radica en los dogmas, te responderá que exageras... Si la palabra exageración no existiera, el hombre mediocre la inventaría.

"El mediocre parece habitualmente modesto; no puede ser humilde, a no ser que deje de ser mediocre. El hombre humilde desprecia todas las mentiras, aunque todo el mundo las ensalce; y cae de rodillas ante la verdad... Si un hombre naturalmente mediocre se hace cristiano de verdad, deja en absoluto de ser mediocre... El que ama no es mediocre jamás."

([1]) II, II, q. 184, a. 3, ad 3.
([2]) *Ibid.*, ad 2.
([3]) *De perfectione Justitiæ*, c. VIII; *De Spiritu et littera*, c. XXXVI.

consiste en no amar ninguna cosa *más que a Dios*, o *contra Dios*, o *tanta como a Dios;* y el que no alcanzare este grado de perfección, en ninguna forma cumple el precepto. Hay, por el contrario, otro grado en la caridad que no puede ser alcanzado aquí abajo, y consiste en amar a Dios con todas nuestras posibilidades, de tal forma que ese amor *tienda siempre actualmente*, en acto y realidad, hacia él. Tal perfección sólo es posible en el cielo, y no es posible, por consiguiente, transgredir un precepto que no nos obliga aquí en la tierra. Tampoco lo traspasamos por el hecho de no alcanzar los grados medios de la perfección, con tal que lleguemos al ínfimo grado."

Es claro, sin embargo, que aquel que se contentase con poseer ese mínimo de caridad, sin pasar adelante, no cumpliría en toda su perfección el mandamiento supremo: "Amarás al Señor de todo tu corazón, con toda tu alma, con todas tus fuerzas, con todo tu espíritu."

Sería un error pensar que *sola* la caridad imperfecta es de precepto, y que los grados de esta virtud, superiores al grado ínfimo, son solamente de consejo. Éstos también caen bajo el precepto, si no como cosa que se ha de realizar inmediatamente, al menos como término al que se debe aspirar: *si non ut materia, saltem ut finis* (¹). Así, en virtud de la ley de su desarrollo, ha de crecer el niño para hacerse un hombre y no quedarse en niño perpetuo o en lastimoso enano. Lo mismo en el orden espiritual (²). *La ley del crecimiento* tiene graves exigencias; si la semilla divina que fué echada en nosotros por el bautismo, no germina, corre grave riesgo de perecer y ser ahogada por las malas hierbas, como se narra en la parábola del sembrador. En el camino de la salvación, los anormales no son seguramente los verdaderos místicos, sino que son *los retardados y los tibios*.

La perfección es la meta a la cual todos deben aspirar, cada uno según su condición.

Este punto capital de la doctrina espiritual, olvidado por algunos teólogos modernos, ha sido puesto de relieve en 1923 por S. S. Pío XI en su Encíclica *Studiorum ducem*, en la que

---

(¹) Así se expresan Cayetano, in II, II, q. 184, a. 3, y Passerini, *De hominum statibus et officiis,* in II, II, q. 184, a. 3, nº 70, 106.

(²) Santo Tomás, *loc. cit.*, ad 3.

Santo Tomás es proclamado maestro indiscutible, no solamente en dogmática y moral, sino también al sentar las bases y principios de la ascética y la mística. Pío XI insiste particularmente sobre este punto: que, como lo enseñó el angélico Doctor, la perfección cristiana de la caridad cae bajo el mandamiento supremo, como el fin hacia el cual debemos aspirar todos, cada cual según su género de vida ([1]).

S. S. Pío XI recordaba el mismo año, en otra Encíclica, que San Francisco de Sales enseñó idéntica doctrina ([2]).

De ahí derivan tres consecuencias que desarrollaremos luego:

1º *En el camino hacia Dios, el que no avanza retrocede.* ¿Por qué? Porque es una ley fija que es preciso avanzar sin descanso; y que el que no avanza es un *alma retrasada*, como un tren que se detiene demasiado en las estaciones y no llega a su debida hora, o como un niño que, al no desarrollarse convenientemente, se torna en un anormal.

([1]) Encíclica *Studiorum ducem*, 29 de junio de 1923: "Illa hinc erat certissima doctrina, amorem Dei numquam non oportere crescere "ex ipsa forma præcepti: *Diliges Dominum tuum ex toto corde tuo*; totum enim et perfectum idem sunt... Finis præcepti caritas est, ut Apostolus dicit, I Cor., XII, 8; in fine autem non adhibetur aliqua mensura, sed solum in his quæ sunt ad finem" (II, II, q. 184, a. 3). Quæ ipsa est causa quare *sub præceptum perfectio caritatis cadat tanquam illud quo omnes pro sua quisque conditione niti debent.*"

([2]) En esta Encíclica escrita con motivo del tercer centenario de San Francisco de Sales, 26 de enero de 1923, se lee: "Cristo constituyó la iglesia santa y fuente de santidad; y todos los que la toman por guía y maestra deben, por voluntad divina, tender a la santidad de vida: "*Es voluntad de Dios*, dice San Pablo, *que os santifiquéis.*" ¿Qué clase de santidad es necesaria? El mismo Señor lo declara diciendo: "*Sed perfectos como es perfecto vuestro Padre celestial.*" Que a nadie pase por las mientes que tal invitación se dirige a un pequeño número de elegidos, y que a todos los demás es lícito contentarse con inferior grado de virtud. Esta ley obliga claramente a todos sin excepción. Por lo demás, todos los que llegaron a las cumbres de la vida cristiana, y en todas las edades y de todas las clases son innumerables, según el testimonio de la historia, todos ellos conocieron las mismas debilidades de la naturaleza que los demás y pasaron por los mismos peligros. En efecto, San Agustín dice magníficamente: "Dios nunca ordena lo imposible, mas al dar algún precepto, nos manda cumplirlo en la medida de nuestras fuerzas y pedir lo que nuestras fuerzas no pueden." Acerca de esta enseñanza, véase San Francisco de Sales, *Tratado del amor de Dios*, l. III, c. I.

2º *El progreso en la caridad debería ser más rápido* a medida que nos acercamos a Dios. Así el movimiento de la piedra que cae es más acelerado cuando se acerca más a la tierra que entonces la atrae con más fuerza.

3º En fin, si tanta es la grandeza del mandamiento fundamental, no es posible dudar de que *las gracias actuales se nos van dando, constante y progresivamente, para ayudarnos a llegar a ese fin;* porque Dios no manda lo imposible. Nos ama más de lo que nos imaginamos, y es preciso corresponderle.

Después de amarle *con todo nuestro corazón*, aun sensiblemente, con un amor afectivo, debemos amarle *con toda nuestra alma*, con amor operante; *con todas nuestras fuerzas*, cuando llega el momento de la prueba; y finalmente, *con todo nuestro espíritu*, progresivamente desprendido de las fluctuaciones de la sensibilidad, a fin de que, una vez espiritualizados, seamos verdaderos "adoradores en espíritu y en verdad".

Toda esta doctrina demuestra que no es posible separar santificación y salvación, como los que dicen: "Yo nunca llegaré a santo, me basta con salvarme." Hay en esa manera de ver las cosas un error de perspectiva; la santificación progresiva es en realidad el camino de la salvación; en el cielo no habrá más que santos, y por eso todos y cada uno debemos aspirar a la santidad.

CAPÍTULO DÉCIMOTERCERO

LA PERFECCIÓN Y LOS CONSEJOS EVANGÉLICOS

I. Los tres consejos y las heridas del alma. — II. Los tres consejos y la restauración de la armonía original.

Hemos visto ya que, en virtud del supremo mandamiento, todos los fieles *deben* tender a la perfección de la caridad, cada cual según su condición y género de vida; y que no es posible conseguir esta perfección cristiana sin poseer *el espíritu de los consejos evangélicos,* que es el mismo espíritu de desasimiento de que nos habla San Pablo, al advertirnos que debemos usar los bienes de este mundo *"como si no los usásemos",* es decir sin detenernos en ellos, sin instalarnos en la tierra como si en ella debiéramos permanecer eternamente; no nos es permitido olvidar que somos *todos* peregrinos que vamos camino de la eternidad, y que *tenemos la obligación* de crecer en la caridad hasta el término de nuestro viaje. Es ésta una *obligación general* que deriva del precepto fundamental.

Pero además tienen algunos, como consecuencia de su vocación, *obligación especial* de aspirar a la perfección según un género de vida particular; por ejemplo el sacerdote, para ser digno ministro de Nuestro Señor, los religiosos, aun los que no son sacerdotes, y las religiosas, en razón de sus votos; todos éstos han de vivir, no sólo según el espíritu de los consejos, sino en *la práctica efectiva* de la pobreza, castidad absoluta y obediencia. Trataremos aquí de esa práctica efectiva de los tres consejos, con relación a la perfección cristiana y al remedio de nuestras heridas morales.

Los tres consejos evangélicos y las heridas del alma

Nuestro Señor dijo al joven rico del que habla el Evangelio de San Mateo, XIX, 21: *"Si quieres ser perfecto, anda, vende lo que tienes y da su precio a los pobres, y tendrás un tesoro en el cielo; y ven luego y sígueme.*" El evangelista añade: "Al oír estas palabras, el joven se alejó triste, porque tenía grandes posesiones."

La práctica efectiva de los tres consejos evangélicos no es obligatoria ni indispensable para llegar a la perfección a la cual todos debemos aspirar; pero es un medio muy conveniente para conseguir más segura y rápidamente el fin, y no exponernos a quedarnos a mitad del camino.

Hemos dicho, en efecto, que no es posible alcanzar la perfección sin tener el *espíritu de los consejos,* o sea el espíritu de desasimiento. Pero es difícil adquirir tal espíritu sin la práctica efectiva de ese desasimiento que tan duro pareció al joven del evangelio.

Es posible alcanzar la santidad en el estado matrimonial, como Santa Clotilde, San Luis, la beata Ana María Taigi; pero es más difícil llegar a ella por ese camino. Es difícil estar poseído del espíritu de desprendimiento de los bienes terrenos, de los placeres no pecaminosos, y de la propia voluntad, si de hecho, no nos separamos de esas cosas. El cristiano que vive en el mundo está expuesto a dejarse absorber desmesuradamente por la preocupación de adquirir una situación o conservarla para sí o para los suyos, y olvidarse un tanto de que va camino de otra patria que no está en la tierra; y que para conquistarla se necesita, no precisamente talento en los negocios, sino la ayuda divina que obtenemos por la oración, y el fruto de la gracia, que son los méritos.

Se ve inclinado igualmente, en la vida de familia, a entretenerse en afecciones en las que encuentra legítima satisfacción a la necesidad de amar, olvidando que sobre todas las cosas debe amar a Dios, con todo su corazón, alma, fuerzas y espíritu. Y con frecuencia acaece que la caridad no es en él la llama viva que se levanta hacia Dios, vivificando todas las otras afecciones, sino una pequeña brasa que poco a poco se extingue bajo las cenizas. De ahí la facilidad con que tantos cristianos caen en el pecado, sin reflexionar apenas que el pecado es infidelidad a la divina amistad, que debería ser el más profundo sentimiento del corazón.

En fin, el cristiano que vive en el mundo está constantemente expuesto a hacer su voluntad, al margen, por decirlo así, de la de Dios; y después de haber concedido algunos instantes a la oración, el domingo y acaso cada día por la mañana, a ordenar su vida desde un punto de vista puramente natural, con la razón más o menos deformada por el propio amor y los prejuicios o convenciones de su ambiente. Y así resulta que la fe se reduce prácticamente a unas cuantas verdades sagradas, aprendidas de memoria, pero que para nada influyen en su vida. La inteligencia está demasiado preocupada con los intereses terrenales y otras fruslerías; y al presentarse algunas graves dificultades que exigirían gran energía moral, cae uno en la cuenta de que el espíritu de fe está ausente; las altas verdades acerca de la vida futura, y de la asistencia con que nos socorre el Señor, resultan prácticamente ineficaces, son como verdades lejanas, perdidas entre la bruma, que nunca fueron asimiladas. Es que falta la fe práctica que haría descender la luz de los misterios en medio de las dificultades de la vida cotidiana.

Tales son los peligros con que tropieza el cristiano cuando no se esmera en practicar los consejos evangélicos en cuanto le es posible. Y si sigue resbalando por esta pendiente, se extravía y cae progresivamente en las tres enfermedades morales que radicalmente se oponen a los tres consejos; aquellas de que habla el apóstol San Juan cuando dice: "Todo lo que hay en el mundo, es *concupiscencia de la carne, concupiscencia de los ojos y soberbia de la vida:* lo cual no nace del Padre, sino del mundo" (I Joan, II, 16). Éstas son las tres llagas purulentas que destruyen las almas y les acarrean la muerte, alejándolas de Dios.

Estas tres plagas o heridas morales aparecieron en el mundo luego del pecado del primer hombre y de nuestros numerosos pecados personales. Para comprender su gravedad preciso es recordar que ellas reemplazan, a fondo, a *la triple armonía que existía en el estado de justicia original*, triple armonía que el Salvador pretende restablecer mediante los consejos evangélicos.

Allá en el primer día de la creación, existía perfecta armonía entre Dios y la criatura, entre el alma y el cuerpo, entre el cuerpo del hombre y los bienes inferiores. Existía *armonía entre Dios y el alma,* ya que ésta fué creada para conocer a Dios, amarle y servirle, y así conseguir la vida eterna. El primer hombre, que había sido creado en "estado de santidad y de justicia original", era un contemplativo que conversaba familiarmente con Dios, como lo traen los primeros capítulos del Génesis. Su alma se nutría principalmente de las cosas divinas, *"un poco menos que los ángeles"* (Salm. VIII, 6); y a través de Dios consideraba todas las cosas y obedecía al Señor.

De esta superior armonía derivaba la que existía *entre el alma y el cuerpo* hecho para servir al alma. Como el alma estaba perfectamente subordinada a Dios, ejercía su imperio sobre el cuerpo; las pasiones o movimientos de la sensibilidad seguían dócilmente la dirección de la recta razón esclarecida por la fe, y el impulso de la voluntad vivificada por la caridad.

Había, en fin, *armonía entre el cuerpo y los bienes externos;* la tierra daba espontáneamente sus frutos, sin necesidad de gran trabajo, y los animales eran dóciles al hombre que había recibido el mando sobre ellos y no le hacían ningún mal.

El pecado vino a turbar esta triple armonía, destruyendo la más alta de las tres, e introdujo en su lugar el triple desorden, llamado por San Juan "el orgullo de la vida, la concupiscencia de la carne y la concupiscencia de los ojos".

El hombre se rebeló contra la ley de Dios, y el alma humana, *inclinada* desde este momento *a la soberbia*, va repitiendo con frecuencia: *"non serviam,* no obedeceré". Cesó en ese momento de nutrirse de la verdad divina, complaciéndose en sus pequeñas ideas, estrechas, falsas, sin fuste; pretendió crearse su propia verdad, y dirigirse solo, limitando cuanto le fué posible la autoridad de Dios, en lugar de recibir de su mano la dirección saludable que conduce a la verdadera vida.

Al rehusar someterse a Dios, perdió el alma su imperio sobre el cuerpo y sobre las pasiones, hechas para obedecer a la razón y a la voluntad. Más aun, el alma se reduce con frecuencia a la condición de esclava del cuerpo y de sus inferiores instintos; que es *la concupiscencia de la carne.* Muchas personas se olvidan de su destino divino, hasta el punto de ocuparse desde la mañana hasta la noche únicamente de su cuerpo, que viene a ser su ídolo. Las pasiones reinan como señoras, y el alma se hace su esclava, porque las pasiones, opuestas entre sí, el amor, la envidia, la cólera y el odio, se van turnando en ella, bien a su pesar. Y el alma, en vez de dirigirlas, se siente por ellas arrastrada, como por caballos desbocados que no obedecen al freno.

El cuerpo, en fin, en vez de servirse de los bienes externos, hácese su esclavo. Se arruina a veces para procurarse esos bienes externos en abundancia, se rodea de un lujo odioso, a costa de los pobres que tienen hambre. Tiene necesidad de todo lo que brilla y le hace llamativo: y esto es *la concupiscencia de los ojos*. Y después de haber acumulado una fortuna, el cuidado de conservarla y hacerla aumentar viene a ser la ocupación absorbente de muchos hombres que, esclavos de sus negocios, nunca encuentran tiempo para orar, para leer una página del evangelio, para alimentar su alma; se instalan en la tierra como si aquí debieran permanecer eternamente, sin acordarse apenas de su salud eterna.

Esta triple esclavitud, que reemplaza a aquella triple armonía, es el desorden erigido en sistema. Pero el Salvador vino al mundo precisamente a restaurar el orden destruido, y para conseguir su intento nos enseñó los tres consejos evangélicos.

Los tres consejos evangélicos y la restauración de la armonía original [1]

La divina Providencia envió a Nuestro Señor para restaurar el orden primitivo. Esta restauración apareció primero en la persona misma de Jesús y se continúa luego en la Iglesia que debe resplandecer siempre con la aureola de la santidad.

Jesús fué en su humanidad modelo de todas las virtudes y ejemplar eminente de toda santidad. Su humanidad estuvo consagrada a Dios desde el primer instante de su concepción, por su unión sustancial al Verbo, recibiendo así una santidad innata, sustancial e increada. Imposible concebir unión más íntima con Dios, ni más indisoluble que esta unión

---

[1] Cf. Santo Tomás, I, II, q. 108, a. 4; y II, II, q. 186, a. 3, 4, 5, 7.

persona¹, hipostática, de la naturaleza humana y de la naturaleza divina en la persona del Verbo hecho carne.

En consecuencia, la humanidad del Salvador queda consagrada a Dios en todos sus actos y en todas sus facultades, en forma que su inteligencia es infalible y no puede ver las cosas sino en la divina luz; su voluntad es impecable y su purísima sensibilidad no puede conocer ningún desorden. Todos los actos del alma santa de Cristo son de Dios, vienen de Dios y van a él; en ninguna parte se ejerce con tan absoluta plenitud el soberano dominio del Altísimo.

Y estando la humanidad de Cristo tan profundamente consagrada a Dios, permanece igualmente separada del espíritu del mundo y al mundo se ha entregado para salvarlo y liberarlo del espíritu de ceguera, de concupiscencia y de orgullo.

Es su propia elevación la que separa a Jesús del espíritu del mundo y de todo lo malo o menos perfecto.

Merced a esta innata elevación, Jesús permanece desasido de los bienes terrenos, de los honores y de las inquietudes mundanales; modelo de pobreza, ni siquiera tenía donde reposar su cabeza.

Gracias a la elevación de su espíritu, Jesús está asimismo alejado de los placeres del mundo; libre de las exigencias de la familia, pudo fundar una familia universal: la Iglesia. Es en esto modelo de castidad religiosa, condición de su paternidad universal.

En fin, por su elevación sobrenatural, está Jesús desprendido de toda voluntad propia; a los doce años, declara que "ha venido a ocuparse de los asuntos de su Padre" y es "obediente hasta la muerte, y muerte de cruz".

Dado que nuestro divino Salvador vino del cielo, la misma sublimidad de su naturaleza le aleja de todo lo que es inferior; y lo separa, no para aislarlo, sino para que pueda actuar sobre el mundo desde la altura, para que su acción sea más universal y más profunda; algo así como se universaliza la acción del sol, cuando ha llegado al zenit, al punto más elevado en su carrera. Jesús, por el hecho de estar desasido de todos los lazos que atan al hombre a los bienes individuales, a la familia, a sus estrechas ideas personales, ha podido realizar su obra no en favor de los hombres de un país o de una época, sino en favor de toda la especie humana a la que trajo la vida eterna. El Evangelio no envejece; es siempre actual, y tiene la perennidad misma de Dios; y ésa es la mejor demostración de que Jesús no era de este mundo, sino que fué dado al mundo para salvarlo.

Contemplamos así en Nuestro Señor la restauración de la triple armonía original, restauración tan espléndida, que sobrepasa, con mucho, a la perfección del primer hombre. *"Donde abundó el pecado, ha sobreabundado la gracia."*
Y esta restauración del orden primitivo ha de continuarse en la Iglesia, que debe estar aureolada con el signo de la santidad. El Salvador quiso que la Iglesia fuera una, católica y apostólica. Su santidad debe ser notoria a todos y manifestarse, no sólo de tiempo en tiempo, en ciertas almas heroicas, como los mártires y ciertos grandes santos canonizados, sino de un modo permanente en instituciones y familias religiosas, en las que gran número de almas ingresan en la escuela de la santidad y hacen profesión de imitar a Nuestro Señor y de seguir su espíritu de desasimiento de las cosas del mundo y de unión con Dios
A las almas que han recibido esta especial vocación, les propone el Salvador, no sólo vivir según el espíritu de los consejos evangélicos, sino el practicarlos efectivamente, y les promete el ciento por uno. Les invita a una *triple renuncia* en vista de la *triple consagración*, que les garantiza plenamente el crecimiento en las más altas virtudes: en la fe, la esperanza y la caridad, es decir, en la unión con Dios.
Y les aconseja, respecto al uso de los bienes de aquí abajo, *mantenerse alejadas de ellos, para no ser por ellos arrastradas*.
Les invita a practicar *la pobreza;* a separarse del libre uso y aun de la propiedad de los bienes exteriores, y a consagrar estos bienes a Dios, para que no les sirvan de obstáculo, sino de medios en su viaje a la eternidad.
Les invita igualmente a *la castidad absoluta*, es decir a la total renuncia al placer de los sentidos, y a consagrar sus cuerpos y sus almas a Dios, a fin de que no les sean obstáculo, antes medios vivificados por la gracia.
Les invita, en fin, a *la santa obediencia*, para librarse de

toda voluntad propia, tan caprichosa y rebelde; a fin de que esa voluntad no les sea impedimento, antes bien les sirva de medio, más y más sobrenaturalizado por la caridad, de unirse a Dios más íntimamente cada día.

La práctica de estas tres virtudes y de los correspondientes votos no carece de dificultades, pero son muchas más las que suprime. El ave lleva sus alas a cuestas, pero las alas le llevan a ella por los aires; de igual manera, las virtudes religiosas y los tres votos imponen ciertamente especiales obligaciones, pero es mucho más lo que ayudan a las almas a volar hacia la perfección de la caridad, a través de una ruta segurísima.

Estas tres virtudes de pobreza, castidad y obediencia son llamadas religiosas o santas, por estar subordinadas a la *virtud de religión* que da a Dios el culto debido. La virtud de religión, por razón de su objeto, el culto al Señor, es la primera de las virtudes morales, y está inmediatamente después de las virtudes teologales y la prudencia infusa que la dirige. Ella ofrece a Dios los actos de las tres virtudes religiosas de pobreza, castidad y obediencia. Y para rodearse de garantías de no volver atrás, el alma religiosa se liga con los tres votos correspondientes, triple promesa o compromiso de practicar estas virtudes, primero por un tiempo determinado, y luego hasta la muerte, a ejemplo de Nuestro Señor que fué "obediente hasta la muerte y muerte de cruz".

Como el Salvador hizo entrega de sí, así el alma religiosa se ofrece en unión con él, por toda una vida de oblación y sacrificio. Y como en este estado ha debido renunciar a todo: bienes externos, cuerpo, corazón, voluntad y propio juicio, si este sacrificio es hecho convenientemente, y no es revocado más adelante, merece en verdad el nombre de holocausto.

Cada día ha de ser vivido de manera más íntima, y se hace así merecedor del ciento por uno prometido por el Salvador.

Dijo Jesús (Marc., x, 29): "En verdad os digo, que ninguno hay que, habiendo dejado su casa, sus hermanos, hermanas, padre, madre, sus hijos y sus campos por mí y por el Evangelio, no reciba en el tiempo presente el ciento por uno: casas, hermanos, hermanas, madres, hijos y campos, aun en medio de la persecución; y en el siglo futuro la vida eterna."

Ya veremos más tarde que *la fe es el alma de la santa obediencia*, y que la práctica de esta virtud acrecienta el espíritu de fe; que *la esperanza* o confianza en Dios *es el alma de la santa pobreza*, que hace que nos pongamos en las manos de Dios; que *la caridad es el alma de la santa castidad*, la cual, si la practicamos con delicadeza, hace que en nuestras almas florezca el amor de Dios y de las almas en Dios.

CAPÍTULO DÉCIMOCUARTO

OBLIGACIÓN ESPECIAL QUE EL SACERDOTE Y EL RELIGIOSO TIENEN DE TENDER A LA PERFECCIÓN

Después de haber hablado de la obligación general por la cual todos los cristianos, cada uno según su condición, están obligados a tender a la perfección en virtud del supremo precepto del amor de Dios, vamos a tratar brevemente de la especial obligación que sobre este punto tiene el religioso y cualquier sacerdote, haya hecho o no los votos de religión.

Nos fijaremos principalmente en cómo la virtud de religión debe permanecer siempre más y más bajo la influencia de la virtud de la caridad y de un amor de Dios purísimo y ferviente.

¿EN QUÉ CONSISTE ESTA ESPECIAL OBLIGACIÓN DEL RELIGIOSO?

Esa obligación se funda en su profesión religiosa, cuya gracia, si a ella permanece fiel, no es transitoria, sino permanente. Como enseña Santo Tomás [1]: "Hablando en propiedad, un hombre se encuentra en estado de perfección, no por haber hecho un acto de perfecta caridad, sino por *obligarse* para siempre, con alguna solemnidad, *a los medios que conducen a la perfección*." "Esto es verdad tratándose de los obispos y de los religiosos. Los religiosos, en efecto, se obligan por sus votos a abstenerse de las cosas del mundo, de las que libremente hubieran podido hacer uso; y esto para darse con mayor libertad a las cosas de Dios... Asi-

[1] II, II, q. 184, a. 4.

mismo los obispos se obligan a la perfección, aceptando la carga pastoral, ya que el pastor debe dar su vida por sus ovejas" (¹).

El religioso hace así, propiamente hablando, "profesión de tender a la perfección". "No que lo haya logrado ya todo", dice San Pablo, "ni llegado a la perfección; pero yo sigo mi carrera por ver si alcanzo aquello para lo cual fuí destinado por Jesucristo" (Fil., III, 12). Por consiguiente, no comete el religioso pecado de hipocresía por el hecho de no ser perfecto, pero la cometería si no aspirase sinceramente a la perfección. Esta especial obligación se identifica en él con la de observar sus tres votos y su regla (²).

Pero se la debe considerar siempre en sus relaciones con la obligación fundada en el gran mandamiento del amor de Dios y del prójimo; en tal caso, la vida religiosa conserva toda su grandeza, y se presenta, no sólo en su aspecto canónico y jurídico, sino en su más alto sentido espiritual.

Planteada así la cuestión, se comprende claramente el verdadero alcance de este principio que no hay que entender material y mecánicamente, multiplicando irracionalmente los votos: "*Es más meritorio hacer una cosa por voto que sin él*" (³). No se sigue de ahí que se hayan de multiplicar los votos para alcanzar mayores méritos, sino que el religioso debe observar sus votos cada vez con mayor perfección, penetrándose más y más de estas tres razones que da Santo Tomás, al exponer este principio:

1. *El voto es un acto de la virtud de religión o de latría*, superior a las virtudes de obediencia, castidad y pobreza, cuyos actos ofrece, como un culto, al Señor.

2. Por el voto perpetuo, sobre todo si es solemne, el hombre ofrece a Dios, no sólo el acto aislado, sino *la misma facultad;* y mejor es dar el árbol con los frutos que ofrecer los frutos solamente.

3. Por el voto, la voluntad *se afirma de manera irrevocable* en el bien; y es más meritorio obrar así, como, en sentido opuesto, es cosa más grave pecar con la voluntad obstinada en el mal.

(¹) *Ibid.*, a. 5.
(²) SALMANTICENSES, *Theol. mor.*, t. IV. De statu religioso, initio, nº 20-25.
(³) SANTO TOMÁS, II, II, q. 88, a. 6.

Viviendo según este espíritu, se llega a comprender más clara y concretamente lo que enseña la teología: mediante los tres votos, que son de la esencia misma del estado religioso, el religioso, como lo enseña Santo Tomás (¹), *se separa* de todo aquello que impediría a su afecto inclinarse hacia Dios, y, si no vuelve atrás en su camino, *ofrece todo su ser al Señor en holocausto*. Su estado es, de esa manera, estado de alejamiento del mundo, sobre todo del espíritu del mundo, quedando así consagrado totalmente a Dios.

Tres cosas en particular pueden impedir que su afecto vaya totalmente hacia Dios: la concupiscencia de los ojos o deseo de las cosas exteriores, la concupiscencia de la carne y el orgullo de la vida o amor de la independencia. El religioso renunció a ellas por los tres votos. Después ofrece a Dios los bienes externos por la pobreza, su cuerpo y corazón por la castidad, y su voluntad por la obediencia. Nada más le queda que ofrecer; y si no se vuelve atrás, antes bien practica cada vez con más perfección, y por amor de Dios y del prójimo, las virtudes correspondientes a los tres votos, con toda verdad ofrece al Señor el sacrificio perfecto que merece el nombre de holocausto. Su vida es, en tal caso, junto con el oficio divino, *como el acompañamiento diario y continuado del sacrificio de la misa;* constituye un culto y aun un culto de latría ofrecido a Dios por la virtud de la religión. Esto tiene lugar sobre todo, si el religioso renueva con frecuencia sus promesas con un mérito mucho mayor que el día que las hizo por primera vez; el mérito, en efecto, va en él en aumento junto con la caridad y las demás virtudes; y en consecuencia, su consagración a Dios se hace cada vez más íntima y absoluta.

¿Cuál es el fin de esta triple renuncia, y de esta triple oblación o consagración? Su fin, dice Santo Tomás, es la unión con Dios (²), que cada momento debería ser más íntima y como el preludio de la vida eterna. El religioso debe llegar a ella por la perfecta imitación de Jesucristo, que es "el camino, la verdad y la vida". Jesús, en cuanto hombre, estuvo totalmente *separado* del espíritu del mundo, y tan

---

(¹) II, II, q. 186, a. 7.
(²) II, II, q. 184, a. 5: "Religiosi se voto adstringunt ad hoc quod a rebus sæcularibus se abstineant, quibus licite uti poterant, *ad hoc quod liberius Deo vacent:* in quo consistit perfectio præsentis vitæ."

unido a Dios como es posible; por la gracia de su unión personal con el Verbo, su naturaleza fué totalmente consagrada; su inteligencia, infalible; su voluntad, impecable; todos sus pensamientos, todos sus actos voluntarios y todas las emociones de la sensibilidad eran de Dios y a él se dirigían. En ninguna parte se ha ejercido tan plenamente el soberano dominio de Dios, como en la santa humanidad del Salvador.

Pues bien, el religioso hace profesión de seguirle; pero en tanto que Jesús vino del cielo, el religioso viene de la tierra, de la región del pecado, y se halla en la necesidad y obligación de separarse de todas las cosas inferiores, para consagrarse a Dios en toda intimidad. En tal caso se realiza en él lo que dice San Pablo (Col., III, 1-4): "Buscad las cosas que son de arriba, donde Cristo está sentado a la diestra de Dios; aficionaos a las cosas del cielo, no a las de la tierra. Porque muertos estáis ya, y *vuestra vida está escondida con Cristo en Dios.* Cuando aparezca Cristo, que es vuestra vida, entonces apareceréis también vosotros con él gloriosos." Comenta Santo Tomás esta Epístola y dice: "No toméis gusto a las cosas del mundo, ya que estáis muertos a él; vuestra vida está escondida en Cristo; y él está escondido para nosotros, porque está en la gloria de Dios Padre; e igualmente la vida que de él nos viene, está escondida, según las palabras de la Escritura: «*¡Qué grande es la bondad que tienes para los que te temen, y que manifiestas a los que en ti buscan refugio!*» (Salm., XXX, 20). «*Al que venciere daréle yo a comer un manjar recóndito; y le daré... un nombre nuevo, que nadie lo sabe sino aquel que lo recibe*» (Apoc., II, 17)."

Este maná espiritual, del cual el otro del desierto no era sino un símbolo lejano, es el manjar del alma; es la contemplación infusa que procede de la fe viva iluminada por los dones del divino Espíritu. De esta manera, dice Santo Tomás, la vida activa (o ejercicio de las virtudes morales) dispone a la vida contemplativa de unión con Dios ([1]), y particularmente "la virginidad está destinada al bien del alma según esa vida contemplativa" ([2]). De esta suerte, toda vida religiosa tiende al cumplimiento cada vez más acabado del

---

([1]) II, II, q. 182, a. 4: "Vita activa disponit ad contemplativam."
([2]) II, II, q. 152, a. 4.

precepto del amor divino y a la intimidad de la unión con Dios.

Preciso es, pues, considerar sin descanso la especial obligación que tiene el religioso de tender a la perfección, relacionada con la obligación general fundada en el supremo mandamiento del amor, mandamiento que es, con mucho, superior a los tres consejos evangélicos; ya que éstos no son sino *medios o instrumentos* para llegar con mayor rapidez y certidumbre a la perfección de la caridad o a la intimidad con Dios, que se difunde sobre el prójimo cada vez con mayor fecundidad (1).

Así, por inspiración de las tres virtudes teologales, se ejercitan plenamente las tres virtudes religiosas. Establécese entre ellas el más estrecho vínculo, en tal forma que, como ya queda dicho, la esperanza de la eterna felicidad es como el alma de la pobreza santa, que renuncia a los bienes de la tierra a cambio de los de la eternidad; la caridad es el alma de la castidad religiosa, que renuncia a los amores de aquí abajo por otro más excelso; la fe es el alma de la obediencia, que se somete a órdenes superiores como si le fueran reveladas por el mismo Dios. Por este camino la vida religiosa conduce, como por la mano, a la contemplación y a la más íntima unión con el Señor.

De la obligación que tiene el sacerdote de tender a la perfección

Si el religioso, aunque sólo sea hermano lego, y la religiosa están en la especial obligación de tender a la perfección, otro tanto hay que decir, y con más razón, del sacerdote, aunque no sea religioso. Es evidente que el sacerdote, que vive en el siglo, no está, propiamente hablando, en "estado de perfección"; y si se hace religioso, tendrá un nuevo mérito: el mérito de los votos de pobreza y de obediencia (2). Está, no obstante, en la obligación de tender a la perfección pro-

---

(1) Santo Tomás, II, II, q. 184, a. 3: "*Perfectio per se et essentialiter est in præceptis* (præsertim amoris Dei et proximi), *secundario autem et instrumentaliter in consiliis*... quibus removentur impedimenta actus caritatis."

(2) Santo Tomás, II, II, q. 184, a. 6.

piamente dicha, en razón de su ordenación y de sus sagradas funciones, las cuales exigen mayor santidad interior que la requerida por el estado religioso (¹) a un hermano lego o a una monja.

Esta especial obligación no es distinta de la que tiene de cumplir digna y santamente los múltiples deberes de la vida sacerdotal. En virtud del mandamiento supremo, es necesario que los cumpla más y más perfectamente, con el consiguiente progreso en la caridad que ha de ir en auge hasta la muerte.

El fundamento de esta obligación es la ordenación sacerdotal y la sublimidad del ministerio que es su consecuencia. Esta ordenación requiere, no sólo el estado de gracia y especiales aptitudes, sino una perfección inicial *(bonitas vitae)* superior a la exigida para entrar en religión (²). El sacerdote, en efecto, debe iluminar a los demás, y sería muy conveniente que él se encontrase en la vía iluminativa, como convendría que el obispo se hallase en la vía unitiva de los perfectos.

Además, los efectos de la ordenación son el carácter sacerdotal, indeleble participación del sacerdocio de Cristo, y la gracia sacramental, que permite cumplir las funciones sacerdotales de una manera santa, como conviene a un digno ministro de Jesucristo (³). Esta gracia sacramental es como una modalidad que se añade a la gracia santificante, y que da derecho a obtener los socorros actuales, necesarios para desempeñar santamente, y con santidad siempre en aumento, los actos propios de la vida sacerdotal. Es como un rasgo de la fisonomía espiritual del sacerdote, que ha de ser ministro más consciente cada día de los sagrados deberes del sacerdocio.

La ordenación sacerdotal es seguramente superior a la profesión religiosa, y no es ciertamente menor la especial obligación de tender a la perfección, que en ella se funda. Por esta razón, en el mismo acto de la ordenación, el obispo amonesta al que se ordena que, en adelante, ha de "aplicarse

---

(¹) *Ibid.*, a. 8.
(²) Santo Tomás, II, II, 189, a. 1, ad 3; 184, a. 7, 8; *Supplem.* q. 36. a. 1 y 3; q. 40, a. 4.
(³) *Ibid.*, *Supplem.*, q. 35, a. 1 y 2.

a vivir santa y religiosamente, y agradar a Dios en todas las cosas".

Si, por el mandamiento supremo, debe ya cualquier fiel, dentro de su condición, tender a la perfección, muchísimo más obligado está el sacerdote. Se dice en San Mateo, XIII, 12: "Al que tiene, dársele ha más y tendrá sobrado."

La *Imitación de Jesucristo*, l. IV, c. v, dice, a este propósito, al ministro de Dios: "Fuiste hecho sacerdote y consagrado para celebrar los santos misterios: sé ahora fiel, para celebrar el sacrificio con fervor, en su tiempo conveniente, y que tu conducta sea en todo irreprensible. Tu carga no es liviana; estás, por el contrario, ligado con obligaciones más estrechas y obligado a más alta santidad. Un sacerdote ha de estar adornado de todas las virtudes, y dar a los demás ejemplo de vida pura. Sus costumbres no han de parecerse a las de la multitud: no le es lícito caminar por la vía común, antes bien, ha de vivir como los ángeles del cielo o como los santos en la tierra."

Las funciones sacerdotales, en cuanto se relacionan con el Señor, presente en la Eucaristía, y con su cuerpo místico, demuestran, todavía mejor que la misma ordenación, esa especialísima obligación de tender a la perfección.

El sacerdote, cuando celebra el santo sacrificio de la misa, es figura de aquél en cuyo nombre habla, de Jesucristo que se ofrece por nosotros. Debe ser ministro consciente de la grandeza de sus funciones, y unirse más y más, con alma y corazón, al Sacerdote principal que es también la víctima sagrada, *sacerdos et hostia*. Sería hipocresía, o cuando menos culpable negligencia, subir las gradas del altar sin una firme voluntad de ir creciendo en caridad. Debe el ministro de Cristo decir cada día con más espíritu y santidad: "*Hoc est corpus meum. Hic est calix sanguinis mei.*" Su comunión habrá de ser cada día sustancialmente más fervorosa, por una mayor disposición de la voluntad al servicio de Dios, ya que el sacramento de la Eucaristía debe, no sólo conservar, sino aumentar la caridad de nuestras almas.

Santo Tomás dice también (II-II, q. 148, a. 8.): "Para las augustas funciones por las cuales es el sacerdote ministro de Cristo en el altar, necesaria es una santidad interior más alta que la requerida para el estado religioso." Por esta razón, añade, y en igualdad de circunstancias, el sacerdote que peca, peca más gravemente que el religioso no ordenado.

La santidad que ha de tener el ministro de Dios en el altar, la expone así la *Imitación*, l. IV, c. v: "El sacerdote revestido de los sagrados ornamentos ocupa el lugar de Jesucristo, para ofrecer a Dios humildes preces por sí mismo y por todo el pueblo. Por delante y por detrás lleva la señal de la cruz del Salvador, para tener siempre presente la memoria de su Pasión... Lleva la cruz a la espalda, *para aprender a sufrir con mansedumbre por amor de Dios el mal que los hombres pudieren ocasionarle*. Y la lleva por delante, para llorar los propios pecados; detrás, para llorar los ajenos, acordándose de que es mediador entre Dios y el pecador... Cuando el sacerdote dice misa, honra a Dios, alegra a los ángeles, edifica a la Iglesia, procura socorro a los vivos, reposo a los difuntos, y hácese participante de todos los bienes."

El sacerdote ha de recitar el Oficio divino con dignidad, atención y sincera piedad. Esta gran oración de la Iglesia es como el acompañamiento del sacrificio de la misa; le precede como un preludio y la continúa después; es el cántico de la esposa de Cristo, desde la aurora hasta la tarde, y tomar parte en él es grande honra. Y es un deber recitarlo con el pensamiento puesto en las altas intenciones de la Iglesia; por ejemplo, en la pacificación del mundo mediante la extensión del reinado del Salvador.

Tiene, en fin, el sacerdote especial obligación de tender a la perfección, para llenar con decoro sus funciones relacionadas con el Cuerpo místico de Jesucristo. Para santificar las almas, participa del cargo que primariamente es propio del obispo, del cual ha de ser fiel cooperador. Asimismo dice el Concilio de Trento, ses. 22, c. 1: "Ninguna cosa induce con mayor eficacia a los fieles a la verdadera piedad, como los buenos ejemplos del sacerdote. En él, como en un espejo de perfección, se posan los ojos de los hombres. Por eso debe ordenar su vida, modales, su exterior, gestos y palabras, de tal suerte que nunca se aparte de la gravedad, la moderación y el sentido religioso que a su profesión corresponden." El sacerdote secular no está obligado a hacer voto de pobreza, pero ha de vivir sin apego a las cosas de la tierra, dándolas de buena gana a los pobres; debe obedecer a su obispo y ser como el servidor de los fieles, sin preocuparse demasiado de las dificultades y aun de las calumnias.

La necesidad de esta perfección es más palpable aún cuando se trata de la predicación, la confesión y la dirección de las almas.

Para que la predicación sea viva y fecunda, preciso es que el predicador hable de la abundancia del corazón. Santo Tomás dice más: que la predicación debe "derivar de la plenitud de la contemplación" ([1]), de una fe viva, penetrante y sabrosa del misterio de Jesucristo, del valor infinito de la misa, y del precio de la gracia santificante y de la vida eterna. El sacerdote debe predicar como un salvador de almas que es, y ha de preocuparse incesantemente por la salvación, no de algunas, sino de muchas almas. Es imprescindible que no haya recibido el sacerdocio en vano.

Igualmente, en el ministerio de la confesión y la dirección, es necesario que el sacerdote posea un alma luminosa, ardiente, que tenga "hambre y sed de la justicia de Dios"; de lo contrario, tal ministerio podría ser para él un grave peligro, y, en vez de salvar las almas, caer él en la perdición. Si la vida no se eleva, desciende; y para evitar que descienda, es preciso que se eleve como una llama. Aquí es donde más aplicación tiene aquello de que, en los caminos de Dios, el que no avanza retrocede. Al sacerdote, en fin, se dirigen, confiadas, numerosas almas a las que el Señor pide mucho; y preciso es que en él encuentren ayuda cierta y firme para caminar con seguridad por las vías del Señor; sería una pena que un día tuvieran que alejarse por no haber encontrado el apoyo que confiaron hallar.

Es mucho de tenerse en cuenta lo que a este propósito decía un amigo del Cura de Ars, el venerable P. Chevrier, sacerdote de Lyón, que hizo un bien inmenso en esta ciudad ([2]). Solía decir a los sacerdotes que estaban a su cargo, que siempre debían tener ante los ojos la gruta de Belén, el Calvario y el Tabernáculo.

La gruta, decía, ha de traernos a la memoria *la pobreza;*

([1]) II, II, q. 188, a. 6.
([2]) *Le P. Chevrier,* por Antonio Lestra, 1935.

el sacerdote ha de ser pobre en su morada, su vestido y su comida. Ha de ser humilde de espíritu y de corazón para con Dios y para con los hombres. Cuanto es así uno más pobre, más glorifica a Dios y es útil al prójimo. *El sacerdote es un hombre despojado.*

El Calvario ha de recordarle la necesidad de *la inmolación*. Debe estar muerto para su cuerpo, para su propio espíritu, para su voluntad, para su reputación, para su familia y para el mundo. Ha de inmolarse por el silencio, la oración, el trabajo, la penitencia, el sufrimiento y la muerte. Cuanto el sacerdote está más muerto para sí mismo, más alta vida tiene y comunica a los demás. *El verdadero sacerdote es un hombre crucificado.*

El Tabernáculo le recuerda *la caridad* en que ha de estar inflamado. Ha de hacer donación de su cuerpo, de su espíritu, de su tiempo, de sus bienes, de su salud y de su vida. Debe dar a los demás la vida por su fe, su doctrina, sus palabras, su oración, su autoridad y sus ejemplos. Preciso es que el sacerdote sea como el buen pan. *El sacerdote es un hombre comido.*

Así hablaba el venerable P. Chevrier, que abrió en Lyón, para los niños más abandonados, un catecismo donde, para ser admitido, bastaban tres condiciones: "No tener nada, no saber nada, no valer nada". Pero llevaba una vida tan sobrenatural, que consiguió hacer de muchos de estos niños buenos cristianos, y no pocas veces cristianos excelentes. Y obtuvo así, con una miseria de recursos materiales, un rendimiento sobrenatural verdaderamente extraordinario.

Tal es el ideal del sacerdocio que todo hombre consagrado a Dios debería traer ante los ojos, recordando lo que dijo San Pablo: "Yo, por mí, gustosísimo daré cuanto tengo, y aun me entregaré a mí mismo por la salud de vuestras almas, aunque al amaros más sea menos querido de vosotros. *Omnia impendam et superimpendar ipse pro animabus vestris...* (II Cor., xii, 15).

Recordemos las palabras del Salvador: "*Ejemplo os he dado, para que como yo he hecho con vosotros, así lo hagáis vosotros también*" (Joan., xiii, 15).

Esta página da a entender claramente cómo hay que interpretar la expresión corriente: los obispos están *in statu perfectionis exercendæ*, en estado de perfección en ejercicio;

Ideal de perfección episcopal, según San Isidoro

(Ex libro II Officiorum ad S. Fulgentium, c. 5)

Qui in erudiendis atque instituendis ad virtutem populis præerit, necesse est *ut in omnibus sanctus sit*, et in nullo reprehensibilis habeatur. Qui enim alium de peccatis arguit, ipse a peccato debet esse alienus... Primitus quippe semetipsum corrigere debet, qui alios ad bene vivendum admonere studet; ita ut in omnibus semetipsum formam vivendi præbeat, cunctosque ad bonum opus, et doctrina et opere provocet. *Cui etiam scientia Scripturarum necessaria est:* quia si Episcopi tantum sancta sit vita, sibi soli prodest, sic vivens. Porro si et doctrina et sermone fuerit eruditus, potest ceteros quoque instruere et docere suos, et adversarios repercutere, qui nisi refutati fuerint atque convicti, facile possunt simplicium corda pervertere.

Hujus sermo debet esse purus, simplex, apertus, plenus gravitatis et honestatis, plenus suavitatis et gratiæ, tractans de mysterio legis, de doctrina fidei, de virtute continentiæ, de disciplina justitiæ: unumquemque admonens diversa exhortatione, juxta professionem morumque qualitatem... Cujus præ ceteris speciale officium est Scripturas legere, percurrere canones, exempla sanctorum imitari, vigiliis, jejuniis, orationibus incumbere; cum fratribus pacem habere, nec quemquam membris suis discernere; nullum damnare nisi comprobatum, nullum excommunicare nisi discussum. *Quique ita humilitate pariter et auctoritate* præesse debet, ut neque per nimiam humilitatem suam subditorum vitia convalescere faciat, neque per immoderantiam severitatis potestatem exerceat, sed tanto cautius erga commissos sibi quanto durius a Christo indagari formidat.

Tenebit quoque illam *supereminentem donis omnibus caritatem*, sine qua omnis virtus nihil est. Custos enim castitatis, caritas; locus autem hujus custodis, humilitas. Habebit etiam inter hæc omnia *castitatis eminentiam:* ita ut mens Christo dedita, ab omni inquinamento carnis sit munda et libera. Inter hæc oportebit eum sollicita dispensatione *curam pauperum gerere*, esurientes pascere, vestire nudos, suscipere peregrinos, captivos redimere, viduas et pupillos tueri, pervigilem in cunctis exhibere curam, providentiam habere distributione discreta. In quo etiam hospitalitas ita erit præcipua, *ut omnes cum benignitate et caritate suscipiat*. Si enim omnes fideles illud Evangelium audire desiderant: "Hospes fui et suscepisti me", quanto magis Episcopus, cujus diversorium cunctorum debet esse receptaculum?

por eso conviene, como muchas veces se ha repetido, que se hallen en la vía unitiva.

El estado religioso, en cambio, es un estado de tendencia a la perfección, *status perfectionis acquirendæ*. Para formarse justa idea acerca de esta cuestión, ayudará mucho leer y meditar las admirables páginas contenidas en la *Regla de San Benito*, acerca de la perfección religiosa y de unión con Dios.

Véase igualmente lo que escribió sobre la misma cuestión el Beato Humberto de Romans: *Opera: Expositio Regulæ B. Augustini et super Constitutiones Fratrum Prædicatorum*, ed. Berthier, Roma, 1889. Esta obra es un libro de oro para la formación de los religiosos, y prepararlos a las diversas obligaciones que habrán de cumplir bajo la obediencia.

capítulo décimoquinto

LAS TRES EDADES DE LA VIDA ESPIRITUAL SEGÚN LOS PADRES Y LOS PRINCIPALES AUTORES DE ESPIRITUALIDAD

Después de haber hablado de lo que constituye la perfección cristiana y de la obligación de tender a ella, ya por la vía común, ya por el camino especial de la práctica efectiva de los tres consejos evangélicos, de pobreza, castidad y obediencia, vamos a ocuparnos de la distinción de las tres edades de la vida espiritual, que comúnmente se llaman la de los *incipientes,* la de los *proficientes* y la de los *perfectos;* o de otro modo: *vía purgativa, vía iluminativa y vía unitiva.*

Veamos primero cómo se plantea el problema de las tres edades de la vida espiritual, y luego cómo han tratado de ellas los SS. Padres y los Doctores que han venido después.

Planteamiento del problema

Uno de los primeros problemas en espiritualidad es éste: ¿En qué sentido hay que entender la división tradicional de las "tres vías, purgativa, iluminativa y unitiva", según la terminología preferida por Dionisio, o de los "incipientes, proficientes y perfectos", según una terminología anterior, conservada por Santo Tomás? (¹)

Como queda dicho en la Introducción, § v, vi, vii, se han dado, de esta división tradicional, dos interpretaciones que difieren notablemente, según que se haya considerado *la contemplación infusa* de los misterios de la fe y la unión con Dios, como pertenecientes a *la vía normal* de la santidad, o como *gracias extraordinarias,* no sólo de hecho, sino de derecho.

(¹) Santo Tomás, II, II, q. 24, a. 9; y q. 183, a. 4.

Esta divergencia de interpretación aparece clara si se compara la división de la teología ascético-mística generalmente seguida hasta la segunda mitad del siglo xviii, con la que dan muchos autores que han escrito después de esta época. Hicimos notar ya (¹) que esta divergencia es manifiesta, si se compara, por ejemplo, el tratado de Vallgornera O. P., *Mystica Theologia divi Thomæ* (1662), con las dos obras de Scaramelli S. J., *Direttorio ascetico* (1751), y *Direttorio mistico*.

Vallgornera sigue casi paso a paso al carmelita Felipe de la Sma. Trinidad, conciliando la división dada por éste con la de los autores anteriores y de ciertos textos característicos de San Juan de la Cruz, sobre la época en que generalmente aparecen las purgaciones pasivas de los sentidos y del espíritu (²).

Se ve, por la división de Vallgornera, lo que para estos autores caracteriza a las tres edades de la vida espiritual:

1º *De la vida purgativa, propia de los incipientes;* en ella se trata de *la purgación activa* de los sentidos externos e internos, de las pasiones, de la inteligencia y de la voluntad, por la mortificación, la meditación, la oración; y al fin, de *la purificación pasiva de los sentidos,* donde comienza la contemplación infusa y por la que el alma es elevada a la vía iluminativa, como lo dice San Juan de la Cruz *(Noche oscura,* l. I, c. viii y xiv).

2º *De la vía iluminativa, propia de los proficientes;* donde, después de un capítulo preliminar acerca de las divisiones de la contemplación, se trata de *los dones del Espíritu Santo* y de *la contemplación infusa,* que procede sobre todo de los dones de inteligencia y sabiduría, y que es dicha deseable para todas las almas interiores, como moralmente necesaria para la total perfección de la vida cristiana. Esta segunda parte de la obra, después de algunos artículos referentes a las gracias extraordinarias (visiones, revelaciones, hablas interiores), se termina con un capítulo en nueve artículos relativos a *la purificación pasiva del espíritu,* que señala el paso a la vía unitiva. Que es lo que había dicho ya San Juan de la Cruz *(Noche oscura,* l. II, c. ii y xi).

(¹) *Introducción,* pár. v, vi, vii.
(²) Felipe de la Santísima Trinidad expone las mismas ideas en el prólogo a su *Summa Theol. mysticae* (edic. 1874, p. 17), y como él piensan muchos teólogos del Carmen.

3º *De la vía unitiva, propia de los perfectos;* o de la íntima unión del alma contemplativa con Dios, y de sus grados hasta la unión transformante.

Vallgornera, como Felipe de la SS. Trinidad y otros muchos ([1]) considera esta división como tradicional, verdaderamente conforme a los Padres, a los principios de Santo Tomás y a las enseñanzas de San Juan de la Cruz y de los más grandes místicos que han escrito sobre las tres etapas de la vida espiritual. Está asimismo totalmente de acuerdo con estos dos capitales textos del Doctor del Carmelo: "*La sensitiva (purgación) es común y que acaece a muchos, y éstos son los principiantes*" (Noche oscura, l. I, c. VIII). "...Salió el alma a comenzar el camino y vía del espíritu, que es el de *los aprovechantes y aprovechados*, que, por otro nombre, llaman *vía iluminativa o de contemplación infusa*, con que Dios de suyo anda apacentando y reficionando el alma, sin discurso ni ayuda activa de la misma" (Id., c. XIV). Según esta doctrina, la contemplación infusa de los misterios de la fe está manifiestamente en el camino normal de la santidad; lo cual nada tiene de sorprendente, ya que procede de la fe esclarecida por los dones de inteligencia y de sabiduría, que moran en las almas de todos los justos.

Muy diferente es, sin embargo, la división dada por Scaramelli y los que le han seguido.

En su *Direttorio ascetico*, Scaramelli pretende describir la vía ordinaria que conduce a la perfección cristiana, y apenas habla en él de los dones del Espíritu Santo, ni de la contemplación que de ellos procede.

En su *Direttorio místico*, trata de la contemplación infusa como de una gracia *extraordinaria*, (tr. I, c. I, nº 10, y tr. III, c. XXXII), y sólo al final habla de la purificación pasiva de los sentidos (tr. V), siendo así que para San Juan de la Cruz, como lo acabamos de decir, dicha purificación es como una segunda conversión que señala la entrada en esta vía iluminativa.

La divergencia entre esta nueva manera de ver y la pre-

([1]) Que es también la división propuesta por otro dominico, JUAN MARÍA DI LAURO, en su *Theologia mystica*, aparecida en Nápoles, 1743.

cedente proviene sin duda de que los autores antiguos, a diferencia de los modernos, sostenían *que todas las almas verdaderamente interiores pueden pedir humildemente y desear ardientemente la gracia de la contemplación infusa de los misterios de la fe*, de la Encarnación, de la Pasión del Salvador, del sacrificio de la misa, de la SSma. Trinidad presente en nosotros y de la vida eterna, misterios que son otras tantas manifestaciones de la infinita bondad de Dios. Consideraban esta contemplación sobrenatural e infusa como moralmente necesaria para la íntima unión con Dios, en la que consiste la alta perfección de la vida cristiana. Desde este punto de vista determinaban lo que caracteriza a cada una de las tres edades de la vida espiritual.

Por este camino se comprende cómo se plantea la cuestión: La concepción generalmente aceptada hasta mediados del siglo XVIII, ¿es la verdadera? ¿Está fundada en la Escritura, la Tradición y en los principios de la teología?

Esto es lo que vamos a examinar.

Testimonios de la Sagrada Escritura

Citaremos sólo algunos textos más importantes, después de los numerosos que ya hemos mencionado. Hemos visto ya (c. IX) cuál es, en el Evangelio, según las ocho bienaventuranzas, la grandeza de la perfección cristiana que no sería posible conseguir sin la mortificación de todo lo que hay de vicioso en nosotros [1], sin llevar la cruz con paciencia [2], sin la oración que se dirige al Padre, escondido en el fondo de nuestro corazón [3], sin la docilidad a las inspiración del Espíritu Santo [4], que caracteriza a los *"verdaderos adoradores en espíritu y en verdad"* [5]. ¿No está en eso, bajo una especial influencia del Espíritu Santo, la amorosa contemplación de los misterios de nuestra salvación?

San Pablo nos señala además lo que normalmente es propio de la edad espiritual de los perfectos, cuando escribe:

[1] Mat., v, 29 ss.
[2] Mat., x, 38.
[3] Mat., vi, 6.
[4] Joan., iii, 8; xiv, 16, 26.
[5] Joan., iv, 23.

"*Esto no obstante, enseñamos una sabiduría entre los perfectos*... sabiduría misteriosa y recóndita, la cual predestinó Dios antes de los siglos para nuestra gloria... Ni ojo vió, ni oreja oyó, ni pasó a hombre por pensamiento cuáles cosas tiene Dios preparadas para aquellos que le aman. A nosotros, empero, nos las ha revelado Dios por medio de su Espíritu, porque el Espíritu todas las cosas penetra, aun las más íntimas de Dios" (¹). ¿No es éste el objeto de la contemplación de los perfectos?

San Pablo escribe igualmente a los Efesios, III, 14: "Yo doblo mis rodillas ante el Padre, el cual es el principio y la cabeza de toda familia que está en el cielo y sobre la tierra; para que según las riquezas de su gloria os conceda por medio de su Espíritu *el ser fortalecidos en virtud en el hombre interior*, y el que Cristo habite por la fe en vuestros corazones; a fin de que, *estando arraigados y cimentados en caridad, podáis comprender con todos los santos*, cual sea la anchura, y largura y la alteza y profundidad. Y *conocer también aquel amor de Cristo que sobrepuja a todo conocimiento*, para que seáis colmados de la plenitud de Dios." ¿No es esto lo que caracteriza la edad de los perfectos: la contemplación infusa de los misterios de Cristo y la unión con Dios que de ahí resulta? Vamos a ver que así es, justamente como los Padres griegos y latinos comprendieron esas palabras inspiradas que nunca se cansaban de repetir.

Notemos de antemano, como muchas veces se ha hecho, que *en la vida espiritual de los mismos apóstoles*, formados inmediatamente por Nuestro Señor, existen *tres fases bastante bien definidas*, que corresponden a las tres edades de la vida espiritual (²).

La primera fase de su vida interior, que es la de los incipientes, va *desde su conversión hasta la Pasión*, durante la que pasan por una profunda crisis, hasta renegar Pedro del Divino Maestro. Inmediatamente se arrepiente, y es su segunda conversión, en esta verdadera purificación pasiva que

(¹) I Cor., II, 6.
(²) En otro lugar hemos desarrollado estas consideraciones que hicieron muchos autores espiritualistas: Cf. *Les trois conversions et les trois voies*, pp. 1-112.

fué la noche oscura de la Pasión. Algo parecido sucede con los demás apóstoles, cuando, por la gracia del Salvador, vuelven después de haberle abandonado.

La segunda fase de su vida interior, que es la de los proficientes, va *desde la Pasión hasta Pentecostés*. Permanecen todavía llenos de terror, su fe tiene aún necesidad de ser esclarecida, su esperanza robustecida, y su caridad no tiene aún el celo necesario. Esta fase termina con la terrible privación de la presencia sensible de Nuestro Señor al subir a los cielos. Entonces tienen que continuar su camino en la fe pura, con la perspectiva de las anunciadas persecuciones.

La tercera fase comienza en *Pentecostés*, que fué para ellos como una tercera conversión, una verdadera *purificación pasiva del espíritu* y una trasformación espiritual que les introdujo en el camino perfecto. Ella iluminó grandemente sus espíritus y fortificó sus voluntades, para predicar por todo el mundo a Jesús crucificado. Esta tercera fase de su vida interior se caracteriza por su unión con Dios, cada vez más íntima, y una oblación de sí mismos cada vez más profunda, hasta el martirio.

Ya volveremos más adelante a hablar de estas tres fases de la vida interior de los apóstoles, cada una de las cuales comienza por una conversión o trasformación del alma. Ellas nos dan gran luz, si bien lo consideramos, acerca de las tres edades de la vida espiritual. Estas indicaciones de la Escritura se ven ampliamente confirmadas por lo que nos dicen los Padres.

Testimonios de la tradición

La doctrina de los Padres griegos y latinos sobre estos tres períodos de la vida interior de cualquier cristiano en marcha hacia la santidad, ha sido particularmente estudiada estos últimos años. Citaremos los textos más claros y ciertos ([1]).

([1]) Véase particularmente F. Cayré, A. A. *Précis de Patrologie*, 1927, en donde ex profeso se expone, cosa rara en obras de tal naturaleza, la espiritualidad de los Padres de la Iglesia. Cf. Introducción, pp. 19-29, y t. I, pp. 173, 174, 177, 192, 207, 417, 582, 584, 683; y t. II, 355-362, 903-906. Léase igualmente G. Bardy, *La vie spirituelle d'après les Pères des trois premiers siècles*, 1935.

Veamos primeramente el testimonio de los Padres griegos. Entre los Padres apostólicos, *San Ignacio de Antioquía*, en sus cartas, habla con frecuencia de la presencia espiritual y mística del Salvador en la Iglesia y en los fieles; y exhorta a estos últimos, diciéndoles que son *cristóforos* o portadores de Cristo, *teóforos* o portadores de Dios: "Realicemos todas nuestras acciones con el pensamiento de que Dios habita en nosotros; así seremos templos suyos y él será nuestro Dios que habita en nosotros" (Efes., xv, 3). San Ignacio de Antioquía anhela grandemente vivir en la intimidad de Cristo. y morir para unirse a él definitivamente. Sus cartas están henchidas de este elevado conocimiento de Jesús, vivo y penetrante, que no es otra cosa que *la contemplación* y que se desborda en una de las más fecundas actividades apostólicas, fruto de una ardiente caridad. Pero para llegar a esta íntima unión con Dios y con el Salvador, necesario es el *menosprecio de sí mismo*, de todo lo que en nosotros hay de vicioso, y de todo lo que amortigua la vida divina en nuestras almas (¹). San Ignacio, en esta época de persecución, desea ser triturado por los dientes de las fieras, para ser convertido en trigo de Cristo, como lo fué Jesús para hacerse nuestro pan eucarístico.

En el siglo II, *San Ireneo* insiste en que el hombre debe dejarse modelar por Dios como la arcilla en las manos del alfarero; en lugar de oponer resistencia, y de sustraerse a las huellas de la mano divina, debe ser más y más *dócil al Espíritu Santo*, en la oración y en la acción, y llegará así a *juzgar espiritualmente todas las cosas* y a vivir solamente del amor de Dios (²).

Al final del siglo II, *Clemente de Alejandría*, en sus *Stromata*, describe la ascensión espiritual, cada una de cuyas etapas acercan el alma al estado del hombre perfecto tal como lo ha descrito San Pablo (Efes., IV, 13)(³). Estos estados sucesivos por los que pasan las almas interiores, los concibe a modo de moradas espirituales (⁴) caracterizadas de esta manera: primero domina *el temor* de Dios (⁵), luego *la fe*

(¹) *Epist. ad Rom.*, II, IV, V, VI, IX. *Epist. ad Trall.*, IV, V.
(²) *Adv. Haeres.* IV, 39; V, 9; IV, 33.
(³) *Stromata*, VII, 2, P. G., t. IX, col. 413.
(⁴) *Ibid.*, col. 416.
(⁵) *Stromata*, II, 7, 8; t. VIII, c. 968-976.

y la esperanza (¹), y por fin *la caridad y la sabiduría* (²).

Sabido es que el temor de Dios es el menos elevado de los dones del Espíritu Santo, mientras que la sabiduría es el más alto de todos, según la enumeración descendente de Isaías (xi, 2), y este don nos da la paz, que deriva de la caridad, la más excelsa de las virtudes.

Según Clemente de Alejandría, los perfectos son almas pacíficas, en las que *domina la caridad;* han llegado ya, en expresión de San Pablo, "al estado del varón perfecto, a la medida de la edad perfecta de Cristo" (Efes., iv, 13)(³). Han recibido *"la sabiduría misteriosa y escondida"* que el mismo San Pablo "predicaba a los perfectos" (I Cor., ii, 6); Clemente la llama gnosis; es una religiosa contemplación que nace de la inspiración del Espíritu Santo en las almas dóciles, y trasforma la vida interior haciéndonos amigos de Dios.

Orígenes, como su maestro Clemente de Alejandría, dice que el varón perfecto vive sobre todo de la caridad, y que de ordinario recibe del Espíritu Santo la sabiduría infusa, que es conocimiento íntimo de la divinidad de Jesucristo (⁴) y del misterio de la Sma. Trinidad (⁵). Escribe además en su *Comentario sobre San Juan,* i, 6: "Nadie puede comprender el sentido del Evangelio (de San Juan, consagrado a la divinidad de Cristo) si no ha reposado sobre el pecho de Jesús, y si de Jesús no ha recibido a María, que así viene a ser su madre" (⁶). Según *Orígenes,* el Verbo se revela a los perfectos y forma sus almas, como formó la de los apóstoles. Describe admirablemente esta formación de los Doce por el Salvador, en las más hermosas páginas de su *Comentario sobre San Mateo,* xii, 15-20 (⁷).

Este autor distingue netamente tres etapas (⁸): la de los *principiantes,* en quienes las pasiones desordenadas pierden fuerza; la de los *proficientes,* cuyas pasiones comienzan a

---

(¹) *Ibid.,* ii, 6, t. viii, c. 960-990.
(²) *Ibid.,* iv, 5, t. viii, c. 1233; vi, t. ix, c. 292, 325, 328.
(³) *Ibid.,* vi, 12; P. G., t. ix, c. 325; vii, ii, c. 496.
(⁴) *Contra Celsum,* i, 13; vi, 13; P. G., t. xi, c. 679 y 1309; *in Lev.,* v, 3; P. G., t. xii, 452; *in Psalm.,* xxvi, 4; P. G., t. xii, 1279.
(⁵) *In Joan.,* i, 9; ii, 3; P. G., t. xiv, c. 36-37, 113.
(⁶) *In Joan.,* i, 6; P. G., xiv, 32; y *Commi in Cant. Cant.,* Prol., P. G., t. xiii, 64-75.
(⁷) P. G., t. xiii, c. 1016-1029.
(⁸) *In Rom., homil.,* vi, 14; P. G., t. xiv, 1102.

extinguirse merced a la afluencia de gracias del Espíritu Santo; y, en fin, la de los *perfectos*. Recomienda mucha docilidad al divino Espíritu, mediante el cual podemos ir a Cristo y por él remontarnos hasta el Padre, en la contemplación que la soledad favorece.

La misma doctrina nos sale al paso en Dídimo el Ciego y en los Padres de Capadocia.

Dídimo, cuya enseñanza se caracteriza por su profunda piedad, invita a los cristianos a la íntima unión con Jesucristo, a quien denomina Esposo de las almas santas, según la expresión traída de la parábola de las vírgenes prudentes y las vírgenes necias (¹).

San Basilio, que organizó la vida monástica en Capadocia y en el Ponto, delineó los principios de esta vida y sus aplicaciones en sus *Grandes* y en sus *Pequeñas reglas* (²); es la suya una espiritualidad firme, sólida y seria, que dispone las almas a la contemplación y unión con Dios. Dice así en el prefacio de su libro sobre las Reglas monásticas: "El ojo del alma, cuando es puro y sin sombras, contempla las cosas divinas, gracias a la luz que le viene de arriba, y le llena abundantemente sin hartarlo nunca... Después de haber sostenido recios combates y conseguido dejar libre al espíritu, a pesar de su unión con la materia, del barullo de las pasiones sensibles, se hace apto para la conversación con Dios... El que ha llegado a este estado, no puede ya permitir a los vapores de las bajas pasiones perturbar ni oscurecer con su espesa niebla la mirada del alma, ni hacerle así perder la espiritual y divina contemplación." Parecidos términos emplea en su exposición de los Salmos XXXII y XLIV, y en su homilía de la fe (n. 1). La purificación progresiva es condición de la unión con Dios en la contemplación.

San Gregorio de Nacianzo dice asimismo que Dios es la luz sustancial (³) que sólo se percibe a condición de convertirse uno mismo en luz (⁴), y de haber llegado a la pureza

---

(¹) Cf. BARDY, *Dídimo el Ciego*, 1910, pp. 175-160.
(²) P. G., t. XXXI, c. 889-1052, y 1051-1306.
(³) *Oratio 31*, c. III.
(⁴) *Oratio 40*, c. XXXVII: "Lumen efficiamur. Illuminemur oculis at recte cernamus."

de alma capaz de elevarse del temor a la sabiduría (¹), es decir, del más imperfecto de los dones al más elevado. Siempre encontramos en estos autores los tres términos: purificación, iluminación, unión.

San Gregorio de Nisa, en su libro *De vita Moysis* (²), en el que la vida de Moisés es sólo el cuadro exterior del desarrollo de la vida espiritual, enseña que debemos desasirnos de las criaturas y vivir de Jesucristo, para "ser admitidos a la contemplación de la divina naturaleza" y a la unión con Dios. En eso consiste, añade, el triunfo sobre el enemigo, que no se obtiene sino por la cruz y la progresiva purificación de la inteligencia de todo lo que es sensible y material.

En su tratado *De virginitate* (³), dice que la perfección hace del alma la esposa de Cristo; tema que desarrolla en sus homilías sobre el *Cantar de los cantares* (⁴).

San Efrén, que con frecuencia describe la vida cristiana como un combate espiritual, ve también en la contemplación conseguida por la docilidad al Espíritu Santo el privilegio de la vida perfecta. Y dice en su tratado *De virtute*, c. x: "Cuando hubiéremos vencido nuestras pasiones, destruído en nosotros todo afecto natural desordenado y vaciado nuestro espíritu de toda ocupación inútil a nuestra santificación, entonces el Espíritu Santo, al encontrar nuestra alma en reposo y comunicando a nuestra inteligencia mayores fuerzas, iluminará nuestros corazones como se enciende una lámpara bien provista de pabilo y aceite... Ante todo, pues, esforcémonos por tener dispuestas nuestras almas a recibir la divina lumbre, y hagámonos así dignos de los dones de Dios." El camino conducente a la unión con Dios es pues, la purificación y la iluminación del divino Espíritu.

Idéntica enseñanza encontramos en el siglo v, en *Diadoco*, en su *Tratado de la perfección* (⁵), y en *Dionisio el Místico*, quien, en textos bien conocidos, habla sin cesar de la puri-

---

(¹) *Oratio 39*, c. VIII.
(²) P. G., t. XLIV, pp. 297-430.
(³) P. G., t. XLVI, 317-416.
(⁴) P. G., t. XLIV, 297-430.
(⁵) Publicado por Weis-Lieberdorf, Leipzig, Teubner, 1912. Muy citado por SAUDREAU, *Vie d'union d'après les grands maîtres*, 3ª edic., 1921, pp. 52 y ss.

ficación, de la iluminación y de la vía unitiva o perfecta (¹).
Esta última pertenece al orden místico, y es el preludio normal de la vida eterna. Para Dionisio, la purificación dispone a un elevado conocimiento de Dios, la iluminación lo da, y la santificación hace que se desarrolle enteramente en el alma.

Entre los Padres griegos del siglo VII, *San Máximo* desenvuelve esta doctrina y distingue tres grados de oración, correspondientes a los tres grados de la caridad: "*La simple oración* es como el pan: reconforta a los principiantes; cuando a la oración se añade *un poco de contemplación*, es como el óleo en el cual se empapa; y, en fin, cuando es ya *pura contemplación*, se ha convertido en vino de exquisito sabor, que hace salir de sí a los que lo gustan" (²). "La contemplación procede de una iluminación del Espíritu Santo" (³). "Todo aquel que es purificado queda iluminado y merece penetrar en lo más íntimo del santuario y gozar allí de los abrazos del Verbo" (⁴).

San Máximo describió muy bien las rudas pruebas por las que han de pasar los contemplativos, y el crisol en que han de quedar totalmente purificados y afianzados en el amor de Dios (⁵).

En el siglo VIII, *San Juan Damasceno* dice también que la contemplación infusa les es generalmente concedida a los perfectos: "Aquel que ha llegado al más alto grado del amor, saliendo en cierto modo de sí mismo, descubre al que no puede ser visto; levantando el vuelo por sobre la nube de los sentidos que impide la mirada del espíritu, y haciendo morada en la región de la paz, fija su vista en el Sol de justicia y goza de un espectáculo del que nunca se ha de fatigar" (⁶). "Es un tesoro que nunca nos será arrebatado, el haber lle-

---

(¹) Cf. *De caelesti hierarchia*, c. III, 2, 3. *De divinis nominibus*, I, 2; IV, 12, 13; VII, 13. *Theol. myst.* I, 3; II. CAYRÉ, *Précis de Patrologie*, t. II, p. 92-96.
(²) Cf. P. G., t. XC, c. 1441, nº 176. Cf. CAYRÉ, op. cit., t. II, pp. 308 ss.
(³) *Ibid.*, c. 1209, nº 73.
(⁴) *Ibid.*, c. 1089.
(⁵) *Ibid.*, c. 1215, nº 88. En otra parte hemos citado numerosos textos semejantes de San Máximo y sus predecesores; cf. *Perfection chrétienne et contemplation*, t. II, p. 668 sq.
(⁶) *De Transfigur. Dom.*, 10.

gado, mediante la práctica generosa de las virtudes, a la contemplación del Creador" ([1]).

Esta contemplación sobrenatural que procede del don de sabiduría, se enmarca, pues, según los Padres griegos, en la vía normal de la santidad; comienza en la etapa de los proficientes y acompaña ordinariamente a la caridad de los perfectos.

La misma doctrina encontramos en los Padres latinos, particularmente en San Agustín y San Gregorio Magno. *San Agustín*, en su libro *De quantitate animae*, c. XXXIII, n. 70-76, distingue diversos grados, insiste sobre la *lucha contra el pecado*, la tarea difícil de la purificación; continúa con el *ingreso en la iluminación*, para aquellos que están ya purificados, y, trata, por fin, de la *unión divina (mansio in luce)*.

Más adelante, en su *Comentario al Sermón de la Montaña* ([2]), describe según la graduación de los dones del Espíritu Santo, la marcha ascendente del alma hacia Dios: *El temor de Dios* es el primer grado de la vida espiritual; *la sabiduría* es el más alto; entre estos dos extremos, distingue un doble período de purificadora preparación a la sabiduría: una preparación remota, llamada *vida activa*, que es la práctica activa de las virtudes morales correspondientes a los dones de piedad, de fortaleza, de ciencia y de consejo; luego otra preparación próxima, llamada *vida contemplativa* ([3]), que es el ejercicio eminente de las virtudes teologales y de los dones de inteligencia y de sabiduría, en las almas pacíficas y dóciles a la gracia.

La fe ilustrada por esos dones es por consiguiente el principio de la contemplación, y una caridad ardiente une íntimamente el alma a Dios. Así los trabajos de la vida activa disponen a la contemplación, en la que el alma, ya purificada, goza de la luz divina, prenda de la eternidad. Esta contemplación, que procede del don de sabiduría, es pues la contemplación infusa ([4]).

([1]) *De virtutibus et vitiis*, P. G., t. XCV, 85-98.
([2]) *De sermone Domini*, l. I, c. I-IV. Ítem, *De doctrina christiana*, l. II, c. VII; Serm. 347.
([3]) *De Trinitate*, l. XII-XIV.
([4]) El P. Cayré dice muy acertadamente, en su *Compendio de Patrología*, 1927, t. I, p. 669, al tratar de la espiritualidad de San Agustín: "Santo Tomás demostrará ser verdadero discípulo de San Agustín al enseñar que estas gracias (de contemplación infusa) son como el

Casiano, en el siglo v, en sus Conferencias, o lecciones de espiritualidad, y principalmente en las IX y X, demuestra que el término de la vida espiritual es *la contemplación divina*, que es para él el ejercicio perfecto del amor de Dios. La preparación a ella es la oración por la que obtenemos el perdón de los pecados, la práctica de las virtudes y el ardiente deseo de una más perfecta caridad para nosotros y para el prójimo ([1]). En tal caso la oración acaba por ser una "oración llena de fuego" ([2]) que "se forma por la contemplación de Dios solo y por el fervor de una caridad abrasada" ([3]). "Así el alma, aun encerrada en un vaso de arcilla, comienza a gustar las primicias de la gloria que espera en el cielo" ([4]).

Sabido es que las *Conferencias* de Casiano fueron, durante mucho tiempo, el libro ordinario de lectura espiritual; Santo Tomás lo leía con frecuencia, y nos ha trasmitido su doctrina al hablar del don de sabiduría, cuyo progreso acompaña al de la caridad.

San Gregorio Magno, en el siglo vi, admite igualmente la división de los tres grados de la vida espiritual: la lucha contra el pecado ([5]), después la vida activa o práctica de las virtudes ([6]), y la contemplativa, que es la de los perfectos ([7]), la cual declara necesaria a los apóstoles o predicadores de la palabra divina ([8]), y a todos los que pretenden alcanzar la perfección ([9]). San Gregorio se declara en este punto discípulo de San Agustín. Según él, los actos de la vida cristiana no alcanzan su total perfección si no están las almas iluminadas por la luz superior de la contemplación ([10]).

coronamiento de todo el organismo espiritual del alma, y las que consiguen que *el alma se someta totalmente a Dios*" (I, II, q. 68, a. 1).

El P. Efrén Longpré, O. F. M., habla en el mismo sentido a propósito de San Buenaventura, en *Archivium Franciscanum historicum*, año 1921, fasc. I y II, *La Teología mística de San Buenaventura*.

([1]) IX *Conf.*, c. VIII, ss.
([2]) IX *Conf.*, c. XIV.
([3]) IX *Conf.*, c. XVIII.
([4]) X *Conf.*, c. VI.
([5]) *Moralia*, XXXI, 87.
([6]) *Moralia*, II, 76 sq.
([7]) *Moralia*, II, 77; VI, 57; XXV, 15; *in Ezech.*, l. II, VII, 7.
([8]) *Moralia*, XXX, 8.
([9]) *Moralia*, VI, 58-59.
([10]) *In Ezech.*, l. II, II, II.

Ésta es la meta de la ascética, el fruto de una especial inspiración del Espíritu Santo, y el ejercicio del don de sabiduría (¹). Se trata pues de la contemplación infusa (²), a la cual se dispone el hombre mediante la humildad, la pureza de corazón y el recogimiento habitual.

No se le pasaron por alto a San Gregorio las dolorosas purgaciones pasivas de que más tarde hablarán Hugo de San Víctor, Taulero, y más que nadie San Juan de la Cruz (³). Hace hincapié en que estas purgaciones "secan en nosotros todo afecto sensual" (⁴), disponiéndonos así a la contemplación y unión con Dios, en quien encontramos gran fortaleza en las pruebas y ardentísima caridad.

San Bernardo conserva todas estas enseñanzas y habla en sus *sermones* (IX, 1-3; XXXII, 2; XLIX, 3) del humilde y ardiente deseo de la contemplación; estos deseos, dice, si son ardientes, son escuchados; pero son más bien raros los hombres de deseos. Describe con frecuencia la unión con Dios que resulta de la contemplación infusa y las alternativas de presencia y ausencia del divino Verbo, Esposo del alma (⁵).

Idéntica doctrina nos trasmiten *Hugo de San Víctor*, quien insiste sobre la purgación pasiva del alma (⁶), *Ricardo de San Víctor* (⁷) y *San Buenaventura*, a quien es cara la terminología de Dionisio de vías purgativa, iluminativa y unitiva (⁸).

Santo Tomás conserva, hemos de verlo, la distinción de incipientes, proficientes y perfectos (⁹), y la aclara por lo que dice en su *Comentario sobre San Mateo*, c. v, acerca de las bienaventuranzas que se relacionan con la huída del pe-

---

(¹) *Moralia*, v, 50, 51; xxii, 50, 51.
(²) *Moralia*, x, 13: "Nos inclinamos hacia los bienes superiores cuando el Espíritu nos toca con su soplo... y se imprime en el corazón que le recibe, como las huellas del paso de Dios." Cf. Cayré, op. cit. ii, pp. 242-247.
(³) *Mor.*, x, 10, nº 17; xxiv, 6, nº 11.
(⁴) *In Ezech.*, l. II, hom. II, nº 2 y 3.
(⁵) *Serm.*, viii, 6; xxiii, 16.
(⁶) *Homil. 1 in Eccl.*
(⁷) *Benjamin major*, c. i, ii, iii, iv, vi.
(⁸) *Itinerarium*, vii; *De triplici via*, c. iii; *De Apologia pauperum*, c. iii; *Sermo I de Dom. V post Pascha*. Cf. P. Bonnefoy, O. F. M., *Le Saint-Esprit et ses dons selon saint Bonaventure*, 1929, p. 217. y Longpré, O. F. M., art. cit.
(⁹) II, II, q. 24, a. 9.

cado, la vida activa y la vida contemplativa; describe en este Comentario la ascensión del alma, como lo habían hecho San Agustín y San Gregorio (¹).

LAS TRES EDADES DE LA VIDA ESPIRITUAL Y LAS DE LA VIDA CORPORAL

Santo Tomás (²) comparó las tres edades de la vida espiritual con las de la vida corporal: infancia, adolescencia y edad adulta. Hay entre ambas una analogía que merece nuestra atención, e interesa sobre todo fijarse en la transición de un período al otro.

Admítese generalmente que la primera infancia cesa con el despertar de la razón, hacia los siete años, a la que sigue una especie de segunda infancia, que dura hasta la pubertad, hacia los catorce.

La adolescencia se ha fijado más o menos entre los catorce y los veinte años.

Viene en seguida la edad adulta, en la que se distingue el período que precede a la plena madurez y el que, hacia los treinta y cinco años, le sigue, hasta la declinación que es la vejez.

Los psicólogos hacen notar que la mentalidad cambia con las trasformaciones del organismo. El niño se dirige sobre todo por la imaginación y los impulsos de la sensibilidad; apenas hay todavía en él discernimiento u organización racional, y aun cuando la razón comienza a despertarse, todavía sigue en gran dependencia de los sentidos.

Al salir de la infancia, hacia los catorce años, en la época de la pubertad, tiene lugar una trasformación, no solamente orgánica, sino también psicológica, intelectual y moral. El adolescente ya no se contenta con seguir a su imaginación; comienza a reflexionar sobre las cosas de la vida humana, a pensar en la necesidad de prepararse para tal oficio o carrera. Y el período de transición, llamado *la edad sin gracia (l'âge ingrat)*, no carece de dificultades; por ese tiempo de la adolescencia, la personalidad moral comienza a esbozarse, con el

---

(¹) Cf. *supra*, c. IX.
(²) II, II, q. 24 a. 9.

sentido del honor y de la buena reputación, o bien se deprava y empieza a torcerse, si no es que degenera en anomalía o retraso mental.

Y aquí es donde la analogía comienza a ser instructiva para la vida espiritual: ya veremos que el principiante que no pasa, a su tiempo, al grado de proficiente, o comienza a torcerse o queda retardado, envuelto en la tibieza, y como un enano espiritual: "*El que no avanza, retrocede*", repetían los Padres con frecuencia, particularmente San Bernardo (¹). No querer hacerse mejor, es ir hacia atrás, mientras que aspirar constantemente a la perfección, es ya poseerla en cierta manera (²).

Sigamos la analogía. Si la crisis de la pubertad, física y moral a la vez, es un momento difícil de atravesar, algo parecido acontece con otra crisis que podríamos llamar la de la primera libertad, que introduce al adolescente en la edad adulta, hacia los veinte años. El joven, que físicamente se halla a esa edad completamente formado, está a punto de ocupar su lugar en la vida social. Muchos atraviesan desastrosamente este período, abusando de la libertad que Dios les ha dado; y como el hijo pródigo, la confunden con el libertinaje.

Al contrario, el adulto que se desarrolla normalmente y se encauza por el buen sendero, se preocupa de las cosas de la vida individual, familiar y social con criterio superior al del adolescente, y se interesa por cuestiones de mayor trascendencia; funda un hogar para ser, a su vez, un día, un educador, a menos que haya recibido de Dios más elevada vocación.

Algo parecido acontece en la vida espiritual, cuando el proficiente, que es, por decirlo así, el adolescente espiritual, llega a la edad superior de los perfectos; su mentalidad se eleva espiritualizándose y se sobrenaturaliza más y más; comprende con mayor perfección no sólo las cosas de la vida individual, familiar y social, sino también las que pertenecen al reino de Dios o de la vida de la Iglesia en cuanto se relacionan con la vida eterna.

(¹) *Epist.*, 34, 1; 91, 3; 254, 4: "Nolle proficere, deficere est."
(²) *Ibid.*

Quisiéramos subrayar aquí particularmente las diferencias que separan las tres edades de la vida espiritual, y exponer cómo se realiza la transición de una a otra.

Como lo nota Santo Tomás ([1]), "existen diversos grados de caridad según las diversas obligaciones *(studia)* que el progreso en esa virtud impone al hombre. El primer deber que le incumbe es *evitar el pecado* y resistir los halagos de la concupiscencia que nos impelen en sentido opuesto a la caridad: es el deber de los *incipientes,* en quienes la caridad tiene que ser alimentada y sostenida, para que no desaparezca. Un segundo deber viene después: *velar para ir creciendo en el bien;* y esto es propio de los *proficientes,* que se esfuerzan sobre todo en conseguir que la caridad se fortalezca y desarrolle. El tercer deber es *aplicarse principalmente a unirse con Dios y gozar de Él:* y es lo propio de los *perfectos,* que *desean verse libres de las ataduras del cuerpo y morar con Cristo* (Filip., I, 23).

Tales son las tres etapas en el camino de la santidad.

Pero lo que importa añadir, y esto ha sido admirablemente tratado por San Juan de la Cruz, es la transición de una edad espiritual a otra, transición análoga a las que existen en la vida corporal.

Así como, para pasar de la infancia a la adolescencia, se presenta la crisis de la pubertad, una crisis parecida existe en el paso de la vida purgativa de los incipientes a la iluminativa de los proficientes. Esta crisis ha sido descrita por muchos de los principales tratadistas de espiritualidad, sobre todo por Taulero ([2]), y aun más por San Juan de la Cruz, con el nombre de *purgación pasiva de los sentidos* ([3]); por el P. Lallemant, S. J., con la denominación de *segunda conversión* ([4]). De hecho, tal crisis recuerda la segunda conversión de Pedro durante la oscura noche de la Pasión.

Aquí el principiante generoso que corre el riesgo de que-

([1]) II, II, q. 24, a. 9.

([2]) *Segundo Sermón de Cuaresma y Sermón del lunes antes del domingo de Ramos* nos. 3 y 4), que en la traducción latina de Surius corresponde al primer domingo después de la Oct. de la Epifanía.

([3]) *Noche oscura,* I, I, c. IX y X: Señales características de la noche de los sentidos. Cómo se ha de comportar el alma en este momento.

([4]) *Doctrina espiritual,* II Principio, sec. II, c. VI, a. 2, edit. París, Gabalda, 1908, p. 113, e *idem,* pp. 91, 123, 143, 187, 301 sq.

dar atascado en numerosas faltas de las que no tiene conciencia, y particularmente de detenerse en los consuelos sensibles de la vida piadosa, queda privado de ellos para ser introducido en un *camino espiritual mucho más desembarazado de los sentidos*, y en él encuentra, en la misma aridez, un comienzo de contemplación que el Espíritu Santo le concede para forzarle a seguir adelante.

Así lo enseña San Juan de la Cruz *(Noche oscura*, l. I, c. VIII): "La una noche o purgación será sensitiva, con que se purga el alma según el sentido, acomodándolo al espíritu... La sensitiva *es común y acaece a muchos, y éstos son los principiantes*". Comienzan éstos a ver claro que es preciso ser verdaderamente pobres de espíritu y humildes para crecer en la caridad; que hay que renunciar a todas las niñerías, burdas o sutiles, de la vanidad, del orgullo y de sensualidad espiritual.

Luego añade el santo Doctor *(ibid.*, c. XIV): "Estando ya esta casa de la sensualidad sosegada, esto es, mortificada, sus pasiones apagadas y los apetitos sosegados y adormidos por medio de esta dichosa noche de la purgación sensitiva, salió el alma a comenzar el camino y vía del espíritu, que es el de los *aprovechantes y aprovechados*, que, por otro nombre, llaman *vía iluminativa o de contemplación infusa*, con que Dios de suyo anda apacentando y reficionando el alma, sin discurso ni ayuda activa de la misma alma. Tal es, como habemos dicho, la noche y purgación del sentido en el alma".

Las palabras que acabamos de subrayar en este texto son muy significativas. Nótese que San Juan de la Cruz, a ejemplo de San Agustín, de Casiano, de San Bernardo, de San Buenaventura, de Santo Tomás, de Taulero, etc., habla de *la vía iluminativa en todo el sentido de la palabra*, y no de una vía iluminativa en cierto modo disminuída, tal como se encuentra en aquellos que sólo a medias han participado de la purificación pasiva de los sentidos, como lo nota el mismo *(Noche oscura*, l. I, c. IX).

En fin, hablando en otro lugar de las almas adelantadas *(Noche oscura*, l. II, c. II), San Juan de la Cruz trata de las imperfecciones propias de los *aprovechados o proficientes*:

queda en ellos todavía, dice, cierta rudeza natural, distracción y exteriorización del espíritu, presunción, sutil y secreto orgullo. Estos defectos demuestran la necesidad de la *purificación pasiva del espíritu* para ingresar en la *vía unitiva perfecta*, propia de aquellos que, como dice Santo Tomás, "se esfuerzan por unirse a Dios y gozar de él, y desean partir de este mundo para morar con Cristo"([1]).

Esta prueba de la purificación pasiva del espíritu es una *crisis* análoga a la que tiene lugar en el orden natural, cuando el adolescente llega a la edad adulta, y empieza a hacer uso, quizá a costa suya, de su primera libertad. Hay aquí, en el orden espiritual, como una tercera conversión ([2]), o mejor, una *trasformación del alma* que recuerda lo que fué el día de *Pentecostés* para los apóstoles, cuando, después de haber estado privados de la presencia del Señor, que había subido al cielo, fueron iluminados y fortalecidos por el Divino Espíritu, que de este modo los preparó para las persecuciones que habían de sufrir y los convirtió en santos ministros del Salvador ([3]).

San Juan de la Cruz describe, evidentemente, el adelantamiento espiritual, tal como se manifiesta en los contemplativos, y entre éstos en los más fervorosos, que se esfuerzan por llegar lo más directamente posible a la unión con Dios. Y enseña así en toda su elevación cuáles son *las leyes superiores* de la vida de la gracia. Pero estas leyes se aplican asimismo, aunque en menor escala, a otras muchas almas que no alcanzan tan alta perfección, pero que sin embargo van generosamente adelante sin retroceder. Si atentamente leemos la vida interior de los siervos de Dios, veremos en sus padecimientos interiores y en sus progresos esta profunda purgación de los sentidos y del espíritu, de modo que todas sus facultades se hallan al fin totalmente sometidas a Dios, que tan presente ven en el fondo de sus almas.

San Juan de la Cruz es quien mejor ha tratado de *estas dos*

([1]) II, II, q. 24, a. 9.

([2]) TAULER trató asimismo de esta profunda purgación en el *Sermón para el lunes antes del domingo de Ramos*: N. 7: Las pruebas con que comienza la vida del tercer grado. 8: Razón de tales pruebas. 9: La divina unión en las facultades superiores.

([3]) Hemos desarrollado ampliamente estas ideas en un pequeño tratado: *Las tres conversiones y las tres vías.* pp. 42-50, y 123-180.

crisis en la transición de una edad a la otra, y muy justamente las ha llamado *purgación pasiva de los sentidos y del espíritu*. Corresponden perfectamente a la naturaleza del alma humana (en sus dos partes, sensible y espiritual); corresponden asimismo a la naturaleza de la gracia santificante, germen de vida eterna, que constantemente debe vivificar nuestras facultades inferiores y superiores, e inspirar todos nuestros actos, hasta que *el fondo de nuestra alma quede purificado de cualquier egoísmo, de todo amor propio más o menos consciente, y acabe por estar totalmente unida a Dios* (¹).

Por lo dicho se comprende que Vallgornera se haya atenido a esta alta concepción de las tres edades de la vida espiritual, al trazar la división de su obra *Theologia mystica*

(¹) A veces se ha objetado: Esta elevada concepción de San Juan de la Cruz sobrepasa notablemente a la común de los autores de espiritualidad: y parece que *los principiantes* a que se refiere en la *Noche oscura*, l. I, c. VIII, no son aquéllos de quienes se habla ordinariamente, sino los que comienzan a entrar, no en la vida espiritual, sino en la vida mística.

A esto se responde que la concepción de San Juan de la Cruz corresponde admirablemente a la naturaleza del alma (sensitiva y espiritual), no menos que a la de la gracia; y que *los principiantes* a que el santo se refiere son los mismos de los demás autores. Para convencerse de esto, basta examinar los defectos que en los tales encuentra: Gula espiritual, inclinación a la sensualidad, a la ira, a la envidia, a la pereza espiritual y a la soberbia que les lleva a "*tomar confesor especial para los malos casos*, guardando el otro para manifestarle exclusivamente el bien, y así tenga en mucho a su penitente" (*Noche oscura*, l. I, c. II). Son los tales verdaderos principiantes, y en ninguna forma adelantados en ascética.

San Juan de la Cruz, al hablar de las tres vías, purgativa, iluminativa y unitiva, las toma, no en un sentido rebajado, sino en su absoluta normalidad y plenitud.

También hay que notar lo que, siguiendo a muchos autores, muy razonablemente advierte el P. Cayré (op. cit. t. II, p. 886 ss.): "No es posible, en forma alguna, distinguir en la espiritualidad de San Juan de la Cruz dos vías paralelas, una ascética y mística la otra, que conduzcan, cada una por sus propios medios, a la perfección. La *activa* y la *pasiva*, de que hablan los dos grandes tratados (*Subida y Noche oscura*), no representan dos estados distintos, sino sólo dos aspectos de la *sola y única vía de la santidad*... Tal es la unión transformante que San Juan de la Cruz considera como el término normal de la marcha hacia la perfección." Para esto, enseña en la *Subida del Monte Carmelo* lo que el alma debe *hacer*, y en la *Noche oscura* lo que *dócilmente debe recibir*. Idéntica observación han hecho recientemente muchos teólogos del Carmen.

Divi Thomæ; en esto iba de acuerdo, lo hemos dicho ya al principio de este capítulo, con los carmelitas Felipe de la SSma. Trinidad, Antonio del Espíritu Santo y otros muchos. De esta manera se conserva la tradición de los Padres, de Clemente de Alejandría, Casiano, San Agustín, Dionisio, San Bernardo, San Anselmo, Hugo y Ricardo de San Víctor, San Alberto Magno, San Buenaventura y Santo Tomás, cuyas doctrinas acerca de los dones aparecen así en su pleno desenvolvimiento.

Como resumen de lo dicho vamos a presentar una descripción sintética, parecida a las que nos legaron los autores que acabamos de enumerar ([1]).

EN LOS PRINCIPIANTES: aparecen, con el *primer grado de caridad*, las *virtudes iniciales* o el primer grado de mansedumbre, paciencia, castidad y humildad. La *mortificación* interior y exterior les hace evitar cada vez más los pecados veniales deliberados, y hace que salgan inmediatamente del pecado mortal, si en él hubieren caído. Existe en ellos *la oración vocal y la meditación discursiva*, que tiende a convertirse en oración afectiva simplificada. Comienzan a aparecer en ellos *los dones del divino Espíritu*, pero todavía permanecen *más bien latentes*. Hay de tiempo en tiempo inspiraciones especiales del Espíritu Santo, pero poca preparación para aprovecharse de ellas. La docilidad a ese Divino Espíritu es débil; el alma tiene sobre todo conciencia de su actividad y debe reconocer frecuentemente su pobreza ([2]).

Ve bien palpable el alma esa pobreza en las *crisis de sensible aridez de la purgación pasiva de los sentidos*, purgación dolorosa que sobrelleva con más o menos perfección, y señala la transición a la vía iluminativa plena y verdaderamente digna de tal nombre ([3]).

EN LOS PROFICIENTES O AVANZADOS: junto con el segundo

([1]) En particular con el propuesto por el P. Cayré en la obra que acabamos de citar, t. II, pp. 811 y 834.
([2]) Éstas son las dos primeras Moradas de Santa Teresa.
([3]) Es la tercera Morada de Santa Teresa, con un principio de árida quietud.

grado de caridad, hacen su aparición *las virtudes sólidas* y no ya las iniciales, particularmente la dulzura y la paciencia, una humildad más fundada que inclina a la benevolencia con el prójimo, y el espíritu de los tres consejos de pobreza, castidad y filial obediencia a Dios que ven presente en los superiores a los que la obediencia les somete.

Con estas sólidas virtudes, *comienzan a manifestarse los dones del Espíritu Santo*, principalmente los menos perfectos de temor, ciencia y piedad. El alma, más dócil ya, aprovecha mejor las inspiraciones e ilustraciones interiores.

En este punto, si el proficiente responde con generosidad, *comienza* de ordinario *la oración infusa*, en actos aislados de contemplación de esa misma naturaleza durante la oración adquirida de recogimiento; más tarde, y poco a poco, sigue, si el alma es fiel, la oración de recogimiento sobrenatural, de quietud (árida o consoladora), en la que se pone de manifiesto la influencia del don de piedad, que nos hace exclamar: "*Abba, Pater*", como dice San Pablo ([1]). Y la conversación íntima con nosotros mismos se convierte aquí en conversación con Dios.

Entonces el alma generosa se contempla llena de defectos de disimulada soberbia, de falta de caridad para con el prójimo, de dureza a veces, de falta de celo por la salud de tantas almas que se pierden; defectos que antes no veía, y que exigen una nueva purificación pasiva, que es la del espíritu ([2]).

EN LOS PERFECTOS, simultáneamente con el tercer grado de caridad, aparecen, a pesar de ciertas imperfecciones más bien involuntarias, *las virtudes eminentes* y aun heroicas; gran mansedumbre, paciencia casi inalterable, profunda humildad que no afectan los desprecios, y antes busca las humillaciones; un elevado espíritu de fe que le inclina a ver todas las cosas desde arriba; gran confianza en Dios; magnanimidad que les hace aspirar a grandes empresas, no obstante los obstáculos y los fracasos, y el perfecto abandono en la voluntad de Dios.

([1]) Ésta es la cuarta Morada de Santa Teresa, y algo de la quinta. En esta quinta Morada existen, como lo veremos más tarde, gracias extraordinarias que no entran en la vía normal de la santidad.

([2]) Santa Teresa habla de esta purgación en la sexta Morada.

Los dones de inteligencia y de sabiduría se muestran más y con mayor frecuencia. Está el alma como dominada por el Espíritu Santo, que la mueve a mayor perfección en la práctica de las virtudes.

Aparece entonces, de ordinario, la oración infusa de unión por la influencia cada vez más patente del don de sabiduría ([1]). El interior del alma es, en fin, purificado, y las facultades inferiores y superiores sometidas por completo a la voluntad de Dios, íntimamente presente en el santuario interior. Y este estado es, verdaderamente, a pesar de las penumbras de la fe, la vida eterna comenzada o el preludio normal de la beatitud que nunca ha de tener fin.

Hacemos resaltar el camino que sigue el progreso espiritual, en el cuadro de la página siguiente.

([1]) Trata la santa de los diversos grados de esta oración infusa de unión en la 5ª 6ª y 7ª Moradas.

PRINCIPIANTES	PROFICIENTES	PERFECTOS	Grados de la caridad
vía purgativa *vida ascética*	*vía iluminativa* *umbral de la vida mística*	*vía unitiva* *vida mística*	
Virtudes iniciales, 1er. grado de la caridad, templanza, castidad, paciencia; primeros grados de la humildad.	*Virtudes sólidas*, 2º grado de la caridad, obediencia, humildad profunda, espíritu de consejo.	*Virtudes eminentes y heroicas*, 3er. grado de la caridad, perfecta humildad, gran espíritu de fe, abandono, paciencia casi inalterable.	*Virtudes*
Dones del Espíritu Santo más bien latentes, inspiraciones con raros intervalos, poca aptitud para aprovecharlas. El alma tiene sobre todo conciencia de su actividad.	*Los dones del Espíritu Santo empiezan a manifestarse*, sobre todo los tres menos perfectos de temor, ciencia, piedad. El alma, más dócil, aprovecha mejor las inspiraciones e iluminaciones interiores.	*Los dones superiores se manifiestan* más y con mayor frecuencia. El alma está como dominada por el Espíritu Santo. Mucha pasividad para con él, que no excluye la actividad de las virtudes.	*Dones*
Purificación activa de los sentidos y del espíritu o mortificación exterior e interior.	*Purificación pasiva de los sentidos*, bajo la influencia sobre todo de los dones de temor y ciencia (pruebas concomitantes): Entrada en la vía iluminativa.	*Purificación pasiva del espíritu*, por la influencia sobre todo del don de inteligencia. (Pruebas concomitantes en las que se manifiesta el don de fortaleza y de consejo.) Entrada en la perfecta vía unitiva.	*Purificaciones*
Oración adquirida: oración vocal, oración discursiva, oración afectiva que se simplifica más y más, llamada oración de recogimiento activo.	*Oración infusa inicial*, actos aislados de contemplación infusa durante la oración adquirida de recogimiento; luego oración de recogimiento sobrenatural y de quietud árida o con consuelo. Don de piedad.	*Oración infusa* de simple unión, de unión completa (estática a veces), de unión transformante bajo la influencia del don de sabiduría. (Favores que le acompañan.)	*Moradas de Santa Teresa*
1ª y 2ª moradas	3ª y 4ª moradas	5ª, 6ª y 7ª moradas	

CAPÍTULO DÉCIMOSEXTO

LA LECTURA ESPIRITUAL DE LA ESCRITURA, Y DE LAS OBRAS Y VIDAS DE LOS SANTOS

Después de haber hablado de las fuentes de la vida interior y del fin que con ella perseguimos, la perfección cristiana, vamos a considerar la ayuda exterior que se encuentra en la lectura de los libros de espiritualidad y en la dirección.

Entre los principales medios de santificación que están al alcance de todos, se ha de contar la lectura espiritual, sobre todo la de la Sagrada Escritura, la de las obras maestras de la vida interior y la de las vidas de los santos. De esta materia vamos a tratar en este capítulo, indicando cuáles son las disposiciones para sacar provecho de esa lectura.

La Sagrada Escritura y la vida del alma

Así como el error, la herejía y la inmoralidad se deben con frecuencia a la influencia de los malos libros, "la lectura de las Sagradas Letras es la vida del alma", como dice San Ambrosio ([1]); el mismo Señor lo declara cuando dice: *Las palabras que yo os he dicho, espíritu y vida son*" (Joan., VI, 64).

Esta lectura fué disponiendo a San Agustín a volver a Dios, cuando escuchó aquellas palabras: *Tolle et lege;* un pasaje de las Epístolas de San Pablo (Rom., XIII, 13) le comunicó la luz decisiva que le arrancó del pecado y le llevó a la conversión.

San Jerónimo, en una carta a Eustoquio, cuenta de qué manera fué llevado por una gracia extraordinaria a la lectura asidua de la Sagrada Escritura. Era en la época en que co-

[1] Sermón 35.

menzaba a hacer vida monástica cerca de Antioquía; la elegancia de los autores profanos le atraía mucho todavía, y leía con preferencia las obras de Cicerón, Virgilio y Plauto. Entonces recibió esta gracia: durante el sueño, vióse trasportado al tribunal de Dios, que le preguntó con gran severidad quién era. "Soy cristiano", respondió Jerónimo. "Mientes", le replicó el soberano Juez; "tú eres ciceroniano; porque donde está tu tesoro, allí está tu corazón." Y dió orden de que le azotasen. "Comprendí muy bien, al despertar", continúa el santo, "que aquello había sido más que un sueño, pues aun llevaba marcados en mis espaldas los golpes de látigo que había recibido. Desde aquella fecha comencé a leer las Santas Escrituras con más entusiasmo que el que había puesto en la lectura de los autores profanos." Por eso en una carta al mismo Eustoquio dice: "Que el sueño no te sorprenda sino leyendo, y no te duermas sino sobre la Sagrada Escritura."

¿En qué libro, en efecto, podemos encontrar la vida mejor que en la Escritura santa, que tiene a Dios por autor? *El Evangelio*, sobre todo, las palabras del Salvador, los hechos de su vida oculta, de su vida apostólica, de su vida dolorosa deben ser para nosotros vivientes enseñanzas que nunca hemos de perder de vista. Jesús sabe hacer las cosas más elevadas y divinas, accesibles a todas las mentes, por la sencillez con que habla. Sus palabras no quedan en el terreno de lo abstracto y teórico, sino que conducen inmediatamente a la verdadera humildad y al amor de Dios y del prójimo. Se ve en cada palabra que no busca sino la gloria de Aquel que le envió y el bien de las almas. Deberíamos hojear sin descanso el Sermón de la Montaña (Mat., v-vii), y el discurso después de la cena (Joan., xii-xviii).

Si leemos con las debidas disposiciones, con humildad, fe y amor, esas palabras divinas que son espíritu y vida, encontraremos que para nosotros contienen la especialísima gracia de atraernos cada vez más a la imitación de las virtudes del Salvador, de su dulzura, su paciencia, y su amor heroico y sublime en la cruz. Ése es, junto con la Eucaristía, el verdadero alimento de los santos: la palabra de Dios, enseñada por su único Hijo, el Verbo hecho carne. Debajo de la corteza de la letra se encuentra el pensamiento vivo de Dios, que los dones de inteligencia y de sabiduría nos harán penetrar y gustar más y más.

Después del Evangelio, nada más sabroso que su primer comentario, escrito por inspiración del Espíritu Santo: *Los hechos de los Apóstoles y las Epístolas*. Se trata de las propias enseñanzas del Salvador vividas por sus primeros discípulos, que recibieron la misión de formarnos a nosotros; enseñanzas explicadas y adaptadas a las necesidades de los fieles. Se cuenta, en los Hechos, la vida heroica de la Iglesia naciente, su difusión en medio de las mayores dificultades; lección de confianza, de valor, de fidelidad y de abandono en el Señor.

¿Dónde encontrar páginas más profundas y animadas que en las Epístolas, acerca de la persona y la obra de Jesucristo (Colos., 1), acerca de los esplendores de la vida de la Iglesia y la inmensidad de la ternura del Salvador por ella (Efes., I-III), sobre la justificación por la fe en Cristo (Rom., I-XI), sobre el sacerdocio eterno de Jesús (Hebr., I-IX)?

Y si paramos mientes en la parte moral de dichas Epístolas, ¿dónde encontrar exhortaciones más apremiantes a la caridad, a los deberes de estado, a la perseverancia, a la paciencia heroica, a la santidad, a las reglas de conducta más justas para con todos los hombres: superiores, iguales, e inferiores; para con los débiles, los culpables y los falsos doctores? ¿Dónde encontrar más vivamente expuestos los deberes de los cristianos para con la Iglesia? (I Petr., IV-V).

Existen igualmente lugares del Antiguo Testamento que todo cristiano debe conocer, particularmente los *Salmos*, que son la oración de la Iglesia en el Oficio divino; palabras de adoración reparadora para el pecador contrito y humillado, de ardiente súplica y de acción de gracias. Las almas interiores deben asimismo leer las más bellas páginas de *los Profetas*, que la liturgia de Adviento y de Cuaresma pone ante nuestros ojos; y en *los libros sapienciales* las exhortaciones de la increada Sabiduría a la práctica de los deberes fundamentales para con Dios y el prójimo.

Leyendo y releyendo sin cesar, con respeto y amor, la Escritura santa, sobre todo el Evangelio, cada día encontraremos nueva luz y fuerzas renovadas. Ha puesto Dios en sus palabras virtud inagotable; y cuando, al fin de la vida, después de haber leído mucho, siéntese hastío de casi todos los libros, uno se vuelve al Evangelio como a un anuncio y preludio de la luz que ilumina a las almas en la vida eterna.

Las obras espirituales de los santos

Después de la lectura de la Sagrada Escritura, los escritos espirituales de los santos son los que más ilustran al alma y la enfervorizan; porque aunque no hayan sido compuestos bajo la inspiración infalible, han sido ciertamente escritos con la luz y la unción del divino Espíritu.

Nadie debe ignorar las principales obras espirituales de San Agustín ([1]), de San Jerónimo ([2]), de Casiano ([3]), de San León ([4]), de San Benito ([5]), de San Gregorio Magno ([6]), de San Basilio ([7]), de San Juan Crisóstomo ([8]), de Dionisio ([9]), de San Máximo el Confesor ([10]), de San Anselmo ([11]) y de San Bernardo ([12]).

También será muy útil conocer todo lo que se refiere a la vida interior en los escritos de Ricardo de San Víctor ([13]), de Hugo de Saint-Cher ([14]), de San Alberto Magno ([15]),

---

([1]) *Confessiones, Soliloquia, De doctrina christiana, De Civitate Dei, Epistola* 211, *Enarrationes in Psalmos, In Sermonem Domini in monte* (Mat., v), *In Joannem*, etc.

([2]) *Epistolæ;* speciatim, Epist. 22 ad virginem Eustochium.

([3]) *Collationes.*

([4]) *Sermones.*

([5]) *Regula.*

([6]) *Expositio in librum Job, sive Moralium libri* xxxv; *Liber regulæ pastoralis; Homiliæ in Ezechielem.*

([7]) *De Spiritu Sancto. Regulæ.*

([8]) *Homiliæ; De Sacerdotio.*

([9]) *De Divinis nominibus, De ecclesiastica hierarchia, De mystica theologia.*

([10]) Sobre todo sus *Scholia* sobre Dionisio, su *Liber asceticus.*

([11]) *Cur Deus homo;* sus *Meditaciones* y *Orationes* están llenas de doctrina y unción.

([12]) *Sermones de tempore, de sanctis, in Cantica Canticorum; De consideratione. Tract. de gradibus humilitatis et superbiæ. De diligendo Deo.*

([13]) *Benjamin minor, seu de præparatione ad contemplationem; Benjamin major, seu de gratia contemplationis. Expositio in Cantica Canticorum.*

([14]) *De vita spirituali. Ex Commentariis B. Hugonis de Sancto Charo,* O. P. *super totam bibliam excepta,* curante Fr. Dionysio Mésard, O. P., Pustet, 1910. Excelente obra dividida en cuatro partes: De vita purgativa, de vita illuminativa, de vita unitiva, de vita spirituali sacerdotum.

([15]) *Comentarii in S. Scripturam,* especiatim *in Joannem. Comm. in Dionysium. Mariale. De sacrificio missæ.*

de Santo Tomás de Aquino (¹), de San Buenaventura (²). Siempre se lee con provecho el *Diálogo* de Santa Catalina de Sena (³), las obras de Taulero (⁴), del Beato Enrique Susón (⁵), de la Beata Ángela de Foligno (⁶), del Beato Ruysbroeck (⁷), de Tomás de Kempis, probable autor de la *Imitación*.
Entre los autores espirituales modernos conviene leer a Ludovico Blosio, O. S. B. (⁸), al franciscano Francisco de Osuna, cuyo libro sirvió de guía a Santa Teresa (⁹), a San Ignacio de Loyola (¹⁰), las obras de Santa Teresa (¹¹), las de San Juan de la Cruz (¹²), de

(¹) *Commentarii in Psalmos, in Job, in Canticum Canticorum, in Mat.; in Joannem; in Epistolam S. Pauli. Summa theologica*, II, II, de virtutibus theologicis et moralibus nec non de donis in speciali. *De perfectione spirituali. Officium S. S. Sacramenti. Expositio in Symbolum Apost. et in Orationem dominicam.*
(²) *De triplici via* (seu *Incendium amoris*), *Lignum vitæ. Vitis mystica. Itinerarium mentis in Deum, Breviloquium.*
(³) *Diálogo; Cartas.*
(⁴) *Sermones; Institutiones*, obra que no fué escrita por Taulero, pero que contiene el resumen de su doctrina.
(⁵) *Die Schriften der heiligen H. Suso*, publicados por el P. Denifle, O. P.
(⁶) *Libro de las visiones e instrucciones*. Trata sobre todo de la trascendencia divina y de la Pasión del Salvador.
(⁷) *Obras;* sobre todo: *Espejo de salud eterna, El libro de los siete sellos* (o renuncias), *Ornamento de los eternos desposorios*. Ruysbroeck es ciertamente uno de los más grandes místicos, pero sólo está al alcance de las almas avanzadas.
(⁸) Principalmente *Institutio spiritualis*, que contiene el meollo de los demás escritos. La mejor traducción francesa es la de los benedictinos de Saint-Paul de Wisques: *Obras espirituales del V. L. de Blois*. Este autor escribió una defensa de la doctrina de Taulero, que explica en forma más comprensible.
(⁹) *Abecedario espiritual*, 1528 (sobre todo el tercer tomo que sirvió de guía a Santa Teresa).
(¹⁰) *Ejercicios espirituales;* método para la reforma y transformación del alma, haciéndola conforme a su divino modelo. *Relato del peregrino y Cartas.*
(¹¹) *Obras de Santa Teresa, editadas y anotadas por el P. Silverio de Santa Teresa*, 6 v., Burgos, 1915-1920; edición manual en 1 vol., 1922. *Cartas de Santa Teresa*. Todas las almas interiores deben leer *Camino de perfección* de la santa.
(¹²) *Obras de San Juan de la Cruz*, del P. Silverio, Burgos, 5 v., 1929-1931.
La subida del Monte Carmelo trata sobre todo de la purgación activa del alma, que dispone a la contemplación y ha de continuar con ella; la *Noche oscura* describe, junto con los defectos de los incipien-

San Francisco de Sales ([1]), y de San Juan Eudes ([2]). Conviene consultar, en fin, los escritos espirituales de Bossuet ([3]), los de los dominicos Luis de Granada ([4]), Chardon ([5]), Piny ([6]), Massoulié ([7]), los de los jesuítas Lafuente ([8]), Lallemant ([9]), Surin ([10]), de Caussade ([11]), Grou ([12]), las obras de los escritores franciscanos del siglo XVII, de Bérutes, la purgación pasiva del sentido y la del espíritu: *Llama de amor viva* describe la vida de unión en lo que tiene de más elevado. El *Cántico espiritual* resume, en forma más lírica, la doctrina de las otras obras.

([1]) *Obras*, publicadas por las religiosas de la Visitación de Annecy. *La Introducción a la vida devota* trata de la vía purgativa y demuestra cómo la devoción y la santidad pueden ser practicadas en todos los estados de vida. El *Tratado del amor de Dios* eleva a las almas hasta la vía unitiva. *Las verdaderas pláticas espirituales*, compuestas por las Visitandinas, aprovechan a todas las almas religiosas.

([2]) *Obras*, 12 v., París, 1905. Discípulo de Berulle y de Condren, San Juan Eudes relaciona las virtudes interiores con la devoción a los SS. Corazones de Jesús y de María. Véase *Vida y reinado de Jesús en las almas cristianas; El admirable Corazón de la Madre de Dios; Memorial de vida eclesiástica*.

([3]) *Elévations sur les mystères, Méditations sur l'Évangile, Traité de la concupiscence; Lettres de direction; Les états d'oraison*.

([4]) *Guía de pecadores; Tratado de la oración y meditación; Memorial de vida cristiana*.

([5]) *La croix de Jésus; Méditations sur la passion*.

([6]) *Le plus parfait* (el abandono); *La présence de Dieu; L'oraison du coeur; État de pur amour; La clef du pur amour; La vie cachée*.

([7]) *Traité de la véritable oraison; Méditations de saint Thomas sur les trois voies*, edic. Florand (1934).

([8]) *Guía espiritual; Perfección del cristiano en todos los estados; Perfección del cristiano en el estado eclesiástico; Meditaciones sobre los misterios de nuestra fe*.

([9]) *La doctrine spirituelle*, obra muy sustanciosa, en la que se demuestra cómo, por la pureza del corazón, la docilidad al Espíritu Santo, la memoria frecuente y amorosa de Dios presente en ella, llega el alma a la contemplación, acto de fe viva, iluminado por los dones.

([10]) *Les fondements de la vie spirituelle; La guide spirituelle*, en la que desarrolla la doctrina del P. Lallemant; *Traité de l'Amour de Dieu*.

([11]) *Abandon à la divine Providence*; libro admirable que ha hecho gran bien a muchas almas; *Instructions spirituelles sur les divers états d'oraison*.

([12]) *Maximes spirituelles; Méditations en forme de retraite sur l'amour de Dieu, Retraite spirituelle; Manuel des âmes intérieures*. Doctrina idéntica a la del P. Lallemant.

lle (¹), de Condren (²), del P. Bourgoing (³), de San Vicente de Paúl (⁴), de M. Olier (⁵), del Venerable Boudon (⁶), las del Beato Grignion de Montfort (⁷), de San Alfonso de Ligorio (⁸).
No hablamos de los autores más recientes cuyas obras están en todas las manos.

Las vidas de los santos

A la lectura de los libros de doctrina espiritual, hay que añadir la de las vidas de los santos, que encierran ejemplos que arrastran, siempre admirables, imitables muchas veces. Ellas nos narran lo que han realizado, al encontrarse en circunstancias a veces bien difíciles, unos hombres y mujeres que tenían la misma naturaleza que nosotros, que al principio no se vieron libres de debilidades y pecados, pero que con la gracia y la caridad supieron dominar la naturaleza, sanándola, elevándola y dándole vida. En sus vidas se llega a comprender el verdadero sentido y el alcance del principio: "La gracia no destruye la naturaleza (en lo que tiene de bueno), sino que la perfecciona." En ellos se echa de ver, sobre todo, al fin de las vías purgativa e iluminativa, lo que supone en la vida de unión la verdadera armonía de la naturaleza y de la gracia, normal preludio de la eterna beatitud.

En estas Vidas, se ha de buscar sobre todo, aquello que hay de imitable; y en las cosas extraordinarias hemos de admirar *una señal divina* que se nos ofrece para sacarnos de

(¹) *Œuvres complètes*, 1657 y 1856; véase sobre todo *Le discours de l'État et des grandeurs de Jésus*.
(²) *L'idée du sacerdoce et du sacrifice;* Condren completa a Bérulle haciendo ver en Jesús, adorador del Padre, al sacerdote principal del sacrificio, al cual nos debemos unir todos los días.
(³) *Vérités et excélences de Jésus-Christ* (meditaciones).
(⁴) *Correspondence; Entretiens*, publicados por Coste, 1920.
(⁵) *Le catéchisme chrétien pour la vie intérieur* (virtudes crucificantes, vía a la unión íntima con Nuestro Señor); *La journée chrétienne; Le Traité des Saints-Ordres; Introduction à la vie et aux vertus chrétiennes.*
(⁶) *Le règne de Dieu en l'oraison mentale.*
(⁷) *Traité de la vraie dévotion à la Sainte Vierge; Le secret de Marie.*
(⁸) *Opere ascetiche*, nueva ed., Roma, 1933; *El gran medio de la oración; Selva: El sacrificio de Jesucristo.*

nuestra somnolencia, y darnos a entender *lo que hay de más profundo y elevado en una vida cristiana ordinaria,* cuando el alma es verdaderamente dócil al Espíritu Santo. Los dolores de los estigmatizados nos han de recordar lo que ha de ser para nosotros la Pasión del Salvador, y cómo deberíamos rezar con mayor fervor cada día, al fin de las estaciones del Vía Crucis, aquella oración: "*Sancta Mater, istud agas, Crucifixi fige plagas cordi meo valide.* Santa Madre de Dios, imprime fuertemente en mi corazón las llagas de tu hijo crucificado." La gracia extraordinaria que permitió a muchos santos, como a Santa Catalina de Sena, beber hasta saciarse en la llaga del corazón de Jesús, nos ha de recordar lo que para nosotros debería ser la comunión ferviente, y cómo cada una de ellas habría de ser más amorosa que la anterior, en un continuo acercamiento al Señor.

Los ejemplos de los santos, su humildad, paciencia, confianza y caridad desbordante tienen más eficacia para movernos a la virtud que cualquier doctrina abstracta. "*Universalia non movent.*"

Conviene sobre todo leer las vidas de los santos escritas por otros santos, por ejemplo la de San Francisco de Asís escrita por San Buenaventura, la de Santa Catalina de Sena escrita por el Beato Raimundo de Capua, director suyo; la de Santa Teresa escrita por ella misma.

Disposiciones para sacar provecho de esta lectura

Una oración hecha al comenzarla nos obtendrá la gracia actual para leer la Santa Escritura o los libros espirituales con *espíritu de fe,* evitando cualquier inútil curiosidad, la vanidad intelectual y la tendencia a criticar, más bien que a aprovechar lo que uno lee. El espíritu de fe hace que busquemos a Dios en esas obras.

Preciso es también, junto con un *sincero y vivo deseo de perfección, aplicarnos a nosotros mismos* lo que leemos, en lugar de contentarnos con el conocimiento teórico. Haciéndolo así, aun cuando leamos lo concerniente a las "virtudes menores", en expresión de San Francisco de Sales, sacaremos gran provecho, porque todas las virtudes están en conexión con la más alta de todas, la **caridad**. Es también muy provechoso para las almas avanzadas releer, de tiempo en tiempo, lo que concierne a los principiantes; así lo comprenderán con una inteligencia superior, y quedarán sorprendidas de lo que en esas cosas se halla virtualmente contenido, como en las primeras líneas de un pequeño catecismo que nos enseña el motivo por el que fuimos creados y puestos en el mundo: "Para conocer a Dios, amarle, servirle, y conseguir así la vida eterna."

Es asimismo muy conveniente, que los principiantes, sin pretender saltar las etapas intermedias y caminar más de prisa que la gracia, se den cuenta cumplida de la elevación de la perfección cristiana. Porque *el fin* a que aspiramos, que es lo último que hemos de conseguir, *es lo primero en el orden de la intención o el deseo*. Es, pues, necesario, desde los comienzos, querer eficazmente hacerse santo, ya que todos somos llamados a la santidad que en el momento de nuestra muerte nos abrirá las puertas del cielo; pues nadie entrará en el purgatorio sino por faltas que hubiera podido evitar.

Si los principiantes y los adelantados tienen verdaderos deseos de santificarse, en la Sagrada Escritura y en las obras espirituales de los santos encontrarán la ruta que han de seguir; y escucharán, leyendo esos libros, las enseñanzas del Maestro interior.

Para conseguirlo, hay que *leer atentamente*, y no devorar los libros; es preciso penetrar bien en lo que se lee. En tal caso, la lectura se transforma poco a poco en oración y cordial conversación con el Huésped interior ([1]).

Es muy conveniente *volver a leer* las obras que años atrás hicieron bien a nuestras almas. La vida es corta; por eso nos hemos de contentar con leer y releer aquellos escritos que verdaderamente llevan impresa la huella de Dios, y no perder el tiempo en lecturas de cosas sin vida y sin valor. Santo Tomás de Aquino no se cansaba de leer las Conferencias de

---

([1]) San Benito enseña que *la lectura* hecha de este modo es el primer grado de la serie ascendente: "*Lectio, cogitatio, studium, meditatio, oratio, contemplatio.*" (Regula, c. XLVIII). Cf. Dom Delatte, *Commentaire de la Règle de saint Benoît,* c. XLVIII.
Santo Tomás, que recibió su primera formación de los benedictinos, guardó esta misma gradación, que se termina con la contemplación: *lectio, cogitatio, studium, meditatio, oratio, contemplatio.* (II, II, q. 180, a. 3).

Casiano. ¡Cuántas almas no se han mejorado grandemente, leyendo con frecuencia la *Imitación* de Jesucristo! Es más provechoso penetrarse profundamente de un libro de este género, que leer superficialmente toda una biblioteca de autores espirituales.

Es igualmente necesario, como dice San Bernardo, leer con espíritu de piedad, *buscando no solamente conocer las cosas divinas antes bien gustarlas* (¹). Se lee en San Mateo, XXIV, 15: "*Que el que lea, entienda*", y pida luz a Dios para bien comprender. Los discípulos de Emaús no habían entendido el sentido de las profecías, hasta que el Señor abrió sus inteligencias. Por esto nos dice San Bernardo: "*Oratio lectionem interrumpat*, que se suspenda la lectura para orar"; así resulta la lectura sustancioso alimento espiritual y dispone a la oración.

En fin, se debe *comenzar a poner inmediatamente en práctica lo que sa ha leído*. Nuestro Señor dice al final del Sermón de la Montaña (Mat., VII, 24): "Cualquiera que escucha estas mis instrucciones y las practica será semejante a un hombre cuerdo que fundó su casa *sobre piedra...* Pero el que oye estas instrucciones que doy y no las pone por obra, será semejante a un hombre loco que fabricó su casa *sobre arena.*" "Que no son justos, dice también San Pablo, delante de Dios, los que oyen la ley, sino los que la cumplen" (²). Hecha así, es fructuosa la lectura. Leemos en la parábola del sembrador: "Parte de la semilla cayó en buena tierra, y habiendo nacido, *dió fruto de ciento por uno...* Esto denota a aquellos que con un corazón bueno y sano oyen la palabra de Dios, y lá conservan, y mediante la paciencia dan fruto sazonado" (³). Según esta parábola, tal lectura espiritual puede producir como treinta, otra como sesenta, y otra el ciento por uno. Así fué, por ejemplo, la lectura que hizo San Agustín cuando oyó las palabras: *Tolle et lege;* abrió en el acto las Epístolas de San Pablo, que se encontraban sobre su mesa, y leyó estas palabras (Rom., XIII, 13): "No andemos en comilonas y borracheras, no en des-

---

(¹) "Si ad legendum accedat, non tam quærat scientiam quam saporem." *In Spec. monach.*
(²) *Rom.* II, 13; *Jac.*, I, 22. "Estote factores legis et non auditores tantum."
(³) *Luc.*, VIII, 8-15.

honestidades y disoluciones, no en contiendas y envidias. Mas revestíos de Nuestro Señor Jesucristo." Al instante su corazón se sintió cambiado, se retiró algún tiempo a la soledad, y se hizo inscribir para el bautismo. Y produjo verdaderamente el céntuplo, del que después se han alimentado y vivido millares de almas.

CAPÍTULO DÉCIMOSÉPTIMO

LA DIRECCIÓN ESPIRITUAL

Entre los medios externos de santificación, debemos incluir la dirección espiritual. Trataremos en este lugar de su necesidad en general, y en las distintas etapas de la vida espiritual; y hablaremos después de las cualidades que ha de tener el director y de los deberes del dirigido.

Necesidad de la dirección en general

Aunque no sea un medio absolutamente necesario para la santificación de las almas, es la dirección el medio normal que éstas tienen para conseguir el adelantamiento espiritual. Al fundar la Iglesia, quiso Nuestro Señor que los fieles se santificasen por la sumisión al Papa y a los obispos en el fuero externo, y en el interno a los confesores que enseñan los medios para no caer en el pecado y progresar en la virtud.
El Papa León XIII ([1]), siguiendo a Casiano y a San Francisco de Sales, recuerda, a este propósito, que hasta San Pablo recibió un guía del Señor. En el momento de su conversión, Jesús, en lugar de revelarle directamente su voluntad, le envió a Ananías, en Damasco, para que aprendiera de su boca *lo que debía hacer* (Act. Ap., IX, 6).
San Basilio escribe: "Poned toda diligencia y la mayor circunspección para encontrar un hombre que os pueda servir de guía seguro en la labor que queréis emprender hacia una vida santa; elegidle tal que sepa señalar a las almas de buena voluntad el camino que conduce a Dios" ([2]). Y en otro lugar dice así: "Es mucha soberbia pensar que no se tiene necesidad de un consejero" ([3]).

([1]) Epist. *Testem benevolentiæ*, 22 de enero de 1899.
([2]) *Sermo de adb. rer.*
([3]) *1 Cap. 1 Isaiæ.*

San Jerónimo escribe a Rústico: "No te constituyas maestro de ti mismo, y no te arriesgues sin guía en un camino nuevo para ti; de lo contrario, pronto te descarriarías." San Agustín dice también: "Como no puede un ciego seguir el camino recto sin un lazarillo, tampoco puede nadie caminar sin guía" ([1]). Nadie es juez en su propia causa, en razón del secreto orgullo que puede hacernos desviar del camino recto.

Casiano, en sus Conferencias, afirma que aquel que se apoya en su propio juicio nunca llegará a la perfección, ni podrá evitar los lazos del demonio ([2]). Y concluye que la mejor manera de triunfar de las tentaciones más peligrosas, es manifestarlas a un sabio consejero, que tenga la gracia de estado para aconsejarnos ([3]). Y es lo cierto que muchas veces basta manifestarlas a quien corresponda, para hacerlas desaparecer.

San Bernardo dice asimismo que los novicios en la vida religiosa han de ser conducidos por un padre nutricio que los instruya, dirija, consuele y los aliente ([4]).

Se lee en una de sus cartas: "Aquel que se constituye en maestro de sí propio, se hace discípulo de un necio." Y añade: "Me atrevo a afirmar que es mucho más sencillo conducir a muchos otros que conducirme a mí solo" ([5]). Es que el amor propio nos engaña menos cuando se trata de de dirigir a los demás que al dirigirnos a nosotros mismos; y si fuéramos capaces de aplicarnos los remedios que damos a los demás, avanzaríamos con gran rapidez.

En el siglo XIV, San Vicente Ferrer, en su tratado *De vita spirituali*. (II part., c. 1), se expresa así: "Nuestro Señor sin el cual nada podemos, nunca concede su gracia a aquel que, teniendo a su disposición a un hombre capaz de instruirle y dirigirle, desprecia este eficacísimo medio de santificación, creyendo que se basta a sí mismo, y que, por sus solas fuerzas, puede buscar y encontrar lo necesario para su salvación... Aquel que tuviere un director y le obedeciere sin reservas y en todas las cosas, llegará al fin mucho más fácilmente y con más rapidez que si estuviera solo, aunque posea muy aguda inteligencia y muy sabios libros de cosas espirituales...

---

[1] *Sermo* 112, *de temp.*
[2] *Collat.* II, 14, 15, 24.
[3] *Ibid.*, II, 2, 5, 7, 10.
[4] *De diversis, sermo* VIII, 7.
[5] *Epist.* 87, nº 7.

En general, todos los que han escalado las cumbres de la perfección, lo han conseguido por el camino de la obediencia, a menos que, por privilegio y gracia singular, Dios haya instruído a algunas almas que no tuvieron quien las dirigiera."
La misma doctrina encontramos en Santa Teresa ([1]), en San Juan de la Cruz ([2]) y en San Francisco de Sales ([3]). Este último hace notar que no es posible que seamos jueces imparciales en nuestra propia causa, en razón de cierta complacencia "tan secreta e imperceptible, que si uno no tiene muy buena vista no es fácil que la descubra, y los que están por ella contagiados no la conocen si alguien no se la muestra" ([4]). Lo mismo que uno que lleva mucho tiempo en una habitación cerrada, no se da cuenta de que el aire está viciado; mientras que el que viene de fuera, lo percibe fácilmente.

Cualquiera comprende sin dificultad que, para realizar la ascensión de una montaña, es necesario un guía; lo mismo sucede cuando se trata de la ascensión espiritual a la cima de la perfección; y tanto más, cuanto que en este caso hay que evitar los lazos que nos tiende alguien muy interesado en impedir que subamos.

San Alfonso, en su excelente libro *Praxis confessarii*, n. 121-171, nos indica el principal objeto de la dirección: a saber, la mortificación, el modo de recibir los santos sacramentos, la oración, la práctica de las virtudes, la santificación de las acciones ordinarias.

Todos estos testimonios muestran bien a las claras la necesidad de la dirección en general. Aun lo veremos mejor si consideramos las tres edades de la vida interior o las necesidades espirituales de los principiantes, de los proficientes y de los perfectos.

La dirección de los principiantes

Una sabia, firme y paternal dirección es particularmente necesaria en la formación de los principiantes; que es lo que se encomienda a los maestros de novicios en las órdenes religiosas.

---

[1] *Vida*, c. XIII.
[2] *Avisos y sentencias espirituales*.
[3] *Introd. a la vida devota*, III p., c. XXVIII.
[4] *Introd. a la vida devota*, III p., c. XXVIII.

Más tarde es menor esta necesidad, salvo en los períodos críticos que sobrevienen o cuando se ha de tomar alguna decisión importante.

Los principiantes han de ser prevenidos contra las recaídas y contra dos defectos que se oponen entre sí. Los unos, al recibir consuelos sensibles en la oración, creen ver en ellos gracias de orden más elevado, y, llenos de presunción, quisieran evitarse el caminar paso a paso, y pretenden llegar de un salto a la vida de unión ([1]).

A estos tales hay que recordarles la necesidad de la humildad y hacerles comprender que la perfección es tarea que ha de durar toda la vida. No es posible volar sin alas y no se comienza por la torre la contrucción de una iglesia, sino por los cimientos ([2]). Si bien el fin es lo primero en la intención, sólo al final se llega a su realización, y no es posible tener en menos los medios, aun los más modestos, indispensables para llegar a él.

Otros principiantes disimulan *cierta secreta soberbia en las austeridades*, como los jansenistas, y se entregan a *excesos* en la mortificación externa, hasta el punto de comprometer la salud; luego, con achaque de curarse, caen en la relajación y saltan de un extremo al otro. Tienen gran necesidad de aprender la mesura y discreción cristianas, y que no basta poseer, junto y sobre una viva sensibilidad, las tres virtudes

---

([1]) SAN JUAN DE LA CRUZ, *Noche oscura*, 1. I, c. I a VII. Defectos de los principiantes: Inclinación a la soberbia, a la gula espiritual, a la envidia, a la ira, a la pereza.

([2]) SANTA TERESA (IV Morada) enseña igualmente a distinguir bien los *gustos divinos* que provienen de la contemplación infusa, de *los contentos* o consolaciones de la oración activa. Los divinos nacen directamente de la acción de Dios, mientras que los segundos provienen de nuestra propia actividad ayudada por la gracia; "estotra fuente (de los gustos divinos)... produce con grandísima paz y quietud y suavidad de lo muy interior de nosotros mismos" (ibid). Por lo demás, los efectos no son menos diferentes que su origen. "...vase revertiendo esta agua por todas las moradas y potencias, hasta llegar al cuerpo; ...como comienza a producir aquella agua celestial de este manantial que digo... de lo profundo de nosotros, parece que se va dilatando y ensanchando todo nuestro interior y produciendo unos bienes que no se pueden decir... Entiende (el alma) una fragancia, digamos ahora, como si en aquel hondón interior estuviese un brasero a donde se echasen olorosos perfumes." (Ibid.) Quiere así el Señor dar a entender al alma, que está a su lado. Sería gran error confundir los consuelos sensibles con estos gustos divinos.

teologales, que son precisas, entre esos dos extremos: las virtudes morales de prudencia, justicia, fortaleza y moderación, para que, poco a poco, acompañe la disciplina a la sensibilidad, y para no confundir sus pasajeros entusiasmos con las subidas aspiraciones de la fe viva, de la esperanza y de la caridad.

La dirección es particularmente necesaria en el *período de prolongada sequedad*, durante la cual tan difícil resulta la meditación y en la que se levantan tan vivas tentaciones contra la castidad y la paciencia, junto con contradicciones que vienen de fuera. Según San Juan de la Cruz ([1]), esta prueba señala el tránsito de la vía purgativa de los principiantes a la iluminativa de los proficientes, a condición de encontrarse en ella tres señales que un buen director puede echar de ver. Estos tres signos, de los que hablaremos más adelante, son los siguientes: 1º que el alma no encuentre gusto ni consuelo en las cosas divinas, como tampoco en las creadas; 2º que, a pesar de eso, guarde la presencia de Dios, con vivo deseo de la perfección y miedo de no servirle; 3º que no consiga hacer la meditación ordenadamente, y se sienta más bien inclinada a contemplar con sencillez a Dios.

Preciso es y necesario en tal crisis, que es como una segunda conversión, escuchar con docilidad a un buen director, si se quiere atravesar tan difícil momento con generosidad y no quedar atrás en el camino de la perfección. Más adelante volveremos a tratar de esta cuestión ([2]).

La dirección de los proficientes y de los adelantados

La necesidad de un guía en ciertos períodos de la vida de los adelantados confirma lo que acabamos de decir sobre su necesidad en los principiantes.

Para con los aprovechados, la dirección es más rápida y sencilla; el dirigido conoce mejor la vida espiritual, y con una palabra puede a veces exponer en qué cosas tiene necesidad de consejo. El director viene a ser en este caso un testigo de la vida del alma y de sus progresos; debe ser un

---
([1]) *Noche oscura*, l. I, c. IX.
([2]) Al principio de la III parte: Entrada en la vía iluminativa (noche de los sentidos).

instrumento del Espíritu Santo para asegurarse que el alma permanece dócil a sus inspiraciones; y para esto ha de procurar conocer exactamente la acción del Maestro interior en cada una de las almas, para bien discernir en ellas, en cuanto es posible, lo negro y lo blanco, lo recto y lo que no lo es, el efecto dominante que hay que combatir y el llamamiento de la gracia que es preciso escuchar.

Conviene recurrir a él sobre todo en el retiro anual, para exponerle las interioridades del alma sin reservas, para asegurarse de que uno no cae en los efectos propios de los adelantados: soberbia oculta y presunción, que podrían abrir la puerta a deplorables ilusiones (¹).

Hay también en los proficientes períodos difíciles en los cuales tiene especial necesidad de un guía seguro, sobre todo cuando tienen que atravesar *las pruebas que señalan la entrada en la vía unitiva*, que San Juan de la Cruz llama purificación pasiva del espíritu. Ésta se presenta bajo diversas formas, más o menos acentuadas, y generalmente es una prolongada privación de consuelos, no sólo sensibles, sino espirituales. Con frecuencia se presentan en este momento terribles tentaciones contra la fe, la esperanza, y la caridad fraterna y hasta contra el amor de Dios. Y es evidente que si se ha de atravesar este período sin retroceder, antes siguiendo adelante, será una gran ventaja tener un experimentado director. Y aun aquel que puede dirigir a los demás no sabría dirigirse a sí mismo, porque en tal situación no hay un camino trazado de antemano, dice San Juan de la Cruz (²), sino que hay que seguir la inspiración del Espíritu Santo y de ningún modo confundirla con algo que podría parecérsele. Aquí es donde las almas de oración tienen mayor necesidad de ese director sabio y experimentado. Santa Teresa sentía constante necesidad de abrir enteramente su corazón a hombres doctos, versados en las cosas de la vida interior, para tener seguridad de ser dócil al Espíritu Santo (³). Aun las almas perfectas comprenden que no pue-

(¹) SAN JUAN DE LA CRUZ, *Noche oscura*, 1. II, c. II: defectos de los avanzados.

(²) *Prólogo de la Subida del Monte Carmelo* e imagen que trae el Santo al principio de esta obra.

(³) *Vida*, c. XIII. "Y los que van por camino de oración, tienen de esto mayor necesidad (tratar con quien tenga letras); y mientras más espirituales, más."

den prescindir de esta ayuda para encontrar *la armonía entre la pasividad* respecto a lo que obra Dios en ellas *y la actividad* que el Señor les exige para que se cumpla la máxima: "fidelidad y abandono". Sienten esa necesidad de la dirección para conservar vivo en sus corazones, junto con una profunda humildad, el amor de la Cruz.

No tratamos aquí, sino de paso, de la dirección de los adelantados, para decir que, si para éstos es cosa imprescindible, mucho más ha de serlo para los principiantes ([1]).

Cualidades del director y deberes del dirigido

Como dice San Francisco de Sales, a propósito del director, "éste ha de estar lleno de *caridad, ciencia y prudencia;* y si una de estas virtudes falta, no faltará el peligro ([2])". Lo mismo afirma Santa Teresa ([3]).

Su caridad debe ser desinteresada y ha de esforzarse, no por atraerse los corazones, sino por llevarlos a Dios. Taulero es en este punto muy exigente, y dice que ciertos directores que buscan atraerse el cariño de las almas, son como los perros de caza que se comen la liebre, en vez de llevarla a su dueño. En tal caso el cazador los apalea sin compasión.

La bondadosa caridad del director nunca se ha de confundir con la debilidad; sino que debe ser firme y no ha de temer decir la verdad que con eficacia lleve las almas al bien. Tampoco debe perder el tiempo en conversaciones o cartas inútiles, sino ir derecho al grano, para el bien de las almas.

Ha de tener, además, perfecto conocimiento de la espiri-

---

[1] Cf. infra, IV parte: Entrada en la vía unitiva (Noche del espíritu).

[2] *Intr. a la vida devota,* I parte, c. IV.

[3] *Vida,* c. XIII: "Así que importa mucho ser el maestro avisado, digo *de buen entendimiento y que tenga experiencia; si* con esto *tiene letras,* es grandísimo negocio. Mas si no se pueden hallar estas tres cosas juntas, las dos primeras importan más; porque letrados pueden comunicar con ellos cuando tuvieren necesidad. Digo que a los principios, si no tienen oración, aprovechan poco letras. No digo que no traten con letrados, porque espíritu que no vaya comenzado en verdad, yo más le querría sin oración; *y* es gran cosa letras, porque éstas nos enseñan a los que poco sabemos, y nos dan luz, y llegados a verdades de la Sagrada Escritura, hacemos lo que debemos: de devociones a bobas nos libre Dios."

tualidad, penetrar a fondo en la doctrina de los grandes maestros de la vida interior y ser buen psicólogo (¹).

Debe en fin, para ser instrumento del Espíritu Santo, discernir con prudencia en las almas el defecto dominante que se ha de evitar, y la inclinación sobrenatural que hay que fomentar y seguir. Para esto, es preciso orar para alcanzar las luces necesarias, sobre todo en los casos difíciles; y, si es humilde, no le faltarán las gracias de estado. Comprenderá que a unos debe estimular, y moderar, en cambio, los excesivos ímpetus de otros, y enseñar a estos últimos a no confundir el sentimentalismo con el verdadero amor que se demuestra en las obras.

La prudencia en la dirección de las almas, le ha de hacer evitar dos escollos: el de pretender llevar a todas las almas piadosas indistinta y rápidamente a entregarse a la oración contemplativa, y el de imaginar que es inútil ocuparse de esta cuestión. No ha de proceder en este punto ni precipitadamente, ni con demasiada lentitud; ha de observar si existen o no, en las almas, *las tres señales* de que se ha hablado, citando a San Juan de la Cruz, para pasar de la meditación discursiva a la contemplación. Antes de esto, conviene y basta recordar a las almas que deben permanecer dóciles a las inspiraciones del Maestro interior, ya que son éstas manifiestamente conformes a su vocación.

En cuanto a los deberes del dirigido, son consecuencia de lo que acabamos de decir; ha de *respetar* a su director como al representante de Dios, y evitar dos cosas que serían contrarias a este respeto: las críticas acerbas y la demasiada fa-

---

(¹) El estudio de la psicología le es particularmente necesario cuando tiene que dirigir a personas histéricas, psicasténicas o neurasténicas. También ha de conocer las perturbaciones mentales que se originan en ciertas enfermedades, como la de Basedow (hipertrofia de la glándula tiroides), y otros desórdenes en el funcionamiento de las glándulas endocrinas, principalmente en la edad crítica. Tales anomalías pueden dar lugar a una intoxicación crónica y progresiva, que engendra confusión mental con ideas fijas.

Cf. ROBERT DE SINÉTY, S. J., *Psicopatología y dirección*, París, Beauchesne, 1934, que también trata de psicopatología religiosa, de los pródromos de psicopatía, y da consejos prácticos para la dirección de los psicópatas.

miliaridad. Ese respeto debe ir acompañado de una sencilla afección filial, totalmente espiritual, que excluye el deseo de ser particularmente amado y los celos y pequeñas envidias (¹).

Ha de tener igualmente el dirigido una filial confianza con su director, y *le ha de abrir totalmente el corazón*. Como muy bien lo explica San Francisco de Sales: "Tratad con él con toda sinceridad y fidelidad, manifestándole claramente vuestros bienes y vuestros males, sin fingimiento ni disimulo" (²).

Es preciso, en fin, una gran *docilidad* para escuchar y seguir sus consejos; de otro modo haríase la voluntad propia en vez de la de Dios. No está prohibido el manifestar las dificultades que pudiera haber en poner en práctica tal consejo; pero después de haberlo hecho, necesario es someter nuestro juicio al director. Es cierto que a veces puede equivocarse, pero nosotros nunca nos equivocaremos al obedecerle, a menos que nos aconsejara algo contra la fe o la moral; en tal caso, no hay sino abandonarlo.

Sólo por razones graves se debe cambiar de director o confesor. Nunca se ha de hacerlo por inconstancia, orgullo, falsa vergüenza o curiosidad. Pero se le puede abandonar, si uno se da cuenta que procede ciertamente con miras humanas, afecto demasiado sensible, o que no posee la ciencia, prudencia o la necesaria discreción.

Fuera de estos casos, se ha de guardar en cuanto sea posible cierta continuidad en la dirección, para conseguir la permanencia y perseverancia en el buen camino. No dejemos nunca un buen guía porque nos reprende para nuestro bien. Acordémonos de lo que San Luis decía a su hijo: "Confiésate con frecuencia y escoge confesores virtuosos y sabios, que sepan instruirte en lo que debes hacer y evitar, y concede a esos confesores el que te reprendan y amonesten con toda libertad." Ésta es la sana, santa y firme afección, sin mezcla de sentimentalismos.

En estas condiciones, el director podrá ser instrumento del Espíritu Santo en su influencia sobre nuestras almas, haciéndonos cada vez más dóciles a las divinas inspiraciones. Y así avanzaremos con toda seguridad en el camino estrecho que va ensanchándose a medida que nos acerca a la infinita bondad de Dios Nuestro Señor.

(¹) SAN FRANCISCO DE SALES, *Vida devota,* I P., c. IV.
(²) *Ibid.*

SEGUNDA PARTE

LA PURIFICACIÓN DEL ALMA EN LOS

PRINCIPIANTES

LA PURIFICACIÓN DEL ALMA EN LOS PRINCIPIANTES

Después de haber hablado de los principios de la vida interior, es decir de sus fuentes y su finalidad, que es la perfección cristiana, vamos a tratar en particular de cada una de las tres edades de la vida espiritual, y en primer lugar del alma de los incipientes.

Hemos de ver los rasgos que caracterizan esta etapa de la vida interior; nos extenderemos hablando de la purgación activa de la parte sensitiva y de la porción intelectual del alma, del uso de los sacramentos, de la oración de los principiantes, y, en fin, de la purificación pasiva de los sentidos, que señala la transición a la edad de los proficientes, o la entrada en la vía iluminativa. A este propósito, hablaremos del abuso de las gracias. Pues son muchos los principiantes que, por permanecer retrasados y en la tibieza, nunca llegan a la edad espiritual superior. Esta parte de la espiritualidad es importantísima, porque muchas almas, por no ponerla en práctica, quedan muy atrás, mientras que las que de ella se aprovechan hacen maravillosos progresos.

Lo que aquí importa no es leer muchos libros, ni tener muchas ideas, sino penetrarse bien de los principios fundamentales que en cualquier libro enjundioso van expuestos, y llevarlos a la práctica con toda generosidad, sin retroceder en el camino. Nuestro Señor mismo lo dijo al final del Sermón de la Montaña (Mat., VII, 24): "Cualquiera que escucha estas palabras y las practica, será semejante a un hombre cuerdo que fundó su casa sobre piedra... Pero cualquiera que oye estas instrucciones que doy y no las pone por obra, será semejante a un hombre loco que fabricó su casa sobre arena; y cayeron las lluvias, y vinieron avenidas de ríos y soplaron los vientos y dieron con ímpetu contra aquella casa, la cual se desplomó y su ruina fué grande."

Al leer las vidas de los siervos de Dios beatificados y canonizados, particularmente las de aquellos que en estos últimos tiempos nos han sido propuestos por modelos, queda uno pasmado al ver que muchos no poseían gran cultura, ni habían leído muchos libros, pero tan profundamente habían penetrado en el Evangelio, que su espíritu se empapó en él y lo practicaron con admirable generosidad, a veces en una forma de vida tan sencilla que recuerda no poco la de San José. Por este camino llegaron a una altísima sabiduría, que con frecuencia se echó de ver en el profundo realismo de sus reflexiones, y en una ardentísima caridad, tan fecunda para la salud de las almas.

CAPÍTULO PRIMERO

LA EDAD ESPIRITUAL DE LOS PRINCIPIANTES

Hemos visto que Santo Tomás ([1]), al hablar de las tres edades de la vida espiritual, hace notar que "el primer deber de los principiantes es *evitar el pecado*, y hacer frente a los torcidos deseos que nos arrastran a un objeto opuesto al de la caridad".

El cristiano en estado de gracia, que empieza a entregarse al servicio de Dios y a aspirar a la perfección de la caridad, según se ordena en el supremo mandamiento, posee una mentalidad o estado de ánimo que se resume en conocerse a sí mismo y en conocer a Dios, en amarse a sí mismo y en amar al Señor.

El conocimiento de sí mismo y el conocimiento de Dios

Los principiantes tienen un conocimiento rudimentario de sí mismos; poco a poco van descubriendo los defectos que aun quedan en su alma, las consecuencias de los pecados ya perdonados y de otras nuevas faltas más o menos deliberadas y voluntarias. Si responden con espíritu generoso, no pretenden excusarse, sino corregirse, y el Señor les descubre su miseria y su indigencia, haciéndoles sin embargo comprender que no deben considerarla sino bajo el aspecto de la divina misericordia, que les exhorta a continuar adelante. Cada día deben examinar su conciencia y aprender a *vencerse* para no dejarse arrastrar del impulso irreflexivo de sus pasiones.

Todavía no se conocen sino de una manera superficial. Aun no acaban de descubrir el tesoro que el bautismo ha puesto en sus almas, e ignoran todo el *amor propio* y el egoísmo, a veces inconsciente, que en ellos subsiste y que se revela con frecuencia, cuando tienen una contrariedad o su-

[1] II, II, q. 24, a. 9.

fren algún reproche. No pocas veces ven este amor propio en los demás mejor que en sí mismos, y deben acordarse de las palabras del Señor: *"¿Por qué miras la pajita en el ojo de tu hermano, y no ves la viga que hay en el tuyo?"* (Mat., vii, 3). El principiante lleva en sí un diamante envuelto todavía en otros minerales inferiores, y no conoce aún el precio de esa joya, como tampoco los defectos e inferioridad de la escoria que le acompaña. Dios le ama mucho más de lo que él cree, pero con un amor celoso que tiene sus exigencias y pide gran abnegación para llegar a la verdadera libertad de espíritu.

El principiante se va elevando poco a poco a *cierto conocimiento de Dios que todavía depende mucho de las cosas sensibles.* Conoce a Dios en el espejo de las cosas de la naturaleza o en el de las parábolas, por ejemplo, en la del hijo pródigo, la de la oveja perdida o la del buen Pastor. Es todavía el *movimiento recto* de la elevación hacia Dios, partiendo de un hecho sensible muy sencillo. No es aún el *movimiento en espiral* que se eleva a Dios por la consideración de los diversos misterios de salud, ni el *movimiento circular* de la contemplación, que de continuo vuelve a la bondad divina que se desborda, como el águila se complace en mirar al sol, describiendo muchas veces el mismo círculo en el aire [1].

Todavía no está el principiante familiarizado con los misterios de la Salvación, con los de la Encarnación redentora, con los de la vida de la Iglesia, y no se siente aún habitualmente inclinado a ver en todas esas cosas la irradiación de la bondad divina.

La ve sin embargo al meditar en la Pasión del Señor, pero aun no penetra en las profundidades del misterio de la Redención. Ve todavía las cosas de Dios superficialmente, y es que aun le falta bastante para llegar a la madurez de espíritu.

El amor de Dios en sus comienzos

En este estado, existe un *amor de Dios propio de esta edad:* los principiantes dotados de espíritu verdadera-

---
[1] Santo Tomás, II, II, q. 180, a. 6.

mente generoso aman al Señor con un santo *temor ael pecado* que les hace huir del mortal, y aun del venial deliberado, por la *mortificación* de los sentidos y de las pasiones desordenadas, o de la concupiscencia de la carne, de los ojos y de la soberbia. En esto se echa de ver que existe en ellos el comienzo de un profundo amor de la voluntad.

Muchos, sin embargo, son negligentes en practicar la mortificación de que tendrían necesidad, y se esemejan en esto a un hombre que quisiera realizar la ascensión de una montaña, comenzando, no desde la base, sino desde la mitad. Y claro, suben a ella con la imaginación, pero no en realidad. Se ahorran los primeros escalones, pero su entusiasmo inicial se extingue como fuego de estopa. Creen tener conocimiento de las cosas espirituales, pero apenas hacen sino desflorarlas y no se arraigan en ellas. Esto acaece, por desgracia, con demasiada frecuencia.

Si por el contrario, el principiante responde con generosidad; si, sin pretender adelantarse a la gracia, ni practicar fuera de la obediencia ciertas mortificaciones excesivas inspiradas por un secreto orgullo, se propone con toda seriedad avanzar en la perfección, entonces no es raro que reciba, como recompensa, abundantes *consuelos sensibles* en la oración o en el estudio de las cosas divinas. Así logra el Señor *la conquista de la sensibilidad*, ya que aquel vive todavía sobre todo por ella. La gracia llamada sensible, por manifestarse principalmente en la sensibilidad, aleja a ésta de los pasos peligrosos y la atrae hacia Nuestro Señor y hacia su Santa Madre. En estos momentos, el principiante generoso ama ya a Dios *con todo su corazón*, pero no todavía "con toda su alma, con todas sus fuerzas", ni "con todo su espíritu." Los autores de espiritualidad hablan con frecuencia de esta *leche de la consolación* con que en estas circunstancias son regaladas esas almas generosas. San Pablo escribe a su vez (I Cor., III, 1): "Así es, hermanos, que yo no he podido hablaros como a hombres espirituales, sino como a personas carnales; como a niños en Jesucristo, *os he alimentado con leche y no con manjares sólidos, porque no erais todavía capaces de ellos.*"

¿Qué es lo que sucede entonces ordinariamente? Casi todos los principiantes, al recibir esos consuelos sensibles, *se complacen* demasiadamente en ellos, como si fueran, no un medio, sino el fin. Y caen en una especie de golosina espiritual acompañada de *precipitación* y de curiosidad en el estudio de las cosas divinas, e inconsciente orgullo que los lleva a hablar de esas cosas como si fueran ya maestros consumados. Aquí, dice San Juan de la Cruz ([1]), vuelven a hacer su aparición *los siete pecados capitales,* no ya en su forma vulgar y grosera, sino *a propósito de las cosas espirituales* ([2]). Y son otros tantos obstáculos a la verdadera y sólida piedad.

¿Qué hay que concluir de todo lo dicho? De lo que antecede se sigue, y es la lógica de la vida espiritual, que es necesaria *una segunda conversión,* tal como la describe San Juan de la Cruz con el nombre de purgación pasiva de los sentidos, "común y que acaece a muchos, y éstos son los principiantes" ([3]), para introducirlos "en el camino y vía del espíritu, que es el de los aprovechantes y aprovechados, que por otro nombre, llaman vía iluminativa o de contemplación infusa ([4]), con que Dios de suyo anda apacentando y reficionando el alma, sin discurso ni ayuda activa de la misma alma."

Esta purificación se caracteriza por una *prolongada aridez sensible,* en la cual el principiante queda despojado de los consuelos sensibles en que se complacía harto. Si en esta aridez llega a sentirse *vivo deseo de Dios,* de que reine en nosotros, y temor de ofenderle, señal es de que estamos ante una purificación divina. Y todavía más si a estas vivas ansias de Dios se añade dificultad, en la oración, de hacer múltiples y razonadas consideraciones, e *inclinación a mirar simplemente al Señor con amor* ([5]). Ésa es la tercera señal, que prueba que la segunda conversión es una reali-

---

([1]) *Noche oscura,* l. 1, c. i a vii.
([2]) En otros reaparecen a propósito de cosas de la vida intelectual, cuando se buscan a sí propios en el estudio.
([3]) *Noche oscura,* l. I, c. viii.
([4]) Ibid., l. I, c. xiv.
([5]) Ibid., c. ix: Las tres señales de la purgación pasiva del sentido, donde comienza la contemplación infusa.

dad, y que el alma está elevada a una forma de vida superior, que es la de la vía iluminativa de los proficientes o adelantados.

Si el alma soporta bien esta purgación, su sensibilidad *se somete* más y más al espíritu. Y no es raro que tenga entonces que rechazar generosamente muchas tentaciones contra la castidad y la paciencia, virtudes que tienen su asiento en la sensibilidad y que en esta lucha salen no poco fortalecidas.

En esta crisis el Señor va modelando el alma, por decirlo así; profundiza mucho más en el surco que dejó marcado en el momento de la justificación o primera conversión. Extirpa las malas raíces o residuos del pecado, "reliquias peccati". Hace ver la vanidad de las cosas del mundo, y del ansia de honores y de dignidades. Y poco a poco comienza una vida nueva, como cuando, en el orden natural, el niño llega a la adolescencia.

Pero esta *crisis puede ser bien o mal sobrellevada;* algunos no se muestran bastante generosos, y quedan atrás *sin dar un paso*, mientras que otros se someten dócilmente a las divinas inspiraciones y pasan al estado de proficientes o adelantados.

Tales son las principales características de la edad espiritual de los principiantes o incipientes: superficial conocimiento de sí mismos, rudimentario conocimiento de Dios muy radicado aún en las cosas sensibles; amor de Dios que se manifiesta en las luchas por huir del pecado. Si esta lucha es generosa, va generalmente recompensada con consuelos sensibles, a los que con frecuencia se aficiona demasiado el alma. En tal caso, el Señor le priva de ellos y, mediante ese despojo, la introduce en una vida espiritual más desasida de los sentidos. Es fácil ver la continuidad lógica y vital de las fases que el alma debe atravesar. No se trata de una yuxtaposición mecánica de sucesivos estados, sino de un desarrollo orgánico de la vida interior que viene a ser así una íntima conversación del alma, no ya sólo consigo misma, sino con Dios.

Generosidad indispensable al principiante

Conviene hacer resaltar muy bien en este lugar, *la generosidad que desde un principio es necesaria en el principiante*, que pretenda llegar a la íntima unión con Dios y a la profunda y sabrosa contemplación de las cosas divinas.

A este propósito leemos en el *Diálogo* de Santa Catalina de Sena, (cap. LIII): "Todos, dice el Señor, fuísteis llamados, en general y en particular, por mi Hijo, cuando en el ardor de sus deseos, clamaba en el templo: «*Quien tenga sed, venga a mí y beba.*» Así que todos estáis invitados a la fuente de aguas vivas de la gracia... Preciso os es, pues, a todos, pasar por mi Hijo y caminar con ánimo perseverante, sin que ni espinas, ni vientos contrarios, ni la prosperidad, ni la adversidad, ni otras penalidades cualesquiera, os hagan volver la vista atrás. Perseverad hasta encontrarme a mí que doy el agua viva; porque mediante este dulce Verbo de amor, mi único Hijo, es como os la doy."

Lo mismo dice Santo Tomás en su comentario in Matthæum, v, 6, sobre aquellas palabras: "*Bienaventurados los que tienen hambre y sed de justicia, porque ellos serán hartos.*" "El Señor", dice, "quiere que tengamos sed de esa justicia que consiste en dar a cada uno, y en primer lugar a Dios, lo que le corresponde. Quiere que nunca estemos hartos aquí abajo... sino que nuestro deseo vaya siempre en aumento... Bienaventurados los que tienen este insaciable deseo; porque recibirán la vida eterna y, antes, dones espirituales en abundancia, en el cumplimiento de los mandamientos, según las palabras del Maestro (Joan., IV, 34): «Mi manjar es hacer la voluntad del que me envió y dar *cumplimiento a su obra.*»"

El Doctor Angélico añade en su Comentario sobre San Juan, VII, 37: "Todos los que tienen sed están invitados por Nuestro Señor cuando dice: Si alguien tiene sed, que venga y beba. Isaías había dicho (LV, 1): *Todos los que tenéis sed, venid a las aguas (vivas).* Llama a los que tienen sed, porque esos tales son los que sienten deseos de servir a Dios. Éste no acepta un servicio hecho a la fuerza, sino que *ama al que da con alegría* (II Cor., IX, 17). No solamente llama a algunos, sino a todos los que tienen sed; y *les invita a beber esta bebida espiritual que es la divina sabiduría*, capaz de satisfacer nuestros deseos; y esta divina sabiduría, nosotros querremos comunicarla a los demás una vez que la hayamos encontrado (¹). Por eso nos dice: *Aquel que cree en mí, de su seno, como dice la Escritura, correrán ríos de agua viva*" (Joan., VII, 38).

Pero para llegar a esta fuente desbordante, preciso es tener sed, sed de virtud, y correr con generosidad, por *la angosta vía de la abnegación*, camino espiritual estrecho para los sentidos, pero que, para el espíritu, se hará inmenso como el mismo Dios al cual conduce; mientras que el camino de la perdición, holgado al principio para el sentido, se estrecha luego para el espíritu y conduce a la perdición (²).

Santa Teresa (*Camino de perfección*, c. XIX), citando estas mismas palabras del divino Maestro: "Si alguno tiene sed, venga mí y beba", escribe igualmente: "Mirad que convida el Señor a todos; pues es la misma verdad, no hay que dudar. Si no fuera general este convite, no nos llamara el Señor a todos, y aunque los llamara, no dijera: Yo os daré de beber. Pudiera decir: venid todos, que, en fin, no perderéis nada; y los que a mí me pareciere, yo les daré de beber. Mas como dijo, sin esta condición, a todos, tengo por cierto que todos los que no se quedaren en el camino, no les faltará esta agua viva. Denos el Señor, que la promete, gracia para buscarla como se ha de buscar, por quien Su Majestad es."

Dice también en este mismo capítulo XIX: "No da Dios lugar a *que beban de esta agua* (que no está en nuestro querer, por ser cosa muy sobrenatural esta divina unión), si no es *para limpiarla y dejarla limpia y libre* del lodo en que por las culpas estaba metida... *Pónela (al alma) de presto junto cabe sí* y muéstrale en un punto más verdades y dala más claro conocimiento de lo que es todo, que acá pudiéramos tener en muchos años." Más adelante, en el capítulo XXI, añade: "Ahora, tornando a los que quieren ir por él,

---

(¹) Santo Tomás, *in Joan.*, VII, 37: "Totus iste est spiritualis refectio in cognitione divinæ sapientiæ et veritatis; etiam in impletione desideriorum... Fructus autem hujus invitationis est redundantia bonorum in alios."

(²) Santo Tomás, *in Mat.*, VII, 14.

y no parar hasta el fin, que es llegar a beber de esta agua de vida, cómo han de comenzar, digo que importa mucho, y el todo, *una grande y muy determinada determinación de no parar hasta llegar a ella*, venga lo que viniere, suceda lo que sucediere, trabájese lo que se trabajare, murmure quien murmurare, siquiera llegue allá, siquiera se muera en el camino o no tenga corazón para los trabajos que hay en él, siquiera se hunda el mundo..."

San Juan de la Cruz se expresa del mismo modo en el *Prólogo de la Subida del Monte Carmelo*, y en *Llama de amor viva* (Estrofa 2, v. 5).

La generosidad de que aquí hablan todos estos grandes santos no es otra que la virtud de *magnanimidad;* y no sólo aquella que Aristóteles describe, sino la magnanimidad infusa, cristiana, descrita por Santo Tomás en la Suma Teológica, II-II, q. 129.

El magnánimo, dice, busca las grandes cosas dignas de honor, pero estima a la vez que los honores son muy poca cosa ([1]). No se deja levantar por la prosperidad, ni abatir por las dificultades. ¿Pero hay en la tierra cosa más grande que la verdadera perfección cristiana? El magnánimo no teme los obstáculos, ni las críticas, ni los desprecios, cuando hay que soportarlos por un gran negocio. En ninguna forma se deja intimidar por los espíritus fuertes y no se le da nada de sus dichos. Tiene mucha más cuenta con la verdad que con la opinión, muchas veces falsa, de los hombres. Si bien esta generosidad no siempre es comprendida por aquellos que querrían vida más cómoda, ella tiene en sí su verdadero valor. Y si viene unida con la humildad, entonces es muy agradable a Dios y no quedará sin recompensa.

San Francisco de Sales en su *V^a Plática*, habla admirablemente de *la generosidad* en sus relaciones con la humildad, que siempre debe acompañarla: "La humildad", dice, "cree no poder nada, fijándose en la propia bajeza y debilidad...; y al contrario, *la generosidad nos hace decir con San Pablo*:

([1]) Dice Santo Tomás (II, II, q. 129, 4, c. et ad 3) que la magnanimidad inclina a querer practicar todas las virtudes con verdadera grandeza de alma; y es de ese modo como el *ornato de todas ellas*; de ahí su general influencia, aun aquella que los autores de espiritualidad atribuyen a la generosidad. *Item*, Santo Tomás, II, II, q. 134, a. 2, ad 3; y I, II, q. 66, a. 4, ad 3.

Todo lo puedo en aquel que me conforta. La humildad hace que desconfiemos de nosotros mismos, y la generosidad nos hace confiar en Dios... Hay personas que se complacen en una falsa y tonta humildad, que les impide ver lo bueno que el Señor ha puesto en ellas. Cometen en esto grave error; porque los bienes que Dios ha puesto en nuestras manos débense agradecer... para glorificar a la divina bondad que nos los ha dado... La humildad que no produce generosidad, falsa es sin duda... *La generosidad se basa en la confianza en Dios y se lanza a emprender con gran valor todo lo que se le ordena,* por difícil que sea. ¿Quién me podrá impedir que llegue, dice esa virtud, si tengo la certeza de que *aquel que comenzó la obra de mi perfección, la ha de llevar a término?* (Filip., 1, 6)."

Tal ha de ser la generosidad de los principiantes. Todos los santos lo afirman así. El mismo Señor dice: "*El que pone la mano al arado y mira atrás, no es apto para el reino de Dios*" (Luc., IX, 62). Es preciso pertenecer al número de aquellos de quienes dijo: "*Bienaventurados los que tienen hambre y sed de justicia, porque ellos serán hartos*", gustarán aquí abajo como un anticipo de la vida eterna y harán que otros la deseen santamente, trabajando por su salvación.

CAPÍTULO SEGUNDO

EL NATURALISMO PRÁCTICO
Y LA MORTIFICACIÓN SEGÚN EL EVANGELIO

Después de haber expuesto una idea general de la edad espiritual de los principiantes, vamos a tratar de la principal tarea que han de realizar para no recaer en el pecado. Para conseguirlo, preciso es formarse justa idea del desorden que supone el pecado en sus diversas formas, de sus raíces y de sus consecuencias, que pueden durar en nosotros largo tiempo.

Notemos, en primer lugar, dos tendencias extremas y erróneas: por una parte el naturalismo práctico que es tan frecuente y en el que cayeron los quietistas, y por otra, la orgullosa austeridad jansenista, que está muy lejos de proceder del amor de Dios. La verdad se yergue como una cima en medio de estos dos extremos, que representan las desviaciones contrarias del error.

El naturalismo práctico, en la acción y en la inacción

El naturalismo práctico, que es la negación del espíritu de fe en la conducta de la vida, continuamente tiende a renacer en formas más o menos acentuadas, como hace muy pocos años pudo verse en el americanismo y el modernismo. En muchas obras que aparecieron en esa época, se menospreciaba la mortificación y los votos de religión, en los que se pretendía ver, no una liberación que favoreciera el vuelo de la vida interior, sino simplemente un impedimento del apostolado. Se nos decía: ¿Por qué hablar tanto *de mortificación,* siendo el cristianismo una doctrina de vida; *de renunciamiento,* si el cristianismo debe asimilarse toda actividad humana en vez de destruirla; *de obediencia,* si el Cristianismo es una doctrina de libertad? Estas virtudes pasivas, continuaban, no tienen mayor importancia sino para los espíritus negativos, incapaces de emprender cosa alguna y sin otra fortaleza que la de la inercia.

¿Por qué, seguían diciendo, despreciar nuestra actividad natural? ¿No es buena nuestra *naturaleza?* ¿No procede de Dios y está inclinada a amarle sobre todas las cosas? Nuestras mismas *pasiones,* movimientos de nuestra sensibilidad, deseo y aversión, gozo y tristeza, ni son buenas ni son malas; son lo que nuestra intención pone en ellas. Se trata de energías que es preciso utilizar, y no es lícito anularlas, sino que se las ha de moderar y regular. Esta es la doctrina de Santo Tomás, muy diferente, se añadía, de la de tantos autores de espiritualidad y muy poco en consonancia con lo que dice el capítulo de la *Imitación,* III, c. LIV, acerca de "los diversos movimientos de la naturaleza y de la gracia." Claro está que al hablar así contra el autor de la *Imitación,* se echaba no poco en olvido estas palabras del Salvador: "En verdad os digo, que si el grano de trigo, después de echado en la tierra, no muere, queda infecundo; pero si muere, produce mucho fruto. El que ama su alma, la perderá; mas el que la aborrece en este mundo, la conserva para la vida eterna" (Joan., XII, 24).

Decían también: ¿Por qué tanto combatir *el propio juicio, la propia voluntad?* Eso equivale a reducirse a un estado de servidumbre que destruye toda iniciativa, y hace perder el contacto con el mundo, que no debemos menospreciar, sino mejorar. Pero al hablar así, ¿no es cierto que se echaba en olvido el sentido preciso que los verdaderos tratadistas de espiritualidad dieron a la "propia voluntad", que siempre ha significado voluntad no conforme a la voluntad de Dios?

En esta objeción formulada por el americanismo y repetida por el modernismo ([1]), la verdad viene hábilmente mezclada con la mentira y el error; hasta se invoca la autoridad de Santo Tomás y con frecuencia se repite este principio del gran Doctor: "la gracia no debe destruir la naturaleza, sino perfeccionarla"; los movimientos de la natura-

---

([1]) DENZINGER, *Enchiridion,* n. 1967 sq., 2104.

leza no son tan desarreglados, se afirma, como lo sostiene el autor de la *Imitación*, y es necesario el total desenvolvimiento de la naturaleza dirigida por la gracia.

Y como falta el verdadero espíritu de fe, se falsea el principio de Santo Tomás que se invoca. Habla éste de *la naturaleza como tal*, en el sentido filosófico de la palabra; de la naturaleza en lo que tiene de esencial y bueno, que es obra de Dios, y no de *la naturaleza caída y herida*, tal como está de hecho, como consecuencia del pecado original y de nuestros pecados personales, más o menos deformada por nuestro egoísmo, a veces inconsciente, por nuestros deseos desordenados y nuestra soberbia. Se refiere igualmente Santo Tomás a *las pasiones* o emociones como tales, y no en cuanto están *desordenadas*, cuando afirma que son fuerzas que deben utilizarse; más para sacar provecho de ellas, preciso es mortificar lo que en las tales hay de desordenado; y no basta disimularlo y regularlo, sino que es necesario hacerlo morir totalmente.

Estos y otros equívocos semejantes no tardan en producir sus consecuencias. Por sus frutos se conoce al árbol; y queriendo complacer excesivamente al mundo, en vez de convertirlo, esos apóstoles de nuevo cuño, que fueron los modernistas, se dejaron pervertir por él.

Y así se les ha visto desconocer *las consecuencias del pecado original;* oyéndoles hablar, se diría que el hombre nace bueno y perfecto, como sostenían los pelagianos y más tarde Juan Jacobo Rousseau.

Se les ha visto olvidar *la gravedad del pecado mortal* como ofensa hecha a Dios, y sólo lo han considerado como un desorden que daña al hombre. En consecuencia, hase quitado importancia a la gravedad del pecado del espíritu: incredulidad, presunción y orgullo. Se diría que la falta más grave es el abstenerse de las obras sociales; y como consecuencia, la vida puramente contemplativa era considerada como cosa casi inútil, o como ocupación de inútiles e incapaces.

El mismo Dios ha querido replicar a esta objeción por la canonización de Santa Teresa del Niño Jesús y por la extraordinaria irradiación de esta alma contemplativa.

Desconocíase igualmente *la infinita elevación de nuestro fin sobrenatural*: Dios autor de la gracia. Y en vez de hablar de vida eterna y de visión beatífica, se hablaba de un vago ideal moral con apariencia de religión, en el que desaparecía la radical oposición entre el cielo y el infierno.

Se olvidaba, en fin, que el instrumento que Nuestro Señor quiso emplear para salvar al mundo, fué *la Cruz*.

La nueva doctrina, en todas sus consecuencias dejaba entrever su principio y fundamento: el naturalismo práctico, no el espíritu de Dios sino el de la naturaleza, negación de lo sobrenatural, si no teórica, por lo menos en la conducta de la vida. Esta negación ha sido a veces formulada así en la época del modernismo: la mortificación no es esencial al cristianismo. Pero, ¿qué otra cosa es la mortificación, sino la penitencia? ¿Y no es ésta necesaria al cristiano? ¿Cómo hubiera podido entonces escribir San Pablo: "Traemos siempre en nuestro cuerpo, por todas partes, la mortificación de Jesús, a fin de que la vida de Jesús se manifieste también en nuestros cuerpos?" (II Cor., IV, 10).

Bajo otra nueva capa, el naturalismo práctico hizo su aparición entre *los quietistas*, en la época de Molinos, en el siglo XVII. Fué un naturalismo, no de acción, como en el americanismo, sino de inacción. Pretendía Molinos que "*querer obrar* es una ofensa a Dios, que quiere obrar, solo, en nosotros" (¹). Dejando de obrar, sostenía, el alma se aniquila y vuelve a su principio; y en este estado, Dios sólo vive y reina en ella (²). Así se llega al naturalismo práctico por un camino contrario al del americanismo, que exalta la actividad natural.

Molinos deducía de su principio que el alma no debe realizar actos de conocimiento o de amor de Dios (³), ni pensar ya en el cielo, o en el infierno, *ni reflexionar sobre sus actos, ni sobre sus defectos* (⁴); el examen de conciencia quedaba así suprimido. Añadía Molinos que tampoco debe el alma desear su propia perfección, ni la salvación (⁵); ni pedir a Dios cosa alguna determinada (⁶), sino que se ha de aban-

---

(¹) Denzinger, *Enchiridion*, n. 1221 sq.
(²) *Ibid.*, 1224, sq.
(³) *Ibid.*, 1226.
(⁴) *Ibid.*, 1227-1229, 1232.
(⁵) *Ibid.*, 1233, sq.
(⁶) *Ibid.*, 1234.

donar a él, para que haga en ella, sin ella, su divina voluntad. Y decía, en fin: "El alma no tiene necesidad de *resistir positivamente a las tentaciones*, de las que se ha de desentender (¹); *la cruz voluntaria de la mortificación es una carga pesada e inútil, de la cual nos hemos de desembarazar*" (²).

Recomendaba permanecer, en la oración, en una fe oscura, en un reposo en el que se debe olvidar todo pensamiento preciso, relativo a la humanidad de Jesús, o aun a las perfecciones divinas, a la SSma. Trinidad; y permanecer en esta quietud sin producir acto alguno. "En eso consiste", decía, "*la contemplación adquirida*, en la cual es preciso permanecer toda la vida, si Dios no levanta a la contemplación infusa" (³).

En realidad, esta contemplación, así *adquirida por cesación de todo acto*, no era otra cosa que una piadosa somnolencia, más somnolencia que piadosa, de la que ciertos quietistas nunca querían salir, ni aun para arrodillarse en la elevación durante la misa. Así permanecían en su pretendida unión con Dios, que confundían con una augusta forma de la nada. Tal estado hace pensar más en el nirvana de los budistas que en la unión transformante y comunicativa de los santos.

Por ahí se echa de ver que la contemplación adquirida, que Molinos aconsejaba a todos, era una *pasividad*, no ya infusa, sino *adquirida* voluntariamente mediante la cesación de toda actividad. El mismo atribuía a esta pretendida contemplación adquirida cosas que no son verdad sino de la infusa, y *suprimía de un plumazo toda la ascética y la práctica de las virtudes*, considerada por la tradición como la verdadera disposición para la contemplación infusa y la unión con Dios. También pretendía que "la distinción de las tres vías: purgativa, iluminativa y unitiva, es el mayor absurdo que se haya dicho en mística; ya que, explicaba, sólo hay un camino para todos por igual, el camino interior" (⁴).

Tal supresión de la mortificación conducía a los más profundos desórdenes, hasta llegar a decir Molinos que las ten-

(¹) *Ibid.*, 1257.
(²) *Ibid.*, 1258.
(³) Denzinger, *Ibid.*, nº 1243.
(⁴) *Ibid.*, 1246.

taciones del demonio son siempre útiles, aun cuando nos arrastren a actos deshonestos; y que ni aun en ese caso es preciso hacer actos de las virtudes contrarias, mas hay que resignarse, ya que tales cosas nos revelaban nuestra nada y pobreza (¹). Sólo que Molinos, en lugar de llegar por ahí al menosprecio de sí mismo por el reconocimiento de la propia culpabilidad, pretendía llegar *a la impecabilidad* (²), y a la muerte mística; singular impecabilidad que se consiliaba con todos los desórdenes (³).

Tan lamentable doctrina es una caricatura de la mística tradicional, que queda así radicalmente falseada en todos sus principios. Y con pretexto de evitar la actividad natural que el naturalismo de acción exalta, degenera aquí en el naturalismo práctico de la pereza y de la inacción. Era, por otro camino, la supresión de la ascética, del ejercicio de las virtudes y de la mortificación (⁴).

Los errores del quietismo demuestran que es posible el naturalismo práctico de aquellos que han perdido la vida interior y el otro, bien distinto, de los que nunca la han poseído.

En el extremo opuesto del naturalismo práctico, se encuentra a veces, aunque es cosa rara, *la orgullosa austeridad* de un falso sobrenaturalismo, según se pudo echar de ver en el *jansenismo*, y, antes, en diversas manifestaciones de fanatismo, como entre los montanistas del siglo II y entre los flagelantes del XII. Todas estas sectas pierden de vista el espíritu de la mortificación cristiana, que no es soberbia, sino amor de Dios.

(¹) *Ibid.*, 1257-1266.
(²) *Ibid.*, 1257-1286.
(³) Cf. DENZINGER, 1268: "Hujusmodi violentiæ (dæmonis) sunt medium magis proportionatum ad annihilandam animam et ad eam ad veram transformationem et unionem perducendam"; nº 1268: "Melius est ea non confiteri; quia non sunt peccata, nec etiam venialia."
(⁴) Véase, acerca de estas aberraciones de los quietistas, la obra del P. DUDON: *Michel Molinos*. De su lectura se deduce que uno de los principales errores del quietismo español fué el considerar como adquirida, por propio esfuerzo de la voluntad (mediante la supresión de los actos), la oración de quietud, que, en realidad, es infusa, como lo prueba Santa Teresa *(IV Morada)*. Se fingía así la oración infusa antes de haberla recibido, y se la desfiguraba completamente suprimiendo toda ascesis.

En el siglo XVII, los jansenistas cayeron en un pesimismo que es una alteración de la idea cristiana de la penitencia. Exageraban, como los primitivos protestantes, las consecuencias del pecado original, hasta el extremo de decir que el hombre no conserva ya el libre albedrío, la libertad de indiferencia, sino solamente la espontaneidad: y que todos los actos de los infieles son pecado ([1]). Enseñaban que "el hombre, durante toda su vida, debe hacer penitencia por el pecado original" ([2]). En consecuencia, retenían a las almas, toda la vida, en la vía purgativa, y las alejaban de la comunión, con achaque de que no somos dignos de unión tan íntima con Nuestro Señor; sólo podrían ser admitidos a ella, aquellos que tienen un purísimo amor de Dios, sin límites ni mezcla ([3]). Olvidaban que tal amor es precisamente el efecto de la comunión, cuando ésta va acompañada de la lucha generosa contra lo que hay en nosotros de desordenado. El jansenismo jamás llegó a la libertad interior y a la paz ([4]).

Preciso es, en ésta, como en otras cuestiones, evitar dos errores opuestos entre sí: el naturalismo práctico y la orgullosa austeridad. La verdad se encuentra entre esos dos extremos y muy por encima de ellos, como una cumbre. Así se echa de ver con toda evidencia, si se considera, por una parte, la elevación de nuestro fin último y de la caridad, y, por otra, la gravedad del pecado mortal y sus consecuencias.

La mortificación según el Evangelio

Para comprender bien, en oposición a los dos extremos errores de que acabamos de hablar, cuál es el verdadero espíritu de la mortificación cristiana, es preciso que paremos mientes en lo que de ella nos dice Nuestro Señor en el Santo

---

([1]) DENZINGER, n° 1094, 1291, 1298.
([2]) *Ibid.*, 1309: "Homo debet agere tota vita pœnitentiam pro peccato originali."
([3]) *Ibid.*, 1313: "Arcendi sunt a sacra communione, quibus nondum inest amor Dei purissimus et omnis mixtionis expers."
([4]) De Pascal se ha dicho que toda su vida estuvo pensando en la santidad sin alcanzarla jamás, por haber permanecido en presencia de sí mismo en vez de estar en la presencia de Dios.

Evangelio, y cómo la han comprendido y vivido los santos.

No vino el Salvador a la tierra para realizar obra humana de filantropía, sino una divina obra de caridad; y la cumplió hablando a los hombres más de sus deberes que de sus derechos, recordándoles la necesidad de *morir totalmente al pecado* para hacerse dignos de recibir *abundantemente una nueva vida,* y quiso darles pruebas de su amor hasta morir en la cruz por rescatarlos. Esos dos aspectos de muerte al pecado y vida superior van siempre mencionados juntos, con una nota dominante, que es la del amor de Dios. Nada parecido se encuentra en los errores antes citados.

¿Cuál es la doctrina de Nuestro Señor respecto a la mortificación? En San Lucas, IX, 23, dice: "*Si alguno quiere venir en pos de mí, renúnciese a sí mismo, tome su cruz y sígame. Porque el que quisiere salvar su vida* (¹), *la perderá; y al contrario, el que perdiere su vida por amor de mí, la pondrá en salvo* (²). *¿Qué adelanta el hombre con ganar todo el mundo, si se pierde a sí mismo?*"

Jesús, en el Sermón de la Montaña, nos enseña la necesidad de la mortificación, es decir de la muerte al pecado y a sus consecuencias, insistiendo sobre la sublimidad de nuestro fin sobrenatural: "*Si vuestra justicia no es más perfecta que la de los escribas y los fariseos, no entraréis en el reino de los cielos*" (³). "*Sed perfectos como es perfecto vuestro Padre Celestial*" (⁴). ¿Por qué? Porque Jesús nos da la gracia que es una participación de la vida íntima de Dios, superior a la vida natural de los ángeles, a fin de conducirnos a la unión con Dios, ya que estamos destinados a contemplarle como él se ve a sí mismo, y a amarle como se ama él. Éste es el sentido de las palabras: "Sed perfectos como es perfecto mi Padre celestial."

Pero esto exige *la mortificación de todo lo que hay en nosotros de vicioso,* la mortificación de los movimientos desordenados de la concupiscencia, de la cólera, del odio, del orgullo, de la hipocresía.

(¹) Buscando en primer lugar gozar de este mundo, huyendo del sufrimiento que purifica y el deber en los momentos duros de la vida.
(²) *Quien perdiere su vida,* sacrificándose en el cumplimiento del deber por amor de mí, *la salvará.*
(³) *Mat.,* v, 20.
(⁴) *Mat.,* v, 48.

Nuestro Señor estuvo muy explícito acerca de esta materia, en el mismo Sermón de la Montaña. En ninguna ocasión enseñó tan claramente la mortificación, tanto interior como exterior, que el cristiano debe practicar, y el espíritu de esa mortificación. Bastará traer a la memoria algunas de esas palabras del Salvador.

El verdadero cristiano debe excluir, cuanto le sea posible, cualquier *resentimiento* y animosidad de su corazón: "*Si al tiempo de presentar tu ofrenda ante el altar, allí te acuerdas que tu hermano tiene alguna queja contra ti, deja allí mismo tu ofrenda delante del altar, y ve primero a reconciliarte con tu hermano, y después volverás a presentar tu ofrenda*" (Mat., v, 24). "Ponte de acuerdo luego con tu adversario"; porque menester es ver en él no solamente a un enemigo, sino a un hermano, a un hijo de Dios. Bienaventurados los mansos. Un día un joven israelita que sabía el *Padre nuestro*, tuvo la inspiración de perdonar a su mayor enemigo; inmediatamente recibió la gracia de creer en el Evangelio y en la Iglesia.

Mortificación de la *concupiscencia*, de las malas miradas, de los malos deseos que son suficientes para cometer adulterio en el corazón: "*Si tu ojo derecho es para ti una ocasión de pecar, arráncatelo...; tu mano..., córtala; pues mejor te está que perezca uno de tus miembros, que no el que vaya todo tu cuerpo al infierno*" (Mat., v, 29). No podía el Señor expresarse de una manera más enérgica; así se explica que los santos, sobre todo para triunfar de ciertas tentaciones, aconsejen el ayuno, las vigilias y otras austeridades corporales, que, practicadas con discreción, obediencia y generosidad, someten el cuerpo a servidumbre, y aseguran la libertad del espíritu (¹).

El Sermón de la Montaña habla también de la mortificación de cualquier deseo desordenado de venganza: "*Habéis oído que se dijo: Ojo por ojo y diente por diente; pero yo os digo que no hagáis resistencia al agravio (Ibid., v, 38).* No respondáis con amargura a la injuria, para tomar venganza; resistid, si es preciso hasta la muerte, al que os quiere arrastrar al mal; pero soportad pacientemente las injurias, sin odio, sin irritación: "*Si alguno te hiriere en la mejilla*

(¹) Santo Tomás, II, II, q. 147, *de jejunio*.

derecha, preséntale también la otra. *Y al que quiere armarte pleito para quitarte la túnica, lárgale también la capa*" (Mat., v, 40). Es decir, vive dispuesto a soportar la injusticia con longanimidad; esta paciencia desarma la cólera del adversario y lo convierte a veces, como se pudo ver en los tres siglos de persecución que tuvo que sufrir la naciente Iglesia. El cristiano ha de sentirse menos preocupado por defender sus derechos temporales, que por ganar para Dios el alma de su hermano irritado. Por aquí se echa de ver lo subido de la justicia cristiana, que siempre debe ir unida a la caridad. A los perfectos se les amonesta aquí a que no se enreden en litigios, a menos que se trate de superiores intereses a ellos confiados ([1]).

En el mismo pasaje nos exige el Señor la mortificación del egoísmo y del amor propio, que nos inclina a alejarnos de aquel que va a pedirnos un favor (Mat., v, 42); la mortificación de *los juicios temerarios* (vii, 1), de *la soberbia espiritual* y de *la hipocresía*, que nos incitan "a hacer obras buenas o a orar delante de los hombres para ser vistos por ellos" (Mat., vi, 1-16).

Nos enseña, en fin, cuál ha de ser *el espíritu de mortificación:* morir al pecado y a sus consecuencias por amor de Dios. Nuestro Señor se expresa aquí de la manera más amable, al revés de lo que dirá la orgullosa austeridad de los jansenistas. Dice así en San Mateo, vi, 16: "*Cuando ayunáis, no pongáis las caras tristes* como los hipócritas, que desfiguran sus rostros para mostrar a los hombres que ayunan. En verdad os digo que ya recibieron su galardón. *Tú, al contrario, cuando ayunas, perfuma tu cabeza y lava bien tu cara, para que no conozcan los hombres que ayunas, sino únicamente tu Padre que está presente a todo lo que hay de secreto; y tu Padre que ve en secreto, te dará por ello la recompensa.*"

Es decir, según lo han entendido los Padres, perfuma tu cabeza con el óleo de la caridad, de la misericordia y de la alegría espiritual. Lava tu rostro, es decir, limpia tu alma de todo espíritu de ostentación. Cuando te ocupas en estos actos de piedad, nada prohibe el que seas visto, sino el pretender serlo, porque perderías así la pureza de intención

---

([1]) Santo Tomás, *in Mat.,* v, 40.

que directamente te ha de llevar al Padre, presente en el secreto de tu alma.

Tal es el espíritu de la mortificación o austeridad cristiana, que los jansenistas nunca comprendieron; es espíritu de amor de Dios y del prójimo. Es un espíritu de amor que se difunde sobre las almas para salvarlas; es por la misma razón espíritu de mansedumbre, porque, ¿cómo ser *mansos*, aun con los ásperos y malhumorados, sin saber antes *vencerse a sí mismos*, ser dueños de la propia alma? Es un espíritu que nos inclina a ofrecer a Dios todo lo que nos pudiere acontecer de penoso, para que esto mismo nos ayude a acercarnos más a él y a salvar las almas, de forma que todo coopere al bien, aun los obstáculos que encontremos en el camino, del mismo modo que Jesús hizo de su cruz el gran medio de salud.

Por aquí se comprende que la mortificación cristiana, por este espíritu de amor de Dios, se eleve, como una cumbre, por encima de la blandura del naturalismo práctico y de la austeridad orgullosa y displicente. Ésta es la mortificación que hemos podido observar en los santos formados a imagen de Jesús crucificado, bien se trate de los de la primitiva Iglesia, como los primeros mártires, ya de los de la Edad Media, como San Bernardo, Santo Domingo o San Francisco de Asís, o, en fin, de los más recientes, como San Benito José Labre, el Cura de Ars, o de los últimamente canonizados, como San Juan Bosco y San José Cotolengo. *Mirabilis Deus in Sanctis suis!*

CAPÍTULO TERCERO

LA MORTIFICACIÓN SEGÚN SAN PABLO.

RAZÓN DE SU NECESIDAD

La doctrina del Evangelio sobre la necesidad de la mortificación está largamente explicada por San Pablo en sus epístolas. Con frecuencia se han citado estas palabras de la I Cor., IX, 27: "*Castigo mi cuerpo y lo esclavizo;* no sea que habiendo predicado a los otros, venga yo a ser reprobado." En otro lugar dice (Galat, v, 24): "*Y los que son de Cristo tienen crucificada su propia carne con los vicios y las pasiones. Si vivimos por el Espíritu, procedamos también según el Espíritu.*"

Y no sólo afirma San Pablo la necesidad de la mortificación, sino que da las razones, que pueden reducirse a cuatro; y son precisamente las que siempre ha ignorado el naturalismo práctico. La mortificación de todo lo que en nosotros hay de desordenado, se impone: 1º, en razón de las consecuencias del pecado original; 2º, por las consecuencias de nuestros pecados personales; 3º, en consideración a la infinita alteza de nuestro fin sobrenatural; 4º, por la necesidad que tenemos de imitar y seguir a Nuestro Señor crucificado.

Al repasar estos diversos motivos, veremos lo que es para San Pablo la mortificación interior y exterior; está ésta relacionada con distintas virtudes, ya que cada una excluye los vicios contrarios, pero particularmente con la virtud de *penitencia,* cuyo objeto es destruir en nuestras almas las reliquias del pecado en cuanto es ofensa de Dios; penitencia que debe ir inspirada por el amor del mismo Dios (¹).

(¹) Santo Tomás, III, q. 85, a. 2, 3, dice que *la penitencia* es una virtud especial que se esfuerza por borrar el pecado y sus consecuencias, mientras que el pecado es una ofensa hecha a Dios. Por ahí se une a la justicia, e, inspirada por la caridad, dirige a otras virtudes

Consecuencias del pecado original

San Pablo hace en primer lugar un paralelo entre Jesucristo, autor de nuestra salud, y Adán, causante de nuestra ruina, y nota, a continuación, las consecuencias del pecado original. Dice así (Rom., v, 12): *"Por un solo hombre entró el pecado en el mundo, y por el pecado la muerte". (Ibid.,* 19-21): "Por la desobediencia de un solo hombre, *fueron muchos constituídos pecadores...* Pero cuanto más abundó el pecado, tanto más ha sobreabundado la gracia... por Jesucristo Nuestro Señor."

La muerte es una de las consecuencias del pecado, junto con las enfermedades y dolencias, así como la concupiscencia, de la que habla San Pablo cuando dice: *"Proceded según el espíritu, y no satisfaréis los apetitos de la carne.* Porque la carne tiene deseos contrarios a los del espíritu" (Galat., v, 17).

Que es lo que se ve, según expresión del Apóstol, en el viejo hombre, es decir en el hombre tal como nació de Adán, con su naturaleza caída y rebajada. Leemos en la Epístola a los Efesios, IV, 22: "*Habéis aprendido.. a desnudaros del viejo hombre viciado, siguiendo la ilusión de sus pasiones.* Renovaos, pues, ahora en el espíritu de vuestra mente y alma, y revestíos del hombre nuevo, que ha sido creado conforme a Dios en justicia y santidad verdadera." Y en la Epístola a los Colosenses, III, 9: "No mintáis los unos a los otros, *desnudaos del hombre viejo con sus acciones,* y vestíos del nuevo, de aquel que por el conocimiento se renueva según la imagen del que lo creó."

También escribe a los Romanos, VII, 22: "De aquí es que me complazco en la ley de Dios según el hombre interior. *Pero echo de ver otra ley en mis miembros, la cual resiste a la ley de mi espíritu,* y me sojuzga a la ley del

subordinadas, entre ellas a la templanza particularmente; por ej.: en el ayuno, la abstinencia y las vigilias.

Puédese distinguir la mortificación propiamente dicha, que pertenece a la virtud de penitencia, y la mortificación en sentido lato, que se relaciona con todas las virtudes, en cuanto que cada una lucha contra los vicios que le son contrarios. No es posible, hablando con propiedad, arrepentirse del pecado original, pero es preciso esforzarse en disminuir aquéllas de sus consecuencias que arrastran a los pecados personales.

pecado, que está en los miembros de mi cuerpo. ¡Infeliz de mí! ¿Quién me libertará de este cuerpo de muerte?" (¹).
El viejo hombre, tal como nace de Adán, encierra un desequilibrio no pequeño en su naturaleza herida. Lo vemos claramente si consideramos lo que era el estado de justicia original. Era una armonía perfecta entre Dios y el alma creada para conocerle, amarle y servirle, y entre el alma y el cuerpo; en tanto el alma guardaba esa sumisión a Dios, las pasiones de la sensibilidad permanecían también sometidas a la recta razón iluminada por la fe, y a la voluntad vivificada por la caridad; el cuerpo participaba por privilegio de esta armonía, y no estaba sujeto ni a la enfermedad, ni a la muerte.
Esta armonía fué destruída por el pecado original. El primer hombre, por su pecado, como lo dice el Concilio de Trento, *"perdió para sí y para nosotros la santidad y la justicia original"* (²), y nos trasmitió una naturaleza caída, privada de la gracia y herida. Sin caer en las exageraciones de los jansenistas, preciso es reconocer, con Santo Tomás, que venimos al mundo con la voluntad alejada de Dios, inclinada al mal, débil para el bien (³), con una razón que fácilmente cae en el error (⁴), y la sensibilidad violentamente inclinada al placer desordenado y a la cólera, fuente de injusticias de toda clase (⁵).
De ahí el orgullo, el olvido de Dios, el egoísmo en todas

(¹) Que quiere decir: ¡Quién me librará de la ley del pecado que está en mis miembros, y con ella, de la muerte espiritual o eterna! Como muchas veces se ha repetido, la idea de liberación de la muerte física nada tiene que ver con ese texto.
(²) *Conc. Trid.* (Denz, 789): "Adam acceptam a Deo sanctitatem et justitiam non sibi soli sed etiam nobis perdidit."
(³) Santo Tomás, I, II, q. 85, a. 3: "Secundum inhærentiam peccatum originale primo respicit essentiam animæ; et secundum inclinationem ad actum *peccatum originale per prius respicit voluntatem*". It., I, II, q. 85, a. 3: "Voluntas destituitur ordine ad bonum, est *vulnus malitiae*" et ad 2: "*Malitia* non sumitur hic pro peccato, sed pro quadam pronitate voluntatis ad malum", sec. illud Genes., VIII, 21: "Proni sunt *sensus* hominis ad malum ab adolescentia sua."
(⁴) *Ibídem*: "Ratio destituitur suo ordine ad verum, est *vulnus ignorantiæ*."
(⁵) *Ibid.* "Irascibilis (appetitus) destituitur suo ordine ad arduum, est *vulnus infirmitatis*... Concupiscibilis (appetitus) destituitur suo ordine ad delectabile moderatum ratione, est *vulnus concupiscentiæ*... Ista quatuor sunt vulnera inflicta toti humanæ naturæ ex peccato primi parentis."

sus modalidades, un gran egoísmo demasiado frecuente y casi inconsciente, que a todo trance busca encontrar la felicidad aquí abajo, sin acordarse del cielo. En este sentido es verdad lo que dice la *Imitación*, III, 54: "Natura se semper pro fine habet, sed gratia... omnia pure propter Deum facit. La naturaleza todo pretende reducirlo a sí misma, mientras que la gracia todo lo dirige a Dios." Santo Tomás dice igualmente: "El amor desordenado de sí mismo es causa de todos los pecados" (¹).

Según los Padres, en particular el venerable Beda, en su comentario a la parábola del buen Samaritano, el hombre caído está, no solamente *despojado* de gracia y de los privilegios del estado de justicia original, sino que también está *herido* en su naturaleza, "per peccatum primi parentis, homo fuit spoliatus gratuitis et vulneratus in naturalibus."

Esto se explica sobre todo por el hecho de que nacemos con la voluntad *aversa a Deo*, desviada directamente del fin último sobrenatural e indirectamente del último fin natural; porque todo pecado contra la ley sobrenatural va indirectamente contra la ley natural, que nos obliga a obedecer a Dios en cualquier cosa que nos ordene (²).

Este desorden y esta flaqueza de la voluntad del hombre caído se manifiesta en que no nos es dado, sin la gracia que sana, amar eficazmente, y más que a nosotros mismos, a Dios autor de nuestra naturaleza (³). Existe, también el

---

(¹) I, II, q. 77, a. 4: "Inordinatus amor sui est causa omnis peccati." En otro lugar hemos expuesto ampliamente la doctrina tomista acerca de las consecuencias del pecado original en relación con la vida espiritual. Cf. *L'amour de Dieu et la Croix de Jésus*, t. I, p. 292.

(²) Si el hombre hubiera sido creado en un estado puramente natural (de naturaleza pura), habría nacido con la voluntad, no ciertamente alejada de Dios, sino *con capacidad de volverse* libremente hacia él (que es autor de nuestra naturaleza y de la ley moral natural), o *de alejarse* de él.

Existe, pues, notable diferencia entre este estado y el estado en que el hombre nace actualmente. Como consecuencia del pecado original, nuestras fuerzas para observar la ley natural son *menores* que lo que hubieran sido en un estado de pura naturaleza. Por esta razón no nos es posible, sin la ayuda de la gracia que sana, conseguir amar *eficazmente* a Dios más que a nosotros mismos.

(³) Santo Tomás, I, II, q. 109, a. 3: "In statu naturæ corruptæ homo ab hoc (a dilectione efficaci Dei auctoris naturæ) deficit secundum appetitum voluntatis rationalis, quæ *propter corruptionem naturae* sequitur *bonum privatum* nisi *sanetur* per gratiam Dei". Item, *de Malo*. q. 4, a. 2; q. 5, a. 2; *de Veritate*, q. 24, a. 12, ad 2.

desorden de la concupiscencia, que es tan palpable que Santo Tomás ve en él "una señal bastante probable del pecado original", señal que viene a confirmar lo que la revelación nos enseña acerca del pecado del primer hombre (¹). En lugar de la triple armonía original entre Dios y el alma, entre el alma y el cuerpo, entre el cuerpo y las cosas exteriores, nació el triple desorden de que nos habla San Juan cuando escribe (I Joan., II, 16): "Porque todo lo que hay en el mundo, es concupiscencia de la carne, concupiscencia de los ojos y soberbia de la vida; lo cual no nace del Padre, sino del mundo.''

El bautismo nos sanó, indudablemente, del pecado original, aplicándonos los méritos del Salvador y dándonos la gracia santificante y las virtudes infusas; así, por la virtud de la fe, nuestra razón fué sobrenaturalmente esclarecida, y, por las virtudes de esperanza y caridad, nuestra voluntad se volvió hacia Dios; también recibimos las virtudes infusas que ponen orden en la sensibilidad. No obstante, aun continúa, en los bautizados en estado de gracia, la debilidad original *y las heridas en vías de cicatrización*, que a veces hacen sufrir, y que nos han sido conservadas, dice Santo Tomás, como ocasión de lucha y merecimientos (²).

Que no es otra cosa que lo que dice San Pablo a los Romanos, VI, 6-13: "Nuestro hombre viejo fué crucificado juntamente con él —con Cristo—, para que sea destruído el

---

(¹) SANTO TOMÁS, *Contra gentes*, l. IV, c. LII, nº 3: "Considerando divinam providentiam et dignitatem superioris partis humanæ naturæ *satis probabiliter* probari potest hujusmodi defectus esse pœnales; et sic colligi potest humanum genus peccato aliquo originaliter infectum esse."

(²) Cf. III, q. 69, a. 3, ad 3: "Peccatum originale hoc modo processit, quod primo persona (Adæ) infecit naturam, postmodum vero *natura infecit personam. Christus* vero converso ordine *prius reparat in quod personae est* et postmodum *simul in omnibus reparabit quod naturae est.* Et ideo culpam originalis peccati et etiam pœnam carentiæ visionis divinæ quæ respiciunt personam, statim per baptismum tollit ab homine; sed *pœnalitates præsentis vitæ* (sicut mors, fames, sitis et alia hujusmodi) respiciunt naturam ex cujus principiis causantur, prout est destituta originali justitia; et ideo isti defectus non tollentur, nisi in ultima reparatione naturæ per resurrectionem gloriosam."

Ibid. in corp. art. 3: "Christianus in baptismo gratiam consequitur quantum ad animam: habet tamen corpus passibile, in quo pro Christo possit pati (Rom., VIII, II, 17). Secundo hoc est *conveniens spirituale exercitium,* ut videlicet *contra concupiscentiam et alias passi-*

cuerpo del pecado, y ya no sirvamos más al pecado... No reine pues el pecado en vuestro cuerpo mortal, de modo que obedezcáis a sus concupiscencias."

A este "hombre viejo", no sólo hay que moderarlo y someterlo; es preciso mortificarlo y hacerle morir. De lo contrario, nunca conseguiremos el dominio sobre nuestras pasiones, y siempre seremos esclavos suyos. Y habrá oposición y perpetua guerra entre la naturaleza y la gracia. Si las almas inmortificadas no se dan cuenta de esa guerra, señal es de que la gracia lleva en ellas vida muy raquítica; la naturaleza egoísta es su dueña y señora absoluta, aunque posean algo de la virtud de la templanza y ciertas buenas inclinaciones naturales que se toman por verdaderas virtudes.

La mortificación nos es, pues, necesaria contra las consecuencias del pecado original, que continúa existiendo aun en los bautizados, como ocasión de lucha, y hasta de lucha indispensable para no caer en pecados actuales y personales. No tenemos por qué arrepentirnos del pecado original que no fué voluntario sino en el primer hombre; pero debemos esforzarnos por hacer desaparecer las pecaminosas consecuencias de ese pecado, en particular la concupiscencia, que inclina a los demás pecados. Si lo hacemos así, las heridas, de que antes nos hemos ocupado, se van cicatrizando más y más con el aumento de la gracia que sana y que, a la vez, nos levanta a una nueva vida: *gratia sanans et elevans*. Muy lejos de destruir la naturaleza, por la práctica de la mortificación, la gracia la restaura, la sana y la vuelve más dócil en las manos de Dios.

Consecuencias de nuestros pecados personales

Un segundo motivo que hace necesaria la mortificación, se encuentra en las consecuencias de nuestros pecados personales.

bilitates pugnans homo victoriae coronam acciperet (Rom. vi, 6)."
El Concilio de Trento (Denzinger, 792) dice que el bautismo perdona totalmente el pecado original dándonos la gracia habitual y las virtudes infusas; mas que en los bautizados permanece el fondo de concupiscencia, que se nos ha dejado *ad agonem*, para la lucha, y que no puede hacer daño a los que en él no consienten y luchan con generosidad con la gracia divina.

MOTIVOS DE LA MORTIFICACIÓN

San Pablo insiste sobre este punto en la Epístola a los Gálatas, v, 13-20, subrayando sobre todo las consecuencias de las faltas contrarias a la caridad: "Sed siervos unos de otros por un amor espiritual. Como quiera que toda la ley se encierra en este precepto: Amarás a tu prójimo como a ti mismo. Que si unos a otros os mordéis y roéis, mirad no os destruyáis los unos a los otros. Digo, pues: proceded según el espíritu (es decir, el espíritu del hombre nuevo iluminado y fortalecido por el Espíritu Santo, Rom., VIII, 4), y no satisfaréis los apetitos de la carne... Bien manifiestas son las obras de la carne: las cuales son adulterio, fornicación, deshonestidad, injuria, enemistades, pleitos, celos, enojos, riñas, disensiones... Al contrario, los frutos del Espíritu son: caridad, gozo, paz, paciencia, benignidad, bondad, longanimidad, mansedumbre, fe, modestia, continencia, castidad... Y los que son de Jesucristo tienen crucificada su propia carne con los vicios y las pasiones."

Es pues cosa clara que la mortificación es para nosotros una necesidad en razón de las consecuencias de nuestros pecados personales. El pecado actual repetido engendra viciosas disposiciones habituales que, cuando son graves, se llaman vicios o al menos defectos. Tales defectos son diversos modos habituales de ver, de juzgar, de querer y de obrar, que llegan a constituir una mentalidad defectuosa y un espíritu que no es el espíritu de Dios. Y a las veces se manifiestan al exterior, tanto que se ha podido decir que cada uno, a los treinta o cuarenta años, ha modelado su fisonomía, ya exprese el orgullo, la presunción, el despecho o el desencanto. Estos defectos van constituyendo los rasgos de su carácter, y poco a poco queda borrada en nosotros la imagen de Dios.

Cuando confesamos nuestras faltas con contrición o atrición suficiente, la absolución borra el pecado, pero deja en el alma cierta disposición que es consecuencia del pecado, *reliquiæ peccati* ([1]), y está como impresa en el alma, como un replicgue en nuestras facultades, en nuestro carácter, en nuestro temperamento. De modo que aun después del bautismo queda el fondo de todas las malas pasiones. No hay duda, por ejemplo, que aquel que se ha dado al vicio de la

---

([1]) Santo Tomás, III, q. 86, a. 5.

ebriedad y se confiesa con atrición suficiente, si bien recibe, con el perdón, la gracia santificante y la virtud infusa de la templanza, conserva, sin embargo, la inclinación a aquel vicio y, si no huye las ocasiones, volverá a caer en él. Estas peligrosas inclinaciones no sólo hay que moderarlas sino que es preciso mortificarlas, hacerlas morir, para libertar de grandes trabas a la naturaleza y a la gracia.

Lo mismo se ha de decir de nuestras desordenadas antipatías; no sólo hay que disimularlas y moderarlas; preciso nos es mortificarlas, amortiguarlas, ya que son germen de muerte. Así, pues, para bien comprender la necesidad de la mortificación, es necesario no olvidar los innumerables vicios que nacen de cada uno de los siete pecados capitales. Por ejemplo, de *la envidia* nace el odio, la maledicencia, la calumnia, el alegrarse en el mal ajeno y la tristeza de su bien. De *la cólera o iracundia*, opuesta a la mansedumbre, nacen las disputas, las violencias, las injurias, las vociferaciones y a veces la blasfemia. De *la vanagloria* provienen la desobediencia, la jactancia, la hipocresía, las rivalidades, la afición a novedades y la pertinacia. Santo Tomás insiste sobre cada uno de estos vicios que nacen de los pecados capitales ([1]), y son a veces más graves que ellos.

Por aquí se echa de ver que el campo de la mortificación es extensísimo.

Por ese espíritu de penitencia, en fin, hemos de mortificarnos para *expiar* los pecados pasados y ya perdonados, y evitarlos en lo venidero. La virtud de penitencia, en efecto, no sólo tiene por fin detestar el pecado, que es ofensa de Dios, sino también *la reparación;* y, para esto, no basta dejar de pecar; es también necesaria *la satisfacción* ofrecida a la justicia divina, ya que todo pecado merece una pena o castigo, de la misma manera que cualquier acto inspirado por la caridad es acreedor a la recompensa ([2]). Por este motivo, cuando se nos da la absolución sacramental, que borra el pecado, se nos impone a la vez la penitencia o satisfacción, para que así obtengamos la remisión de la pena temporal que aun nos quedaría por pagar. Esta satisfacción es parte del sacramento de la penitencia por el cual se nos aplican

---

[1] I, II, q. 77, a. 4-5, y 84, a. 4.
[2] Santo Tomás, III, q. 85, a. 3; I, II, q. 87, a. 1, 3, 4, 5.

los méritos del Salvador; y contribuye así a devolvernos la gracia o a aumentárnosla (¹).

Así queda saldada, en parte al menos, la deuda contraída por el pecador con la divina justicia. Para conseguir tal efecto, debe ese pecador aceptar con resignación las penalidades de la vida; y si esta paciencia y resignación no son suficientes para purificarlo del todo, deberá pasar por *el purgatorio*, pues nadie entra en el cielo sin antes haberse purgado totalmente. El dogma del purgatorio es, de esta manera, una confirmación de la necesidad de la mortificación, al enseñarnos que toda deuda ha de quedar cancelada, ya por los méritos en esta vida, o bien por el fuego purificador en la otra.

Un arrepentimiento lleno de amor borraría la falta y la pena, como las dichosas lágrimas que Jesús bendijo cuando dijo: "Le han sido perdonados muchos pecados, porque amó mucho" (Luc., VII, 47).

Importa más que nada, acusarse de los pecados *habituales* que impiden más que los otros la unión con Dios; esto es más provechoso que la enumeración, en serie, de los pecados veniales.

Si, pues, la penitencia es necesaria a todos los cristianos, ¿cómo será posible negar la necesidad de la mortificación? Eso equivaldría a desconocer en absoluto la gravedad del pecado y sus consecuencias. Los que hablan contra la mortificación llegan poco a poco a beber la iniquidad como se bebe un vaso de agua; luego llaman imperfección a lo que con frecuencia es un verdadero pecado venial, y humana debilidad al pecado mortal. No olvidemos que la cristiana templanza difiere específicamente de la templanza adquirida, y que exige la mortificación que no conocieron los filósofos paganos (²).

(¹) III, q. 86, a. 4, ad 2 y supl., q. 10, a. 2 ad 2.
(²) Santo Tomás, I, II, q. 63, a. 4: "La templanza adquirida pide que en el uso de los alimentos sigamos las reglas de la razón, es decir la moderación que evita todo lo que pudiera dañar la salud y al ejercicio de las facultades superiores. La templanza infusa sigue la regla divina y exige que el hombre «castigue su cuerpo y lo someta a servidumbre» por la abstinencia y otros medios semejantes... Va ésta ordenada no sólo a un fin natural, sino a hacer de nosotros «conciudadanos de los santos y miembros de la familia de Dios»." Efes., II, 19.

Tampoco hemos de pasar por alto que tenemos que luchar contra el espíritu del mundo y contra el demonio, según las palabras de San Pablo a los Efesios, vi, 11: "Revestíos de la armadura de Dios, para poder contrarrestar las asechanzas del diablo. *Porque no es nuestra pelea contra carne y sangre, sino contra los príncipes y potestades, contra los adalides de estas tinieblas del mundo, contra los espíritus malignos esparcidos en el aire...* Estad, pues, a pie firme ceñidos vuestros lomos con el cíngulo de la verdad, y armados con la coraza de la justicia, y calzados los pies, prontos a predicar el Evangelio de la paz."

Para resistir a las tentaciones del enemigo, que primero nos inclina a faltas ligeras para llevarnos después a otras más graves, Nuestro Señor mismo nos ha exhortado a recurrir a *la oración, al ayuno y a la limosna* (¹). Así la tentación se convertirá en ocasión de actos meritorios de fe, esperanza y amor de Dios. Nos veremos por ese camino en la dichosa precisión de no contentarnos con actos de virtudes imperfectas *(remissi)*, y deberemos echar mano de otros más intensos y meritorios.

La infinita alteza de nuestro fin sobrenatural nos exige especial mortificación o abnegación

Hemos visto en el capítulo precedente, que Nuestro Señor, en el Sermón de la Montaña, ordena la mortificación de los más pequeños movimientos interiores desordenados de ira, sensualidad y orgullo, ya que estamos en la obligación, dice el mismo, de *"ser perfectos como es perfecto el Padre celestial"*, puesto que somos participantes de su vida íntima, y llamados a contemplarle directamente como él se contempla, y a amarle como se ama él.

Por el hecho de haber sido llamados a un fin sobrenatural de infinita grandeza, que es el mismo Dios en su vida íntima, no basta que vivamos según la recta razón, sometiéndole las pasiones; nos es preciso además obrar siempre, no sólo como *seres racionales*, sino como *hijos de Dios*, subordinando la

---

(¹) Mat., xvii, 20: "Esta clase de demonios no se arroja sino por la oración y el ayuno". Cf. Santo Tomás, III, supl. q. 15, a. 5.

razón a la fe, de tal modo que la caridad sobrenatural inspire todos nuestros actos. Esto nos obliga *al desasimiento de todo aquello que sea mero interés terreno*, de todo lo que no sea medio para llegar a Dios y llevarle otras almas. En este sentido, hemos de combatir *la extremada y natural solicitud, que absorbería nuestra actividad en detrimento de la vida de la gracia.*

Es ésta, doctrina de San Pablo, en virtud de este principio (Col., III, 1): *"Si (por el bautismo) habéis resucitado con Cristo, buscad las cosas que son de arriba,* donde Cristo está sentado a la diestra de Dios Padre; *deleitaos en las cosas del cielo, no en las de la tierra.* Porque muertos estáis ya, y vuestra vida está escondida con Cristo en Dios... Haced morir, pues, los miembros del hombre terreno..., la concupiscencia desordenada y la avaricia... la ira y la maledicencia."

También escribe a los Efesios (II, 18-22): "Pues por él es por quien unos y otros tenemos cabida con el Padre, unidos en el mismo Espíritu. Así que ya no sois extraños, ni advenedizos, *sino ciudadanos de los santos y domésticos de Dios...* para llegar a ser *morada de Dios* por medio del Espíritu Santo."

De forma que, aunque uno no se obligue a la práctica efectiva de los consejos evangélicos de pobreza, castidad y obediencia, debe, no obstante, tener el *espíritu de esos consejos*, es decir, espíritu de desasimiento: *"El tiempo es corto;* y así lo que importa es que los que tienen mujer, vivan como si no la tuvieran; y los que lloran, como si no llorasen; y los que se huelgan, como si no se holgasen; y los que hacen compras, como si nada poseyesen; y *los que gozan del mundo, como si no gozasen de él; porque la escena de este mundo pasa en un momento"* (I Cor., VII, 29-31). Hay que evitar el instalarse en este mundo, si se pretende llegar a Dios, y se desea aprovechar el tiempo para ir a la eternidad. La infinita alteza de nuestro fin sobrenatural pide total abnegación en las cosas humanas, por legítimas que sean, pues podríamos dejarnos absorber por ellas, con detrimento de la vida de la gracia.

Estos principios son particularmente ciertos para los apóstoles (II Tim., II, 4): "Ninguno que se ha alistado en la milicia de Dios debe embarazarse con negocios del siglo, a fin de agradar a aquel que le alistó como soldado." Asimismo, el soldado de Cristo ha de evitar embarazarse con las cosas del mundo, y ha de hacer uso de él como si no lo hiciera. De lo contrario sería como "címbalo que suena", y perdería el espíritu de Cristo; sería como "sal desazonada que sólo sirve para ser tirada y pisoteada por los hombres".

Nada más cierto que esto. Para las cosas terrenas ha de tener el cristiano un gran despego; una gran abnegación, que se la exige la infinita elevación hacia la cual camina, y a la que debe aproximarse con mayor rapidez cada día; porque cuanto más nos acercamos a Dios, más somos atraídos por Él.

Necesidad de la imitación de Jesús crucificado

Un cuarto motivo por el cual nos es necesaria la mortificación, es la necesidad de imitar a Jesús crucificado. Él mismo nos dijo: "Si alguno quiere ser mi discípulo, lleve su cruz todos los días" (^{1}).

San Pablo añade (Rom., VIII, 12-18): "Y siendo hijos, somos también herederos: herederos de Dios, y *coherederos con Cristo; con tal, no obstante, que padezcamos con él, a fin de que seamos con él glorificados.* A la verdad, yo estoy persuadido de que los sufrimientos de la vida presente no son de comparar con aquella gloria venidera que se ha de manifestar en nosotros."

Es evidente que este espíritu de desprendimiento nos obliga tanto más cuanto estamos llamados a vida interior más alta, más fecunda y comunicativa, en la que debemos seguir muy de cerca los ejemplos de Jesucristo, que vino, no a la manera de un filósofo o un sociólogo, sino como Salvador; y que, como tal, por salvarnos quiso morir en la Cruz. No vino a realizar obra humana de filantropía, sino una obra divina de caridad, hasta el sacrificio supremo, que es la mejor prueba del amor.

Éste es el sentido de las enseñanzas de San Pablo.

El Apóstol de los Gentiles vivió profundamente lo que enseñó. Por eso pudo escribir (II Cor., IV, 7-10), narrándonos su vida llena de sufrimientos: "Mas este tesoro lo lle-

(^{1}) Luc., IX, 23; XIV, 27; Mat., X, 38; Marc., VIII, 34.

vamos en vasos de barro, para que se reconozca que la grandeza del poder (del Evangelio) es de Dios, y no nuestra. *Nos vemos acosados de toda suerte de tribulaciones, pero no por eso perdemos el ánimo;* nos hallamos en graves apuros, mas no desesperamos; somos perseguidos, mas no abandonados (por Dios); abatidos, mas no enteramente perdidos. *Traemos siempre en nuestro cuerpo por todas partes la mortificación de Jesús, a fin de que la vida de Jesús se manifieste también en nuestros cuerpos...* Así es que la muerte imprime sus efectos en nosotros, mas en vosotros la vida."

Santo Tomás en su *Comentario* a esta II Epístola a los Cor., IV, 7, escribe: "Si los Apóstoles hubieran sido ricos, poderosos y nobles según la carne, toda su obra hubiera sido atribuída a ellos mismos y no a Dios. Pero como fueron pobres y despreciados, todo lo que de sublime hubo en su ministerio, es atribuído a Dios. Por eso quiso el Señor que estuvieran expuestos a las tribulaciones y a la mofa... Y por haber tenido confianza en Dios y esperanza en Jesucristo, no fueron confundidos... Soportaron pacientemente las pruebas y los peligros de muerte para alcanzar así, como el Salvador, una vida gloriosa: «Semper mortificationem Jesu Christi in corpore nostro circumferentes, ut et vita Jesu manifestetur in corporibus nostris»."

San Pablo añade (I Cor., IV, 9): "Pues yo tengo para mí que Dios a nosotros, los Apóstoles, nos trata como a los últimos hombres... *Nos maldicen, y bendecimos; padecemos persecución, y la sufrimos con paciencia; nos ultrajan, y retornamos súplicas;* somos, en fin, tratados hasta el presente, como la basura del mundo, como la escoria de todos."

Lo que aquí describe San Pablo fué la vida de los Apóstoles, desde el día de Pentecostés hasta el de sus martirios. Así se lee en los *Hechos de los Apóstoles*, v, 41: "Entonces los Apóstoles se retiraron de la presencia del concilio *muy gozosos, porque habían sido hallados dignos de sufrir aquel ultraje* (los azotes) *por el nombre de Jesús.*"

Verdaderamente llevaron sus cruces y fueron así formados a imagen de Jesús crucificado, para continuar la obra de la Redención con los mismos medios que empleara el Redentor.

Este espíritu de desprendimiento a imitación de nuestro Divino Redentor, fué notabilísimo durante los tres siglos de persecución que siguieron a la fundación de la Iglesia. No hay sino repasar las cartas de San Ignacio de Antioquía y las actas de los mártires.

Idéntico espíritu de menosprecio del mundo e imitación de Jesucristo se vuelve a encontrar en los santos todos, antiguos y modernos; en un San Benito, Bernardo, Domingo, Francisco de Asís, Teresa y Juan de la Cruz; más tarde en San Benito José de Labre y el santo Cura de Ars, y en los últimamente canonizados, como San Juan Bosco y San José Cotolengo.

Este espíritu de desasimiento y de abnegación es la condición de una estrecha unión con Dios, de la que se desborda, siempre renovada, la vida sobrenatural, a veces prodigiosa en favor del bien eterno de las almas. Esto nos lo demuestra la vida de los santos, sin excepción, con cuyos ejemplos deberíamos alimentar cada día nuestras almas.

El mundo tiene necesidad, no tanto de filósofos y sociólogos, como de santos que continúen siendo la viva imagen del Redentor entre nosotros.

Tales son manifiestamente las razones que abogan por la necesidad de la mortificación o abnegación según San Pablo: 1º, las consecuencias del pecado original que nos inclinan al mal; 2º, las consecuencias de nuestros pecados personales 3º, la infinita elevación de nuestro fin sobrenatural; 4º, la necesidad de imitar a Jesús crucificado. Y éstos son justamente los cuatro motivos olvidados por el naturalismo práctico que ha vuelto a brotar, hace algunos años, en el americanismo y el modernismo.

Estos cuatro motivos de mortificación pueden reducirse a dos: aborrecimiento del pecado y amor de Dios y de nuestro Señor Jesucristo. Tal es el espíritu de santo realismo y, en el fondo, de cristiano optimismo que ha de inspirar la mortificación externa e interna de la que hemos de hablar más detenidamente. La verdadera respuesta al naturalismo práctico es la del *amor de Jesús crucificado*, que inclina a hacerse semejantes a él y a salvar las almas por los mismos medios que él empleó.

Así entendida, la mortificación o abnegación, lejos de destruir la naturaleza, la hace libre, la restaura y la sana.

MOTIVOS DE LA MORTIFICACIÓN

Nos hace además comprender el profundo sentido de la máxima: *servir a Dios es reinar*, es decir, reinar sobre nuestras pasiones, sobre el espíritu del mundo, sobre sus falsas máximas y ejemplos, sobre el demonio y su malignidad. Es reinar con Dios, participando más y más de su vida íntima, en virtud de esta gran ley: *Si la vida no desciende, va subiendo.*

El hombre no puede vivir sin amor; y si renuncia al inferior que conduce a la muerte, es que abre más y más su alma al amor divino, y a las almas en Dios. Que es lo que dijo el Salvador: "Si alguno tiene sed, venga a mí y beba; y ríos de agua viva saldrán de su corazón" para provecho eterno de las almas.

CAPÍTULO CUARTO

DE LOS PECADOS QUE SE HAN DE EVITAR. SUS RAÍCES Y SUS CONSECUENCIAS

Después de haber tratado en general de la necesidad de la mortificación, por razón de las consecuencias del pecado original y de nuestros pecados personales, de la infinita alteza de nuestro fin último y de la necesidad de imitar a Jesucristo crucificado, es muy conveniente tratar detalladamente de los principales pecados que hemos de evitar, y examinar sus raíces y consecuencias. Santo Tomás lo hace al tratar de los siete pecados capitales ([1]), y lo que dice nos permite hacer un detenido y profundo examen de conciencia, máxime si pedimos luz al Espíritu Santo, a fin de poder ver, desde un plano elevado, las fallas de nuestra alma, como el mismo Señor las ve. Los dones de ciencia y de consejo pueden ayudar no poco a lo que nos diga la prudencia cristiana, mediante la cual se forma y desarrolla en nosotros una conciencia recta y segura, más esclarecida cada vez.

Examinemos en primer lugar cuáles son las raíces de los pecados capitales; después trataremos de sus consecuencias.

RAÍCES DE LOS PECADOS CAPITALES

Como enseña San Gregorio Magno ([2]), y, después de él y de manera más profunda, Santo Tomás ([3]), los pecados capitales de *vanagloria o vanidad* ([4]), de *pereza* ([5]), de *envi-*

([1]) I, II, q. 77, a. 4 y 5; q. 84, a. 4.
([2]) *Moral.*, XXXI, c. xvii.
([3]) I, II, q. 77, a. 4 y 5, q. 84, a. 4.
([4]) Para San Gregorio y Santo Tomás, la vanagloria es el primero de los pecados capitales.
([5]) San Gregorio y Santo Tomás le llaman acidia, la mala tristeza que agría el ánimo.

dia, de *ira*, de *avaricia*, de *gula* y de *lujuria*, no son los más graves de todos, pues son menores que los de herejía, apostasía, desesperación y de odio a Dios; pero son los primeros a los que se inclina nuestro corazón, y nos conducen a alejarnos de Dios y a otras faltas aun más graves. El hombre no llega de repente a una perversidad absoluta, sino poco a poco.

Examinemos primero, en sí misma, la raíz de los siete pecados capitales. Todos ellos se originan, dice Santo Tomás, *en el amor desordenado de sí mismo o en el egoísmo*, que no nos deja amar a Dios sobre todas las cosas y nos inclina a apartarnos de él. Como dice San Agustín: "*Dos amores han construído dos ciudades: el amor de sí propio, hasta el menosprecio de Dios, construyó la ciudad de Babilonia, es decir del mundo y de la inmoralidad; mientras que el amor de Dios, hasta el menosprecio de sí mismo, levantó la ciudad de Dios*" ([1]).

Es evidente que pecamos, es decir, que nos desviamos de Dios y nos alejamos de él, cada vez que nos inclinamos a un bien creado de una manera no conforme con la voluntad divina ([2]). Esto acontece únicamente como consecuencia de un amor desordenado de nosotros mismos, que viene a ser así la fuente de todo pecado. Por consiguiente, no sólo es necesario moderar ese desordenado amor o egoísmo, sino que es preciso mortificarlo, para que ocupe su lugar *el amor ordenado*. Es éste un acto secundario de caridad, mediante el cual el justo se ama a sí mismo por Dios y para él: para glorificarle en la eternidad. Mientras que el pecador en estado de pecado mortal se ama a sí mismo sobre todas las cosas, y prácticamente se antepone a Dios, el justo ama a Dios más que a sí, y debe además amarse en Dios y por Dios; debe amar su cuerpo de tal manera que sirva al alma, en vez de servirle de obstáculo para la vida superior; ha de amar su alma conduciéndola a participar eternamente de la vida divina; ha de amar su inteligencia y voluntad, de modo que cada vez participen más de la luz y del amor de Dios. Éste es el profundo sentido de la mortificación del egoísmo, del amor propio y de la propia voluntad, opuesta a la vo-

---

([1]) *Ciudad de Dios*, l. XIV, c. xxviii.
([2]) Santo Tomás, *loc. cit.*

luntad de Dios; hay que evitar que la vida descienda y, por el contrario, hacer que se eleve hacia aquel que es fuente de todo bien y de toda beatitud. Nada más cierto que esto.

El amor desordenado de nosotros mismos nos conduce a la muerte, según las palabras del Salvador: *"El que ama* (desordenadamente) *su alma, la perderá; mas el que la aborrece* (o mortifica) *en este mundo, la conserva para la vida eterna"* (Joan., XII, 25). Entre los santos, este amor de Dios llega hasta el *menosprecio de sí mismo*, es decir hasta el menosprecio real y efectivo de todo lo que hay de desordenado en nosotros.

De ese desordenado amor, raíz de todos los pecados, nacen *las tres concupiscencias* de que habla San Juan (I Joan., II, 16), cuando dice: "Todo lo que hay en el mundo *es concupiscencia de la carne, concupiscencia de los ojos y soberbia de la vida:* lo cual no nace del Padre, sino del mundo." Ésas son, en efecto, las tres grandes manifestaciones del espíritu del mundo con relación a los bienes del cuerpo, a los bienes externos y a los bienes del espíritu; por eso se confunde con frecuencia, en esos tres órdenes, el bien aparente con el bien real ([1]).

Observa Santo Tomás que los pecados carnales son *más vergonzosos* que los del espíritu, porque nos rebajan al nivel del animal; pero que los del espíritu, los únicos que hay en el demonio, son *más graves*, porque van más directamente contra Dios, y nos alejan más de él ([2]).

La concupiscencia de la carne es el deseo desordenado de lo que es o parece útil a la conservación del individuo o de la especie; de este amor sensual provienen *la gula y la lujuria*. La voluptuosidad puede llegar a ser como un ídolo y cegarnos más y más.

La concupiscencia de los ojos es el deseo desordenado de lo que agrada a la vista, del lujo, de las riquezas, del dinero que nos procura los bienes terrenos. De ella nace *la avaricia*. El avaro termina por hacer de su tesoro escondido un

---

([1]) Santo Tomás, I, II, q. 77, a. 5.
([2]) I, II, q. 73, a. 5: "Peccata spiritualia sunt majoris culpæ quam peccata carnalia... quia plus habent de aversione a Deo;... sed peccata carnalia sunt quid turpius, quia per ea homo brutalis redditur."

Dios; y le adora y sacrifica todo: tiempo, fuerzas, familia y a veces hasta la eternidad.

La soberbia de la vida es el desordenado amor de la propia excelencia, y de todo aquello que pueda hacerla resaltar, por difícil y duro que parezca. El que se deja llevar por la soberbia, acaba haciéndose a sí mismo su propio dios, como Lucifer. De donde pueden originarse todos los pecados y la perdición. Por aquí se echa de ver la importancia de la humildad, virtud fundamental, como el orgullo es la fuente de todo pecado.

San Gregorio y Santo Tomás ([1]) enseñan que la soberbia es más que un pecado capital; es la raíz de la cual proceden sobre todo cuatro pecados capitales: *la vanidad o vanagloria, la pereza espiritual* o tristeza que agría, *la envidia y la ira*. La vanidad es el amor desordenado de alabanzas y honores; la pereza espiritual se entristece pensando en el trabajo requerido para santificarse, con la consideración del bien espiritual de las buenas obras, por el esfuerzo y abnegación que demandan; *la envidia* nos hace entristecer del bien del prójimo, en cuanto nos parece opuesto a nuestro propio bien. *La ira*, cuando no es una indignación justificada, sino un pecado, es un movimiento desordenado del alma, que nos inclina a rechazar violentamente lo que nos desagrada; de ahí las disputas, injurias y vociferaciones. Estos pecados capitales, sobre todo la pereza espiritual, la envidia y la ira, engendran pésima tristeza que apesadumbra el alma, y son todo lo contrario de la paz espiritual y del gozo que son los frutos de la caridad.

Todos estos gérmenes de muerte debe el hombre, no sólo moderar, sino mortificarlos. El germen radical es el egoísmo, del cual proceden las tres concupiscencias, que paren a su vez, los siete pecados capitales. Esto es lo que hace decir a San Pablo: "Si viviereis según la carne, moriréis; mas si con el espíritu hacéis morir las obras de la carne, viviréis" (Rom., VIII, 13; cf. Col., III, 5).

Que es lo que vemos en la vida de los santos, en los que la gracia acabó por dominar a todas las inclinaciones de la naturaleza caída, para restaurarla, sanarla y comunicarle vida superior. Esto es evidente para el sentido cristiano, y la

---

([1]) I, II, q. 84, a. 4.

práctica generosa de tal mortificación dispone al alma a otra más profunda purificación que Dios mismo realiza, con el fin de destruir totalmente los gérmenes de muerte que todavía subsisten en nuestra sensibilidad y en nuestras facultades superiores.

Pero no basta considerar las raíces de los siete pecados capitales; preciso es examinar sus consecuencias.

Consecuencias de los siete pecados capitales

Por reliquias o consecuencias del pecado (*reliquiæ peccati*) se entiende generalmente las malas inclinaciones que los pecados dejan, por decirlo así, en nuestro temperamento, aun después de borrados por la absolución, del mismo modo que la concupiscencia, que es consecuencia del pecado original, permanece después del bautismo como una herida que se va cicatrizando.

Mas también puede entenderse por consecuencias de los pecados capitales, los demás pecados que en ellos tienen origen. Los pecados capitales se llaman así porque son como cabeza o principio de otros muchos. Tenemos primero inclinación hacia ellos, y después, por ellos, hacia otras faltas a veces más graves.

Así es como *la vanagloria o vanidad* engendra la desobediencia, la jactancia, la hipocresía, las disputas, la discordia, el afán de novedades, la pertinacia. Que son el camino de las más lamentables caídas y aun de la apostasía.

La pereza espiritual, el disgusto de las cosas espirituales y del trabajo en la santificación, en razón del esfuerzo que exige, es vicio directamente contrario al amor de Dios y a la santa alegría que de él nace. Engendra la malicia, el rencor o amargura hacia el prójimo, la pusilanimidad ante el deber, el desaliento, la ceguera espiritual, el olvido de los preceptos, el buscar las cosas prohibidas. Dejándose arrastrar por la pendiente del orgullo, de la vanagloria y de la pereza espiritual, muchos han perdido su vocación.

Asimismo la envidia o desagrado voluntario del bien ajeno, como si fuera un mal para nosotros, engendra el odio, la maledicencia, la calumnia, la alegría del mal ajeno y la tristeza por sus triunfos.

La gula y la sensualidad engendran a su vez otros vicios, y pueden conducir a la ceguera espiritual, al endurecimiento del corazón, al apego a la vida presente hasta perder la esperanza de la eterna, y al amor de sí propio hasta el odio de Dios, y a la impenitencia final.

Los pecados capitales con frecuencia son mortales; sólo son veniales cuando la materia es leve o no ha sido total el consentimiento. Pueden existir de una manera muy vulgar y baja, como en muchas almas en pecado mortal, o bien pueden existir también, como lo nota San Juan de la Cruz (¹), en un alma en estado de gracia, como otras tantas desviaciones de la vida espiritual. Por eso se habla a veces de la soberbia espiritual, de la gula espiritual, de la sensualidad y de la pereza espiritual. La soberbia espiritual inclina, por ejemplo, a huir de aquellos que nos dirigen reproches, aun cuando tengan autoridad para ello, y nos los dirijan justamente; también puede llevarnos a guardarles cierto rencor en nuestro corazón. Cuanto a la gula espiritual, podría hacernos desear consuelos sensibles en la piedad, hasta el punto de buscarnos en ella más a nosotros que al mismo Dios. Es, con el orgullo espiritual, el origen del falso misticismo.

Felizmente, a diferencia de las virtudes, estos vicios no son conexos; se pueden poseer los unos sin los otros; muchos son hasta contrarios, de forma que no es posible ser avaro y pródigo al mismo tiempo.

Mas son muy numerosas las virtudes que debemos practicar: unas cuarenta, si se tienen en cuenta todas las anexas a las principales; y, exceptuando la justicia, cada una es un término medio entre dos vicios opuestos, uno por exceso, como la temeridad, y el otro por defecto, como la cobardía.

Además, ciertos defectos se parecen a otras virtudes, como el orgullo a la magnificencia. Y es necesaria la discreción o prudencia cristiana para distinguirlos adecuadamente. De lo contrario podrían sonar algunas falsas notas en el concierto de las virtudes; se confundiría, acaso, pusilanimidad y humildad, razón y justicia, debilidad y misericordia.

(¹) *Noche oscura*, l. I, c. II.

El examen de conciencia

La enumeración de todos estos tristes frutos del desordenado amor de sí mismo debe llevarnos a hacer un serio examen de conciencia; y nos enseña, además, que el terreno de la mortificación es muy extenso, si queremos vivir profunda vida cristiana.

Tal examen de conciencia es declarado inútil por los quietistas; porque, dicen, el corazón humano es inescrutable; lo declaran hasta perjudicial, como a toda reflexión sobre sí mismo, que impediría pensar en Dios con pura fe ([1]).

Pero es indudable que ésas son aberraciones a las que es fácil responder; pues precisamente la dificultad de conocer la verdadera naturaleza de nuestros sentimientos interiores, es la razón de examinarla a fondo. Y este examen, lejos de apartarnos del pensamiento de Dios, nos vuelve a él. Y aun es preciso pedirle su luz para ver un poco el alma como Dios mismo la ve, para ver el día o la semana que han pasado, como si los viéramos escritos en el libro de la vida, como los veremos el día del último juicio. Por esto hemos de repasar cada noche, con humildad y contrición, las faltas cometidas de pensamiento, palabra, acción y omisión.

Por otra parte, en el examen se ha de evitar el exceso contrario al de los quietistas, es decir, la minuciosa investigación de las más pequeñas faltas, tomadas en su materialidad, pues semejante esfuerzo podría hacernos caer en los escrúpulos y olvidar cosas más importantes. Se trata menos de hacer una completa enumeración de las faltas veniales, que de investigar y acusar sinceramente el principio de donde generalmente proceden en nosotros. Para curar una erupción, no se cuida separadamente cada una de las manchitas que aparecen en la piel; más eficaz es purificar la sangre.

En fin, en el examen de conciencia, no debe el alma detenerse demasiado en la consideración de sí misma, dejando de mirar a Dios. Debe, por el contrario, preguntarse, dirigiendo su mirada al Señor: ¿cómo juzgará Dios este día o semana mía que ahora termina? ¿He sido mía, o he sido de Dios, en este día? ¿Le he buscado a él, o me he buscado

---

([1]) Denzinger, nº 1230 sq.

a mí misma? Así, sin turbación, el alma ha de juzgarse, desde un plano elevado, a la luz de los divinos preceptos, tal como se juzgará en el último día. Tal es la alteza y las santas exigencias de la conciencia cristiana, inmensamente superior a la de un simple filósofo.

Pero, como dice Santa Catalina de Sena hablando de esta materia, no separemos la consideración de nuestras faltas del pensamiento de la infinita misericordia. Miremos, al contrario, nuestra fragilidad y miseria a la luz de la infinita bondad que nos levanta. El examen, hecho de este modo, lejos de desalentarnos, hará aumentar nuestra confianza en Dios.

La vista de nuestros pecados nos hace así comprender, por contraste, *el valor de la virtud*. Con mucha verdad se ha dicho: lo que mejor nos hace comprender cuánto vale la justicia, es el dolor que la injusticia nos produce. Es preciso que la vista de la injusticia que cometimos, y el pesar de haberla cometido hagan nacer en nosotros "el hambre y sed de justicia". Es necesario que la fealdad de la sensualidad nos revele, por contraste, la hermosura de la pureza; que el desorden de la ira y de la envidia nos haga comprender el alto valor de la mansedumbre y de la caridad; que el conocimiento de las desastrosas consecuencias de la pereza espiritual reanime en nosotros el deseo de generosidad y gozo espiritual; que, en fin, las aberraciones de la soberbia nos ilustren acerca de la alta sabiduría y grandeza de la verdadera humildad.

Por todos estos motivos, una de las mejores maneras de hacer el examen de conciencia es dirigirnos por aquellas palabras del Salvador: "Aprended de mí que soy manso y humilde de corazón."

Pidamos al Señor que nos inspire *el santo aborrecimiento del pecado*, que nos separa de la divina bondad, de la que tantos beneficios hemos recibido y hemos de esperar para lo venidero. Ese santo odio del pecado no es, en cierto modo, sino el reverso del amor de Dios. Es imposible amar profundamente la verdad sin detestar la mentira; amar de corazón el bien, y el soberano Bien, que es Dios, sin que a la vez detestemos todo lo que nos separa de Dios. Existe en el corazón de los santos más humildes y amables, un santo aborrecimiento del pecado, fuerte como su amor a Dios. En el Corazón inmaculado de María hay, como consecuencia de su ardiente caridad, tan profundo aborrecimiento del mal, que la hace terrible al demonio. Y éste, dice el Beato Grignion de Montfort, sufre más de ser vencido por la humildad y el amor de María, que de ser directamente aplastado por el infinito poder de Dios. Pidamos al Corazón inmaculado de María y al sagrado Corazón del Salvador, horno ardiente de caridad, este santo odio al pecado, este santo odio a la soberbia, a la pereza espiritual, a la envidia, a la cólera, a la maledicencia y a la sensualidad; para que, día a día, vaya en nosotros en aumento la verdadera caridad, el amor de Dios y el de las almas en Dios.

La manera de evitar la soberbia es pensar con frecuencia en las humillaciones del Salvador y pedir a Dios la virtud de la humildad. Para reprimir la envidia, hemos de rogar por el prójimo, deseándole el mismo bien que para nosotros deseamos. Aprendamos igualmente a reprimir luego los movimientos de ira, alejándonos de los objetos que la provocan y obrando y hablando con dulzura.

Esta mortificación es absolutamente indispensable. Para adelantar seriamente en el camino de la santidad, pensemos en las mortificaciones de los santos; o en los ejemplos que nos dan los siervos de Dios, tal como un P. Lacordaire, quien, temiendo dejarse arrastrar a la soberbia por sus ininterrumpidos éxitos, se imponía terribles mortificaciones. Sentía, ciertos días en que predicaba en Notre-Dame, que por su alma pasaba una gran corriente de gracia para la conversión de sus oyentes, y, que, si se dejaba dominar por la soberbia, esa corriente podía cesar inmediatamente y resultar estéril su predicación. Pensemos también nosotros que tenemos que salvar nuestra alma y que, en nuestro derredor hay mucho bien que hacer, sobre todo en el orden espiritual; no echemos en olvido que debemos trabajar por el bien eterno de los demás y emplear, para conseguirlo, los medios que el Salvador nos enseñó: la muerte progresiva al pecado, mediante el progreso en las virtudes, y sobre todo en el amor de Dios.

COMPLEMENTO

PECADOS DE IGNORANCIA, DE DEBILIDAD Y DE MALICIA

Por varios conductos nos llega la noticia de que entre ciertas gentes se va extendiendo la opinión de que solamente es mortal el pecado de malicia; y que los pecados llamados de ignorancia y de debilidad no lo son nunca. Preciso es recordar, sobre esta cuestión, las enseñanzas de la teología, tal como las formula, con gran profundidad, Santo Tomás en la *Suma Teológica* (I-II, q. 76, 77, 78).

Pecado de ignorancia es el que proviene de una ignorancia voluntaria y culpable, llamada ignorancia vencible. El de debilidad es el que se origina en una pasión violenta que disminuye la libertad y arrastra a la voluntad a dar su consentimiento. El pecado de malicia es aquel que se comete con plena libertad, *quasi de industria*, expresamente y a veces con premeditación, y aun sin pasión, ni ignorancia. Veamos lo que Santo Tomás nos dice de cada uno de ellos.

Pecados por ignorancia

Con relación a la voluntad, la ignorancia puede ser antecedente, consiguiente o concomitante. *La ignorancia antecedente* es aquella que en ninguna forma es voluntaria, y se llama *"moralmente invencible"*. Por ejemplo, creyendo tirar contra un león, en una espesa selva, un cazador mata a un hombre, cuya presencia no podía suponer. En este caso no hay pecado voluntario, sino únicamente material.

La ignorancia consiguiente es aquella que es voluntaria, al menos indirectamente, por la negligencia que ha existido en enterarse de lo que uno podía y debía saber; se le llama ignorancia *vencible*, porque hubiera sido posible librarse de ella; y así es causa de pecado formal, indirectamente voluntario al menos. Por ejemplo, un estudiante de medicina, después de varios años de mucho callejear y estudiar poco, por influencias o por casualidad recibe su diploma de doctor; como ignora casi todo lo pertinente al arte de la medicina, un día le acontece que acelera la muerte de un enfermo, en vez de curarlo. No hay en este caso, pecado directamente voluntario, pero sí indirectamente y que puede ser grave, ya que es posible llegar al homicidio por imprudencia o grave negligencia.

Ignorancia concomitante es aquella que no es voluntaria, pero que de tal forma acompaña al pecado, que aunque ella no existiera, se pecaría lo mismo. Es el caso, v. gr., de un hombre vengativo que desea matar a su enemigo, y un mal día lo mata sin saber, creyendo matar una cabra en la espesura del bosque; caso que manifiestamente difiere de los dos anteriores.

Se sigue de ahí que la ignorancia involuntaria o invencible no es pecado; mas la voluntaria o vencible lo es, y más o menos grave según la gravedad de las obligaciones a las que uno falta. Tal ignorancia no libra del pecado, porque ha habido negligencia; únicamente disminuye la culpabilidad. La ignorancia involuntaria o invencible, en cambio, excusa totalmente de pecado, suprime la culpabilidad.

La concomitante no libra del pecado, porque aunque no hubiera existido, se habría pecado igualmente.

La ignorancia invencible se designa con el nombre de "buena fe"; para que realmente se la pueda llamar invencible o involuntaria, es preciso que moralmente no sea posible librarse de ella. No es posible tal ignorancia en cuanto a los más fundamentales preceptos de la ley natural: "hay que hacer el bien y evitar el mal"; "no hagas a otro lo que no quisieras que te hicieran a ti"; "no matarás"; "no robarás"; "adorarás a un solo Dios". Aunque no sea sino por el orden del mundo, por la vista del cielo estrellado y el conjunto de la creación, la mente humana posee al menos la probabilidad de la existencia de Dios, ordenador y legislador supremo; y cuando el hombre llega a esta probabilidad, está en la obligación estricta de ir más adelante en esa investigación; de lo contrario ya no se mantiene en la *buena fe* verdadera, o ignorancia involuntaria e invencible. Lo mismo se puede decir de un protestante que llega a la convicción de que probablemente el catolicismo es la verdadera religión; tiene obligación de informarse con seriedad y pedir luz a Dios Nuestro Señor; de lo contrario, como dice San Alfonso, comete pecado contra la fe, al negarse a emplear los medios necesarios para llegar a ella.

Con frecuencia las personas piadosas no consideran suficientemente los pecados de ignorancia que muchas veces cometen, por no considerar, como podrían y sería su obligación, los deberes religiosos o los deberes de estado; o también los derechos y cualidades de los demás: superiores, iguales o inferiores con quienes tienen que tratar. Porque somos responsables, no sólo de los actos desordenados que realizamos, sino también de las omisiones del bien que podríamos hacer si tuviéramos verdadero celo de la gloria de Dios y la salud de las almas. Una de las causas de los males actuales de la sociedad está en el olvido de aquellas palabras del Evangelio: "Los pobres son evangelizados", y en la indiferencia de los que, poseyendo cosas superfluas, no se preocupan de los que nada tienen.

Pecados de debilidad

Llámase pecado por debilidad o flaqueza el que proviene de una violenta pasión que arrastra la voluntad al consentimiento. Así se dice en el Salmo VI, 3: "*Miserere mei, Domine, quoniam infirmus sum:* Apiadaos de mí, Señor, porque soy débil." El alma espiritual es débil, en efecto, cuando su voluntad cede a la violencia de los movimientos de la sensibilidad. Pierde así la rectitud del juicio práctico y de la elección voluntaria o de elección, bien sea por miedo, ira o cualquier otra mala inclinación. Pedro, durante la Pasión, renegó, lleno de miedo, tres veces de Nuestro Señor.

Cuando, por efecto de una viva emoción o una pasión, nos sentimos inclinados a un objeto cualquiera, luego juzga la inteligencia que tal objeto nos conviene, y la voluntad da con facilidad su consentimiento, conculcando la ley divina ([1]).

([1]) Santo Tomás, I, II, q. 58, a. 5; q. 57, a. 5, ad 3; q. 77, a. 2, recuerda a este propósito el principio aristotélico: "*Qualis unusquisque est talis finis videtur ei.* Según que cada uno esté bien o mal

Mas hay que distinguir aquí *la pasión* llamada *antecedente*, que precede al consentimiento de la voluntad, y *la consiguiente*, que le sigue. *La pasión antecedente disminuye la culpabilidad,* ·porque disminuye igualmente la libertad del juicio y de la libre elección; esto se echa de ver especialmente en las personas muy impresionables. Por el contrario, *la pasión consiguiente* o voluntaria no disminuye la gravedad del pecado, antes *la aumenta;* o mejor dicho, es una prueba de que el pecado es muy voluntario, puesto que es la misma voluntad la que suscita ese desordenado movimiento de la pasión, como cuando alguien se encoleriza para hacer ver mejor su mala voluntad (^{1}). De igual forma que una buena pasión consiguiente, como la santa cólera de Nuestro Señor, al echar del templo a los vendedores, *acrece* el mérito, una mala pasión consiguiente aumenta el pecado.

El pecado de flaqueza es el de la voluntad que cede al impulso de una pasión antecedente; su gravedad se aminora, pero eso no quiere decir que nunca pueda llegar a ser mortal. Lo es ciertamente cuando la materia es grave y va unida a un conocimiento y consentimiento plenos; tal sería el caso del homicida que mata bajo el impulso de la ira (^{2}).

Es posible resistir, sobre todo al principio, a los movimientos desordenados de las pasiones; mas si no se opone esa resistencia, ni se ora, como es debido, para obtener el auxilio divino, la pasión ya no es sólo antecedente, sino que se hace voluntaria.

El pecado de flaqueza, aun el mortal, es más digno de perdón que cualquier otro; pero *"digno de perdón"* en ninguna forma quiere decir *"venial"* en el sentido corriente de esta palabra (^{3}).

Aun las personas piadosas han de poner mucha atención en este asunto, porque bien pueden producirse en ellas movimientos de envidia no reprimidos que podrían hacerle caer en graves faltas; por ejemplo, en juicios temerarios, palabras y actos externos que fueran causa de graves divisio-

---

dispuesto en su sensibilidad y voluntad, tal fin le parece el mejor." De ahí el adagio: "*Video meliora, proboque, deteriora sequor:* Veo el bien y lo apruebo, pero sigo mi mala inclinación."

(^{1}) Santo Tomás, I, II, q. 77, a. 6.
(^{2}) I, II, q. 77, a. 8.
(^{3}) *Ibid.*, ad 1.

nes, contrarias, al mismo tiempo, a la justicia y a la caridad. Sería grave error pensar que sólo el pecado de malicia puede llegar a ser mortal, porque sólo él contaría con la suficiente advertencia y el pleno consentimiento requeridos, junto con la materia grave, para constituir el pecado que da muerte al alma y la hace merecedora de la muerte eterna. Semejante error sería el resultado de una profunda deformación de la conciencia, y aun contribuiría a aumentarla. Recordemos que al principio es fácil resistir a los desordenados movimientos de la pasión y que debemos oponerles resistencia y orar para hacerlo así, según las palabras de San Agustín recordadas por el Concilio de Trento: "Dios nunca nos manda lo imposible, pero, al imponernos un precepto, nos ordena que hagamos lo que podamos, y que le pidamos lo que no podemos" (1).

El pecado de malicia

A diferencia del de ignorancia y de flaqueza, el pecado de malicia es aquel en que se elige el mal a sabiendas; los latinos decían *"de industria"*, es decir, de intento, expresamente, sin ignorancia y aun sin pasión antecedente. Muchas veces este pecado es premeditado.

No quiere esto decir que se quiera el mal por el mal; porque el objeto de la voluntad es el bien y no puede querer el mal sino bajo el aspecto de un bien aparente.

Mas el que peca por malicia, con conocimiento de causa y por mala voluntad, desea *a sabiendas* un mal espiritual (por ejemplo, la pérdida de la caridad o de la divina amistad) a cambio de un bien temporal. Es claro que tal pecado así entendido difiere, en gravedad, del de ignorancia y del de flaqueza o debilidad.

No se ha de concluir de ahí que todo pecado de malicia sea pecado contra el Espíritu Santo. Éste, que es uno de los más graves pecados de malicia, tiene lugar cuando por menosprecio se rechaza precisamente aquello que nos salvaría o que nos libraría del mal; por ejemplo, cuando se combate la verdad religiosa conocida *(impugnatio veritatis agnitæ)*, o

---

(1) *Conc. Trid.*, ses. VI, cap. II (Denz., 804), ex San Agust., *De natura et gratia*, c. XLII, nº 50.

cuando por envidia, deliberadamente, se entristece uno de las gracias y del adelanto espiritual del prójimo.

Frecuentemente el pecado de malicia procede de algún vicio engendrado por múltiples faltas; mas también puede existir faltando este vicio; así el primer pecado del demonio fué un pecado de malicia, pero no habitual, sino de malicia actual, de mala voluntad, de una embriaguez de orgullo.

Es evidente que el pecado de malicia es más grave que los de ignorancia y de flaqueza, aunque éstos puedan ser mortales. Por eso las leyes humanas mismas castigan con más rigor el homicidio premeditado que el cometido por pasión.

La principal gravedad de los pecados de malicia proviene de que son más voluntarios que los otros; de que generalmente proceden de un vicio engendrado por faltas reiteradas, y de que, al cometerlos, se antepone un bien temporal a la divina amistad, sin la excusa de ignorancia o de una violenta pasión.

En estas cuestiones puede uno engañarse de dos maneras distintas. Unos se inclinarían a pensar que sólo el pecado de malicia puede ser mortal; éstos no comprenden bien la gravedad de ciertos pecados de ignorancia voluntaria o de flaqueza, en los que, no obstante, existe materia grave, suficiente advertencia y consentimiento pleno.

Otros, al contrario, no comprenden suficientemente la gravedad de ciertos pecados de malicia cometidos con toda frialdad, con afectada moderación y gesto de benevolencia y tolerancia. Los que así combaten la verdadera religión y quitan a los pequeñuelos el pan de la verdad divina pueden acaso pecar más gravemente que el que blasfema y el que mata en un arrebato de pasión.

La falta es tanto más grave cuanto es cometida con más voluntad y más conocimiento, y cuanto procede de más desordenado amor de sí mismo, que a veces llega hasta el desprecio de Dios.

Por el contrario, un acto virtuoso es más o menos meritorio según que sea más voluntario y libre y que esté inspirado por más grande amor de Dios y del prójimo, amor que puede llegar hasta el santo menosprecio de sí mismo, como dice San Agustín.

Así sucede que el que ora con demasiado apego a los consuelos sensibles, merece menos que quien persevera en la oración sin esos consuelos, en continua y profunda aridez; mas al salir de esta prueba, su mérito no desmerece si su oración procede de una caridad igual, que ahora influye felizmente en su sensibilidad. Además, un acto interior de puro amor tiene más valor a los ojos de Dios que multitud de obras exteriores inspiradas en menos fervorosa caridad.

En todas estas cuestiones, ya se trate del bien como del mal, preciso es, sobre todo, atender al elemento que radica en nuestras facultades superiores: inteligencia y voluntad, es decir al acto de voluntad realizado con pleno conocimiento de causa. Y desde este punto de vista, así como un acto malo plenamente deliberado y consentido, como un pacto formal con el demonio, tiene formidables consecuencias, del mismo modo un acto bueno, tal como la oblación de sí mismo a Dios, realizada de manera plenamente deliberada, consentida y frecuentemente renovada, puede tener aún mayores consecuencias en el orden del bien; porque el Espíritu Santo es infinitamente más poderoso que el espíritu del mal, y puede más en orden a nuestra santificación, que aquél para nuestra perdición. Es muy conveniente pensar en estas cosas ante la gravedad de ciertos acontecimientos actuales. Como el amor de Jesucristo, al morir por nosotros en la Cruz, fué más agradable a Dios que todo lo que pudieron desagradarle todos los pecados juntos, así el Salvador es más poderoso para salvarnos, que no el enemigo del bien para perdernos. En este sentido dijo Jesús: "No temáis a aquellos que matan el cuerpo, pero no pueden matar el alma; antes temed al que puede perder el cuerpo y el alma en el infierno" (Mat., x, 28). El enemigo del bien no puede, a menos que nosotros le abramos las puertas de nuestro corazón, penetrar en lo íntimo de nuestra voluntad, mientras que Dios está dentro de nosotros más íntimamente que nosotros mismos, y puede llevarnos con fuerza y suavidad a los más profundos y elevados actos libres, a aquellos actos que son como un anticipo de la vida eterna.

CAPÍTULO QUINTO

EL DEFECTO O PASIÓN DOMINANTE Y EL GUSANILLO ROEDOR

Después de haber tratado de los pecados que se han de evitar, de su origen y sus consecuencias, vamos a hablar del defecto o pasión dominante en cada uno de nosotros. Para proceder ordenadamente veremos, primero, en qué consiste; después, el modo de conocerlo; y en fin, cómo lo hemos de combatir.

¿En qué consiste el defecto o pasión dominante?

Es el que en cada uno tiende a prevalecer sobre los demás y, en consecuencia, a hacerse sentir en nuestra manera de opinar, juzgar, simpatizar, querer y obrar. Es un defecto que, en cada uno de nosotros, guarda íntima relación con nuestro modo de ser individual (¹). Hay temperamentos naturalmente inclinados a la molicie, a la indolencia, a la pereza, a la gula y a la sensualidad. Otros tienden a la soberbia. No subimos todos por el mismo camino a la cumbre de la perfección: los blandos de complexión deben, mediante la oración, la gracia y la virtud, tratar de conseguir la fortaleza; mas los que son impetuosos y fácilmente se dejan llevar a la violencia, deben, por su esfuerzo y la ayuda de la gracia, hacerse mansos y tratables.

Mientras no se haya conseguido esa progresiva transfor-

(¹) Nuestro temperamento individual está generalmente bastante bien *definido en un sentido determinado*, según el principio: ***natura determinatur ad unum***. Por eso tiene necesidad de ser perfeccionado por *las diversas virtudes*, merced a las cuales nos será dado obrar razonable y cristianamente, según las diversas circunstancias y con relación a las diversas categorías de personas, por ej., cuando se trata de los superiores, iguales o inferiores, o según las diversas circunstancias en que pudiéramos encontrarnos.

mación del temperamento, el defecto dominante en cada uno se hará sentir constantemente. Se trata de un *enemigo doméstico* que reside en nuestro interior, y que es capaz, si echa fuerzas, de acabar por arruinar totalmente la obra de la gracia o la vida interior. Es, a las veces, como la hendidura de un muro sólido en apariencia, pero que no es tal; como una grieta imperceptible, pero honda, en la bella fachada de un edificio, que una violenta sacudida puede hacer venir a tierra. Una antipatía, por ejemplo, una instintiva repugnancia hacia alguien, si no la vigilan la recta razón, el espíritu de fe y la caridad, puede acarrear al alma graves desastres y arrastrarla a grandes injusticias, con las que se daña más a sí propia que al prójimo, pues es cosa peor cometer que sufrir tales injusticias.

El defecto o pasión dominante es tanto más peligroso, cuanto que con frecuencia compromete nuestra primera cualidad, que es una buena y recta inclinación de nuestra naturaleza; cualidad que debe ser cultivada y sobrenaturalizada por la gracia. Uno se siente, por ejemplo, inclinado a la amabilidad; mas si por efecto de la pasión dominante, esa amabilidad degenera en debilidad y excesiva indulgencia, fácilmente podría llevarnos a la pérdida total de la energía.

Otro, por el contrario, es naturalmente inclinado a la decisión, a la fortaleza; mas si se deja llevar de su temperamento irascible, la fortaleza degenera pronto en violencia, muy fuera de toda razón y causa de mil desórdenes.

Hay en cada hombre sombras y luces; existe el defecto dominante y, a la vez, excelentes cualidades. Mientras vivimos en la divina amistad, existe en nosotros un especial *predominio o atracción de la gracia*, que generalmente perfecciona en nuestra naturaleza lo que en ella hay de más hermoso, para irradiar luego sobre lo que vale menos. Así unos son más inclinados a la contemplación; otros a la acción. Preciso es, pues, vigilar para que el defecto dominante no sofoque nuestras buenas inclinaciones ni aquel atractivo de la gracia. De no hacerlo así, nuestra alma sería semejante a un campo de trigo invadido por la cizaña de que habla el Evangelio. No olvidemos que tenemos un enemigo, el demonio, que trabaja precisamente por que se desarrolle nuestro defecto dominante, para ponernos enfrente de aquellos que, en compañía nuestra, cultivan la heredad del Señor. El Salvador nos dice en San Mateo, xiii, 25: "El reino de Dios es semejante a un hombre que sembró buena semilla en su campo. Pero al tiempo de dormir los hombres, vino cierto enemigo suyo y sembró cizaña en medio del trigo y se fué." Y explica Jesús que el enemigo es el demonio, que se esfuerza por destruir la obra de Dios, enfrentando entre sí a los que deberían colaborar santamente en la misma tarea de vida eterna. Es muy hábil para agrandar, en nuestra opinión, los defectos del prójimo, para transformar un granito de arena en una montaña, poniendo cristales de aumento delante de nuestra imaginación, a fin de irritarnos contra nuestros hermanos, en lugar de colaborar con ellos.

Por ahí se echa de ver los males que el defecto dominante nos puede acarrear, si no le prestamos atención. Ese defecto o pasión es muchas veces como el gusanillo que va royendo el corazón de las frutas más sanas y hermosas.

¿CÓMO CONOCEREMOS NUESTRO DEFECTO DOMINANTE?

Es evidente, en primer lugar, lo mucho que importa conocerlo bien, y no hacernos ilusiones en esta materia. Y es esto tanto más necesario, cuanto que nuestro adversario, el enemigo de nuestras almas, lo conoce perfectamente y se sirve de él para poner desasosiego en nosotros mismos y en nuestro derredor. En el castillo de nuestra vida interior, defendido por las distintas virtudes, el defecto dominante es *el punto débil* que ni las virtudes teologales, ni las virtudes morales defienden. El enemigo de las almas busca precisamente, en cada uno, ese punto débil, fácilmente vulnerable, y con facilidad lo encuentra. Por consiguiente, nosotros también debemos conocerlo.

¿Cómo? Es cosa bastante fácil en los principiantes, si son sinceros. Pero más tarde, el defecto dominante ya no aparece tan claro; se esfuerza por ocultarse y tomar aires de virtud. La soberbia se viste de apariencias de magnanimidad, y la timidez con vestidos de humildad. Y sin embargo, es absolutamente necesario que lo conozcamos bien; pues si no lo conocemos, menos podremos combatirlo, y, si no lo combatimos, se ha acabado para nosotros la vida interior.

Para dar con él, lo primero es *pedir luz a Dios:* "Hazme conocer, oh Señor, los obstáculos que de manera más o menos consciente opongo a la acción de la gracia en mí. Dame luego la gracia de apartarlos, y si en eso soy negligente, apártalos Tú mismo, aunque mucho me hagas sufrir."

Después de haber pedido muy sinceramente a Dios que nos ilumine, preciso es examinarse seriamente. ¿De qué manera? Preguntándose: *¿Adónde van mis ordinarias preocupaciones,* al despertarme por la mañana y cuando me encuentro a solas? ¿Cuál es el blanco de mis pensamientos y deseos? No hay que echar en olvido que el defecto dominante que, como la cosa más natural, se alza en jefe de las demás pasiones, toma apariencia de virtud, y, si no se le combate, podría conducir hasta la impenitencia; Judas llegó a ella por la avaricia que ni supo, ni quiso dominar; y ella le arrastró como el violento huracán que precipita el navío contra las rocas de la costa.

Para conocer el defecto dominante debe uno preguntarse: *¿Cuál es generalmente la causa de mis tristezas y alegrías?* ¿Cuál es el motivo ordinario de mis acciones, *el origen corriente de mis pecados;* no de una u otra falta accidental, sino de los pecados habituales que crean en mí como un estado de resistencia a la gracia, especialmente si tal estado es permanente y me lleva a omitir los ejercicios de piedad? ¿Por qué causa se resiste el alma a retornar al bien?

También hemos de preguntarnos: *¿Qué piensa de esto mi director?* ¿Cuál es, en su opinión, mi defecto dominante? Él es mejor juez que yo. Nadie, en efecto, es buen juez en su propia causa, porque el amor propio nos engaña. Muchas veces nuestro director ha descubierto este defecto antes que nosotros mismos. Quizás ha querido hablarnos de él en diferentes ocasiones. ¿Le hemos escuchado? ¿O más bien, hemos pretendido excusarnos?

La excusa está aquí siempre a flor de labios, porque el defecto dominante excita fácilmente a todas las demás pasiones, las dirige como señor, y ellas le obedecen al momento. Así es como el amor propio herido luego excita la ironía, la ira y la impaciencia. Además, ese defecto, si ha llegado a echar hondas raíces, experimenta particular repugnancia en dejarse desenmascarar y combatir, porque pretende reinar en nosotros. Y llega esto, a veces, a tal extremo, que cuando alguien nos acusa de él, le replicamos: "Podré tener otros defectos, pero éste jamás" (¹).

Podemos igualmente venir en conocimiento de la pasión dominante, por *las tentaciones* que con mayor frecuencia suscita en nuestra alma el enemigo, porque sobre todo nos ataca por el punto débil de cada cual.

En fin, en los momentos de *verdadero fervor, las inspiraciones del Espíritu Santo* acuden solícitas a pedirnos sacrificios en tal materia.

Si con sinceridad recurrimos a estos medios de discernimiento, fácil nos será reconocer a este enemigo interior que con nosotros llevamos y nos hace sus esclavos: "Aquel que se entrega al pecado, esclavo es del pecado", dice Jesús por San Juan (VIII, 34). Es como una prisión interior que llevamos con nosotros a dondequiera que vamos. Procuremos con toda nuestra alma hacerla a un lado.

Gran fortuna sería encontrar a un santo que nos dijera: "Éste es tu defecto dominante, y ésta tu buena cualidad principal que generosamente debes cultivar para conseguir la unión con Dios." De este modo llamó Nuestro Señor hijos del trueno, *boanerges* (²), a los jóvenes apóstoles Santiago y Juan, que querían hacer bajar fuego del cielo sobre una aldea que se había negado a recibirles. Leemos en San Lucas (IX, 56): "Y les replicó diciendo: ¡No sabéis de qué espíritu sois! El Hijo del hombre no vino para perder a los hombres, sino para salvarlos." En la escuela del divino Salvador, los boanerges se hacen mansos, hasta tal punto que, al fin de su vida, San Juan Evangelista no acertaba a decir sino una cosa: "Hijitos míos, amaos los unos a los otros" (I Joan., III, 18-23). Y, como le preguntasen por qué repetía tanto la misma cosa, respondió: "Es el precepto del Señor; y si lo cumplís, con él basta." Juan no había perdido nada de su ardor, ni de su sed de justicia, pero ésta se había espiritualizado e iba acompañada de una gran mansedumbre.

(¹) Santo Tomás ve en este hecho una aplicación del principio formulado por Aristóteles, que cita con frecuencia: *Qualis unusquisque est, talis finis videtur ei:* una cosa la juzgamos buena o mala según nuestras interiores disposiciones.
(²) Marc., III, 17.

De cómo se ha de combatir el defecto dominante

Es muy necesario combatirlo, porque es el principal enemigo interior; y porque, cuando está vencido, las tentaciones ya no son peligrosas, sino más bien ocasiones de progresar.

Mas este radical defecto no quedará vencido sin antes haber realizado un verdadero progreso en la piedad o vida interior, sin que el alma haya llegado a un serio y estable fervor de voluntad, o sea a aquella prontitud de la voluntad en el servicio de Dios que es, según Santo Tomás, la esencia de la verdadera devoción (¹). Para este combate espiritual, preciso es recurrir a tres medios fundamentales: la oración, el examen y la penitencia.

La oración sincera: "*Hazme conocer, Señor, el principal obstáculo para mi santificación;* el que me impide sacar fruto de las gracias y aun de las dificultades exteriores, que serían grandemente provechosas para mi alma, si, cuando se presentan, supiera yo recurrir a Ti." Los santos, como San Luis Bertrán, pedían aún más: "*Hic ure, Domine, hic seca, ut in æternum parcas:* Quema y corta en esta vida, Señor, con tal que me perdones eternamente." El Beato Nicolás de Flüe oraba: "Quítame, Señor, todo lo que me impide llegar hasta Ti; dame todo lo que a Ti me conduzca; tómame y entrégame todo a Ti."

Esta oración no nos dispensa del examen; al contrario, nos lleva a él. Y, como decía San Ignacio, sería conveniente, sobre todo a los principiantes, tomar nota cada semana de las veces que se ha cedido a este defecto dominante. Es más fácil burlarse sin provecho de este método, que practicarlo fructuosamente. Si con tanta diligencia solemos apuntar las entradas y salidas del dinero, seguramente que nos resultaría más provechoso saber las pérdidas y ganancias en el orden espiritual que tiene interés de eternidad.

Importa mucho, en fin, imponerse una penitencia, una sanción, cada vez que recaemos en este defecto. Tal penitencia puede ser una oración, un momento de silencio, una mortificación interna o externa. Sería una reparación de la falta, y una satisfacción por la pena que le es debida. Al mismo tiempo tendríamos más cuidado para lo venidero.

(¹) II, II, q. 82, a. 1 y 2.

Muchos se han enmendado así de la costumbre de lanzar imprecaciones, imponiéndose cada vez la obligación de dar una limosna como reparación.

Antes de haber conseguido vencer nuestro defecto dominante, nuestras virtudes son con frecuencia más bien buenas inclinaciones naturales que verdaderas y sólidas virtudes. Antes de esta victoria, la fuente de las gracias aun no se derrama muy caudalosa sobre nuestras almas, porque todavía nos buscamos demasiado a nosotros mismos, y aun no vivimos suficientemente de Dios.

Preciso es, en fin, vencer la pusilanimidad que nos hace pensar que nuestra pasión dominante nunca la podremos desarraigar. Con la gracia nos será dado acabar con ella, porque, como dice el Concilio de Trento (Ses. VI, c. II), citando a San Agustín: *"Dios no nos manda nunca lo imposible;* antes, al imponernos sus preceptos, nos ordena hacer lo que podamos y pedir la gracia que nos ayude en lo que no podamos."

Hase dicho que, en esta materia, el combate espiritual es más necesario que la victoria, porque si nos dispensamos de esta lucha, por el mismo hecho renunciamos a la vida interior y a tender a la perfección. Nunca hemos de hacer la paz con nuestros defectos.

Jamás hemos de creer a nuestro enemigo cuando quiera persuadirnos de que tal lucha no conviene sino a los santos, para llegar a las más altas regiones de la santidad. Lo cierto es que, sin esta lucha perseverante y eficaz, nuestra alma no puede sinceramente aspirar a *la perfección cristiana*, hacia la cual nos obliga a *tender* el supremo precepto de la caridad. Este precepto no tiene límites, en efecto: "Amarás al Señor Dios tuyo con todo tu corazón, con toda tu alma, con todas tus fuerzas y con todo tu espíritu; y al prójimo como a ti mismo" (Luc., x, 27).

Sin este combate no hay gozo interior, ni paz, porque la tranquilidad del orden, que es la paz, nace del espíritu de sacrificio; sólo él nos estabiliza interiormente en el orden, haciendo que muera todo lo que hay en nosotros de desordenado ([1]).

([1]) Uno de los defectos dominantes más difíciles de vencer es la pereza. Es posible, no obstante, conseguirlo con el auxilio de la gracia; porque Dios no manda lo imposible y nos manda orar a fin de conseguir lo que no podemos alcanzar con nuestro propio esfuerzo.

Sólo así, la caridad, el amor de Dios y de las almas en Dios, acaba por triunfar sobre el defecto dominante; sólo así ocupa esa virtud el primer rango en nuestra alma y reina en ella eficazmente. La mortificación, que consigue hacer desaparecer nuestro defecto principal, nos hace libres, asegurándonos el predominio de nuestras sanas cualidades naturales y la atracción de la gracia sobre nuestra alma. Así llegamos, poco a poco, a *ser nosotros mismos,* es decir *a poseernos sobrenaturalmente, echando fuera nuestros defectos.* No se trata de copiar servilmente las ajenas cualidades, ni sujetarse a un molde uniforme, idéntico para todos; la personalidad humana es muy varia y desigual, como las hojas de un árbol, que nunca tiene dos iguales. Pero tampoco hay que hacerse esclavo del propio temperamento, sino transformarlo, conservando lo que en él hay de bueno y aprovechable; y es preciso que *el carácter* sea, dentro de nuestro temperamento, *como una huella de las virtudes adquiridas e infusas,* sobre todo de las virtudes teologales. Si esto se consigue, entonces en vez de referirlo todo a nosotros mismos, como acontecía mientras el defecto dominante era dueño de nuestra alma, nos sentimos inclinados a *dirigirlo todo a Dios;* a pensar casi constantemente en él y a vivir sólo para él, aficionándole además a todos aquellos que se ponen en contacto con nosotros.

NOTA

Para conocerse mejor, conviene variar el examen de conciencia, haciéndolo a veces según los mandamientos de Dios y de la Iglesia; otras, siguiendo el orden de las virtudes teologales y morales; o considerando, en fin, los pecados que se oponen a estas diferentes virtudes, como va indicado en los dos resúmenes que siguen:

DEFECTO O PASIÓN DOMINANTE

Amor desordenado de sí mismo

- *soberbia*
  - *para consigo mismo*
    - VANAGLORIA, de donde nacen: *desobediencia, jactancia, hipocresía, disputas, rivalidad, discordia, afán de novedades, pertinacia.*
    - ACIDIA, disgusto de las cosas espirituales, de la que provienen: *malicia, rencor, pusilanimidad, decaimiento, modorra espiritual, olvido de los preceptos, curiosidad de cosas prohibidas.*
  - *para con el prójimo*
    - ENVIDIA, de la que proceden: *odio, maledicencia, calumnia, alegría del mal ajeno y tristeza de su bien.*
    - IRA, de la que derivan: *disputas, violencias, injurias, vociferaciones, blasfemias.*
- *concupiscencia*
  - *de los ojos*
    - AVARICIA, que engendra: *perfidia, fraude, canalladas, perjurio, perturbación, acrimonia y endurecimiento.*
  - *de la carne*
    - GULA, que produce: *bromas inoportunas, bufonadas, impureza, discursos insensatos, estupidez.*
    - LUJURIA, que da lugar a: *ceguera del espíritu, inconsideración, precipitación, inconstancia, amor de sí hasta el odio de Dios, apego a la vida hasta perder la esperanza de la eterna.*

Virtudes / **Vicios contrarios**

- *teologales*
  - CARIDAD para con Dios, y *don de sabiduría* para con el prójimo, y misericordia. — Disgusto de las cosas espirituales, envidia, discordia, escándalo.
  - ESPERANZA, confianza, abandono y *don de temor* opuesto a la presunción. — Presunción, desesperación.
  - FE y espíritu de fe y *dones de inteligencia y de ciencia.* — Infidelidad, blasfemia, ceguera, ignorancia culpable.
- *cardinales*
  - PRUDENCIA, docilidad a los buenos consejos y *don de consejo.* — Imprudencia y negligencia, prudencia de la carne, astucia.
  - JUSTICIA y virtudes anexas de *religión (don de piedad), penitencia, piedad filial, obediencia, gratitud, veracidad, fidelidad, liberalidad.* — Injusticia, impiedad, superstición, hipocresía, mentira.
  - FORTALEZA y *don de fortaleza, magnanimidad, paciencia, perseverancia.* — Audacia temeraria, cobardía, pusilanimidad.
  - TEMPLANZA (*sobriedad y castidad*) con *mansedumbre y humildad.* — Intemperancia, lujuria, cólera, orgullo, curiosidad.

CAPÍTULO SEXTO

LAS PASIONES QUE SE HAN DE REGULAR

No se concibe la vida interior sin lucha contra sí mismo, a fin de *regular y disciplinar* las propias pasiones, y a fin de conseguir que sobre los movimientos de la sensibilidad descienda la luz de la recta razón y aun la de la fe infusa y de la cristiana prudencia. Tiene más importancia de lo que muchos piensan, la frase: "disciplinar la propia sensibilidad"; y debe ésta, en efecto, ser sometida a rigurosa disciplina, como un alumno cuya educación corre por cuenta nuestra.

Vamos, pues, a hablar de las pasiones, y, para proceder ordenadamente, las contemplaremos bajo un triple aspecto: psicológico, moral y propiamente ascético. Santo Tomás será nuestro guía (I, II, q. 22-28).

Las pasiones desde el punto de vista psicológico

La pasión, la define Santo Tomás, siguiendo a Aristóteles y a San Juan Damasceno: "Un movimiento del apetito sensitivo, que proviene de la representación de un bien sensible, o de un mal, y que va acompañado de un movimiento corporal del organismo, como los latidos del corazón" ([1]).

Cuando se dice que la pasión es un *movimiento del apetito sensitivo*, común al hombre y al animal, distínguese la pasión de los movimientos de la voluntad espiritual, llamada apetito racional. Y no hay que confundir el movimiento del apetito sensitivo con el movimiento corporal, por ejemplo, con los latidos del corazón, que le siguen. Tales movimientos del apetito sensitivo, que son las pasiones, existen también ciertamente en el animal, por ejemplo cuando desea el alimento; y esa pasión se manifiesta ya mansamente, como en la paloma o el cordero, o bien en forma violenta, como en el tigre o el león.

([1]) I, II, q. 22, a. 3.

Santo Tomás, siguiendo a Aristóteles, distinguió y clasificó las pasiones de una manera muy profunda. Distingue primero *el apetito concupiscible*, que inclina a buscar el bien sensible y deleitable y a huir del mal que daña, y *el apetito irascible*, que nos mueve a resistir a los obstáculos y a conseguir, a pesar de éstos, un bien dificultoso. Hay hombres y animales en los cuales domina el irascible, y otros en los que se enseñorea el concupiscible.

En el apetito concupiscible, con relación al bien que nos atrae, se distinguen tres pasiones: *el amor* de este bien sensible, presente o ausente; *el deseo* de este bien, mientras está ausente; *el gozo*, cuando está presente. Estos movimientos se echan de ver en el animal, v. gr., cuando se le da o se le quita la comida.

Por oposición, y con respecto al mal que se ha de evitar, existen, en el apetito concupiscible, *el odio, la aversión* y *la tristeza*. Así el cordero huye instintivamente del lobo.

En el apetito irascible, y con relación a un bien difícil de conseguir *(bonum arduum)*, tenemos dos pasiones: *la esperanza y la desesperanza o decaimiento*, según que juzguemos accesible o inaccesible a ese bien. Y en este mismo apetito, y con relación al mal que queremos rechazar, encontramos *la audacia* y *el temor*, según que ese mal sea fácil o difícil de alejar; y por fin *la ira*, cuando se trata de un mal presente que hay que rechazar o de un insulto del que buscamos venganza.

En la voluntad espiritual existen análogos movimientos de amor, de deseo, de gozo, de esperanza, etc., mas son éstos de naturaleza inmaterial; mientras que la pasión siempre va acompañada de un movimiento del organismo, porque el apetito sensitivo va siempre unido a un órgano sensorial.

Entre todas las pasiones, la primera, y la que todas las demás suponen, es el amor sensitivo; por ejemplo, en el animal, el de la comida que necesita; de este amor nacen el deseo, la alegría, la esperanza, la audacia o el odio de lo que le contraría, la aversión, la tristeza, la desesperación, el miedo y la ira [1].

Compréndese, por lo que acabamos de decir, que la pasión, tal como queda definida, no siempre es viva, vehemente y

---

[1] Bossuet, *De la connaissance de Dieu et de soi-même*, c. I, § 6.

dominadora. No obstante, muchos autores modernos llaman pasión a los movimientos muy intensos de la sensibilidad, reservando el nombre de emoción a otros menos violentos.

La pasión desde el punto de vista moral

Desde este punto de vista, se ha discutido mucho acerca de las pasiones. Los partidarios de la moral del placer afirmaron que todas las pasiones son buenas, como una legítima expansión de nuestra naturaleza; es la apología de las pasiones, tanto en la antigüedad como en nuestros tiempos.

Los estoicos, por el contrario, condenaron las pasiones, alegando que son movimientos opuestos a la recta razón y que conturban el alma. Según su doctrina, el sabio debe suprimirlas y llegar así a la imperturbabilidad.

Aristóteles, a quien sigue Santo Tomás, trata el asunto con mucha mayor profundidad: las pasiones o emociones, tomadas en sí mismas, ni son moralmente buenas, ni malas; mas *se hacen buenas moralmente si van reguladas por la recta razón y la voluntad* que las utilizan como fuerzas; pero se vuelven moralmente malas, si no están conformes con esa recta razón. La moralidad depende de la intención de la voluntad, que siempre es buena o mala, según se dirija, o no, a un fin honesto.

Así es como la cólera puede ser buena y santa, o irracional. Nuestro Señor demostró santa indignación, al arrojar a los mercaderes del templo y echar sus mesas por tierra ([1]). Lo mismo en Getsemaní, Jesús que iba a expiar todos nuestros pecados, quiso estar triste hasta la muerte, para enseñarnos la tristeza que habríamos de sentir por nuestros pecados.

Si pues las pasiones van reguladas por la recta razón, son moralmente buenas, son fuerzas útiles a la virtud; por ejemplo el valor, que es una virtud, se sirve de la esperanza y de la audacia, poniéndoles modo y regla. Asimismo el pudor, que es una laudable emoción, ayuda a la virtud de la castidad; y la compasión en presencia de un desgraciado nos facilita el ejercicio de la virtud de misericordia.

Hasta es más meritorio el acto de virtud, dice Santo To-

([1]) Joan., II, 15.

más (¹), cuando echa mano de las pasiones en vista de un fin laudable.

Porque es evidente que Dios nos ha dado la sensibilidad, el apetito sensitivo, del mismo modo que nos dió los sentidos externos y la imaginación y los brazos para que los empleemos en conseguir el bien moral. Empleadas de esta manera, las pasiones bien dirigidas son utilísimas energías. Y mientras que la pasión llamada *antecedente,* que precede al juicio, anubla la razón, la *consiguiente,* en cambio, que sigue al juicio de la recta razón esclarecida por la fe, aumenta el mérito y hace ver el poder de la buena voluntad en favor de una noble causa. En tal sentido pudo decir Pascal: "Ninguna cosa grande se hace sin que intervenga una pasión", sin que entre en juego esa llama de la sensibilidad, que es como la irradiación del celo o del fervor del amor de Dios y del prójimo. Este celo devoraba el corazón de los santos y se echaba de ver en su valor y su paciencia.

En cambio, las pasiones desordenadas, al salirse de toda regla y mesura, son verdaderos vicios; el amor sensible se convierte en gula o lujuria; la aversión, en envidia; la audacia, en temeridad, y el temor, en cobardía y pusilanimidad. Estas pasiones desordenadas, cuando preceden al juicio de la razón, lo turban, y pueden disminuir la responsabilidad, el mérito y el demérito; mas cuando siguen al juicio y son voluntarias, aumentan la malicia de la acción (²). En tal caso, en vez de ser fuerzas que sirven al bien, prestan su ayuda a la perversidad.

Mientras que en el alma de los santos, de los misioneros y de los mártires, la pasión rectamente ordenada es una energía puesta al servicio de Dios y del prójimo, en el alma del criminal queda a merced del egoísmo más desenfrenado.

Las pasiones desde el punto de vista ascético

Según los principios que acabamos de exponer, ¿qué conclusiones hemos de sacar, desde el punto de vista ascético,

---

(¹) I, II, q. 24, a. 3.
(²) Santo Tomás, I, II, q. 24, a. 3.

para la vida interior? De tales principios llegamos a la conclusión de que las pasiones, no siendo buenas ni malas, no han de ser extirpadas como los vicios, sino que deben ser moderadas, reguladas, *disciplinadas* por la recta razón ilustrada por la fe. Si son inmoderadas, vienen a ser raíces de todos los vicios, mientras que, si se las somete a razón y disciplina, prestan grandes servicios a la virtud. No debe el hombre ser frío e inerte como un monolito, pero tampoco violento y desenfrenado.

Preciso es que poco a poco la luz de la razón y aquella otra ilustración de la fe infusa desciendan sobre nuestra sensibilidad, para que no se comporte ésta como la de un animal privado de razón, sino como porción de un ser racional, de un hijo de Dios, que participa de la vida íntima del Altísimo. Fijemos nuestra mente en la sensibilidad de Nuestro Señor, tan pura y fuerte, merced a las virtudes de virginidad, de paciencia y de constancia hasta la muerte en la Cruz (¹). Meditemos también en la sensibilidad de María, Virgen purísima y Madre del dolor, corredentora del género humano. Ante esos modelos comprenderemos cuánto nuestra sensibilidad debe estar sometida a la inteligencia esclarecida por la fe, y a la voluntad vivificada por la caridad; y cómo la luz y la viva llama del espíritu han de irradiar sobre nuestras emociones para santificarlas y colocarlas al servicio de Dios y del prójimo. San Pablo nos amonesta (Rom., XII, 15): "Alegraos con los que se alegran, y llorad con los que lloran." Así son los santos, dotados de la delicadeza más exquisita de sentimientos para con los afligidos. Con frecuencia, son los únicos que saben encontrar la palabra que levanta y reanima.

La moderación de las pasiones ha de orientarse no ya materialmente, sino teniendo en cuenta lo que la razón exige con relación al fin que se desea obtener y en tales circunstancias. Pues es lícito, y en ninguna forma pecaminoso, sentir profunda tristeza, grave temor o viva indignación, en ciertas extremas circunstancias. Así leemos en el *Éxodo*, XXXII, 19, que Moisés, al ver a los israelitas adorar al becerro de oro, se encolerizó grandemente, destrozó el ídolo hasta reducirlo a polvo y castigó severamente a los más culpables; mientras

---

(¹) Santo Tomás, III, q. 15, a. 4, 5, 6, 7, 9.

que en el libro I de los Reyes, II, el sacerdote Helí es severamente reprendido por no haber sabido indignarse ante la mala conducta de sus hijos. En el camino de la perfección, los que naturalmente son blandos deben hacerse fuertes, y viceversa. Unos y otros van ascendiendo hacia la misma cumbre por laderas diferentes.

Para manejar bien un caballo, unas veces hay que echar mano del freno y otras del látigo; lo mismo para gobernar las pasiones: ahora conviene frenarlas, y más tarde despertarlas, sacudirlas, para reaccionar contra la pereza, la inactividad, la timidez o el miedo. Y así como a veces cuesta no poco trabajo llegar a domar un caballo impetuoso, tampoco es tarea fácil someter a disciplina a ciertos temperamentos, capaces, por lo demás, de grandes obras. Y ¡qué linda cosa es, después de diez o quince años de esfuerzo, encontrarse con el temperamento transformado y bien marcadas en él las huellas del carácter cristiano!

Cuanto a la vida interior, hay que tener mucha cuenta, sobre todo al principio, con un punto especial: vigilar mucho *la precipitación*, y lo mismo la pasión dominante para que no se convierta en defecto dominante. Como ya hemos tratado de este último, insistiremos en este lugar sobre la precipitación, o, como se le llama, sobre la impulsividad, que nos lleva a obrar de manera irreflexiva.

La precipitación es propia de muchos principiantes, muy rectos por lo demás. Pretenden con frecuencia ir más de prisa que la gracia, llegar a la cumbre sin escalar la ladera; y esto es por cierto espíritu de inconsciente presunción. Más tarde, en el momento de la prueba, fácilmente se sienten abatidos. Algo así como les acontece a muchos estudiantes novatos, que empiezan con gran entusiasmo movidos por el acicate de la curiosidad en los estudios; pero una vez que ésta ha quedado satisfecha y comienza la seriedad del trabajo de las clases, decaen y se dejan dominar por la negligencia y la pereza. No se llega de una vez y sin dificultad al justo medio en la virtud, que es una altura que hay que escalar fatigándose.

¿En qué consiste propiamente la precipitación? Santo Tomás la define (¹): una manera de obrar bajo el impulso de la voluntad o de la pasión, sin prudencia, sin precaución, sin suficiente consideración. Es un pecado que va directamente contra la prudencia y el don de consejo. Conduce a la temeridad en el juicio, y es comparable a las prisas de aquel que baja precipitadamente una escalera y cae de cabeza, en vez de continuar el descenso, paso a paso.

Sería preciso, desde el punto de vista moral, descender guiados por la razón, que determina el fin propuesto y la acción deseable, sin echar en olvido los escalones intermedios, es decir *el recuerdo* de lo pasado, *la atención* a las circunstancias presentes, *la habilidad* en prever los obstáculos que pudieran surgir, y *la docilidad* a los consejos de la prudencia. Hay que deliberar antes de obrar; "*oportet consiliari lente et tarde*", decía Aristóteles. Y luego, se ha de proceder, a veces, con prontitud.

Si, por el contrario, nos lanzamos a la acción a impulsos de la voluntad o de la pasión, echando en olvido los pasos intermedios de que acabamos de hablar: memoria del pasado, atención a lo presente, previsión de lo porvenir y docilidad, uno entonces da traspiés y cae; lo cual es inevitable.

¿Cuáles son las causas de la precipitación? Como dicen los autores de espiritualidad, ese defecto nace de que *sustituímos nuestra propia actividad a la actividad divina;* nos movemos con febril entusiasmo, sin suficiente reflexión, sin orar pidiendo luz al Espíritu Santo, sin consultar a nuestro director de conciencia. Esta precipitación natural es a veces causa de graves imprudencias muy lamentables por sus consecuencias.

Proviene con frecuencia de que sólo consideramos el fin próximo del momento sin relacionarlo con el supremo al cual debemos dirigirnos; y al no distinguir sino ese inmediato objetivo humano, nos movemos demasiado humanamente, con humana actividad, sin acudir sino muy poco en demanda de la ayuda divina.

Por la formación que Nuestro Señor dió a sus Apóstoles se puede comprender con cuánta insistencia les previno contra esta precipitación natural, que hace obrar inconsideradamente

---

(¹) II, II, q. 53, a. 3; q. 54, a. 1, ad 2.

y sin bastante espíritu de fe. Más arriba recordábamos el paso en que Santiago y Juan pidieron al Señor que lloviera fuego del cielo sobre la aldea que no les quiso recibir. Jesús les llamó entonces, con divina ironía, *Boanerges* (¹), o *hijos del trueno*, dándoles a entender que debían ser *hijos de Dios* y tener, como Él, más paciencia, esperando la conversión de los pecadores. Los dos hermanos comprendieron tan bien la lección, que al fin de su vida Juan no acertaba sino a repetir una sola cosa: "Amaos los unos a los otros, porque éste es el precepto del Señor." En la escuela de Jesús, los *boanerges* aprenden a ser mansos, mas no por eso pierden su ardor y celo, sino que ese celo, habiéndose hecho más dulce y paciente, produce duraderos frutos que permanecen eternamente.

Recordemos también cómo fué curado Pedro de su precipitación y presunción; había asegurado al Señor, que anunciaba su Pasión: "Aun cuando todos se escandalizaren por tu causa, nunca jamás me escandalizaré yo." Jesús le replicó: "En verdad te digo que esta misma noche, antes que cante el gallo, has de renegar de mí tres veces" (²).

Pedro, humillado por su pecado, curóse de su presunción y ya no confió en sí mismo, sino en la gracia divina; y la gracia lo levantó a la más alta santidad por la vía del martirio.

La precipitación arrastra a veces a ciertos jóvenes, generosos y entusiastas, a querer llegar a la cumbre de la perfección antes que la gracia, sin tener en cuenta la necesaria mortificación para disciplinar las pasiones, como si ya vivieran en la intimidad de la divina unión. Leen a veces con avidez y curiosidad obras de mística, y se apresuran a recoger sus bellas flores sin dar tiempo a que se haya formado el fruto. Se exponen así a muchas ilusiones, y a caer, cuando viene la desilusión, en la pereza espiritual y en la pusilanimidad. Se debe avanzar, es cierto, con decisión, y aun con paso rápido y firme, y tanto más cuanto nos aproximamos más a Dios; pero hemos de guardarnos de lo que San Agustín llama *magni passus extra viam*, de dar grandes pasos, pero fuera del camino.

Los efectos de esta precipitación y de la propia satisfacción que la acompaña, son la pérdida del recogimiento in-

---

(¹) Marc., III, 17.
(²) Mat., XXVI, 33.

terior, la turbación y estéril agitación, que de acción fecunda no tienen sino las apariencias, como esos vidrios de color que imitan piedras preciosas.

Los remedios contra la precipitación son fáciles de indicar. Dado que tal defecto proviene de sustituir con nuestra propia y precipitada actividad la acción de Dios, el principal remedio es *la total dependencia* de Dios y la conformidad de nuestra voluntad con la suya. Para conseguirlo, se ha de reflexionar tranquilamente antes de obrar, pedir luz al Espíritu Santo y escuchar los consejos del director espiritual que tiene la gracia de estado para guiarnos; y poco a poco, en lugar de la precipitación reinará en nosotros *habitual docilidad* a la acción de Dios. Estaremos menos satisfechos de nuestra propia excelencia y encontraremos gran paz y verdadero gozo en el Señor.

Para disciplinar las pasiones, hemos de preocuparnos de combatir la vivacidad de temperamento junto con la presunción que nace de la propia estima, y al mismo tiempo la molicie y la pereza que aun serían más perjudiciales a la vida interior. Mediante esta labor lenta, pero perseverante, sobre la cual todos los días hemos de traer el examen, los *boanerges* se vuelven mansos, sin por eso perder la energía espiritual, que es el celo de la gloria de Dios y de la salud de las almas. Y los que están dotados de temperamento blando y se inclinan más bien a la pereza e indolencia, llénanse de fortaleza.

Unos y otros subirán así por distintas vertientes a la cumbre de la perfección; y comprenderán lo mucho que importa someterse poco a poco a la disciplina y permanecer habitualmente fieles a la gracia "*sin la cual,* en orden a la salvación, *nada podemos realizar*".

En tal caso, las pasiones, bien dirigidas y disciplinadas, se transformarán en energías utilísimas al bien de nuestras almas y de las del prójimo. Entonces la audacia estará al servicio de la fortaleza que hará desaparecer el miedo irreflexivo cuando se trate, por ejemplo, de volar en socorro del prójimo en peligro. Igualmente la mansedumbre, que supone gran dominio de sí, pondrá freno a la cólera para que nunca sea sino la santa indignación del celo; de un celo que, sin perder nada de su ardor, permanezca dulce y paciente, y que es el signo de la santidad.

capítulo séptimo

LA PURIFICACIÓN ACTIVA DE LOS SENTIDOS DE LA SENSIBILIDAD

> "*Si oculus tuus dexter scandalizat te, erue eum et projice abs te.*"
> (Mat., v, 29.)

Después de haber hablado de los pecados que se han de evitar, de sus consecuencias, que se han de mortificar, y de las pasiones que se han de someter a disciplina y orden, vamos a tratar de la purgación activa de los sentidos y de la sensibilidad, y más tarde de la purgación de la inteligencia y de la voluntad. A continuación, de la del alma mediante los sacramentos y la oración; y, por fin, de la purgación pasiva de los sentidos, que, según San Juan de la Cruz, es la entrada a la vía iluminativa.

Principios que se han de aplicar

Al hablar más arriba ([1]) de la mortificación en general, siguiendo a los Santos Evangelios y a San Pablo, vimos que nos es necesaria por cuatro motivos principales: 1º, por razón de las consecuencias del pecado original, sobre todo de la concupiscencia; 2º, por las de nuestros pecados personales; 3º, por la infinita alteza de nuestro fin sobrenatural, que exige la sumisión, no sólo de los sentidos a la razón, sino de la razón al espíritu de fe y caridad; 4º, en razón de la necesidad de llevar la cruz para seguir a Jesús, muerto por nuestro amor.

Ahora nos resta aplicar esos principios y ver primero en qué ha de consistir la mortificación o purgación activa de los sentidos y de la sensibilidad o apetito sensitivo.

([1]) II parte, c. ii y iii.

Santo Tomás trató largamente esta materia, a propósito de las pasiones en general y en particular, a propósito también de los pecados capitales y sus consecuencias, y, en fin, al hablar de las virtudes que tienen su asiento en la sensibilidad, tales como la templanza, la castidad, la fortaleza, la paciencia, la mansedumbre, etc.

Entre los grandes maestros de la vida espiritual, San Juan de la Cruz trató este mismo asunto en la *Subida del Monte Carmelo* (l. I, c. iv-xii), y al principio de la *Noche oscura* (l. I, c. ii y ss.), al hablar de los defectos de los principiantes, o de los siete pecados capitales trasladados al orden espiritual: la soberbia espiritual, la gula espiritual, la pereza espiritual, etc.

Es preciso recordar aquí la necesidad de observar los mandamientos, sobre todo los mandamientos supremos del amor de Dios y del prójimo, a fin de evitar el pecado mortal, y aun *el pecado venial más o menos deliberado*. Aunque no sea posible, sin la especialísima gracia que recibió la Santísima Virgen, evitar continuamente todos los pecados veniales en conjunto, se puede, sin embargo, evitarlos en particular. Por eso hemos de esforzarnos por suprimir más y más las imperfecciones, que son un bien menor, una menor generosidad en el servicio de Dios. El bien menor no es un mal; pero en el orden del bien no nos hemos de detener en el escalón inferior, en un ínfimo grado de luz y de calor. El justo medio en la virtud adquirida de templanza, tal como Aristóteles la describe, es ya sin duda un bien, pero hay que aspirar a más: al justo medio de la temperancia infusa, el cual se va elevando a medida que va creciendo esta virtud, junto con la de *penitencia;* sobre todo cuando los dones del Espíritu Santo nos llevan a una mayor generosidad para vencernos mejor y avanzar con paso más apresurado ([1]). Son muchos, por lo demás, los grados de esta virtud, según

---

([1]) Hemos tratado de la *imperfección* como distinta del pecado venial, en *L'amour de Dieu et la Croix de Jésus*, t. I, ii p., c. vi, pp. 360-390: "El bien menor no es un mal, pero cada uno, según su condición, debe tender a la perfección de la caridad." Cf. Salmanticenses, *Cursus theol.*, de Peccatis, disp. 19, dub. I, n. 8, 9; *de Incarnatione*, in III p., S. Thomæ, q. 15, a. 1. Hacen ver que en Nuestro Señor no hubo ni pecado venial, ni imperfección; y subrayan claramente la distinción que existe entre ambos.

que subamos hacia las alturas de la perfección por el camino en espiral, que es más sencillo, o por el directo trazado por San Juan de la Cruz (¹), que llega antes y más arriba.

Para evitar el pecado y las imperfecciones, bueno será recordar que los pecados capitales disponen a otros que, con frecuencia, son más graves: la vanagloria a la desobediencia, la ira a la blasfemia, la avaricia al endurecimiento, la gula a la impureza, la lujuria al odio a Dios. Nunca pediremos bastante al Señor que nos ilumine para comprender la gravedad del pecado y concebir mayor dolor de nuestras faltas. Éste es, con la caridad fraterna, una de las mejores señales de progreso espiritual.

Tampoco hay que echar en olvido que el pecado venial, especialmente si es reiterado, dispone al mortal, porque aquel que con facilidad comete el pecado venial pronto pierde la pureza de intención y, llegada la ocasión, peca mortalmente. El pecado venial es asimismo una pendiente peligrosa, es como un muro que nos impide la unión con Dios. En el camino de la santidad, el que no avanza, retrocede.

De igual forma, la imperfección o la generosidad mínima nos disponen al pecado venial; los actos demasiado débiles (*remissi*) de caridad o de las demás virtudes, aunque ciertamente son meritorios, *indirectamente* nos disponen a ir hacia abajo, porque no oponen la resistencia que sería preciso a las inclinaciones desordenadas que pueden hacernos dar en tierra. Hablaremos principalmente de la mortificación de la sensualidad y de la ira.

Mortificación de la sensualidad

Recordemos las palabras de Nuestro Señor: "*Si tu ojo derecho es para ti ocasión de pecar, sácale y arrójale fuera de ti; la mano... córtala; pues mejor te está el perder uno de tus miembros, que no que todo tu cuerpo sea arrojado al infierno*" (²). Que es lo que la moral cristiana dice a pro-

---

(¹) *Subida del Monte Carmelo;* es una imagen que el santo trae al principio de la obra: *El estrecho camino de la perfección*, y luego al lado: el camino del espíritu imperfecto, y el del espíritu descarriado.

(²) Mat., v, 29, 30.

pósito del sexto mandamiento: fuera del matrimonio, la delectación carnal *directamente consentida con plena deliberación es un pecado mortal.* Y no hay aquí parvedad de materia. ¿Por qué? Porque tal consentimiento directo nos expone próximamente a otro más grave; es como poner el dedo en un engranaje que nos destrozaría el brazo entero.

Se trata ahí de evitar un pecado capital que conduce a la inconsideración, a la inconstancia, a la ceguera del espíritu y al amor de sí hasta el odio de Dios y la desesperación (¹).

También San Pablo nos recuerda enérgicamente la necesidad de esta mortificación, de la cual nos da ejemplo, cuando dice: *"Castigo mi cuerpo y lo esclavizo; no sea que habiendo predicado a los otros, venga yo a ser reprobado."* Trátase aquí de la mortificación de los sentidos y del cuerpo en general para asegurar la libertad del espíritu, de modo que el cuerpo no abrume al alma y la deje vivir su vida superior (²).

(¹) Santo Tomás, II, II, q. 153, a. 5.
(²) Con esta mira prescribe la Iglesia, ciertos días, el ayuno y la abstinencia; y los fundadores de Órdenes religiosas han establecido austeridades especiales: vigilia perpetua, levantarse de noche, la disciplina. Los santos echaron mano de estos rigores para mejor practicar la más perfecta castidad. Santo Domingo se disciplinaba tres veces cada noche: una, en expiación de sus propias faltas; otras, por las de los pecadores; la tercera, por las almas del purgatorio. La noche la consagraba a la oración y a la penitencia; dormía poco, y rara vez antes de los Maitines, y ya no se volvía a acostar. Iba, en la iglesia, de un altar a otro, rezando, ya de rodillas, con los brazos en cruz, o bien inclinado y postrado en tierra. Cuando el sueño le dominaba, se acostaba sobre una escalera o apoyaba su cabeza contra un altar. Esta *personal inmolación* era en su vida el *acompañamiento del sacrificio de la misa.*
Tal tenor de vida supone sin duda gracias extraordinarias; mas hay ciertas austeridades que todos podemos practicar, en vez de buscar nuestras propias comodidades. Por ej., la costumbre de hacer la disciplina preserva de muchas faltas, mantiene en nuestras almas el amor de la austeridad, expía no pocas negligencias, y nos ayuda a librar a las almas de las ligaduras que las ataban al mal. La observancia en una Orden religiosa es algo así como la corteza del árbol; si a un vigoroso roble le quitáis la corteza, la savia deja de circular y el árbol muere. Los santos decían: "Si mitigáis la observancia, rebajaréis los espíritus", que perderán sus ardores para caminar con ímpetu en el camino de la perfección.

Enseña Santo Tomás (¹) que la lujuria se evita más bien huyendo las ocasiones que por la resistencia directa, que hace pensar demasiado en lo que se ha de combatir. En cambio, la acidia o pereza espiritual se la vence mejor con la resistencia, porque, para hacerle frente, ponemos la atención en los bienes espirituales que nos atraen más cuanto más pensemos en ellos.

Hemos de poner también gran atención en evitar lo mejor que nos sea posible los movimientos de sensualidad aun *indirectamente voluntarios*, sobre todo cuando existe próximo peligro de consentimiento. También es muy conveniente para algunos evitar ciertas lecturas (de medicina, por ejemplo) que para los tales podrían ser peligrosas en razón de su fragilidad, máxime si hacen esas lecturas por mera curiosidad y no por deber de estado (²).

En este terreno, preciso es igualmente vigilar sobre ciertos afectos que podrían llegar a ser demasiado sensibles y aun sensuales. El autor de la *Imitación* (l. I, c. vi y viii) nos dice que hay que evitar la demasiada familiaridad con las criaturas para gozar de la de Nuestro Señor, y que ciertas afecciones demasiado vivas y sensibles hacen perder la paz del corazón. Santa Teresa dice también en el *Camino de perfección* (c. iv) que ciertas amistades particulares son verdaderas pestes que, poco a poco, hacen perder el fervor y después la regularidad, y que a veces causan las más profundas divisiones en las comunidades y hasta ponen en peligro su salvación (³).

(¹) II, II, q. 35, a. 1, ad 4.
(²) Generalmente se admite, no obstante, que, si por deber de estado se ve uno en la precisión de hacer ciertos estudios que producen desordenados movimientos de la sensualidad, es lícito hacerlos, habiendo causa razonable y motivo honesto, con tal de que la voluntad esté ausente de tal desorden, que no pasa de ser puramente material. Los teólogos enseñan, en efecto: "Delectatio venerea *indirecte tantum voluntaria* aut *voluntaria* non in se sed solum *in causa*, non est semper peccatum. Etenim sæpe abest periculum proximum ulterioris consensus, quando ponitur actio ex se honesta et rationalis (ut operatio chirurgica, vel lectio libri medicinæ) ex qua *prævidetur* quidem, sed *non intenditur* aliqua delectatio venerea."
(³) SAN JUAN DE LA CRUZ, *Noche obscura*, l. I, c. iv: "Cobran al-

La mortificación del corazón no es aquí menos necesaria que la del cuerpo y la de los sentidos.

En fin, hay que tener mucha cuenta en no buscar en la oración los consuelos sensibles por ellos mismos, es decir por una especie de *gula espiritual* (¹). El que ama a Dios no por Él sino por el consuelo sensible que recibe o espera recibir, anda fuera de orden. Porque primero se ama a sí y después a Dios, como a cosa inferior a sí. Orden trastornado es ése y perversión más o menos conocida. Abuso grande es, de lo más santo, y por ahí queda la puerta abierta a todas las tentaciones.

Los deleites espirituales, buscados en sí mismos, despiertan las pasiones dormidas en nuestro corazón de carne, y, en lugar de seguir la ruta que los santos han seguido, insensiblemente se va cayendo por la pendiente por la que se han dejado arrastrar los falsos místicos, los quietistas particular-

---

gunos de éstos aficiones con algunas personas por vía espiritual, que muchas veces nacen de lujuria, y no de espíritu; lo cual se conoce ser así, cuando con la memoria de aquella afición no crece más la memoria y amor de Dios, sino remordimiento en la conciencia."

San Francisco de Sales, *Vida devota*, c. xxi, dice, a propósito de las amistades frívolas y peligrosas, que son necesarias medidas radicales para triunfar: "Cortad, podad, romped; no hay que contentarse con descoser estas locas amistades, es preciso rasgarlas; no hay que pensar en irse desligando poco a poco de esos lazos, hay que cortar por lo sano." Para mejor conseguir esto, preciso es meditar hondamente en los deberes del propio estado.

A propósito de amistades en las que se mezcla lo natural y lo sobrenatural, añade el mismo Santo, *Ibid*, c. xx: "Comiénzase por el amor virtuoso; mas si no se pone cuidado, pronto se mezcla el amor frívolo, luego el sensual, y más tarde el amor carnal. Aun en el amor espiritual existe ese peligro, aunque aquí es más difícil que engañe si se toman las debidas precauciones; porque su pureza y candor hacen que se trasparenten con más facilidad las impurezas que el demonio quiere mezclar; por esta razón procede aquí con más cautela, y busca penetrar más insensiblemente." Si en una amistad de este género predomina el elemento sobrenatural, se la puede conservar, depurándola mediante la guarda y mortificación de los sentidos y del corazón; mas, si al contrario, predominase el elemento sensible, es preciso, durante largo tiempo, renunciar a cualquier relación particular fuera de lo estrictamente necesario. Tal es la enseñanza de todos los maestros.

(¹) Si la gula, dice San Gregorio, lleva al hombre a bromas impertinentes, bufonerías, dichos insensatos, a la idiotez y a la impureza (S. Tom., II, II, q. 148, a. 5 y 6), la gula espiritual, nota San Juan de la Cruz *(Noche oscura,* l. I, c. vi), tiene análogos efectos en un

mente. *Corruptio optimi pessima*, la peor corrupción es aquella que destruye en nosotros lo mejor que poseemos, el amor de Dios, desfigurándolo y falseándolo totalmente. Nada hay más alto en la tierra que la verdadera mística, que no es otra cosa que el ejercicio eminente de la más depurada virtud, la caridad, y de los dones del Espíritu Santo que la acompañan. Como tampoco hay cosa peor que la mística bastarda y falsa, que el falso amor de Dios y del prójimo, que no tiene de verdadero sino el nombre y se le parece, como el falso diamante imita al verdadero [1]. San Juan nos amonesta (I Joan., IV, 1): *"Queridos míos, no queráis creer a todo espíritu, sino examinad los espíritus si son de Dios."*

Para no enredarse en ilusiones, es necesaria la humildad y la pureza de corazón. Se puede decir que toda la doctrina de Nuestro Señor sobre la mortificación de la sensualidad, se resume en estas palabras: "Bienaventurados los limpios de corazón, porque ellos verán a Dios."

Pero hay otra mortificación sobre la cual insiste mucho el Evangelio, y es la de la irascibilidad, que es otra forma de orden más elevado. Es muy frecuente, dice, entre los principiantes: "Porque muchos de éstos... procuran más el sabor del espíritu que la pureza y discreción de él." "Porque atraídos del gusto que allí hallan, algunos se matan a penitencias, y otros se debilitan con ayunos, haciendo más de lo que su flaqueza sufre." Por ahí les engaña el demonio. Aflígense de que su director no se lo aprueba, asemejándose a niños que se dejan llevar de sus gustos y sensibilidad, mas no por la razón. Prestan poca atención a sus miserias y dan de mano al santo temor de Dios. Por eso Dios les quita esas sensibles consolaciones en las cuales se complacían harto; y es preciso que su sensibilidad quede purgada, si han de ser aptos para la vida espiritual, y para que el espíritu domine sobre la carne.

La verdadera devoción está en la prontitud de la voluntad en el divino servicio (S. Tom., II, II, q. 82, a. 1); la devoción sensible es accidental y accesoria; es útil, a condición de no demorarse en ella, y de ella nos priva el Señor para purificarnos si ve que en su posesión ponemos demasiada complacencia. "Porque", añade San Juan de la Cruz, "mayor es el (provecho) invisible de la gracia que da, que, porque pongan en él los ojos de la fe, quita Dios muchas veces esotros gustos y sabores sensibles."

[1] A este propósito habla SAN JUAN DE LA CRUZ, *Noche oscura*, l. I, c. IV, de lo que él llama "lujuria espiritual", es decir de movimientos impuros que involuntariamente se producen en los principiantes, con ocasión de la oración afectiva o al recibir los sacramentos. Provienen, de ordinario, del gozo interior que repercute en

desorden de la sensibilidad que, como hemos visto, se divide en concupiscible e irascible.

La mortificación de la irascibilidad

Leemos en el Sermón de la Montaña (Mat., v, 21): "Habéis oído que se dijo a vuestros mayores: No matarás... Yo os digo más: *quienquiera que tome ojeriza con su hermano, merecerá que el juez le condene...* Por tanto, si al tiempo de presentar tu ofrenda en el altar, allí te acuerdas que tu hermano tiene alguna queja contra ti, deja allí mismo tu ofrenda delante del altar, y ve primero a reconciliarte con tu hermano, y después volverás a presentar tu ofrenda. Componte luego con tu adversario, mientras estás todavía con él en el camino." Y un poco más adelante (Mat., v, 39): "*Yo, empero, os digo que no hagáis resistencia al agravio;* antes si alguno te hiriere en la mejilla derecha, vuélvele también la otra. Y al que quiere armarte pleito para quitarte la túnica, lárgale también la capa." Si obedece a este mandato, el cristiano ya no defiende con acrimonia sus derechos, sino que, más que en ellos, piensa en sus deberes, y por este camino gana con frecuencia para Dios el alma de su hermano; y la apacigua con su paciencia y su dulzura. Así han obrado los santos, y muchas veces conquistaron para Dios a hombres violentos que antes eran sus enemigos.

En el mismo lugar nos dice el Señor (Mat., v, 44): "*Amad a vuestros enemigos;* haced bien a los que os aborrecen y orad por los que os persiguen y calumnian... Que si no amáis sino a los que os aman, ¿qué premio habéis de tener?

la sensibilidad, que carece todavía de la debida sumisión y pureza. Tales rebeliones, dice el santo, son a veces causadas por el demonio, que pretende inquietar y turbar a las almas y hacerles abandonar los ejercicios espirituales.

Añade que el temor de que tales movimientos vuelvan a producirse puede ser causa de los mismos; y que los temperamentos delicados los padecen por influjo de diversas emociones.

Según San Juan de la Cruz, estos *involuntarios movimientos* de la sensualidad no son pecado, en tanto que la voluntad les haga frente y resistencia. Sólo son imperfección de los principiantes. Mas no se les ha de confundir con otros movimientos de sensualidad *indirectamente voluntarios*, que provendrían, por ej., de demasiada familiaridad, opuesta a la espiritual amistad.

¿No lo hacen así aun los publicanos?... Sed pues vosotros perfectos, así como vuestro Padre celestial es perfecto."

Y ciertamente, comportándonos así con nuestros adversarios (mientras no se interpongan intereses supremos que haya que defender), llegaríamos con toda seguridad a la santidad, a esta sobrenatural perfección que es una participación, no ya de la vida angélica, sino de la vida íntima del mismo Dios, a una perfección que está en el mismo orden que la de Nuestro Padre celestial.

Para llegar a ella es necesaria la mortificación de la irascibilidad que nos permitirá adquirir *la virtud de mansedumbre*; no la blandura de temperamento, ni aquella que deja pasar todo por falta de energía o por miedo a reaccionar, sino la virtud de mansedumbre que consiste en una gran fortaleza en el propio vencimiento, en hacerse dueño de la propia alma y mantenerla en calma, en las manos de Dios; y hacer así un gran bien aun a los que se irritan contra nosotros, a aquellos que son como una caña a medio quebrar, la que no hay que acabar de romper, replicando en el mismo tono rencoroso.

La mortificación de la ira es tanto más necesaria, cuanto son más graves sus consecuencias, ya que fácilmente conduce a otros pecados, y a veces a la imprecación y a la blasfemia.

Por el contrario, la mansedumbre es la flor de la caridad y protege sus frutos, aceptando los consejos y aun los reproches. Una represión hecha con bondad es con frecuencia bien recibida, mientras que la que se hace con acrimonia no produce ningún resultado. Por eso nos dice Nuestro Señor: "Aprended de mí, porque soy manso y humilde de corazón."

Vamos a decir ahora algunas palabras acerca de la ira que es *el celo amargo* de que nos hablan los autores de espiritualidad, especialmente San Juan de la Cruz, a propósito de los defectos de los principiantes *(Noche oscura,* l. I. c. v).

Hay algunos, dice, que se muestran impacientes en cuanto se ven privados de consuelos: "...Porque cuando se les acaba el sabor y gusto en las cosas espirituales, naturalmente se hallan desabridos; y con aquel sinsabor que traen consigo traen mala gracia en las cosas que tratan, y se aíran muy fácilmente por cualquier cosilla, y aun a veces no hay quien los sufra." Se parecen, añade, "al niño cuando le apartan del pecho de que estaba gustando a su placer" (¹). Estos tales caen a veces en la pereza espiritual.

"Hay otros", continúa el santo, "de estos espirituales que caen en otra manera de ira espiritual, y es que se aíran contra los vicios ajenos con cierto celo desasosegado, notando a otros; y a veces les dan ímpetus de reprenderlos enojosamente, y aun lo hacen algunas veces, haciéndose ellos dueños de la virtud. Todo lo cual es contra la mansedumbre espiritual. En eso hay también soberbia. Échase de ver la pajilla en el ojo ajeno y no se ve la viga en el propio.

"Hay otros que cuando se ven imperfectos, con impaciencia no humilde se aíran contra sí mismos; acerca de lo cual tienen tanta impaciencia, que querrían ser santos en un día.

"De éstos hay muchos", añade, "que proponen mucho y hacen grandes propósitos, y como no son humildes ni desconfían de sí, cuantos más propósitos hacen, tanto más caen; ...esto también es contra la dicha mansedumbre espiritual, que del todo no se puede remediar sino por la purgación de la noche oscura", o sea por la purgación pasiva de los sentidos, de la que hablaremos más adelante.

Termina el santo: "De éstos hay muchos que proponen mucho... y cuantos más propósitos hacen, tanto más caen; y tanto más se enojan, *no teniendo paciencia* para esperar a que se lo dé Dios cuando fuere servido; ...aunque *algunos tienen tanta paciencia* en esto de querer aprovechar, *que no querría Dios ver en ellos tanta*."

La purgación *activa* de la sensibilidad o mortificación hará desaparecer este doble desorden de la sensualidad y de

---

(¹) San Juan de la Cruz escribe, *ibid*.: "En el cual (movimiento de ira) natural, cuando no se dejan llevar de la desgana, *no hay culpa*, sino *imperfección*, que se ha de purgar por la sequedad y aprieto de la noche oscura." Esto demuestra, como se dice en el capítulo IV de ciertos involuntarios movimientos de la sensualidad, que San Juan de la Cruz hacía distinción entre *imperfección y pecado venial*, que supone al menos negligencia en reprimir los desórdenes de la sensibilidad. Para que tal desorden sea pecado, es necesario que sea voluntario, al menos indirectamente, es decir que se haya podido y debido prever e impedir. Santo Tomás, dice asimismo, I, II, q. 80, a. 3, ad 3: "Concupiscentia carnis contra spiritum, quando ratio ei actualiter resistit, *non est peccatum*, sed materia exercendæ virtutis." Item, II, II, q. 154, a. 5; *de Malo*, q. 7, a. 6, ad 6.

la ira, pero no acabará con ellas del todo; para esto es necesaria otra purgación más profunda: aquella que directamente viene de Dios, cuando deja a la sensibilidad en una sequedad especial y prolongada, durante la cual nos comunica una ilustración superior, como es la del don de ciencia y conocimiento de la vanidad de todas las cosas de la tierra; la cual es una gracia no sensible, sino totalmente espiritual. Se trata de la purgación pasiva del sentido, de la que hablaremos más adelante, y es una de las formas de cruz salvadora que hemos de llevar para alcanzar la verdadera vida del espíritu, que se enseñorea de los sentidos y nos une a Dios.

CAPÍTULO OCTAVO

PURGACIÓN ACTIVA DE LA IMAGINACIÓN Y DE LA MEMORIA

> "*Memorare novissima tua et in æternum non peccabis.* Acuérdate de tu fin y no pecarás jamás."
> (Eccli., vii, 40.)
>
> Mira las cosas no solamente a través de la línea horizontal del tiempo, sino a través de la línea vertical que las une con la eternidad.

Lo que acabamos de decir acerca de la purgación activa de los sentidos y de la sensibilidad nos prueba que la mortificación exterior no es la principal, pero que aquel que la descuidare descuidaría igualmente toda mortificación interior y acabaría por perder totalmente el espíritu de abnegación.

Esto acontecería sobre todo si *deliberadamente* dejase uno de preocuparse de la mortificación. Pronto caería ese tal, como acaece con frecuencia, en el naturalismo práctico que reemplaza al espíritu de fe; y finalmente apenas cumpliría en cosa alguna el precepto del Señor: "Si alguno quisiere venir en pos de mí, niéguese a sí mismo, tome su cruz y sígame" (Mat., xvi, 24; Luc., ix, 29).

Si uno, por ejemplo, come todo lo que le agrada y hasta quedar satisfecho, olvidando totalmente el espíritu de cristiana templanza, ese tal deja de tender a la perfección y se ha olvidado de la elevación del supremo precepto de la ley: "Amarás al Señor Dios tuyo con todo tu corazón, con toda tu alma, con todas tus fuerzas y con todo tu espíritu" (Luc., x, 27). Y si se trata de un religioso, es que ha perdido de vista las obligaciones especiales de la vida religiosa.

Mas la mortificación externa apenas conseguiría nada si

no fuera acompañada de la mortificación interna de la imaginación y de la memoria, de las que queremos tratar, y de la purificación activa de la inteligencia y de la voluntad, de las que nos ocuparemos más adelante.

La purificación activa de la imaginación

La imaginación es indudablemente una facultad utilísima, pues el alma, que está unida al cuerpo, no puede pensar sin imágenes (¹). A la idea acompaña siempre una imagen; por esta razón Nuestro Señor habló siempre a las turbas por medio de parábolas, para elevarlas insensiblemente de la imagen sensible a la idea espiritual del reino de Dios; igualmente, para hacer entender a la Samaritana el valor de la divina gracia, no le habló de ella en términos abstractos, sino en la imagen del "agua viva que corre hasta la vida eterna".

Pero para que sea provechosa y útil, la imaginación ha de ir dirigida por la recta razón esclarecida por la fe. De lo contrario, podría convertirse, como se la ha llamado, en "la loca de la casa"; nos separa de la consideración de las cosas divinas y nos arrastra hacia las vanas, insustanciales, fantásticas y aun prohibidas. En el mejor de los casos nos lleva al ensueño, de donde nace el sentimentalismo tan opuesto a la verdadera piedad.

No siempre está en nuestra mano, sobre todo en momentos de fatiga, el desechar inmediatamente las imágenes vanas o peligrosas; pero siempre nos es dado, con el auxilio de la gracia, no prestarles voluntariamente atención, y así, poco a poco, disminuir su número y encanto. Aun las almas perfectas se ven acometidas por ciertas divagaciones involuntarias de la imaginación que el enemigo suscita, como lo nota Santa Teresa en su Vª Morada, c. IV y en la VIª, c. I. Pero no obstante, el alma interior, al ir adelante, se va librando, paso a paso, de tales divagaciones de la fantasía, y consigue al fin contemplar a Dios y su infinita bondad *sin apenas prestar atención a las imágenes* que acompañan a este vivo y sabroso acto de fe. Algo así como cuando escribimos, que no nos fijamos en la forma de la pluma; o como cuando hablamos con alguien sin prestar atención al color de su vestido.

(¹) Santo Tomás, I, q. 78, a. 4; q. 84, a. 7.

Por este camino, la imaginación deja poco a poco de impedir el ejercicio de la inteligencia, y al fin acaba poniéndose *a su servicio*, expresando a veces, en bellísimas imágenes, las cosas de la vida interior, algo así como lo hacía Nuestro Señor al enseñar por parábolas, o en sus conversaciones con Nicodemus y la Samaritana. En tal caso, esas imágenes deben ser sobrias y discretas para no detener la atención en ellas, sino en la idea superior que pretenden poner de manifiesto. Así como una persona de buen gusto lleva un traje sencillo y de distinción a la vez, sin fijarse demasiado en él, así el pensamiento se sirve de la imagen, sin detenerse mucho a contemplarla. De esta manera la imagen sirve a la idea, y la idea a la expresión de la verdad.

Más semejante *armonía* de nuestras facultades sólo se consigue mediante la severa *disciplina* de la imaginación, haciendo que así deje de ser la loca de la casa y se concrete a su fin propio que es servir a la inteligencia iluminada por la fe. Sólo así se consigue restablecer el orden que reinaba en el estado de justicia original, en el que, como el alma, obedecía a Dios, contemplándolo y amándolo sobre todas las cosas, gobernaba asimismo *la dirección de la imaginación* y de las emociones de la sensibilidad.

Hemos de concluir de estos principios la necesidad de desechar inmediatamente las imágenes y recuerdos peligrosos, como también las lecturas inútiles y las vanas divagaciones que nos harían perder un tiempo precioso y nos expondrían a toda suerte de ilusiones con las que el enemigo se burlaría de nosotros para llevarnos a la perdición.

Para conseguir eso hemos de dedicarnos con toda seriedad al deber de cada momento, *age quod agis*, con un gran sentido de la realidad, ordenando a Dios el cumplimiento de nuestras obligaciones. Así, poco a poco, la inteligencia y la voluntad se harán dueñas de la imaginación y de la sensibilidad; y sojuzgada de este modo, la imaginación encontrará en las bellezas de la liturgia con qué nutrir la vida interior.

San Juan de la Cruz hace notar que la verdadera devoción tiene por objeto algo invisible, representado por las imágenes sensibles en las cuales no se detiene; y que *cuanto el alma se* acerca más a Dios, menor es su dependencia de las imágenes (¹).

Conviene hablar en este lugar, con más detenimiento, de la mortificación de la memoria, que nos pone en peligro de vivir en el terreno de lo irreal, y que con demasiada frecuencia nos recuerda lo que deberíamos tener muy olvidado.

Purificación activa de la memoria

San Juan de la Cruz trata muy detenidamente de esta materia (²).

Nos referimos aquí a la memoria sensitiva, que existe ya en el animal, y a la intelectual, común al hombre y al ángel (³).

La memoria intelectiva no es facultad realmente distinta de la inteligencia, es la misma inteligencia en cuanto que conserva las ideas (⁴).

Ahora bien, ¿por qué nuestro memoria tiene necesidad de ser purificada? Porque desde el pecado original y como consecuencia de nuestros múltiples pecados personales, está colmada de recuerdos inútiles y muchas veces peligrosos. Particularmente recordamos con frecuencia los agravios que

(¹) *Subida al Monte Carmelo*, l. III, c. xii y xxxiv. Santo Tomás, II, II, q. 180, a. 5, ad 2.
(²) *Ibid.*, l. III, c. i al xv, que resume los anteriores.
(³) Santo Tomás, I, q. 77, a. 8; q. 78, a. 4; q. 79, a. 6, 7.
(⁴) Lo explica muy bien Santo Tomás, I, q. 79, a. 7, porque, dice, las facultades se especifican por su objeto formal, y no hay diferencia entre el objeto formal de la inteligencia (especificada por el ser inteligible o la verdad) y el de la memoria intelectiva, que conserva las ideas y los juicios.
Santo Tomás se objeta en este artículo (I objectio) que San Agustín (*De Trinitate*, l. X, c. x y xi) dice: "Existen en el espíritu la memoria, la inteligencia y la voluntad", luego parece distinguirlas. Mas responde que San Agustín, como se indica en *De Trinitate*, l. XIV, c. vii, entendía por *memoria* el espíritu que habitualmente conserva sus recuerdos; por *inteligencia*, el acto de *intelección*; y por *voluntad*, el acto de querer.
En otros términos, San Agustín se colocaba en el terreno descriptivo de la psicología experimental o de la introspección (del mismo modo que San Juan de la Cruz), mientras que Santo Tomás, como metafísico, considera la cuestión bajo su aspecto *ontológico*, haciendo distinción real de las facultades según su objeto formal; mas tal distinción no existe entre la inteligencia y la memoria intelectiva.

el prójimo nos ha hecho y las palabras injuriosas que aun no hemos acabado de perdonarle, aunque él se haya arrepentido de ellas. Nos acordamos menos de los favores que debemos al prójimo, que de lo que nos haya podido hacer sufrir; y a veces una palabra desagradable nos hace olvidar el bien que acaso nos ha hecho durante muchos años. Mas el principal defecto de nuestra memoria es lo que la Sagrada Escritura llama *el olvido de Dios*. Esa facultad que se nos dió para recordar aquello que nos importa más que ninguna otra cosa, olvida con frecuencia *lo único necesario*, que está sobre todo tiempo y no pasa jamás.

Lo que dice San Juan de la Cruz, *loc. cit.*, acerca de la necesidad de la purgación de la memoria puede a primera vista parecer exagerado; pero comprenderemos que no es así si leemos lo que sobre este asunto nos dice la Sagrada Escritura.

Trata con frecuencia del olvido de Dios. Isaías, LIX, 15, escribe: "*Y la verdad fué puesta en olvido*, y quedó hecho presa de los malvados aquel que se apartó del mal. Vió esto el Señor e hirióle en los ojos el que ya no hubiese justicia." Jeremías, II, 32, dice también en nombre del Señor: "¿Podrá acaso una doncella olvidarse de sus atavíos?... *Pues el pueblo mío se ha olvidado de mí innumerables días.*" El Salmista, recordando las misericordias de Dios para con el pueblo de Israel, salvado por él en el paso del Mar Rojo, dice: "*Mas, bien pronto echaron en olvido sus obras* (en su favor).... *Olvidáronse de Dios que los había salvado, que había obrado tan grandes cosas en Egipto*" (Salm. cv, 13, 21). La Escritura añade que, sobre todo en la tribulación, hemos de acordarnos de las misericordias de Dios e implorar su protección.

Echarlo en olvido y no saber apreciar sus inmensos beneficios, la Encarnación redentora, la institución de la Eucaristía, la misa de cada día, sería *mucha ingratitud*, y perderíamos el tiempo en la vida presente que se debe orientar hacia la eternidad.

El olvido de Dios hace que *nuestra memoria esté como sumergida en el tiempo*, del que no ve *la relación que tiene con la eternidad*, con los beneficios y las promesas de Dios. Esta falta inclina a nuestra memoria a contemplar las cosas *horizontalmente en la línea del tiempo* que va huyendo, y del cual sólo es real *el momento presente*, entre lo pasado que ya ha desaparecido y lo futuro que todavía no ha llegado. El olvido de Dios nos impide ver que aun el momento presente se halla en la línea vertical que lo une al único instante de la inmoble eternidad, y que hay una manera divina de vivir ese presente momento, para que, por los méritos, pertenezca a la eternidad. Mientras que el olvido de Dios no nos levanta de *la trivial y plana vista de las cosas* en la línea del tiempo que pasa, *la contemplación* de Dios es como *la visión vertical de las cosas que no duran*, y del lazo que las une *con Dios que no pasa jamás*. Vivir como sumergidos en el tiempo, es olvidar su valor, es decir su relación con la eternidad.

¿Cuál será la virtud capaz de sanar este grave defecto del olvido de Dios? San Juan de la Cruz (¹) responde: La memoria que olvida a Dios ha de ser curada por la *esperanza de la bienaventuranza eterna*, del mismo modo que la inteligencia tiene que serlo por el progreso en la fe, y la voluntad por el aumento de la caridad.

Se funda esta doctrina en numerosos pasajes de la Escritura, relativos a la memoria de los beneficios de Dios y de sus promesas. El Salmista no se cansa de repetir: *"En el día de mi tribulación acudí solícito a Dios... Haré memoria de las maravillas que has hecho desde el principio"* (Salm. LXXVI, 4, 12). "De sola tu justicia, oh Señor, haré yo memoria" (LXX, 16). "Los soberbios me escarnecían hasta el extremo... Acordéme, oh Señor, de tus eternos juicios, y quedé consolado" (CXVIII, 51, 52). El Eclesiástico, VII, 40, dice igualmente: "En todas tus acciones acuérdate de tus postrimerías, y nunca jamás pecarás. *Memorare novissima tua et in æternum non peccabis.*"

Con frecuencia nos repite la Escritura que nos debemos acordar constantemente de *las promesas divinas*, que son el fundamento de nuestra esperanza. Los Patriarcas y Profetas del Antiguo Testamento vivían de la promesa del Mesías que había de venir; y nosotros debemos vivir cada día

---

(¹) *Subida del Monte Carmelo*, l. III, c. VI y VII. La esperanza, dice, es tanto mayor cuanto la memoria está más vacía de las nociones de lo creado.

más profundamente de la promesa de la eterna beatitud. Éste es uno de los principales temas de la Sagrada Escritura. Somos viajeros y olvidamos que estamos de viaje. Cuando vamos en un tren, y vemos que algunos viajeros descienden en una estación, nos hace esto recordar que pronto tendremos que descender también; de la misma manera, en nuestro viaje a la eternidad, cuando alguien baja, es decir cuando uno muere, nos hace recordar que también nosotros hemos de morir y que estamos en viaje hacia la eternidad.

La *Imitación de Cristo* nos transmite admirablemente, sobre este punto como sobre tantos otros, el espíritu de San Agustín, y con frecuencia en sus mismos términos [1]. Esto nos ayudará a comprender mejor lo que más tarde escribió San Juan de la Cruz. Trata en muchos lugares de la purificación de la memoria cada vez que habla del olvido de las criaturas para encontrar al Creador [2], de la meditación de la muerte [3], de la agitación en los negocios [4], del vano saber del mundo [5], de la memoria de los beneficios de Dios [6], de la libertad del corazón, que se consigue por la oración y por la lección [7].

Vamos a recordar los pasajes más característicos que nos enseñan cómo la purificación de la memoria dispone a la contemplación y a la unión con Dios.

[1] La *Imitación* parece escrita por un santo religioso que entresacó de las obras de San Agustín lo que atañe más de cerca a la vida interior. Importa poco saber quién fué su autor; este libro es algo así como Melquisedec, figura del Mesías, de quien está escrito que "no tuvo padre ni madre", por ser, por decirlo así, supratemporal. Hay asimismo numerosos himnos sublimes de la liturgia de autor desconocido, y no pocas melodías, como el *Amen* de Dresde, en el que Mendelssohn y Wagner fueron a buscar inspiración. Entre los escritos anónimos, los hay que son una infamia, y otros, llenos de sublimidad. Hay también dos seres que buscan ocultarse: el criminal que huye el castigo, y el santo que por humildad quiere permanecer ignorado.
[2] *Imitación*, l. III, c. XXXI.
[3] *Ibid.*, l. I, c. XXIII.
[4] *Ibid.*, III, c. XXXIX.
[5] *Ibid.*, III, c. XLIII.
[6] *Ibid.*, III, c. XXII.
[7] *Ibid.*, III, c. XXVI.

"*Del desprecio de toda criatura, para que se pueda hallar al Creador* (¹):

"...Mientras alguna cosa me detiene, no puedo volar a ti libremente, Señor... ¿Qué cosa hay en el mundo más libre que quien nada desea en la tierra? Por eso conviene levantarse sobre todo lo creado, y olvidarse totalmente de sí mismo, y estar en lo más alto del entendimiento, y verte a Ti, Creador de todo, que no tienes semejanza alguna con las criaturas. Y el que no se desprendiere de lo creado, no podrá libremente atender a lo divino; y por esto se hallan pocos contemplativos, porque son rarísimos los que saben desasirse del todo de las criaturas y de todo lo perecedero."

"*De la meditación de la muerte* (²):

"¡Oh estupidez y dureza del corazón humano, que sólo atiende a lo presente sin cuidar de lo venidero! De tal modo debieras conducirte en todos los pensamientos y acciones cual si debieras morir hoy... El tiempo es ahora muy precioso: *he aquí ahora el tiempo favorable, he aquí ahora el día de la salud*... La vida de los hombres pasa como la sombra... Mientras tienes tiempo, atesora riquezas inmortales. Piensa únicamente en tu salvación, y cuida sólo de las cosas de Dios. *Procúrate ahora amigos*, venerando a los santos de Dios e imitando sus obras, *para que cuando fallecieres te reciban en las eternas moradas*. Vive en la tierra como peregrino y huésped a quien no interesan los negocios del mundo. Conserva tu corazón libre y elevado a Dios, *porque no tienes aquí ciudad permanente*."

"*No sea el hombre importuno en los negocios* (³):

"Hijo mío, dice el Señor, encomiéndame siempre tus negocios, y yo los dispondré bien a su tiempo. Espera mi ordenación y sentirás gran provecho."

"*Contra la vana ciencia del mundo* (⁴):

"Hijo, no te muevan los dichos agudos y limados de los hombres: porque no está el reino de Dios en palabras, sino en virtud. Mira mis palabras, que encienden los corazones y alumbran las almas, excitan a contrición y traen muchas consolaciones... Cuando hubieres acabado de leer y saber

---

(¹) *Ibid*., III, c. xxxi.
(²) *Ibid*., l. I, c. xxiii.
(³) *Ibid*., l. I, c. xxxix.
(⁴) *Ibid*., l. III, c. xliii.

muchas cosas, a un principio te conviene siempre volver. Yo soy el que enseño al hombre la ciencia, y doy más clara inteligencia a los pequeños que la que ningún hombre puede enseñar. ¡Ay de aquellos que quieren aprender de los hombres curiosidades y cuidan muy poco del camino de servirme a mí! Tiempo vendrá cuando aparecerá el Maestro de los maestros, Cristo, Señor de los ángeles, a oír las lecciones de todos que será examinar las conciencias de cada uno. Y entonces escudriñará a Jerusalén con candelas, y serán descubiertos los secretos de las tinieblas, y callarán los argumentos de las lenguas. *Yo soy el que levanto en un instante al humilde entendimiento, para que entienda más razones de la verdad* que si hubiese estudiado diez años. Yo enseño sin ruido de palabras, sin confusión de pareceres, sin fausto de honra, sin combate de argumentos. Yo soy el que enseño a despreciar lo terreno y aborrecer lo presente, buscar y saber lo eterno, huir las honras, sufrir los estorbos, poner la esperanza en mí, y fuera de mí no desear nada, y amarme ardientemente sobre todas las cosas. Yo soy interior Doctor de la verdad, escudriñador del corazón, conocedor de pensamientos, movedor de las obras, repartiendo a cada uno según juzgo ser digno."

"*De la memoria de los innumerables beneficios de Dios* [1]:

"Concédeme, Señor, que conozca tu voluntad, y con gran reverencia y entera consideración tenga en la memoria tus beneficios, así generales como especiales, para que pueda de aquí en adelante darte dignamente las debidas gracias. Todo lo que poseemos... natural o sobrenaturalmente, son beneficios tuyos... El que más recibe, no puede gloriarse de su merecimiento... ni desdeñar al menor... Porque tú, oh Señor, escogiste para familiares y domésticos a los pobres, bajos y despreciados en este mundo."

"*De la libertad del corazón* [2]:

"Señor, obra de varón perfecto es nunca aflojar la intención de las cosas celestiales, y entre muchos cuidados pasar casi sin cuidado; no por remisión o flojedad, sino por la excelencia de una voluntad libre, que no tiene desordenado afecto hacia criatura alguna."

En esto está la purificación de la memoria, que dispone a

[1] *Ibid.*, l. III, c. XXII.
[2] *Ibid.*, l. III, c. XXVI.

la contemplación infusa de los grandes misterios de la fe. Sobre esta contemplación del alma purificada y libre, la *Imitación*, l. III, c. xxxi, nº 2, nos dice: "Para eso es menester gran gracia que levante el alma y la suba sobre sí misma. *Pero si no fuere el hombre levantado en espíritu, y libre de todo lo creado, y todo unido a Dios, poco es cuanto sabe, y de poca estima es cuanto tiene.*" ¿No es esto afirmar que la contemplación infusa de los misterios de la fe y la unión con Dios, que a ella se sigue, pertenece a la vía normal de la santidad? La *Imitación* continúa: "Y lo que Dios no es, nada es, y por nada se debe contar. Por cierto, gran diferencia hay entre la sabiduría del hombre ilustrado y devoto y la ciencia del estudioso letrado. Mucho más noble es la doctrina que viene de arriba por la influencia divina, que la que se alcanza con trabajo por el ingenio humano. Muchos se hallan que desean la contemplación; mas no procuran ejercitar las cosas que para ella se requieren... Del corazón puro procede el fruto de la buena vida."

Esta doctrina de la purgación de la memoria ha sido particularmente desarrollada por San Juan de la Cruz, sobre todo con relación a *la memoria de las gracias extraordinarias y en cierto modo externas* en las cuales no conviene detenerse largamente; su recuerdo, si viene acompañado de alguna vana complacencia, nos alejaría de la unión con Dios. La esperanza nos levanta más al amor de Dios, que no el conocimiento de gracias extraordinarias. "Lo que ha de hacer, pues", dice el santo Doctor [1], "para vivir en pura y entera esperanza de Dios es, que todas las veces que le ocurrieren noticias, formas e imágenes distintas, sin hacer asiento en ellas, *vuelva luego el alma a Dios en vacío de todo aquello memorable* con afecto amoroso; no pensando ni mirando en aquellas cosas más de lo que le bastan las memorias de ellas para entender y hacer lo que es obligado, si ellas fueren de tal cosa" [2].

En eso consiste realmente la purificación activa de la memoria, demasiado preocupada en mil recuerdos inútiles y peli-

[1] *Subida del Monte Carmelo*, l. III, c. xiv.
[2] Recuérdese a este propósito lo que dice SAN JUAN DE LA CRUZ, en la *Subida al Monte Carmelo*, l. III, c. i: "Quizá le parecerá (al lec-

grosos. Pongamos en práctica esta enseñanza a fin de que nuestra memoria no permanezca en cierto modo *como sumergida en las cosas transitorias,* para que no las contemple ya solamente sobre la línea horizontal del tiempo que huye, sino sobre la línea vertical que las junta al único instante de la inmoble eternidad. De este modo, el espíritu se levanta con frecuencia al pensamiento de Dios, haciendo memoria de los inmensos beneficios de la Encarnación redentora y de la Eucaristía. Por el contrario, muchas veces acaece que entramos en una iglesia para pedir alguna gracia que urgentemente necesitamos, y nos olvidamos de dar gracias a Dios por el divino don de la Eucaristía; olvidándonos de que su institución exige una acción de gracias especialísima, ya que de continuo nos recuerda las promesas de la vida eterna.

tor) que antes destruímos el camino del ejercicio espiritual que le edificamos; lo cual sería verdad si quisiésemos instruir aquí no más que a principiantes, a los cuales conviene disponerse para esas aprensiones discursivas y aprensibles. Pero, porque aquí vamos dando doctrina para pasar adelante en *contemplación a unión con Dios,* para lo cual *todos esos medios y ejercicios sensitivos de potencias han de quedar atrás y en silencio* para que Dios obre en el alma la divina unión, conviene ir por este estilo desembarazado y vaciando, y haciendo negar a las potencias su jurisdicción natural y operaciones, para que se dé lugar a que sean infundidas e ilustradas de lo sobrenatural. Pues su capacidad no puede llegar a negocio tan alto, antes estorbar, si no se pierde de vista...

"Dirá alguno, que bueno parece esto; pero que de aquí se sigue la destrucción del uso natural y curso de las potencias...

"A lo cual respondo, que es así, que *cuanto más va uniéndose la memoria con Dios, más va perfeccionando las noticias distintas, hasta perderlas del todo,* que es cuando en perfección llega al *estado de unión;* y así, al principio, cuando ésta se va haciendo, no puede dejar de traer grande olvido acerca de todas las cosas, pues se le van rayendo las formas y noticias; y así hace muchas faltas acerca del uso y trato exterior, no acordándose de comer ni de beber... *por el absorbimiento de la memoria en Dios.* Pero *ya que llega a tener hábito de unión,* que es un sumo bien, *ya no tiene esos olvidos, en esa manera,* en lo que es razón moral y natural; antes en las operaciones convenientes y necesarias tiene mucha mayor perfección, aunque éstas no las obra ya por formas y noticias de la memoria... Por lo cual las operaciones de la memoria y de las demás potencias en este estado todas son divinas... De aquí es, que las operaciones del alma unida son del Espíritu Divino, y son divinas." Entonces el alma se gobierna totalmente por los siete dones del Espíritu Santo, y sus especialísimas inspiraciones la llevan a los actos superiores de las virtudes infusas que a los dones acompañan. "Y así", añade el santo, "las obras y oración de estas almas siempre tienen efecto..."

CAPÍTULO NOVENO

PURIFICACIÓN ACTIVA DE LA INTELIGENCIA

> "*Si oculus tuus fuerit simplex,
> totum corpus tuum lucidum erit.*"
> (Mat., VI, 22.)
> Si tu ojo fuere sencillo, todo tu
> cuerpo estará iluminado.

Las facultades superiores del hombre, aquellas que tiene de común con el ángel, son la inteligencia y la voluntad. También éstas tienen necesidad de ser purificadas y sujetas a disciplina, porque también quedaron contagiadas del desorden que fué consecuencia del pecado original y de nuestros pecados personales.

La primera mirada de la inteligencia del niñito bautizado es sencilla, así como la de un alma que empieza a responder con generosidad a su vocación superior; mas acontece que esta mirada suele caer de su primera simplicidad a la vista de las cosas tan complejas que se le ponen delante y que a veces contempla con intención no tan pura como debiera. Y en tal caso debe someterse a una seria purgación que le haga volver a la primitiva sencillez de la inteligencia, de manera que esta facultad, con profunda mirada, menosprecie los pequeños detalles y menudas contingencias, y contemple el conjunto de la vida. Dichosos los varones de edad avanzada que, después de prolongada experiencia y múltiples pruebas, llegan a esta superior simplicidad de la verdadera sabiduría, que muy imperfectamente sospecharon desde su infancia. En tal sentido se ha podido decir: "Una vida digna y noble es un pensamiento tenido en la juventud y realizado en la edad madura."

Queremos tratar aquí: 1º, de la necesidad de la purificación activa de la inteligencia, en razón de los defectos que hay en ella; 2º, del principio activo de esta purificación, y de lo que hay que hacer para conseguirla.

Necesidad de esta purificación y defectos de nuestra inteligencia

La inteligencia, desde el pecado original, quedó herida; esta herida es la ignorancia, *vulnus ignorantiæ* (¹); es decir que en lugar de dirigir espontáneamente su mirada hacia la verdad, y sobre todo hacia la verdad suprema, lo hace con gran dificultad. Su tendencia natural es detenerse en las cosas de aquí abajo sin subir hasta la causa de todas ellas; mira con gran *curiosidad* las cosas transitorias, y es negligente y *perezosa* en la investigación del fin último y de los medios que a él conducen. Y así *con facilidad se despeña en el error* y se deja oscurecer por los prejuicios que nacen de las pasiones desordenadas; y aun puede llegar a aquel estado que se llama ceguera de espíritu.

Ciertamente el pecado original no redujo nuestra inteligencia a la incapacidad de conocer la verdad, como querían los primeros protestantes y los jansenistas; y hasta puede, con paciente esfuerzo, sin el auxilio de la revelación, llegar al conocimiento de cierto número de verdades fundamentales en el orden natural, como la existencia de Dios, autor de la ley moral natural. Mas, como dice el Concilio del Vaticano (²), sirviéndose de los mismos términos que empleara Santo Tomás (³), pocos hombres son capaces de realizar esta labor, y no llegan a ese resultado sino después de mucho tiempo, y sin acabar de verse libres de todo error.

También es verdad que esta herida de la ignorancia, consecuencia del pecado original, se va cicatrizando después del bautismo, que nos regeneró al darnos la gracia santificante; pero vuelve a abrirse cada vez que pecamos, principalmente por la curiosidad y soberbia del espíritu, de la que conviene hablar aquí.

La curiosidad es un defecto de nuestro espíritu, dice Santo Tomás (⁴), que nos lleva, con demasiada solicitud y preci-

---
(¹) Santo Tomás, I, II, q. 85, a. 3.
(²) Denzinger, nº 1786. Gracias a la divina revelación, dice ahí, las verdades *naturales* de la religión pueden ser de *todos conocidas, prontamente, con firme certeza y sin mezcla de error.*
(³) I, q. 1, a. 1.
(⁴) II, II, q. 167, a. 1.

pitación, a entretenernos y considerar cosas inútiles, olvidándonos de Dios y de nuestra salvación. Esta curiosidad, dice el santo Doctor (¹), nace de la pereza para con las cosas divinas, y nos hace perder un tiempo precioso. Mientras que personas poco instruídas, pero que se nutren del Santo Evangelio, están dotadas de muy recto juicio, hay otras que, en vez de nutrirse profundamente de las principales verdades cristianas, pierden gran parte del tiempo *almacenando* curiosamente conocimientos inútiles o menos útiles que en nada contribuyen a la formación del juicio. Diríase que sufren manía de coleccionista. Amontonan conocimientos sin mutua conexión, algo así como están las palabras en un diccionario. Este género de trabajo, lejos de formar el espíritu, lo ahoga, como cuando se echa demasiado carbón al fuego. En ese revoltijo de conocimientos acumulados, deja de percibirse *la luz de los primeros principios*, los únicos capaces de poner orden en ese desconcierto, y levantarnos hasta Dios, principio y fin de todas las cosas (²).

Esta insensata curiosidad intelectual, ha dicho San Juan de la Cruz, es *lo contrario de la contemplación*, que todo lo juzga a través de la causa suprema; y podría conducir a *la idiotez espiritual* de la que tantas veces habla San Pablo (³), a la locura que juzga de todo, aun de las cosas más elevadas, con el criterio más mezquino y gran soberbia.

(¹) II, II, q. 35, a. 4, ad 3.
(²) Santo Tomás, in *Epist. I ad Cor.*, VIII, 1, a propósito de las palabras: "*Scientia inflat*", escribe: "Hic non approbat Apostolus multa scientem, *si modum sciendi nescierit*. Modus autem sciendi est, ut scias *quo ordine, quo studio, quo fine* scire quæque oporteat. Quo ordine, ut id *prius* quod maturius ad salutem; quo studio, ut id *ardentius* quod efficacius est ad amorem; quo fine, ut non ad inanem gloriam et curiositatem velle aliquid, sed *ad ædificationem tui et proximi*." *Item*, II, II, q. 166: *de virtute studiositatis*, de la virtud de estudiosidad que reprime tanto la vana curiosidad, como la pereza intelectual, enseñándonos *qué cosas, cómo* y *cuándo* se deben estudiar, poniendo en el estudio un fin moral y sobrenatural.
Véase también, II, II, q. 188, a. 5, ad 3, acerca de los estudios que convienen a los religiosos. Han de estudiar la ciencia sagrada: "Aliis scientiis intendere non pertinet ad religiosos, quorum tota vita divinis obsequiis mancipatur, nisi in quantum aliæ scientiæ ordinantur ad sacram doctrinam."
(³) I Cor., III, 19: "Sapientia hujus mundi sultitia apud Deum." Cf. Santo Tomás, II, II, q. 46: *De stultitia*, enseña que es opuesta al don de sabiduría; que es un pecado, y que sobre todo nace de la lujuria.

La soberbia del espíritu es aun más grave desorden que la curiosidad; nos da tal confianza en nuestra razón y propio juicio, que ya no nos agrada consultar a los demás, especialmente a nuestros superiores, ni buscar la luz mediante el atento y discreto examen de las razones que contradicen nuestra manera de ser. Tal conducta nos hace cometer graves imprudencias que se expían dolorosamente. Nos hace también cometer grandes faltas de caridad en las discusiones, tener terquedad en los juicios, y desechar todo aquello que no cuadra con nuestra manera de ver. Tal conducta podría llevarnos a negar a los demás la libertad que reclamamos para nuestras opiniones, a no someternos, sino en parte y de mal talante, a la dirección del supremo Pastor, y aun a atenuar y rebajar los dogmas, con pretexto de explicarlos mejor que lo que se ha hecho hasta ahora ([1]).

Estos defectos, particularmente la soberbia, podrían conducirnos a *la ceguera del espíritu, caecitas mentis*, que es lo más opuesto a la contemplación de las cosas divinas. Vamos a insistir sobre esta materia, como lo hizo Santo Tomás ([2]), después de haber tratado del don de inteligencia.

La Sagrada Escritura habla con frecuencia de esta ceguera espiritual. Nuestro Señor se contristó e indignó viéndola en los fariseos ([3]), y acabó por decirles: "¡Ay de vosotros, guías ciegos ... que pagáis diezmo hasta de la hierbabuena, y del eneldo y del comino, y habéis abandonado las cosas más esenciales de la ley: la justicia, la misericordia y la buena fe!... ¡Oh guías ciegos, que coláis cuanto bebéis por si hay un mosquito, y os tragáis un camello!" ([4]).

San Juan enseña, XII, 40, que tal ceguera es un castigo de

([1]) Santo Tomás habla, II, II, q. 138, de los peligros de la *pertinacia u obstinación* en el propio juicio, cuando "no queremos escuchar los consejos que nos dan personas autorizadas."

Tal obstinación se encuentra a veces en ciertos espirituales que se extravían. Hay en ellos celo, pero celo amargo; niéganse a escuchar los consejos que se les da, y pretenden imponer su juicio a todos, como si sólo ellos tuvieran la inspiración del Espíritu Santo; están inflados de orgullo espiritual, faltan a la caridad, con aires de reformar todo en su derredor; pueden llegar a ser enemigos de la paz y provocar profundas divisiones. San Juan de la Cruz, deplorando tales extravíos, decía: "*Poned amor donde falta, y recogeréis amor.*"

([2]) II, II, q. 15.
([3]) Marc., III, 5.
([4]) Mat., XXIII, 16, 24.

Dios, que retira su luz a aquellos que no la quieren recibir (¹).

Hay pecadores que, por sus pecados reiterados, ya no perciben la voluntad de Dios que tan claramente se manifiesta; dejan de comprender que los males que les acaecen son castigos de Dios, y así no se convierten. Buscan de explicar por solas las leyes naturales, las calamidades, tales como las que en este momento afligen a la humanidad. Sólo ven en ellas el resultado de ciertos fenómenos económicos, como el desarrollo del maquinismo y la consiguiente superproducción. No caen en la cuenta de que tales desórdenes tienen principalmente una causa moral, y provienen de que muchos hombres ponen su fin último en cosas que no lo son, olvidándose de ponerlo en Dios que nos uniría a todos, y colocándolo en los bienes materiales, que nos dividen, porque es imposible que a la vez pertenezcan íntegramente a muchos.

La ceguera espiritual hace que el pecador anteponga los bienes transitorios a los eternos, y le impide oír la voz de Dios, que la Iglesia nos recuerda en la liturgia del Adviento y la Cuaresma: "Ahora, pues, convertíos a mí, dice el Señor, de todo vuestro corazón, con ayunos, lágrimas y gemidos... Convertíos al Señor, que es benigno y misericordioso y paciente y de mucha clemencia, e inclinado a suspender el castigo: *Convertimini ad Dominum Deum vestrum, quia benignus et misericors est, patiens et multæ misericordiæ...*" (²)

La ceguera espiritual es un castigo de Dios que retira su luz por los muchos pecados reiterados; y es además un pecado por el cual nos volvemos de espaldas a la consideración de las divinas verdades, anteponiéndoles el conocimiento de aquello que satisface nuestra pasión y orgullo (³).

Se puede decir de este pecado lo que Santo Tomás dice de la locura espiritual, *stultitia:* que es lo más opuesto a la contemplación de la verdad (⁴). Impídenos ver la proximidad de la muerte y del juicio (⁵). Nos roba la inteligencia y nos pone en un estado de idiotez espiritual *(hebetudo mentis)*, que equivale a la pérdida de toda inteligencia su-

(¹) Item, *ad Rom.*, XI, 8.
(²) Joel, II, 12 sq.
(³) Santo Tomás, II, II, q. 15, a. 1.
(⁴) II, II, q. 46, a. 2, ad 3: "Stultitia opponitur præceptis, quæ dantur de contemplatione veritatis."
(⁵) *Imitación*, I, c. XXIII.

perior (¹). Y deja así de comprenderse el supremo mandamiento del amor de Dios y del prójimo, el valor de la sangre del Salvador derramada por nosotros, y el precio infinito de la misa que perpetúa sustancialmente el sacrificio de la Cruz en el altar.

Es un castigo, y lo echamos en olvido. Como dice San Agustín (in *Ps.*, LVII): "Si un ladrón, al robar, perdiera un ojo, todos dirían: castigo de Dios; y tú, que has perdido el ojo del espíritu, no paras mientes en que Dios te ha castigado."

Queda uno espantado de ver, entre los cristianos, a ciertos hombres que poseen gran cultura literaria, artística y científica, y carecen, al mismo tiempo, del más superficial y ligero conocimiento de las verdades de la religión, y aun eso poco que conocen está mezclado con grandes prejuicios y no pocos errores. Sorprendente desequilibrio que los hace feísimos *enanos espirituales*.

En otros, más instruídos en las cosas de la fe, en la historia de la Iglesia y en su legislación, se echa de ver a veces cierta tendencia *anticontemplativa*, por decirlo así, que no les permite ver, sino *desde afuera*, las vías de la Iglesia; como el otro que contempla desde la calle las vidrieras de una catedral, en vez de mirarlas desde el interior, en la suave penumbra que las ilumina.

Esta estulticia e idiotez de espíritu impide más que nada oír la predicación del mismo Dios, que habla a su manera mediante los acontecimientos de cada época. Hay actualmente en el mundo dos tendencias que lo llenan todo, radicalmente opuestas entre sí, y que están sobre cualquier clase de nacionalismo: por un lado *el universalismo del reino de Cristo*, que quiere llevar a Dios, vida y verdad supremas, las almas de los hombres de las diversas naciones; y por el otro el falso universalismo, llamado *comunismo*, que, en sentido inverso, atrae las almas hacia el materialismo, el sensualismo y el orgullo; de tal forma, que tiene exacta verificación, no sólo en los individuos, sino en pueblos enteros, como en Rusia, la parábola del hijo pródigo.

El mayor de los problemas actuales es el conflicto entre el universalismo del reino de Cristo y de su Iglesia, que libera

---

(¹) Santo Tomás, II, II, q. 15, a. 3.

las almas, y el comunismo, que las arrastra a la abyección materialista y a la opresión de los débiles bajo el orgullo de los demagogos y agitadores ([1]).

En semejante conflicto, preciso es recurrir a la oración y a la penitencia, no menos que al estudio y las tareas apostólicas. Que es lo que la Santísima Virgen dijo en Lourdes: "Orad y haced penitencia."

Tales son los defectos del espíritu que en nosotros existen en mayor o menor grado: curiosidad, afán de saber lo que no interesa, junto con la indolencia y descuido de lo único necesario —Dios y la salvación del alma—; soberbia del espíritu, ceguera y estulticia espiritual, que acaba juzgando todas las cosas con el más mezquino criterio, mientras que la sabiduría lo juzga todo a través de la causa suprema y el fin último.

¿Cómo poner remedio a este desorden que más o menos nos alcanza a todos?

Remedios para la purificación activa de la inteligencia. ¿Cómo realizarla?

Esta purificación se consigue mediante el progreso en *la fe*, del mismo modo que la purificación de la memoria, entretenida en las cosas pasajeras, se cura con la esperanza de la eterna bienaventuranza.

([1]) Maritain, en su libro *El Doctor Angélico*, p. 111, dice: "¿Cómo conciliar estos dos hechos en apariencia contradictorios: el hecho de que la historia moderna parece entrar... en una "nueva edad media", en la que la unidad y la universalidad de la cultura cristiana volverán a ser encontradas y se extenderán a todo el universo, y este otro hecho: que el movimiento general de la civilización moderna parece arrastrarlo hacia el universalismo del Anticristo y su vara de hierro, más bien que hacia el universalismo de Cristo y su ley de libertad, y, en todo caso, borrar toda esperanza de una unificación del mundo en un «imperio» cristiano universal?

"Para mí la respuesta es la siguiente. Yo pienso que dos movimientos inmanentes se cruzan en cada momento de la historia del mundo, imprimiendo su sello propio a cada uno de sus complejos del momento: uno de estos movimientos empuja hacia arriba a todo lo que en el mundo vive de la vida divina de la Iglesia, la cual está en el mundo sin ser del mundo, y se deja guiar por Cristo, cabeza del género humano.

"El otro movimiento procura arrastrar hacia abajo a todo lo que en

Escribió Santo Tomás (¹): "Para quedar desasidos del apego a las cosas sensibles y elevarse a Dios, la primera cosa necesaria es la fe en Dios; la fe es el principio fundamental de la purificación del corazón, que nos libra del error, y la fe viva, junto con la caridad, completa esta purificación." Preciso es que la inteligencia, que dirige a la voluntad, esté de antemano purificada (²); de otro modo la misma raíz de la voluntad estaría viciada y envuelta en el error.

Esta purificación la hacemos efectiva si realizamos nuestros juicios dirigiéndonos por el espíritu de fe. Como lo nota Cayetano (³), la fe nos inclina, en primer lugar, a *adherirnos* a las verdades reveladas, por la autoridad de Dios que las revela; después hace que *juzguemos* todas las cosas a través y en función de esas verdades. Y esto es cierto aun en el que, en estado de pecado mortal, ha sabido conservar la fe, mediante la cual evita pecados más graves, como el robo y el homicidio, va a misa y no rehuye escuchar la palabra divina. Estos diferentes juicios y resoluciones pueden realizarse sin los dones del Espíritu Santo, que están ausentes del alma en pecado mortal; pero en tal caso no tienen la perfección que sería de desear; en el justo, los dones les dan esa perfección; y así se realizan de muy diferente manera, bajo la inspiración del Espíritu Santo. El don de sabiduría,

---

el mundo pertenece al príncipe de este mundo, cabeza de todos los malvados.

"Empujada por estos dos movimientos internos, avanza la historia a través del tiempo. De forma que las cosas humanas se encuentran entre dos fuerzas que tiran de ellas, hasta que al fin la tela se rasga. Así la cizaña crece junto con el trigo; el capital de los pecados va aumentando a todo lo largo de la historia, y el de la gracia aumenta igualmente, y sobreabunda... El heroísmo cristiano vendrá a ser un día la única solución de los problemas de la vida. Entonces, ya que Dios da sus gracias según las necesidades, y a nadie tienta más allá de sus fuerzas, *hase de ver, sin duda, coincidiendo con el peor momento de la historia humana, una gran floración de santidad*." El Evangelio de San Mateo, XXIV, 24, anuncia que "se levantarán falsos Cristos que harán prodigios hasta seducir, si fuera posible, aun a los elegidos". Y en el Apocalipsis, XII, está escrito que los elegidos serán preservados *durante la gran tribulación*. Cf. E. B. ALLO, *El Apocalipsis de San Juan*, 1921, p. 145 sq. El mayor esfuerzo del mal parece deber coincidir con el último triunfo de Cristo, como aconteció durante su vida terrestre.

(¹) II, II, q. 7, a. 2.
(²) *Ibid.*, ad 1.
(³) In II, II, q. 45, a. 2, nº 3.

por ejemplo, inclina a juzgarlo todo a través de una gran afección y simpatía por las cosas divinas. Así habla Cayetano, y en forma parecida lo hacen otros muchos teólogos.

No sólo es necesaria *la firme adhesión* a las verdades de la fe, sino que *a través de las mismas hemos de juzgar* todo lo que pensamos, decimos, hacemos o evitamos en la vida. A eso se llama juzgar según el espíritu de fe, a diferencia de como juzga el espíritu de la carne o el naturalismo práctico.

San Juan de la Cruz dice que la *fe, siendo oscura, nos ilumina* (¹). Es oscura en cuanto nos manda adherirnos a misterios que no vemos; mas estos misterios, propios de la vida divina, iluminan grandemente nuestra inteligencia, pues que incesantemente nos cuentan la bondad de Dios, que nos creó, nos elevó a la vida de la gracia, y, para salvarnos, nos envió a su Unigénito, que por amor se nos da en la Eucaristía, para conducirnos a la vida eterna.

La fe es oscura, mas ilumina, no obstante, nuestro camino hacia la vida eterna. Es muy superior a los sentidos y a la razón; es *el medio inmediato de nuestra unión con Dios,* a quien, dentro de su oscuridad, nos da a conocer infalible y sobrenaturalmente (²).

La fe es superior a todas las evidencias sensibles e intelectuales que podamos tener en esta vida. Nuestros sentidos ven únicamente lo sensible, y por eso no ven a Dios. Nuestra razón sólo comprende objetos a ella proporcionados; a veces alguna verdad acerca de Dios, su existencia, por ejemplo; pero nunca alcanza a *la vida íntima de Dios,* que la sobrepasa y es aún superior a las fuerzas naturales de la inteligencia de los ángeles.

Para *ver* y contemplar la vida íntima de Dios, sería preciso gozar de la visión beatífica.

Mas la fe, ya en este mundo, nos permite tocar a esta vida íntima de Dios, aunque en la penumbra, en la oscuridad.

Por consiguiente, quien *de las visiones* hiciera más estima

(¹) *Subida del Monte Carmelo,* l. II, c. 2: La fe es noche oscura para el alma.

(²) *Ibid.,* l. II, c. 3: El alma debe mantenerse en la noche oscura de la fe, que la llevará hasta la más alta contemplación. *Ibid.,* l. II, c. VIII: Sólo la fe es el medio próximo y proporcionado que permite al alma llegar a la divina unión.

que de la fe infusa, se engañaría no poco, aunque tales visiones fueran de origen divino, porque preferiría una cosa superficial y externa, accesible a nuestras facultades, a aquello que está muy por encima de ellas. Estimaría la figura más que la realidad divina. Perdería así el sentido del misterio, y se alejaría de la verdadera contemplación, al alejarse de tan divina oscuridad (¹).

La fe, que es oscura, nos ilumina; algo así como la noche, que al envolvernos en sus tinieblas, nos permite contemplar las estrellas, y con ellas las profundidades del firmamento. Hay en ella un *claroscuro* extremadamente bello. Para que nos sea dado ver las estrellas, el sol se ha de ocultar y comenzar la noche. ¡Cosa extraña, pero muy real! En medio de la oscuridad de la noche, penetra nuestra vista mucho más adentro que de día, alcanzan nuestros ojos a ver estrellas cuya distancia casi infinita nos permite imaginar la inmensidad del firmamento. De día, nuestra visión no alcanza más allá de algunos pocos kilómetros; por la noche, nuestro ojo penetra millones de leguas.

De la misma manera, los sentidos y la razón sólo nos permiten ver las cosas del orden natural; mientras que la fe, aunque es oscura, nos abre la puerta del mundo sobrenatural y su infinita profundidad, el reino de Dios, su vida íntima, aquello que solamente en la eternidad nos ha de ser dado ver sin velo y con toda claridad.

Éstas son cosas que dice y vuelve a repetir constantemente San Juan de la Cruz; y sus palabras son como un comentario de la definición que de la fe nos da san Pablo (²), y que Santo Tomás resume así: *"La fe es una virtud de la inteligencia, mediante la cual tiene en nosotros comienzo la vida eterna,* al hacernos participar y adherirnos al misterio de la vida íntima de Dios, que hemos de ver durante la eternidad" (³).

Síguese de lo dicho que para vivir de la fe, sería preciso

(¹) *Subida al Monte Carmelo,* l. II, c. xxii; Item. c. x, xi, xvi.
(²) Hebreos, xi, 1: "Es, pues, la fe el fundamento de las cosas que se esperan, y un convencimiento de las cosas que no se ven". "La fe nos da la sustancia de aquello cuya realidad está oculta todavía, o, mejor, es esa misma sustancia", dice San Juan Crisóstomo.
(³) II, II, q. 4, a. 1: "Fides est habitus mentis, *quo inchoatur vita æterna in nobis,* faciens intellectum assentire non apparentibus". *De Veritate,* q. 14, a. 2: "Fides est in nobis inchoatio quædam vitæ æternæ"

verlo todo a través de ella: a Dios en primer lugar, a nosotros mismos, a los demás, amigos y extraños, y así todos los acontecimientos, agradables o desagradables. Deberíamos mirar todas esas cosas, no sólo con el sentido y con la razón, sino con el ojo sobrenatural de la fe; lo cual sería contemplarlas, en cierta medida, como las contempla el mismo Dios (¹).

De ahí la necesidad patente de purificar nuestro espíritu de *la curiosidad*, dejando en segundo término lo que es secundario y accesorio, y dando siempre la preferencia a la atenta meditación de lo único necesario, a la lectura del Evangelio y de todo aquello que verdaderamente es capaz de alimentar al alma (²). Esto demuestra la importancia de la lectura espiritual.

De ahí igualmente la necesidad, no ya de devorar los libros para demostrar que estamos al corriente de lo que se escribe y poder hablar de ellos, sino de leer las cosas que aprovechan a nuestra alma, y hacerlo con espíritu de humildad para penetrarnos de lo leído, saberlo poner en práctica y comunicarlo a los demás (³). Acordémonos de lo que dice San Pablo (Rom., XII, 3): "Os exhorto a todos vosotros... a que no os levantéis más alto de lo que debéis: *non plus sapere quam oportet sapere, sed sapere ad sobrietatem*" (⁴).

De ahí la necesidad de evitar *la precipitación* en los juicios,

---

(¹) Santo Tomás, *In Boetium, de Trinitate*, q. 3, a. 1, ad 4.

(²) Como dice la *Imitación*, I, c. v: "La Escritura debe leerse con el mismo espíritu con que fué escrita... Considera lo que se te dice y no quién lo dice. El hombre pasa y la verdad del Señor permanece eternamente. Dios nos habla de varios modos sin excepción de personas. *La curiosidad nos perjudica a menudo en la lectura de las Escrituras*, por cuanto queremos penetrar y discutir donde debiéramos pasar sencillamente. Si quieres aprovechar lee con fe, humildad y sencillez; jamás quieras pasar por sabio. Pregunta de buena voluntad y oye en silencio las palabras de los santos; no te disgusten las sentencias de los ancianos, pues no las profieren en vano."

(³) II, II, q. 167, a. 1. Véase también, *ibid*, q. 166, de la virtud moral de la estudiosidad o la aplicación al estudio, para corregir las desviaciones opuestas, y a veces sucesivas, de la curiosidad y de la pereza intelectual. La curiosidad, una vez satisfecha, da lugar con frecuencia a la pereza intelectual en quien no tiene la virtud de la aplicación, que ordena el estudio no sólo a la propia satisfacción, sino a Dios y al bien de las almas.

(⁴) Santo Tomás, *in Epist. I Cor.*, VIII, 1, explica las palabras de San Pablo: "Scientia inflat, caritas vero ædificat", diciendo: "La ciencia si está sola, sin la caridad, llena de soberbia. Juntad la caridad a

fuente de tantos errores ([1]), de evitar con más cuidado todavía la obstinación ([2]), la terquedad en el propio parecer, y de tratar de corregirla por la docilidad a las directivas de la Iglesia y a las de nuestro director espiritual, por la obediencia al Espíritu Santo, que quiere ser nuestro guía interior para hacernos vivir vida de fe y darnos a gustar ya en este mundo las delicias del cielo.

Si lo hacemos así, *la consideración de los detalles* no nos hará ya perder *la vista de conjunto*, ni, como acontece con frecuencia, la vista de los árboles cercanos nos impediría ver el bosque. Los que murmuran que el problema del mal es insoluble, y que dondequiera encuentran ocasiones de pecar, es que se dejan absorber por la penosa consideración de ciertos desagradables detalles que les traen malos recuerdos, y pierden de vista el plan providencial en su conjunto, en el que todo está ordenado y dispuesto para el mayor bien de los que aman al Señor.

El fijarnos demasiado en los detalles hace que estimemos en menos a primera vista el conjunto de las cosas; pero si este conjunto lo contempláramos con ojos sencillos, nos elevaría no poco y nos haría mucho bien. Así cuando el niño mira el cielo estrellado, encuentra en él una señal espléndida de la infinita grandeza de Dios. Más tarde, al absorberse en el estudio científico de las diversas constelaciones, le acontece olvidar la visión de conjunto, a la cual sin embargo tiene que volver, si quiere comprender toda su grandeza y profundidad. Si poca ciencia aleja de la religión, ha dicho alguien, una ciencia profunda lleva a Dios ([3]).

De la misma manera, las grandes maravillas sobrenaturales que Dios hace para ilustrar a los sencillos y salvarlos, tal co-

la ciencia, y entonces la ciencia será útil." Recuerda después las palabras de San Bernardo: "Sunt qui scire volunt eo fine tantum ut sciant, et curiositas est; quidam ut sciantur, et vanitas est; quidam ut scientiam vendant et turpis quæstus est; quidam ut ædificentur et prudentia est; quidam ut ædificent, et caritas est."

([1]) II, II, q. 53, a. 3.
([2]) II, II, q. 138.
([3]) Mucho habría que decir acerca de *la primera mirada de la inteligencia y su visión profunda*, tanto en el orden natural como en el sobrenatural. La primera mirada puede inducir a error si se dirige a algo accidental y no al objeto propio de la facultad intelectiva; la cosa es muy distinta si responde a la naturaleza de la inteligencia. Existen dos seres simples: el niño, que aun no conoce el mal, y el

mo en Lourdes, muy fácilmente las comprenden los limpios de corazón. Muy pronto se hacen cargo de su origen sobrenatural, de su significación y de su alcance. Mas si se echa en olvido esta consideración, simple y superior a la vez, se corre peligro de no ver en esas cosas sino indescifrables enigmas y mucha oscuridad. Y mientras ciertos sabios gastan botellas de tinta en disertaciones que cada vez ponen la cosa más oscura. Dios da a comprender sus claras intenciones a las almas puras y sencillas. En fin, la ciencia profunda, si viene acompañada de humildad, alcanza sin dificultad esa vista e intención de conjunto, y reconoce en ella la mano de Dios y el bien inmenso que trae a las almas. Por eso después de una vida consagrada al estudio de la filosofía y la teología, se vuelve con gran deleite a la simplicidad de la fe de los patriarcas, Abrahán, Isaac y Jacob, a las palabras de los salmos, a las parábolas del santo Evangelio. Es que está purificada la inteligencia y dispuesta a la contemplación.

anciano ya santo, que lo ha olvidado a fuerza de vencerse. Por eso los viejos aman a los niños y son amados por ellos.

La primera mirada de la inteligencia humana se dirige al *ser inteligible* de las cosas sensibles, y *a la verdad* en general; sin esta mirada, toda ciencia y toda filosofía serían imposibles. La metafísica es la visión profunda del Ser inteligible que permite elevarse con toda seguridad hasta Dios, Ser primero, suprema Causa y último fin. Del mismo modo, toda la ética procede de esta primera mirada: "hay que obrar el bien y evitar el mal".

La primera mirada en el orden de la fe sobrenatural la podemos observar en los patriarcas del Antiguo Testamento; creen que *Dios existe y es el supremo remunerador* (Hebr., XI, 6); y no se trata aquí de Dios autor de la naturaleza, sino de Dios autor de la salvación.

De la misma manera, la primera mirada sobrenatural, en tiempos de Nuestro Señor, después del sermón de la Montaña, se traduce en estas palabras de San Mateo, VII, 28: 'Habiendo Jesús concluido este razonamiento, las turbas que le oían no acababan de admirar su doctrina. Porque su modo de instruirlos era con cierta autoridad soberana, y no a la manera de los escribas y fariseos", que se extendían en largas críticas de los textos. La primera mirada es también la del niño que en Navidad se exasía ante un Nacimiento. La visión profunda es la de un contemplativo en los días avanzados de su vida: la de un San Juan, un San Agustín, un Santo Tomás y un San Juan de la Cruz.

Asimismo, para un religioso, la primera mirada, simple y a la vez muy penetrante, es la que tenía en el momento que oyó la voz de Dios, en su juventud; con frecuencia es tal mirada mucho más elevada que no lo son otras mucho más complicadas que tiene más adelante. Dichosos aquellos que más tarde vuelven a encontrarla, en una visión profunda; visión de sabiduría sobre los largos días transcurridos desde la juventud.

capítulo décimo

LA PURIFICACIÓN ACTIVA DE LA VOLUNTAD

> "*Tu es, Deus, fortitudo mea.*"
> (Salm. XLII, 2.)
> La fortaleza de nuestra voluntad tiene su principio en la docilidad a la voluntad divina.

Hemos hablado de cómo es necesario purificar la inteligencia, no sólo del error, de la ignorancia, de la obstinación y de la ceguera espiritual, sino también de la curiosidad, que concede demasiada importancia a lo secundario y muy poca a lo principal, siendo así que el objeto de la labor intelectual debería ser Dios y el provecho de las almas. Ahora trataremos de la purificación y educación de la voluntad.

La voluntad o apetito racional es una facultad cuyo objeto es el bien que conoce la inteligencia; y no cualquier bien, sino el bien en toda su universalidad, lo que le permite elevarse al amor de Dios, Bien soberano ([1]). Mientras que las demás facultades van hacia su bien particular, como la vista a lo que es visible, la inteligencia a la verdad inteligible, *la voluntad tiende al bien del hombre en su totalidad, al bien total.* Por esta razón ordena a las demás facultades aplicarse al ejercicio de sus actos propios, por ejemplo a la inteligencia le manda la investigación de la verdad. Por la misma razón, si la voluntad es fundamentalmente buena, el hombre es bueno; no es sólo buen matemático o buen físico, sino hombre de bien, o, como dice el Evangelio, *"hombre de buena voluntad";* si, al contrario, la voluntad no tiene la rectitud debida, si no busca *el verdadero bien del hombre, como tal,* éste podrá ser un buen filósofo, un buen pintor, un buen músico, mas no es un hombre de bien; es un egoísta, cuyas virtudes, más

---

([1]) Santo Tomás, I, q. 80, a. y 2.

aparentes que reales, van inspiradas por el orgullo, la ambición o el miedo de las dificultades.

Así la voluntad da, no sólo a sus propios actos (actos elícitos), sino también a los actos de las demás facultades (actos imperados), su libertad y el que sean meritorios o faltos de mérito. De ahí que poner orden en la voluntad, es ponerlo en el hombre entero. Mas tampoco está libre esta facultad de ciertas fallas y desviaciones, consecuencias del pecado original y de los personales de cada uno.

Del principal defecto de la voluntad, que es el egoísmo

El poder de la voluntad para moverse y hacer obrar a las demás facultades *radica en su docilidad para con Dios*, en su conformidad con la voluntad divina; pues en tal caso, el poder divino viene a ella, mediante la gracia. Éste es el gran principio que ilustra esta cuestión en todas sus partes.

El sentido y alcance de este principio lo echaremos de ver, si recordamos que, en el estado de justicia original, mientras la voluntad se mantuvo sujeta a Dios por el amor y la obediencia, poseyó imperio absoluto sobre las pasiones y los desórdenes de la sensibilidad; las pasiones permanecieron entonces del todo sujetas a la voluntad, y ésta, vivificada por la caridad ([1]).

Después del pecado original, nacemos privados de la gracia santificante y de la caridad, y con la voluntad vuelta de espaldas a Dios, último fin sobrenatural, y frágil aún para el cumplimiento de los deberes de orden natural ([2]).

Sin caer en las exageraciones de los primitivos protestantes y de los jansenistas, preciso es confesar que venimos al mundo con *la voluntad inclinada al egoísmo* y al amor desordenado de nosotros mismos. Es la herida llamada de *malicia* ([3]) que con frecuencia se echa de ver en un profundo egoísmo, del que mucho nos hemos de guardar porque se mezcla en

---

([1]) Santo Tomás, I, q. 95, a. 2.
([2]) I, II, q. 109, a. 3 y 4. La voluntad que esté *directamente* alejada de su último fin sobrenatural, lo está también *indirectamente* del natural, porque todo pecado contra la ley sobrenatural va indirectamente contra la ley natural, que nos obliga a obedecer a Dios.
([3]) I, II, q. 85, a. 3: "In quantum voluntas destituitur ordine ad bonum, est vulnus malitiæ."

todas nuestras acciones. Síguese de lo dicho que la voluntad, debilitada por su falta de docilidad a Dios, carece desde entonces del primitivo absoluto dominio sobre las facultades sensibles, y sólo está dotada de cierto poder moral o de persuasión para obligarlas a someterse a ella ([1]).

El principal defecto de la voluntad es esa falta de rectitud, que se llama el amor propio o desordenado amor de sí mismo, que pasa por alto el que debemos a Dios y al prójimo. *En el amor propio o egoísmo está evidentemente el origen de todos los pecados* ([2]). De él nacen "la concupiscencia de la carne, la concupiscencia de los ojos y la soberbia de la vida" ([3]). La sensibilidad no está ya gobernada con firmeza y nos inclina a la irreflexión, a la agitación febril y estéril, a procurarse egoístamente todo aquello que agrada, a huir de lo que cuesta algún esfuerzo, a la apatía e indolencia y al decaimiento; por donde podemos echar de ver que la voluntad ha perdido su energía y vigor ([4]).

Es cosa clara que *la propia voluntad*, que, por definición, es algo opuesto a la voluntad divina, es la fuente de donde dimanan todos los pecados; y es sumamente peligrosa, porque es capaz de corromperlo todo; aun lo mejor que hay en nosotros se vuelve malo cuando aquélla se entromete, porque se pone como fin, en vez de subordinarlo todo a Dios. Si el Señor la ve en el ayuno, en un sacrificio o en cualquier otra obra aparentemente buena, al momento rechaza todas estas cosas, por ver en ellas pretendidas obras divinas hechas por soberbia y para hacerse notar. La propia voluntad nace, pues, del amor propio o el egoís-

---

([1]) I, II, q. 17, a. 7: "Ratio præst irascibili et concupiscibili, non principatu despotico, sed principatu politico, qui est ad liberos, qui non totaliter subduntur imperio."

([2]) I, II, q. 77, a. 4: "Inordinatus amor sui est causa omnis peccati."

([3]) *Ibid.*, a. 5.

([4]) Cosas todas que son como *enfermedades de la voluntad*, si bien no son enfermedades propiamente dichas, como lo creen ciertos médicos materialistas al hablar de la *abulia*. La voluntad es una facultad de orden espiritual o inmaterial, y por eso no es centro de enfermedades como las que afectan a nuestro organismo, por ej., a los centros nerviosos. Mas ciertas enfermedades de tales centros hacen muy difícil el funcionamiento de la voluntad, así como otras anomalías suprimen las condiciones requeridas por parte de la imaginación para las funciones de la razón, y producen confusión mental o ideas fijas y aun la locura.

mo; es un amor propio refinado que todo lo quiere dirigir.

A propósito del amor propio o el egoísmo, caben dos errores contrarios entre sí: el utilitarismo y el quietismo. *El utilitarismo* teórico o práctico no ve un mal en el egoísmo, sino una fuerza que es preciso gobernar. Esta doctrina que reduce la virtud a un asunto como otro cualquiera, equivale a la supresión lisa y llana de la moral; reduce a lo útil y deleitable el bien honesto, objeto de la virtud y del deber, y que debe ser estimado en sí mismo y más que nosotros mismos, independientemente de las ventajas y el placer que de él se sigan: "Haz lo que debes, pase lo que pase." El utilitarismo práctico conduce a la soberbia, que nos inclina a hacernos *centro* de todos los que nos rodean; es el apetito desordenado de dominación, manifiesto u oculto.

Por otro lado, *el quietismo* (¹) pretendió reprobar todo amor interesado, aun el de la recompensa eterna, como si fuera un desorden la esperanza cristiana, por ser menos perfecta que la caridad (²). Con pretexto de un absoluto desinterés, muchos quietistas cayeron en la pereza espiritual, que se despreocupa de la santificación y la salvación (³).

No hay por qué insistir en lo útil del pensamiento de la salvación y de la felicidad eterna, para trabajar en hacer mo-

(¹) DENZINGER, nº 1226: "Anima non debet cogitare de præmio, de paradiso, nec de inferno, nec de morte, nec de æternitate, etc..." Item, nº 1232, 1337 y sig.

(²) Que equivalía a entender muy erróneamente el acto de esperanza cristiana; por él no subordinamos a Dios a nosotros mismos, sino que lo deseamos para nosotros sometiéndonos a Él, que es el fin último del acto de esperanza. Como muy bien lo enseña Cayetano, in II, II, q. 17, a. 5, nº 6: *Desidero Deum mihi (finaliter) propter Deum, et non propter me.* Mientras que cuando se trata de las cosas inferiores a mí, como de una fruta, etc., las deseo para mí y por mí; las subordino a mí como a su fin. En cambio, por el acto de esperanza me subordino a Dios (último *fin* de este acto). Tal subordinación se hace más perfecta por la caridad, que me hace amar eficazmente a Dios *formalmente por él mismo*, y más que a mí, al buscar su gloria y la extensión de su reino.

(³) Santo Tomás, II, II, q. 19, a. 6, distigue muy claramente un amor de sí que es condenable, y otro que no lo es. "*El amor de sí propio*, dice, puede concebirse de tres maneras con respecto a la caridad: 1º: *Es contrario a la caridad*, cuando uno pone su último fin en el amor de su propio bien (anteponiéndolo a Dios). 2º: *Está incluido en la caridad*, cuando el hombre se ama por Dios y en Dios (para glorificarle aquí y en la eternidad). 3º: *Se distingue de la caridad sin serle contrario*, cuando alguien se ama considerando forrir en nosotros ese radical defecto de nuestra voluntad, que es el amor propio desordenado. De él dijo San Agustín ([1]): "*Dos amores han levantado dos ciudades: el propio amor llevado hasta el desprecio de Dios, la ciudad de la tierra; el amor de Dios hasta el menosprecio de uno mismo, la ciudad de Dios. La una se gloría en sí misma, la otra en el Señor. Una pide su gloria a los hombres, la otra pone su gloria más alta en Dios, presente en su conciencia.* Una, en la soberbia de su gloria, camina con la cabeza levantada; la otra dice a Dios: *Gloria mea, exaltans caput meum:* Vos sois mi gloria y por vos se levanta mi cabeza. La primera, en sus triunfos, se deja llevar de la pasión de dominación. Ésta nos muestra a sus ciudadanos, unidos en la caridad, sirviéndose los unos a los otros; gobernantes que miran por sus súbditos, súbditos obedientes a sus superiores. La primera, en sus príncipes, ama su propia fuerza. Ésta dice a Dios: Señor, mi única fortaleza, siempre os amaré." Seguiríamos de buena gana citando continuamente a San Agustín ([2]).

Necesarias son la purificación a fondo y la cristiana educación de la voluntad para el total desarraigo del amor propio desordenado; para esto es muy bueno aquilatar la caridad, "que une el hombre a Dios, a fin de que ya no viva para sí, sino para Dios: *ut homo non sibi vivat, sed Deo*" ([3]).

malmente su propio bien, sin poner, no obstante, su fin último en ese bien"; por ejemplo, si nos amamos naturalmente sin que por eso nos alejemos de Dios, ni desobedezcamos a su ley.

Hay que tener en cuenta que para Santo Tomás, I, q. 60, a. 5, toda criatura está *naturalmente inclinada a amar más que a sí misma a Dios autor de su naturaleza,* que la conserva en la existencia, así como la mano se expone al peligro para defender el cuerpo. Mas esta inclinación natural a amar a Dios más que a sí mismo, se halla atenuada en el hombre por el pecado original y por los pecados personales.

([1]) *De Civitate Dei,* l. XIV, c. xxviii.

([2]) Páginas como ésta hacen pensar que con frecuencia, en San Agustín, la contemplación infusa dirigía desde arriba el razonamiento, necesario a la exposición escrita o hablada de la verdad divina.

([3]) Santo Tomás, II, II, q. 17, a. 6 ad 3. Ítem II, II, q. 83, a. 9: "Prima petitio ponitur *sanctificetur nomen tuum* per quam petimus gloriam Dei. Secunda vero ponitur *adveniat regnum tuum* per quam petimus ad gloriam regni ejus pervenire." Y nos es lícito desear la vida eterna, por el acto de esperanza, como nuestro supremo bien, y por el acto de caridad, para dar gloria a Dios eternamente. Cf. Cayetano, in II, II, q. 23, a. 1, nº 2.

El egoísmo es a modo de cáncer de la voluntad, que la va minando día a día, mientras que la gracia santificante debería ser como poderosa raíz que se adentrara más y más en el suelo, para sorber el jugo nutritivo de fecundante savia; no echemos en olvido el valor de la gracia habitual, llamada "gracia de las virtudes y de los dones", porque de ella derivan, en gran parte, los principios próximos de los actos meritorios. No olvidemos tampoco que nuestra voluntad centuplica sus energías, si posee en alto grado las virtudes de justicia, penitencia, religión, esperanza y caridad.

El autor de la *Imitación*, l. III, c. XXVII, describe así el desordenado amor de sí mismo: "Hijo, conviene darlo todo por todo y no ser nada en ti mismo. Has de saber que el amor propio te daña más que todo el mundo... Si tu amor fuere puro, sencillo y bien ordenado, estarás libre de todas las cosas.

"No codicies lo que no te conviene tener. Ni quieras tener cosa que te pueda impedir y quitar la libertad interior. Maravilla es que no te encomiendes a mí de lo profundo de tu corazón, con todo lo que puedes tener o desear... ¿Por qué te fatigas con superfluos cuidados? Sujétate a mi voluntad, y no sentirás daño alguno. Si buscas esto o aquello y quieres estar aquí o allí por tu provecho y propia voluntad, nunca tendrás quietud, ni estarás libre de cuidados: porque en todas las cosas hay algún defecto, y en cada lugar habrá quien te ofenda."

El mismo libro de la *Imitación*, l. III, c. LIV, dice así, a propósito de los diversos movimientos de la naturaleza herida, aun después del bautismo: "La naturaleza es astuta, y a muchos atrae, enreda y engaña; y siempre se pone a sí por fin principal ([1])... La naturaleza no quiere morir de buena

---

([1]) Santo Tomás, dice asimismo, I, II, q. 109, a. 2: "In statu naturæ corruptæ etiam deficit homo ab hoc quod secundum suam naturam potest, ut non possit totum hujusmodi bonum implere per sua naturalia... Potest tamen aliquod bonum particulare agere, sicut ædificare domum, plantare vineas et alia hujusmodi." *Ibid.*, a. 3: "In statu naturæ corruptæ homo... deficit secundum appetitum voluntatis rationalis, quæ *propter corruptionem naturae sequi*

gana, ni quiere ser apremiada, ni vencida, ni de grado sujeta... La naturaleza trabaja por su propio interés y tiene la mira a la ganancia que le puede venir... De buena gana recibe la honra y la reverencia... Teme la confusión y el desprecio... La naturaleza procura tener cosas curiosas y hermosas y aborrece las viles y groseras... Mira lo temporal y gózase en las ganancias terrenas, y enójase por una palabra injuriosa... La naturaleza es codiciosa, y de mejor gana toma que da, y ama las cosas propias y particulares... Gloríase del noble lugar y del gran linaje; sigue el apetito de los poderosos; lisonjea a los ricos... La naturaleza luego se queja de la necesidad y del trabajo; desea oír cosas nuevas y ser conocida y hacer aquello de donde le proceda la alabanza y fama...

"Mas la gracia enseña a recoger los sentidos, a evitar el contento y pompa vana, a esconder humildemente las cosas maravillosas y dignas de alabar, y a buscar en todas las cosas y en toda ciencia fruto provechoso, alabanza y honra de Dios. Esta gracia es una lumbre sobrenatural, y un singularísimo don de Dios, y propiamente una señal de los escogidos, y una prenda de la salud eterna que levanta al hombre de lo terreno a amar lo celestial, y de carnal le hace espiritual. Así cuanto más apremiada y vencida es la naturaleza, tanto le es infundida mayor gracia; y cada día es reformado el hombre interior, según la imagen de Dios, con nuevas visitaciones."

Santa Catalina de Sena, en su *Diálogo*, c. LI, expone maravillosamente *los efectos del amor propio:* "No puede el alma", dice, "vivir privada de amor; siempre tiene que amar alguna cosa... Mas el amor desordenado de sí mismo conduce al menosprecio de la virtud... *Este amor oscurece y encoge la mirada de la inteligencia,* que deja de ver claro y sólo se mueve en una falsa claridad. La luz con que, en adelante, la inteligencia ve todas las cosas, es un engañoso brillo del bien, falso placer al cual se inclina ahora el amor... De él no

---

tur bonum privatum, nisi sanetur per gratiam Dei." III, q. 69, a. 3: Aun después del bautismo quedan la concupiscencia y las demás heridas en vías de cicatrización, lo cual es ocasión de lucha y de merecimientos.

saca el alma otro fruto que soberbia e impaciencia ([1]).

Se lee en el mismo *Diálogo*, c. CXXII: "El amor propio ha emponzoñado al mundo y al cuerpo místico de la Santa Iglesia; ha cubierto de silvestres y fétidas plantas el jardín de la Esposa." El amor propio nos hace *injustos para con Dios*, al cual dejamos de tributar la gloria debida, *y para con las almas*, a las que privamos de bienes que les son necesarios para vivir. Finalmente el amor propio, que trastorna en el alma el orden establecido por Dios, *conduce a la turbación, al decaimiento, a la discordia, y hace perder totalmente la paz*, que es la tranquilidad en el orden, y que, en verdad, sólo se encuentra en aquellos que aman a Dios más que a sí mismos y sobre todas las cosas.

En parecidos términos se expresa Taulero, cuando trata de la necesidad de purgar a fondo la voluntad ([2]).

La purificación de la voluntad mediante el progreso en el amor de Dios

¿Cómo devolver a la voluntad, débil y viciada, la energía para el bien, la verdadera *fortaleza* con que le sea dado hacer frente a la pereza espiritual, y a esa otra enfermedad que se oculta bajo apariencias de energía, y se llama soberbia? Ante todo es preciso recordar la armonía que existió en el estado de justicia original, en el cual, mientras la voluntad se mantuvo *dócil y conforme con la de Dios*, pudo, con la gracia divina, tener a raya sus pasiones y evitar cualquier desvío que la llevara al desorden y a desertar del deber.

Para que las energías espirituales se vayan renovando, hemos de esforzarnos por que la voluntad sea más y más dócil a la voluntad de Dios, que nos dará sus gracias en abun-

---

([1]) Santo Tomás, I, II, q. 58, a. 5, había notado igualmente, siguiendo a Aristóteles, que cada uno juzga que tal fin le conviene según las disposiciones subjetivas de su voluntad y de su sensibilidad: "*Qualis unusquisque est* (secundum affectum) *talis finis videtur ei conveniens.*" El soberbio encuentra muy bien aquello que satisface su orgullo; y el humilde, lo que le conserva en su humildad.

([2]) Cf. *Sermones de Tauler;* véase especialmente t. I, p. 71-82, Introducción teológica del P. Et. Hugueny, O. P., e *ibid.*, t. I, p. 217, 235, 249, 287, 335, 340. (Trad. de Hugueny, Théry y Corin.)

dancia, con las que nos será posible ir adelante en el camino de la perfección.

La educación de la voluntad la realizamos cuando progresamos en las virtudes, que siempre han de ser su ornamento mejor: *virtud de justicia,* que da a cada uno lo que merece; *de religión,* que tributa a Dios el culto debido; *de penitencia,* que repara la injuria del pecado; *de obediencia* a los superiores; *de veracidad* y lealtad; y sobre todo *la virtud de caridad* o amor de Dios y del prójimo ([1]).

Miradas las cosas desde este plano superior, la energía de voluntad de un Napoleón parece nonada, comparada con la del sublime mendigo que se llamó Benito José Labre, o al lado de la del humildísimo Cura de Ars. En los primeros siglos, la voluntad de las vírgenes cristianas, Inés y Cecilia, poseía fortaleza mucho más excelsa que la de sus verdugos.

En la práctica de cualquiera de las virtudes, la sumisión a la divina voluntad se funda en *la abnegación de la propia,* es decir de la voluntad que no está conforme con la de Dios. Sólo *el espíritu de sacrificio,* que aniquila en nuestras almas el amor propio desordenado, es capaz de asegurar el primer lugar al amor de Dios y de traernos la paz interior. No es posible ser dueños de esa profunda paz del alma sin espíritu de sacrificio. Por eso decía Nuestro Señor: "*Si alguno quiere venir en pos de mí, niéguese a sí mismo*" ([2]); "*Si el grano de trigo, después de echado en la tierra, no muere, queda infecundo; pero si muere, produce mucho fruto... El que ama desordenadamente su alma, la perderá; mas el que la aborrece en este mundo, la conserva para la vida eterna*" ([3]). Fundados en ese espíritu de sacrificio y abnegación, hemos de estar dispuestos a abandonarlo todo y someternos a la voluntad de Dios. Y hemos de decir con el Salmista: "*Paratum cor meum, Deus, paratum cor meum:* Presto está mi corazón, Señor" (Salm. CVII, 2). Como San Pablo en el momento de su conversión, hemos de orar cada día: "*Domine, quid me vis facere?* ¿Qué queréis de mí, Señor?" (Act., XI, 6).

([1]) Santo Tomás trata largamente de cada una de estas virtudes y de los vicios opuestos en II, II; puédese sacar de ahí un profundo estudio sobre la educación de la voluntad; porque todas estas virtudes, adquiridas o infusas, tienen su asiento en esta facultad.
([2]) Mat., XVI, 24.
([3]) Joan., XII, 25.

¿Esta purgación de la voluntad, que hace desaparecer el egoísmo y el amor propio, *ofrece dificultades?* Para algunas personas, y a consecuencia de sus faltas reiteradas, es sumamente difícil; e imposible para todos, faltando el auxilio divino. Pues sólo el amor de Dios, fruto de la gracia, puede triunfar del amor propio y hacerlo desaparecer. Mas si este amor de Dios va en aumento, hácese fácil lo que antes era imposible. Por eso dijo Nuestro Señor: *"Suave es mi yugo, y mi carga liviana"* (Mat., xi, 30).

La mortificación de la voluntad queda grandemente facilitada en la vida religiosa, por la práctica de la obediencia que rectifica y fortalece considerablemente la voluntad, haciéndola, día a día, más conforme con la divina voluntad que se nos manifiesta en la regla y las órdenes de los superiores.

Para conseguir esta rectificación y fortaleza, menester es *obrar guiados por profunda convicción de fe cristiana* y no por el propio espíritu, que cambia de su primer estado según las circunstancias, y está a la opinión ajena. Después de maduro examen delante de Dios, y haber orado para pedir su gracia, hemos de *obrar con decisión*, cumpliendo nuestro deber y lo que sea más conforme con la divina voluntad. La vida es corta y no tenemos más que una; no hay que perderla, pues, en naderías. Además, *firme y constantemente*, y *con espíritu de continuidad*, hemos de desear aquello que comprendemos ser nuestro deber. Así se da de mano a las fluctuaciones veleidosas que unas a otras se contradicen, y a las desatinadas violencias y brusquedades. La verdadera fortaleza de voluntad es tranquila, ecuánime y perseverante; no se desconcierta por el fracaso del momento, ni por las heridas recibidas. Sólo puede uno considerarse vencido cuando abandona la lucha. Mas aquel que por el Señor se esfuerza, en él y no en sí mismo pone toda su confianza.

Y en fin de cuentas, sólo es esforzada la voluntad que busca apoyo, no en un obstinado orgullo personal, sino en Dios y en su divina gracia. Si con humildad, confianza y perseverancia solicitamos las gracias necesarias para santificarnos y alcanzar la salvación, infaliblemente nos las dará el Señor, en virtud de su promesa: *"Pedid y recibiréis, buscad y encontraréis, llamad y se os abrirá"* (Mat., vii, 7). La verdadera fortaleza de la voluntad, efecto de la divina gracia, la obtenemos por la oración sincera y humilde, confiada y perseverante (¹). En ella consiste la verdadera educación sobrenatural de la voluntad. Y la oración es la fortaleza de nuestra debilidad. Lo cual hacía decir a San Pablo: "*Lo puedo todo en aquel que me conforta*" (Filip., IV, 13). Que es lo que habrá de repetir todo aquel que se vea en el trance de sufrir el martirio antes que renegar de su fe cristiana. *Dios no manda jamás lo imposible*, y da a quien se la pide, la gracia de perseverar en medio de las más terribles pruebas. Así se fortifica la voluntad, con aquella divina fortaleza a la que se refiere el Salmista: "*Dominus fortitudo mea.*" Así con la gracia divina, participa la humana voluntad del poder del mismo Dios, y *queda libre* del amor propio, y del peso que sobre ella ejercen las cosas que de Dios la alejan y le son impedimento para ser de él completamente. Así *la abnegación y el espíritu de sacrificio son la vía segurísima que nos une a Dios*, en la que el divino amor triunfa definitivamente de aquel otro amor de nosotros mismos y de cualquier egoísmo. Quien posea el santo aborrecimiento de sí propio y de la soberbia, puede hacer cuenta que ha salvado su alma eternamente, y goza de una paz y unión tal con el Señor, que, ya en esta vida, gusta por anticipado de las delicias del cielo.

Espíritu de desasimiento

Acerca de la perfecta abnegación de la voluntad, trae San Juan de la Cruz muy linda doctrina en la *Subida del Monte Carmelo*, l. III, c. XV y siguientes. Nos muestra el camino más directo para llegar a subidísima perfección, y enseña cómo la austeridad de *la vía estrecha* conduce como por la mano a la suavidad de la divina unión. Si no echamos en olvido la grandeza del fin perseguido, no nos sonará a exageración el alto grado de abnegación que el santo exige. Nadie que pretenda realizar la ascensión de una montaña, puede echarse atrás ante las primeras dificultades; no ignora que es imprescindible mucha energía y se ejercita de antemano. Lo mismo acontece al que quiere escalar la cumbre de la perfección.

Vamos a hacer un resumen de la doctrina de San Juan de

(¹) Santo Tomás., II, II, q. 83, a. 2 y a. 16.

la Cruz acerca del desasimiento de los bienes externos, de los del espíritu y de los del corazón; en una palabra, de todo lo que no es Dios y su divina voluntad.

Deber nuestro es desasirnos de los bienes exteriores, riquezas y honores. "*Divitiæ, si affluunt, nolite cor apponere*: Si abundaren las riquezas, no pongáis en ellas el corazón" (Salm. LXI, 11).

Que es lo que dice San Pablo: (I Cor., VII, 31): "El tiempo es breve;... lo que resta es, que los que gozan sean como los que no gozan, y *los que usan de este mundo, como los que no le usan;* porque pasa la figura de este mundo." Aun los que efectivamente no practican el consejo de pobreza evangélica han de poseer su espíritu, si pretenden aspirar a la perfección.

Debemos desasirnos de *los bienes del cuerpo*, de la hermosura y aun de la salud; sería gran aberración estimarla más que la unión a Dios. En realidad estamos más apegados a la salud de lo que pensamos; si nos fuera arrebatada irremediablemente, sería para nosotros un verdadero sacrificio, que sin embargo un día acaso se nos ha de pedir. Todo pasará como una flor que se marchita.

Hemos de evitar *cualquier complacencia en las virtudes* que pudiéramos tener; lo contrario sería vanidad y acaso menosprecio del prójimo; el cristiano ha de tener en mucha estima las virtudes, no como un bien propio sino en cuanto le llevan a Dios.

Si nos aconteciere recibir *consolaciones* en la oración, no nos es lícito detenernos en ellas con complacencia y satisfacción; sería convertir un excelente medio de acercarnos a Dios en obstáculo que no nos dejaría llegar a él; sería demorarnos egoístamente en cosa creada y convertir el medio en fin. Entraríamos de esa manera por los caminos de la soberbia espiritual y de las ilusiones [1]. No es oro todo lo que brilla, y no hay que confundir el verdadero diamante con el falso. Acordémonos de las palabras del Salvador: "Buscad primero el reino de Dios y todo lo demás (aquello que sea útil al alma y aun al cuerpo) se os dará por añadidura."

Esto nos da a entender que la adversidad nos es muy prove-

---

[1] *Subida del Monte Carmelo*, l. III, c. XXX, XXXII.

chosa para librarnos de las ilusiones y hacernos volver al camino verdadero.

Si alguno, en fin, recibiere *gracias extraordinarias*, tal como el don de profecía, no ha de gozarse vanamente en tal favor divino, sino vivir con gran desasimiento de ellas, acordándose de las palabras de San Pablo (I Cor., xiii, 1): "*Si hablare con lenguas de hombres y de ángeles, y no tuviere caridad, hecho soy como el metal o la campana que suena.*" Nuestro Señor dijo también a los apóstoles (Luc., x, 19): "*No os queráis gozar porque los demonios se os sujetan, sino porque vuestros nombres están escritos en el libro de la vida*" (¹).

San Juan de la Cruz escribió a propósito de la elocuencia (²): "De donde por más alta que sea la doctrina que predica, y por más esmerada la retórica y subido el estilo con que va vestida, no hace de suyo ordinariamente más provecho que tuviere de espíritu... Porque aunque es verdad que el buen estilo y acciones y subida doctrina y buen lenguaje mueven y hacen más efecto acompañado de buen espíritu; pero sin él, aunque da sabor y gusto el sermón al sentido y al entendimiento, muy poco o nada de jugo pega a la voluntad. Porque comúnmente se queda tan floja y remisa como antes para obrar, aunque haya dicho maravillas maravillosamente dichas, que sólo sirven para deleitar el oído... Porque aunque hayan dicho maravillas, luego se olvidan, como no pegaron fuego en la voluntad. Porque demás de que de suyo no hace mucho fruto, aquella presa que hace el sentido en el gusto de la tal doctrina, impide que no pase al espíritu..." De ahí la necesidad en el predicador de poner gran pureza de intención para que su palabra produzca frutos de vida que duren para la eternidad. Para lo cual es preciso que viva su alma de *espíritu de inmolación* o de sacrificio, que dé el primer lugar al amor de Dios y de las almas en Dios.

El fruto de la purificación de la voluntad es *la paz*, la tranquilidad en el orden en que queda establecida el alma para con Dios y el prójimo. Esta paz no es siempre gozo y contento, pero tiende a ser cada vez más profunda y pura y á

(¹) *Subida del Monte Carmelo*, l. III, c. xxix.
(²) *Ibid.*, c. xliv.

irradiarse en las almas más desasosegadas, dándoles lumbre de vida. Que es lo que dijo Nuestro Señor: "Bienaventurados los pacíficos, porque serán llamados hijos de Dios." Y lo darán a conocer a otros y harán que le amen.

A fin de que lo dicho nos lleve a conclusiones prácticas, debe cada uno, al hacer el examen, preguntarse: *¿el espíritu de abnegación aumenta o disminuye en mí?* Y si echáramos de ver que aun la más mínima mortificación falta en nosotros, no nos hagamos ilusiones; sería eso señal de que tampoco existe, ni poco ni mucho, la mortificación interior, y de que en nuestra alma ha desaparecido la tendencia a la perfección, y en tal caso somos sal que ha perdido el gusto y la virtud.

Recordemos una vez más que *"en el camino de Dios, el que no avanza, retrocede".* ¿Y a qué se reduciría una vida religiosa o sacerdotal en la que fuera dado verificar que el movimiento de ascenso va en disminución constante, como el de una piedra lanzada al aire? El progreso *uniformemente retardado* pronto va seguido del retroceso. Preciso es pues, sobre todo en la vida del religioso y del sacerdote, que el progreso siga un ritmo *uniformemente acelerado*, semejante al de la piedra que baja hacia la tierra que la atrae. Porque las almas deben *apresurarse tanto más* hacia Dios, cuanto se acercan más a él y son por él más fuertemente atraídas ([1]).

Supliquemos a Nuestro Señor: "Dame a conocer, Señor, los obstáculos que mi obstinación opone a la labor de la gracia en mí; muéstramelos para que yo los conozca perfectamente. Dame la gracia de saberlos evitar; y si en hacerlo así fuere negligente, hacedlos desaparecer vos mismo, Señor, aunque en ello me hagáis sufrir reciamente. No quiero amar sino a vos, Señor, el único necesario; haced que mi vida sea aquí abajo, como un principio de la vida eterna."

Quien acomodare su vida a los términos de esta oración, mucho adelantaría, y sus progresos apuntados quedarían en

---

([1]) Santo Tomás, *in Epist. ad Hebr.*, x, 25: "Motus naturalis quanto plus accedit ad terminum, *magis intenditur*. Contrarium est de motu violento (v. g. lapidis sursum projecti). Gratia autem inclinat in modum naturæ. Ergo qui sunt in gratia, *quanto plus accedunt ad finem plus debent crescere.*" *Item*, I II, q. 35, a. 6. "Omnis motus naturalis intensior est in fine."

el libro de la vida; muchas cruces le enviaría seguramente el Señor, pero más le servirían de ayuda que de peso, como al pájaro las alas. Esto queda confirmado por lo que dice la *Imitación*, l. II, c. XII, 5: "Si de buena voluntad llevas la cruz, ella te llevará al fin deseado, en donde será el fin de padecer, aunque aquí no lo sea." Éste es el camino real para llegar al reino de Dios y entrar en posesión de él.

CAPÍTULO UNDÉCIMO

REMEDIOS PARA CURAR LA SOBERBIA

Para completar lo que hemos dicho acerca de la purificación activa de la inteligencia y la voluntad, debemos tratar más en particular del remedio de dos espirituales dolencias que podrían ser la muerte del alma: la soberbia y la pereza espiritual.

Veremos primero en qué consiste la soberbia en general, en oposición a las virtudes de humildad y magnanimidad, para examinar después las diversas formas de ese vicio y sus remedios.

Verdadera naturaleza de la soberbia

Para conocer a fondo la naturaleza de la soberbia, diremos en primer lugar que es un *pecado del espíritu*, menos vergonzoso en sí y menos degradante, pero más grave, dice Santo Tomás (¹), que el pecado carnal, porque aleja más de Dios. El pecado de la carne no tiene lugar en el demonio, que está irremediablemente perdido por la soberbia. La Escritura repite muchas veces que *"la soberbia es el origen de todo pecado"* (²), porque destruye la humilde sumisión y obediencia que la criatura debe a Dios. El primer pecado del primer hombre fué un pecado de soberbia (³): el deseo de la ciencia del bien y del mal (⁴), para guiar, solo, sus pasos y sacudir el yugo de la obediencia. Para Santo Tomás (⁵), la soberbia es más que un pecado capital, es la fuente de todos ellos, particularmente de la vanagloria, que es uno de sus primeros efectos.

Se engañan muchos, prácticamente al menos, acerca de la verdadera naturaleza de la soberbia, y, en consecuencia, aprueban, sin pretenderlo, la falsa humildad, que es una forma de

---

(¹) I, II, q. 73, a. 5.
(²) Eccli., x, 15.
(³) I, II, q. 84, a. 2; 89, a. 3, ad 2 y q. 163, a. 1.
(⁴) Génesis, III, 5-6.
(⁵) II, II, q. 162, a. 8, ad 1.

soberbia oculta, más peligrosa que la manifiesta, que fácilmente cae en el ridículo.

La dificultad en precisar con exactitud la verdadera naturaleza de la soberbia radica en que, no solamente se opone a *la humildad*, sino también a *la magnanimidad*, que a veces se confunde con ella (¹). Hemos de cuidarnos mucho de no confundir la magnanimidad de los demás con la soberbia, ni nuestra propia pusilanimidad y timidez con la verdadera humildad. No pocas veces necesitaríamos la inspiración del don de consejo para poder discernir estas cosas, para comprender cómo el alma verdaderamente humilde debe ser magnánima, y ver qué es lo que distingue la falsa, de la verdadera humildad. Los jansenistas vieron falta de humildad en el deseo de comulgar frecuentemente.

Santo Tomás, que fué muy humilde y magnánimo, fija muy acertadamente la exacta definición de estas dos virtudes, que han de ir siempre juntas, y de los vicios contrarios. Define así la soberbia: *El amor desordenado de la propia excelencia*. El soberbio pretende, efectivamente, parecer más de lo que es en realidad. Hay mucha falsedad en su vida. Este desordenado amor de la propia excelencia reside en la parte de la sensibilidad que se llama *la irascible*, en cuanto se relaciona con los bienes sensibles; por ejemplo, en aquel que se enorgullece de sus fuerzas físicas. O reside *en la voluntad*, cuando se trata de bienes de orden suprasensible, tales como la soberbia intelectual y espiritual. Este pecado de la voluntad se funda en una desmedida consideración y exagerado aprecio de los propios méritos y de los defectos ajenos, que exageramos para alzarnos sobre los demás.

Tal amor de la propia excelencia es *desordenado* en cuanto está en oposición con la recta razón y la ley divina. Es contrario a la humilde sumisión de la criatura imperfecta y pecadora ante la santidad y grandeza de Dios. Es cosa muy diferente del legítimo deseo de empresas extraordinarias, pero acomodadas a nuestra vocación. Un soldado de corazón magnánimo puede y debe desear la victoria de su país, sin que se le pueda tachar de orgulloso. Mientras el soberbio desea sin moderación la propia excelencia, el magnánimo se sacrifica por una causa grande, superior a él, y de antemano

---

(¹) *Ibid.*, a. 1.

da por buenas todas las humillaciones, con tal de conseguir aquello que para él no es sino el cumplimiento del deber.

La soberbia es pues, como dice San Agustín (¹), un descaminado y torcido amor de grandezas; nos inclina a imitar a Dios, pero al revés, no consintiendo que los demás se equiparen a nosotros y pretendiendo imponerles nuestra voluntad, en vez de vivir en unión con todos en humilde acatamiento de la ley y querer divinos (²).

La soberbia se opone así más directamente a la humildad que a la magnanimidad; al revés de la pusilanimidad, que se opone sobre todo a la grandeza de alma.

Además, mientras que la humildad y la magnanimidad son virtudes conexas que se completan y equilibran como los dos arcos de una ojiva, la soberbia y la pusilanimidad son dos vicios contrarios, al igual que la temeridad y la cobardía.

Por lo dicho se echa de ver que la soberbia es un velo que nos tapa los ojos del espíritu, y nos impide ver la verdad, sobre todo en lo que atañe a la grandeza de Dios y a la excelencia de los que son más que nosotros. Nos quita la docilidad en dejarnos dar lecciones, y sólo nos permite aceptar normas de vida después de haberlas discutido. *La soberbia arruina y tuerce nuestra vida*, como se arruina la cuerda de un reloj. No nos deja pedir luz a Dios, que oculta la verdad a los soberbios; y nos aleja del conocimiento afectivo de las divinas verdades, y de la contemplación a la que se acerca el hombre por el camino de la humildad. De ahí las palabras del Salvador: "Te doy gracias, Padre mío, porque has escondido estas cosas a los sabios y prudentes, y las has revelado a los humildes." Lo que más aparta de la contemplación de las cosas divinas es la soberbia de espíritu. Por eso dice San Pablo: *"Scientia inflat, caritas autem aedificat."*

DIFERENTES MODOS DE SOBERBIA

San Gregorio enumera (³) diversos grados de soberbia: creer que uno tiene por sí mismo aquello que ha recibido

---

(¹) *Ciudad de Dios*, l. XIX, c. XIII: "Superbia est perversæ celsitudinis appetitus."
(²) *Ibid.*, l. XIX, c. XII.
(³) *Moralia*, XXIII, c. v.

de Dios; creer que se es merecedor de lo que gratuitamente se ha recibido; atribuirse un bien que no se posee, por ejemplo, una gran ciencia que por ninguna parte aparece; pretender ser preferido a los demás y menospreciarlos.

No es cosa común, dejarse el hombre extraviar por la soberbia, hasta el extremo de negar la existencia de Dios y decir: "Ni Dios, ni superior", rehusando explícitamente someterse a Él, como Lucifer, o rechazando la autoridad de la Iglesia, como los herejes formales. Reconocemos *en teoría* a Dios, que es nuestro primer principio, el solo grande, y al cual debemos obediencia. Mas *en la práctica* acontécenos estimarnos desmesuradamente, como si fuéramos los autores de las buenas partes que hay en nosotros; y en ellas nos complacemos echando en olvido la dependencia en que estamos del autor de todo bien, natural y sobrenatural. No es cosa rara poder adivinar una especie de pelagianismo práctico en hombres que en forma alguna lo son en teoría.

Estos tales exageran sus cualidades personales, cerrando los ojos para no ver sus defectos; y acaban por considerar una gran prenda lo que no es sino una desviación del espíritu: se persuaden, por ejemplo, de que tienen espíritu amplio y generoso porque hacen poco caso de las menudas obligaciones de cada día; olvidando que para ser fiel en lo mucho, hay que comenzar por serlo en lo poco. Y llegan por ese camino a preferirse a los demás injustamente, a rebajar sus cualidades y a creerse mejores que algunos que les son infinitamente superiores.

Estas faltas de soberbia, veniales muchas veces, pueden llegar a ser mortales si nos arrastran a cometer acciones gravemente reprobables.

San Bernardo (¹) enumera diferentes manifestaciones progresivas de la soberbia: curiosidad, frivolidad de espíritu, alegría necia y fuera de lugar, jactancia, singularidad, arrogancia, presunción, no reconocer los propios yerros, disimular las faltas en la confesión, rebelión, libertad desenfrenada, hábito de pecar hasta el desprecio de Dios.

Diversas maneras de soberbia son también enorgullecerse del nacimiento, de las riquezas, de las cualidades físicas,

---

(¹) *De gradibus humilitatis,* c. x.

de la propia ciencia, y de la piedad o de lo que parece ser tal.

La soberbia espiritual arrastra a algunos hombres de estudio a no aceptar la tradicional interpretación de los dogmas, a rebajarlos o modificarlos para armonizarlos con lo que ellos llaman exigencias del espíritu. En otros se manifiesta la soberbia por tan excesivo apego al propio juicio, que se niegan a escuchar las razones de la opinión contraria. Algunos, en fin, que teóricamente están en la verdad, tanto se complacen en tener razón, tan pagados están de su ciencia, que sus almas están como saturadas y sin lugar para dar cabida a la luz que Dios les enviaría en la oración.

Escribía San Pablo a los Corintios: *"Jam saturati estis: estáis ya satisfechos y sin lugar para más"* ([1]). Al verlos tan pagados de sí mismos, hubiérase dicho que habían ya llegado a la plena realeza mesiánica, que sólo conseguirán los fieles en la eterna bienaventuranza.

Si un alma está *llena y pagada de sí misma,* ¿cómo podría recibir los dones superiores que el Señor puede y quisiera darle para mejorarla y salvarla? Por ahí se echa de ver que la soberbia espiritual, aun en aquellos que teóricamente tienen razón, es formidable obstáculo a la gracia de contemplación y unión con Dios. Es verdaderamente una venda que tapa los ojos ([2]) y los ciega.

No es pues pequeño obstáculo para la perfección la soberbia espiritual. San Juan de la Cruz lo ha notado así en *Noche oscura,* l. I, c. II, a propósito de los principiantes:

([1]) I Cor., IV, 8.
([2]) Santa Catalina de Sena dice en su *Diálogo* que la soberbia oscurece el conocimiento de la verdad, se nutre de amor propio, es enemiga de la obediencia, y que su médula es la impaciencia. En el c. CXXVIII escribe: "Oh maldita soberbia, fundada en el amor propio, ¡cuánto oscureces la mente de aquellos a quienes dominas! Creen los tales amarse con ternura sin igual, y no ven cuán crueles son consigo mismos... Ciéganse en su pobreza y ruindad. No echan de ver que han perdido la riqueza de la virtud, y que se han despeñado de las alturas de la gracia cayendo en el pecado mortal. Piensan ver, mas están ciegos, porque ni se conocen ni me conocen a mí." Verdaderamente es la soberbia como una venda en los ojos del espíritu. Es por lo menos como un cristal ahumado que no deja ver las cosas sino a través de su negrura. Así falsea los juicios de la mente.

"Como estos principiantes se sienten tan fervorosos y diligentes en las cosas espirituales y ejercicios devotos, de esta prosperidad (aunque es verdad que las cosas santas de suyo humillan) por su imperfección les nace muchas veces cierto ramo de soberbia oculta, de donde vienen a tener alguna satisfacción de sus obras y de sí mismos. Y de aquí también les nace cierta gana algo vana, y a veces muy vana, de hablar de cosas espirituales delante de otros, y aun a veces de enseñarlas más que de aprenderlas, y condenan en su corazón a otros cuando no los ven con la manera de devoción que ellos querrían, y aun a veces lo dicen de palabra, pareciéndose en esto al fariseo que se jactaba alabando a Dios sobre las obras que hacía, y despreciando al publicano (Luc., xviii, 11) ...Miran la motica en el ojo de su hermano, y no consideran la viga que está en el suyo.

"A veces también, cuando sus maestros espirituales no les aprueban su espíritu y modo de proceder... juzgan que no les entienden el espíritu, o que ellos no son espirituales... A veces hacen muestras exteriores de movimientos, suspiros y otras ceremonias... Muchos quieren preceder y privar con los confesores, y de aquí les nacen mil envidias e inquietudes. Tienen empacho en decir sus pecados desnudos, porque no los tengan sus confesores en menos, y vanlos coloreando porque no parezcan tan malos, lo cual más es irse a excusar que a acusar. Y a veces buscan otro confesor para decir lo malo. Otras veces se entristecen demasiado de verse caer en sus faltas, pensando que ya habían de ser santos, y se enojan contra sí mismos con impaciencia, lo cual es otra imperfección."

Defectos que nacen de la soberbia

Los principales defectos que provienen de la soberbia son presunción, ambición y vanagloria.

La presunción es el deseo y esperanza desordenada de hacer cosas más allá de sus fuerzas ([1]). Créese uno capaz de estudiar y resolver las cuestiones más dificultosas, y con precipitación propone la solución de los más arduos problemas. Se considera con luces sobradas para guiarse solo sin consul-

---

[1] II, II, q. 130, a. 1.

tar a un director. En vez de levantar el edificio de su vida sobre la humildad, la renuncia de sí y la fidelidad a las cosas pequeñas, se complace demasiado en hablar de magnanimidad, de celo apostólico, y aspira sin sosiego a escalar los más altos grados de oración, saltándose las etapas intermedias y olvidando que todavía anda en los principios, y que su voluntad es débil aún y está llena de egoísmo. Se trata de un alma llena de sí, y es preciso que se vaya vaciando de muchas cosas para llenarse de Dios y poder hacer bien a los demás.

De ahí deriva *la ambición*, de varias maneras: como uno presume demasiado de sus fuerzas y se juzga sobre los demás, luego pretende *dominarlos*, imponerles las propias ideas y doctrina y no parar hasta gobernarlos. Santo Tomás [1] dice que la ambición se echa de ver en que los tales buscan los empleos de lucimiento, que están muy lejos de merecer, y en que los buscan por la propia gloria y no por la de Dios o el bien de las almas. ¡Cuántos enredos, solicitaciones e intrigas no inspira la ambición en todas partes! [2]

La soberbia conduce así a *la vanagloria*, es decir a querer ser *por sí mismo* estimado, dejando de atribuir este honor a Dios, fuente de todo bien, y queriendo muchas veces ser estimado por cosas de nonada. Sería el caso del pedante que se complace en hacer ostentación de ciencia y demuestra que sólo sabe de niñerías y cosas sin importancia [3].

Muchos defectos engendra la vanidad [4]: *la jactancia*, que fácilmente hace caer en el ridículo; *la hipocresía*, que bajo capa de virtud oculta el vicio; *la pertinacia*, la contención o acrimonia al defender la propia opinión, de la cual se sigue *la discordia*, así como *la desobediencia* y acerbas críticas contra los superiores.

Por ahí se echa de ver que la soberbia, si no se la reprime, puede acarrear efectos desastrosos. ¡Qué de discordias, odios y guerras han nacido del orgullo y la soberbia! Con razón se ha dicho que ese vicio es el mayor enemigo de la perfección, por ser la fuente de gran número de pecados, y porque nos priva de muchísimas gracias y méritos delante del Señor. "Dios", dice la Escritura, "*da su gracia a los humildes y re-*

---

[1] II, II, q. 131, a. 1.
[2] Bossuet, *Sermon sur l'ambition.*
[3] Santo Tomás, II, II, q. 132, a. 1, 2, 3.
[4] *Ibid.*, a. 5.

siste a los soberbios" (¹). Y Nuestro Señor dice de los fariseos, que oran y dan limosnas para ser vistos de los hombres: *"Ésos han recibido ya su recompensa"* (²), y ya no tienen derecho a esperarla del Padre Celestial, puesto que han obrado mirándose a sí mismos y no a Dios. Finalmente, una vida dominada por la soberbia lleva en sí deplorable esterilidad, que hace temer por la misma salvación eterna, si no se acude con el remedio prontamente.

Cómo se ha de sanar de la soberbia

El principal remedio contra la soberbia es reconocer prácticamente la grandeza de Dios. Como lo proclamó en el cielo el Arcángel San Miguel: *"Quis ut Deus? ¿Quién como Dios?"* Él solo es grande, y la fuente de todo bien natural y sobrenatural. *"Sin mí*, dice el Señor, *no podéis nada"* en orden a la salvación (Joan, IV, 5). San Pablo añade: *"¿Quién es el que te da la ventaja sobre los otros? ¿O qué cosa tienes que no la hayas recibido? Y si lo que tienes lo has recibido, ¿de qué te jactas como si no lo hubieras recibido?"* (I Cor., IV, 7.) "No somos suficientes por nosotros mismos para concebir algún buen pensamiento, como de nosotros mismos" (II Cor., III, 5).

Santo Tomás dice también: *"Puesto que el amor que Dios nos tiene es causa de todo bien, ninguno sería mejor que su vecino si no fuera porque es de Dios más amado"* (³). ¿Y por qué gloriarnos entonces del bien natural o sobrenatural que hay en nosotros, como si no lo hubiéramos recibido, como si nos perteneciera en propiedad, y no fuera ordenado a glorificar a Dios? *"Pues él es el que opera en nosotros, no sólo el querer, sino el ejecutar"* (Filip., II, 13).

Remedio de la soberbia es el repetirnos a menudo que no existimos por nosotros mismos, que hemos sido sacados de la nada por un acto de puro amor de Dios, que aun continúa

---

(¹) Sant., IV, 6.
(²) Mat., VI, 1, 2.
(³) I, q. 20, a. 3: "Cum amor Dei sit causa bonitatis rerum, non esset aliquid alio melius, si Deus non vellet uni majus bonum quam alteri." Que es el principio de predilección, que virtualmente encierra todo el tratado de la predestinación y el de la gracia.

libremente manteniéndonos en la existencia, sin lo cual luego volveríamos a la nada. Y si la gracia inunda nuestras almas, es porque Jesucristo las rescató con su sangre preciosísima.

Remedio de la soberbia es también recordar que hay en nosotros algo muy inferior a la misma nada: *el desorden del pecado* y sus consecuencias. Como pecadores, somos acreedores *al desprecio* y a todas las humillaciones. Así lo creyeron los santos, y por cierto que iban en esto menos errados que nosotros.

¿Cómo gloriarnos, en fin, de nuestros *méritos*, como si de nosotros únicamente procedieran? Si la gracia habitual y la gracia actual no residieran en nosotros para ayudarnos, seríamos incapaces del más pequeño acto meritorio. Dice San Agustín: "*Dios corona sus propias gracias, cuando corona nuestros méritos.*"

Mas es imprescindible que tal convicción no quede en el terreno teórico, sino que sea práctica e inspire todos nuestros actos.

Como dice la *Imitación de Cristo*, l. I, c. II: "Ciertamente el rústico humilde que sirve a Dios es muy superior al soberbio filósofo, que olvidándose de sí mismo contempla el curso de los astros. El que bien se conoce, tiénese por vil, y no se deleita en las humanas alabanzas... Los eruditos gustan de ser vistos y tenidos por sabios... Si quieres aprender y saber algo provechosamente, procura ser desconocido y tenido en nada... Si vieres que otro peca manifiestamente o comete culpas graves, no por esto debes juzgarte mejor que él; porque no sabes hasta cuándo podrás perseverar en el bien. Todos somos frágiles, mas a nadie tengas por más frágil que a ti mismo."

En el mismo libro I, c. VII, se lee: "No te avergüences de servir a los demás, ni de parecer pobre en este mundo por amor de Jesucristo... No confíes en tu ciencia... sino en la gracia de *Dios, que ayuda a los humildes y humilla a los presuntuosos*... No te tengas por mejor que los demás; no sea que valgas menos a los ojos de Dios, que sabe lo que hay en el hombre... Frecuentemente lo que agrada a los hombres, desagrada a Dios... El humilde goza de continua paz:

la envidia y la ira emponzoñan a menudo el corazón del soberbio."

Y en el libro II, c. II: "Dios protege y libra al humilde, ama al humilde y le consuela; le prodiga sus gracias... y le descubre sus secretos; le atrae dulcemente a sí y le convida."

Para alcanzar esta humildad de espíritu y de corazón, necesaria es una profunda purificación; la que nosotros podamos imponernos, no basta; preciso es que la acompañe otra *purificación pasiva,* por la gracia y luz de los dones del Espíritu Santo, que dé en tierra con nuestra soberbia, haga caer las escamas de nuestros ojos, nos muestre el fondo de fragilidad y miseria que en nosotros subsiste, la utilidad de la adversidad y la humillación, y nos haga finalmente clamar al Señor: Gracias, Señor, por haberme humillado; que así he aprendido tus mandamientos: "*Bonum mihi quia humiliasti me: ut discam justificationes tuas*" (Salm., CXVIII, 71). "Bueno es que de vez en cuando suframos algunos pesares y contratiempos... Bueno es que algunas veces experimentemos contradicciones, que se piense mal o poco favorablemente de nosotros... Con frecuencia contribuye esto a hacernos humildes y a defendernos de la vanagloria" *(Imitación,* l. I, c. XII). En la adversidad es donde se nos da a entender lo que realmente somos, y la gran necesidad que tenemos del socorro divino: Quien no ha sido probado, ¿qué es lo que puede saber? (Eccli., XXXIV, 9).

Cuando esta purificación haya tenido lugar, la soberbia y sus consecuencias se dejarán sentir menos en nosotros. Y en lugar de dejarnos llevar a tener *envidia* de aquellos que natural o sobrenaturalmente están mejor dotados que nosotros, nos acordaremos de que, como lo nota San Pablo, la mano no ha de sentir envidia de los ojos, antes se ha de alegrar de que los ojos vean en beneficio de la misma mano. Asimismo, en el cuerpo místico de Cristo, lejos de dejarse arrastrar a la envidia, las almas han de *gozarse santamente* con las buenas prendas que vean en sus prójimos; porque, aun sin poseerlas, se benefician con ellas, y han de sentirse dichosas de todo lo que a la gloria de Dios concurre y al mayor bien de las almas. Cuando esto se ha conseguido, la venda de la soberbia cae de los ojos, y la mirada del espíritu vuelve a encontrar la sencillez y penetración que le permiten entrar en la vida íntima de Dios.

CAPÍTULO DUODÉCIMO

REMEDIOS CONTRA LA PEREZA ESPIRITUAL O ACIDIA

Entre los pecados capitales, hay uno que se opone directamente al amor de Dios y al gozo que se sigue a la generosidad en su servicio: es la pereza espiritual, llamada, en latín, acidia. De ella nos vamos a ocupar ahora para completar así lo que hemos dicho acerca de la purificación activa de la voluntad y hacer resaltar con exactitud las muchas y graves confusiones en que, sobre esta materia, han incurrido los quietistas.

Veamos en primer lugar en qué consiste la pereza espiritual; luego, su gravedad, y, en fin, los remedios de esta enfermedad (¹).

¿QUÉ ES LA PEREZA ESPIRITUAL O ACIDIA?

La pereza en general, *pigritia,* es una repugnancia voluntaria y culpable al trabajo, y, como consecuencia, tendencia a la ociosidad, o al menos a la negligencia, a la pusilanimidad (²), que se opone a la generosidad o magnanimidad.

No se trata de la languidez o decaimiento en las acciones, que proviene de un defectuoso estado de salud, sino de una mala disposición de la voluntad y de la sensibilidad, que hace que tengamos miedo del esfuerzo y nos neguemos a realizarlo, que huyamos la fatiga y nos procuremos un *dolce far niente.* Hase dicho muchas veces que el perezoso es un parásito que vive a expensas de los demás, tranquilo como una marmota mientras no se le moleste en su ociosidad, pero fiero y de malísimo humor, si alguien pretende hacerle trabajar. Este vicio comienza por la flojedad y negligencia en el tra-

---

(¹) Santo Tomás, II, II, q. 35; *de Malo,* q. II. SAN JUAN DE LA CRUZ, *Noche oscura,* l. I, c. VII.
(²) II, II, q. 133, a. 2.

bajo, y se va haciendo notar por el alejamiento progresivo de toda tarea seria, corporal o del espíritu.

Cuando la pereza se relaciona con el cumplimiento de los deberes religiosos, necesarios a la santificación, llámase *acidia* ([1]). Y es una tristeza de mal género, opuesta al gozo espiritual, que es consecuencia del amor de Dios. Es cierto disgusto de las cosas espirituales, que hace que las cumplamos con negligencia, las abreviemos o las omitamos por fútiles razones. La acidia es el principio de la tibieza.

Tal tristeza, radicalmente contraria a la de la contrición, nos deprime y vuelve el alma pesada como el plomo, no dejándola reaccionar como debiera. Cáese luego en un gran disgusto voluntario de las cosas espirituales, juzgándolas exigentes en demasía, difíciles y trabajosas. Mientras que la devoción, que es la presteza de la voluntad en el servicio divino, eleva el alma, la pereza espiritual la abruma y llena de pesadez, y acabaría por hacerle insoportable el yugo del Señor y hacerle volver las espaldas a la luz divina que nos recuerda nuestros deberes. Como dice San Agustín, "*oculis ægris odiosa lux, quæ puris est amabilis*", la luz tan amable a los ojos puros y sanos, vuélvese odiosa y dolorosa para los ojos enfermos, que no la pueden soportar.

Es evidente que esta agobiadora tristeza que sigue a la negligencia, y este disgusto, que cuando menos indirectamente es voluntario, son completamente diferentes de la sequedad, sensible o espiritual, la cual, en las pruebas que envía el Señor, viene siempre acompañada de un gran pesar de los pecados, del temor de ofender a Dios, de un vivo anhelo de perfección y de no pequeño deseo de soledad, recogimiento y oración de simple mirada.

San Juan de la Cruz dice ([2]) que, en esta purgación o purificación de los sentidos, "no se halla gusto ni consuelo en las cosas de Dios, ni tampoco en alguna de las cosas creadas, porque, como pone Dios al alma en esta oscura noche a fin de enjugarle y purgarle el apetito sensitivo, en ninguna

---

([1]) *Acidia de acedior*, sufrir con impaciencia, amargarse, por culpa propia, por falta de esfuerzo en el bien.
([2]) San Juan de la Cruz, *Noche obscura*, l. I, c. ix.

cosa le deja engolosinar ni hallar sabor. Y en esto se conoce muy probablemente que esta sequedad y sinsabor no proviene ni de pecados, ni de imperfecciones nuevamente cometidas... Y en esto se ve que no sale de flojedad y tibieza este sinsabor y sequedad; porque de razón de la tibieza es no se le dar mucho, ni tener solicitud interior por las cosas de Dios... La que es sólo sequedad purgativa, tiene consigo *ordinaria solicitud* con cuidado y pena, como digo, de que no sirve a Dios... Cuando es puro humor, todo se va en disgusto y estrago del natural, sin estos deseos de servir a Dios que tiene la sequedad purgativa, con la cual, aunque la parte sensitiva está muy caída, floja y flaca para obrar, por el poco gusto que halla, el espíritu, empero, está pronto y fuerte."

En otros términos, esta divina prueba consiste únicamente en la privación de la devoción accidental, pero no de la sustancial, que es la voluntad generosa y pronta en el servicio de Dios ([1]). Por el contrario, la pereza espiritual o acidia es *la privación de esa sustancial devoción* y el disgusto de las cosas espirituales, por el esfuerzo y abnegación que exigen.

Mientras que en la prueba divina a que nos referimos, siente el alma pena no pequeña de las distracciones y se esfuerza en disminuir su número, en el estado de pereza espiritual les da acogida y se deja fácilmente llevar a pensamientos inútiles, sin reaccionar contra ellos; bien pronto las distracciones más o menos voluntarias invaden casi completamente la oración; se suprime el examen de conciencia que resulta pesado, y se llega a no tener cuenta con las faltas, y así se comienza a rodar cada vez más de prisa por la pendiente de la tibieza. Cáese en la anemia espiritual, y poco a poco van despertando las concupiscencias con los pecados que engendran.

El confundir la pereza espiritual con la prueba de sequedad que envía Dios a veces, ha sido una de los principales errores de los quietistas. Así es como fueron condenadas estas dos proposiciones de Molinos: "El disgusto de las cosas espirituales es bueno; por él queda el alma purificada y libre del amor propio." "Cuando un alma interior siente repugnancia por la meditación discursiva acerca de Dios y de

[1] II, II, q. 82, a. 1.

las virtudes, cuando permanece fría y no siente ningún fervor, todo esto es buena señal" ([1]). Estas proposiciones fueron condenadas como mal sonantes y peligrosas en la práctica. Es cosa cierta, en efecto, que el disgusto de las cosas espirituales no es bueno, antes malo, y aun pecado si es voluntario, sea directa, sea indirectamente, como efecto de la negligencia. San Pablo escribe a los Romanos, XII, 1, 11: *"Ahora pues, hermanos, os ruego encarecidamente por la misericordia de Dios, que le ofrezcáis vuestros cuerpos como una hostia viva, santa y agradable a sus ojos... Amaos recíprocamente con ternura y caridad fraternal: procurando anticiparos unos a otros en las señales de honor y deferencia. No seáis flojos en cumplir vuestro deber. Sed fervorosos de espíritu, acordándoos que al Señor es a quien servís. Alegraos con la esperanza del premio; sed sufridos en la tribulación: en la oración continuos."* ¡Cuánto distan estas palabras del quietismo de Molinos!

Confundió éste la pereza espiritual, la acidia, con la aridez y sequedad de las pruebas divinas, sin echar de ver que el alma que sufre bien estas pruebas, lejos de dejarse dominar por la pereza, arde en vivísimos deseos de Dios y de la perfección, conservando así lo más sustancial de la devoción que es la buena voluntad, en ausencia de la devoción sensible de la que se ve privada. Molinos confundió la repugnancia sensible, que es involuntaria, por las cosas divinas, con ese otro disgusto más o menos voluntario y culpable, por ser consecuencia de la pereza y negligencia.

San Juan de la Cruz describe la pereza espiritual en la *Noche oscura*, l. 1, c. VII, cuando habla de las imperfecciones de los principiantes: "También acerca de la acidia espiritual suelen tener tedio en las cosas que son las mas espirituales, y huyen de ellas como son aquellas que contradicen al gusto sensible. Porque como ellos están tan saboreados en las cosas espirituales, en no hallando sabor en ellas les fastidian. Porque si una vez no hallaron en la oración la satisfacción que pedía su gusto (porque en fin conviene que se le quite Dios para probarlos), no querrían

---

([1]) DENZINGER, n° 1248-1249.

volver a ella; o a veces la dejan, o van de mala gana. Y así por esta acidia posponen el camino de perfección (que es el de la negación de la voluntad y gusto por Dios) al gusto y sabor de la voluntad, a la cual en esta manera andan ellos por satisfacer más que a la de Dios. *Y muchos de éstos querrían que quisiese Dios lo que ellos quieren, y se entristecen de querer lo que quiere Dios,* con repugnancia de acomodar su voluntad a la de Dios... Éstos también tienen tedio cuando les mandan lo que no tiene gusto para ellos. Éstos, porque se andan al regalo y sabor del espíritu, son muy flojos para la fortaleza y trabajo de la perfección, hechos semejantes a los que se crían en regalo, que huyen con tristeza de toda cosa áspera y *oféndense de la cruz, en que están los deleites del espíritu;* y en las cosas más espirituales, más tedio tienen, porque como ellos pretenden andar en las cosas espirituales a sus anchuras y gusto de la voluntad, háceles gran tristeza y repugnancia entrar por el camino estrecho, que dice Cristo, de la vida" (Mat., VII, 14).

Algunos que abandonan la oración para disimular esta acidia, dicen: "Preciso es sacrificar las dulzuras de la oración a la austeridad del estudio" o del trabajo. Si estas palabras fueran dichas por un alma generosa y bien intencionada, querrían decir: "Preciso es sacrificar las dulzuras de la oración, sobre todo de la oración sensible, a la austeridad del estudio o del trabajo dedicado a la santificación de las almas." Pero si las pronuncia alguno que ha perdido del todo la verdadera devoción, ya no tienen ese sentido, porque ese tal en ninguna forma sacrifica consuelos que en la oración no encuentra; sólo pretende disimular la pereza espiritual bajo pretexto de ocupaciones exteriores en las que se busca a sí mismo. Abandona pues el trabajo interior por pereza, y nada más. Es evidente que nunca se ha de sacrificar la verdadera contemplación y la unión con Dios por el estudio que les está subordinado, ya que obrar así sería sacrificar el fin a los medios. Además, el estudio que no va inspirado por el amor de Dios y de las almas sería totalmente estéril en el orden espiritual. En fin, cuando se dice "preciso es sacrificar los consuelos de la oración a la austeridad del trabajo", preténdese olvidar que la oración es seca y árida con frecuencia. Por esta razón es más difícil conducir las almas a verdadera vida de oración, profunda y perseverante, que hacer que lean las novedades que en librería van apareciendo, y comentarlas. Esto fatiga menos que lo primero. No es raro, en fin, que la pereza espiritual tenga su raíz en la demasiada actividad natural, en la que uno encuentra demasiada satisfacción y propia complacencia, en lugar de dirigirla toda a la gloria de Dios y bien de las almas.

Gravedad de este mal y sus consecuencias

Cuando la pereza espiritual llega al extremo de hacer a un lado los deberes religiosos esenciales para nuestra salud y santificación, es pecado grave; cuando por ejemplo se omite la misa del domingo (¹). Si hace que omitamos, sin razón, actos religiosos de menor importancia, el pecado será sólo venial; mas si no se combate tal negligencia, no tarda ésta en agravarse y hacernos caer en un verdadero estado de tibieza y relajación espiritual. Este estado es una especie de anemia moral, en que las malas y desordenadas aficiones vanse despertando poco a poco, se van haciendo dueñas del campo; lo cual se echa de ver en abundantes pecados veniales deliberados, que abren el camino a los más graves, de la misma manera que la anemia corporal prepara la invasión de gérmenes patógenos que nos acarrean graves enfermedades.

La pereza espiritual o acidia, como lo prueban San Gregorio (²) y Santo Tomás (³), es aún pecado grave y capital, principio de otros muchos. ¿Por qué? Porque el hombre va tras los alivios y consuelos corporales a fin de escapar de la tristeza y disgusto que las cosas espirituales le inspiran, por las fatigas y renuncias a que obligan. Como dice Aristóteles (⁴), "nadie puede permanecer mucho tiempo en la tristeza, privado de toda alegría", y así, el que por su propia negligencia se priva del goce espiritual, no tarda en entregarse a los inferiores y sensuales.

(¹) II, II, q. 35, a. 3. Santo Tomás dice también en *De Malo*, q. XI, a. 3, ad 6: "Quod homo *delectetur de Deo*, hoc cadit sub præcepto, sicut et quod homo Deum diligat, quia delectatio amorem sequitur."
(²) *Moralia*, XXXI, c. XVII.
(³) II, II, q. 35, a. 4.
(⁴) *Ética*, l. VIII, c. V.

Por ese motivo, el disgusto por las cosas espirituales y del trabajo en la santificación, pecado que directamente se opone al amor de Dios y al gozo santo que de él nace, trae desastrosas consecuencias. Cuando la vida deja de elevarse hacia Dios, luego cae en la tristeza que apesadumbra al alma. Y de ahí nacen, dice San Gregorio *(loc. cit.)*, *la malicia*, que no es solamente debilidad, *el rencor* al prójimo, *la pusilanimidad* ante el deber, *el desaliento, el entumecimiento espiritual* hasta el olvido de los preceptos, y finalmente *la disipación* del espíritu que *busca las cosas prohibidas* (*malitia, rancor, pusillanimitas, desperatio, torpor circa præcepta, evagatio mentis circa illicita*). Este interés por las cosas prohibidas se hace patente en la exteriorización de la vida, en la curiosidad, en la charlatanería, en la inquietud, en la instabilidad y en la estéril agitación ([1]). Por ahí se llega a la ceguera del espíritu y a la progresiva debilitación de la voluntad.

Resbalando por esta pendiente, muchos perdieron de vista la grandeza de la vocación cristiana, olvidáronse de las promesas que hicieron a Dios y entraron por el camino descendente, ancho y holgado al principio, pero que luego se estrecha más y más; mientras que la vía ascendente, estrecha y angosta a los principios, vase luego ensanchando más y más, hasta hacerse inmensa como el mismo Dios al cual conduce.

San Juan de la Cruz dice a este propósito en la *Subida del Monte Carmelo*, l. III, c. xxi: "La tibieza y flojedad de espíritu suele llegar a tanto, que tenga tedio grande y tristeza en las cosas de Dios, hasta venirlas a aborrecer."

Remedios contra la pereza espiritual

Notó Casiano ([2]) que la experiencia enseña que la victoria sobre la pereza espiritual se obtiene, no huyendo de ella, sino haciéndole frente. Santo Tomás ([3]) dice a este propósito: "Habemos de huir siempre del pecado, mas cuanto a la tentación que a él nos lleva, unas veces debemos huir

[1] II, II, q. 35, a. 4, ad 3.
[2] *De instit. monasteriorum*, l. X. c. últ.
[3] II, II, q. 35, a. 1, ad 4.

y otras ofrecerle resistencia. Se ha de emprender la huída cuando el pensar constantemente en ella aumenta el peligro; en la lujuria, por ejemplo. Conviene por el contrario resistir a la tentación, cuando el pensar detenidamente en el objeto que la provoca, ayuda a alejar el peligro que precisamente nace de no considerarlo bien. Tal es el caso de la pereza espiritual o acidia, porque *cuanto pensamos más en los bienes espirituales, más nos agradan*, y más de prisa desaparece el tedio que el conocerlos superficialmente provocaba."

Venceremos, pues, la pereza espiritual mediante un verdadero amor de Dios y por una *profunda devoción de la voluntad*, que no hemos de dejar extinguirse a pesar de la sequedad en la sensibilidad. También nos servirá de gran ayuda la continua consideración de los bienes eternos que Dios nos tiene prometidos.

Y para dar con este espíritu de fe y esta decisión, nos es preciso tener gran generosidad en el amor de Dios e *imponernos cada día algunos sacrificios precisamente en la materia en que nos veamos más flojos e imperfectos*. En este negocio, sólo el primer paso se hace cuesta arriba. Después de una semana de esfuerzo, la cosa es ya más fácil, por ejemplo levantarse a una hora fija y mostrarse amable con los demás. Uno de los remedios de la tibieza, y en este punto todos los autores están de acuerdo, es *la franqueza consigo mismo y con el confesor*, un serio examen diario de conciencia, y *la práctica asidua de los deberes religiosos* junto con los deberes de estado, la fidelidad a la oración y el ofrecimiento que cada mañana debemos hacer a Dios de las acciones del día. Y ya que son tan pocas las cosas que podemos ofrecer a Dios, ofrezcámosle con frecuencia la preciosísima sangre de Jesús y los actos interiores de oblación siempre vivos en su Corazón. Dichosas las almas que renuevan tal ofrecimiento cada vez que oyen sonar la hora, y las que lo hacen a perpetuidad, con la intención de que el instante que pasa se confunda con el eterno momento que no pasará jamás.

Algunos sacrificios hechos cada día serán gran parte a dar a nuestra vida espiritual tonalidad y vigor. Y así volverá paso a paso el fervor fundamental y la presteza de la voluntad en el servicio de Dios, aunque la devoción sensible esté ausente.

Para vencer la pereza espiritual y evitar que el alma ande divagando, es muy conveniente distribuir ordenadamente los actos de religión durante el día: fijar su tiempo al rezo del oficio divino, al santo rosario, etc. De igual manera, las almas interiores distribuyen la semana según los misterios de la fe: El domingo lo consagran a Dios, ofrendándose y dando gracias a la Santísima Trinidad. El lunes, al misterio de la Encarnación, recordando el *Ecce venio* de Jesús, y el *Ecce ancilla Domini* de María. El martes, a la vida oculta del Salvador. El miércoles, a su vida apostólica. El jueves, a meditar en la institución de là Eucaristía y del sacerdocio. El viernes, a la Pasión y a pedir amor a la Cruz. El sábado, a pensar en las glorias de María, en sus dolores y en su oficio de Medianera y Corredentora.

De este modo, en vez de perder el tiempo que huye, se lo gana y se gana la eternidad. Y poco a poco vase encontrando el gozo espiritual, de que habla San Pablo cuando escribe a los Filipenses, IV, 4: *"Vivid siempre alegres en el Señor. Vivid alegres, repito. Sea vuestra modestia patente a todos los hombres: el Señor está cerca. No os inquietéis por la solicitud de cosa alguna; mas en todo presentad a Dios vuestras peticiones por medio de la oración y de las plegarias, acompañadas de hacimiento de gracias. Y la paz de Dios, que sobrepuja a todo entendimiento, sea la guardia de vuestros corazones y de vuestros sentimientos, en Jesucristo."*

CAPÍTULO DÉCIMOTERCERO

LA CONFESIÓN SACRAMENTAL

> "Recibid el Espíritu Santo.
> Aquellos a quienes perdonareis los
> pecados, les serán perdonados."
> (Joan., xx, 22-23.)
>
> (Palabras de Jesús a sus apóstoles y a sus sucesores.)

Hemos visto que la purificación del alma es efecto de la mortificación de los sentidos, de la voluntad y el juicio propios, como también veremos que es un efecto de la oración; mas Dios, en su amor a estos pobres hijos suyos, ha puesto a nuestro alcance otros medios de purificación, fáciles y eficaces, que son los sacramentos; obran éstos por sí mismos, *ex opere operato*, y producen en el alma que a ellos se ha preparado con actos de fe y de amor, una gracia mucho más abundante que la que obtendría con esos mismos actos fuera del sacramento.

Sin embargo, aunque los sacramentos, por la virtud divina que encierran, posean eficacia propia, la gracia que producen varía *según las disposiciones* de quienes los reciben; cuanto son más perfectas, la gracia es más abundante; y la diferencia de disposición entre alma y alma es mucho mayor de lo que ordinariamente se piensa.

El sacramento de la penitencia es uno de los más preciosos medios de santificación; por eso se ha de evitar, al recibirlo, la rutina, que disminuiría sus efectos considerablemente.

Vamos a ver el modo de prepararse para la confesión, cómo se ha de hacer y cuáles son sus frutos.

Cómo debemos prepararnos a la confesión

Para prepararse dignamente, se ha de examinar la conciencia y excitarse a la contrición.

El examen de conciencia exige tanto mayor cuidado cuanto el penitente cae en más faltas y conoce menos su interior. Por eso aquellos que cada día hacen su examen de conciencia, apenas tienen necesidad de él, ya que ese examen diario les basta para conocerse y para excitarse a la enmienda.

En cuanto a las personas espirituales que se confiesan a menudo y se cuidan de los pecados veniales deliberados, el examen de conciencia tampoco les pide mucho tiempo, como lo hace notar San Alfonso. Es conveniente preguntarse: ¿Qué cosas he hecho en esta semana que no las haya podido Dios escribir *en el libro de la vida?* ¿En qué actos he sido *de Dios*, y en cuáles *me he buscado a mí mismo*, dejándome llevar de mi temperamento, del egoísmo o de la soberbia? Mirando las cosas desde esa altura y pidiendo luz a Dios, fácilmente se obtiene la gracia de una mirada clara y penetrante sobre la propia vida.

Veamos por separado los pecados graves, los veniales más o menos deliberados y las faltas cometidas por fragilidad.

En cuanto a *los pecados mortales,* si un alma que tiende a la perfección tiene la desgracia de cometer algunos en un momento de debilidad, debe acusarlos sinceramente, con toda claridad, al principio de la confesión, sin pretender hacerlos pasar inadvertidos entre la multitud de pecados veniales; se ha de indicar el número, la especie, la causa, y sobre todo tener de ellos *perfecta contrición,* con *el firme propósito* de evitar para lo porvenir no sólo el pecado, sino las ocasiones y sus causas. También es necesario, después de absueltos, mantener en el corazón sincero deseo de *reparar* el mal, mediante la vida austera y un generoso amor. Nos ayudará a hacerlo así el recuerdo del apóstol San Pedro, cuando después de haber renegado de su Maestro, se humilló profundamente, pidió favor a la infinita misericordia y continuó sirviendo al Señor hasta el martirio.

Una falta grave aislada, cuando inmediatamente la confesamos y reparamos, apenas deja huella en el alma, que sin tardar puede emprender de nuevo su marcha adelante, sin tener que recorrer de nuevo las etapas anteriores. Como aquel que, al escalar una montaña, tropieza, pero se levanta en seguida y continúa sin desandar camino.

LA CONFESIÓN SACRAMENTAL

Respecto a las *faltas veniales deliberadas*, son serio obstáculo para la perfección, sobre todo si son frecuentes y se tiene apego a ellas. Son verdaderas enfermedades que debilitan al alma. "No dejes que el pecado se haga viejo en tu alma", decía el Señor a Santa Gertrudis; el pecado venial plenamente deliberado es como un veneno que se introduce en la corriente sanguínea, y que, sin producir la muerte instantánea, va minando lentamente el organismo.

Hemos de guardarnos bien, por ejemplo, de no mantener en el alma pequeños rencores, o apego al juicio propio y a la propia voluntad, o el hábito de los juicios temerarios, de la maledicencia, de los afectos naturales peligrosos, pues podrían ser un *lazo* que nos robaría la libertad de espíritu y nos impediría nuestra marcha hacia el Señor. Cuando deliberadamente negamos a Dios estos sacrificios que nos pide, entendamos que no tenemos derecho a esperar de él las gracias necesarias para aspirar a la perfección.

Nos debemos acusar, por consiguiente, de las faltas veniales *deliberadas* contrarias a la caridad, a la humildad, a la virtud de religión, etc., sobre todo de las que más nos humillan; y hemos de buscar con diligencia sus causas, haciendo firme propósito de poner remedio. Hacer lo contrario significa que está ausente de nosotros la tendencia real y efectiva a la perfección. Es éste un punto capital.

Hay otras faltas veniales *semideliberadas*, que cometemos con menos reflexión, y, en parte, por sorpresa e impulso natural, pero que la voluntad acepta con cierta complacencia. Vigilemos, sobre todo, si se repiten con frecuencia, pues nos deben dar a entender que el alma no lucha con decisión y que aun no está lista para rechazar todos los obstáculos que se oponen a la perfección.

Faltas de fragilidad, en cambio, son las que la pequeñez humana no puede evitar; la voluntad apenas toma parte en ellas; cede un momento, pero inmediatamente desaprueba su propia debilidad. Tales faltas apenas está en nuestra mano evitarlas del todo y constantemente; pero hemos de esforzarnos porque su número disminuya. No constituyen obstáculo serio para la perfección, porque son pronto reparadas. Sin embargo, es conveniente someterlas a la acción purificadora del sacramento de la penitencia, por el que nuestra alma quedará más y más limpia ([1]).

En qué ha de consistir la confesión

La confesión hemos de hacerla con gran espíritu de fe, acordándonos que el confesor está en lugar de Nuestro Señor: y es *juez*, pues a modo de juicio se administra este sacramento: *Ego te absolvo*...; pero también es *padre espiritual y médico*, que con benevolencia nos da la medicina si claramente le exponemos nuestras dolencias.

No basta pues una vaga *acusación* que nada descubra al confesor, tal como ésta: he tenido distracciones en la oración. Se ha de decir: he estado distraído por negligencia en tal o cual ejercicio de piedad, por haberlo comenzado mal, sin ningún recogimiento, o por no haber combatido las distracciones originadas en un pequeño rencor, o en una afección sensible, o en el estudio. Se le deben recordar igualmente las resoluciones hechas anteriormente, y si se han cumplido o no. Así se evitará la rutina y la negligencia.

Sobre todo es necesario excitarse a la *contrición* y a los *buenos propósitos*. Para conseguirlo, hase de pensar en los verdaderos motivos de arrepentimiento, por parte de Dios

---

([1]) La *imperfección* se distingue de las faltas de fragilidad porque sólo es una *menor generosidad* en el servicio de Dios y menor estima de los *consejos* evangélicos. Es el caso de aquel que teniendo cinco talentos, obra como si sólo tuviera dos, con un acto todavía meritorio, pero débil *(remissus)*, con conciencia más o menos clara de esta deficiencia. No se ha de confundir lo *menos bueno en sí* con lo *malo en sí*, ni lo que es *menos bueno para nosotros, hic et nunc*, con lo que sería claramente *un mal* para nosotros. El menor bien no es un mal, así como el menor mal no es un bien. Es evidente que nos hemos de guardar de confundir el bien y el mal (Cf. *Amour de Dieu et la croix de Jésus*, t. I, p. 360-389).

Mas aunque teóricamente sea fácil la distinción, prácticamente es difícil señalar dónde termina la menor generosidad, y dónde comienza la *negligencia y la pereza*. Además, un alma que de veras quiere tender a la perfección ha de tener en cuenta que, no solamente no le es lícito *descender*, sino que tampoco puede *disminuir su marcha ascensional*. Y aun le convendría *acelerarla*.

Además, la imperfección predispone al pecado venial, desde el momento que se deja de luchar con la energía que sería preciso contra las inclinaciones del egoísmo.

y de nosotros mismos. Se ha de pedir la gracia de comprender mejor, que el pecado, por ligero que sea, *ofende a Dios y resiste a su divina voluntad*; que es asimismo una *ingratitud* para con el más amoroso de los padres, ingratitud tanto más grave cuanto mayores beneficios hayamos recibido de su mano, y por la cual negamos a Dios una "alegría accidental" que no deberíamos dejar de darle. Nuestros pecados hicieron más amargo el cáliz que se ofreció a Nuestro Señor en Getsemaní; y podría repetirnos las palabras del Salmo LIV, 13: "Si me hubiera llenado de maldiciones un enemigo mío, habríalo yo sufrido con paciencia. Mas tú ¡oh hombre, que aparentabas ser otro yo, mi guía y mi amigo! Tú que juntamente conmigo tomabas el dulce alimento, que andábamos de compañía en la casa de Dios." Ése es el verdadero motivo de la contrición, si miramos a Dios.

Pero aun hay otro, si nos miramos a nosotros mismos: el pecado venial, aunque en sí no disminuye la caridad, quítale su fervor, su libertad de acción y su irradiación. Hace que la amistad divina sea menos íntima y menos activa. Perder la intimidad de un santo sería ya grave pérdida; pero *perder la de Dios*, es mucho mayor desgracia. Además el pecado venial, máxime si es deliberado, hace que vuelvan a brotar las malas inclinaciones, y por ahí nos dispone al pecado mortal; y en ciertas materias, la inclinación al placer puede muy fácilmente traspasar el límite que separa el pecado venial del mortal. He ahí otro motivo de sincera contrición.

Realizada así la confesión, sobre todo por la virtud de la absolución y por los consejos del sacerdote, es un poderoso medio de purificación y de adelantamiento.

Un ejemplo entre mil es aquel de la Beata Ángela de Foligno. Nos cuenta, al principio del libro de sus visiones e instrucciones, que, cuando por primera vez tuvo conocimiento de sus pecados, concibió tan gran temor que tembló con la idea de su condenación, lloró abundantemente, se ruborizó por primera vez, pero no se atrevió a confesarse y se acercó así a la santa comunión: "Con los pecados en el alma, dice, recibí el Cuerpo de Jesús. Por eso, día y noche, mi conciencia no me dejaba sosegar. Rogué a San Francisco que me hiciera encontrar el confesor que necesitaba, alguien que fuera capaz de comprenderme y a quien yo pudiera hablar... Por la mañana encontré en la iglesia de San Feliciano a un religioso que predicaba. Después del sermón, quise confesarme con él. Así lo hice detenidamente, y recibí la absolución. Y no sentí ningún amor, sino amargura, vergüenza y dolor. Perseveré en la penitencia que me fué impuesta; y procuré satisfacer a la justicia, privada de todo consuelo y llena de amargura y dolor.

"Más tarde me fijé por primera vez en la divina misericordia; comprendí que ella me había librado del infierno y que a ella debía la gracia que estoy contando. Y recibí su primera iluminación; el dolor y las lágrimas redoblaron. Entonces me entregué a una severa penitencia...

"Ilustrada por esta luz, no vi en mí sino pecados, y comprendí claramente que había merecido el infierno... No tenía más consuelo que llorar. Una iluminación especial hízome ver mis pecados en toda su fealdad. Y así entendí que ofendiendo al Creador había ofendido a todas las criaturas... Poniendo por intercesora a la Santísima Virgen y a todos los santos, invoqué a la divina misericordia y, creyéndome morir, arrodillada pedí vivir... De repente creí venir sobre mí la compasión de todas las criaturas, la piedad de todos los santos. Y entonces recibí un gran don: era un ardentísimo fuego de amor y el poder orar como nunca lo había hecho... Recibí gran conocimiento de cómo Jesucristo había muerto por mis pecados. Comprendí de tal forma la gravedad de mis pecados, que *me di cuenta de que el autor de la crucifixión había sido yo*. Pero todavía no acababa de entender la inmensidad del beneficio de la cruz.

"Más tarde el Señor, en su bondad infinita, se me apareció muchas veces, tanto en el sueño como de día, puesto en la cruz, y me decía: «*Mira mis llagas, míralas*»; luego contaba los golpes de la flagelación y me decía: «*Estos azotes son por ti, por ti, por ti...*» Entonces pedía yo a la Virgen y a San Juan que me dieran sufrir los dolores de Jesucristo, al menos los que sufrieron ellos. Y me obtuvieron esta gracia; un día San Juan me los hizo padecer de tal manera, que puedo afirmar que ése ha sido uno de los días más terribles de mi vida". "Después, continúa, Dios escribió el *Padre nuestro* en mi corazón, insistiendo de tal modo en lo grande de su bondad y de mi indignidad, que me faltan las palabras para darlo a entender."

A través de esta profundísima contrición entró la Beata

Ángela en el camino de la santidad. Estas gracias extraordinarias han de movernos a prestar atención a la grandeza y excelencia de la ayuda que cada día nos ofrece Nuestro Señor, para que nunca nos detengamos en el camino que lleva al cielo.

Frutos que produce la confesión

Estos frutos son las virtudes de humildad y penitencia, pero sobre todo los que nacen de la absolución sacramental.

¿Qué acto de *humildad* más verdadero y más indispensable, que la sincera manifestación de los pecados cometidos? Ahí está el remedio del vicio de donde proceden todos los demás pecados, la soberbia. Por eso la herejía, que es fruto y efecto de esa soberbia, suprimió la confesión, como se ve en el protestantismo. La confesión humilde es ya el principio de la reparación de los pecados de soberbia.

El acto de *penitencia*, que es la contrición, deplora el pecado y lo desaprueba porque desagrada a Dios y nos aleja de él. Así el alma se convierte, es decir, vuélvese de nuevo al Señor, de quien se había alejado por el pecado mortal, y separado un tanto por el pecado venial. Y a él se acerca de nuevo y, por decirlo así, se arroja amorosa y confiadamente en los brazos de la misericordia.

Y lo más notable es que *la sangre de nuestro divino Salvador* se derrama sacramentalmente sobre nuestras almas, mediante la absolución. El protestante, después de haber cometido pecados que acaso atormentan su alma, nunca ha tenido el consuelo de oír al ministro de Dios decirle de parte suya, como final de ese juicio misericordioso: "*Ego te absolvo:* Yo te absuelvo de tus pecados." Ni la dicha de poder aplicarse a sí mismo aquellas palabras del Salvador a sus apóstoles: "*Les serán perdonados sus pecados a aquellos a quienes vosotros se los perdonareis*" (Joan., xx, 23). Por estas palabras, la sangre de Jesús derrámase sacramentalmente sobre nuestras almas por la absolución; y es como un bálsamo saludable que, juntando su eficacia a la de las virtudes de humildad y de penitencia, perdona los pecados, contribuye grandemente a obtenernos completa salud, y ayuda al alma a recobrar las fuerzas perdidas.

"Por la confesión", dice San Francisco de Sales ([1]), "no sólo recibís la absolución de los pecados veniales, sino también gran fortaleza para evitarlos en lo venidero, luz clarísima que os los haga ver dondequiera que se encuentren, y gracia abundante para reparar las pérdidas que os hubieran podido ocasionar".

Mas no debemos olvidar que los efectos de la absolución son siempre *proporcionados a las disposiciones* con que se recibe este sacramento. Como dice Santo Tomás ([2]), si uno que tenía cinco talentos y los ha perdido por el pecado mortal, no tiene sino la mínima contrición necesaria para que se le perdonen, este tal no vuelve a recobrar los méritos perdidos en el grado que antes poseía, mas acaso recobre tres talentos; si el arrepentimiento de sus faltas es más profundo, puede ser que se le restituyan los cinco talentos, y aun más; si hace un acto de fervorosa contrición sobrenatural, por ventura recibirá hasta diez. Tal parece haber sido la contrición de San Pedro después de haber renegado del divino Maestro.

Entre veinte personas que se confiesen, cada una recibe la gracia en distinta medida que las otras, porque en cada una ve Dios diferencias y modalidades en el fervor que nosotros no podríamos siquiera sospechar. Pues hay muchos grados en la humildad, en la contrición y en el amor de Dios y pureza de intención, que son como los diferentes grados de intensidad de una llama.

Idénticos principios se aplican a *la satisfacción sacramental,* cuyos efectos dependen del sacramento, como también del fervor con que se le da cumplimiento. La satisfacción sacramental tiene valor superior a la de cualquier otra fuera del sacramento, mas sus frutos son más o menos abundantes, según nuestra generosidad. Esta penitencia o satisfacción no la debemos dejar para más tarde, sino cumplirla cuanto antes, dando gracias al Señor por la absolución. La sangre

---

([1]) *Vida devota,* II, 19.
([2]) III, q. 89, a. 2: "Contingit, intensionem motus pœnitentis quandoque proportionatam esse majori gratiæ, quam fuerit illa, a qua cediderat per peccatum, quandoque autem æquali, quandoque vero minori. Et ideo pœnitens quandoque resurgit *in majori* gratia, quam prius habuerat, quandoque autem *in æquali*, quandoque etiam *in minori;* et eadem ratio est de virtutibus, quæ ex gratia consequuntur."

de Jesús ha corrido por nuestra alma, purificándola; pidámosle que no se borre en nosotros hasta la muerte. Sólo los santos conocían a fondo el valor de la sangre del Señor; gracia elevadísima es el saber penetrar, hasta sus profundidades, el misterio de la Redención.

Nos hemos de acusar, en fin, al menos en general, de las *faltas de la vida pasada*, pensando en las más graves, para tener más perfecta contrición y para que la aplicación de los méritos de Jesucristo a estos pecados ya perdonados, disminuya la pena temporal que ordinariamente queda sin saldar aun después de la absolución. Digamos con el Salmista (Salm. xviii, 3): *Ab occultis meis munda me, Domine; Límpiame, Señor, de mis pecados ocultos.*

No cabe duda de que, hecha así, con espíritu de fe, la confesión es muy precioso medio de santificación. Dijo el Señor a Santa Verónica de Julianis: "Adelantarás en el camino de la perfección según los frutos que saques de este sacramento."

San Francisco de Sales, en un opúsculo sobre la *Práctica de la confesión ordinaria*, 4, dice: "Escuchad con atención... a fin de que oigáis en vuestro espíritu las palabras de la absolución que el mismo Salvador pronuncia desde el cielo... al mismo tiempo que, en nombre suyo, os absuelve aquí abajo el sacerdote." Y añade, *ibid.*, 9: "No hay naturaleza tan rebelde que, con la gracia de Dios, primero, y después con industria y diligencia, no pueda ser domeñada y sometida. Para conseguirlo, seguid las órdenes y directivas que os dé un celoso y prudente confesor."

Para terminar esta cuestión con el mismo San Francisco de Sales (*Avisos para la confesión*, xxx), notemos que la tristeza que acompaña a la verdadera contrición, es decir al aborrecimiento del mal, nunca es una tristeza enojosa o deprimente, antes es una tristeza santa que levanta el espíritu y ensancha el corazón por la oración y la esperanza, y lo trae a gran fervor; "es una tristeza que, en su mayor amargura, produce grandísima consolación, según el precepto del gran San Agustín: *"Que el penitente se entristezca siempre* (de sus faltas), *pero que se regocije en su tristeza* (¹)."

(¹) *Semper doleat pœnitens et de dolore gaudeat.* De Pœnitencia, c. xiii, citado por Santo Tomás, III, q. 84, a. 9, ad 2: "Utrum pœnitentia possit esse continua."

Si esta tristeza de la contrición posee *tanta dulzura*, señal es de que procede de *la caridad*. A mayor pena de los pecados, mayor certeza de amar a Dios. Es la buena tristeza que no es malhumorada ni melancólica, sino la compunción o vivo dolor de los pecados, dolor que lleva en sí encerrados los frutos del Espíritu Santo, que son la caridad, gozo, paz, longanimidad, mansedumbre, fe, modestia, continencia y castidad (Gál., v, 22).

capítulo décimocuarto

LA ASISTENCIA A LA SANTA MISA, FUENTE DE SANTIFICACIÓN

La santificación de nuestra alma está en la unión con Dios, unión de fe, de confianza y de amor. De ahí que uno de los principales medios de santificación sea el más excelso de los actos de la virtud de religión y del culto cristiano: la participación en el sacrificio de la Misa. La Santa Misa debe ser, cada mañana, para todas las almas interiores, la *fuente eminente* de la que desciendan y manen las gracias de que tanta necesidad tenemos durante el día; fuente de luz y calor, que, en el orden espiritual, sea para el alma lo que es la aurora para la naturaleza. Después de la noche y del sueño, que es imagen de la muerte, al levantarse el sol sobre el horizonte, la luz inunda la tierra, y todas las cosas vuelven a la vida. Si comprendiéramos a fondo el valor infinito de la misa cotidiana, veríamos que es a modo del nacimiento de un sol espiritual, que renueva, conserva y aumenta en nosotros la vida de la gracia, que es la vida eterna comenzada. Mas con frecuencia la costumbre de asistir a Misa, por falta de espíritu, degenera en rutina, y por eso no sacamos del santo sacrificio el provecho que deberíamos sacar.

La misa debe ser, pues, *el acto principal de cada día*, y en la vida de un cristiano, y, más, de un religioso, todos los demás actos no deberían ser sino el *acompañamiento* de aquél, sobre todo los actos de piedad y los pequeños sacrificios que hemos de ofrecer a Dios a lo largo de la jornada.

Trataremos aquí de estos tres puntos: 1º, de dónde nace el valor del sacrificio de la Misa; 2º, que sus efectos dependen de nuestras disposiciones interiores; 3º, cómo hemos de unirnos al sacrificio eucarístico.

La oblación siempre viviente en el corazón de Cristo

La excelencia del sacrificio de la Misa proviene, dice el Concilio de Trento ([1]), de que en sustancia es el mismo sacrificio de la Cruz, porque es *el mismo sacerdote* el que continúa ofreciéndose por sus ministros; y es *la misma víctima*, realmente presente en el altar, la que realmente se ofrece. Sólo es distinto el modo de ofrecerse: mientras que en la Cruz fué una inmolación cruenta, en la misa *la inmolación es sacramental* por la separación, no física, sino sacramental, del cuerpo y la sangre del Salvador, en virtud de la doble consagración. Así la sangre de Jesús, sin ser físicamente derramada, lo es sacramentalmente ([2]).

Esta sacramental inmolación es un *signo* ([3]) de la oblación interna de Jesús, a la cual nos debemos unir; es asimismo el recuerdo de la inmolación cruenta del Calvario. Aunque sólo sea sacramental, esta inmolación del Verbo de Dios hecho carne es *más expresiva* que la inmolación cruenta del cordero pascual y de todas las víctimas del Antiguo Testamento. Un signo o símbolo, en efecto, saca todo su valor de la grandeza de la cosa significada; la bandera que nos recuerda la patria, aunque sea de vulgarísimo lienzo, tiene a nuestros ojos más valor que el banderín de una compañía o la insignia de un oficial. Del mismo modo la cruenta inmolación de las víctimas del Antiguo Testamento, remota figura del sacrificio de la Cruz, sólo daba a entender los sentimientos interiores de los sacerdotes y fieles de la antigua Ley; mientras que la inmolación sacramental del Salvador en nuestros altares expresa sobre todo la *oblación interior* perenne y siempre renovada en el corazón de "*Cristo que no cesa de interceder por nosotros*" (Hebr., vii, 25).

Mas esta oblación, que es como el alma del sacrificio de la Misa, tiene *infinito valor*, porque trae su virtud de la persona divina del Verbo encarnado, principal sacerdote y víc-

---

([1]) Sesión XXII, c. i y ii.
([2]) Del mismo modo la humanidad del Salvador permanece numéricamente la misma, pero después de la resurrección es *impasible*, mientras que antes estaba sujeta al dolor y a la muerte.
([3]) "Sacrificium externum est *in genere signi*, ut signum interioris sacrificii."

tima, cuya inmolación se perpetúa bajo la forma sacramental. San Juan Crisóstomo escribió: "Cuando veáis en el altar al ministro sagrado elevando hacia el cielo la hostia santa, no vayáis a creer que ese hombre es el (principal) verdadero sacerdote; antes, elevando vuestros pensamientos por encima de lo que los sentidos ven, considerad la mano de Jesús invisiblemente extendida (¹)." El sacerdote que con nuestros ojos de carne contemplamos no es capaz de comprender toda la profundidad de este misterio, pero más arriba está la inteligencia y la voluntad de Jesús, sacerdote principal. Aunque el ministro no siempre sea lo que debiera ser, el sacerdote principal es infinitamente santo; aunque el ministro, por bueno que sea, pueda estar ligeramente distraído u ocupado en las exteriores ceremonias del sacrificio, sin llegar a su más íntimo sentido, hay alguien sobre él que nunca se distrae, y ofrece a Dios, con pleno y total conocimiento, una adoración reparadora de infinito valor, una súplica y una acción de gracias de alcance ilimitado.

Esta interior oblación siempre viviente en el corazón de Jesucristo es, pues, en verdad, como el alma del sacrificio de la Misa. Es *la continuación* de aquella otra oblación por la cual Jesús se ofreció como víctima al venir a este mundo y a lo largo de su existencia sobre la tierra, sobre todo en la Cruz. Mientras el Salvador vivía en la tierra, esta oblación era meritoria; ahora continúa, pero sin esta modalidad del mérito. Continúa en forma de *adoración reparadora* y de *súplica*, a fin de aplicarnos los méritos que nos ganó en la Cruz. Aun después que sea dicha la última misa al fin del mundo, y cuando ya no haya sacrificio propiamente dicho, su consumación, la oblación interior de Cristo a su Padre, continuará, no en forma de reparación y súplica, sino de *adoración* y *acción de gracias*. Eso será el *Sanctus, Sanctus, Sanctus*, que da alguna idea del culto de los bienaventurados en la eternidad.

Si nos fuera dado ver directamente el amor que inspira esta interna oblación que continúa sin cesar en el corazón de Cristo, *"siempre viva para interceder por nosotros"*, ¡cuál no sería nuestra admiración!

(¹) *Homilía LX* al pueblo de Antioquía.

La Beata Ángela de Foligno dice (¹): "No es que lo crea, sino que tengo la certeza absoluta de que, si un alma viera y contemplara alguno de los íntimos esplendores del sacramento del altar, luego ardería en llamas, porque habría visto el amor divino. Paréceme que los que ofrecen el sacrificio y los que a él asisten, deberían meditar profundamente en la profunda verdad del misterio tres veces santo, en cuya contemplación habríamos de permanecer inmóviles y absortos."

Efectos del santo sacrificio de la Misa y cómo debemos oírla

La oblación interior de Cristo Jesús, que es el alma del sacrificio eucarístico, tiene *los mismos fines* e idénticos efectos que el sacrificio de la Cruz; mas importa que, de entre tales efectos, nos fijemos en los que se refieren a Dios y en los que nos conciernen a nosotros mismos.

Los efectos de la Misa que inmediatamente *se refieren a Dios*, como la adoración reparadora y la acción de gracias, prodúcense siempre *infalible y plenamente* con su infinito valor, aun sin nuestro concurso, aunque la Misa fuera celebrada por un sacerdote indigno, con tal que sea válida. Así, de cada Misa elévase a Dios una adoración y acción de gracias de ilimitado valor, en razón de la dignidad del Sacerdote principal que la ofrece y del valor de la víctima ofrecida. Esta oblación "agrada a Dios más que lo que son capaces de desagradarle todos los pecados juntos"; en eso está, en cuanto a la satisfacción, la esencia misma del misterio de la Redención (²).

Los efectos de la Misa, *en cuanto dependen de nosotros*, no se nos aplican sino *en la medida de nuestras disposiciones interiores*.

Por eso, la Santa Misa, como sacrificio *propiciatorio*, les merece, *ex opere operato*, a los pecadores que no le oponen resistencia, la gracia actual que les inclina a arrepentirse y

---

(¹) *Libro de las visiones e instrucciones*, c. LXVII.
(²) Santo Tomás, III, q. 48, a. 2: "Ille proprie satisfacit pro offensa, qui exhibet offenso id quod æque vel magis diligit quam oderit offensam."

les mueve a confesar sus culpas (¹). Las palabras *Agnus Dei, qui tollis peccata mundi, parce nobis, Domine,* hacen nacer en esos pecadores sentimientos de contrición, como en el Calvario le aconteció al buen ladrón. Esto se entiende, principalmente, de los pecadores que asisten a la Misa y de aquellos por quienes se aplica.

El sacrificio de la Misa, como sacrificio *satisfactorio,* perdona también infaliblemente a los pecadores arrepentidos parte al menos de la *pena temporal* debida por los pecados, y esto según las disposiciones con que a ella asisten. Por eso dice el Concilio de Trento que el sacrificio eucarístico puede también ser ofrecido para aliviar de sus penas a las almas del purgatorio (²).

En fin, como sacrificio *impetratorio* o de súplica, la Misa nos obtiene *ex opere operato* todas las gracias de que tenemos necesidad para nuestra santificación. Es que la oración de Jesucristo, que vive eternamente, sigue intercediendo en nuestro favor, junto con las súplicas de la Iglesia, Esposa de nuestro divino Salvador. El efecto de esta doble oración es proporcionado a nuestro propio fervor, y aquel que con buenas disposiciones se une a ellas, puede tener la seguridad de obtener para sí y para las almas a quienes encomienda, las gracias más abundantes.

Santo Tomás y otros muchos teólogos enseñan que estos efectos de la Misa, en cuanto de nosotros dependen, se nos hacen efectivos en la medida de nuestro fervor (³). La razón es que la influencia de una *causa universal* no tiene más límites que la capacidad del sujeto que la recibe. Así el sol alumbra y da calor lo mismo a una persona que a mil que estén en una plaza. Ahora bien, el sacrificio de la Misa, por

---

(¹) Conc. de Trento, ses. XXII, c. II: "Hujus quippe oblatione placatus Dominus, *gratiam et donum pœnitentiæ* concedens, *crimina et peccata etiam ingentia dimittit.*"

(²) *Ibidem.*

(³) Santo Tomás, III, q. 79, a. 5 y 7, ad 2, donde no se indica otro límite que el de la medida de nuestra devoción: "secundum quantitatem seu modum devotionis eorum" (id est: fidelium). Cayetano, *in III,* q. 79, a. 5. Juan de Santo Tomás, *in III,* disp. 32, a. 3. Gonet, *Clypeus... De Eucharistia,* disp. II, a. 5, n. 100. Salmanticenses, *de Eucharistia,* disp. XIII, dub. VI. Disentimos en absoluto de lo que sobre esta materia ha escrito el P. de la Taille, *Esquisse du mystère de la foi,* París, 1924, p. 22.

ser sustancialmente el mismo que el de la Cruz, es, en cuanto a reparación y súplica, causa universal de las gracias de iluminación, atracción y fortaleza. Su influencia sobre nosotros no está, pues, limitada sino por las disposiciones y el fervor de quienes la reciben. Así una sola Misa puede aprovechar tanto a un gran número de personas, como a una sola; de la misma manera que el sacrificio de la Cruz aprovechó al buen ladrón lo mismo que si por él solo se hubiera realizado. Si el sol ilumina lo mismo a una que a mil personas, la influencia de esta fuente de calor y fervor espiritual, como es la Misa, no es menos eficaz en el orden de la gracia. Cuanto es mayor la fe, confianza, religión y amor con que se asiste a ella, mayores son los frutos que en las almas produce.

Esto nos da a entender por qué los santos, ilustrados por el Espíritu Santo, tuvieron en tanta estima el Santo Sacrificio. Algunos, estando enfermos y baldados, se hacían llevar para asistir a la Misa, porque sabían que vale más que todos los tesoros. Santa Juana de Arco, camino de Chinon, importunaba a sus compañeros de armas a que cada día asistiesen a misa; y, a fuerza de rogárselo, lo consiguió. Santa Germana Cousin, tan fuertemente atraída se sentía hacia la iglesia, cuando oía la campana anunciando el Santo Sacrificio, que dejaba sus ovejas al cuidado de los ángeles y corría a oír la Misa; y jamás su rebaño estuvo tan bien guardado. El santo Cura de Ars hablaba del valor de la Misa con una convicción tal que llegó a conseguir que todos o casi todos sus feligreses asistiesen a ella diariamente. Otros muchos santos derramaban lágrimas de amor o caían en éxtasis durante el Santo Sacrificio; y algunos llegaron a ver en lugar del celebrante a Nuestro Señor. Algunos, en el momento de la elevación del cáliz, vieron desbordarse la preciosa sangre, como si fuera a extenderse por los brazos del sacerdote y aun por el santuario, y venir los ángeles con cálices de oro a recogerla, como para llevarla a todos los lugares donde hay hombres que salvar. San Felipe de Neri recibió no pocas gracias de esta naturaleza y se ocultaba para celebrar, por los éxtasis que tenía en el altar.

Cómo debemos unirnos al Santo Sacrificio de la Misa

Puede aplicarse a esta materia lo que Santo Tomás (¹) dice de la atención en la oración vocal: "Puede la atención referirse a las palabras, para pronunciarlas bien; al sentido de esas palabras, o bien al fin mismo de la oración, es decir a Dios y a la cosa por la cual se ruega... Esta última clase de atención que aun los más simples e incultos pueden tener, es tan intensa a veces que el espíritu está como arrobado en Dios y olvidado de todo lo demás."
Asimismo para oír bien la Misa, con fe, confianza, verdadera piedad y amor, se la puede seguir de diferentes maneras. Puédese escuchar prestando atención a las oraciones litúrgicas, tan bellas y llenas de unción, elevación y sencillez. O meditando en la Pasión y muerte del Salvador, y considerarse al pie de la Cruz con María, Juan y las santas mujeres. O cumpliendo, en unión con Jesús, los cuatro deberes que tenemos para con Dios, y que son los fines mismos del sacrificio: adoración, reparación, petición y acción de gracias (²). Con tal de ocuparse de algún modo en la oración, por ejemplo, rezando el rosario, la asistencia a la Misa es provechosa. También se puede, y con mucho provecho, como lo hacía Santa Juana de Chantal y otros muchos santos, continuar en la Misa la meditación, sobre todo si despierta en nosotros intenso amor de Dios, algo así como San Juan estuvo en la Cena, cuando reposaba sobre el corazón del divino Maestro.
Sea cualquiera la manera como oigamos la Santa Misa, hase de insistir en una cosa importante. Y es que sobre todo hemos de *unirnos íntimamente a la oblación del Salvador*, sacerdote principal del sacrificio; y *ofrecer*, con él, *a él mismo* a su eterno Padre, acordándonos que esta oblación agrada más a Dios que lo que pudieran desagradarle todos los pecados del mundo. También hemos de *ofrecernos a nosotros mismos*, y cada día con mayor afecto, y presentar al Señor

---

(¹) II II, q. 82, a. 13.
(²) La primera parte de la misa hasta el ofertorio nos inspira sentimientos de penitencia y contrición *(Confiteor, Kyrie eleison)*, de adoración y agradecimiento *(Gloria)*, de súplica *(Colecta)*, de fe viva *(Epíst., Evang., Credo)*, para prepararnos a la ofrenda de la Víctima santa, a la que sigue la comunión y acción de gracias.

nuestras penas y contrariedades, pasadas, presentes y futuras.

Así dice el sacerdote en el ofertorio: *"In spiritu humilitatis et in animo contrito suscipiamur a te, Domine:* Con espíritu humillado y contrito corazón te suplicamos, Señor, que nos quieras recibir en ti."

El autor de la *Imitación,* l. IV, c. VIII, insiste sobre esta materia: *"Voz de Cristo:* Así como Yo me ofrecí a mí mismo por tus pecados a Dios Padre con voluntad y extendí las las manos en la Cruz, desnudo el cuerpo de modo que no me quedaba cosa alguna que no fuese sacrificada para aplacar a Dios, así debes tú, cuanto más entrañablemente puedas, ofrecerte a ti mismo, de toda voluntad, a mí, en sacrificio puro y santo cada día en la Misa, con todas tus fuerzas y deseos... No quiero tu don, sino a ti mismo... Mas si tú estás en ti mismo y no te ofreces de muy buena gana a mi voluntad, no es cumplida ofrenda la que haces, ni será entre nosotros entera la unión."

Y en el capítulo siguiente: *"Voz del discípulo:* Yo deseo ofrecerme a Ti de voluntad, por siervo perpetuo, en servicio y sacrificio de eterna alabanza. Recíbeme con este Santo Sacrificio de tu precioso Cuerpo... También te ofrezco, Señor, todas mis buenas obras, aunque son imperfectas y pocas, para que tú las enmiendes y santifiques, para que las hagas agradables y aceptas a ti. También te ofrezco todos los santos deseos de las almas devotas, y la oración por todos aquellos que me son caros. También te ofrezco estas oraciones y sacrificios agradables, por los que en algo me han enojado o vituperado... por todos los que yo alguna vez enojé, turbé, agravié y escandalicé, por ignorancia o advertidamente, para que tú nos perdones las ofensas que nos hemos hecho unos a otros... y haznos tales que seamos dignos de gozar de tu gracia y de que aprovechemos para la vida eterna."

La Misa así comprendida es fecundísima fuente de santificación, y de gracias siempre renovadas; por ella puede ser realidad en nosotros, cada día, la súplica de Nuestro Señor: "Yo les he dado de la gloria que tú me diste, para que sean una misma cosa, como lo somos nosotros, yo en ellos y tú en mí, a fin de que sean consumados en la unidad, y conozca el mundo que tú me has enviado y amádoles a ellos como a mí me amaste" (Joan., XVII, 23).

La visita al Santísimo Sacramento ha de recordarnos la

Misa de la mañana, y hemos de meditar que en el tabernáculo, aunque propiamente no hay sacrificio, Jesús sin embargo, que está realmente presente, continúa adorando, pidiendo y dando gracias. En cualquier momento, a lo largo del día, deberíamos unirnos a esta oblación del Salvador. Como lo expresa la oración al Corazón Eucarístico: "Es paciente para esperarnos y dispuesto siempre a escucharnos; es centro de gracias siempre renovadas, refugio de la vida escondida, maestro de los secretos de la unión divina." Junto al tabernáculo, hemos de "callar para escucharle, y huir de nosotros para perdernos en él" ([1]).

([1]) Recomendamos como lectura durante la visita al Santísimo Sacramento o para la meditación, *Les Élévations sur la Prière au Cœur Eucharistique de Jésus,* compuestas por una alma interior muy piadosa, que han sido publicadas por primera vez en 1926, ed. de "La Vie Spirituelle." También recomendamos un excelente libro escrito por una persona muerta recientemente en Méjico en olor de santidad: *Ante el altar (Cien visitas a Jesús sacramentado).*

CAPÍTULO DÉCIMOQUINTO

LA SANTA COMUNIÓN

Toda alma que aspire a la perfección cristiana tiene necesidad de vivir más y más de la Santa Eucaristía, no sólo por la asistencia a la Misa, sino por la comunión frecuente y aun cotidiana. Vamos a hablar, pues, de este Pan de vida, y de las condiciones necesarias a una buena y ferviente comunión.

La Eucaristía, Pan vivo que descendió del cielo

Nuestro Señor, por la salud de todos en general, no pudo entregarse con más generosidad que como lo hizo en la Cruz; mas tampoco es posible darse *a cada uno* en particular más amorosamente que como lo hace en la Eucaristía (Joan., VI, 35, 41, 51): "*Yo soy el pan de vida; el que viene a mí, no tendrá hambre, y el que cree en mí, no tendrá sed jamás...* Yo soy el pan vivo que ha descendido del cielo. *Quien comiere de este pan, vivirá eternamente;* y el pan que yo daré es mi misma carne para la vida y salvación del mundo... Mi carne verdaderamente es comida. *Quien come mi carne y bebe mi sangre, en mí mora y yo en él.*"

De modo que la Eucaristía es el más grande de los sacramentos, porque contiene en sí no solamente la gracia, sino a su mismo autor. Es el sacramento del amor, por ser el fruto del amor que se entrega, y por tener como primer efecto el acrecentar en nosotros el amor de Dios y de las almas en Dios.

La recepción de la Eucaristía se llama "comunión" o sea íntima unión del corazón de Dios con el corazón del hombre, unión que *nutre* al alma y sobrenaturalmente la vivifica, y aun la *deifica* en cierto modo, al aumentar la gracia santificante, que es participación de la vida íntima de Dios. "*Caro mea vere est cibus:* mi carne es verdaderamente alimento."

Toda vida creada tiene necesidad de alimentarse; las plantas se nutren de los jugos de la tierra; los animales, de las plantas o de otros animales; el hombre da a su cuerpo los alimentos que le convienen; mas a su espíritu lo nutre de verdad, sobre todo de verdad divina; y a su voluntad ha de nutrirla de la divina voluntad, si quiere conseguir la vida eterna. En otros términos: el hombre debe sobre todo alimentarse de fe, de esperanza y de amor y caridad; los actos de estas virtudes le merecen *acrecentamiento* de vida sobrenatural.

Mas el Salvador ofrécele otro alimento aun más divino; ofrécesele a sí mismo como manjar del alma. Dijo una vez el Señor a San Agustín: *"Yo soy el pan de los fuertes; crece y me comerás. Pero no me cambiarás en tu sustancia propia, como sucede al manjar de que se alimenta tu cuerpo, sino al contrario, tú te mudarás en mí"* (¹).

En la comunión, Nuestro Señor nada tiene que ganar; toda la ganancia es del alma que es vivificada y elevada a lo sobrenatural; las virtudes de Jesucristo se trasfunden al alma, y queda ésta como incorporada a Él, haciéndose miembro de su cuerpo místico.

¿Cómo se realiza esta transformación e incorporación? Principalmente porque Jesús, presente en la Eucaristía, eleva al alma a un intensísimo amor.

Los efectos que este divino manjar produce los explica muy bien Santo Tomás (III, q. 79, a. 1): "Los efectos que la Pasión consiguió para el mundo entero, los consigue este sacramento en cada uno de nosotros." Más adelante añade: "Así como el alimento material sostiene la vida corporal, y la aumenta, la renueva y es agradable al paladar, efectos semejantes produce la Eucaristía en el alma."

En primer lugar *sostiene* o da mantenimiento. Todo aquel que, en el orden natural, no se alimenta o se alimenta mal, decae; la misma cosa acontece al que se priva del pan eucarístico que el Señor nos ofrece como el mejor manjar del alma. ¿Por qué nos habremos de privar, sin razón, de este pan supersustancial (Mat., VI, 11) que debe ser para el alma, el pan nuestro de cada día?

(¹) *Confesiones*, l. VII, c. X.

Como el pan material *restaura* el organismo, renovando las fuerzas perdidas por el trabajo y la fatiga, así la Eucaristía repara las fuerzas espirituales que perdemos por la negligencia. Como dice el Concilio de Trento, nos libra además de las faltas veniales, devuélvenos el fervor que por ellas habíamos perdido, y nos preserva del pecado mortal.

Además, los manjares naturales *aumentan* la vida del cuerpo en el período del crecimiento. Mas en el orden espiritual, siempre tenemos que ir creciendo en el amor de Dios y del prójimo, hasta el momento de la muerte. Y para poderlo conseguir, en el pan eucarístico nos regala cada día con gracias renovadas. Por eso nunca se detiene, en los santos, el crecimiento sobrenatural, mientras aspiran a acercarse a Dios: su fe se hace cada día más esplendorosa y más viva, más firme su esperanza, y su caridad más pura y ardiente. Y así, poco a poco, de la resignación en los sufrimientos pasan al amor y alegría de la Cruz. Por la comunión todas las virtudes infusas van en aumento junto con la caridad, hasta llegar muchas veces al heroísmo. Los dones del Espíritu Santo, que son disposiciones permanentes infusas, conexas con la caridad, van creciendo también a una con ella.

En fin, así como el pan material es *agradable* al paladar, el pan eucarístico es dulcísimo al alma fiel, que en él encuentra fortaleza y gran sabor espiritual.

Dice el autor de la *Imitación*, l. IV, c. II: "Señor, confiando en tu bondad y gran misericordia, me llego enfermo al Salvador, hambriento y sediento a la fuente de la vida, pobre al Rey del cielo, siervo al Señor, criatura al Creador, desconsolado a mi piadoso consolador." "Date, Señor, a mí y basta; porque sin ti ninguna consolación satisface. Sin ti no puedo existir, y sin tu visitación no puedo vivir." (*Ibid.*, c. III.)

Santo Tomás expresó admirablemente este misterio de la comunión:

"*O res mirabilis, manducat Dominum pauper, servus, et humilis!*

"¡Oh prodigio inefable! ¡Que el pobre servidor, esclavo y miserable, se coma a su Señor."

Ésta es la sublime unión de la suprema riqueza con la pobreza. ¡Y decir que la costumbre y la rutina no nos dejan ver con claridad el sobrenatural esplendor de este don infinito!

Condiciones necesarias para hacer una buena comunión

Nos las recuerda el decreto por el que S. S. Pío X exhorta a los fieles a la comunión frecuente (20 de diciembre de 1905): En primer lugar recuerda el decreto este principio: "Los sacramentos de la nueva ley, al mismo tiempo que operan *ex opere operato,* producen un efecto tanto mayor cuanto son más perfectas las condiciones en que se los recibe... Hase pues de procurar que una buena preparación preceda a la santa comunión, y que vaya seguida de fervorosa acción de gracias, según la posibilidad y condiciones de cada uno."

Según el mismo decreto, la condición primaria e indispensable para sacar provecho de la comunión es la *intención recta y piadosa*. Dice así: "La comunión frecuente y cotidiana, tan del agrado de Nuestro Señor Jesucristo y de la Iglesia católica, debe ser en tal forma facilitada a todos los fieles de cualquier clase y condición, que nadie que se acerque a la sagrada Mesa en estado de gracia y con recta y piadosa intención, ha de ser rechazado por ninguna prohibición. Intención recta quiere decir que aquel que se acerca a la santa comunión no lo haga movido por la costumbre, ni por vanidad, ni por cualquier otra razón humana, sino que pretenda únicamente responder a la voluntad del Señor, unirse a él más estrechamente por la caridad y, mediante este divino remedio, sanar sus enfermedades y sus culpas."

Esa recta y piadosa intención de que se habla aquí, ha de ser manifiestamente sobrenatural, o inspirada por motivos de fe; o sea por el deseo de conseguir la gracia de servir mejor a Dios y de evitar el pecado. Si junto con esta fundamental intención se mezclase alguna otra secundaria de vanidad o deseo de ser alabado, este motivo secundario y accidental no impediría que fuese buena la comunión, aunque disminuiría su provecho. Los frutos que de ella saquemos serán tanto más abundantes cuanto esa recta y piadosa intención fuere más pura e intensa. Estos principios son ciertos y no es posible ponerlos en duda. Una sola comunión ferviente es, pues, mucho más provechosa que muchas hechas con tibieza.

Condiciones para hacer una ferviente comunión

Santa Catalina de Sena, en su *Diálogo*, c. cx, señala estas condiciones, mediante un curioso símbolo: "Supongamos", dice, "que varias personas se alumbran con velas o cirios. La primera lleva una vela de una onza; la segunda, otra de dos onzas; la tercera, de tres; ésta, de una libra. Cada una enciende su vela. Y sucede que la que tiene la de una onza, ve menos que la que se alumbra con la de una libra. Así acontece a los que se acercan a este sacramento. Cada uno lleva su cirio encendido, es decir, *los santos deseos* con que recibe la comunión".

¿Cómo se manifiestan tales deseos?

Esos santos deseos, condición de una ferviente comunión, se han de manifestar en primer lugar *desechando todo apego al pecado venial*, a la maledicencia, envidia, vanidad, sensualidad, etc.... Esta afición es menos reprehensible en un cristiano de pocas luces, que en otros que han recibido gracias abundantes a las que no se muestran muy agradecidos. Si tales negligencia e ingratitud fueran en aumento, harían que la comunión fuera cada vez menos provechosa.

Para que ésta sea fervorosa, hase de combatir *la afición a las imperfecciones*, es decir a un modo imperfecto de obrar, como acontece en los que, habiendo recibido cinco talentos, obran como si sólo poseyeran tres *(modo remisso)*, y apenas luchan contra sus defectos. La afición a las imperfecciones se revela también en andar tras ciertas satisfacciones naturales y lícitas, pero inútiles, como por ejemplo, tomar ciertos refrigerios sin los cuales podría uno pasar. Hacer el sacrificio de tales satisfacciones sería cosa muy agradable a Dios, y el alma, mostrando así mayor generosidad, recibiría en la comunión gracias más abundantes. No nos es lícito olvidar que nuestro modelo es el Salvador mismo, que *se sacrificó* hasta la muerte en la Cruz, y que debemos trabajar por nuestra salud y la del prójimo, empleando los medios de que echó mano nuestro divino Salvador. El alejamiento del pecado venial y de las imperfecciones es, empero, una disposición negativa.

Las disposiciones *positivas* para la comunión ferviente son: la humildad *(Domine, non sum dignus)*, un profundo respeto a la Eucaristía, la fe viva y un deseo ardiente de recibir a **Nuestro Señor** que es el Pan de vida. Estas condiciones se resumen en una sola: *tener hambre de la Santa Eucaristía*.

Cualquier manjar es bueno cuando hay hambre. Un rico, accidentalmente privado de alimentos y hambriento, se siente dichoso si le dan un pedazo de pan negro; nunca le pareció gustar cosa más sabrosa. Si nosotros tuviéramos hambre de la Eucaristía, sacaríamos mucho más fruto de nuestras comuniones. Acordémonos de lo que era esta hambre en Santa Catalina de Sena: un día que con gran crueldad le había sido negada la comunión, en el momento que el sacerdote partía en dos la hostia de la misa, desprendióse una partecita y milagrosamente voló hasta la Santa, en recompensa de su ardiente deseo de recibir a Jesús.

¿Cómo llegaremos a sentir esta hambre de la Eucaristía? Lo conseguiremos si meditamos detenidamente que sin ese alimento nuestra alma moriría espiritualmente, y luego haciendo con generosidad algunos sacrificios cada día.

Si alguna vez sentimos que nuestro cuerpo se debilita, sin dilación le proporcionamos manjares sustanciosos que lo reconfortan. El manjar por excelencia que restituye las fuerzas espirituales, es la Eucaristía. Nuestra sensibilidad, tan inclinada a la sensualidad y a la pereza, tiene gran necesidad de ser vivificada por el contacto del cuerpo virginal de Cristo, que por amor nuestro sufrió los más terribles tormentos. Nuestro espíritu siempre inclinado a la soberbia, a la inconsideración, al olvido de las verdades fundamentales, a la idiotez espiritual, tiene gran necesidad de ser esclarecido por el contacto de la inteligencia soberanamente luminosa del Salvador, que es "el camino, la verdad y la vida". También nuestra voluntad tiene sus fallas; está falta de energías y está helada porque no tiene amor. Y ése es el principio de todas sus debilidades. ¿Quién será capaz de devolverle ese ardor, esa llama esencial para que siempre vaya hacia arriba en lugar de descender? El contacto con el Corazón Eucarístico de Jesús, ardiente horno de caridad, y con su voluntad, inconmoviblemente fija en el bien, y fuente de mérito de infinito valor. De su plenitud hemos de recibir todos, gracia tras gracia. Tal es la necesidad en que nos encontramos de esta unión con el Salvador, que es el principal efecto de la comunión.

Si viviéramos firmemente persuadidos de que la Eucaristía es el alimento esencial y siempre necesario de nuestras almas, ni un solo momento dejaríamos de sentir esa *hambre espiritual*, que se echa de ver en todos los santos.

Para encontrarla, si acaso la hubiéramos perdido, preciso es "hacer ejercicio", como se recomienda a las personas débiles que languidecen. Mas el ejercicio espiritual consiste en ofrecer a Dios *algunos sacrificios cada día;* particularmente hemos de renunciar a buscarnos a nosotros mismos en las tareas en que nos ocupamos; por ese camino irá el egoísmo desapareciendo, poco a poco, para dar lugar a *la caridad* que *ocupará el primer puesto en nuestra alma;* de esa manera dejaremos de preocuparnos de nuestras pequeñas naderías, para pensar más en la gloria de Dios y la salvación de las almas. Así volverá de nuevo el hambre de la Eucaristía. Para comulgar con buenas disposiciones, pidamos a María nos haga participar del amor con que de las manos de San Juan recibía la santa comunión.

Los frutos de una comunión ferviente están en proporción con la generosidad con que a ella nos preparamos. "*Al que tiene* (buena voluntad) *se le dará más y nadará en la abundancia*", dice el Santo Evangelio (Mat., XIII, 12). Santo Tomás nos recuerda en el oficio del Santísimo Sacramento que el profeta Elías, cuando era perseguido, se detuvo, rendido, en el desierto, y se echó debajo de un enebro como para esperar la muerte; y se durmió; le despertó un ángel y le mostró junto a sí un pan cocido a fuego lento y un cántaro de agua. Elías comió y bebió, y, con la fuerza que le dió este alimento, caminó cuarenta días, hasta el monte Horeb, donde le esperaba el Señor. He ahí una figura de los efectos de la comunión ferviente.

Meditemos en que *cada una de nuestras comuniones debería ser sustancialmente más fervorosa que la anterior;* y en que todas ellas no sólo han de conservarnos en la caridad, sino que han de *acrecentarla*, y disponernos en consecuencia a recibir al día siguiente al Señor, con un amor, no sólo igual, sino mucho más ardiente que la víspera. Como una piedra cae *con tanta mayor rapidez* cuanto se acerca más al suelo, así, dice Santo Tomás (¹), deberían las almas ir a Dios con tanta más prisa cuanto más se acercan a él y son por él más atraídas. Y esta *ley de la aceleración,* que es a la vez ley natural y del orden de la gracia, habría de verificarse sobre todo por la comunión cotidiana. Y así sería si no fueran obstáculo algunas aficiones al pecado venial o a las imperfecciones. Encuentra, en cambio, realización plena en la vida de los santos, que en los últimos años de su vida realizan mucho más rápidos progresos en la santidad, como se ve en la vida de Santo Tomás. Esta aceleración fué realidad especialmente en la vida de María, modelo de devoción eucarística; con seguridad que cada una de sus comuniones fué más fervorosa que la precedente.

Pluguiera a Dios que otro tanto acaeciera en nosotros, aunque sea en menor medida; y que aunque la devoción sensible faltare, nunca se eche de menos la sustancial, o sea la disposición del alma a entregarse al servicio de Dios.

Como dice la *Imitación de Cristo,* l. IV, c. IV: "Pues, ¿quién, llegando humildemente a la fuente de la suavidad, no vuelve con algo de dulzura? ¿O quién está cerca de algún gran fuego, que no reciba algún calor? Tú eres fuente llena, que siempre mana y rebosa; fuego que de continuo arde y nunca se apaga."

Esta fuente de gracia es tan alta y tan fecunda, que puede ser comparada a las cualidades del agua, que da refrigerio, y a sus opuestas, las del fuego abrasador. Aquello que en las cosas materiales anda dividido, únese en la vida espiritual, sobre todo en la Eucaristía.

Pensemos, al comulgar, en San Juan que reposó su cabeza en el costado de Jesús, y en Santa Catalina de Sena, quien más de una vez tuvo la dicha de beber con detenimiento en la llaga de su Corazón, siempre abierto para mostrarnos su amor. Tales gracias extraordinarias las concede Dios, de tanto en tanto, para darnos a entender las cosas que pasarían en nuestra alma si supiéramos responder con generosidad al divino llamamiento.

(¹) *In Epist. ad Hebr.,* X, 25: "Motus naturalis (v. g. lapidis cadentis) quanto plus accedit ad terminum, *tanto magis intenditur.* Contrarium est de motu violento (v. g. lapidis sursum projecti). Gratia autem inclinat in modum naturæ. Ergo qui sunt in gratia, quanto plus accedunt ad finem, *plus debent crescere.*"

EXAMEN

LAS COMUNIONES SIN ACCIÓN DE GRACIAS

Si scires donum Dei!
¡Si conocieras el don de Dios!

No pocas almas interiores nos han expresado el dolor y pena que sienten ante el hecho de que, en algunos lugares, la mayor parte de los fieles se van de la iglesia *inmediatamente* después de la misa en que han comulgado. Aun más, tal costumbre tiende a hacerse general, aun en muchos pensionados y colegios católicos, en los que, antes, los alumnos que habían comulgado continuaban en la capilla como unos diez minutos después de la misa, dando gracias; costumbre que muchos han conservado toda la vida.

En ese tiempo, para hacer comprender la necesidad de la acción de gracias, se contaba, y con mucho fruto, lo que una vez hizo San Felipe de Neri, quien mandó en cierta ocasión que dos monaguillos, con cirios encendidos, acompañasen, un buen trecho, a una dama que solía salir de la iglesia inmediatamente después de la misa de comunión. Mas hoy van introduciéndose por todas partes ciertos modales de irrespetuosidad hacia todo el mundo, hacia los superiores como hacia los iguales e inferiores, y aun hacia Nuestro Señor. De continuar así, habrá pronto *muchos que comulgan y muy pocos que comulgan bien.* Si las almas celosas no se esfuerzan por contrarrestar esta corriente de despreocupación, en vez de disminuir irá en aumento, destruyendo poco a poco el espíritu de mortificación y de verdadera y sólida piedad. Mas lo cierto es que Nuestro Señor permanece siempre el mismo, y nuestros deberes hacia él son también los mismos de antes.

La acción de gracias es un deber siempre que hayamos recibido un beneficio, y tanto mayor cuanto el favor es más notable. Cuando obsequiamos con un objeto de algún valor a una persona amiga, nos causa no poca pena el ver que, a veces, ni siquiera se toma la molestia de pronunciar una sola palabra de agradecimiento. Cosa que sucede con más frecuencia de lo que sería de desear. Y si tal despreocupación, que es ingratitud, nos molesta, ¿qué no podremos decir de las ingratitudes sin cuento para con Nuestro Señor cuyos beneficios son inmensos e infinitos?

El mismo Jesús nos lo dijo, después de la curación de los diez leprosos, de los que sólo uno se volvió a darle las gracias: "*¿Los otros nueve dónde están?*", preguntó el Salvador.

Mas en la comunión, el beneficio que recibimos es inmensamente superior a la milagrosa curación de una enfermedad corporal, puesto que recibimos al autor de la salud y del acrecentamiento de la vida de la gracia, que es germen de la vida eterna; en ella se nos da también aumento de caridad, es decir de la más excelsa de las virtudes, la cual vivifica y anima todas las otras y es el fundamento y principio del mérito.

Jesús dió con frecuencia gracias a su eterno Padre por todos sus beneficios, particularmente por el de la Encarnación redentora; y desde el fondo de su alma agradeció a su Padre el que hubiera revelado ese misterio a los pequeños y humildes. Dióle gracias en la Cruz, al pronunciar el *Consummatum est*. Y ahora no cesa de hacerlo en el santo Sacrificio de la Misa, en la que es sacerdote principal. La acción de gracias es uno de los cuatro fines del sacrificio, junto con la adoración, la súplica y la reparación. Y aun después del fin del mundo, una vez que la última misa esté ya celebrada, y cuando no habrá ya sacrificio propiamente dicho, sino sólo su consumación; cuando la impetración y reparación se hubieren terminado, el culto de adoración y de acción de gracias durará eternamente, y su expresión será el *Sanctus*, que será el eterno cántico de los elegidos.

Así se comprende que muchas almas interiores tengan tanta diligencia y la muy santa costumbre de hacer celebrar misas de acción de gracias, particularmente los segundos viernes de mes, para contrarrestar la ingratitud de los hombres, y aun de tantos cristianos que apenas saben agradecer los inmensos beneficios recibidos del Señor.

Si alguna cosa hay, sin embargo, que exija especial *acción de gracias*, es *la institución de la Sagrada Eucaristía*, por la cual quiso Jesús permanecer real y sustancialmente con nosotros, continuando por modo sacramental la oblación de su sacrificio, y a fin de dársenos en manjar que nutra nuestras almas mejor que el más sustancioso de los alimentos pudiera nutrir el cuerpo. No se trata aquí de alimentar nuestra mente con los conceptos de un San Agustín o de un Santo Tomás, sino de hacer nuestro sustento al mismo Jesucristo Señor nuestro, con su humanidad y la plenitud de gracias que reside en su alma santísima, unida personalmente al Verbo y a la Divinidad. El Beato Nicolás de Flüe decía: "*Señor Jesús, róbame a mí mismo y entrégame a ti*"; añadamos nosotros: "Señor Jesús, entrégate a mí, para que yo te pertenezca totalmente." Sería éste el más excelso don que pudiéramos recibir. ¿Y no merecería de nuestra parte rendidísimas acciones de gracias? Esa finalidad tiene precisamente la devoción al Corazón eucarístico de Jesús.

Si el autor que os hace donación de su libro puede con razón quejarse de que no le hayáis dado las gracias, ¡cuánto más dolorosa no será la ingratitud de quien no se acuerda de mostrar y significar su agradecimiento después de la comunión, en la que Jesús se da *a sí mismo* a nuestras almas!

Los fieles que se alejan de la iglesia casi al momento de haber comulgado, diríase que se olvidan de que la presencia real de Jesús subsiste en ellos, como las especies sacramentales, un cuarto de hora más o menos después de la comunión, ¿y no serán capaces de hacer compañía a este divino Huésped durante esos pocos minutos? ¿Cómo no caen en la cuenta de su irreverencia? ([1]). Nuestro Señor nos llama, se entrega a nosotros con tan divino amor, y nosotros diríase que nada tenemos que decirle ni escuchar su voz durante unos pocos instantes.

Los santos, y en particular Santa Teresa, como lo hace notar Bossuet, nos han repetido muchas veces que la acción de gracias después de comulgar es para nosotros el momento

---

([1]) No nos referimos aquí a las personas verdaderamente piadosas que, por obligación o alguna necesidad, se ven en la precisión de abandonar la iglesia luego de la comunión.

más precioso de la vida espiritual (¹). La esencia del Sacrificio de la Misa está indudablemente en la consagración, pero de él participamos por la comunión. Hase de establecer en ese momento, real contacto entre el alma santísima de Jesús y la nuestra, y unión íntima de su inteligencia humana, iluminada por la lumbre de la gloria, con la nuestra que con tanta frecuencia se halla oscurecida, llena de tinieblas, olvidada de sus deberes y tan obtusa en presencia de las cosas divinas; hemos igualmente de esforzarnos por que sea realidad la unión íntima de la voluntad humana de Jesús, inmutable en el bien, con la nuestra, tan mudable e inconstante; y en fin, unión de su purísima sensibilidad con la nuestra tan pecadora. En la sensibilidad de Nuestro Señor está el foco y centro de las virtudes de fortaleza y virginidad que esfuerzan y comunican pureza a las almas que se acercan a él.

Mas Jesús no habla sino a los que le escuchan y no dejan voluntariamente de oírle. Por eso, no sólo hemos de reprocharnos las distracciones directamente voluntarias, sino también las que no lo son sino indirectamente, pero debidas a nuestra *negligencia* en considerar, desear y hacer aquello que estamos obligados a considerar, hacer y desear. Tal negligencia es el principio de multitud de pecados de omisión, que, al examinar la conciencia, se nos pasan casi inadvertidos. Muchas personas que no encuentran pecados en su conciencia, por no haber *cometido* ninguno grave, están sin embargo cargadas de faltas de omisión y negligencia indirectamente voluntaria, que no carece de alguna culpabilidad.

No echemos, pues, en olvido la acción de gracias, como sucede con frecuencia. ¿Qué frutos se pueden esperar de comuniones hechas con tan poco cuidado y devoción?

En algunas partes, aun muchos sacerdotes, por desgracia, apenas se preocupan de la acción de gracias después de la Misa; otros la confunden con el rezo de una parte del oficio,

---

(¹) Véase sobre el particular la hermosa vida de la fundadora del Cenáculo, Madre María Teresa Couderc: *Une grande humble*, por el P. Perrov, S. J., p. 195: "El día que he recibido la santa comunión, dice a su Superiora, me es imposible dejar la capilla. El tiempo dedicado a la acción de gracias por la comunidad me parece tan breve, que debo violentarme para seguirla al refectorio."

de forma que parecería que no hay en ellos suficiente fervor personal, para dar vida interior a la piedad, en cierto modo oficial, del ministro del Señor. Síguense de ahí muy tristes consecuencias: ¿cómo podrá comunicar a los demás vida divina aquel sacerdote que apenas la tiene para sí? ¿Cómo dar satisfacción a las profundas necesidades espirituales de las almas hambrientas, que muchas veces, después de haberse dirigido a él, se tienen que retirar por no haber encontrado lo que con tanta ansiedad iban buscando? Por eso no es raro ver almas que, teniendo verdadera hambre y sed de Dios, almas que, habiendo recibido mucho, quieren hacer a otros participantes de sus bienes, oyen que alguien les dice: "¡No tenéis por qué sacrificaros tanto! ¡Habéis hecho ya más de lo debido!" ¿Para qué servirían entonces el celo y el fervor de la caridad, y cómo se verificarían las palabras del Salvador: "He venido a traer fuego a la tierra, y qué quiero sino que se extienda por todas partes?" "Yo he venido para que tengáis vida, y la tengáis en abundancia."

Una persona verdaderamente piadosa, que se echaba en cara el no pensar bastante durante el día en la santa comunión hecha por la mañana, recibió una vez esta respuesta: "Tampoco solemos pensar en la comida que hicimos algunas horas antes." Fué ésta la respuesta que le dió el naturalismo práctico, que pierde de vista la inmensa distancia que separa al pan eucarístico del pan ordinario. El estado de espíritu que tales palabras revelan es manifiestamente lo más opuesto a la contemplación del misterio de la Eucaristía, y procede de una negligencia habitual con que normalmente se reciben los más preciados dones de Dios. Por ese camino se llega pronto a no darse cuenta de su valor, que sólo se conoce teóricamente; y los consejos que salen de la boca de quienes están en ese estado han perdido la virtud de acercar las almas a Dios, pues no pasan de ordinario del nivel de una casuística estéril que sólo se preocupa en fijar normas y grados para evitar el pecado.

Tal estado de espíritu puede llevar muy lejos; se llega en él a olvidar que todo cristiano, cada cual según su condición, está en la obligación de tender a la perfección de la caridad, en virtud del supremo mandamiento: "Amarás al Señor Dios tuyo de todo tu corazón, y con toda tu alma, y con todas tus fuerzas" (Luc., x, 27).

Siguiendo ese camino, el sacerdote y el religioso llegarían a olvidarse de su obligación, no sólo general, sino especial, de tender a la perfección, para cumplir más santamente cada día sus sagradas funciones y ministerios, y vivir en más íntima unión con el Señor.

En ciertos períodos de la historia de las Órdenes monásticas, algunos religiosos, después de haber celebrado su misa privada, omitían la asistencia a la misa conventual, aun en las fiestas, mientras no fuera canónicamente cierto que tenían esa obligación. Si hubieran hecho con fervor la acción de gracias, ¿habrían procedido de esta forma? *La casuística tendía a prevalecer sobre la espiritualidad,* que era considerada como cosa secundaria. Si para nosotros llega un día en que consideremos la unión con Dios como cosa secundaria, será que hemos dejado de aspirar y tender a la perfección, y que hemos perdido de vista el supremo mandamiento que acabamos de citar. Nuestro juicio no sería juicio de sabiduría, ni se inspiraría en ese don: estaríamos ya precipitándonos por la pendiente de la insensatez espiritual, a la cual se llega por el camino de la negligencia.

La negligencia en la acción de gracias se convierte luego en negligencia en la adoración, que acabaría por no ser sino un gesto exterior en la súplica y en la reparación. Se perderían así de vista cada vez más completamente los cuatro fines del sacrificio, entregándose con frecuencia a cosas completamente secundarias que además perderían su propio valor moral y espiritual, desde el momento que no estuvieran vivificadas por la unión con Dios.

Todo beneficio exige el agradecimiento, y un beneficio inconmensurable demanda un agradecimiento proporcionado. Como no somos capaces de tenerlo para con Dios, pidamos a María medianera que venga en nuestro auxilio y nos haga tomar parte en la acción de gracias que ella ofreció al Señor después del sacrificio de la Cruz, después del *Consummatum est,* y después de las misas del apóstol San Juan. Tanta negligencia en la acción de gracias por la santa comunión proviene de que no conocemos como debiéramos el don de Dios: *si scires donum Dei!* Pidamos al Señor, humilde pero ardientemente, la gracia de un vivísimo espíritu de fe, que nos permita comprender mejor cada día *el valor de la Eucaristía;* pidamos la gracia de la contemplación sobrenatural de este misterio de fe, es decir el conocimiento vivo y claro que procede de los dones de inteligencia y de sabiduría, y es el principio de una ferviente acción de gracias, tanto más intensa cuanto fuere mayor el conocimiento de la grandeza del don que hemos recibido ([1]).

---

[1] Recuérdese lo que era la acción de gracias del peregrino mendigo que se llamó San Benito José Labre, que con frecuencia se elevaba en éxtasis y se transfiguraba contemplando al Salvador presente en la Eucaristía. Recientemente M. Carlos Grolleau ha hecho revivir la fisonomía del santo en cincuenta admirables páginas que son una obra maestra: *Saint Benoît-Joseph Labre,* Éditions Publiroc, Marsella.

CAPÍTULO DÉCIMOSEXTO

ORACIÓN DE SÚPLICA

Después de haber hablado de la purificación del alma por los sacramentos, por la confesión, por la asistencia a la Misa y la Comunión frecuente, vamos a tratar de la purificación del alma de los principiantes por la oración; diremos algo, en primer lugar, de la oración de súplica en general, luego de la oración litúrgica, que es la salmodia, y del espíritu que la ha de acompañar, y en fin de la oración mental de los principiantes. Comencemos por los principios más generales.

¿Tenemos bastante fe en la eficacia de la oración?

La cuestión de la eficacia de la oración interesa a todas las almas sin excepción, tanto a las que comienzan como a las que ya van adelante, y aun a las que se encuentran en pecado mortal; porque aunque el pecador, que ha perdido la gracia santificante, no pueda merecer, siempre puede orar. El mérito, que es derecho a la recompensa, está relacionado con la justicia divina (¹); mas la oración va dirigida a la divina misericordia, que muchas veces oye y levanta, sin mérito alguno de parte nuestra; así es como da la vida a las almas muertas de muerte espiritual. Aun la más miserable de ellas, desde el fondo del abismo en que está postrada, puede elevar a la misericordia este grito que es la plegaria. Al mendigo, que va por esos caminos sin otra compañía que su pobreza, en nombre de su misma miseria le es dado orar; y si pone el corazón en esta súplica, la misericordia desciende hasta él; aquí el abismo de la miseria llama al de la misericordia. Y es el alma levantada, y Dios glorificado.

(¹) El mérito *de condigno* se funda en la justicia; el *de congruo* está fundado *in jure amicabili* o derecho de amistad.

Recordemos la conversión de la Magdalena, y la oración de Daniel en favor del pueblo de Israel: "Inmensos son nuestros pecados contra vos, Señor, y dignos somos de cualquier castigo... mas perdonadnos por el honor de vuestro nombre" (Daniel, III, 29, 34). Los salmos están llenos de parecidas súplicas: "Pobre soy e indigente: ¡apresúrate, Dios mío, a venir en mi auxilio! Tú eres mi amparo y mi libertador; no tardes, Señor" (S., LXIX, 6). "Socórrenos, Dios de nuestra salud, por la gloria de tu nombre; rompe nuestras ligaduras, y por tu nombre perdona nuestros pecados" (S., LXXVIII, 9). "Tú eres mi refugio y mi escudo; en tu palabra he puesto mi confianza... Sosténme, según tu promesa, para que viva; no permitas que sea confundido en mi esperanza" (S., CXVIII, 114).

¿Tenemos fe en la eficacia de la oración? Cuando nos hallamos a punto de sucumbir a la tentación, cuando no acabamos de ver claro y podemos apenas sorportar el peso de nuestra cruz, ¿buscamos nuestro refugio, como lo manda el Señor, en la oración? ¿No nos acontece dudar de ella, al menos prácticamente? Y sin embargo no ignoramos la promesa del Salvador: *"Pedid y recibiréis"* (¹). Conocemos igualmente la común doctrina de los teólogos: la oración por la cual pedimos con humildad, confianza y perseverancia, las gracias necesarias para nuestra salvación, es infaliblemente eficaz (²). No ignoramos esta doctrina, y sin embargo nos parece, a veces, que nuestra oración no ha sido escuchada. Creemos, o vemos, mejor dicho, la potencialidad de una máquina, de un ejército, del dinero y de la ciencia; pero apenas si creemos en la eficacia de la oración. El poder de esa fuerza intelectual, que es la ciencia, la vemos en sus resultados; nada de misterioso hay en ella; sabemos el origen

---

(¹) Mat., VII, 7.
(²) SANTO TOMÁS, II, II, q. 83, a. 15: "Ponuntur quatuor conditiones, quibus concurrentibus *semper* aliquis impetrat quod petit: ut scilicet *pro se* petat, *necessaria ad salutem, pie* et *perseveranter*." Y aun de la oración del pecador escribe (*ibid.*): "Orationem peccatoris ex bono naturæ desiderio procedentem Deus audit, non quasi ex justitia, quia peccator hoc non meretur, sed ex pura misericordia; observatis tamen quatuor præmissis conditionibus, ut scilicet *pro se* petat, *necessaria ad salutem, pie* et *perseveranter*.

de ese poder y sus consecuencias: se adquiere mediante el esfuerzo humano y sus efectos nunca sobrepasan los humanos límites. Mas cuando se trata de la oración, nuestra confianza en ella es muy débil, porque no vemos con claridad de dónde viene y olvidamos a dónde va.

Traigamos a la memoria los fundamentos en que se basa la eficacia de la oración, y el fin al cual se ordena, o en otros términos: cuál es su principio fundamental y su fin.

Fundamentos de la eficacia de la oración

Las fuentes de los ríos suelen hallarse en parajes elevados; el agua que cae del cielo y la que corre al derretirse las nieves contribuyen a engrosar sus corrientes; el río en sus principios no pasa de ser un torrente que desciende de las montañas, antes que llegue a fertilizar los valles y desembocar en el mar. He aquí una imagen que nos ayuda a comprender la altura de los fundamentos de la eficacia de la oración.

Diríase que muchas veces vivimos en la persuasión de que la oración es una fuerza o energía cuyo principal fundamento somos nosotros mismos, y que por ella pretendemos inclinar la voluntad de Dios, por arte de persuasión. Y lógicamente tropezamos con una dificultad que con frecuencia formularon los deístas de los siglos XVIII y XIX: ningún hombre es capaz de mover o inclinar la voluntad de Dios. Éste es sin duda la bondad misma, que no pide otra cosa que darse o entregarse; es la misma misericordia siempre dispuesta a venir en auxilio del que padece; mas Dios es también el Ser absolutamente inmutable; la voluntad divina, desde toda la eternidad, es tan inconmovible como misericordiosa. Nadie puede gloriarse de haber conseguido que, en cualquier asunto, Dios vea más claro o cambie su voluntad: "*Ego sum Dominus et non mutor:* Yo soy el Señor, y no cambio" (Mal., III, 6). Por los decretos de la Providencia, el orden de las cosas está fuerte y suavemente establecido desde el principio (¹). ¿Habremos de concluir, con los fatalistas, que

---

(¹) Esta divina inmutabilidad está frecuentemente afirmada, y de manera espléndida, en la Sagrada Escritura: "No es Dios como el hijo del hombre; Dios no cambia." (Números, XXIII, 19.) "Los cielos obra son de tus manos. Éstos perecerán; pero tú eres inmutable.

la oración no vale nada? ¿Que, roguemos o no, lo que ha de suceder sucederá necesariamente?

Las palabras del Evangelio permanecen inconmovibles: *"Pedid y recibiréis, buscad y hallaréis, llamad y se os abrirá"* ([1]).

La oración, en efecto, no es una fuerza que en nosotros tenga su principio fundamental; ni es un esfuerzo del alma humana para hacer violencia a Dios y obligarle a cambiar sus decretos providenciales. Si a veces se habla de ella en este sentido, sólo es lícito dar a tales palabras un sentido metafórico y ver en ellas una manera humana de expresarse. En realidad, la voluntad de Dios es absolutamente inmutable; mas precisamente *esa suprema inmutabilidad* es el fundamento y la fuente de la infalible eficacia de la oración.

Todo esto es muy sencillo, no obstante estar ahí encerrado el misterio de la gracia. Hay en ello cierta penumbra muy atrayente y bellísima. Subrayemos en primer lugar lo que es claro: *la verdadera oración es infaliblemente eficaz, porque Dios, que nunca vuelve atrás, ha decretado que así sea* ([2]). Esto lo comprendieron clarísimamente los santos al contemplar los misterios de Dios.

Tan pueril sería imaginarse a un Dios que desde toda la eternidad no hubiera previsto y querido las oraciones que le dirigimos, como suponerle cambiando sus designios por acomodarse a nuestra voluntad.

No sólo *las cosas que suceden* han sido previstas y queridas (o permitidas al menos) de antemano por un decreto de

---

Vendrán a gastarse como un vestido. Mudaráslos como quien muda una capa, y mudados quedarán. Mas tú eres el mismo, y tus años no tendrán fin." (Salm. 101, 26-28.) "Toda dádiva preciosa y todo don perfecto de arriba viene, como que desciende del Padre de las luces, en quien no cabe mudanza ni sombra de variación." (Santiago, I, 17.)

 ([1]) Mat., VII, 7; Luc., XI, 9; Marc., XI, 24.

 ([2]) Santo Tomás, II, II, q. 83, a. 2: "Ex divina providentia non solum disponitur qui effectus fiant, sed etiam ex quibus causis et quo ordine proveniant. Inter alias autem causas sunt etiam quorundam causæ actus humani. Unde oportet homines agere aliqua, non ut per suos actus divinam dispositionem immutent, sed ut per actus suos impleant quosdam effectus secundum ordinem a Deo dispositum. Et idem etiam est in causis naturalibus. Et simile est etiam de oratione. Non enim propter hoc oramus, ut divinam dispositionem immutemus, sed ut id impetremus, quod Deus disposuit per orationes esse implendum."

la Providencia, sino también el *modo* como suceden, y *las causas* que dan lugar a tales acontecimientos; todo esto fue establecido desde toda la eternidad. Si fijamos nuestra atención en la producción de la naturaleza, el Señor dispuso la semilla, la lluvia que la ayuda a germinar y el sol que hace madurar los frutos de la tierra. Del mismo modo, para la cosecha espiritual, preparó la semilla del espíritu y las gracias necesarias a la santificación y salvación de las almas. En todos los órdenes, desde el ínfimo hasta el más elevado, y en previsión de determinados efectos, dispone Dios las causas que los han de producir.

Ahora bien, la oración es precisamente una causa ordenada a este efecto: conseguir los divinos dones. Ninguna criatura existe sino merced a la bondad de Dios. De esto, sólo la criatura racional tiene conciencia. La existencia, la salud, las fuerzas físicas, la luz de la inteligencia, la energía moral, el éxito en nuestras empresas, todas estas cosas son dones de Dios; y principalmente la gracia que nos inclina y mueve al bien que conduce a la salvación, nos da el poder realizarlo y la perseverancia en él. Mas la gracia y, mejor, el Espíritu divino que nos fue enviado y es la fuente de aguas vivas, es *el don por excelencia,* aquel don del cual decía Jesús a la Samaritana: "*Si conocieras el don de Dios,* y quién es el que te dice: Dame de beber, puede ser que tú le hubieras pedido a él, y él te hubiera dado agua viva... Quien bebiere del agua que yo le daré, vendrá a ser dentro de él un manantial de agua viva que saltará hasta la vida eterna" (Joan, IV, 10).

Sólo la criatura racional es capaz de darse cuenta de que, ni natural ni sobrenaturalmente, puede vivir sino por don y gracia de Dios. ¿Habremos, pues, de extrañarnos de que la divina Providencia haya querido que el hombre pida limosna, comprendiendo, como comprende, que solamente de limosna puede vivir?

En esto, como en todas las cosas, Dios quiere primero el efecto final, y después ordena los medios y las causas de donde aquél procede. Después de haber decidido dar, es su voluntad que pidamos para recibir; como un padre, que ha resuelto dar un premio a sus hijos, pero resuelve que se lo pidan primero. El don de Dios, es el resultado; la oración, la causa por voluntad de Dios ordenada a que lo consigamos. San Gregorio Magno dice que "los hombres deben disponerse por la oración a recibir todo lo que Dios omnipotente decidió concederles desde toda la eternidad" (¹).

Así Jesús, queriendo convertir a la Samaritana, la mueve a orar, diciéndole: "¡Si conocieras el don de Dios!" De la misma manera concede a la Magdalena la gracia actual, intensa y suave al mismo tiempo, que la movió a arrepentirse y a orar. Lo mismo hizo con Zaqueo y con el buen ladrón.

Tanta necesidad tenemos de orar, para conseguir el auxilio de Dios, para obrar el bien y perseverar, como es necesario sembrar para tener cosecha de trigo. A aquellos que dicen: "Que hayamos rogado o no, sucederá lo que tenga que suceder", se les ha de responder: "Tan insensato es eso que decís, como afirmar que sembrar o no sembrar es indiferente para tener una buena cosecha." La Providencia se extiende no sólo a los resultados, sino también a los medios que se han de emplear; y además se diferencia del fatalismo, en que respeta y deja a salvo la libertad humana, mediante una gracia tan suave como eficaz, *"fortiter et suaviter"*. Precisa nos es la gracia actual para orar; y esa gracia *a todos se nos ofrece*, y sólo los que la rehusan quedan privados de ella (²).

La oración es, pues, necesaria para obtener el auxilio di-

(¹) *In libr. I Dialog.*, c. VIII: "Homines postulando mereantur accipere, quod eis Deus omnipotens ante sæcula disposuit donare." Cit. por Santo Tomás, II, II, q. 83, a. 2.

(²) A todo adulto, aunque sea un gran pecador, se le ofrece la gracia para orar. ¿De qué manera? Todos reciben de tiempo en tiempo la gracia actual que les hace *realmente posible* la oración. Con esta gracia suficiente les es ofrecida la ayuda eficaz, como el fruto en la flor. Mas si el hombre opone resistencia a esta gracia suficiente, merece, por ese rechazo, verse privado de la gracia eficaz que le haría *efectivamente* orar. Está aquí encerrado el misterio de la gracia, que puede expresarse así: Si *la resistencia* a la gracia, lo cual es un mal, proviene únicamente de nuestra flaqueza; *la no resistencia*, que es un bien, viene de Dios fuente primera de todo bien. Y como el amor de Dios hacia nosotros es causa de todo bien, nadie será mejor que otro si no es más amado por Dios. "¿Qué tienes que no lo hayas recibido?" (I Cor., IV, 7). Cf. Santo Tomás, I, q. 20, a. 3 y 4.

Nuestro Señor ha dicho (Joan., XV, 5): *Sin mí nada podéis hacer*, en orden a la salud. Razón de más para suplicarle nos dé sus gracias, tal como él mismo nos lo aconseja. Si, pues, después de haber sinceramente pedido con humildad, confianza y perseverancia, no consiguiéramos las gracias necesarias para nuestra salvación, habría contradicción en Dios y en sus promesas. Son éstas inmutables y en ellas se funda la infalible eficacia de la oración bien hecha.

vino, del mismo modo que la cosecha supone el haber sembrado.

Más aún, si la mejor semilla, al no encontrarse en condiciones favorables, se echa a perder, la verdadera oración, humilde y confiada, por la que uno pide para sí lo necesario para la salvación, no se pierde jamás. Siempre es escuchada, en el sentido de que nos obtiene la gracia de *continuar* orando.

Nuestro Señor mismo nos ha garantizado que la oración bien hecha es siempre escuchada: "*Pedid y recibiréis, buscad y encontraréis, llamad y se os abrirá. Que entre vosotros, si un hijo pide pan a su padre, ¿acaso le dará una piedra? O si pide un pez, ¿le dará, en lugar de un pez, una serpiente?*" (Luc., IX, 11). Y a los apóstoles les dice: "*En verdad, en verdad os digo, que cuanto pidiereis al Padre en mi nombre, os lo concederá. Hasta ahora nada le habéis pedido en mi nombre*" (Joan., XVI, 23). Las almas de oración han de vivir, más que las otras, de esta doctrina, que para todo cristiano es elemental; sólo viviéndola se llega a comprender su profundidad.

Tengamos confianza plena en la eficacia de la oración; no es ésta una fuerza humana que encuentre su primer principio en nosotros; la fuente de su eficacia está en Dios y en los infinitos méritos del Salvador. Desciende de un eterno decreto de amor, y asciende hasta la divina misericordia, como se eleva el surtidor hasta la altura del depósito del agua. De la misma manera, cuando oramos, no se trata de persuadir a Dios, o de inclinarle *a cambiar* las disposiciones de su providencia; se trata, únicamente, *de elevar nuestra voluntad hasta la suya para querer con él, en el tiempo, lo que ha decidido darnos desde toda la eternidad*. La oración, lejos de pretender hacer bajar hacia nosotros al Altísimo, es "una elevación del alma hacia Dios", como se expresan los santos Padres. Cuando oramos y somos escuchados, parecería que la voluntad de Dios se inclina hacia nosotros; mas no es así: la nuestra es la que se sube y se remonta; sucede que nosotros comenzamos a querer en el tiempo lo mismo que Dios quería concedernos desde toda la eternidad.

Síguese de ahí que, lejos de oponerse al gobierno divino, *la oración coopera a él;* y somos así dos que queremos la misma cosa. Y cuando, después de haber orado mucho, para obtener, por ejemplo, una conversión, acabamos por ser escuchados, podemos decir: Dios es indudablemente quien ha convertido esta alma, pero se ha dignado asociarme a Él, y desde toda la eternidad había decidido hacerme orar para que esta gracia fuera concedida.

De esta forma *cooperamos* a nuestra salvación, al pedir en nuestro favor las gracias necesarias para alcanzarla; y *entre estas gracias, hay algunas*, tal la de la perseverancia, *que no pueden ser merecidas* (¹), pero que, no obstante, se obtienen por la oración humilde, confiada y perseverante. Asimismo la gracia eficaz que preserva del pecado mortal y nos mantiene en estado de gracia, nunca es merecida, porque eso equivaldría a merecer el principio mismo del mérito (el estado continuo de gracia); mas es posible obtenerlo por la oración. Aun la gracia actual y eficaz de amorosa contemplación, bien que hablando con propiedad no puede ser merecida *de condigno*, se obtiene, no obstante, por la oración: "*Por eso deseé yo la inteligencia, y me fué concedida; e invoqué el espíritu de sabiduría, y se me dió*" (Sap., VII, 7).

Aun cuando se trate de obtener la gracia de la conversión de otra persona que acaso opone a ello resistencia, cuantos más somos los que la pedimos y perseveramos más en la oración, con mayor confianza podemos esperar tal conversión. La oración, pues, coopera grandemente en el gobierno divino.

¿Qué cosas hemos de pedir principalmente?

Acabamos de ver cuál es el principio fundamental de la eficacia de la oración; consideremos ahora a qué fin fué ordenada por Dios, y cuáles son las cosas que puede conseguirnos.

El fin al cual la Providencia ordenó la oración, como medio, es la consecución de los dones de Dios necesarios para la santificación y la salvación; porque la oración es una causa que tiene su lugar propio en la vida de las almas, como el calor y la electricidad lo tienen en el orden físico. Mas el

---

(¹) La gracia de la perseverancia final es, en efecto, el estado de gracia que continúa en el instante de morir; mas como ese estado de gracia es el principio del mérito, no puede ser merecido. Cf. Santo Tomás, I, II, q. 114, a. 9: "*Principium meriti non cadit sub merito.*"

fin de la vida del alma es la vida eterna, y los bienes que a ella nos conducen son de dos clases: los bienes espirituales, que a ella nos llevan directamente, y los bienes temporales, que indirectamente pueden ser útiles a la salvación, en la medida en que estén subordinados a los primeros.

Los bienes espirituales son la gracia habitual y actual, las virtudes, los siete dones del Espíritu Santo y los méritos, fruto de las virtudes y de los dones. Como hemos dicho hace un momento, la oración humilde, confiada y perseverante es todopoderosa para hacer que el pecador consiga la gracia de la conversión, y para que el justo obtenga la gracia actual que le ayude a perseverar en el cumplimiento de sus obligaciones. La oración, hecha con esas condiciones, es todopoderosa para hacernos conseguir fe más viva, más firme esperanza, más ardiente caridad y mayor fidelidad a nuestra vocación. Y la primera cosa que hemos de pedir, como lo enseña el *Padre nuestro*, es que el nombre de Dios sea santificado y glorificado por una fe esplendorosa; que llegue su reino, que es el objeto de nuestra esperanza; que se haga su voluntad y se cumpla con amor, mediante una caridad cada vez más pura y fervorosa.

La oración es también suficiente y capaz de obtenernos el pan de cada día en la medida que sea útil y necesario para la salvación; el pan supersustancial de la Eucaristía y las disposiciones adecuadas para recibirlo. Igualmente nos consigue el perdón de los pecados y nos inclina a perdonar al prójimo; nos preserva de la tentación y nos da la gracia de alcanzar la victoria sobre todas ellas.

Mas para conseguir todas esas cosas, preciso es que la oración tenga las condiciones indicadas; preciso es que sea sincera, humilde, confiada, ya que va dirigida a la infinita bondad de la que no podemos dudar; perseverante, si ha de ser la expresión de un profundo deseo de nuestro corazón. Tal fué la oración de la Cananea, a la que dijo el Salvador: "Tu fe es grande, mujer; hágase como lo pides" (Mat., xv, 28).

Aunque el Señor nos deje luchando con graves dificultades, de las que le hemos pedido que nos libre, no por eso hay que pensar que no hemos sido escuchados. El mero hecho de que *continuemos suplicando*, demuestra que el Altísimo está a nuestro lado, porque sin una nueva gracia actual no continuaríamos en la oración. Nos deja frente a tales dificultades, para que el temple de nuestra alma vaya en aumento; quiérenos demostrar que la lucha nos aprovecha, y que, como se lo reveló a San Pablo en parecidas circunstancias, la gracia que nos concede basta para continuar en una lucha en la que su poder se muestra más patente: *"Sufficit tibi gratia mea, nam virtus in infirmitate perficitur"* (II Cor., XII, 9). Que es lo que se echa de ver sobre todo en la purgación pasiva de los sentidos y del espíritu, que resulta a veces una verdadera tempestad espiritual, durante la cual el alma se ve en la absoluta necesidad de pedir continuamente la gracia eficaz, que es la única que le impide desfallecer.

Respecto de los bienes temporales, la oración nos alcanza todos aquellos que de un modo u otro nos sirven de ayuda en nuestro viaje hacia la eternidad: el pan de cada día, la salud, la robustez y la prosperidad en nuestros negocios. La oración puede conseguirlo todo, con tal que, ante todo y sobre todo, pidamos amar a Dios más y más: *"Buscad primero el reino de Dios, y lo demás se os dará por añadidura"* (Mat., VI, 33). Si por ventura no conseguimos esos bienes temporales, es que no son útiles a nuestra salvación; mas si la oración está bien hecha, conseguimos en su lugar otra gracia superior.

"Cerca está el Señor de aquellos que le invocan, de todos cuantos le invocan de veras" (Salm. CXLIV, 18). La oración impetratoria o de súplica, siempre que verdaderamente sea una elevación del alma a Dios, dispone a otra más íntima de adoración, de reparación, de acción de gracias, y a la oración de unión.

CAPÍTULO DÉCIMOSÉPTIMO

LA ORACIÓN LITÚRGICA

Uno de los más poderosos medios para unirse con Dios lo tiene el alma religiosa en la salmodia, que en las órdenes religiosas va acompañada de la Santa Misa. La Misa es la más excelsa oración de Jesucristo, que se ha de continuar hasta el fin del mundo, mientras siga ofreciéndose por ministerio de sus sacerdotes, mientras su corazón sacerdotal y eucarístico siga sublimándose en el acto teándrico de amor y oblación, cuyo valor es infinito como adoración, reparación, súplica y acción de gracias. La salmodia del Oficio divino es la más excelsa oración de la Iglesia, la Esposa de Cristo; oración que, día y noche, sube al cielo, y nunca ha de cesar en la tierra, lo mismo que la Santa Misa.

La salmodia ha de ser, para todos aquellos que tienen el honor de participar en ella, escuela admirable de contemplación, de ofrecimiento de sí mismo y de santidad. Mas para que produzca frutos tan maravillosos, la salmodia ha de conservar aquello que constituye su misma esencia; ha de tener no solamente un cuerpo bien organizado, sino un alma; mas si deja de ser la gran oración contemplativa, poco a poco va perdiendo su alma; y en vez de ser impulso y elevación a Dios y remanso espiritual, pronto se convierte en una carga, en cosa fatigosa y es exiguo el fruto que produce. Por eso quisiéramos decir aquí algunas pocas palabras, primero sobre la salmodia deformada y materializada, para luego tratar de la verdadera, que es una liberación y reposo dulcísimo, según lo canta la Iglesia, sobre todos los ruidos de la tierra.

LA SALMODIA DEFORMADA

La salmodia deformada es un cuerpo sin alma. Es generalmente *precipitada:* como si la precipitación, que, como dice

San Francisco de Sales, es la muerte de la devoción, fuese capaz de reemplazar a la vida profunda y verdadera. Las palabras del Oficio son en tal caso mal pronunciadas, sin ritmo ni medida. Las antífonas, muchas veces tan bellas, se dicen torcidamente y resultan ininteligibles, y más todavía los himnos. Las lecciones, sin las debidas pausas, se leen como se leerían las cosas más indiferentes o aun las más enojosas, cuando es lo cierto que se trata de los esplendores de la divina Sabiduría o de los más bellos pasajes de las vidas de los santos. Preténdese ganar tiempo, unos pocos minutos que acaso se van a emplear en naderías, mientras por otro lado se pierde lo mejor del tiempo que nos concede Dios. El P. de Condren decía: "Si un señor hablase a su criado como muchos hablan a Dios, creería éste que su dueño estaba loco al hablar de esa manera."

Como consecuencia, la salmodia a que nos referimos hácese mecánica y deja de ser orgánica; como acontece en un cuerpo sin alma, que las diferentes partes no están ya vitalmente unidas sino sólo yuxtapuestas. Son meras palabras que vienen unas en pos de las otras. Y ya no se penetra en el profundo sentido de los salmos, y aquel que pretendiere adentrarse en su espíritu y meditarlos, hallará no pequeña fatiga y gran obstáculo para la verdadera oración.

La salmodia así entendida, ¿continúa siendo una elevación del alma a Dios? Acaso sea así; mas sin duda será elevación uniformemente retardada, como la de la piedra lanzada al aire, que tiende a caer de nuevo, cuando la verdadera plegaria debe remontarse, como la llama, espontáneamente, hacia el cielo.

¿Qué remedios curarían este mal? Primero las reglas de la salmodia. Claro que es éste un remedio insuficiente si se le aplica solo. El mal es más profundo y hay que ir hasta sus raíces. En realidad sólo habría un remedio verdaderamente eficaz, que a la vez haría posible el empleo de los otros; aquel que devolviera *el espíritu de oración*, de la misma forma que, para restituir en sus funciones a un cuerpo sin alma, primero sería preciso volverlo a la vida.

La salmodia deformada nos hace comprender que para un alma que carece de vida íntima de oración, el rezo del Oficio divino viene a ser algo puramente material, mero culto exterior. Esa alma, como carece del hábito de recogimiento, vese con frecuencia asaltada de pensamientos extraños a ese sublime Oficio; sus ocupaciones, estudios y pequeños asuntos viénenle constantemente a la memoria, y aun a veces pensamientos del todo vanos. No es que las personas de vida interior desconozcan del todo estas miserias, mas en aquellas a que ahora nos referimos, constituyen un habitual estado de negligencia, y las distracciones no se limitan a la imaginación, sino que invaden igualmente sus facultades superiores. ¿Cómo gustar, hallándose en este estado, las divinas palabras de los Salmos, de los Profetas, de las Epístolas, las bellísimas páginas de los Padres y de las vidas de los santos, que ante nuestros ojos desfilan cada día en el Oficio divino? Todas estas espirituales bellezas pasan inadvertidas, como si fueran cosas insípidas e incoloras. La sublime poesía de los Salmos viene a hacerse lánguida y monótona. San Bernardo pudo ver en el coro, un día, a los ángeles custodios de cada religioso, que escribían la salmodia; pero lo hacían de muy distintas maneras: los unos con letras de oro o de plata, otros con tinta, los de más allá con agua incolora; un ángel tenía la pluma en la mano, mas nada escribía. La rutina convierte en momias las cosas que en sí poseen vida más intensa, y las reduce a fórmulas mecánicamente recitadas. Se trataría de un verdadero nominalismo práctico, especie de materialismo en acción. Las facultades superiores apenas se puede decir que vivan con semejante oración, antes bien permanecen somnolientas y disipadas. Todavía llega a los oídos la sinfonía del Oficio, más bella y excelsa que las más célebres de Beethoven, pero, estando ausente el espíritu y sentido interior, no se la escucha ni aprecia. Estúdiase con frecuencia el Oficio divino desde el punto de vista histórico o en su aspecto canónico de obligación más o menos estricta, y aun se pone gran interés en tales distinciones; mas lo que importa sobre todo es considerarlo desde el punto de vista espiritual y penetrarnos de él en este aspecto.

La salmodia contemplativa

¿Qué cosa debe ser la salmodia contemplativa? Lo que la distingue y especifica es precisamente el espíritu de oración, o cuando menos la aspiración a ese espíritu, deseándolo y yendo tras él, pues de esa manera indudablemente lo encontraríamos. Esto nos da a entender cuán íntimamente relacionada está con la vida normal de la santidad, la contemplación de los misterios de la fe; sólo ella es capaz de traer a nuestra alma, en la oración litúrgica, la luz, la paz y el gozo que sigue a la verdad bien saboreada y amada, *gaudium de veritate.*

Tal espíritu de oración se consigue íntima y profundamente en la comunicación con el Señor, y se pierde totalmente desde el momento que tenemos prisa por terminar la oración de cada día, echando en olvido que es respiración del alma y contacto con Dios, vida nuestra.

Este espíritu es el que inspiró los salmos, y, sin él, ni se los comprende ni menos se vive de ellos. "Como el ciervo suspira por las fuentes de agua viva, así mi alma suspira por Ti, Dios mío."

Si la salmodia está impregnada de este espíritu, entonces, en lugar de precipitación mecánica, que es vida a flor de piel y nada más que aparente, encontramos en ella vida verdadera y profunda, que no necesita recordar constantemente las reglas litúrgicas, ya que tales normas sólo son la expresión externa de su espíritu interior. En tal caso, aun sin caer en exagerada lentitud, pronúncianse bien las palabras, evítase la precipitación, se hacen las pausas, que vienen a ser como un descanso vital entre la aspiración y la respiración. Comiénzase asimismo a encontrar sabor a las antífonas, y el alma se nutre del meollo de los textos litúrgicos. El encargado de leer las lecciones, las repasa de antemano para no andar titubeando y leer a veces lo que no está escrito. Y en vez de expresar en ellas los propios sentimientos, tiéndese a darles el profundo sentido de la Sagrada Escritura, cuyos divinos esplendores cautivan nuestra inteligencia a pesar de ciertas oscuridades. Ya no se anda detrás de cuatro o cinco minutos que ganar, ni se echa a perder el más precioso tiempo que Dios nos concede; más aún, queda uno inclinado a prolongar la plegaria con algunos momentos de oración, como hacían los antiguos religiosos, que, de noche, después de cantar maitines y laudes, continuaban algún tiempo en íntimo recogimiento. Háblase muchas veces, en sus vidas, de estas *oraciones secretas*, de ese permanecer con Dios mano a mano, en que con frecuencia recibían clarísimas ilustraciones que sin mayor éxito habían buscado antes, durante prolongadas horas de trabajo y estudio. Si se procede así, da el alma con la verdadera vida y se llega a comprender que el espíritu de la salmodia tiene sus raíces en la oración mental; al mismo tiempo que la salmodia brinda a la oración el más nutritivo alimento, la misma palabra de Dios, distribuída y convenientemente explicada, según el ciclo del año litúrgico, según el verdadero tiempo, que coincide con el único instante de la inmoble eternidad ([1]).

Cantada así la salmodia, deja de ser oración mecánica convirtiéndose en oración orgánica; ha vuelto el alma a vivificar el cuerpo; y ya no se trata de palabras yuxtapuestas, porque un espíritu vital corre por ellas. Y sin esfuerzo, aun en momentos de angustia, se encuentra sabor y deleite en la maravillosa poesía de los salmos, y se saca de ellos luz, descanso, fortaleza y renovación de todas las energías.

Practicada o recitada así, la salmodia es verdadera y real elevación del alma a Dios, cada vez más impetuosa. Se enciende en ella el alma, y va consumiéndose, santamente, como un cirio en el altar.

Santo Tomás tenía profundo amor a la salmodia así entendida. Dícese que apenas podía contener las lágrimas, al cantar, en Completas de Cuaresma, la antífona: *"Media vita in morte sumus: quem quærimus adjutorem, nisi te, Domine, qui pro peccatis nostris juste irasceris? Sancte Deus, sancte fortis, sancte et misericors Salvator, amaræ morti ne tradas nos...* Muertos vamos en medio de la vida: ¿a do iremos en busca de socorro, sino a ti, Señor nuestro, que te aíras y enojas justamente, por nuestras muchas culpas y pecados? Santo Dios, santo fuerte, santo y misericordioso Salvador, no nos entregues a la amarga muerte; en el tiempo de nuestros días avanzados, cuando las fuerzas huyan de nosotros, no nos dejes, Señor."

Esta bellísima antífona suplica por la gracia final, la gracia de las gracias, que es la de los predestinados; ¡cuán íntimamente debe hablar al corazón del teólogo contemplativo, que ha profundizado en los tratados acerca de la Providencia, de la predestinación y de la gracia!

Uno de los grandes medios que tiene en sus manos el teó-

([1]) Cf. Dom Gréa, *La sainte liturgie*, capítulos sobre el oficio divino, y el canto de la Iglesia, esposa de Jesucristo.

logo, así como los demás, para elevarse, por encima del razonamiento, hasta la contemplación, hasta la simple contemplación de Dios y a la divina unión, es la salmodia, que tan admirablemente dispone a la Santa Misa, y la continúa.

El teólogo que ha pasado largos años encorvado sobre sus libros, en el estudio positivo y especulativo de la Revelación, buscando la refutación de tantos errores y explorando por los altísimos misterios de la Trinidad, de la Encarnación, de la Eucaristía y de la vida del cielo, encuéntrase en la absoluta necesidad de remontarse luego por encima de todos estos conocimientos librescos y de concentrarse en un profundo recogimiento, en busca de la verdadera luz divina, superior al razonamiento, que le haga encontrar el espíritu de la letra que estudió. De lo contrario se quedaría a medio camino; y, falto de lumbre de vida, difícilmente podría comunicarla a los demás. Su trabajo, demasiado mecanizado, no es bastante orgánico y viviente; o, de otro modo, la idea reguladora de su síntesis, al no traer su origen de muy alto, carece de amplitud, de vida y de irradiación, y poco a poco pierde su interés.

El teólogo necesita con frecuencia encontrar la expresión viva y luminosa acerca de los misterios que investiga, en las palabras mismas de Dios, tal como la liturgia nos las da a gustar y amar: *"Gustate et videte quoniam suavis est Dominus"* (Salm., xxxiii, 9).

La palabra de Dios, tal como cada día nos la presenta el Oficio divino, es a su comentario teológico lo que la circunferencia, de línea tan simple, es al polígono tan complicado, en ella inscrito. Preciso es prescindir un momento del polígono, para deleitarnos santamente con la belleza del círculo, que sigue, como decía Dionisio, el movimiento de la contemplación. Esto lo conseguimos a lo largo del rezo de la salmodia, con tal que la precipitación mecánica no venga a sustituir a la vida profunda que de ella brota como de su fuente. El cuerpo de la salmodia ha de estar realmente vivificado por el espíritu de oración.

Encanto y delicia inmensa es oír cantar así el Oficio divino en tantísimos conventos de benedictinos, cartujos, carmelitas, dominicos y franciscanos. Esta oración atrae las buenas vocaciones, mientras que la otra las aleja. Cuando se escucha la mejor plegaria contemplativa en ciertos monasterios, como que se siente circular la verdadera vida de la Iglesia; es el canto a la vez sencillo y espléndido, que precede y sigue a las sublimes palabras del Esposo: a la Consagración eucarística. Y hace olvidar todas las tristezas y melancolías de aquí abajo, todas las engañosas complicaciones, y todo el fastidio que traen las convenciones humanas. Permita Dios que esta salmodia continúe siempre viva y en honor, día y noche, en las casas religiosas. Es muy de notar que, cuando deja de oírse de noche allá donde nunca debería haber cesado, pronto suscita el Señor, para reemplazarla, la adoración nocturna; porque nunca debe guardar silencio esa oración viviente; y cuando en las altas horas de la noche eleva al cielo su voz, en razón misma del silencio en que todo está sumido, y por otras muchas razones, las gracias de contemplación que consigue son notabilísimas: *Oportet semper orare*.

La salmodia, así entendida, es el dulce reposo que tanto necesitan las almas después de las fatigas, agitación y complicaciones del mundo; el descanso en Dios, descanso pleno de vida, que en cierto modo se asemeja al de Dios Nuestro Señor que posee su vida interminable "*tota simul*", toda a la vez, en el único instante que no pasa jamás, y que a la vez es medida de la Acción suprema y del supremo reposo: "*quies in bono amato*".

Si se quiere, en fin, definir y señalar las mutuas relaciones entre la oración y el Oficio divino, diremos que el Oficio recibe de la oración el hábito de recogimiento y el espíritu de unión con Dios. La oración, por su parte, encuentra en el rezo litúrgico abundantísima fuente de contemplación y norma objetiva contra las ilusiones individuales. El Oficio divino es un gran remedio contra el sentimentalismo, al recordarnos, con el propio lenguaje de la Escritura, las verdades fundamentales. Trae a la memoria de las almas presuntuosas la grandeza y la severidad de la divina Justicia, y a las almas tímidas y apocadas les recuerda la infinita misericordia y el valor de la Pasión del Salvador. Hace que las almas sentimentales vivan en las cumbres de la verdadera fe y caridad, muy por encima de la sensibilidad.

Bastará traer aquí un ejemplo entre mil: el tracto de la Misa del domingo de Cuadragésima, tomado del salmo XC. Dice así: "El que se acoge a la protección del Altísimo, descansará siempre a la sombra del cielo. Él dirá al Señor: Vos sois mi amparo y refugio; el Dios mío en quien esperaré. Porque él me ha librado del lazo de los cazadores y de palabras malignas. Con sus alas te hará sombra, y debajo de sus plumas estarás confiado. Su verdad te cercará como escudo; no te asaltarán temores nocturnos. Ni la saeta disparada de día; ni al enemigo que anda entre tinieblas, ni los asaltos del demonio en medio del día. Caerán a tu lado izquierdo mil saetas y diez mil a tu diestra, mas ninguna te tocará a ti. Porque él mandó a sus ángeles que cuidasen de ti; los cuales te guardarán en cuantos pasos dieres. Te llevarán en las palmas de sus manos; no sea que tropiece tu pie en alguna piedra... Clamará a mí, y le oiré benigno. Con él estoy en la tribulación... y le haré ver mi salvación."

Recuerda la liturgia todas las edades de la vida espiritual mediante los misterios gozosos de la infancia del Salvador, la Pasión y los misterios gloriosos; y procura así la verdadera alegría espiritual que dilata el corazón: "Viam mandatorum tuorum cucurri, cum dilatasti cor meum" (Salm., cxviii, 32); y dispone, en fin, al recogimiento más íntimo y silencioso de la oración.

CAPÍTULO DÉCIMOCTAVO

LA ORACIÓN MENTAL DE LOS PRINCIPIANTES SIMPLIFICACIÓN PROGRESIVA

> *Ora Patrem tuum in abscondito, et Pater tuus qui videt in abscondito reddet tibi.*
>
> (Mat., vi, 6.)

Al tratar de la eficacia de la oración en general y del Oficio divino, hemos visto que la oración es una elevación del alma a Dios, por la cual queremos nosotros en el tiempo lo que Dios desea, desde toda la eternidad, que le pidamos: los medios de salud, y principalmente el progreso en la caridad: "Buscad primero el reino de Dios y todo lo demás se os dará por añadidura." Esta oración de súplica o impetratoria debe ir acompañada de la adoración, reparación y acción de gracias. Tales son los sentimientos que ha de tener nuestro corazón cuando rezamos el Oficio Divino. Mas sentimos necesidad de una más íntima oración, en la que nuestra alma entre en contacto con la Santísima Trinidad que habita en nosotros, contacto que nos es imprescindible para recibir del Maestro interior esta lumbre de vida que es la única capaz de darnos penetrar profundamente y gustar los misterios de salud: a saber, de la Encarnación redentora, del sacrificio de la Misa, y de la vida eterna hacia la cual caminamos. Esta luz de vida nos es también necesaria para reformar nuestro carácter, espiritualizándolo y dándole más alta vida sobrenatural, haciéndolo más conforme con Aquel que nos invita a buscar la paz del alma en la humildad y mansedumbre. Nos referimos a la oración mental.

Veamos en primer lugar en qué ha de consistir la oración mental de los principiantes; en el capítulo siguiente diremos cómo se llega a la vida de oración y los medios para perseverar en ella.

¿Qué cosa es la oración? ¿Qué pensar de sus métodos?

Nuestro Señor nos dice en el Evangelio (Mat., VI, 6): "Cuando oráis, no habéis de ser como los hipócritas que se ponen a orar... para ser vistos de los hombres... *Tú, al contrario, cuando hubieres de orar, entra en tu aposento, y cerrada la puerta, ora en secreto a tu Padre, y tu Padre, que ve lo más secreto, te premiará.*"

Santa Teresa dice, con unas palabras tan sencillas como profundas: "Que no otra cosa es oración mental, a mi parecer, sino tratar de amistad, estando muchas veces tratando a solas con quien sabemos nos ama" (*Vida*, c. VIII). Es una súplica o ruego espontáneo, íntimo, que las almas sencillas y puras han conocido siempre. Un aldeano, a quien el Cura de Ars preguntaba cómo oraba, la definió de esta manera: "Me fijo en Nuestro Señor que está en el tabernáculo, y él se fija en mí." Es la oración cierta reciprocidad o comunicación de amistad, por la cual el alma habla a solas con Dios, de quien se siente amada. Esta interior comunicación, que fué con tanta frecuencia la de los primeros cristianos en las catacumbas, existió siempre en las almas profundamente religiosas, humildes y deseosas de Dios. Sin duda ninguna el autor de los salmos la conocía muy a fondo, cuando escribía: "Como el ciervo suspira por las fuentes de agua que refrigera, así suspira mi alma por ti, Dios mío. Mi alma tiene sed de Dios, del Dios vivo: ¿Cuándo iré y apareceré en la presencia de Dios?" (Salm., XLI, 2).

¿Hay cosa más sencilla que la oración? A veces se la priva de su espontaneidad proponiendo métodos demasiado complicados, que obligan a fijar en ellos la atención más que en el mismo Dios. Un método es apto para llegar a la verdad, si al ser empleado pasa inadvertido y conduce verdaderamente al objeto deseado. Sería aberración manifiesta, propia de un minucioso o de un pedante, preferir el método a la verdad, o un mecanismo intelectual a la realidad tras de la cual andamos. Un método demasiado complicado provoca además cierta reacción, excesiva a veces, en muchas personas que, hastiadas de tantas formalidades, se estacionan en ciertas fantasías que apenas tienen de piedad más que el nombre.

La verdad, en éste como en otros terrenos, está en el justo medio y por encima de estos dos extremos. Un método, o, por decirlo con más sencillez con Bossuet, una manera determinada de hacer oración es útil, sobre todo a los principios, para evitar la divagación; mas para que no sea un obstáculo más bien que una ayuda, preciso es que sea sencilla, y en vez de quitar a la oración la espontaneidad y su continuidad, hase de limitar a *describir el movimiento de elevación del alma a Dios.* Se ha de limitar, pues, a indicar los actos esenciales de que se compone este movimiento. Sobre todo no hay que echar en olvido que *la oración depende principalmente de la gracia de Dios*, y que se prepara el alma a ella mucho menos por procedimientos más o menos mecánicos, que por la humildad: "Dios da su gracia a los humildes" (Jac., IV, 6).

Actos esenciales de la oración

¿Cuáles son estos actos? Es evidente, en primer lugar, que la oración no es solamente un acto de inteligencia, como lo es el estudio o una lectura. Existen almas especulativas o curiosas de las cosas de Dios, que no por eso son almas contemplativas ni almas de oración. Si bien es cierto que en sus consideraciones experimentan un placer que sobrepuja grandemente al de los sentidos, no es menos cierto que tal placer está más fundado en sus consideraciones que en la caridad. Por ventura les mueve más *el amor de los conocimientos* que *el amor de Dios*. Santo Tomás distingue perfectamente estos dos amores, y dice que en la oración el segundo, es decir el amor de Dios, es el que ha de llevar a la inteligencia al conocimiento de Dios, para amarlo más y más [1]. Revelan estas palabras un sano realismo que se echa de ver en el conocimiento que de Dios tienen sus más fieles servidores.

---

[1] Santo Tomás, II II, q. 180, a. 1. "Movet vis appetitiva ad aliquid inspiciendum, vel sensibiliter, vel intelligibiliter, quandoque quidem *propter amorem rei visæ*, quia ut dicitur apud Mat., VI: «Ubi est thesaurus tuus, ibi est cor tuum»; quandoque autem *propter amorem ipsius cognitionis*, quam quis ex inspectione consequitur. Et propter hoc Gregorius (Hom. XIV in Ezech.) constituit vitam contemplativam in caritate Dei, in quantum scilicet *aliquis ex dilectione Dei inardescit ad ejus pulchritudinem conspiciendam*. Et quia unusquisque delectatur, cum adeptus fuerit id quod amat, ideo vita contemplativa *terminatur ad delectationem*, quæ est in affectu, ex quo etiam *amor intenditur*."

El placer que nace, no del amor de Dios, sino del amor del conocimiento, muchas veces hace más grande la soberbia, y a las almas más enamoradas de sí mismas; y se buscan allá donde se hacen la ilusión de buscar otra cosa. El estudio y la especulación, aun cuando no vayan descarrilados, no suponen necesariamente el estado de gracia y la caridad, ni tampoco contribuyen a aumentarla.

La oración debe, por el contrario, proceder del amor de Dios y terminar en él. Si por amor a Dios nos ponemos a contemplarle, entonces la contemplación de su bondad y belleza acrecientan el amor. Como se dice en el *Diálogo* de Santa Catalina de Sena, c. I: "El amor viene en pos del conocimiento, y, al amar, busca el alma seguir la verdad y revestirse de ella." Y más adelante, c. LXXXV: "Cuanto más se conoce a Dios de esta manera, más se le ama; y cuanto se le ama más, más se le conoce. De modo que amor y conocimiento mutuamente se alimentan."

Más aún; *aquí abajo*, dice Santo Tomás ([1]), *el amor de Dios es más perfecto que el conocimiento del mismo Dios*, y la caridad es más perfecta que la fe. ¿Por qué? Porque el conocimiento en cierta medida atrae a Dios a nosotros, y, por decirlo así, le impone la limitación de nuestras pobres ideas; mientras que *el amor* de Dios *nos lleva hacia él*, elevándonos y uniéndonos con él ([2]). De modo que mientras estemos privados de la visión beatífica, la caridad es lo que principalmente nos une a Dios; por esa razón la perfección reside más que en nada en la caridad, que debe ocupar siempre el primer lugar en nuestra alma ([3]).

Lo que equivale a decir que en la oración el alma se ha de elevar a Dios sobre las dos alas de la inteligencia y de la voluntad, ayudadas de la gracia. La oración es, según esto, un movimiento de conocimiento y amor absolutamente sobrenatural.

([1]) I, q. 82, a. 3: "Melior est amor Dei quam Dei cognitio." II, II, q. 27, a. 4: Utrum Deus in hac vita possit immediate amari: "Caritas immediate Deum diligit, alia vero Deo mediante. In cognitione vero est e converso."

([2]) La razón es que *el bien*, objeto del amor, *está en las cosas*, en la realidad externa a nosotros: en este caso en Dios. Mientras que *la verdad* formalmente tomada, es decir la conformidad de nuestro juicio con lo real, está en nosotros. Cf. Santo Tomás, *ibid.*

([3]) II, II, q. 184, a. 1; I, II, q. 66, a. 6.

Siendo esto así, fácil es concluir cuáles son los actos esenciales de la oración. Para que esta elevación vaya con todo el ímpetu hacia Dios, hase de preparar *por un acto de humildad* y proceder de *las tres virtudes teologales,* que nos unen a Dios, animan la virtud de *religión* y hacen que sobre nosotros descienda *la iluminación e inspiración del Espíritu Santo.* El alma generosa vuela, como el ave, por el esfuerzo de sus alas, mas el soplo del divino Espíritu sostiene este esfuerzo y fácilmente la levanta mucho más alto de lo que se elevaría por su propio esfuerzo. Que no en vano los dones del Espíritu Santo se encuentran en las almas de todos los justos sin excepción (¹).

Discurramos sobre estos actos de la oración. En los perfectos, con frecuencia son simultáneos y continuos; mas para describirlos preciso es enumerarlos uno tras otro, tal como se presentan en los principiantes.

Hay en primer lugar, normalmente, en la oración, *un acto de humildad,* porque no nos es lícito olvidar quiénes somos los que venimos a conversar con Dios. Recordemos lo que el Señor dijo a Santa Catalina: "Yo soy el que es, tú eres la que no es." Por nosotros mismos nada somos, y aun menos que nada, ya que nuestros pecados nos rebajan a un nivel inferior a la nada. Este acto de humildad debe ir acompañado normalmente de otro *acto de arrepentimiento* y de un *acto de adoración,* semejante al que nos mueve a hacer la genuflexión al entrar en la iglesia. Tales actos alejan el principal obstáculo de la gracia, que es la soberbia; y esta sincera humildad, lejos de deprimirnos, nos trae a la memoria que en un frágil vaso llevamos un precioso tesoro: la gracia santificante y a la Santísima Trinidad que habita en nosotros. Si la comenzamos así, la oración no procede ya de un vano sen-

---

(¹) Se ha hecho a veces consistir la oración, bajo el nombre de meditación discursiva, en un ejercicio que se diría un acto de *prudencia,* que prevé lo que se ha de obrar, más bien que·la unión de los actos *de las tres virtudes teologales,* que se nutren del mismo Dios. Conviene sin duda, en la oración, formar resoluciones inspiradas por la fe, que desde lo alto va dirigida por la prudencia; pero nos debemos guardar de convertir la oración en un examen de conciencia o de previsión, y hemos de mantener en ella prácticamente la superioridad de las virtudes teologales, entre las cuales domina la caridad, sobre todo en forma de amor de Dios, muy superior al amor del prójimo, aunque éste sea clara señal del primero.

timentalismo, sino de la vida de la gracia, inmensamente superior a nuestra sensibilidad.

A este acto de humildad ha de seguir un *acto de fe*, profunda y prolongada, sobre tal o cual de las verdades fundamentales: Dios, sus perfecciones, su bondad, Nuestro Señor Jesucristo, los misterios de su vida, Pasión y glorificación; o, si no, sobre nuestros deberes más fundamentales, nuestra vocación, nuestro último fin, el pecado, los deberes de estado. Todos estos motivos los hemos de considerar continuamente. Los días de fiesta meditaremos los motivos propios del día. Si se trata de un misterio de la vida del Salvador, como por ejemplo su Pasión, conviene considerarla primero en su aspecto sensible; luego por su lado espiritual, deteniéndonos en las razones de su infinito valor y demorando la consideración en tan fecunda fuente de fe y amor. Para ello bastan, muchas veces, algunas palabras del Evangelio o de la liturgia. Para las almas más adelantadas son tales palabras como unos granos de incienso en el braserillo de la caridad. Tampoco son necesarios largos razonamientos; un simple acto de fe teológica es superior a todos ellos; y de tal arte va adelgazándose que, cuando se junta con algún tanto de admiración y amor, merece el nombre de contemplación. Esta fe infusa superior a toda filosofía y al trabajo discursivo de la teología, hace que nos adhiramos infalible y sobrenaturalmente, en la oscuridad de esta vida, a los misterios que, en el cielo, los elegidos contemplan cara a cara. Es en verdad, como dice San Pablo, "la sustancia de las cosas que esperamos" (Hebr., XI, 1). Su oscuridad no le impide que sea infaliblemente segura y cierta. Es la primera lumbre de nuestra vida interior. "*Credo in unum Deum...*", y este *Credo* parece, en un momento dado, convertirse casi en un *Video*, como si allá en la lejanía, viéramos ya la fuente de aguas vivas por la que suspiran nuestras almas.

Esta visión que tiene la fe de la verdad y bondad de Dios hace brotar espontáneamente *un acto de esperanza*. Es deseo de la beatitud, de la vida eterna y de la paz que prometió el Padre celestial a los seguidores de Jesucristo. Mas como es cosa cierta que con solas nuestras fuerzas no alcanzaríamos ese fin sobrenatural, el alma se acoge a la infinita bondad de Dios, que siempre nos tiende su mano en la necesidad, y le pide su gracia. Súplica que se inspira en la esperanza y está cierta del auxilio divino (¹). Después de haber dicho *Credo*, el alma grita espontáneamente: *Desidero, sitio, spero:* deseo, tengo sed, espero. Una vez vista, a lo lejos, aquella fuente de aguas vivas, nacen vivísimos deseos de llegar a ella y beber hasta saciarse, "como el ciervo suspira por las corrientes del agua que refrigera" (Salm., XLI, 1).

El acto de esperanza nos dispone a su vez *a un acto de caridad*. Como dice Santo Tomás (²), "desde el momento que el hombre confía en conseguir un beneficio de Dios, inclínase a pensar que ese Dios, bienhechor suyo, es bueno por naturaleza (y mejor que sus beneficios). Por esta razón la esperanza nos dispone a amar a Dios por su propia bondad."

Así nace espontáneamente en nosotros el acto de caridad, primero en forma *afectiva*. Si, durante estos afectos, la sensibilidad ofrece su concurso a la voluntad vivificada por la caridad, tal concurso puede ser útil, a condición de que permanezca en la debida subordinación. Mas no es cosa necesaria, ya que en las sequedades desaparece del todo. Es preciso que tales afectos sensibles sean tranquilos y profundos, y no superficiales. Deberían expresarse así: No os quiero mentir, Dios mío, diciéndoos que os amo. Hacedme vos mismo la gracia de amaros sobre todas las cosas: "*Diligo te, Domine, ex toto corde.*"

Finalmente esta caridad afectiva ha de convertirse en *efectiva*: "Quiero, Señor, conformar mi voluntad con la voluntad divina. *Fiat voluntas tua:* que tu voluntad se cumpla en mí, por mi fidelidad a los mandamientos y al espíritu de los consejos. Quiero romper con todo lo que me hace esclavo del pecado, de la soberbia y de la sensualidad. Quiero, Señor, participar, más y más, de la vida divina que me ofrecéis. Vos vinisteis para que tuviésemos la vida en abundancia. Acrecentad mi amor por vos. Vos no deseáis otra cosa que dar; mas yo quiero recibir como deseáis vos que yo reciba, en la prueba como en la consolación; ya sea que os acerquéis a mí para asociarme a los gozosos misterios de vuestra infancia, como a los dolorosos de vuestra Pasión, porque todos por igual conducen a la vida eterna. Y hago hoy el propósito

---

(¹) El motivo formal de la esperanza es la divina bondad, omnipotente y bienhechora: *Deus auxilians.* Cf. II, II, q. 17, a. 4, 5.
(²) I, II, q. 62, a. 4.

y la resolución de seros fiel en aquella materia en la que tantas veces anduve descaminado. *Volo*."

(Se puede, como dice Santa Teresa (¹), meditar lentamente las palabras del *Padre nuestro*.)

Y ya en este punto culminante de la oración, fruto de las virtudes teologales, el conocimiento de fe, el amor de esperanza y el de caridad tienden, conducidos por el Espíritu Santo, a confundirse y hacerse uno en *una mirada de amor*, fiel y generosa, que es el comienzo de la contemplación: contemplación cristiana que mira a Dios y a la humanidad del Salvador, como el artista mira a la naturaleza, y una madre la cara de su niñito.

Esta oración comienza a comprender y saborear los misterios de salud: la inhabitación de la Santísima Trinidad, la naturaleza del Cuerpo místico del Salvador y la comunión de los santos. Y poco a poco nos va introduciendo en la intimidad de Cristo, que es intimidad de amor. Nada más eficaz para corregir los defectos de nuestro carácter y hacer brotar en nosotros vivísimos deseos de asimilarnos a Aquel que nos dijo: "Aprended de mí que soy manso y humilde de corazón, y encontraréis el descanso de vuestras almas."

La oración hecha así hace a nuestro corazón más y más semejante al sacratísimo Corazón de Jesús, porque, aun sin darnos cuenta, tendemos a la imitación de aquello que intensa y verdaderamente amamos. Hay algunos caracteres tan difíciles que sólo consiguen reformarse por la continua y amorosa contemplación de Nuestro Señor en la oración.

Ahora comprendemos mejor la definición de Santa Teresa, que se dió al principio de este capítulo: "No es otra cosa oración mental, a mi parecer, sino tratar de amistad, estando muchas veces tratando a solas con quien sabemos nos ama."

Oración de simplicidad

Los actos de humildad, fe, esperanza y caridad, que antes hemos enumerado, tienden, bajo la acción del Espíritu Santo, y a medida que el alma va creciendo, a fundirse en una simple mirada de amor ardiente; por eso aquel método sen-

---

(¹) *Camino de perfección*, c. xxvii a xxxviii.

cillo, que puede ser útil a los principios, ha de dar lugar cada vez más a la docilidad al Espíritu Santo, que sopla donde quiere. Así va haciéndose la oración *como una comunión espiritual prolongada*, tal como el rústico de Ars la definía: "Me fijo en Nuestro Señor, y él se fija en mí." Un alma de oración dice mucho en pocas palabras, que vuelve a repetir con frecuencia, sin decir dos veces la misma cosa. Esta prolongada comunión espiritual viene a ser como *la respiración del alma* o su descanso en Dios; aspira la verdad y bondad de Dios por la fe, y espira amor. Todo aquello que de Dios recibe, en forma de gracias siempre renovadas, lo da luego y lo devuelve en forma de adoración y amor.

En consecuencia, pedir la gracia de la contemplación equivale a pedir que la venda de la soberbia espiritual, que cubre nuestros ojos, caiga de una vez, y nos sea dado así *penetrar y gustar en verdad los grandes misterios de salud:* el del sacrificio de la Cruz, perpetuado en la Misa, y el del sacramento de la Eucaristía, manjar de nuestras almas.

Bossuet, sin peligro alguno de caer en el quietismo, invítanos a esta oración afectiva simplificada, en su precioso opúsculo: *Manera breve y fácil de hacer oración con fe y simple presencia de Dios.*

Citemos los principales pasajes: "Hemos de acostumbrarnos a nutrir el alma con una simple y amorosa mirada a Dios y a Jesucristo Nuestro Señor; para esto, preciso es alejarla, poco a poco, del razonamiento, del discurso y de los multiplicados afectos, para mantenerla en simplicidad, respeto y atención, y acercarla de ese modo más y más a Dios, su único bien soberano, su primer principio y último fin.

"La perfección de esta vida consiste en la unión con nuestro soberano bien; y cuanto mayor sea la simplicidad, tanto más perfecta será la unión. Por esta razón la gracia invita interiormente a aquellos que pretenden ser perfectos, a hacerse sencillos, para llegar por ese camino a gozar del Único necesario o sea la unidad eterna... *Unum mihi est necessarium... Deus meus et omnia!...*

"La meditación es muy conveniente y buena, hecha a su debido tiempo, y muy útil a los principios de la vida espiritual; mas no conviene estacionarse en ella, pues el alma, si permanece fiel al recogimiento y a la mortificación, *recibe de ordinario* una *oración* más pura e íntima, que podemos llamar *de simplicidad*, y consiste en una simple vista o mirada a Dios, a Jesucristo o a alguno de sus misterios. En ella el alma, dejando el razonamiento, echa mano de una muy dulce contemplación que la mantiene sosegada, atenta y dispuesta a ciertas operaciones y divinas impresiones que el Espíritu Santo le comunica. Hace poco y recibe mucho... y como está más cerca de la fuente de todas las gracias, de todas las luces y de todas las virtudes, más se le da...

"Hay que hacer notar que esta verdadera simplicidad hace que vivamos en una muerte continua y en total desasimiento, porque nos hace ir a Dios derechamente, sin detenernos en las criaturas; pero tal gracia de simplicidad *no se obtiene mediante la especulación*, sino *mediante gran pureza de corazón* y la verdadera mortificación *y desestima propia. Mas quien quisiere evitar el sufrir, humillarse y morir a sí propio, nunca llegará a ella;* por eso son tan pocos los que adelantan, porque casi nadie pasa por huir de sí y renunciarse; *y, no habiendo esto, harto se pierde y se ve uno privado de riquezas inenarrables...* La fidelidad que hace que uno muera a sí mismo... es la preparación para esta suerte de oración...

"El alma esclarecida e iluminada estima grandemente el modo que tiene Dios de comportarse, al permitir que sea probada por las criaturas y atormentada por las tentaciones y el abandono... Purgada el alma en *el purgatorio de los sufrimientos*, por el que es preciso pasar, viene *la iluminación*, el descanso y el gozo en la unión íntima con Dios."

Este purgatorio de sufrimientos al que se refiere aquí Bossuet, como necesario antes de la iluminación, es la purgación pasiva de los sentidos de la que más tarde habremos de tratar; ella es, en efecto, a la entrada de la vía iluminativa, a modo de una segunda conversión.

CAPÍTULO DÉCIMONOVENO

MODO DE LLEGAR A LA VIDA DE ORACIÓN Y DE PERSEVERAR EN ELLA

Después de haber tratado de lo que es la oración, y de cómo la de los principiantes tiende a simplificarse más y más, hasta llegar a la simplicidad descrita por Bossuet, vamos a ver el modo de llegar a la vida de oración y de perseverar en ella.

Cómo se llega a la vida de oración

Recordemos en primer lugar que la oración depende, antes que todo, de la gracia de Dios; de consiguiente, mucho menos se prepara el alma a ella por ciertos medios más o menos mecánicos, que por la humildad, porque *"A los humildes da su gracia Dios"* (1), y los hace humildes para colmarles de ella. Nuestro Señor, para traernos a la memoria la necesidad de la humildad y de la simplicidad o pureza de intención, dijo a sus apóstoles: *"Si no os hacéis semejantes a los niños, no entraréis en el reino de los cielos"* (2), sobre todo en la intimidad de ese reino, que es la vida de oración. A los humildes de corazón es a quienes sobre todo se complace Dios en instruirlos él mismo, de corazón a corazón; como al rústico de Ars que permanecía largo tiempo delante del tabernáculo, en conversación íntima, y sin palabras, con el Señor. Si alguien pasa por ser nada y acepta ser menospreciado, y no solamente lo acepta, sino que acaba por recibir placer en ello, este tal hará grandes progresos en la oración; y será colmado más allá de sus anhelos.

Junto con la humildad, a la vida de oración nos prepara

(1) Epist. Jac., IV, 6; I Petr., V, 5; Prov., III, 34.
(2) Mat., XVIII, 3.

la mortificación, el espíritu y la práctica de desasimiento de las cosas sensibles y de nosotros mismos. Fácilmente se comprende que, si tenemos el espíritu ocupado en los intereses y negocios mundanales, y el alma agitada por afecciones demasiado humanas, por la envidia, por el recuerdo de las injurias y por juicios temerarios, no es fácil encontrar sosiego para conversar con el Señor. Si a lo largo del día hemos criticado a nuestros superiores y les hemos faltado al respeto debido, es lo más seguro que en la oración de la tarde no vamos a poder encontrar la presencia de Dios. Cosa clara es que hemos de mortificar nuestras inclinaciones desordenadas, *para que la caridad ocupe el primer lugar en el alma* y espontáneamente se eleve hacia Dios, tanto en las penas como en el tiempo de consolación.

Para alcanzar vida de oración, preciso es que *al correr del día, elevemos con frecuencia el corazón hacia el Señor*, conversemos con él a propósito de cualquier cosa que nos aconteciere, como lo hacemos con el guía que nos acompaña en la ascensión a una montaña; si lo hacemos así, cada vez que nos detengamos un momento, para comunicar alguna cosa más íntima a ese guía nuestro, tendremos algo interesante que contarle, sobre todo si hemos sido dóciles a sus inspiraciones, ya que estaremos santamente familiarizados con él. Para conseguir esta intimidad, se enseña a los jóvenes religiosos "a rezar la hora" cuando suena el reloj, que es ofrecerse al Señor, para estar más unidos a él y dispuestos a recibirle cuando llegue. Igualmente se aconseja, sobre todo ciertos días de fiesta o el primer viernes del mes, *multiplicar*, desde la mañana hasta la noche, *los actos de amor de Dios y del prójimo*, no de una manera mecánica, como alguien que los contase, sino a medida que se presenta la ocasión; por ejemplo, al encontrarnos con cualquier persona, amiga o enemiga. Si fuéramos fieles a esta práctica, al llegar la tarde nos encontraríamos estrechamente unidos con el Señor.

Es necesario, en fin, *guardar silencio en el alma*, es decir acallar las pasiones, para poder oír la voz del Maestro interior, que nos habla en voz baja, como un amigo a su amigo. Si habitualmente andamos preocupados con nosotros mismos, si nos andamos buscando en el trabajo, en el estudio y en las actividades exteriores, ¿cómo será posible que encontremos gusto en las sublimes armonías de los misterios de la Santísima Trinidad, presente en nosotros, de la Encarnación redentora o de la Santa Eucaristía? Preciso es, pues, que el desorden y los rumores de la sensibilidad cesen si ha de ser posible la vida de oración; por eso no es de extrañar que el Señor castigue tanto la sensibilidad, sobre todo en la noche pasiva de los sentidos, a fin de reducirla al silencio y obligarla a someterse con docilidad al espíritu o parte superior del alma.

Toda esta tarea puede llamarse con propiedad *preparación remota a la oración*. Es mucho más fundamental que la preparación próxima o elección de la materia; porque esta última no tiene otra finalidad que remover el fuego de la caridad que nunca ha de extinguirse en nosotros, y que debe alimentar una generosidad sostenida por la fidelidad al deber del momento presente, de cada minuto.

Por eso es muy recomendable lo que se ha dado en llamar *oración en el trabajo,* que consiste en escoger un cuarto de hora a la mañana o a la tarde durante el trabajo intelectual o manual, no para interrumpirlo, sino para realizarlo más santamente bajo la mirada de Dios Nuestro Señor. Es práctica muy provechosa. Consíguese por ese camino dejar de buscarse a sí propio en el trabajo, y eliminar lo que pudiera haber de *demasiado natural* y de egoísmo *en la actividad*, para santificarla y no perder la unión con Dios, poniendo a su servicio todas nuestras energías y renunciando a la complacencia y personal satisfacción.

Las almas generosas y sencillas tienen ahí un gran medio para llegar a la conformidad ininterrumpida con la divina voluntad, y para guardar de continuo la presencia de Dios, que hará menos necesaria la preparación inmediata a la oración, pues siempre estarán dispuestas e inclinadas a acercarse a Dios, como la piedra tiende al centro de la tierra, en cuanto se hace el vacío a su lado.

Por ahí llegarán a la verdadera vida de oración, que será para ellas como la respiración espiritual.

Manera de perseverar en la vida de oración

Mucho podemos ganar con la perseverancia; sin ella lo perdemos todo. Mas la perseverancia no es cosa fácil que no tenga dificultades: la lucha contra sí mismo, la pereza espiritual, y el demonio que trabaja por desanimarnos. No pocas almas, al verse privadas de los consuelos que anteriormente sintieron, vuelven atrás; aun a almas muy adelantadas les acontece esto. Se cita el caso de Santa Catalina de Génova, que había sido llamada por Dios a la oración desde los trece años, y había hecho en ella grandes progresos; después de cinco años de sufrimientos, abandonó la vida interior y se arrastró otros cinco en una vida exterior y disipada; mas un día, habiendo ido a confesarse por consejo de su hermana, sintió con angustia el profundo vacío de su alma; y volvió a renacer en su corazón un gran anhelo. Momentos después la reprendía el Señor severísimamente; y catorce años más tarde, pasados en grandes penitencias, fuéle revelado que había satisfecho plenamente a la divina justicia. "Si alguna otra vez vuelvo atrás, decía la santa entonces, quisiera que me sacasen los ojos; y no creo que tal castigo fuera demasiado." Estas expresiones tan enérgicas de los santos enuncian en concreto lo que teóricamente enseñan los teólogos: vale más perder la vida que no perder la gracia o volver atrás en el camino del cielo. Para quien conozca bien el precio de la vida y del tiempo con relación al valor de la eternidad, es esto la misma evidencia.

Importa pues grandemente perseverar e ir adelante.

Hay almas que han luchado durante mucho tiempo y se desalientan, acaso, cuando se hallan a dos pasos de la fuente de aguas vivas. Entonces, sin oración, se sienten sin fuerzas para llevar la cruz con generosidad; déjanse arrastrar a la vida fácil, superficial, en la cual otras quizás podrán salvarse; pero ellas corren grave riesgo de perderse. ¿Por qué? Porque sus excelentes cualidades, hechas para ir en pos de Dios, las pueden llevar a buscar el absoluto bien, al cual aspiran, allá donde no se encuentra. En ciertas almas no cabe la mediocridad; si no se entregan totalmente a Dios por el camino de la santidad, se darán totalmente a sí mismas. Querrán vivir su vida, complaciéndose en sus prendas, y por ahí corren el riesgo de volver las espaldas a Dios y poner en la satisfacción de la soberbia y demás pasiones su último fin. Hay almas que, en este aspecto, tienen alguna semejanza con el ángel: éste, dice Santo Tomás, es o muy santo o muy perverso, sin término medio posible; y se orienta o en el sentido de una ardiente caridad, o en el del pecado mortal irremisible; el pecado venial no es posible en un puro espíritu, porque su entendimiento y voluntad son demasiado perfectos para quedarse en términos medios: o son santos de una vez o de una vez se hacen demonios ([1]).

Asimismo hay almas que tienen necesidad absoluta de íntima y profunda oración; la medianía no les basta. Hay personas muy inteligentes y de carácter enérgico, intelectuales que se dan totalmente al trabajo y al estudio, buscándose a sí mismas con soberbia, si no llevan vida de profunda oración; sólo ella es capaz de darles un alma de niño para con Dios, el Salvador y la Virgen María. Sólo ella puede darles a entender el profundo sentido de las palabras de Jesús: "Si no os hiciereis semejantes a los niños pequeñitos, no entraréis en el reino de los cielos." Importa pues, grandemente, sobre todo a ciertos temperamentos, perseverar en la oración. Lo contrario equivaldría al abandono de la vida interior y, quizás, a la ruina.

Para perseverar, pues, en la oración, dos cosas son necesarias: tener confianza en Nuestro Señor, que a todas las almas piadosas llama a las vivas aguas de la oración, y dejarse conducir humildemente por el camino que él mismo nos ha elegido y señalado.

Primero, hemos de tener confianza en él. Sería no tener ninguna el decir, en cuanto hacen aparición las primeras sequedades un tanto prolongadas: la oración no es para mí, no estoy yo hecho para la oración. Por ese camino concluiríamos con los jansenistas: No es para mí la comunión frecuente, sino para los grandes santos. Tal modo de pensar es grave error. Nuestro Señor a todas las almas llama a este comercio y amistad con él. Y se compara al Buen Pastor, que conduce sus ovejas a los eternos collados, para que se apacienten con la palabra divina. En lo alto de estas colinas mana la fuente de aguas vivas de la que hablaba Jesús a la Samaritana, que era, no obstante, gran pecadora: "Si conocieras el don de Dios y a quien te dice: Dame de beber, tú se lo pedirías a él, y él te daría el agua viva" (Joan., IV, 10). Y en Jerusalén,

---

([1]) Santo Tomás, I, II, q. 89, a. 4.

un día de fiestas, "Jesús se puso en pie, y en alta voz decía. *Si alguno tiene sed, venga a mí y beba. Del seno de aquel que en mí creyere manarán, como dice la Escritura, ríos de agua viva.* "Esto lo dijo, añade San Juan, por el Espíritu que habían de recibir los que creyesen en él" (Joan., VII, 38).

La fuente, *fons vivus*, es el Espíritu que nos ha sido enviado, el que se nos da con la caridad infusa que a él nos une. Mas este Espíritu nos ha sido dado por Maestro interior y consolador, a fin de que nos haga penetrar y gustar el sentido íntimo del Evangelio: "El consolador, el Santo Espíritu, que mi Padre os enviará en mi nombre, os enseñará todas las cosas y os dará a entender todo lo que yo os he dicho" (Joan., XIV, 26). Que es lo que aconteció y tuvo lugar en los apóstoles el día de Pentecostés, y en nosotros, aunque de distinto modo, el día de nuestra confirmación. También escribe San Juan a todos los fieles, en su primera Epístola, II, 20-27: "Pero vosotros habéis recibido la unción del Espíritu Santo... Mantened en vosotros la unción divina... que ella os enseña todas las cosas" necesarias a la salvación.

San Pablo dice asimismo (Rom., V, 5): "La caridad de Dios ha sido derramada en nuestros corazones por medio del Espíritu Santo que se nos ha dado." El Espíritu Santo reside pues en todos los justos, en todas las almas en estado de gracia.

Mas no lo hace para permanecer ocioso, sino para obrar en ellas, siendo como es, el mismo amor subsistente; y su enseñanza nos la da mediante los siete dones, que son disposiciones infusas permanentes que aseguran nuestra docilidad para con él. Tales disposiciones aumentan y se refuerzan por la caridad. Si pues no escuchamos con mayor atención las santas inspiraciones del Maestro interior, señal es de que nos escuchamos demasiado a nosotros mismos, y de que no tenemos fervientes deseos de que reine totalmente en nosotros. Para perseverar en la oración, hemos, pues, de poner absoluta confianza en Nuestro Señor y en el divino Espíritu que nos envió.

Preciso es, en fin, dejarse conducir por el camino que el Señor nos ha marcado. Existe indudablemente la vía común e indispensable, que es la de la humildad y de la conformidad en la divina voluntad, pues todos debemos orar al menos como el publicano. Mas de esta vía común, una parte está a la sombra, pero la otra queda expuesta a los ardientes rayos del sol; un trecho está trazado en tierras llanas y suaves, para continuar luego en cuestas largas y penosas que conducen a elevadas mesetas, desde las que es dado contemplar maravillosos panoramas. El buen Pastor conduce a sus ovejas como lo juzga conveniente. Guía a las unas por el camino de las parábolas, a otras por vía de razonamiento, y a las de más allá, a través de la oscuridad de la fe, les da la intuición inmediata, las amplias vistas de conjunto que son patrimonio de la sabiduría. Deja a ciertas almas, durante largo trecho a veces, en pasos dificultosos y cubiertos de maleza, para hacerlas fuertes y aguerridas. La misma Santa Teresa, y a lo largo de muchos años, tuvo que echar mano del libro para meditar, y la meditación le parecía eterna. Nuestro Señor levanta a la contemplación a las Marías más bien que a las Martas; pero las primeras tropiezan en ella con sufrimientos íntimos que las Martas nunca sienten; y estas últimas, si son fieles y constantes, llegan un día a encontrar las aguas vivas y en ella apagan largamente su sed.

Preciso es, pues, dejarse guiar por el camino que Dios nos señala; y aunque *las sequedades* se vayan prolongando, ha de comprender el alma que no provienen de tibieza, mientras no se hayan dejado llevar por el deleite de las cosas de la tierra y dure en ellas el anhelo de adelanto espiritual. Tales arideces son, por el contrario, muy útiles, pues aun el fuego seca la madera antes de encenderla. Y son necesarias precisamente *para secar y rebajar nuestra sensibilidad*, viva en demasía, fogosa, exuberante y tumultuosa, de arte que se calme y guarde sumisión al espíritu; para que sobre las emociones pasajeras se acreciente en nosotros un intenso y puro amor de caridad.

Y si somos fieles, entonces, como lo enseña Santo Tomás ([1]), comenzaremos, poco a poco, a ver a Dios en *el espejo de las criaturas* o en el de las parábolas. Y de cualquiera de éstas se elevará el alma al pensamiento de la infinita misericordia, por un *movimiento recto y directo* que recuerda el vuelo de la alondra que sube derecha de la tierra al cielo.

Otras veces, contemplaremos a Dios *a través de los mis-*

---

[1] II, II, q. 180, a. 6.

terios de nuestra salvación, valiéndonos, por ejemplo, del recuerdo de los misterios del rosario. Mediante *un movimiento en espiral* u oblicuo, semejante al de la golondrina, nos remontaremos de los misterios gozosos a los dolorosos y luego a aquellos que anuncian la gloria y vida del cielo.

Ciertos días, en fin, contemplaremos a Dios *en sí mismo,* manteniendo, en la oscuridad de la fe, el pensamiento fijo en la infinita bondad a cuya largueza debemos todos los bienes que recibimos. *Y mediante otro vuelo circular,* como el del águila, allá por las alturas del aire, tornaremos constantemente a esa consideración de la divina bondad. Y mientras que el egoísta piensa siempre en sí y todo lo hace girar alrededor de sí, nosotros comenzaremos a pensar siempre en Dios y a dirigir a él todas las cosas. Entonces cualquier acontecimiento, aun el más imprevisto y doloroso, nos hará pensar en la gloria de Dios y en la manifestación de su bondad, y nos será dado, aunque sea de lejos, entrever el Bien supremo.

En eso consiste la verdadera vida de oración, que en cierto modo permite ver todas las cosas en Dios, y es como el preludio normal de la vida eterna.

CAPÍTULO VIGÉSIMO

LAS ALMAS RETARDADAS

Al principio de la tercera parte de esta obra hemos de hablar de la segunda conversión, que es el tránsito de la vía purgativa de los principiantes a la iluminativa de los proficientes o adelantados. Importa subrayar que ciertas almas, como consecuencia de su negligencia o pereza espiritual, nunca salen de la edad de los principiantes para continuar en la de los proficientes; son esas tales, almas retardadas, algo así como esos niños, más o menos anormales, que no atraviesan con felicidad la crisis de la adolescencia, y que aunque no continúan siendo niños, no llegan nunca al completo desarrollo de la edad adulta. De la misma manera, esas almas retardadas quedan sin poder ser catalogadas ni entre los principiantes ni con los adelantados. Y son, por desgracia, demasiado numerosas.

De entre esas almas retardadas, muchas sirvieron a Dios con fidelidad en otro tiempo; mas hoy se encuentran en un estado próximo a la indiferencia. Puesto que anteriormente conocieron un verdadero fervor espiritual, sin miedo a incurrir en juicio temerario puédese afirmar que abusaron gravemente de las gracias divinas; de no haber existido tal abuso, hubiera el Señor continuado en ellas la obra comenzada, pues nunca niega su auxilio a aquellos que ponen lo que está de su parte para conseguirlo.

¿Por qué camino llegaron estas almas a tal estado de tibieza? Ordinariamente son dos las causas principales: la negligencia en las cosas pequeñas en el servicio de Dios, y el retroceder ante los sacrificios que nos pide.

La negligencia en las cosas pequeñas

Tal negligencia parece cosa baladí en sí misma, mas puede ser grave por sus consecuencias. Ordinariamente los pequeños actos de virtud que realizamos desde la mañana hasta la noche son los que hacen nuestros méritos de cada día. Como una gota de agua ablanda, poco a poco, la piedra y la agujerea; como las gotas de agua, multiplicadas, fecundan la tierra sedienta, así nuestras buenas obras, repetidas, crean el buen hábito, la virtud adquirida, y la conservan y aumentan; y si proceden de una virtud infusa o sobrenatural, consiguen que esta virtud vaya en aumento.

En lo que al servicio de Dios atañe, las cosas que en sí parecen pequeñas son grandes por su relación con el fin último, Dios, a quien se debe amar sobre todas las cosas; también son grandes por el espíritu de fe, confianza y amor con que deberíamos realizarlas. Así guardaríamos desde la mañana hasta la noche *la presencia de Dios*, cosa infinitamente preciosa, y viviríamos de él, de su espíritu, en lugar de vivir del espíritu natural y el egoísmo. Poco a poco se acrecentaría en nosotros el celo de la gloria de Dios y de la salud de las almas; mientras que, si descuidáramos aquellas cosas menudas, comenzaríamos a descender por la pendiente del naturalismo práctico, y a dejarnos dominar por el absurdo egoísmo que inspira muchos de nuestros actos.

La negligencia en las cosas pequeñas, cuando se trata de servir a Dios, conduce rápidamente a la negligencia en las grandes; por ejemplo, a un alma sacerdotal o religiosa la lleva a rezar el Oficio sin piedad, a no prepararse apenas a la Santa Misa, a decirla precipitadamente y a asistir a ella sin la atención que fuera de desear; a reemplazar la acción de gracias por el rezo obligatorio de una parte del Oficio, de suerte que poco a poco desaparece la devoción personal, quedando sólo esa otra en cierto modo oficial y exterior. El sacerdote que se dejare arrastrar por esta pendiente, llegaría pronto a no ser más que una especie de funcionario de Dios. Acabaríase por tratar con gran negligencia las cosas santas, mientras que por otro lado se tendría acaso mucho cuidado en cumplir honrosamente y con gran seriedad todo aquello que atañe y asegure nuestra reputación de profesor, de escritor, de conferencista, de organizador de obras parroquiales. Paso a paso, *lo serio de la vida, lo que en ella más importa quedaría totalmente al margen.* La cosa más seria y excelsa para un sacerdote y aun para el verdadero cristiano, es, sin género de duda, la Santa Misa que perpetúa sustancialmente en el altar el sacrificio de la Cruz y nos aplica sus frutos. Una misa bien celebrada o bien oída es muy superior a toda nuestra actividad personal, orienta esta actividad hacia su verdadero fin sobrenatural y la fecunda.

Se separa, por el contrario, de este fin, todo *aquel que en su actividad se busca a sí mismo* hasta el punto de *olvidarse de la salud de las almas* y de las demás cosas que exige de nosotros. Puede uno llegar a este olvido, que lo hace todo estéril, por la negligencia en las cosas menudas en aquello que atañe al servicio de Dios.

Y al revés, como se dice en San Lucas, XVI, 10: "*El que es fiel en las cosas pequeñas, también lo es en las grandes.*" Aquel que cada día es fiel a los más pequeños deberes de la vida cristiana, o de la vida religiosa, recibirá la gracia de serlo hasta el martirio, si algún día le es preciso ofrecer a Dios el testimonio de su sangre. Entonces se realizaría plenamente en él la palabra del Evangelio: "Alégrate siervo bueno y fiel; porque has sido fiel en pocas cosas, yo te confiaré muchas más; entra en el gozo de tu Señor" (Mat., XXV, 23). Mas quien habitualmente descuida las cosas pequeñas pronto acaba por descuidar las grandes; ¿y cómo cumpliría en tal caso acciones de mayor dificultad que acaso le exigiría Dios?

Huída de los sacrificios

La segunda causa de la tibieza en las almas retardadas es negarse a aceptar los sacrificios que pide el Señor. Muchos se sienten llamados a vida más seria y más perfecta, a la verdadera oración, a la práctica de la humildad, sin la cual no son posibles las virtudes; mas rehusan seguir ese llamamiento, si no directa, indirectamente al menos, viendo de entretenerse en otras cosas. Niéganse a dar oídos a estas palabras que cada día se repiten en el Invitatorio de los Maitines: *Si vocem Domini audieritis, nolite obdurare corda vestra:* Si oís la voz de Dios, no queráis endurecer vuestros corazones.

Muchas personas que se preocupan en hacer algo notable, un libro u otra obra cualquiera que los dé a conocer, dicen entre sí de vez en cuando: "Preciso es *formarse un alma interior;* si el alma está vacía, nada podrá dar; *de nada sirven las cosas exteriores,* si el alma no está unida a Dios." Mas para conseguirlo serían necesarios ciertos sacrificios del amor propio; sería necesario buscar a Dios, en lugar de buscarse a sí mismos; sin tales sacrificios, ¿cómo penetrar en la vida interior? Sin ellos, el alma quedaría retardada, acaso para siempre.

Con tal manera de proceder piérdese el celo de la gloria de Dios y de la salvación del prójimo, y el fervor de la caridad; cae el alma en la tibieza que es, junto con la negligencia habitual, la afición al pecado venial, o la disposición de la voluntad a cometerlo deliberadamente cuando la ocasión se presenta; y existe finalmente como un firme propósito de permanecer en tal estado.

Junto con la falta de espíritu de sacrificio, existen otras causas que pueden dar lugar a esta tibieza de las almas retardadas: *la ligereza de espíritu,* la inconsideración o despreocupación con que, llegado el caso, se dicen mentiras oficiosas; *la pereza espiritual,* que al fin arrastra al abandono del combate espiritual contra nuestros defectos, particularmente contra nuestro defecto dominante, que con frecuencia pretende pasar por una virtud y despierta en nosotros las demás pasiones. Llégase así a la despreocupación y a la indiferencia respecto a la perfección; y la tendencia y aspiración a ella deja de existir. Échase en olvido que acaso se ha hecho la promesa de aspirar a ella por medio de los consejos, y aun la alteza y elevación del supremo mandamiento: "Amarás a Dios de todo tu corazón, con toda tu alma, con todas tus fuerzas y con toda tu mente" (Luc., x, 27).

El espíritu burlón

Entre las causas de la tibieza de las almas retardadas hay que notar particularmente la tendencia a la burla o mofa. Santo Tomás habla del burlón o aficionado a mofarse del prójimo, a propósito de los vicios opuestos a la justicia: injuria, detracción, murmuración. Y dice [1] que mofarse de alguien es demostrar que no se le tiene estima; y la irrisión

---

[1] II, II, q. 75, a. 2.

puede llegar a falta grave si se refiere a personas que merecen alto aprecio. Es cosa grave ridiculizar las cosas divinas, reírse sin respeto de su padre o de su madre, de sus superiores y de los que llevan vida virtuosa. Esa irrisión y mofa puede llegar a ser muy grave por sus consecuencias, ya que podría a veces alejar a las almas débiles de la práctica del bien. Job respondió a sus amigos (XII, 4): "Quien sufre como yo ser escarnecido de su amigo, invoque a Dios que le oirá; ya que se hace mofa de la sencillez del justo: *Deridetur enim justi simplicitas.*" Mas también se dice de los que hacen mofa: "Qui habitat in cælis irridebit eos: Aquel que mora en los cielos, se reirá de ellos" (Salm., II, 4). La terrible ironía de arriba baja a castigar la de aquí abajo.

El burlón es un alma retardada que trabaja por hacer que otras también se queden atrás, y que a veces se convierte, quizás sin darse cuenta, en instrumento del espíritu del mal. La modalidad de su espíritu, que es el polo opuesto a la simplicidad evangélica, es la más contraria a la contemplación sobrenatural.

El burlón, que quiere hacerse el gracioso y dárselas de ingenioso, pone en ridículo al justo que aspira con seriedad a la perfección, subraya sus defectos y rebaja sus cualidades. ¿Por qué? Porque se da cuenta de sus propias fallas en la virtud y se resiste a confesar su inferioridad. Y entonces, por despecho, trata de disminuir el real y fundamental valor del prójimo y aun la necesidad de la virtud. Puede hacer mucho mal a los espíritus apocados que llena de temor, y al mismo tiempo que se echa a perder a sí mismo, trabaja por perder a los demás.

Funestas consecuencias de este estado

Sostienen los santos que las almas retardadas y tibias están camino de la ceguera espiritual y endurecimiento del corazón, tanto que es muy difícil su enmienda. Cítanse las palabras de San Bernardo: "Más fácil te será ver a muchos seculares renunciar al vicio, que a un solo religioso pasar de la vida tibia a una vida de fervor" *(Epist. ad Richard.)* Cuanto más alta estuvo el alma retardada, tanto más deplorable es su caída y su conversión más difícil, pues se convence de que su estado es suficientemente perfecto, y deja de sentir deseo de mejorar. Cuando una vez se ha menospreciado *la hora de la visita del Señor*, por ventura no volverá ya sino después de muchos ruegos. Estas almas retardadas están en gran peligro; háselas de encomendar a la Santísima Virgen, que es la única capaz de hacerles volver de nuevo al Salvador y conseguirles la gracia de un verdadero anhelo de perfección.

El P. Lallemant s. j., ha escrito sobre esta materia un notable artículo que recuerda muchas frases de Santa Catalina de Sena y de Taulero. En su hermoso libro *La doctrina espiritual,* Apéndice, c. viii, se leen estas palabras:

"Pueden existir cuatro clases de religiosos: unos perfectos; los otros malos, soberbios, vanidosos, sensuales, enemigos de la regularidad; los de más allá tibios, indolentes, descuidados; los últimos, virtuosos y que aspiran a la perfección, aunque acaso no llegarán jamás.

"Las más santas religiones pueden tener en su seno estas cuatro suertes de religiosos, lo mismo que las que han caído en la relajación, mas con esta diferencia: en una Orden olvidada de su primitivo fervor, la mayoría de los religiosos son tibios y el resto se compone de algunos malos, de unos pocos que aspiran a ser perfectos y de poquísimos que lo son. Mas en una Orden en la que la regular observancia está en vigor, la mayoría de la comunidad aspira y trabaja por adquirir la perfección, y el resto comprende algunos perfectos, pocos tibios y algún malo que otro.

"Se puede notar aquí una cosa de mucha importancia. Y es que una Orden religiosa va hacia la decadencia cuando el número de tibios comienza a ser tan grande como el de los fervorosos, es decir de los que procuran día a día adelantar en la oración, en el recogimiento, en la mortificación, en la pureza de conciencia y en la humildad. Porque aquellos que no se cuidan de esto, aunque eviten el pecado mortal, han de ser considerados como tibios y hacen mucho mal a los demás, dañan a la comunidad entera, y ellos están en peligro, o de no perseverar en su vocación o de caer en la soberbia y en grandes oscuridades.

"Deber de los superiores en las comunidades religiosas es comportarse de tal suerte, tanto por sus buenos ejemplos como por sus exhortaciones, conversaciones privadas y oraciones, que sus súbditos se mantengan al nivel de las almas fervorosas que aspiran a la perfección; pues de lo contrario les llegará su castigo y castigo terrible."

Todo esto es mucha verdad y demuestra lo fácil que es caer en ese estado de alma retardada, alejarse del camino de la perfección y dejar de vivir según el espíritu de fe. En tal estado fácilmente llega esa alma a no admitir que la contemplación se halle dentro de la vía normal de la santidad. O bien se saca esta conclusión: "Es ésa una doctrina que teóricamente parece verdadera, pero que no está muy de acuerdo con los hechos." Mas habría que decir, para decir la verdad: De hecho muchas almas se quedan en el estado de retardadas, viven fuera del orden, no tienden, ni aspiran a la perfección, *ni se nutren como debieran de los misterios de la fe*, ni del sacrificio de la Misa, a la cual no obstante asisten con frecuencia, pero no con el espíritu interior necesario para hacer progresos en la virtud.

El P. Lallemant añade, *ibid.:* "Cuatro cosas hay que son muy perjudiciales a la vida espiritual, y en las cuales se fundan ciertas máximas perversas que se infiltran en las comunidades religiosas: 1ª, la estima del talento y de cualidades puramente humanas; 2ª, el afán de ganarse amigos con miras terrenas; 3ª, una conducta demasiado naturalista que sólo escucha a la humana prudencia, y un espíritu astuto muy opuesto a la simplicidad evangélica; 4ª, las distracciones superfluas que el alma busca, y las conversaciones o lecturas que sólo traen al alma satisfacciones naturales."

De ahí nace la ambición, como lo nota el mismo autor, el afán de honrosas prelacías, el deseo de sobresalir en las ciencias y el buscar las propias comodidades: cosas todas ellas muy opuestas al progreso espiritual.

A propósito de las almas retardadas fijémonos en este punto que es importantísimo: Hemos de vigilar incansablemente para conservar en nuestras almas *la subordinación de la actividad natural del espíritu* a las virtudes esencialmente sobrenaturales, sobre todo *a las tres virtudes teologales*. Es evidente que estas tres virtudes infusas, y sus actos correspondientes, son muy superiores a la actividad natural del espíritu en el estudio de las ciencias, de la filosofía y de la teología. Negarlo sería una herejía. Pero no basta admitir en teoría ese principio. De lo contrario, se llegaría a anteponer el estudio de la filosofía y la teología a la vida superior de la fe, a la oración, al amor de Dios y de las almas o a la celebración del santo sacrificio de la Misa, que se diría con mucha precipitación y poco o ningún espíritu de fe, para dedicar más tiempo al trabajo y a una excesiva tarea intelectual, que sería vacua y estéril por carecer del *espíritu* que la debería animar. Se derivaría por ese camino a un intelectualismo de mala ley, y habría como una hipertrofia de la razón en detrimento de la vida de fe, de la verdadera piedad y de la indispensable formación de la voluntad. En consecuencia, la caridad, que es la más excelsa de las virtudes teologales, no ocuparía el primer puesto en el alma, que, acaso para siempre, quedaría retardada y en gran esterilidad.

Para poner remedio a tamaña desgracia nos hemos de acordar de que Dios, en su infinita misericordia, nos ofrece la gracia sin cesar, para que nos sea dado cumplir cada día mejor el supremo mandamiento, es decir, la obligación de aspirar a la perfección de la caridad: "Amarás al Señor Dios tuyo de todo tu corazón, con toda tu alma, con todas tus fuerzas y con toda tu mente, y al prójimo como a ti mismo" (Luc., x, 27). No echemos en olvido que al fin de nuestra vida se nos ha de pedir cuenta estrecha de la sinceridad de nuestro amor a Dios.

El fondo de egoísmo que queda en nosotros

Taulero habló con frecuencia en sus sermones de las dos inclinaciones fundamentales que hay en nosotros, una buena y otra mala. Su doctrina sobre esta materia la reunieron sus discípulos en el capítulo III del libro *Las Instituciones*. Vamos a hacer resaltar lo más esencial de estas enseñanzas, haciendo hincapié sobre las características de la inclinación por la que uno se busca a sí mismo, y sobre la manera de hacer prevalecer a la otra, que hace que seamos semejantes a Dios.

Siendo una realidad que el valor de nuestras acciones depende de la intención y el amor que las producen, hemos de recordar con frecuencia que todos los pecados y la eterna condenación provienen de un fondo maldito que se busca a sí mismo y es enemigo de Dios.

Según las palabras de Nuestro Señor: "Si el grano de trigo echado a la tierra no muere, permanece estéril; mas si muere, produce mucho fruto." Que quiere decir: si el mal fondo que hay en nosotros no muere, nunca será nuestra alma fecunda en méritos y frutos de vida eterna. Mas al contrario, si hacemos que muera ese mal fondo, entonces el germen de vida eterna se desarrollará con gran vitalidad.

El conocimiento de este mal fondo o inclinación le es, pues, al hombre más útil que tener la ciencia de todo el universo.

¿En qué lo podremos conocer? *En que en todo, y a propósito de todo, se busca a sí mismo, en lugar de buscar a Dios.*

Si a veces aparenta amor de Dios y del prójimo, no es eso sino engaño y simulación. Este mal fondo nuestro se imagina amar la justicia y la bondad, y practicarlas; se gloría igualmente de sus obras, principalmente de aquellas que tienen *apariencia de virtud* y santidad. En ellas se complace y se las atribuye a sí mismo; y aunque no tiene amor a la verdadera virtud, anda con grandes ansias de recibir las alabanzas que la virtud merece.

Este bajo fondo o torcida naturaleza se imagina que sus faltas no son sino bagatelas. Y ésta es la mejor señal de que carece de la luz verdadera y que ignora lo que es el pecado; porque si en verdad y con claridad supiera lo que es alejarse de Dios, soberano bien, pronto comenzaría a obrar y pensar de otra manera.

Igualmente se esfuerza en parecer siempre bueno y recto aunque esté muy lejos de serlo. Así es cómo algunos jamás dicen a nadie una palabra desagradable, pero es por no verse pagados con la misma moneda. Este mal fondo imagina a veces tener muy gran amor de Dios, y por eso *echan en cara, al prójimo, sus faltas, con extremada acrimonia.* "Mas si vieran los pecados propios", añade Taulero, "pronto olvidarían los del prójimo por graves que fueran" (*ibidem*).

Cada vez que recibe un reproche, luego *comienza a justificarse y defenderse sin cesar*, y no sufre que se le corrija. Y protesta: "También los demás tienen faltas: y yo siempre he obrado con buena fe y recta intención; a lo más, habrá habido ignorancia o debilidad." Esa torcida naturaleza llega a persuadirse de que busca a Dios en todas las cosas, cuando la realidad es que se busca a sí misma a todo propósito, y que sólo vive de apariencias y de exterioridades. Más le interesa parecer, que ser. Por eso se busca a sí misma hasta en la oración y el gusto en las cosas espirituales, lo mismo que en las interiores consolaciones, dirigiendo a la propia satisfacción los dones del cielo, ya interiores, ya exteriores, y hasta a Dios mismo. Si tal vez se le extravía una cosilla a la que tiene apego, luego busca otra semejante, para alegrarse de nuevo y llevarlo todo a sí.

¿Cómo hacer para que prevalezca el buen fondo formado a imagen de Dios?

Para esto, preciso es constituirse en severo guardián y observador de sí propio, de los sentidos internos y externos. Es necesario impedir que los sentidos caigan en la disipación y andarse tras las criaturas. "Es preciso", dice Taulero, *ibid.*, "retirarse al interior del corazón, para vivir ahí en cuanto sea posible, ignorado de todo el mundo, a fin de distraernos menos de la divina contemplación. Y jamás perder de vista la vida y pasión del Señor." Ella hará brotar, en nosotros, deseos de ser semejantes a él por la humildad del corazón, la paciencia, la mansedumbre y un verdadero amor de Dios y del prójimo.

Cuando nos halláremos poco semejantes al divino modelo, pediremos al Espíritu Santo nos dé a comprender mejor la fealdad del pecado y sus funestas consecuencias. Caeremos postrados, sincera y humildemente, y a la vez con gran confianza en la infinita misericordia, suplicándole que nos levante.

Cuanto más mortificamos aquel mal fondo e inclinación, la imagen de Dios que en nosotros llevamos aparece más radiante y más bella; tanto la imagen natural, es decir, el alma misma, que es de naturaleza espiritual e inmortal, como la imagen sobrenatural, o sea la gracia santificante, de la cual proceden las virtudes infusas y los dones. Por este camino, el hombre, en vez de pensar siempre en sí mismo, comienza poco a poco a fijarse más en Dios; y en vez de buscarse en todas las cosas, comienza a buscar y ver a Dios en todos los acontecimientos, a amarle verdadera, práctica y efectivamente, y a dirigir a él todas las cosas.

Taulero concluye, *ibid.*: "Hasta tanto que os busquéis a vosotros mismos, y obréis por vosotros, y pidáis la recompensa y el precio de vuestras acciones, sin poder sufrir que se os tenga por lo que realmente sois, permaneceréis en una ilusión y error dignos de compasión. Mientras menospreciéis a alguien por sus pecados, y queráis ser preferidos a aquellos que no viven según vuestras máximas, señal es de que todavía no os conocéis y tenéis los ojos cerrados al fondo horrible de vuestro corazón." Él es el que no permite que la imagen de Dios sea lo que debe ser, para que el alma lleve frutos de vida eterna. De ahí la necesidad de conocerse a fondo, a fin de conocer profundamente a Dios y amarle verdaderamente.

Éstas reflexiones sobre las almas retardadas nos llevan como por la mano a tratar de la necesidad de la segunda conversión o purgación pasiva de los sentidos, que señala, según San Juan de la Cruz, la entrada en la vía iluminativa de los proficientes o adelantados.

ÍNDICE

                                              PÁG.

Prefacio VII
Principales autores que se pueden consultar XV
Introducción. — La única cosa necesaria, pág. 2. — La única cosa necesaria en nuestra época, pág. 4. — Objeto de esta obra, pág. 7. — El objeto de la teología ascética y mística, pág. 9. — El método en la teología ascética y mística, pág. 10. — Cómo concebir la distinción y las relaciones entre la ascética y la mística, pág. 13. — División de esta obra, pág. 24.

PRIMERA PARTE

LAS FUENTES DE LA VIDA INTERIOR Y SU FIN

CAP.   I. — La vida de la gracia, vida eterna comenzada 31
—   II. — La vida interior y la conversación íntima con Dios   45
—   III. — Del organismo espiritual, pág. 55. — Vida natural sobrenatural del alma, pág. 55. — Las virtudes teologales, pág. 59. — Las virtudes morales, pág. 64. — Los siete dones del Espíritu Santo, pág. 75. La gracia actual y sus diversas formas 97
—   IV. — La Santísima Trinidad, presente en nosotros, fuente increada de nuestra vida interior 109
—   V. — Influjo de Cristo Redentor sobre su cuerpo místico 123
—   VI. — La influencia de María mediadora 135
—   VII. — Del aumento de la vida de la gracia por el mérito, la oración y los sacramentos 147
—   VIII. — La perfección cristiana. Su verdadera naturaleza .. 165
—   IX. — La grandeza de la perfección cristiana y las bienaventuranzas 187
—   X. — Perfección y heroísmo 199
—   XI. — La plena perfección cristiana y la purificación pasiva 209
—   XII. — La perfección y el precepto del amor de Dios ... 225
—   XIII. — La perfección y los consejos evangélicos 237

LAS TRES EDADES DE LA VIDA INTERIOR

PÁG.

CAP. XIV. — Obligación especial que el sacerdote y el religioso tienen de tender a la perfección 247
— XV. — Las tres edades de la vida espiritual según los padres y los principales autores de espiritualidad .. 259
— XVI. — La lectura espiritual de la escritura, y de las obras y vidas de los santos 283
— XVII. — La dirección espiritual 295

SEGUNDA PARTE

LA PURIFICACIÓN DEL ALMA EN LOS PRINCIPIANTES

CAP. I. — La edad espiritual de los principiantes 309
— II. — El naturalismo práctico y la mortificación, según el Evangelio 319
— III. — La mortificación según San Pablo. Razón de su necesidad 331
— IV. — De los pecados que se han de evitar. Sus raíces y consecuencias 347
— V. — El defecto o pasión dominante y el gusanillo roedor 365
— VI. — Las pasiones que se han de regular 375
— VII. — La purificación activa de los sentidos o de la sensibilidad 385
— VIII. — Purgación activa de la imaginación y de la memoria 397
— IX. — La purificación activa de la inteligencia 409
— X. — La purificación activa de la voluntad 423
— XI. — Remedios para curar la soberbia 439
— XII. — Remedios contra la pereza espiritual o acidia ... 449
— XIII. — La confesión sacramental 459
— XIV. — La asistencia a la santa misa, fuente de santificación 469
— XV. — La santa comunión 479
— XVI. — Oración de súplica 495
— XVII. — La oración litúrgica 505
— XVIII. — La oración mental de los principiantes. Simplificación progresiva 513
— XIX. — Modo de llegar a la vida de oración y de perseverar en ella 523
— XX. — Las almas retardadas 531